高等教育的
实践与探索

邝邦洪 ◎ 著

广东高等教育出版社
Guangdong Higher Education Press

·广州·

图书在版编目（CIP）数据

高等教育的实践与探索/邝邦洪著. —广州：广东高等教育
出版社，2020.11

ISBN 978 - 7 - 5361 - 6708 - 7

Ⅰ. ①高…　Ⅱ. ①邝…　Ⅲ. ①高等教育 - 研究 - 中国
Ⅳ. ①G649.2

中国版本图书馆 CIP 数据核字（2020）第 023452 号

GAODENG JIAOYU DE SHIJIAN YU TANSUO

出版发行	广东高等教育出版社
	地址：广州市天河区林和西横路
	邮编：510500　　营销电话：（020）87554153
	http://www.gdgjs.com.cn
印　刷	广东鹏腾宇文化创新有限公司
开　本	787 毫米×1 092 毫米　1/16
印　张	31.5
字　数	582 千
版　次	2020 年 11 月第 1 版
印　次	2020 年 11 月第 1 次印刷
定　价	99.00 元

目　录

第一部分　办学理念与定位

第二部分　学校治理与探索

学校发展方略

教学科研工作

党的思想建设

第三部分　人才管理与培养

领导干部

教师队伍

学生团体

第四部分　文化建设与情怀

第一部分

办学理念与定位

办学理念与治校实践[①]

我国高等院校在经历了新一轮结构重组、规模扩张之后，发展的重心正迅速转向内涵质量和办学特色上，各校都以更加科学理性和自主创新的姿态，重新审视或凝练概括自己的办学理念，以期引导和规范治校行为，提升治校实践活动的文化自觉性，增强办学的综合效益和社会竞争力。

一、对办学理念的一般认识

（一）什么是办学理念

理念即观念，属主体意识，是人们在实践基础上产生并高度概括的具有指向性和引导力的理性思维成果。办学理念，是学校领导者源于办学实践活动而形成和概括的用以指导学校教育、管理和发展的理性认识。办学理念包含了学校领导者对大学使命、大学精神的深刻理解和自觉把握，包含了"为什么办学"的价值判断、"怎样办学"的价值选择和"办学目标是什么"的价值定位。一所学校的办学理念，反映学校领导者对高等教育一般规律和特殊规律的宏观辩证思维水平，以及对大学存在和发展的诸要素及其相互关系的整体认识，也反映学校领导者的理想追求、道德情感和文化气质。办学理念以概念的形式连接着学校的过去、现在和未来，以观念引导的形式制约着学校的规范制度、原则方法、运行秩序、管理目标等一整套治校要件的建立和选择，以精神文化的形式潜移默化地影响着全校教职员工、干部、学生的行为，渗透在学校工作的全过程。

好的办学理念，可以使大学的运行具有整体的自觉性、目的性和进步性，可以凝聚学校和社会的优质资源，可以强化和激发师生的精神动力，推动学校可持续发展。

---

① 原载于《肇庆学院学报》2004 年第 6 期，收入本书时有改动。

（二）办学理念的特征

办学理念是一种较高层次的理性思维成果，既具有高度概括性，又兼具实用性。其特征主要表现为：

（1）思想性。办学理念是学校领导者对大学教育内在价值及其规律的积极能动的思维成果，是校长的治校准则和教育价值观。它以概念的形式表达着丰富的思想内涵和文化底蕴。

（2）实践性。办学理念来自办学实践，是经实践而产生的认识成果，它必然要反作用于实践，并不断地在实践中获得检验。脱离实践、束之高阁的办学理念毫无价值。大学使命的崇高性也内在地要求办学理念对办学实践有着精深的指导。

（3）发展性。办学理念是一所学校历史和现实联系的产物，同时又随着时代的发展而不断调整变化，不断赋予新的思想内涵和价值目标，引导和推动学校走向未来。正是有办学理念的与时俱进，才有办学实践活动的生气勃勃。

（4）多样性。办学理念是大学精神的个性化体现，是办学实践主体的独有创见和贡献，它反映了各所大学不同的历史、不同的层次、不同的定位和不同的特色。办学理念的多样性，是对社会需求的多样性和大学教育多样性的积极能动的回应。

（5）引导性。办学理念具有历史传承性，但其最大的价值在于对学校未来方向、目标和核心竞争力的设定与期待，是办学者内心一种强烈的理想追求。它引导和激励全校师生不断地超越现实、超越自己、超越别人，创造符合时代发展要求和学校最高利益的业绩。

（三）办学理念的历史演进

办学理念始终与大学教育和大学理念的发展形态紧紧地联系在一起，具有普遍意义的共性特征。同时，办学理念又有一个不断多样化、个性化的演进过程。

在中国古代，国子监、太学、书院的办学理念集中体现为注重礼乐、传承人文精神。"明德、新民、止于至善"是办学者的普遍理想追求，而"学而优则仕"、培养"知书达礼"的"士"则为两千余年来中国办学者的最高价值目标。

现代意义的大学教育，始于1100年的意大利中部，随后迅速传播到法国和英国。1150年法国创办巴黎大学，12世纪英国创办牛津大学及紧随其后的剑桥大学。而后，这种大学模式又向德国、俄罗斯传播开去，美国也创办了哈佛大学、耶鲁大学等几所大学。从那时起，一直到工业革命初期，关于大学理念的最强有力的主张，是大学自治和学术自由，它的使命是保存和传授已有的文化知识，要为社会培养神学人才和有教养、有趣味、懂得文明的基本价值和规范的绅士。到了19世纪初，办学理念发生了革命性的演变。1810年洪堡在创立柏林大学时主张，大学的使命不仅仅在于教育，更应该承担研究的责任，成为知识创新的源泉。进入20世纪，大学对社会的影响力提升，工业现代化进程加快，大学理念也随之发生演变。培养人才、科学研究和服务社会成为大学理念的核心三要素。因应社会多元化需求的不同类型、不同功能的大学亦如雨后春笋般蓬勃生长，办学理念相对于大学理念的个性化、多样化趋势日益增强。在影响当代大学发展、代表先进办学理念的基本阐述中，有几个突出的关注点：一是更加注重学习者的主体地位；二是更加注重办学的内涵质量；三是更加注重培育和增创办学特色；四是更加注重建设创新精神、创新能力和创新环境。

二、对肇庆学院办学理念的思考

肇庆学院在35年的办学历程中，经历了时代和社会的巨大变革，经历了学校体制、规格、层次、规模的重大调整。论办学条件，已是旧貌换新颜，翻天覆地；师资设备，今非昔比。更为珍贵的是，从肇庆师专到西江大学，从西江大学到肇庆学院，办学者的理想追求与时俱进，精神积淀日渐丰厚，形成了引导学校发展方向的较为明确、稳定的办学理念。这一办学理念，我们把它凝练概括为"突出特色、以质立校、以生为本、崇尚创新"。

（一）肇庆学院办学理念的内涵意蕴

1. 突出特色

办学特色是指一所学校与其他学校相比较所表现出来的独特的、优秀的办学风格和办学内涵。办学特色的表现形式是多种多样的，可以体现在办学理念、师资结构、学科建设、课程体系、教学研究、管理方式（包括行政管理、教职工的管理以及学生的管理）、教风学风、培养目标、校园文化等诸多方面。办学特色是学校在教育市场上展示竞争力的绝佳方式，是学校吸引优秀师资和优质生源、提升社会形象、形成社会地位的基础条件。从某种意义上讲，现代各类大学的竞争，就是特色的竞争。特色就是核心竞争力，特色就是办学水平。

办学特色的关键在学校定位。高等教育是社会大系统的一部分，肇庆学院又是高等教育系统上的一个局部网络。明确自己的定位，是生存发展的基础和前提。肇庆学院在为自己定位时，主要考虑了五个方面的因素：①学校发展的历史和基础条件；②学校所处区域的经济、文化和社会发展状态，对人才数量、质量、规格、类型的要求；③其他高校，特别是广东省高等院校的发展动态趋势；④学校自身的供给能力，包括"硬件"和"软件"两类；⑤资金来源和筹措能力。只有拓宽视野，辨明大势，知己知彼，才能扬长避短，客观定位，拓展学校上升的空间。因此，肇庆学院根据目前的实际情况，自我定位为教学型院校，以后再向教学研究型院校发展。

办学特色的核心在学科建设。肇庆学院的学科建设不能追求大而全、小而全，必须敢于"有所为、有所不为、有所少为"。根据自己的比较优势和社会发展需求，凝聚学科发展方向，采取非均衡发展战略，强化发展优势学科，不断创造特色学科；依靠优势学科和特色学科的连带和辐射功能，提高学科建设、师资建设的整体水平；依靠优势学科和特色学科对社会的贡献，突出学校的办学特色，扩大学校的影响。

办学特色的能源在师资建设。世界上著名的具有鲜明办学特色的大学，他们的办学特色主要是依靠教师不断创新教学业绩和科研成就支撑的。大学有高水平的教师队伍，才能形成优势学科和特色学科，才能培养出一届又一届高水平的学生。鲜明的办学特色又能够激发优秀师资的浓厚兴趣，吸引和汇聚更多的各类人才，形成办学特色的不竭能源。

突出特色是肇庆学院办学的价值选择，是肇庆学院生存和发展的必由之路。校长和学校领导班子的其他成员对办学特色的形成具有至关重要的作用。校长要有独特的审视高等教育发展趋势的目光，要有独立的判断社会需求变化的能力，要有敢为天下先的教育创新精神，这样才能够形成独具特色的办学治校方式，营造独树一帜的人才培养环境，增创独领风骚的核心竞争力，实现学校跨越式发展。在办学特色的建设工程中，各高校的地位是平等的，机会也是均等的，无论办学历史长短、规模大小、学科齐全与否、名声显赫与否、归属中央还是地方，各校都有相同或相似的内在需求和外部压力，各校都必须将特色建设作为价值选择和长期战略来对待。

2. 以质立校

办学的中心任务和价值目标是培养人才。真正反映一所学校办学水平的高低，是人才培养的质量。正如评价一个企业，主要看它是否开发制造出市场需要的高品质的产品。一所大学的社会声望，也主要取决于它的毕业生对社会发展所做出的卓越成就和突出贡献。因此，在学校的办学理念中，质量就是学校的生命线。

以质立校，表明了办学者自觉承担的一份社会责任，即是办人民满意的高品质的高等学校，还是办一所忽视人民利益的低品质学校。我们以质量为目标，构建学校的教师队伍、学科结构、教育教学模式、管理体系、学习生活设施等，就是为社会创造了一个优质的人才培养和知识贡献的基地，就是对社会、对人民负责。

以质立校，意味着学校的办学模式在较长一个时期将追求内涵式发展，而不是外部扩张。学校的内涵各要素，如教师的教学质量、仪器设备和图书资料的质量、学习生活环境的质量、管理制度和服务体系的质量以及质量评价监控系统的质量，都将是办学治校的重点工作。

以质立校，意味着我们以科学理性的态度，确立了一个评价工作业绩、衡量办学素质的可测量的标准。有了质量的标准，就有了具体的工作要求，就有了引导学校整体和教师、干部、学生个体行为向预期目标前进的依据。同时，学校还必须建立以质量为导向的激励保障机制，学校的教师、干部、学生也必须以质量为目标，规范和调整自己的行为。

3. 以生为本

以生为本是肇庆学院办学理念的核心。它表明了学校领导者对"为什么办学"这一根本问题的价值判断。教育本身是一个人文过程，是以人为中心展开的创造性劳动。学校是为学生办的，大学是大学生的学校。以生为本就要在教学、管理等学校的一切工作中确立学生的主体地位。

在教与学的矛盾关系中，教育虽然具有强大的启迪感化作用，教师虽然具有不可替代的指导作用，但终究是外在的东西，只有"学"才是内在的。学生是求学的主体，是有思想，有感情，有个人意志和主观判断、选择能力的人。没有学生的配合和接受，教育就无法成功。因此，学校必须尽心尽力为学生创造主动学习和发展的环境，鼓励学生更主动地、更广泛地参与教学活动，鼓励师生之间、学生之间互动互学，研究讨论，创新教学方式。学生的评估意见、学生的满意程度，应当成为质量评价的重要指标。

以生为本，就要改革大学教育只是负责将相关知识传授给学生的陈旧观念，必须高度重视学生能力的开发和综合素质的培养。要确信每一个学生都有发展的动机和无限潜能，教学要培育和激活学生非智力因素，培养学生社会交往能力、合作能力，构建和谐的人际关系；培养学生动手能力、自我服务能力，构建和谐的管理情境；培养学生学习能力，为学生终身学习、自主和谐持续发展打下坚实的基础。

以生为本，就要建立促进和保障学生权益、学生发展的规章制度，就要对学生的学习、生活和心理健康状况给予高度重视，就要高标准规划和建设学校的软硬件设施，营造良好的育人环境。

以生为本，表达了办学者对学生的挚爱之心。学生既是祖国的未来，也是父母的未来、家庭的未来，对党和国家负责，同时，也对每个父母、家庭和学生负责。我们要以父母之心办大学。学校不仅培养学生掌握科技文化知识，教给学生生活本领，还要把教会学生做人放在首位，培养学生树立高尚的道德情操和远大的社会理想。办大学不仅要有崇高深厚的道德情感，要有大师、大楼，还要有大爱。

4. 崇尚创新

崇尚创新是肇庆学院办学理念中所表达的对时代精神和科学精神的价值追求、对理想主义的大学精神的坚持与弘扬。

崇尚创新，意味着学校要努力培育和营造创新的精神文化氛围，鼓励师生树立创新观念、养成创新思维、增强创新能力，推动以教学为中心的各项改革与发展。

崇尚创新，意味着肇庆学院要积极推动内部运行机制的改革与创新。对任何一所大学而言，制度创新更具有根本性和长远性。地方高校只有通过制度创新、学科建设创新及师资建设创新、教学实践创新，才能突破局限，增创竞争优势。学校要通过竞争激励机制、评价约束机制和成果奖励机制的建设，最大限度地调动全体师生的积极性；通过鼓励探索、宽容失败的学术氛围营造，激发教师大胆地进行教学改革，增进教学科研活力，不断推陈出新，提高学校的学术声望。

崇尚创新，意味着肇庆学院要在教师、干部、学生中努力培育理想主义的精神境界。教师在这里潜心治学以实现自己的学术抱负；学生在这里能找到良师益友，孜孜求学以实现自己的成才理想。让师生们都享有高品位的人文环境，科学规范的管理服务，探索知识、发展能力、完善个性的自由和空间，让肇庆学院成为令人憧憬、崇敬、向往的具有独特魅力的高等学府。

"突出特色、以质立校、以生为本、崇尚创新"的办学理念，是高度统一、全面和谐的办学治校理念，它明确表达了我们"要办什么样的大学"和"怎样办好大学"的基本思想，反映了我们的理想、信念和追求。要理解学校办学理念的内涵意蕴，不能割裂它们之间的联系，单独地去认识或理解某一点，而应当全面把握，以正确引导学校的发展方向。

（二）肇庆学院办学理念形成的背景分析

肇庆学院所处的现实背景，既有以往治校实践活动的物质和精神的积淀，又有许多新元素、新动力、新趋势的交汇与展现，为全方位、高起点凝练概括办学理念，提供了直接的、充分的条件。归纳起来，肇庆学院办学理念形成的背景有以下几个方面。

一是发展要求。2000 年 3 月，西江大学和肇庆教育学院顺利实现重组升格为本科院校后，办学规模迅速扩大，师资建设、教学科研、管理服务等办学要件都亟须上层次、上水平，学校的整体运作也需有高屋建瓴的先进理念指导。

二是历史传统。肇庆学院办学历史虽短，但保留和延续了一些好的传统，如贴近地方需求办学、坚持办好师范教育、不断扩大国际合作交流等，在这些方面都取得了具有肇庆学院特色的成就。

三是校园文化。1999 年，学校确立了"团结、奋进、求实、创新"的校训，积极营造人文精神和科学探索相统一，"德才"兼备，"真、善、美"和谐共融的校园文化。在此基础上，还需要有与校训一脉相承的办学理念来丰富和强化学校的文化内涵。

四是权威指导。1999 年，著名科学家、教育家吴大猷先生到肇庆学院参观考察，临别时，有感于家乡高等教育的新气象，抒发他终身从教治校之心得，为学校留下了"以质立校"的四字箴言。2003 年 10 月，时任中共中央政治局委员、广东省委书记张德江同志视察学校时，向我们发出"突出特色，注重质量，建设名校"的目标指引。这些都为肇庆学院创新办学理念提供了广阔的视野和远大的目标。

五是高教形势。中国高等教育在加快实现大众化进程的同时，也在加强和改进内涵质量建设。教育部通过全面启动高等学校教学评估工作，完善评估制度，强化质量的约束。从教育部的统计数据看，全国 644 所本科院校，已有 296 所进行了教学工作评估，优秀的仅 16 所。肇庆学院 2004 年顺利通过学位评审后，又将迎接 2006 年的本科教学水平评估。现实的压力和未来持续稳定的发展，都要求有科学严谨的办学理念指引。

三、以办学理念指导治校实践

学校的办学理念不是人为设定的，也不是校长个人头脑中观念的产物，而是实践探索和理性抽象的结果，是办学过程中多重因素的相互撞击和融会，是学校全体教师、干部、学生为理想而奋斗的结晶。好的办学理念只有在指导治校实践中获得新成果，才能体现其价值。因此，学校的办学理念必须贯穿于学校工作的方方面面，转化为广大干部、师生的行动指南。

（1）作为办学治校的最基本的理念，校长和学校的其他领导者必须自觉坚定地将其贯穿于治校全过程，规范和影响整体治校行为，使办学治校成为一项高度自觉的、有强烈意识的、目标明确的社会实践活动。

（2）办学需要凝聚全校师生的意志和力量。办学理念是全校师生共同的价值观，是符合时代发展要求和学校生存需要的共同信念。因此，全校上下要对办学理念有广泛一致的认同。学校的办学理念要转化为每个人的工作、学习理念，转化为每个人的行为准则。学校的培养目标、师资建设、学科建设、教学方法改革、制度建设、校园文化建设中都要渗透并体现办学理念。

（3）办学理念要转化为学校的规范和制度。高校是以人为对象，结构、层次、功能复杂的学术教育机构，其管理和运行需要有高屋建瓴的观念指导，否则，教学管理秩序就会混乱无序，办学效率、效益就难以保证，因此，办学理念要制度化，要持之以恒。

办学理念的形成是一个积累演变、凝练抽象的过程，办学理念的贯彻实施、渗透转化也不是一朝一夕、一蹴而就的，它需要我们的坚持不懈、长期推动。只有我们深刻领会、自觉遵循办学理念，学校的改革、建设和发展才会保持正确的方向和目标，我们的工作、学习才会有一种昂扬向上的精神力量，我们才能够形成健康和谐、丰富多彩的文化环境，我们的教学科研、人才培养和社会服务才能够取得更大的成就。

明确办学定位　突出办学特色①

教育部《关于进一步加强高等学校本科教学工作的若干意见》（教高〔2005〕1 号）明确指出，高等学校要根据国家和地区、行业经济建设与社会发展的需要和自身特点，科学定位，办出特色，办出水平。可以说，进行科学的办学定位是提高办学水平的重要前提，形成鲜明的办学特色是提高高校竞争力的重要表现。明确办学定位是办好学校的行动指南，是学校办学的基础，是学校科学管理的关键环节。积极培育办学特色，坚持特色办学，是高校人才培养和参与高等教育竞争的生存之本。因此，肇庆学院十分重视进一步明确办学定位，积极进行特色培育，力争把学校建设成在国内同类院校中处于领先水平的地方综合性大学。

一、明确办学定位

所谓办学定位，是指一所学校在整个高等教育系统中找准自己所处的位置。肇庆学院在为自己定位时，主要考虑了五个方面的因素：①学校发展的历史和基础条件；②学校所处区域的经济、文化和社会发展状态，对人才数量、质量、规格、类型的要求；③其他高校，特别是广东省高等院校的发展动态趋势；④学校自身的供给能力，包括"硬件"和"软件"两类；⑤资金来源和筹措能力。依据这五个方面的因素，肇庆学院确立了如下的办学定位："立足地方，面向基层，服务社会；以学科建设为龙头，以教学工作为中心，教学与科研并举；以本科教学为主体，坚持多层次办学；强化基础学科，发展应用学科，扶持特色学科；规模、质量、结构、效益协调发展；具有鲜明特色，在国内同类院校中处于领先水平的地方综合性大学。"

（一）立足地方，面向基层，服务社会

"立足地方，面向基层，服务社会"是肇庆学院办学的服务面向定位，

---

① 原载于《肇庆学院学报》2005 年第 6 期，收入本书时有改动。

也是肇庆学院办学的根本目的。肇庆学院虽然已是本科院校，但无论过去、现在还是将来都是地方院校（除非省教育厅重新调整）。因此，"立足地方，面向基层，服务社会"应成为肇庆学院办学的方向。

这一定位是各项办学定位中最根本的目标定位，应包含如下含义：

第一，地方院校只有立足地方，才具有生存的空间和发展的活力。肇庆学院是由广东省人民政府和肇庆市人民政府共同举办的，为肇庆市和广东省培养高素质人才应是学校的最高目标。明确这一定位必须要转变思想观念，要克服"为地方服务就低人一等"的思想认识。我们要深刻地认识到，高等教育为地方服务是世界高等教育发展的普遍趋势。创建于 1848 年的美国威斯康星大学提出的"威斯康星思想"，其核心就是为本州经济社会发展服务，这一理念曾经影响了全世界高等教育的发展进程。20 世纪六七十年代北美社区学院的崛起，对地方经济社会发展曾起到重要的推动作用。

第二，地方院校要坚定不移地面向基层，为基层服务。肇庆学院的招生要面向乡镇、面向农村。中国有几千所高等院校，但真正把办学定位在地级市、县级市还是最近几年的事情。例如，肇庆市原来只有西江大学和肇庆教育学院两所高校，当时只面向肇庆市和云浮市招生。如今又多了几所民办高校，这样才拓展出高等教育面向乡镇、面向农村的道路。现在肇庆学院虽然面向全国 16 个省区招生，但主要还是面向各地区的市县，生源来自山区中学的多。这是肇庆学院招生的方向，也是肇庆学院在为实现中国高等教育大众化做贡献。

（二）以学科建设为龙头，以教学工作为中心，教学与科研并举

学科建设是高校各项建设中的重中之重。从国内外教育发展的总趋势、肇庆学院面临的历史使命及现实情况来看，在学校建设和发展的过程中，必须以学科建设为龙头，以学科建设带动学校其他方面的工作，通过学科建设，促进教育教学质量、科研水平和整体实力的提高。

肇庆学院升格本科后就充分认识到学科建设的重要性，于 2001 年成立了以校长为组长，主管副校长和科研处处长为副组长，人事处、教务处、科研处负责同志为成员的学校学科建设领导小组，组织实施了肇庆学院首轮重点学科建设工作。基础数学等 4 个学科成为首轮校级重点学科，企业管理学等 3 个学科成为校级重点扶持学科。由于这项工作抓得准、动作快，学校在 2003 年 6 月申报了广东省第 7 轮省重点学科的评选，并实现了零的突破，学校基础数学学科被评选为"省高校扶持学科"，成为省内同类院校中唯一的省重点学科。2003 年 9 月，肇庆学院进行了第 2 轮校级重点学科的滚动建设工作，评出基础数学、企业管理学、中国现当代文学、体育与人文社会学等

4 个校级重点学科和 6 个校级重点扶持学科。通过重点学科建设，这些学科的教学水平和科研水平得到了长足的发展。

以学科建设为龙头是以教学工作为中心的重要表现。学校"十五"规划明确提出，学校以教学工作为中心。学校第一、二次教学工作会议又认真贯彻这一思想，把落实中心工作的措施具体化。因此，教学工作的中心地位应该是无可置疑的。为什么要以教学工作为中心，这需要我们做认真的分析。

虽然高等学校有人才培养、科学研究和社会服务的社会职能，但这并不意味着这三项职能可以同时成为一所大学的中心工作。从肇庆学院目前的实际情况来看，只能有教学工作这一个中心。这是因为，第一，肇庆学院的办学基础和实力决定了学校目前乃至今后一个时期只能归类为教学型本科院校。中国教育界公认的高等学校分类是：研究型大学、教学科研型大学、教学型本科院校、专科与高等职业院校。这种分类实际上是依据学校的办学水平所做的层次分类，潜在的本质是学校的实力。第二，按照学校的办学规律，一所高校只有在培养人才经验方面有了相当的积累，才有可能逐步把科学研究提到与教学工作相提并论的程度，而当人才培养和科学研究都有了相当基础并形成合力的时候，才有可能高水平地从事社会服务工作。高等教育发展的历史证明了这一点。溯源高等学校的社会职能，我们发现高校三大社会职能的产生是循序渐进的。人才培养的职能是伴随着 11、12 世纪大学的兴起而诞生的。赋予大学科学研究职能的是柏林大学（1810 年创办）的创始人洪堡，他把教学与科学研究结合起来。美国威斯康星大学则强调大学的社会服务职能。1904 年，范海斯担任校长，他注重教学、科研与社会服务的结合，要求把学生培养成为有知识、有专长的公民，并把知识传播到人民群众中去。

以教学工作为中心，决不能成为轻视科学研究工作的借口。事实上，当今时代，不搞科学研究的大学是难以立足的。教学型本科院校不是不搞科研，关键是要围绕教学工作进行科学研究，科学研究水平的提高必然可以进一步提升教学工作的水平，教学工作与科研工作是相辅相成、彼此相长的。因此，我们提的是"教学与科研并举"。

肇庆学院自升格为本科以来，科研成果无论是在数量上，还是在质量上，都比以前有了较显著的进步，科研整体水平上了一个新台阶。2001—2004 年的四年间，学校教职工在国内外刊物上共发表论文 2157 篇，其中有 694 篇发表在国内核心刊物上，有 32 篇被 SCI 等检索；共出版教材、专著 114 部。2000 年至今，学校获市级、厅级以上各类课题立项总数为 91 项，获得资助经费总额为 440 多万元。科学研究水平的提高带动了教学研究水平的提高。在 2004 年年底举行的广东省第五届优秀教学成果奖的评选中，学校共获得 2 项一等奖、3 项二等奖，获奖比例、数量和等次之高在学校历史上是空前的，所取得的成绩不仅在全省同类院校中名列第一，而且领先于省内许多办学历史较长的本科院校。科学研究和教学研究水平的提高推动了学校教学工作水平的整体提高。学校的校风、学风、考风等明显好转，学生考研率、录取率迅速上升，学生在省级以上的竞赛中频频获奖。这说明"以学科建设为龙头，以教学工作为中心，教学与科研并举"的中心工作定位是准确和恰当的。

（三）以本科教学为主体，坚持多层次办学

肇庆学院是以本科教育为主的地方高校，这是教育部、广东省教育厅在全国、全省高校整体格局中对其办学层次的定位。学校应利用高校连年扩招和高等教育大众化的有利时机，扩大本科在校生规模。在肇庆学院 2005 年招生的 42 个本、专科专业中，本科专业 36 个，占招生专业比例的 85.7%。目前，学校的全日制在校生为 10 973 人，其中本科生为 9791 人，占学生总数的 89.2%。"以本科教学为主体"的目标已经实现。

在办好本科的同时，应重点办好一些专科专业。举办专科是肇庆学院的传统优势，我们要警惕因升本科而忽视、放松专科教育的倾向。虽然最近几年学校招生的专科专业数量和专科生人数在逐渐缩减，但缩减专科不等于不办专科，关键是要办好一些有充足生源、良好就业趋势和广泛社会需求的专科专业。随着师范教育由"旧三级"（中师、专科、本科）逐渐过渡到"新三级"（专科、本科、研究生），学校如果不培养专科层次的小学教师，今后肇庆地区的小学教师就可能变成无源之水。当然，学校的师范专科不能再按照以往的模式办下去了。随着中小学课程改革的深入，一批全新的课程如"科学""艺术""综合实践活动"等的开设，学校要不断创新教育内容和教学方法，以适应教育改革的新形势。

举办研究生教育是肇庆学院今后发展的一个重要生长点。经过几年的"人才强校工程"建设，目前学校的师资力量比较强，共有教授 53 人、博士46 人、副教授 194 人；一些学科和专业，学科梯队初显雏形，基本具备了进行研究生教育的能力；一批教师教学水平较高，人才培养质量稳定，科研成果丰富；基础较好的系其学科方向比较明确，并形成了较固定的学科优势等。这些都是举办研究生教育的重要基础和现实力量。对肇庆学院而言，开展研究生教育是迟早的事，早一点儿开展，会更多地取得学校发展的主动权。当然，在起步阶段，必须采取挂靠、合作等方式联合培养，待学科建设、学术梯队和科研成果逐步丰富和成熟后，再争取成为独立培养单位。目前，学校中文、数学、财经等系分别与华南师范大学、内蒙古工业大学、贵

州大学等校联合培养研究生，有近 20 名教师被相关学校聘为硕士研究生导师，联合培养硕士生 31 名。可以说，"以本科教学为主体，坚持多层次办学"的格局已基本形成。

（四）强化基础学科，发展应用学科，扶持特色学科

到 2005 年为止，肇庆学院已有 36 个本科专业，覆盖了经济学、法学、教育学、文学、历史学、理学、工学、农学、管理学等 9 个学科专业门类。但上述本科专业基本上是新办专业，办学经验和办学水平还有待进一步完善和提高；专业知识教学仍然以传授型为主，发现新知识、发明新技术的能力相对较弱；实验设备、实验工具大都是验证性的，设计性实验和综合性实验的开出率很低；专业教师作为一个群体的科研水平和创新能力还不强。鉴于此，在定位学科性质时，我们考虑了以下几点。

第一，进一步强化基础学科。学校作为新建本科院校，应下功夫建设、完善和强化基础学科，使基础学科保持一定的实力。基础学科是各类交叉学科、应用学科、边缘学科赖以发展的基础和前提。我们常说"宽口径，厚基础"，在这个宽厚的基础知识平台里面，应该蕴含着许多应用性学科专业的"种子"。基础学科一般都是人类知识体系中最成熟的学科专业，它们大多具有成百上千年的历史，绝不会随着知识的创新而被废弃。所以有人说，基础科学是现代科技之母。具有这种知识结构的学生，走向社会以后，能根据社会的需要及时调整自己的专业方向，其社会适应能力是相当强的。学校的基础数学学科、一些文学类学科（中国现当代文学、中国古代文学、英语语言文学等）在省内已有相当的影响，我们决不能在发展和寻找新的生长点时将这一优势丢弃。

第二，积极发展应用学科和新兴学科。发展应用学科和新兴学科，其根本目的就是要培养实用型、应用型人才。因此，学校要结合地方经济和科学技术的发展，结合学校的实际和社会的需求，适时创办一些应用学科和新兴学科，注重以基础学科为依托，在教学观念、教学管理、教学制度等方面实现由基础向应用的转化，担负起培养实用型、应用型人才的任务，造就面向生产、建设、管理和服务第一线的高级专门人才。

第三，大力扶持特色学科。在强化基础学科、发展应用学科、培育重点学科的同时，对特色学科应采取倾斜政策，大力扶持，使其具备一定的竞争力。学校的学科专业建设不能追求大而全，必须敢于"有所为，有所不为，有所少为"，根据自己的比较优势和社会发展需求，凝聚学科发展方向，采取非均衡发展战略，强化发展优势学科，不断创造特色学科；依靠优势学科和特色学科的连带和辐射功能提高学科建设、师资建设的整体水平；依靠优

势学科和特色学科对社会的贡献，扩大学校的影响。比如，肇庆学院的基础数学已成为广东省重点扶持学科，音乐教育、美术教育、体育教育等专业在广东省已有较大的影响。

二、突出办学特色

所谓办学特色，就是教育规律与办学实践在一定时代的最佳结合和体现，是办学主体在长期的办学过程中形成的独到的办学理念、独特的办学风格，以及人才培养、科学研究、校园文化建设等方面的个性化方式与思路。办学特色是在发展历程中形成的比较稳定、持久的发展方式和被社会公认的、独特的、优良的办学特征。办学特色必须在长期的办学过程中积累形成，并具有与时俱进的时代性和相对稳定性。它是高校发展的历史与现实结合的能动的反映，不仅代表着一所高校的学术地位和水平，而且反映着办学风格和理念、人才培养质量、学校的管理水平等。

一所大学如果没有特色，在激烈的市场竞争中就难以立足。办学特色一经形成，所产生的功效与影响将会是多方面且深刻、持久的。它有利于学校树立独特的、良好的公众形象，有利于形成自己独特的人才市场体系，有利于产生自身地位的不可替代性。可以说，创建办学特色，坚持特色办学，是高校人才培养和参与高等教育竞争的生存之本。积极培育办学特色，强化特色意识，重视特色建设，已成为当今世界高校的办学趋势。

肇庆学院作为新建地方本科院校，与老校、名校相比，虽然缺乏深厚的办学底蕴，没有很强的师资队伍，没有一流的学科专业，但我们并不妄自菲薄，只要我们正确分析自己的社会位置、区域位置、办学环境和办学条件，选准办学特色的突破口，集中优势力量进行扶持，同样可以有所作为。突出办学特色，是我们提高办学水平的必由之路。经过 30 多年的办学实践，肇庆学院已经初步形成自己的办学特色，这些特色可以概括为师范性、地方性、开放性等三个方面。

（一）师范性特色

肇庆学院自 1970 年建校，虽历经多次更名，但师范教育的历史较长，可以说师范教育是肇庆学院赖以生存和发展的基础。现在学校虽然已归类于多学科普通本科院校，但主要的学科仍然是师范教育。在 2005 年招生的 42 个本、专科专业中，师范专业有 21 个，师范专业占当年招生专业总数的比例达到 50%。截至 2005 年，全日制在校学生总数为 10973 人，其中师范生 5514 人，师范生占在校生的比例已达到 50%。

长期以来，肇庆学院把培养学生的师范技能当作学校师范教育的安身立命之本，不但严抓"普通话正音"和"三笔字"训练，而且要求学生掌握现代教育技术，能够制作课件，使用多媒体教学。在办学过程中，学校始终弘扬师范教育特色，发挥师范教育优势，在培养师范生综合素质方面下功夫。学校师范生不管是在教育实习过程中，还是在工作岗位上都受到了普遍的好评。我们经常收到师范生在实习学校和工作学校受到表扬的感谢信件。据不完全统计，肇庆学院师范毕业生面向基础教育就业的占70%以上，肇庆市、云浮市两地的中学校长30%以上都是原西江大学和肇庆教育学院的毕业生。

升本后的肇庆学院，由于整合了师范教育资源，师范教育实力明显增强。现在培养的师资是多层次的，既有专科层次的学前和小学教师，也有本科层次的小学、初中和高中师资，还有少量研究生层次的师资；不仅构建职前培训、职后培养一体化的师范教育新模式，而且因为有了多学科交叉的"综合效应"，使培养的师资知识结构更合理、视野更广阔。师范教育是肇庆学院要固守的一块阵地，放弃师范教育就等于丢掉自己的特色，丢掉特色也就等于丢掉了优势。为了着力培育自身的师范性特色，肇庆学院必须认真贯彻执行《肇庆学院关于大力加强师范教育（教师教育）工作的实施意见》，把师范性特色打造得更加晶亮。

（二）地方性特色

肇庆学院办学的服务面向定位是"立足地方，面向基层，服务社会"。地方性特色就是在立足地方、面向基层、服务当地经济社会发展这一目标定位的指导下凸显出来的。

肇庆学院前身的重要组成部分是西江大学。1985年西江大学的成立，是地方经济及社会发展推动的结果。西江大学诞生后，学校认真研究、分析肇庆当地经济建设与产业结构的特点与发展趋势，积极、稳妥地设置适用对路的专业。开设的非师范专业，如食品工程、电子信息、旅游管理、生物技术等都是根据肇庆市的食品饮料、电子元件、旅游市场、生物工程而设置的。学校旅游管理专业的课程，增设了与肇庆市国家级名胜风景区七星岩、鼎湖山相关的、以西江文化为底蕴的教学内容。学校被批准试办的省级示范性软件学院，也是密切配合肇庆市正在兴建的中巴软件园的产物。

肇庆学院在近几年有针对性地为地方的科技进步和经济发展提供了有力的人力、技术和信息支持。在生物系、轻工化学系的科研工作为地方经济社会服务已取得较大成绩的基础上，电子与信息工程系与风华集团科海公司等企业开展了"智能敏感元件玻封机的研制""图像识别微小芯片插片机的研制""变频控制的逆变焊接电源研究""城市安全防范监督体系"等重大科研项目的合作;财经系组织教师先后到封开龙昌水泥股份有限公司、肇庆市邮政局等单位进行了一系列的经济咨询、企业策划、员工培训等活动;校旅游科学研究中心组织校内外 10 多名教师、专家完成了"肇庆市封开县旅游发展规划综合研究"项目的工作。这些工作在当地产生了明显的社会效益和一定的经济效益。

(三)开放性特色

开放性是相对于封闭性而言的。开放性教育是一种以开放系统为发展导向,体现现代教育整体性功能的教育模式。它是指学校在依据特定的教育方针和管理规律,组织学校工作,保持良好的学校教育秩序的同时,充分利用校外资源,考虑社会各方面的要求,参与社会的发展,更好地履行教育为社会服务的职能。

办学的开放性特征是由"大学的世界精神"决定的,是与"学术自由"的大学理念密切相关的。办学的开放性特征有四个方面的内容:首先是不断学习他校的办学经验,丰富自己的办学内涵;其次是不断加强与社会的联系,从人才培养、科学研究、服务社会等方面吸收来自各方面的信息,了解社会的需要;再次是在学术管理上要确立"思想自由、兼容并包"的理念,要组织经常性的学术活动,鼓励不同学术观点之间的争论,活跃学术气氛,还要有"请进来,走出去"的具体措施;最后是在师资队伍建设上,要破除门户之见、门第之见,有"网罗众家"的胸怀。

近年来,肇庆学院不断强化开放办学的意识,采取一系列措施培育学校的开放性办学特色。目前,肇庆学院开放性办学特色已经彰显,主要表现在以下几个方面。

1. 加强国际交流,主动融入国际合作的轨道

目前,学校的国际交流与合作项目有校际交流、合作办学、委托培训等三大类,形成了良好的国际交流与合作办学格局。首先是校际交流与合作项目发展迅速。2000 年以来,学校与日本姬路独协大学、日本创价大学、澳洲科文大学、英国波尔顿大学、美国贡扎嘎大学等先后建立校际关系,开展了领导、教师、学生的交流访问活动。学校先后 4 次组团回访了美国阿诺卡莱蒙斯学院、英国波尔顿大学、日本创价大学,派出了 13 位交流教师和 57 名学生赴校际交流学校交流与学习。学校成功地与英国波尔顿大学联合举办了 3 期 MBA 学位班,共培养 41 人。2005 年,第 4 期 MBA 学员 20 人在学校进行培训。其次,中外合作办学项目有了良好的开端。2000 年 1 月,广东省教育厅批准肇庆学院与日本天惠有限公司合作举办肇庆中日交流培训中心,该

中心成立以来共培训了日语与产业技术的研修生 161 人。学生结业后或到日本有关企业研修，或在国内合资企业就业。该中心还出色地完成了广东省外事办委托培训项目，即广东省赴日研修生日语培训基地的赴日研修生培训工作。截至 2005 年，受广东省外事办和日本兵库县驻香港办事处委托，学校按计划培训了 13 期共 401 名研修生。

2. 积极做好留学生的招生工作

我校从 1996 年 3 月开始接收外国留学生，成为广东省当时具有接收外国留学生资格的 14 所高校之一。2000 年以来，学校加大了招收外国留学生的力度，从 2000—2005 年，共招收外国留学生 56 名。他们主要来自美国、日本、英国、荷兰、西班牙、法国、比利时等国以及中国澳门特别行政区。

3. 做大做强成人教育工作

目前，肇庆学院成人高等教育设有函授本科专业 24 个、专科专业 14 个，共有成人教育函授生 6031 人。学校是广东省中学教师继续教育培训基地，承担肇庆、云浮两市中小学校长任职资格培训，肇庆、云浮两市非师范类毕业生申请教师资格补修教育学、心理学课程培训，肇庆市中学教师职务培训和幼儿园骨干教师培训等，2000 年以来共培训各类人员 18000 余人。此外，为配合广东省普教系统"百千万人才工程"，肇庆学院与省教育厅和肇庆、云浮两市教育局等有关部门合作，举办了肇庆、云浮两市市级"教育专家""名校长""名教师"培训班；承担了省教育厅委托的广东省中小学"科学""艺术"课程骨干教师省级培训，培训教师 120 余人；与惠州市工商局合作培训工商管理干部，先后举办了 3 期脱产计算机培训班和 1 期中文秘书培训班，共培训工商管理干部近 120 人；承担了广东省监狱人民警察培训任务，共培训人民警察 2300 余人。这些非学历的短期培训取得了较好的社会效益和经济效益。

4. 高度重视"产学研"结合

长期以来，肇庆学院非常重视"产学研"结合，并在此方面着力培育开放性办学特色。学校充分利用现有科研力量和人才优势，加快科技成果向现实生产力的转化，提高学校科研成果和人力资源的社会贡献率。在农业科技方面，生物系梁广坚教授等学术骨干主持研发的"暖地型常绿技术""减少贡柑裂果和错开成熟期技术"等系列成果，已推广到广东、广西两省（区）的 50 多个县市；学校特种水产研究所培育的鱼苗新品种，占本地鱼苗市场的 70% 以上。在工业科技方面，学校电子与控制工程研究所与广东风华高新科技股份有限公司等地方企业开展了"智能敏感元件玻封机的研制"等 3 项重大科研合作项目；应用化学研究所的"金属防锈清洗剂"等技术研究成果也将在省内企业产生直接经济效益。在经济旅游方面，由财经系教授、博士组成的经济咨询专家团，先后与肇庆市肇供电力通信有限公司、佛山石湾陶瓷集团等 10 多家企业就市场调查、营销策划、企业 CI 设计、员工培训等方面进行了一系列的经济咨询、科研培训等活动；旅游科学研究中心组织校内外教授、专家主持了"肇庆市旅游发展'十一五'规划"的制定工作，参与封开、德庆、怀集等县旅游局的旅游开发论证工作。

5. 选派教师出国留（访）学，开展广泛的国际国内学术交流活动

近年来，肇庆学院日益重视选派教师和管理干部出国学习和考察。到 2005 年为止，学校共派出教师和管理干部 95 人到美国、英国等国家和地区留学、研修、访问、考察，参加学术会议，其中已学成归国回校的占 90%，他们在教学、科研和管理工作中正发挥着重要的骨干作用。一直以来，学校高度重视教师的进修提高和学术交流工作，鼓励教师到重点高校攻读博士、硕士学位，做短期访学和参加高水平的学术会议。现在每年在国内重点高校攻读学位和访学的教师就有几十人。这些留学、访学、攻读学位、参加学术会议的教师和管理干部拓宽了视野，提高了自身的素质和学术水平，带回了信息，结交了朋友，成为提升肇庆学院整体办学水平的一支重要的生力军。

6. 广开校门，网罗众家，加强师资队伍建设，积极引进和利用外籍教师开展教学工作

近年来，肇庆学院以开放性姿态大力加强师资队伍建设，先后引进一大批省外教授、副教授、博士到校任教。目前，国内除了香港、澳门、西藏自治区以外，其他省、自治区、直辖市都有教师在本校任教，包括 1 名台籍教师。学校还聘请了包括中国工程院院士在内的一批校外知名学者作为兼职教授。通过美国玛丽诺中国教师服务组织、北美英语教师协会、校际学校以及美国明尼苏达州、日本东京、英国伦敦联络处等途径，我校积极做好外教、外国专家招聘工作。截至 2005 年，外语系、财经系、美术系、计算机科学系、大学外语教学研究部等教学单位共引进和聘用长期外国专家、教师 77 人，平均每年引进和聘用外国专家、教师 15 人。他们分别来自美国、英国、德国、加拿大、南非、日本等国家。75% 的外教担任语言教学工作，25% 的外教担任专业课程的教学工作。他们带来了不同的教学思想和教学方法，为学生提供了较好的语言学习环境，提高了学生的外语学习与表达能力。他们的教学工作促进了肇庆学院外语教学和专业教学的改革和发展。

7. 依靠社会力量办学

肇庆学院通过多种渠道积极筹措资金，充分利用校外资金搞建设，积极争取国家助学贷款和香港实业家以及社会上热心教育人士的捐助，进行奖教奖学活动和开展科学研究工作。学校体育馆、音乐大楼、美术楼、教工活动中心、学生活动中心的建设，都得到港澳同胞和社会各界人士在资金上的支

持。如今，学校正在筹划进一步利用校外资金建设新的学校学术交流中心。

肇庆学院作为新建地方本科院校，本科办学历史不长，文化积淀不深，经济相对落后，办学困难大，问题有还很多。正因如此，学校在今后的各项工作中，更要进一步践行自身的办学定位，进一步培育办学特色，为把学校建设成为具有鲜明特色、在国内同类院校中处于领先水平的地方综合性大学而努力奋斗。

参考文献：

[1] 关于进一步加强高等学校本科教学工作的若干意见 [G] //教育部高等教育司. 第二次全国普通高等学校本科教学工作会议资料汇编. 北京：高等教育出版社，2005.

[2] 和飞. 对我校办学定位的若干思考 [J]. 肇庆学院学报，2001（4）：83－88.

[3] 王志刚，王昌民. 办学思想在高校形成办学特色中的关键作用：高校办学特色系列研究之三 [J]. 宝鸡文理学院学报（社会科学版），2003（4）：92－99.

关于"以德为行，以学为上"
教育思想的思考与实践①

"以德为行，以学为上"，是一种内涵丰富的人生"德学"修养的教育思想。这一教育思想的提出有着深厚的历史渊源和现实依据，不仅是对中外德学思想的丰富与发展，而且是对时代发展、社会现实需要的必然反映，更是高校师生健康成长的迫切需要，因此必须积极探索践行"德学"教育思想的有效途径。

一、"以德为行，以学为上"教育思想的内涵解析

"以德为行，以学为上"教育思想是在继承中外优秀传统德学思想的精华的基础上，根据时代发展的需要和社会进步的要求，在不断与时俱进和吐故纳新的过程中凝练形成的理论。

将"德"与"学"作为人生两大支柱，并不是我们的首创。在中国和西方历史上强调德学统一的理论并不少见。西方历史上最早论证德学关系的是古希腊的先哲们，他们普遍认为德学是统一于一体的，如苏格拉底认为"智慧就是最大的善"，即智慧包含在道德中。文艺复兴时期的教育学家夸美纽斯也认为博学和道德是教育的重要内容。近代强调德学统一的西方学者也有很多，如赫尔巴特、布贝尔、杜威等。当代西方资本主义国家更是普遍建立起"德学并重"的现代教学体系，将德学作为教育的基本内容。

而中国历史上较早提出"德学"思想的是孔子，他提出了"仁且智"的思想，强调德学并重是最理想的人格标准。孔子后裔子思在《中庸》中还进一步强调"君子尊德性而道问学"，认为君子既要尊重德性，又要讲求学问。西汉董仲舒也坚持德学统一，他提出了"仁而不智，则爱而不别也；智而不仁，则知而不为也"②的观点，认为只有仁没有智慧的帮助不能除害，

---

① 原载于《高教探索》2011年第3期，收入本书时有删改。
② 苏舆. 春秋繁露义证［M］. 北京：中华书局，1992：257.

而光有智慧没有仁的引导更会走上邪路，仁与智是统一的。北宋司马光在《资治通鉴》中指出："才者，德之资也；德者，才之帅也。"他从此成为中国历史上强调德学兼备的代表人物。近代蔡元培提出的"五育"思想，依然注重德才兼备。进入社会主义时期，强调学生德智体全面发展，更成为我国的教育方针。早在1957年，毛泽东同志就在《关于正确处理人民内部矛盾的问题》一文中提出："我们的教育方针，应该使受教育者在德育、智育、体育几方面都得到发展，成为有社会主义觉悟的有文化的劳动者。"从此，德育和智育全面发展的思想确立下来了。进入21世纪后，我国特别强调"素质教育"，党的十七大报告明确提出了实施素质教育的政策。素质教育是一种以提高受教育者德学诸方面素质为目标的教育模式。

以上古今中外的德学思想是笔者提出"以德为行，以学为上"教育思想的历史渊源和重要的思想基础。笔者提出的德学教育思想虽然根植于中国传统社会，却有别于以往封建社会的德学思想，而融入了时代新的元素，融入了我国社会主义教育的新内容，融入了马克思主义德学思想的新理论，是站在时代高度、面对社会现实问题而"推陈出新"的教育思想。它的"新"可以从以下几个方面来分析。

第一，"以德为行，以学为上"教育思想的表述有所创新。虽然对德学教育思想古今中外学者都有论述，但将内涵丰富的德学思想概括为"以德为行，以学为上"八个字，且朗朗上口，易于思想的传播和推广，则是我们的独创。"以德为行，以学为上"虽然只有八个字，但其内涵却十分丰富且有所创新，可以将其具体解释为："把高尚的道德作为人的行动指南和行为准则；把不懈学习，勇攀科学高峰作为人一生至上的追求和目标。"

第二，"以德为行，以学为上"教育思想的内在逻辑有所创新。"以德为行，以学为上"教育思想蕴含着丰富的逻辑结构层次。从德和学的关系来看，德在前，学在后，因此我们认为"以德为行"是"以学为上"的统帅，而"以学为上"是"以德为行"的基础。其中，"以德为行"强调的是德与行互相依赖、相辅相成的关系。德是行的指南和准则。以德规行，以行践德。"以学为上"强调的是"学"与"上"之间的辩证关系。"学"是"上"的基础，"上"是"学"的终极目标。

第三，"以德为行，以学为上"教育思想的实施对象有所创新。以往的很多教育思想实施的对象是单一的，通常针对的是学生。而我们提出的"以德为行，以学为上"教育思想，不仅针对在校大学生，还适用于高校教师、党政管理人员。教育思想的主体和客体是多元化的。

第四，"以德为行，以学为上"教育思想的理论基础有所创新。区别于以往封建社会和资本主义社会的德学思想，我们提出的"以德为行，以学为上"教育思想的理论基础是马克思主义理论。在我们的德学教育思想中贯穿着马克思主义德学理论。如马克思和恩格斯认为"德""学"都具有阶级属性，其内容会受到社会意识形态的影响。现阶段我国仍处于社会主义初级阶段，所以我们的德学思想要反映初级阶段中国的国情。马克思还认为"德""学"的实现是人的全面发展的重要内容；恩格斯也指出，人的全面发展就是要"使社会全体成员的才能得到全面发展"。^① 在马克思和恩格斯看来，德学是人的全面发展必不可少的重要组成部分。因此笔者在"以德为行，以学为上"教育思想中加入了许多学者的全面发展的理论，使"德""学"教育思想具有很强的理论基础。

因此，笔者提出的"以德为行，以学为上"教育思想虽然吸收了传统德学思想的精华，但并不是简单的重复，而是一种更符合中国国情、反映新理论、针对新问题而提出的新的教育思想。

二、提出 "以德为行， 以学为上" 教育思想的主要原因

当今世界正处在大发展、大变革、大调整时期，国际国内形势深刻变化的社会现实，高等教育快速发展的严峻挑战，以及因德学缺失带来的一幕幕人生悲剧，都要求我们要大力加强德学修养教育。

首先，德学缺失对人生造成的现实悲剧，促使我们必须增强德学修养意识。

改革开放以来，我国的领导干部队伍、知识分子队伍在思想道德建设、业务能力培养和精神风貌等方面都发生了根本性的变化，绝大多数干部和知识分子不仅保持和发扬了我们党全心全意为人民服务的宗旨，而且一些与社会主义市场经济相适应的道德观念也正在初步形成。但毋庸讳言，当前一些党员领导干部和知识分子在德学修养上，还存在着一些与共产党人的思想道德规范格格不入的问题。如有的领导干部忘却了自己是人民的公仆、人民的勤务员，忘却了为人民服务的宗旨，忘却了做官要清正廉明、道德高尚。这些人由于官德失范，法律意识、平等意识、责任意识淡薄，权力意识、等级意识和优越感极度膨胀，逐渐走向了违纪违法、腐败的路途，成了阶下囚。在现实生活中，我们也看到有的高校校级领导和中层干部，甚至教授、博士、理论专家，忘却了理想信念和社会责任，忘却了自己艰辛的努力，忘却了知识分子应有的操守，不珍惜来之不易的荣誉和地位，守不住做人做事的

① 马克思，恩格斯. 马克思恩格斯全集：第46卷下［M］. 中共中央马克思恩格斯列宁斯大林著作编译局译. 北京：人民出版社，1992：223.

底线，经不起经济利益的诱惑，走上了不归之路……这些人，当他们付出沉重的代价，进行忏悔时，他们都道出了共通点：放松了政治学习，丧失了理想信念，违背了职业道德，被社会上庸俗的社会风气所迷惑，思想上防腐拒变的能力逐渐丧失，犯下了致命的错误，毁了自己美好的人生。

这些人生悲剧，不能不让我们深刻反思：为什么德学修养的缺失会给人生带来如此悲剧？我们要充分认识到，人生的"德学"修养，应当伴随人的一生，成为人一生的追求、一生的实践。只有这样，才能走好人生路。因此，在高等院校提出"以德为行，以学为上"的教育思想，就是要让高校教师和党政管理人员时时强化德学修养意识，真正地用自身高尚的品德、渊博的学识、执着的信念去教书育人、管理育人、服务育人；就是要让大学生在读大学期间就注重强化德学修养的意识，学会做人做事，注重综合素质的提高，努力使他们成为德才兼备的合格人才，为他们将来走上社会打下厚实的基础。

其次，社会现实对高校师生的强烈冲击和影响，促使我们必须加强德学修养教育。

当历史的脚步跨入 21 世纪之后，国际和国内的社会现实都在强烈地冲击和影响着高等院校的广大师生，高等院校不再是一块净土。如今广大师生生存的环境，不再是宁静的大学校园，而是一个纷繁复杂的大世界。世界经济全球化和政治多极化越来越明显，高科技的竞争和人才竞争不断加剧，使一些师生的心态失衡、焦躁不安。市场经济的快速发展，一方面增强了人们的竞争意识、效率意识和开拓创新的精神，强化了师生的自强意识、成才意识、创业意识和创新意识；另一方面由于市场经济活动存在的弱点和消极方面给高校带来的负面影响，容易滋生一些师生的拜金主义、利己主义和享乐主义思想，对社会义务、社会责任、大公无私、无私奉献、道德理想、人生理想等讲得少了，一切以利己、金钱、物质利益为行动准则的意识正以种种隐性形式熏染着广大师生。东西方文化在进一步碰撞，尤其是西方文化中的政治、经济、哲学、文化、艺术等作品的大量涌入，在某种程度上消解了一些师生的传统价值观念、道德意识，使部分师生产生了一种对西方文化盲目推崇的心理，思想观念变得更加复杂多样。现代科学技术的飞速发展和广泛应用对师生的影响日益增大，但互联网中一些腐朽落后文化和有害信息对师生的发展也在产生不良的影响。总之，不利于广大师生健康成长的种种社会现实在冲击着高等院校、影响着广大师生。

面对国际国内形势的深刻变化和严峻的社会现实挑战，我们该如何应对？我们必须要深刻认识到加强和改进高校师生员工思想政治教育工作的重要性，应树立新的教育理念，理出新的工作思路，探索新的有效措施。我们提出"以德为行，以学为上"的教育思想，其目的就是为了让高校的各级领导干部、广大师生员工加强德学修养，时刻保持头脑清醒，自觉抵制不良现象的影响和种种诱惑，增强遵纪守法和自律的意识，强化学习意识，不断增长才干，使自己健康成长，走好人生路。

再次，高等教育快速发展对人才素养的新要求，促使我们必须强化德学修养教育。

教育部《2008年全国统计公报》显示，到2008年，各级各类高等院校2663所，各类院校在校学生人数超过3000万人，居世界第一位。中国的高等教育已从精英化向大众化转变，这一转变促进了我国高等教育的快速发展。这一人才培养的增量，无疑是对加快我国现代化建设起到了积极的推动作用。但高等教育由精英教育向大众教育的转变对大学教育提出了新的要求。精英教育阶段，大学生的选拔可谓"千军万马过独木桥"，能录取的大学生一般是学生中的佼佼者，他们在道德修养和学习态度上有较强的自觉性和主动性。然而步入大众化教育阶段后，高考杠杆作用的降低，使大批德学修养等素质并不高的学生进入了大学校园，在多元文化思潮的影响下，大学校园中德学修养一度被忽略。这一现象给大众化的高等教育提出了新的要求，要求高校重新审视德学教育的基本要素和核心思想，思索德学教育的有效途径。

在高等教育飞速发展的今天，我们要认真思考：要把什么样的大学生输送到社会上？面对成千上万大学生的流进流出，我们将对这些大学生进行什么样的思想政治教育？在市场经济条件下，怎样确定德育的价值取向？笔者认为作为高校的校级领导，为了社会的发展，为了学校的发展，为了广大师生的健康成长成才，应当要有一种社会责任感，要根据社会发展的变化有针对性地提出新的教育思想。这种教育思想不仅要使受教育者具有市场经济所需要的有道德意义的种种品质，而且要使受教育者具备社会主义的建设者和接班人所需要的、完善的道德品质和人格以及才能，这种教育思想不仅是指向现时的，而且应当是指向未来的。

因此，我们提出"以德为行，以学为上"的教育思想，就是要引导广大师生在市场经济条件下，确立正确的价值观念和崇高的人生理想，养成优良的道德品质，自觉掌握和遵循社会不同领域的行为准则和思想规范，并以自己的积极行动去影响他人、影响社会，改善现实世界。

三、提出 "以德为行， 以学为上" 教育思想的现实意义

"以德为行，以学为上"教育思想的提出对于不断提高高校师生员工的

德学修养，促进高校教风、学风和校风建设，从而为社会培养德才兼备的合格人才具有重要的现实意义。

首先，"以德为行，以学为上"教育思想，有助于我们培养德才兼备的人才。

从现实社会的实际来看，现实社会对现代大学的人才培养提出了很高的要求，都希望大学培养德才兼备的人才。社会需要的是"有理想、有道德、有文化、有纪律"的德智体美全面发展的社会主义事业的建设者和接班人。社会的各行各业都需要德才兼备的人才去建设和发展他们的事业。我们的执政党选任干部，历来强调德才兼备，任人唯贤。因为，无德少才者不能成为领导干部；有德无才者，无法胜任领导干部；有才无德者同样难以完成党和人民交给的任务。胡锦涛同志在党的十七大报告中提出："坚持正确用人导向，按照德才兼备、注重实绩、群众公认原则选拔干部，提高选人用人公信度。"很显然，党和人民以及社会各企事业单位都需要德才兼备的人才。另外，成千上万的家长把子女送进大学接受高等教育，他们的期望，就是希望大学能把他们的子女培养成"人品第一""才华出众"的人才，其实也就是希望大学把他们的子女培养成"德才兼备"的人才。这是父母们"望子成龙，望女成凤"的普遍心理。

现代社会对大学提出这一要求，大学应当承担起这一历史使命。"以德为行，以学为上"教育思想，就是强调对大学生进行"德"与"学"的教育，其目的就是为了培养人才。通过"德学"修养的教育，使大学生能够在更为广阔的时空范围中认识世界、认识社会、认识自己，树立远大的理想，不断地提升道德情操和精神境界；通过"德学"修养的教育，使大学生不断提高辨别真与假、美与丑、善与恶、正义与非正义的能力，不断地对自己的行为进行自我调节、自我更新，培养自律行为，培育公德意识，提升精神境界；通过"德学"修养的教育，使大学生珍惜光阴，重视学习，树立终身学习的理念，掌握专业知识和操作技能，不断增强业务能力和核心竞争力。总之，通过对大学生进行"德学"修养的教育，要把大学生培养成不仅能掌握科学文化知识，而且具有远大的理想、坚定的信念、高尚的情操、健康的体魄、完美的人格的德才兼备的人。

其次，"以德为行，以学为上"教育思想，有助于促进教风、学风和校风建设。

从目前高等院校的实际情况来看，学校的教风、学风、校风的主流是积极、健康、向上的，大多数师生在经济全球化的复杂背景下，能够应对挑战。但是我们也应清醒地看到，一些师生的价值观念受到影响和冲击，思想上产生困惑和迷茫，在师生中也存在着许多的问题和不足。如在教师群体中，有的教师思想政治素质不高、职业价值观模糊、爱岗敬业之心欠缺；育人工作不到位、为人师表意识淡薄；科研急功近利、学术道德失范；文人相轻、自命清高、团结协作精神欠佳等，这些问题虽然属于师德师风中的支流问题，但若不高度重视，不及时加以解决，将会影响师德师风建设，影响学风和校风建设。在学生中，同样存在着许多问题和不足，如有的学生社会责任意识淡化、自律意识薄弱、公德意识淡薄、学习目的不明确、学习意识薄弱、学习态度不端正，缺乏创新意识、创新精神和创新能力等。这些问题也是学生中的支流问题，但这些问题不加以解决，不仅会影响到学风、校风的建设，而且会影响到学生的健康成长。在行政管理干部中也存在一些问题和不足：有的干部职业道德失范，缺乏自律意识；工作推诿，执行力不强；服务意识和责任感不强；忙于事务，不注重学习，不善于学习；工作上缺乏创新精神和创新能力等。这些问题不加以解决，也会影响教风、学风和校风的建设。

因此，要克服和解决上述问题和不足，必须强化对高校领导干部、广大师生员工"以德为行，以学为上"教育思想的教育。如果每一位领导干部、广大师生员工都能自觉地践行"公民道德规范""教师的职业道德规范""高等学校学生行为准则"，加强德学修养，学校将会出现新的景象：教师爱岗敬业、乐于奉献、以生为本、关爱学生、教书育人、团结协作、关心集体、严谨治学、更新观念、内强素质、创新教学；学生遵纪守法、诚实守信、严格自律、团结友爱、关心集体、崇尚科学、勤奋学习、刻苦钻研、追求真理、自强不息、创新学习；领导干部常修政德、严格自律、勤于服务、善于学习、学以致用、创新管理。如果大家都注重讲德行，重学习，让"德学"之正气、精神在校园蔚然成风，持之以恒，一定可以造就良好的教风、学风和校风，学校一定可以在社会上形成良好的声誉。

再次，"以德为行，以学为上"教育思想，有助于广大师生员工的自身发展。

一个人生存在现实社会中，除了要为社会服务、为人民服务外，还得考虑自身的发展，尤其要考虑在不断变化的社会环境中发展自己。"以德为行，以学为上"教育思想，就有助于人的自身发展。

广大师生员工如果注重道德修养，就会时时处处严格要求、规范自己的行为并持之以恒，使自己成为一个有道德的人、高尚的人、受人尊重的人，从而在不断超越与创造中发展自己。就如教师在生存与工作的过程中，在追求物质与理想的进程中，虽然成为"人梯""春蚕""红烛"，但也实现了自己的人生价值。他顶住生活、工作的压力，抵抗住利益的诱惑，去传播人类科学技术和文化艺术知识，去开发人类的智能，去创造新知识、新技术、新文化，去培养、塑造创造性人才，等等。这一有意义的过程，不仅使自己得到了发展，也使自己的精神境界得到了提升。

广大师生员工如果注重加强德学的修养，能进一步促进自身的发展。江泽民同志指出："知识在不断更新，我们各级领导干部更应自觉地加紧学习，争取掌握更多的现代科学文化知识。"胡锦涛同志强调："面对这样的新形势新任务，如果我们的领导干部不抓紧学习，不抓好学习，不在学习中不断提高自己，就难以完成肩负的历史责任，甚至难以在这个时代立足。"教师不加强学习，就难以完成培养社会主义事业的建设者和接班人的使命；学生不加强学习，就难以接好社会主义的班。为了适应新的情况、接受新的事物、研究新的问题，广大师生员工必须加强学习，树立终身学习的理念。经常学习，会使人感到知识不够用，总有强烈的危机感，促使自己去不断地充电，不断地以新的知识丰富自己；经常学习，会使人把注意力从身边的个人恩怨和无原则的纠纷上转移到更广阔的事业上；经常学习，会使人变得更大气、更宽厚、更睿智、更成熟，因而也更适合于承担重任。总之，加强学习修养，会促进自身的发展，提高综合素质，提高解决问题的能力，使品格更高洁，使生命之光更为灿烂。

四、践行 "以德为行， 以学为上" 教育思想的主要途径

践行"以德为行，以学为上"教育思想的过程就是一个持之以恒地不断学习、不断反思、不断修养的过程，并通过自身的知行合一，发挥榜样示范作用，去唤起和影响整个社会的德学修养意识。

首先，知行并举，自我反思。

在践行"以德为行，以学为上"教育思想的活动中，一些传统的教育思想和做法，我们可以学习和借鉴。孔子的道德教育思想特别强调"知"和"行"的作用。他认为，"知者不惑"[①]。"知"就是对道德知识和规范的认识，"知"可以"解弊"，去掉思想上的弊病。他认为，"力行近乎仁"[②]，强调道德的实践，也就是只有通过实践和行动才能完成道德品质发展的过程。因此，知行并举是十分重要的。这种"知行"说很值得我们借鉴。强调"以德为行"，在于了解"公民基本道德规范""教师职业道德规范""高等学校学生行为准则"的要求和实质之后，要认真地去实践它，通过实践来加强道德修养，提升道德情操，重视学习，善于学习，促进自身发展。

---

① 论语·子罕［M］. 张燕婴，译注. 北京：中华书局，2006：131.
② 崔高维校点. 礼记·中庸［M］. 辽宁教育出版社，1997.

　　我们还必须注重"自我反思"。在我国古代教育思想中，有"内省"一说，它的含义就是在道德修养中进行自我认识和自我评价。孔子所说的"见贤思齐焉，见不贤而内自省也"①，其意思就是要求人们从存在于客观的贤与不贤中，认识到主观修养上的差距和问题，从而对自己的道德行为做出评价。曾子所说的"吾日三省吾身"，也是要求人们经常反思自己的道德表现来评价自己。这种"内省"说，在今天仍有现实意义。我们有必要经常向品德高尚的榜样学习，通过学习和自身的反思，来查找自己在道德行为、教学态度、学术规范、待人处世等方面的不足之处，自觉地加以抑制和克服，不断地提升自己的道德修养，塑造高尚的人格。

　　其次，重视学习，勇于创新。

　　在践行"以德为行，以学为上"教育思想的活动中，我们要特别重视学习和勇于创新。在相当长的时期里，教师都沿袭着传统的教育理论，遵循着古人关于教师功能的定位，即韩愈在《师说》中说的："师者，所以传道受业解惑也。"可以说，在社会发展和科技发展比较缓慢、知识的更新及总量的增加相对迟缓的年代里，教师所掌握的一些专业知识，以及教育学、心理学、教学方法方面的基本知识，大体上能够胜任传授基础知识和专业技能、进行答疑辅导的职责。但是在 21 世纪的今天，科技发展日新月异，知识更新的周期越来越短，稍不重视学习，就会落后于形势，难以适应今天对学生的培养。因此，我们要通过学习去提高自身的思想道德素质、科学文化素质、身心健康素质及个人人格魅力；通过学习去研究高等教育和职业技术教育的发展规律，研究职业技术教育的方法和技术；通过学习去提高自身的管理能力、协调能力、沟通能力、激励能力、特色教育能力，从而提高教育教学质量，提高人才培养的质量。

　　我们还需要勇于创新，在创新的实践中来提升"德学"修养。江泽民同志曾说过："创新是一个民族进步的灵魂。"在知识经济时代，教育要培养创新人才，教师就不能仅满足于传授知识、模仿别人的教育教学方式，必须要有自己的思想、自己的观点和自己的特色。我们都很清楚，老一辈教育家群体在从事教育教学的过程中，都注重提出自己的教育理念和教育思想。如蔡元培先生提出"思想自由，兼容并包"的教育思想，徐特立先生提出"经师、人师合一"的教书育人思想，陶行知先生提出"教人求真、学做真人"的教育思想，叶圣陶先生提出要让学生"真能懂得事物，真能明白道理，真能实践好行为"的教书育人目标，等等。这些教育思想影响着当今的教育工作者。笔者认为，我们今天的教师应当勇于创新，以自己的创新思维、创新

---

① 论语·里仁［M］. 张燕婴，译注. 北京：中华书局，2006：47.

能力，去创造新的知识、新的思想，去培养创新人才，决不能满足于当"教书匠"。

再次，持之以恒，广为传播。

在践行"以德为行，以学为上"教育思想的过程中，我们必须要有持之以恒的态度。邓小平同志在1981年1月17日中央政治局常委会上谈到抓精神文明建设，抓党风、社会风气好转时，就流露出深深的忧虑。他说，风气如果坏下去，经济搞成功又有什么意义？会在另一方面变质，反过来影响整个经济变质，发展下去会形成贪污、盗窃、贿赂横行的世界。邓小平同志的话语，让我们警醒，让我们高度重视。我们曾下大力气去整治党风、政风、行风和社会风气，取得了一定的成效。然而，我们仍需正视当今的现实，在这个人欲横流、金钱至上、浮躁喧嚣的经济社会里，仍然存在着政治生活中的腐败与渎职、经济交往中的诚信缺乏与恶劣竞争、公共生活中的冷漠与麻木。我们仍需告诫高校的广大师生，"德学"修养必须持之以恒，不论在校内还是校外，不论在今天还是明天，都不可放松，要以自己的信仰、理想、道德行为去影响公共道德和社会风气。

我们要广为传播"以德为行，以学为上"的教育思想，不仅要在思想政治教育工作中增强"德学"修养的教育内容，而且在校园文化建设中也要蕴含"德学"修养的精神。我们还要通过社团活动、周末学术讲座等活动传播"德学"修养的重要性，让广大师生在"以德为行，以学为上"教育思想的学习中，增长人生智慧和强化人文底蕴，深入思考人生的目的、意义和价值，从而不断地完善自身人格，成为一个有理想、有价值的人。当然，我们作为知识分子不能忘却自己的社会责任，我们的"德学"修养的传播不仅仅停留在校园，还应当在广阔的社会中。我们要在社会实践中，传播"德学"修养对个人、集体、社会的重要性，唤起公民齐心协力自觉地培育公德意识，鞭挞违背社会公德、职业道德的人和事，逐步去构建与市场经济发展相适应的道德观念和道德规范。如果大家都能积极地去践行"以德为行，以学为上"的教育思想，就可以为大学、社会构建道德理性家园和精神家园贡献力量，就可以让人生"德学"修养的教育思想源远流长。

大楼·大师·大爱①

——关于办现代大学的思考

在当前高校不断扩招的背景下，高校的硬件设施越来越完善，大楼平地而起，学校规模越来越大，而在软件方面，学校中的大师却越来越少，学校的人文关爱也越来越弱。高校这种畸形的发展趋势使我们不得不反思办好现代大学的主要因素是什么。笔者认为在办好现代大学所需要的各种硬件和软件体系中，大楼、大师、大爱是其中最核心也是最重要的三个基本要素。现代大学只有加强大楼、大师、大爱的建设，才能建设成为一流的大学。

一、办现代大学需要有大楼、 大师、 大爱

现代社会给高等学府的发展提出了众多新的要求。为了应对这些社会现实性的问题，我们必须加强大学中大楼、大师、大爱三个方面的建设。

（一）现代社会发展的需要

现代化给当代大学的发展提出了许多新的命题，大学的发展不可能再像过去那样只倚重于大师等单一因素而取得发展的轨道。从中国古代千年高等学府的发展历史来看，中国高等学府的教学质量主要取决于大师，即教师的个人学识及素养在很大程度上决定了一所学府的教学水平。例如先秦诸子创办的私塾等高等学校，教学建筑和设备并不庞大，但因为孔子、墨子、老子等大家的出现，使得当时的高等学府因这些教师的教育思想不同而形成了不同的派别。从秦代开始到唐代，无论是官学还是私学，其发展壮大并不取决于楼的多少。唐代文学家刘禹锡在《陋室铭》中提出"山不在高，有仙则名。水不在深，有龙则灵"的观点正是当时办学情况的真实写照。一所好的学校不在于建筑物有多好，其师资力量才是最主要的因素。宋代以后，书院逐步兴盛起来，多数书院都没有宏伟的校舍，普遍选择远离繁华闹市区，在

---

① 原载于《广东技术师范学院学报》2012 年第 6 期。

依山傍水的幽静处建设，校舍大多低矮简单，但一些条件简陋的书院因为有名师和良好的教学传统也能成为远近闻名的高等学府，不断培养出经世之才。这种传统一直延续到近代。这是与中国传统政治经济文化和特定的历史时期密切联系在一起的。受当时经济社会发展水平的制约，古代的高等学府不可能建造出像现代大楼一样的建筑物，更重要的是，古代中国无论是初级教育还是高等教育的教学内容主要以文科类教学内容为主，淡化了人们对大楼等教学硬件设备的需求。但近代随着科学技术的迅猛发展，中国古代重文轻理的传统使中国逐步落后于世界各国，更一度成为被侵略的对象。近代以来中国的大学逐步向世界看齐，文理兼备的综合化教学体系对大学的发展提出了更高的要求。师资力量固然是大学发展的核心力量和人力资源，但除此之外，一所现代化的大学还要有先进的教学设备等硬件体系，还要有以大爱为核心的人文精神等软件设施。否则中国办大学只能越办越落后，与世界的差距越来越大。

（二）培养高素质人才的需要

办现代化的大学需要有大楼、大师、大爱，这是培养符合国家要求的高素质人才的需要。2011 年 4 月 24 日，在庆祝清华大学建校 100 周年大会上，胡锦涛同志做了重要讲话，对高素质人才的素养进行了说明，明确指出了"造就信念执著、品德优良、知识丰富、本领过硬的高素质人才"的培养目标，多次谈到了人才的"全面发展"和"德才兼备"的素养。要实现这一培养目标，大楼、大师、大爱是缺一不可的。大楼是一所大学教学的基本硬件措施，而拥有德才双馨的大师是培养德才兼备优秀人才的主要实施者，大爱则是培养德才兼备人才的校园精神和文化底蕴，尤其对学生品德的培育有着至关重要的作用。所以培养高素质人才离不开大楼、大师、大爱的综合建设。

（三）构建和谐校园的需要

大楼、大师、大爱强调的是在办现代化大学中的协调性、全面性和整体性。当前在社会主义市场经济的冲击下，功利主义、个人主义等不良思潮席卷了校园。一些大学在办学的过程中，往往强调了大楼等硬件措施，忽视大师、大爱等人力资源和人文资源的开发与建设，导致出现了一些学校培养出的学生高分低能、高技能低素养等不良现象。高校在建设过程中如果能同时关注大楼、大师、大爱等几个要素的综合性建设与平衡，不仅有利于构建和谐校园，更有利于推进和谐社会的进程。

二、办现代大学需要大楼

大楼代表着现代大学的硬件体系，是大学存在的重要物质力量，因此必须加强大学的大楼建设，合理构建和规划大楼及设备。

（一）何谓大楼

狭义的大楼是指校园的高大建筑群。广义的大楼是指包括校内各种现代化建筑物在内的一切硬件教学设施。本文所指的大楼主要是广义上的大楼。其主要包括以下几个方面的内容。

第一，大楼建设物。即狭义上的大楼，包括所有符合现代化的发展所需要的楼房建筑物，如宿舍，教学大楼，办公大楼，实验、实训、实习场所，图书馆，运动场馆等建设物。

第二，大楼中的硬件设备。大楼中的各种装备和设施要齐全、先进。其中教室、实验室、实习场所及其他相关校舍基本满足人才培养的需要，利用率较高。学生宿舍和教学行政用房面积达到国家办学条件要求。学生实验室、实习场所中的教学科研仪器设备值及新增教学科研仪器设备所占比例达到国家办学条件要求，实验室、实习场所的配置能满足教学基本要求，利用率较高。图书馆中的资料生均藏书量和生均年进书量达到国家办学条件要求，图书资料（含电子类图书）能满足教学基本要求，利用率高。而且校园网及网络资源建设完善，在教学中发挥积极作用。运动场及体育设施能满足人才培养需要。

第三，大楼中的文化底蕴和艺术美感。大学的大楼应该体现一所大学的文化底蕴和精神内涵，是一种建筑文化、校园文化传承的象征，也可以是大学精神的一种传承和象征。例如北京大学有着悠久历史的大楼——红楼，因其主体由红砖砌成而得名。自1918年红楼落成伊始，她就成为中国先进思想和文化的策源地。在经历了中国新文化运动及"五四"运动的洗礼之后，一大批仁人志士了解并接受了马克思主义。当北大学生走在幽静的校园中，看到这宏伟而具有厚重历史感的红楼时，浓厚的人文气息让学生们对中华悠久的历史文化有了新的认识。又如1916年建成的中山大学小礼堂，由于1923年12月21日孙中山先生与夫人宋庆龄在此做了长篇演讲，勉励青年学生"立志要做大事，不可要做大官"，这种志存高远而淡泊名利的优良传统随着小礼堂而延续至今。还有南京大学标志性建筑北大楼，建于1919年，历经劫难，仍屹立不倒，屋顶为中国建筑常用的歇山顶，主体建筑两层，塔楼五层，高耸突兀。楼层虽不高，却显得十分宏伟。当学生翘首站在大楼面前或在这栋大楼学习的时候，无论身后市井如何喧嚣，社会风气如何浮躁，学生却很容易在这座劫后重生的大楼中平静下来。

因此本文的大楼不仅指实物性的大楼和大楼中的设备，还指依附于大楼的或回荡在大楼中的文化底蕴和人文精神。

（二）办现代大学为何要建大楼

1. 教学科研的基本需要

大楼是一所大学存在和正常运作的基础。没有大楼提供的教学和科研场所以及相关设施，就不可能办好大学。随着大学不断扩招，越来越多的学生能进入大学深造，大楼成为承载越来越多的大学生的主要硬件。如果一所大学没有几栋像样的大楼，遍布学校的仍是新中国成立初期建设的小楼或平房，大学将人满为患，以致难以维持正常的教学需求，更不用说提高教学质量了。如目前在一些缺乏大楼的大学中，为满足日益增多的学生及教学需求，采取非常紧凑的作息时间和教学安排。为了配合这种不合理的作息时间，师生连中午和周末都不能休息而疲于奔命，严重影响教学质量和身体健康。同时，由于教室紧张，学生缺乏足够的自休和学习空间，使得他们的学习生活变得无所适从，增加了彼此间产生矛盾的概率，更有一些学生由此产生了严重的心理问题，还有一些学生长期在校外租住房子，也时常诱发一些不稳定的因素。

大楼对教师的科研和教学来说也很重要。有没有大楼已经成为许多优秀教师择校的重要指标。近年来许多一流的大学在引进一流专家学者时，都会承诺给予相应的住房补贴和能提供何种标准的实验室和办公条件及设备，因为这些都是教师进行科研工作的基本条件和物质保障。有了大楼，就能引来好的学生和高素质的教师。广东省地方院校肇庆学院就是一个典型的例子。所以说大楼是一所大学教学、科研工作正常运作的保证。

2. 实训实验的现实需要

大楼还能满足学生实习、实训、实验的社会化需求，为学生今后走上社会和工作岗位奠定基础。随着社会的发展进步，这些能增强学生动手能力和实操能力的实训大楼成为大学中不可缺少的部分。因此，现代综合性的大学一般都建有规模较大的实训和实验中心大楼。这与古代社会完全不同。在几千年的封建社会中，由于分工的简单，大学传授的大多都是文科类理论性知识，所以大学中没有必要提供给学生实习和实训的设备。然而进入近代，随着生产力的发展和社会分工的日益细化，大机器生产和电子信息技术的普及，要求学生的能力是全方位的，不仅要求学生要有丰富的理论知识，还要有较强的动手能力，才能满足时代发展的要求，因而实习、实训、实验大楼等设备成为一所大学必不可少的基础设备。

3. 生活与运动的需要

大楼的建设还能给学生和教师提供良好的生活和运动的条件。高大宽敞、采光和通风良好的学生宿舍，美丽的校园，先进的体育设备和场所，充满人文气息的校园建筑、雕塑、道路等都会促进师生的心理健康发展和陶冶师生的高尚情操，有利于学生健康成长。尤其是学生宿舍，是学生生活时间最长的场所。不同专业的学生聚在一起共同探讨人生和学习，这时的大楼成为学生生活和学习交流的重要工具和载体。学生毕业后，能留给学生深刻印象的也是同一栋大楼的宿友。高校体育馆等体育设施是学生拥有健康体魄的基本保证。在紧张学习之余，三五学生相约成群开展体育运动，是大学生活必不可少的，而这些都离不开大楼等设施的支持。

（三）现代大学如何建构大楼

现代大学在建构大楼上要符合以下标准。

1. 坚实安全而不急功近利

对于一座大楼来说，符合国家质量要求、坚固结实并具备一定的抗灾防震等基本功能是其得以存在的前提。近年来，中国大学投入空前，大规模扩建，但质量监督水平并不均衡。一些大学缺乏严格把关，监督不够，大学校园中仍常可见"豆腐渣"工程和危楼出现。在日本的防震规划中，学校的建筑防震级别最高，各级政府都把学校辟为临时避难所。地震发生的时候，政府会组织居民搬出自家楼房，到附近的学校集中避难。因此在高校大楼的建设过程中要避免急于求成和低于标准的建设所带来的"隐患"，让大学的大楼成为社会坚实建筑物的楷模与风标。

2. 智能先进而不奢华

当代大学的大楼要先进，要体现出时代特点和科技的进步，要成为集教学、科研为一体的高标准、智能化教学楼，要处处体现出先进的设计理念，如环保节能等理念，要体现出完善的教学科研设施和高效的分流交通组织能力，使之成为体现社会进步和时代创新的大楼。同时大学的建筑物应该是实用而不奢华的。当前对教育行政部门和学校领导来说，与其他软件相比，大楼规模、基建面积、硬件设备……这些是最容易数字化的，这些硬件最容易显现辉煌政绩。这种评价导致"大楼"成了"大学"的代名词。于是，随处可见的校园扩建风、建楼风一阵高过一阵，一些大学中的校舍一所比一所豪华与摩登，一些学校不断扩大校园面积和建设豪华五星级宾馆、豪华校门，富丽堂皇，连一些大银行、大酒店都望尘莫及。如 2006 年某大学一栋三层楼高的食堂耗资百万元安装观光电梯，被师生质疑为"面子工程"；某大学耗 300 万元修建豪华校门曾受到媒体质疑；还有的校园里排列着庄严气派的楼宇，俨然像条金融街。这些"大楼"的豪华外衣下却掩盖不住媚俗与粗鄙，有些高校为此负债累累，殃及数年，严重影响学校的整体效益和教师的教学积极性。

3. 高雅新颖而不低俗

大学的大楼要高雅、新颖，具有艺术的美感。大楼的高雅，是指大楼的建筑风格要有艺术美感，让大楼赏心悦目，成为学生引以为豪的学校建筑。然而，目前我国高校大楼更多的是平庸，绝大多数的校园建筑，或与政府机关一致，或与企业商厦雷同，或与居民小区无异。还有一些大学甚至可见一些可笑甚至丑陋的大楼建筑物。如大楼的颜色、形状和高度与周围的优美山水极不协调。还有一些拙劣的嫁接，如大楼的主体建筑呈现出西洋风格，但屋顶却是不协调的中国古代风格，再加上坐落于大楼中的一些不伦不类、奇形怪状甚至有些莫明其妙的雕塑与装饰，让人感到鄙俗。还有些校园的大楼没有进行整体规划和协调，缺乏整体美感的校园，让人扼腕叹息。还有些大楼呈现出官气、匪气、流气等与大学格格不入的建筑风格。这些都是缺乏艺术美感的大楼。大学的大楼建筑风格应该相对统一、和谐，呈现出一种满园碧草茵茵、绿树成荫，湖光山色交映成辉，自然与人文和谐共处、建筑和人群相映成趣的境界。

大楼的新颖，是指大学的建设物要有特色，并符合学校的定位。如新加坡南洋理工大学艺术设计媒体学院的教学大楼与周围的环境完美融合。这栋大楼采用了大量的玻璃幕墙装饰，可以为室内提供充足的自然光照明，草地屋顶为学生们提供了很好的会议场地。此外，绿色屋顶采用了绝缘材料，绝热降温的同时还可以收集雨水灌溉周围的植物。这是全球屈指可数的绿化屋顶教学楼建筑，更是学校和学生引以为豪的建筑。又如美国纽约大学哲学系的大楼与专业课相吻合。教学楼的外观不起眼，但内部的装修则十分优雅，简约的白色墙壁象征着貌似简单却深邃的哲学，楼梯回栏几何造型神秘而别致，还有镂空雕花的装饰，增添优雅感。更妙的是，随着时间和季节的不同，穿过镂空花饰的光线会在墙壁和楼梯上留下不同的图案效果。这些新颖并符合办学特色的建筑永远是师生们的最爱。

4. 内涵丰富而不空洞

现代大学的大楼，不但高大，而且楼内设备设施要丰富。目前我国大学在建设大楼的过程中常出现"冰火两重天"的"景观"：一些资金充足的学校，在建大楼过程中贪大求高，甚至不惜花费数百万元乃至上千万元建校门，在教学设备配置方面也求多、求新、求大，导致设备浪费或利用率不高。那些资金不充足的学校，则把有限的资金集中在建大楼上，大楼虽然建好了，却无财力充实大楼里面的设备，只好降低设备的等级。陈旧落后的仪器设备，使大学里的大楼看起来更像个"绣花枕头"。这两种倾向都要避免。大学要真正做到量力而行，要将大楼内涵建设放在首位，大楼中的仪器、设备结构要合理，配置要科学。

总之，大学的大楼在设计上要像一曲充满人性光芒、蕴含着大爱情怀的优美华丽的乐章，更要像一首陶冶师生高尚道德情操、激励学生健康成长的抒情诗歌，让人赏心悦目之余，成为更能够经得起时间检验的、有内涵的、大气的学校建筑。

三、办现代大学需要大师

（一）何谓大师

《现代汉语词典》对"大师"的解释是："在学问或艺术上有很深造诣，为大家所尊崇的人。"人们常将那些造诣深、享有盛誉的学者、专家、艺术家称为大师。而本文中的"大师"，是指品德高尚、学识渊博，处处能给学生做出表率的优秀教师。大师之"大"，在于品德之高、学问之大。在大学中能称上大师的，一定是道德品质高尚的人。每种职业都有其特定的要求，而教师职业的独特性就在于从教者以品德为重。教师被誉为"人类灵魂的工程师"，教师对学生健康心灵的成长和优良品质的培育是其他社会上任何行业和职业难以取代的。此外，大师的学术水平高超。他们是学术领域中某一学科或多个学科的领军人物。他们不仅学术水平高超、造诣精深，而且成果丰硕，并具有比一般学者更为广博丰富的知识体系和深邃的眼光，对学术的发展起着标杆与引领作用。大师只有在品德和学术两个方面都成为楷模式的人物，才能成为当之无愧的大师，才能游刃有余地在各个教育环节中对学生进行学习目的、学习态度、学习方法和科学思维方法的培养与优良的学风教育，处处为学生和社会做出表率。

（二）办现代大学为何需要大师

大师是完成大学使命的重要实施者。人才培养、科学研究、服务社会、文化引领是大学的四大使命，这四大使命的完成都与大师密切相关。

1. 培育人才的需要

"师者，所以传道受业解惑也。"传道、受业、解惑，从古至今都是教师的主要职责。现代大学的首要功能是培养人才，通过教师的教学工作对学生进行教育培训，培育和造就"信念执著、品德优良、知识丰富、本领过硬的高素质专门人才和拔尖创新人才"。没有大师是难以培养出高素质的人才的。真正大师的课，充满着无穷的魅力和吸引力，尽管并非所有大师的口才都是一流的，但他们缜密的思维和渊博的学识，以及他们身上散发出的独特风格，无不对大学生产生潜移默化的影响。大学正常运作及提高教学质量的关键因素是教师。正如清华大学前校长梅贻琦所说："大学者，非有所谓大楼之谓也，有大师之谓也。"大学如果没有大师就不成其为大学，因为大师的示范、引领与辐射作用是一般教师难以企及的，大师在培育人才方面有独特的影响力。因此，没有大师的大学，其教学水平和质量难以提高。

2. 引领科学研究的需要

大师应该是学术水平高超、造诣精深、成果丰硕的优秀学者，比一般学者具有更广博、更丰富的知识，形成独特的学术群体和风格，成为学术的领军人物。在中国的历史上，引领学术繁荣发展的往往是高校中的大师们。从清末民初起，涌现出了一批大师级的学者，他们以渊深的国学根底融通中西，不仅开辟了学术研究的新领域，更开创了一种圆融通博且富于个性特征的治学门径与学术风范。如梁启超、王国维、鲁迅、胡适、陈垣、梁漱溟等大师，为促成近代学术和方法论的重大飞跃、加速传统学术的近代转型做出了非凡的贡献。大师引领科学研究的另一个表现是他们培养了众多学术接班人。"名师出高徒""严师出高徒"等古训也证明了大师对学术传承的重要作用。如20世纪20年代，清华大学研究院聘请王国维、梁启超、陈寅恪、赵元任等大师，培养以科学的方法"整理国故"的国学人才，开创我国近代研究生教育的先河，培养了大批学贯中西、学术功底深厚、知识渊博、视野开阔的优秀学子，为中国的学术研究发展奠定了基础。又如广州医学院的钟南山院士，不仅在呼吸系疾病临床医疗、教学和研究工作中取得丰硕成果，而且为广州医学院培养了一批中青年专家学者，形成了"奉献、开拓、钻研、合群"的"南山风格"。

3. 服务社会的需要

大师还具有服务社会的强大引领作用。大师们通常都是对某个学术研究领域做出贡献的杰出者。古代的学术研究通常与社会需求联系不大，但当前大师的学术研究越来越多地围绕着社会问题等新兴学科和热点问题展开，除了历史学或考古学等一些特定学科外，目前绝大多数科学研究都是为解决当前社会问题而展开的。多数大师都更善于把先进理论工具与方法运用于对现实问题的观察和思考。大师们研究的领域也大都与当时的社会发展态势相吻合，与现实发展情况及趋势内在逻辑相吻合。当代美国的"斯坦福精神"之所以被世人称道，关键在于它拥有众多的诺贝尔奖及全美科学奖的获得者，拥有把科学研究转化为生产力的"硅谷效应"。高校服务社会通常都与大师们的研究和传承分不开。

4. 文化引领的需要

文化的继承不能依赖遗传，只能通过传递方式继承并发展下去。教育从一开始就成为传递和保留人类文化的重要手段。从历史上看，大学的大师们的思想往往成为引领文化发展的主要标杆。如先秦时期的孔子、墨子、老子等大思想家引领了春秋战国时期"百家争鸣"的繁荣景象，开启了中国首次思想大启蒙运动。唐宋时期的韩愈、柳宗元、苏轼、王安石等八位文学家或教育家发起了"唐宋古文运动"，他们提倡散文，反对骈文，给予当时和后世的文坛以深远的影响。宋明时期的程颢、程颐、朱熹等学者推动了理学的繁荣，引领人们"去人欲，存天理"，自觉遵守"三纲五常"的封建道德规范。近代"五四"运动前后，积极活跃在大学教坛上的鲁迅、胡适、辜鸿铭、王国维、梁启超、蔡元培、章太炎、陈寅恪、沈从文等思想家和教育家主张极力破除"吃人的礼教"，发起了新文化运动，开创了近代思想文化上的启蒙运动。大师们的品德修养、智慧学识、学术思想不仅引领和影响了与他们同时代的人，并对后世的自然科学和哲学社会科学以及人类的思想品德的进步产生了深远影响。

（三）如何引进和培养大师

目前，中国大学普遍缺乏大师级人物。而巴黎大学、柏林大学、牛津大学等世界一流大学全部拥有 20 位以上的诺贝尔奖获得者，蜚声世界的学术、文化大师辈出。相比之下，我国大学大师中尚没有诺贝尔奖获得者，每年能在世界一流期刊上发表论文的人少，世界领先的学科带头人更少。如何造就大师成为现代大学当务之急。笔者认为，造就大师有外部引进和内部培养两条途径。

1. 积极引进大师

引进大师是一条捷径。美国加州大学圣芭芭拉分校近年来发展很快，该校的大动作，不是征地盖大楼，而是全球范围内聘请大师。① 各高校要按照学科发展的需求不拘一格引进人才。目前，工资待遇不理想、用人制度不健全、考核制度不科学、科研环境不完备等因素，往往成为选拔和引进一流大师的障碍。因此高校要提高引进人才的配套措施，加大对大师的激励机制和待遇等硬件设施，同时为大师的发展提供相对宽松的政策和人文环境，为吸引大师的到来奠定各种基础。引进人才，要注重人才的潜在能力。美国斯坦

---

① 韦启良. 梅贻琦：所谓大学者，非谓有大楼之谓也，有大师之谓也：大学校长列传之二［J］. 河池学院学报，2004（3）：47 - 50.

福大学校长深谙此道，他说，他第一位的工作是从世界各地请到大师级教授来校执教。可见，构建一支高水平的师资队伍，已成为当今时代之潮流、办好大学之要旨。

在引进大师的过程中，要敢于打破常规，做到不拘一格降人才。我国数学大师华罗庚的职场遭遇颇具典型意义。华罗庚于金坛中学初中毕业后，因家庭经济困难，无力升高中，考进黄炎培在上海办的中等职业学校，但也因缴纳不起膳食费而辍学了。金坛中学把华罗庚请回来当一名庶务员。由于他数学才能出众，在《科学》杂志上发表了论文《苏家驹之代数的五次方程式不能成立的理由》，因此被时任清华大学数学系主任的熊庆来大师看中，不计较他的学历，不拘一格，聘他为清华大学教师并力荐他为助教。校委会不肯破例聘请没有学历的人。熊庆来说，如果校委会不聘请华罗庚，他就辞去清华大学的职务。校长梅贻琦被感动了，破格聘任华罗庚为清华大学助教。熊庆来大师为清华大学引进了一位未来的大师，清华大学造就了这位数学大师。因此，在引进人才的时候，要敢于打破现有的条条框框，为引进大师扫清障碍。

2. 加强内部培养大师

除了引进外，造就大师的立足点应放在自我培养上。现代大学如何造就大师？学校必须从硬件和软件两方面入手，加大投资力度，为大师购置一流的研究设备，并努力营造尊重科学的氛围，不仅在学术领域内树立起严谨治学的品质，更在制度设计上鼓励潜心治学，成就大师。

首先，要在硬件上多下功夫。要想培养大师必须加大资金投入，不仅要提高大师的工资待遇，还要为大师的科研教学工作提供各种齐全的设备。事实证明，资金充足的大学更容易出大师。韩国高校科研经费状况很能说明问题。韩国教育人力资源部对 2001 年全国 4 年制大学的研究经费现状进行调查。调查结果是"韩国 4 年制大学全部科研经费的 63% 集中在前 20 所大学。在美国科学情报研究所出版的科技论文索引杂志上刊登的韩国的论文中有 70% 也集中在前 20 所大学"[①]。剑桥大学全年经费 10% 用于购买仪器设备、基础建设，90% 用在了"人"身上。目前世界一流大学给大师提供的科研经费十分充足，充足的资金给大师的学术创造奠定了物质基础。

其次，要在软件上下功夫。在造就大师的过程中，学术氛围、文化、制度等软件很重要。现代大学要为大师的成长营造良好的氛围。要积极改善制度和环境，让学者有一个宽松、自由、单纯的学习和研究环境；社会各界也

---

① 吴莲姬. 韩国大学科研经费的 63% 集中在排名前 20 位的大学 [J]. 当代韩国，2003 (Z1).

要珍视大师，并为之创造一个良好的舆论氛围，这样才能培养出真正的大师。如普林斯顿大学的安德鲁·怀尔斯教授在这所学校9年不出一篇论文，埋头苦干，潜心研究，最终解决了困扰世界数学界长达360余年的一大难题——费马大定理，获得了历史上唯一的"菲尔兹特别奖"。9年不出一篇论文，这在当代中国会面临解聘等危机。大师做大学问，可能需要10年、20年的积累，需要社会对他的宽容和耐心，因此我们要为大师营造厚积薄发的成才环境。学习和借鉴国外一些有益的管理经验，在坚持原则的前提下，给予人文科学和文学艺术最大限度的自由。

现代大学要从源头上加强教育。大师不可能像工业品似的在流水线上批量生产，而是要长期培育的。"十年树木，百年树人。"造就大师级的杰出人才，需要一代甚至几代学者的努力。要从初级教育抓起，让我们的下一代能够自由发展自己的个性、天性以及特长，并拥有健全的人格和自由的科学精神及人文主义情怀。

现代大学要发挥大师的传、帮、带作用。为培养更多的大师，现有的大师必须要培养接班人。目前大学校园内重科研、轻教学的氛围非常浓厚，且建立起了功利性的考评机制。所谓"一流"教授搞科研，"二三流"教授搞教学。一流的大师如果不教学是无法教出一流的学生和一流的接班人的。因此，大师除了教好学生外还要带好学术团队。大师级人物离不开团队的研究工作，研究团队或研究中心更离不开大师的指点和引领。大师传、帮、带工作，会给高校造就更多的大师。

现代大学要加强师德建设。学术高强、聪明绝顶的人不一定能成为大师，具有良好的综合素质的人才能成为大师。目前在我国教师队伍中，缺少的是综合素质强的大师。成为大师必须有高尚的品德，必须对真善美有感悟力，必须淡泊名利，有对学术孜孜不倦地追求的崇高精神境界。因此要通过师德建设，促使更多的学者修养为大师。

当前各大学正处于竞争发展时期，人才是竞争中最关键的因素。如何造就大师，在当今这个大师稀缺的时期显得尤其重要，因此必须下大功夫推进大师建设进程。

四、办现代大学需要大爱

（一）何谓大爱

大爱是一所大学在长期办学实践中形成的共同精神、价值追求及行为习惯的总和。大爱的内涵是十分丰富的，它不仅指人类社会普遍存在的一种对世界万物的生命物质的价值、前途和命运的关注与情感交流，还包括人类个体与个体之间、群体与群体之间、个体与群体之间产生的对人类自身价值、前途和命运的持续的情感关爱与行为关怀，是一种泛爱。这种爱接近于孔子提出的仁爱思想。孔子的仁爱思想流传千年，时至今日仍具有无限的生命力。"仁"是孔子思想的核心观念，"天下归仁"是孔子的社会理想。《论语》中提到"仁"的次数多达 109 次。孔子说的仁即是爱，"樊迟问仁，子曰：'爱人'"①。"爱人"即是说要有仁德之心，要尊重他人、关爱他人。这种仁爱不仅表现为对父母兄弟的爱，即孝悌之情，更表现为爱众，"泛爱众，而亲仁"②，即爱天下之"民"，做到心怀天下，忧国忧民。正是这种有亲疏远近、是非曲直的爱，才真正体现了大爱。大爱是维系大学精神生生不息的情感根基。

（二）　当代大学为何要加强大爱建设

大爱建设是当代大学必须加强的一项任务，因为其具有十分现实的意义。

1. 大爱有助于提升大学办学水平

大爱是一所大学历史文化积淀所形成的独特的精神特征，是一所大学办学理念、价值追求演化成的群体意识，是激励大学发展、提升大学办学水平的精神动力。大学精神的形成，与大学产生发展的时代、独特的历史地理环境和文化特色，以及师生的共同心理状态密切关联，是民族精神、国家意志、社会发展趋势与学人精神相互融洽的结晶。大学精神一经形成，具有相对的稳定性、较强的融合性和强烈的渗透性，是一所大学生命力、创造力和凝聚力的标志，是其急需发展的底蕴之所在。大爱是提升大学办学水平的精神动力和智力支持。

2. 大爱精神推动了社会的发展

弘扬大爱精神不仅是高等教育自身发展的需要，同时也是社会进步的需要。大爱包括了人们对社会理想的追求，而社会理想是社会需要的具体反映，这种需要是反映社会发展规律并以社会发展规律为基础的。有了对社会规律的认识，大学就能够提出符合社会发展规律的社会理想，这种社会理想是推动社会进步发展的原动力。大爱主张人与人、人与自然之间的关怀，这是对当代进入技术时代人与人之间情感淡化的一种反思。技术理性和德性似乎是一对矛盾，近代以来随着科学技术的发展，人们道德的日益沦丧引起了

---

① 　论语［M］. 张燕婴，译注. 北京：中华书局，2006：182.
② 　论语［M］. 张燕婴，译注. 北京：中华书局，2006：4.

人们对社会前途的担忧。而大爱是对理性淡化人性，使人失去了对他人的热情和敏感的一种反思，是针对技术对人的异化进行批判的良剂，推动了社会发展进步。

（三）如何形成大爱

大学中的大爱精神建设不仅包括对学生的关爱，还包括对教师的关爱以及如何营造大爱的环境等几个方面的内容。

1. 以生为本，关爱学生

在大学中，对学生要有大爱之情，同时要加强对学生的大爱教育，主动关爱学生的学习、生活、思想、情绪等方方面面的发展状况。

首先，要充分关爱学生，体现以生为本的人文关怀。教师要爱学生，并为学生的健康成长提供各种条件。

在学习上要加强对学生的指引与教导。李政道先生在 2002 年撰写并出版的《物理的挑战》一书中说："培养创新的科学人才，必须要有好的导师和密切的师生共同研究的过程，这个省不了，不能用网络、程序代替的。人是人，还是跟学徒、老师这个关系，是需要一年、两年以上较长期精神上的培养。这样培养的人才，可以一生独立思考。"学生在成长过程中，是否有好的引路人对学生能否成长有着重大关系。此外在学习上还要善于发现学生的特长，不断给予关爱，让他们早日成才。近代我国许多大师级人物都曾得到学校大师们的关怀。如 1929 年，钱锺书报考清华大学西洋文学系，数学考了 15 分，本应被退回，但罗家伦校长亲阅他的试卷后立即定夺：此为奇才，破格录取。臧克家 1930 年报考山东青岛大学时，数学零分，作文也只写了三句杂感，但三句杂感让主考官闻先生发现了这位青年身上潜藏的才气，语文成绩被打了 100 分，被破格录取。吴晗 1930 年报考清华大学历史系，数学成绩是 0 分，但他中文和英文成绩奇高，竟是两个满分，罗家伦校长仍然将他破格录取，又造就了一位大师。

在生活上要对学生无微不至地关爱。与当下我国大学教师上完课即走、学生难见导师面的现状相比，国外一些一流的大学在这些方面给了我们很好的启迪。如英国的牛津大学、剑桥大学，美国的耶鲁大学等，都采取了学生和教师住在一起的"住宿学院"制，即所有学生不分专业混住在同一栋宿舍楼，为学生提供学习、生活与社会交往的优良环境，使学生拥有家一般的感受。每所住宿学院都有一位负责学生生活和学习的院长，还有一位专门负责指导学生选择课程或选专业的教务长。院长、教务长以及他们的家人都跟学生住在住宿学院。教务长和院长大都跟学生保持很好的交往，从学习和生活上对学生尽心尽力给予帮助。很多教务长或者院长还会邀请学生到家里共进晚餐。这些师生间的关爱成为学生成长、成才的重要因素。因此我们要建立健全大学生日常行为管理制度体系，建立起从学生入学就开始的全程关爱制度，包括关爱学生学习、生活、社团活动、文娱体育活动等，建立贫困大学生资助等方面的关爱制度，充分彰显出大学的大爱情怀。

其次，要加强学生的大爱教育。学校不仅要对学生有大爱的举措，还要教会学生拥有大爱的情怀。学校要教育学生如何修身养性、为人处世、奉献社会，并形成高尚的道德情操。大学要提高思想道德等人文素养教育的地位，提高思想政治理论课的地位，并在所有课程教学中融入大爱精神，教会学生分辨出社会的真善美，培育他们关爱社会、关爱他人，遵守各行各业的职业操守和公民道德规范。同时教师要用自己的言传身教为学生树立良好的品德榜样，让学生在潜移默化中拥有大爱。

2. 以师为重，关爱教职工

一所大学不仅要对学生有大爱，也要对教师有大爱。只有这样，才能更加激发出教师爱的情怀，从而将大爱无私地、不自觉地传递给学生。

学校对教师"大爱"关怀要从制度上加以完善。要为培养一流大师而提供宽松的学术制度、教学工作制度和学生工作制度等。宽松的学术制度是指大学要为教职工的科研创新提供有利的条件。如积极为教职工排忧解难，激发他们的责任感、奉献精神，为培养学生服务。目前我国高校普遍对教师每年发表论文数量有硬性规定，当这种科研课题呈现出功利化色彩时，当学术论文被当作评职称、晋升硬件时，学术的独立与庄严就受到了挑战。这种功利化的科研工作是难以培养出大师级人物的。我们要反思当前我国的学术制度和环境是否为大师的出现营造了一个良好的氛围，要摒弃一些过程功利化和世俗化的举措，让真正的大师能孕育而生。

此外，学校还要建立健全教代会、职代会制度，切实强化对教职工合法权益的维护，激发教职工积极参与学校管理、关心学校建设和发展的热情，充分保障教师的知情权、参与权、表达权、监督权，增强责任感和主人翁意识。

3. 营造环境，构建全方位大爱氛围

大学要培育大爱，必须积极营造大爱的环境，构建全方位的大爱氛围，形成全员参与、全方位、全程渗透的大爱建设模式。"全员参与大爱"是指大学中所有成员都要参与到大爱的建设中来，大爱精神应存在于大学中的领导干部、管理人员、教师、学生、工勤人员等所有人的品格中，成为全校共有的品质，形成师与生之间、师与师之间的友好和谐的关系。"全方位渗透大爱"是指在学校的所有领域都进行大爱教育，让大爱在教学、科研、人才培养、服务社会、文化传承等各个方面都融入大爱精神。"全程渗透"是指

大爱教育和弘扬大爱的行为贯穿于教育的每个时间段，从而建立起一个立体化的大爱建设体系，形成和谐的大爱文化氛围，让大爱在校园内永存。

五、大楼、大师、大爱的辩证统一关系

大楼、大师、大爱是辩证统一的一个整体，三者互相联系，相辅相成，不可偏废。

首先，大楼是硬件，是大学得以存在的物质基础，是大师和大爱得以依托的空间场地、大师的活动空间。大楼的功能正如唐代诗人杜甫在《茅屋为秋风所破歌》中指出的那样："安得广厦千万间，大庇天下寒士俱欢颜，风雨不动安如山。"大学的大楼是使师生"安如山"的保证。正是有了"安如山"的大楼，大师们的心态才能平静祥和。在这种良好的物质基础之下，在装备齐全的大楼中，大师们能专心于科研和教学，思维活跃，能天马行空却又不为外界的车水马龙所干扰。

大爱的传承及外在表现通常也是在大楼中得以传承。一些历史悠久的大楼，饱经风霜，历经磨难仍屹立不倒，成为大学精神及大爱的一种物质象征。一些楼房因为大师的居住、生活与学习，被赋予了大师大爱的精神力量，成为大学中受人景仰的精神文化遗产，即大爱的传承象征。还有的大楼因为大师的题词、演讲成为具有某种爱的象征性的建设物。这些都说明了大楼可以为大爱提供实物依托，是大爱演化的见证。

其次，大师是灵魂，是大学得以存在的人力资源，是大楼的主人，是大爱的依附者和实施者。

大师是大楼和大爱中的灵魂，是连接大楼与大爱的生命体。没有大师的大楼是无生命力的大楼，没有大爱的大楼是冷冰冰的大楼。大师以及依附在大师身上的大爱是赋予大楼生命力的来源。大师是大学存在的最初的原动力和最核心的力量。在中国古代，大学可能没有大楼，但绝不能没有大师及大爱。甚至在近代，抗战时期的大学如西南联大，别说大楼，连像样的教室都没有，除了图书馆的屋顶可以使用青瓦、部分教授和校长办公室使用铁皮屋顶之外，其他建筑一律为简易茅草房，学生宿舍全是夯黄土为墙，窗户没有一块玻璃，仅有几根树枝象征性地摆设。但在这个没有大楼的大学里却培养了众多精英人物和大师级人物。因为这里聚集了当时一流的大师，校园里处处洋溢着大爱精神。西南联大当时实行了"教授是大学的灵魂"，实行"不

妄用一钱，不妄用一人"① 的政策，网罗了大批优秀教师。虽然西南联大的历史前后不过 8 年半，但却培养出了杨振宁、李政道、朱棣文 3 位诺贝尔奖得主。这说明了大师在大学中的重要地位。没有了大师与大爱的大楼只能是钢筋混凝土的简单组合。

最后，大爱是软件，是大学精神和人文素养的传承，是大楼拥有精神文化的源泉，是大师与生俱来的内在品质。

大爱是大学中的大学精神、人文关怀和道德素养价值理念的综合体，一种巨大的感召力量和博大的精神力量。大楼因为有了大爱而变成了师生的家，否则只能是砖瓦的堆砌，只能称为楼房，而不能称为家园。有了大爱的大楼处处体现着人文关怀和育人书香气息。大爱虽然看不见、摸不着，但它却使大楼拥有了生命力，成为感染学生、培养学生、让学生在潜移默化中成才的美好家园。

大师也是因为有了大爱的情怀和素养，才能成其为大师。大爱是大师与生俱来的情怀和内在特征。没有了大爱的大师，只能称为教书匠、学者、教育工作者等，而不能称为大师。有人说大师成就大爱，还有人说大爱成就大师，其实两者是无法分割的统一体。大师的大爱可以驯化顽冥、化腐朽为神奇，在充满着大爱的大师身上造就和孕育了新的大师。孔子对学生充满着大爱，不仅用仁爱教育学生，更在教育中践行了爱。如"伯牛有疾，子问之，自牖执其手"②，由于他爱生如子，因此造就了大批大师级的学生。

总之，当代大学要想建设成为一流的大学，必须加强大楼、大师、大爱三个方面的建设。拥有一流的硬件设施的大楼是物质基础和学校发展的硬件系统；拥有一流大师是大学发展的师资力量，即人的因素，是大学发展中必不可少的核心力量；大爱则是当代大学发展的精神和价值追求，是一流大学发展的软件。大师如人的躯干，而大楼与大爱则分别为人的左手和右手，这三个方面缺一不可，大学的其他因素如学生、制度、管理、文化均要借助上述三者方能落实。

---

① 何兆武. 穷酸的西南联大与 3 位诺贝尔奖得主：真正意义上的世界一流大学 ［J］. 光谱实验室，2012（3）：1608.
② 论语 ［M］. 张燕婴，译注. 北京：中华书局，2006：74.

高校管理的理念：人文精神与科学精神的结合[①]

有一种流行的看法，认为科学管理是管理的理想，实施科学管理就是建立和健全各种规章制度，然后不折不扣地予以执行。这种看法在实践和理论上都有可疑之处。在管理实践中，眼里只有制度的领导，肯定不如目中有人的领导受群众欢迎；从理论上看，管理活动虽有可规范的一面，但也有不可规范的一面。对某一种看法质疑，并不一定非要否定它。质疑有对立性的，也有补偿性的，笔者持后一种态度。管理应以科学精神为指导，对此不仅不反对，而且要加强，但不能仅仅停留在规章制度里认识科学管理。此外，现代社会对管理不仅仅有科学的要求，还有人文精神的要求。本文将分三个方面来论述这个问题。

一、让高校管理体现科学精神

高校管理所体现的科学精神包含三层意思：一是按管理活动的一般规律进行管理；二是按业务工作的规律进行管理；三是在市场经济条件下，在一定范围内按市场经济活动的规律进行管理。

按管理活动的一般规律进行管理，是指高校管理行为应规范化，避免随意性。高校的管理规范有两种：一种是规范组织行为和个体行为的各种规章制度，既具有教育性，也具有强制性。另一种是思想规范和环境规范。思想规范包括世界观、道德理想、政治思想原则等，它虽不具有强制性，但一旦经过教育内化为人的信念，便能从高层次、深层次长远地起着内在的规范作用。环境规范包括榜样、舆论、传统、风气等，它也不具有强制性，但是通过教育或暗示，可以潜移默化地规范着人们的思想和行为。

按业务工作的规律进行管理，是由高校工作的专业性、学术性和教育性所决定的。它包括用教育和学术的理想召唤人，用挑战性的信息调整学科专业的发展方向，用业务工作的计划和质量标准规范人，用业务工作的任务充

---

① 本文写于 1999 年西江大学。

实人，用自由探讨、学术争鸣的优良学风吸引人，用业务工作的内在因素，即工作意义的丰富化、工作技术的复杂化、工作结构的完整化、工作责任的扩大化激励人等。

按市场经济活动规律进行管理，表现为在交换的基础上，根据某种约定，使用与利益挂钩的手段进行管理。这是目前各国高校普遍采取的做法，美国教育家伯顿·克拉克认为："社会对大学的控制，大学对院系的控制，越来越多地转向经费的控制。"目前在我国，这种经济手段主要用于高校的资源管理，从而调控组织和个人的行为方向，刺激竞争，调动人的积极性，提高工作质量和效益。

总之，将上述三个方面的管理均归入科学管理，是因为它们都按客观规律进行管理，均有一定的成文或不成文的章法（规章制度、计划或契约），均以质量和效益为追求的目标。它们在实践中互相交叉、互相支撑。规范化的管理手段可以增强业务管理手段的权威性，业务手段可以提高规范手段的科学性。经济手段可以给规范手段和业务手段带来动力，规范和业务手段则可以给经济手段带来方向性和教育性。科学管理具有客观性、公正性和规范性，它的局限性也由此而生。它所关注的主要是工作本身和结果，关注的是质量和效益，容易出现对人主体地位的忽视、对人创造潜力的忽视、对塑造组织形象的忽视。这便引出我们下面的讨论。

二、让高校管理体现人文精神

人是高校管理的出发点和归宿，又是高校管理的动力，与各种制度规范相比，人是高校管理过程中最重要、最活跃的因素。因此，高校管理应体现人文精神，即以人为本，把人放在应有的主体位置上，尊重人、关心人、依靠人来推进高校管理，在管理过程中建立民主平等的干群关系，形成强大的凝聚力，使每个人都能独立自主地工作和生活，主动积极地做出创造性的贡献。历史上曾经把以人为本当作资产阶级人性论批判过，造成思想认识上的混乱和实践中的无所适从，现在面对高校管理思想观念的变革，有必要对"以人为本"的价值重新加以认识。以人为本符合我们革命和建设的根本宗旨——为人民服务。马克思指出："专制制度的原则总的说来，就是轻视人，蔑视人，使人不成其为人。"资本主义"把人的尊严变成了交换价值"。马克思主义把人民群众看作历史的主人、社会发展的动力、生产力的根本要素，认为"人是人的最高本质""人的根本就是人自身"。无产阶级干革命搞建设，除了造福于人以外，没有任何别的目的。

人本主义管理手段主要有以下特点：①人本主义管理手段强调人性需要

的满足，管理以人为本，以达成和推进人性需要的满足为管理的最终目的。②人本主义管理手段强调尊重、理解和关心他人，始终通过内心激励调动被管理者主动参与管理过程，通过管理中主客体平等相待、互相支持达到管理的和谐统一。③人本主义管理手段十分注重管理者自身的修养，强调其德礼品行，要求管理者以德服人、以礼待人，通过以身作则影响被管理者。④人本主义管理手段重教育，主张通过教育而不是无节制的惩罚达到管理目标，它是管理手段中最富教育性质的手段。⑤人本主义管理手段易受管理者与被管理者自身素质的影响，其成败得失往往与这两者的素养有极大关系。所以，这一管理手段的运用主观性强，不同管理者运用效果不一。人本主义管理手段是中国古代管理思想的精髓，是构建中国式高校管理的必然要求。人本主义管理思想并非西方独有，在中国古代儒家和道家的管理学说中就有了这一思想。儒家代表人物孔子就说过："为政在人，取人以身，修身以道，修道为仁，仁者人也，亲亲为大。"明确把"人"作为管理的载体。在儒学中管理的本质是"治人"，管理的前提是"人性"，管理的组织原则是"人伦"，管理的最终目标是"安人"。总之，一切都是以人为本。道家的创始人老子则强调管理的基本精神是"以道为中心"，讲究"道法自然""无为而治""弱者道之用"。要求人们在管理活动中必须遵循自然、人道，才能取得良好效果。中国特色的高校管理模式，除了需要充分体现当代科技进步和高校实际情况以外，还必须吸取中国古代文化的精髓，把中国传统文化和现实有机结合起来。如果只谈世界性、现实性，而没有民族性和传统性，是不会有中国特色的。

随着市场经济对计划经济的逐步替代，高校内部对人性的认识有了一定的变化，在角色上经历了从"社会人"到"经济人"的转变。因此，在高校管理中引进了许多市场经济的法则，强调用经济手段刺激教职工和学生的积极性，使高校在经济利益驱动获得了较大发展。但也存在许多矛盾。引发了高校功利主义倾向，削弱了高校的教育功能，使高校管理手段又趋简单化，脱离了高校的实际。尤其在当前经济利益的满足与人们的要求之间尚有一定差距的情况下，又引发了新的内部矛盾，不利于高校管理目标的实现。进入20世纪90年代中期，许多高校开始认识到单纯采取经济手段实施管理的弊端，积极探索高校管理模式的变革，人本主义管理手段正是在这一反思和探索中被引入高校的。如华中理工大学提出"事业留人，感情留人，待遇留人"，在管理中引入以"感情留人"为基础的人本主义管理思维，使学校聚集了一批学有建树的优秀人才。

要从根本上调动人的积极性，必须把以人为本当作一种管理的哲学和观念。在高校管理中贯彻以人为本的原则，就是要根据人的社会价值和心理活动规律发挥人在高校管理中的作用，建立和谐的人际关系，促进人的素质不断提高。具体体现在以下几个方面：第一，发扬社会主义民主，让教职工以不同形式参与管理和监督，尊重他们的民主权利，唤起他们的责任感。第二，深入了解教职工的需求，特别要慎重对待由于文化传统形成的群体性心理需求。尊重教职工的人格和个性，建立相互信任、相互依存的干群关系，互相关心、互相爱护、共同合作。第三，采取管理措施时考虑人的特点，要有利于提高人的自我教育、自我管理能力，有利于建立和谐的人际关系。管理语言、管理行为应有丰富的文化蕴含，尽量减少权力强制的痕迹。帮助人，满怀爱心和诚心；鼓励人，饱含热情的期待；批评人，与人为善，注意保护人，一般不激化矛盾；处理问题，既坚持原则，又富有人情味。第四，充分开发人力资源和发展潜力、人的创造潜力。在管理过程中，既要有一定的竞争压力，又要有较为宽松的能独立思考的环境，使人能自由地、心情舒畅地发挥自己的才能。人本管理肯定了人在管理活动中的主体地位，增强了组织的凝聚力，强调了真诚合作的人际关系，有利于人的创造潜力的充分发挥。当然，单纯强调人本管理，也容易忽视管理应该遵循的客观规律，使管理失去客观性、公正性和规范性，造成管理的随意性和软弱性，从而忽视管理的质量和效益。

三、高校管理的理念是人文精神与科学精神的结合

高校管理既承担着现实的各种任务，又负载着管理的理念，这个理念就是人文精神和科学精神的结合。从长远看，从战略高度看，科学是为人服务，并且靠人来发展的，人文精神应该成为管理的基础，成为管理的出发点和归宿。科学精神应服务并服从于人文精神，发挥着管理规范的作用。近几年的高校改革，已经为高校管理中人文精神与科学精神的结合打下初步的基础。人文精神和科学精神的结合是多层次的。因此，在管理过程中要进一步将人文精神和科学精神结合起来，可从以下的思路考虑。

首先，思想（战略）层次上的结合。武汉大学原校长刘道玉在20世纪80年代中期，面对当时部分学生几门功课不及格、达到学籍管理条例的退学处理标准的情况，全面分析了原因和学生退学的消极影响，提出"教高于罚"，然后分别对学生做了不同安排，没有把一个学生退学回家，较好地解决了问题。这个事例突出地反映了教育和管理相结合、人文精神和科学精神相结合的思想

其次，策略层次上的结合，即原则性和灵活性结合。某校规定，职工休病假，一个月满5天即停发当月奖金。车队一位司机师傅虽病假满5天，但

有 4 个双休日都出了车，该怎么算？这位司机师傅工作表现一贯优秀，身体积劳成疾，家庭负担又比较重，扣不扣奖金？经过研究，司机师傅病假天数达到停发奖金的标准，因此执行停发当月奖金。同时，由工会出面给了他一定数量的生活补助费，既表示慰问，又是补偿。

再次，方法层次上的结合，即科学和艺术的结合。某学院一位退休老工人，独身一人，70 岁生日时给老同事、老领导发请帖，邀请他们参加自己举办的生日宴会。学校领导在这位老工人生日的前一天上门祝寿，并对第二天因公务不能与会表示歉意，老工人很感动。第二天宴会时，她激动地告诉大家，昨天学院领导上门给她祝寿了。这所学院的领导对教工的盛情邀请表现了诚挚的尊重，重视了干群间的情感联系，同时，又严格执行了党政干部的行为准则。问题处理得比较有艺术性。

在高校管理中，人文精神和科学精神的结合是一个较长的过程，经历着从"两条腿走路"到松散的结合，再到紧密结合的阶段。它可以是从科学精神出发，最后以人文精神为归宿，也可以是先通人性后达理性，如在学生工作中经常用尊重学生人格的办法转变后进学生。人文精神和科学精神的结合还需要考虑各种内外因素和相关背景。可以把人文精神和科学精神看作高校管理指导思想的两极，然后在两极间连成一线，高校管理各方面的工作均可在这条线上找到自己的位置，有的距人文精神近一些，有的距科学精神近一些。怎样做出选择至关重要，选择只能建立在对实际情况的周密分析的基础上。总之，人文精神与科学精神的结合正在打开高校管理思想和实践的新天地，使我们解放思想、增长才干、提高管理的创新能力。

参考文献：

［1］赵国祥，杨巍峰. 管理心理学原理与应用［M］. 郑州：河南大学出版社，1989.

［2］李兴山. 现代管理学［M］. 北京：中共中央党校出版社，1994.

［3］唐子畏，宋晓. 人性与人际关系［M］. 长沙：湖南大学出版社，1997.

［4］黎红雷. 儒家管理哲学［M］. 广州：广东高等教育出版社，1997.

［5］母国光，翁史烈. 高等教育管理［M］. 北京：北京师范大学出版社，1995.

［6］贺云侠. 组织管理心理学［M］. 南京：江苏人民出版社，1987.

求实精神和创新精神

——关于肇庆学院精神的思考

所谓大学精神，是指大学办学过程中形成的具有特色的、稳定的，并为学校师生员工所认同的理想、信念、价值观和行为准则，是高校办学特色的灵魂。

大学要办出自己的特色，就要着力培育自己的大学精神。我国许多学者大多是从大学办学历史上形成的文化传统的角度来谈论大学精神。如关于清华精神，朱自清认为是"实干精神"；清华大学前校长刘达认为清华精神就是"一种百折不挠、追求真理的精神，一种严谨、勤奋、求实、创新的精神，一种自强不息、奋发向上的精神"；还有学者认为清华精神除了重视实干之外，还有"耻不如人"的爱国精神和科学精神。关于北大精神，鲁迅在1925年12月17日《北大学生会周刊》创刊号上发表的文章《我观北大》中说："北大是常为新的，先进的运动的先锋，要使中国向着好的，唯上的道路走。"鲁迅所说的北大精神就是进取精神、"常为新"的精神，即创新精神；马寅初认为北大精神就是"牺牲精神"；蒋梦麟认为北大精神是"大度包容"和"思想自由"的精神。可以说，大学精神积淀了所在大学的传统，体现了所在大学的特色。

我们都知道，并不是每所大学都具有自己独立的大学精神，只有那些在长期的办学历史中，通过对自己办学理念的倡导、践行、提炼和升华，并在这个过程中形成了独特的价值判断和理性诉求的大学，才名副其实地具有自己的大学精神。

肇庆学院办学的历史并不长，尤其是办本科的历史不长。35年的办学历史，有没有值得我们去总结、提炼和升华的精神？有。我们的办学理念、办学定位和追求的办学特色，也体现了我们学校的精神，这就是求实精神和创新精神，它是肇庆学院的文化精髓，是学校赖以生存和发展的精神支柱和推动力。

求实，就是指坚持一切从实际出发，求实、务实、扎实、踏实的作风和学风。求实、务实的工作作风和行为准则，是搞好事业、干好工作的基本条件。

求实，就是要求我们按照事物发展的客观规律去探索高教改革发展的新途径，去做好学校的各项工作。亚里士多德说过："吾爱吾师，吾更爱真理。"敢于坚持真理，勇于探索，实事求是，这才是"求实"的真正内涵。

在全球化和多元文化的时代背景下，我们的大学教育要发扬求实精神，培养"真"人，就要坚持以质立校、以生为本，走出一条自己的发展路子。反映到教学中，就是要对学生因性而导、因材施教，就是让学生安所遂生，尽性至命。人的丰富性、差异性、多元性等特点，要求教育以"求实"的态度对待他们，兼容并包，容忍差异，关爱和平等地对待学生。求实的工作精神不断充实和发展着大学的教育活动，使我们的教育成为人性化、个性化、使人终身受用的教育。

创新，指的是一种大胆探索、锐意进取，不断攀登、永不停滞的崇高精神境界，是一种朝气蓬勃、奋发有为的精神风貌，也是一种强烈的求知欲望。创新，就是要求全校师生瞄准新目标，拓宽新思路，开创新局面，为把学校真正建设成为在国内同类院校处于领先水平的地方综合性大学而努力。创新精神是对时代精神和科学精神的价值追求，是对理想主义的大学精神的坚持与弘扬。

创新，首先需要一种敢闯、敢干的精神。"新"的东西，一方面具有无穷的魅力，杨格说过："创造性的作品就是这个春天最美丽的花朵。"另一方面，新的东西也往往不易被人所认识和接受。因此，创新就不可避免地要冒一定的风险。只有不畏困难的勇者，才能真正走出一条新路。在这创新的时代，我们在努力创新教育。创新教育是以培养学生的创新精神和创新能力为重点，以培养创新型人才为价值取向的教育，是一种新的教育理念。因此，我们要重视培养大学生的创新意识、创新精神、创新思维和创新能力。

求实和创新，不仅体现了肇庆学院的奋斗目标，也指明了奋斗的方向与途径。它是一个高度统一、全面和谐的办学治校理念，明确反映了我们的理想、信念和追求。理解大学精神的内涵意蕴，不能割裂它们之间的联系，单独地去认识或理解某一点，而应当全面把握，以正确引导学校的发展方向。

求实和创新的精神并不是虚无缥缈的，它体现在我们学校的精神层面、文化层面、制度层面，如办学指导思想、办学理念、校训、目标定位、发展思路、规章制度、价值取向、学术规范、校园文化建设、教学质量保证体系的构建等方面。肇庆学院在这 35 年的办学历程中有大量的事实体现了求实精神和创新精神。

大学的精神至少受四个方面因素的影响：一是办学传统、历史积淀；二是所在地区文化的熏陶和区位优势的影响；三是大学书记和校长的倡导、阐释和孜孜以求、身体力行；四是校园文化的熏陶与影响。肇庆学院所处的现实背景，既有以往治校实践的物质和精神积淀，又有许多新元素、新动力、新趋势的交汇与展现，为我们确定科学的办学理念、实践大学精神，提供了直接充分的条件。肇庆学院办学历史虽短，但保留和延续了以前西江大学和肇庆教育学院的一些优良传统，如贴近地方需求办学、坚持搞好师范教育，不断扩大国际合作交流等，在这些方面都取得了具有肇庆学院特色的成就。

在学校的办学特色方面，肇庆学院的学科建设一直以社会需求为导向，根据自己的优势和社会发展的需求，强化发展优势学科，不断创设特色学科。靠优势学科和特色学科对社会的贡献，突出学校的办学特色，扩大学校的影响。办学定位的确立与办学特色的培育，无疑是学校大学精神的综合体现，反映了求实创新的大学精神。

肇庆学院一直致力于学科专业的建设发展，一方面为适应社会发展需求和高新技术发展的需要，制定了整体布局与结构合理的专业建设规划，科学设置和调整学科专业，不断优化学科专业结构，拓宽学科专业口径，按照基础扎实、知识面宽、能力强、素质高的要求，科学制定人才培养目标和规格目标，并根据发展的需要不断增设社会急需的学科专业。学校有 36 个本科专业，2005 年又有 3 个专业申请新增为本科专业。这些年学校专业建设的发展，充分显示了以社会需求为导向、务实求真的办学精神。另一方面，学校逐步推进人才培养模式的改革，并取得了丰硕的成果。在 2004 年广东省第五届高等教育省级教学成果奖评选中，学校和飞、曾峥等教授主持的教学研究成果获得了 2 项一等奖、3 项二等奖。获奖比例之高、数量之多在全省同类院校中名列第一。这些标志性成果的取得，是学校求实创新精神的成果展示。

千教万教，教人求真；千学万学，学做真人。本着求实求真的教育精神，本着为学生终身负责的教育理想，为在学生中形成良好的学风、培养学生的诚信品德，学校制定了严格的考试管理制度，希望学生在严格的管理制度下能够逐渐形成良好的学习风气与考试风气。近年来，学校学生考试作弊率逐渐下降，广大学生热爱学习、勤奋刻苦，学校的学风有了明显好转，求实创新的大学精神也在学生中得到了认同。

学校的规章制度也体现着学校的大学精神。制度是道德的沉淀，也是精神的外化。学校良好办学传统和风气的形成和发展，优良学风的产生和形成，名牌专业、特色学科及精品课程的创建与形成，名师高徒的出现，新观念、新思想的萌发、涌动、交流和碰撞，尊崇学术、求真向上、崇尚创新的校园风气的形成，都是在学校规章制度的保障下形成的。

肇庆学院坐落在七星岩风景区之中，优美的自然环境与风格各异的建筑相映成趣，使身处校园中的人们感到心旷神怡、精神愉悦，这种浓浓的校园气息，就是大学精神的外在表现。校园内拥有图书馆、实验大楼、音乐楼、美术楼、体育馆等众多综合设施，这些场所在渲染大学精神中有着极为重要的作用。学校充分考虑了校园环境对学生的熏陶作用，把校园的每一寸土地都变成课堂，让每个角落都有着美好的回忆和催人奋进的故事：名人名言随处可见，学术厅有各界人士的精彩报告，音乐楼传出阵阵琴声，实验大楼内有着师生求真创新的身影。学生置身其中，无时无刻不在感受着肇庆学院的大学精神，从中得到熏陶和启迪，体验、领会大学精神的意蕴。这正是肇庆大学精神的地利所在，也正是这种精神引领学校不断地超越自己，继而走向辉煌。

对马里兰大学"以生为本"办学理念的思考[①]

在广东省委组织部、省委教育工委和省教育厅的精心组织下，我们一行20位高校领导干部于2007年9月2—30日在美国马里兰大学培训学习。在学习期间，我们通过听该校领导、管理人士和教师的演讲，到二级学院实地考察，访问美国政府和州政府的一些部门，对马里兰大学有了一定的了解，收获不少。我对马里兰大学"以生为本"的办学理念印象最深。下面是我对马里兰大学"以生为本"的认识和思考。

一、校领导层面的 "以生为本"

校领导层面的"以生为本"，集中体现在校长、院长与管理人士都注重为培养学生成长成才做较具体的实事。

第一，校长具有十分明确的学生培养目标。马里兰大学校长莫特教授的学生培养目标，就是要把学生培养成为国际化的公民，培养学生具有较强的适应能力，能在国际化的竞争中有能力取胜。因此，莫特校长要求副校长、院长以及管理人士都要朝着他制定的目标努力工作。从学术副校长、行政管理副校长、学术发展副校长、学生事务副校长、对外关系副校长以及院长、中心主任、教授等的演讲中都可看出校长的办学理念和目标已被大家接受并达成共识，大家都在为培养学生而努力工作。

第二，校长、院长积极争取社会捐赠，为办学筹措经费。马里兰大学是公立大学，办学经费主要来源于州政府拨款、学生的学费和社会各界的捐赠。马里兰大学每年的办学经费有14亿美元，其中科研经费4亿美元，这4亿美元都是通过向州政府争取和募捐得来的。为了应对办学经费紧张的挑战，马里兰大学十分重视募捐工作，注重向校友和社会热心人士募捐，不但指定了一位副校长专门管理募捐项目，而且还给各副校长、院长下达募捐的指标。校长也亲力亲为，用近60%的时间去向政府争取科研经费和募捐，努

---

① 原载于《高教探索》2008 年第 1 期，收入本书时有删改。

力筹措经费。筹措到的经费主要用于校园建设、资助科研项目和发放学生的奖学金。马里兰大学近年建起的工程学院大楼、音乐艺术大楼等，都是校友捐款建设的。这对学校的发展和学生的培养都起到了积极的作用。

第三，校长及管理人士十分重视解决学生的实际问题。一方面，校长办公室的助理校长及职工主管，不仅负责对外的交往和咨询工作，而且还负责收集各职能部门提供的关于教学、生活以及学生的信息，负责向校长提供及时而准确的信息。另一方面，校长定期和不定期地召开学生座谈会，亲耳听取学生反映的意见。更特别的是校长每月和学生代表吃一顿饭，在饭桌上听取学生的意见和建议，收集各种有关学生问题的信息，然后召开校长办公会议，向副校长们转达学生的问题，要求他们想办法去解决这些问题。这无疑也是"以生为本"、为学生解决实际问题的具体表现。由此可见，校长有明确的学生培养目标，四处筹款办大学，为学生解决实际问题，体现了校长及领导人士注重"以生为本"，有明确的办学理念。

二、教师层面的　"以生为本"

教师层面的"以生为本"，集中体现在教师选聘和教学管理中，主要表现在以下五个方面。

第一，学校为选聘优秀的教师设立招聘机构和招聘程序。招聘机构由校长、副校长、教务长及其指定人员组成，下设招聘委员会（由5～7人组成），招聘委员会、招聘委员会主席、招聘委员会成员都有明确的职责。招聘教师还涉及学校人力资源部和院、系人力资源委员会。院、系两级人力资源委员重点承担招聘教师、评估教师的教学、科学研究和社区服务的工作。招聘程序十分全面规范，从不同的层面全面考察应聘教师的综合能力和素质，想方设法录用到最优秀的人才，其目的就是使学校有优质的教师，为促进学校发展和培养学生服务。

第二，学校对教师有较严格的管理。学校每隔三年或六年对教师实行系、学院和学校三级评估。三级评估都涉及教师的教学质量（学生在学期末会对教师的教学情况进行质量评估）、学术研究成果和服务学校、服务社区的表现。学校视评估的情况来决定教师职称的晋升，评估考核达不到标准和要求的教师，就有可能被解聘。这种严格的管理有力地保证了师资质量，有助于提高教学质量。

第三，学校要求教师对教学工作负责任。学校强调教师在课堂上向学生传授知识要负责任，要求教师所传授的知识对学生有用，以提高学生适应社会的能力和竞争能力。他们认为学生是交了学费的，学生到了学校就是消费者，教师必须提供优质的学习内容。另外，学校已支付给教师较丰厚的薪酬，所以不主张教师外出兼课。他们认为外出兼课造成教师时间和精力外流，会影响教学质量。这也是一种"以生为本"的具体体现。

第四，学校激励教师采用灵活的教学方式培养学生。马里兰大学主张教学自由，采用选课制和学分制，开设大量跨学科的课程，让学生通过选课拓宽知识面。学校为本科生配置辅导员，辅导员负责指导和帮助学生选课、完成学业。在教学方式上，教师注重教学与科研相结合，将教学重点从过去知识的传授转移到以研究、探索为基础的教学上来。在教学过程中，尤其注重师生的互动，启发学生积极思考，鼓励学生提问和论辩，以激发学生的学习积极性和探索精神。另外，教师还引导本科生直接参与科研活动，以培养学生的创新思维和创新能力。

第五，学校成立"卓越教育中心"，为提高教学质量服务。"卓越教育中心"直接为青年教师服务。学校要求青年教师到"卓越教育中心"接受培训。在"卓越教育中心"，教师可以开研讨会，相互交流经验。教育中心还可选派教授与个别教师进行面对面的交流并给予指导，也可帮助教师进行教学方法的研究和改革，可以说教育中心直接为教师提高教学质量服务。

很显然，学校从教师的选聘到对教师的管理使用，处处体现"以生为本"，为培养学生成长成才服务。

三、服务层面的 "以生为本"

为了培养学生成长成才，学校还成立了各种中心为学生服务。

第一，成立了教学中心，为学生的学习和实践服务。教学中心每周主办学术讲座，介绍跨学科的文化知识，包括历史、哲学、人类学、文学、文化艺术等，拓宽学生的知识面和学术视野。教学中心每周还开设有关提高教学质量的讲座，让教师和学生吸取先进的教育理念和教学方法；组织本科生、研究生进行教学实践，让教授们关心、指导和评价学生的教学实践，在实训中提高学生教学能力。

第二，成立了职业服务中心，为指导学生成长成才服务。职业服务中心为学生服务的项目是多方面的，例如，指导学生如何培养自身的职业道德感、诚信感；指导学生培养口头和书面表达能力以及与人沟通的能力；指导学生自我定位和自我规划。职业服务中心还提供学生一对一的心理咨询辅导，为学生提供就业洽谈的空间和社会各界招聘人才的信息，建立了模拟面试试题库，让学生在模拟面试中不断提高面试的技巧和应变能力。可以说，这一中心的建立为提高学生的综合素质起到了很好的作用。

第三，建立了学生事务管理中心，为学生的学习生活服务。学校有31家饮食服务公司，也有学生健康医疗中心。校内有书店和邮局，还有交通车。学校有100个校警、50个环境安全员，还有消防员，以保证学校的稳定和学生的安全。学校校园环境优美。学校后勤的一切配套设施都为学生的学习生活提供最好的服务，体现了"以生为本"的理念。

从以上三个层面可以看出，马里兰大学从校长、中层干部、教师到学校设立的各种中心，都贯穿着"以生为本"的理念，为培养学生提供多方面的服务。应当说，马里兰大学的有些做法，在广东省的高校也同样做了，并且有不少成功的经验。但是，马里兰大学的有些做法还是值得我们借鉴和思考的。

第一，努力筹措经费办学。马里兰大学筹措经费的渠道比较宽广，经费来源除了州政府经费和学生的学费外，还有校友、国内外热心教育事业人士的捐赠、学校本身的合同销售和服务等经费来源，还有与企业建立合作研究中心，争取企业捐款，等等。我国有些高校也争取向港澳人士募捐，有的高校通过校办产业增加经费，但总体来说，筹措经费的渠道仍不够宽广。最根本的问题是筹措经费的观念还有待转变，把财政拨款视为办学经费的唯一来源、对财政拨款"等、靠、要"的思想必须转变。要广开筹措经费之渠道，想办法与企业合作搞科研，争取经费，这才是出路。如果仅依靠申报项目获得经费，对于学校来说，是解决不了实际问题的。就目前来说，虽然学校年年动员教师积极申报科研项目，但每年除了极少数教师能拿到科研项目经费外，绝大多数教师想拿却拿不到，尤其是科研实力不强的学校就更难拿到项目经费了。因此对于大多数学校来说，必须靠自己走出一条路来，想办法扩大募捐渠道，开发教育资源，发展教育培训的有偿服务等，为教师增加科研经费，为学校的建设增加经费，使学校可持续发展。

第二，建立教师培训中心。马里兰大学建立"卓越教育中心"的做法很值得借鉴。他们建立教育中心的目的是要提高教师的教学能力、教学方法和教学质量。我国一向强调提高教师的综合素质、教学质量，并且采用行政命令，规定教授必须到第一线上课。这种做法取得了一定的效果，但还没有从根本上解决实际问题。一些非师范专业毕业的教师到师范院校进修一门教育学和一门教育心理学后，就走上讲台授课了；从小学一直读到硕士、博士的教师，一毕业也直接走上讲台了。目前高校师资的引进普遍存在重科研轻教学、重学位轻能力的人才遴选倾向，致使目前高校教学质量深受影响。因此，首先，要建立教师培训中心，由学校分期分批对青年教师培训，让各学科的名师示范教学，让青年教师可学可仿，这有助于提高教师的教学能力和教学质量。其次，在教师培训中心建立教学研究园地，让教师在园地里相互交流、相互研究，以教学带动科研，以研究促进教学质量的提高。

第三，高校领导干部要进一步确立"以生为本"的理念。以生为本是学校办学理念的核心，它表明了学校领导者对"为什么办学"这一根本问题的价值判断。学校是为学生办的，大学是大学生的大学。"以生为本"就是要在教学、管理等学校工作中确立学生的主体地位。其一，我们必须清醒地认识到，学生是求学的主体，他们是有理想、有感情、有个人意志和主观判断、有选择能力的人，没有学生的配合和接受，教育无法成功。因此，学校必须尽心尽力为学生创造主动学习和发展的环境，鼓励学生更主动、更广泛地参与教学活动，鼓励师生之间、学生之间互动互学、研究讨论，创新教学方式。学生的评估意见和满意程度应当成为教学质量评估的重要指标。其二，我们要改革大学教育只是负责将相关知识传授给学生的陈旧观念，必须高度重视学生能力的开发和综合素质培养。要确信每一个学生都有发展动机和无限潜能。教学要培育和激活学生的非智力因素，要培养学生的社会交往能力、合作能力，构建和谐的人际关系；培养学生的动手能力、自主服务能力，构建和谐的管理情境；培养学生的学习能力，为学生终身学习、自主和谐持续发展打下坚实基础。其三，我们要建立保障学生权益、促进学生发展的规章制度。对学生的学习、生活和心理健康状况给予高度重视，高标准规划和建设学校的软硬件设施，营造美好的育人环境。其四，我们对学生要有热爱之心。学生是祖国的未来，也是父母的未来、家庭的未来。我们要对党和国家负责，同时也对每个父母、家庭和学生负责。学校不仅要教给学生科学文化知识和生活本领，还要把教会学生做人放在首位，培养学生树立高尚的道德情操和远大的社会理想。总之，"以生为本"，就是要求高校领导者办大学要有崇高深厚的道德情感，要有大师、大楼，还要有大爱。

团结　奋进　求实　创新

——西江大学校训

团结是奋进的保障，团结是力量的象征。党政一把手的团结是学校的核心，领导班子的团结是学校的灵魂，师生员工的团结是学校的生命。无论是治学、治教还是管理，只有真诚合作、多方协作，才能体现出时代意义上的质量、速度和效益。唯有团结，才能凝聚。万众一心，办好西大。

奋进是一种昂扬的斗志，是一种图强的精神。学生、教师、学校都要有时代的紧迫感和发展的危机感，要以饱满的奋进精神，锐意开拓，不断进取，为西大写下一页又一页华章。

求实是创新的基础，是立身处世的作风。求实就是求是、求真，是踏踏实实做人，认认真真做事。吾爱吾师，吾更爱真理。不唯书，不唯上，但唯实，更唯真。治校、治教、治学来不得半点浮躁和虚伪，愿西大人踏踏实实做人，认认真真做事，讲求实效，干出实绩。

创新是开拓的意识，是发展的动力。唯创新才能有新局面。不因循守旧，不满足现状。西大人应永远高扬创新的旗帜，开创具有鲜明西大特色的新局面。

团结、奋进体现"德"的含义，求实、创新具有"才"的内容。团结、奋进是"善"的内化，求实是"真"的写照，创新融合"美"的要求。

团结、奋进反映了一种传统的"人文精神"，是师生崭新风貌的良好体现。

求实、创新揭示出一种"科学方法"，既体现了大学精神，又具有时代意义。

新校训整体上"德、才"兼备，"真、善、美"融于一体，有和谐之美，有全面发展之意，有开拓进取之心。

（1999 年）

肇庆学院办公楼

肇庆学院行知湖

第二部分

学校治理与探索

学校发展方略

坚持"以人为本、执教为民"理念，办好人民满意的高等教育①

教育是民族振兴、社会进步的基石，是提高国民素质、促进人的全面发展的根本途径，对于深化社会改革发展和推动经济转型升级具有决定性意义。党的十七大报告在"加快推进以改善民生为重点的社会建设"部分中要求"办好人民满意的教育"，就是要在加快经济发展的基础上，更加注重保障和改善民生，保障公民依法享有受教育的权利，"努力使全体人民学有所教"。办好人民满意的教育，其本质就是要全面贯彻党的教育方针，坚持教育的公益性和普惠性，满足社会日益增长的、多元化的教育需求，不断促进人的全面发展。

办好人民满意的教育，要求高校要坚持"以人为本、执教为民"的理念，不断适应经济社会发展要求，坚持走内涵式发展道路，全面提高高等教育质量，扎实推进高校人才培养、科学研究、社会服务和文化传承创新等各项工作，不断为社会主义现代化建设提供强有力的人才保证和智力支撑。

一、深刻理解"以人为本、执教为民"的内涵

胡锦涛同志在纪念中国共产党成立 90 周年大会上的讲话中特别强调，"必须坚持以人为本、执政为民理念"，"以人为本、执政为民是我们党的性质和全心全意为人民服务根本宗旨的集中体现，是指引、评价、检验我们党的一切执政活动的最高标准"。

"以人为本、执政为民"落实在教育系统就体现为"以人为本、执教为民"。"以人为本"，就是要以实现高校师生员工的全面发展为目标，从师生员

---

① 原载：给力幸福广东［C］．广州：广东经济出版社，2012.

工的根本利益出发谋发展、促发展，不断满足师生员工日益增长的物质文化需要，切实保障师生员工的经济、政治和文化权益，让发展的成果惠及全体师生员工。

"执教为民"的"民"，从小处讲就是学生、家长和教师，从大处说就是民族和社会。"执教为民"就是指我们的教育教学工作要为师生员工服务、为社会发展服务，即教育的方针政策以及全部工作，必须以最广大人民的利益为根本出发点和归宿点，做到权为民所用、情为民所系、利为民所谋。

"以人为本、执教为民"，是高校工作最根本的价值追求。"以人为本、执教为民"的理念，既是我国高等教育对马克思主义教育学说的继承与发展，也是我们党立党为公、执政为民的本质要求在教育工作中的重要体现，集中反映了全面建设小康社会、促进经济转型升级和构建和谐社会对教育的现实需要。高校广大党员干部和教师只有更加自觉地把实现好、维护好、发展好师生员工的根本利益，把为国家和社会培养合格人才作为高校工作的根本出发点和落脚点，真正把"以人为本、执教为民"贯彻落实到高校的教学、科研和服务管理等各项工作之中，才能真正办好人民满意的教育，为推动经济社会发展提供智力支撑和人才保障。

二、树立和落实"以人为本、执教为民"理念，办好人民满意的高等教育

（一）加强宗旨教育，牢固树立"执教为民"的观念

高校要通过开展理想信念教育、党的性质宗旨教育和党性党风党纪教育等"以人为本、执教为民"的主题教育活动，让各级领导干部始终牢记全心全意为人民服务的宗旨意识。一是牢固树立科学发展观，把"以人为本、执教为民"的核心理念贯穿于工作的各个环节，为师生员工说话、对师生员工负责，做师生员工合法权益的"守护神"，做学校发展壮大的"推动者"。二是牢固树立党的群众观念，要始终站在师生员工立场上，站在国家社会需要的立场上想问题办事情，从思想和感情深处真正把师生员工当主人、当亲人、当先生，时刻把师生员工的冷暖安危放在心上、抓在手中。三是牢固树立"权为民赋、权为民用"的权力观，引导党员干部切实强化公仆意识、责任意识、服务意识，充分认识到权力就是责任、干部就是公仆、领导就是服务。

（二）加强素质修养，不断提高"执教为民"的能力

观念是先导，能力是关键。落实"以人为本、执教为民"理念，就要在高校广大干部和教职员工中开展职业道德教育，增强育人为本、廉洁从教的意识。高校各级领导干部要不断加强学习，不断提高自己的政治素质、理论水平、政策水平和业务水平，以适应新形势，应对新情况，处理新问题，创造新局面。党政管理人员还要注重提高自身的组织管理能力，多深入基层、深入一线，体察民情、了解民意，增强管理实效；教师要注重提高自身的教育教学能力和科研能力，多深入学生、深入社会，了解社会需求和学生发展需要，因材施教。

（三）创新管理途径，合理构建"执教为民"的机制

高校党政管理人员要在依法管理、科学管理、民主管理的基础上，畅通联系群众渠道，拓展师生员工的利益表达、诉求渠道，还要寓管理于服务之中，通过管理和服务解决好师生员工的利益问题，让师生员工的学习、生活越来越好，高校各级领导班子和领导干部，无论做什么决策，都要充分考虑师生员工的利益，充分尊重师生员工的意愿，统筹协调各方面的利益关系，最大限度地防止因决策不当而带来损害师生员工利益的问题，要完善科学决策机制，建立决策执行纠偏机制和责任追究制度。

（四）推进反腐倡廉，切实夯实"执教为民"的保障

反腐倡廉建设是党的工作的重要组成部分，也是人民群众始终高度关注的重点问题。对高校党员领导干部和重点部门、关键岗位的干部职工要开展廉洁从政教育，增强他们廉洁自律、干净干事的意识。要紧紧抓住与师生员工利益相关领域中存在的突出问题，加大对职能部门履行职责情况的监督检查力度，督促相关部门尽职尽责开展工作。要围绕师生员工和群众反映强烈的突出问题，认真开展专项治理工作，要把增强履行职责能力和提高服务师生员工能力统一起来，不断提高服务师生、维护师生利益、保障师生权益的本领。

高校只有树立和落实"以人为本、执教为民"的理念，并把它贯穿于高校人才培养、科学研究、社会服务和文化传承创新等各项工作之中，自觉地实现好、维护好、发展好师生员工的根本利益，努力为国家和社会培养合格人才，才能真正办好人民满意的高等教育，才能为促进我国和我省高等教育事业科学发展，推动经济转型升级和建设幸福广东，实现中华民族伟大复兴做出更大的贡献。

关于做大做强广东高等教育的若干思考①

　　做大做强广东高等教育，是经济增长、社会进步和教育发展互动规律的必然要求，是广东全面建设更高水平的小康社会、率先基本实现社会主义现代化的重要条件和强大动力，是与建设经济强省、文化大省相统一的战略目标，也是新世纪广东教育发展的第一课题。本文就做大做强广东高等教育的几个关键问题，提出几点思考。

一、关于"做大做强"的思想内涵

　　做大做强广东高等教育，并不是一个单纯的政治动议或教育指标，也不是省际的非理性的"攀比"，而是有着深刻的思想内涵和现实基础的具有前瞻性和全局性的战略主张。其思想内涵至少包含以下三个方面。

　　第一，发展的指导思想。当今世界，科学技术突飞猛进，知识经济初见端倪，国力竞争日趋激烈。从根本上说，现实的和未来的竞争，是高科技的竞争，是高层次人才的竞争，是高素质人力资源的竞争。为了实现全面建设更高水平的小康社会、率先基本实现社会主义现代化、中华民族的伟大复兴这样几个阶段、几个层次的社会发展目标，中国必须有若干所世界一流大学和一所国际知名的高水平大学，广东必须有几所进入国家一流大学行列的高水平大学和一批直接服务于区域经济与社会发展、具有学科优势和鲜明的办学特色的综合性大学。高等院校在社会发展中有其特殊的地位和影响。高等学校要担负培养数以千万计的专门人才和一大批拔尖创新人才的重任，要承担理论创新、制度创新、科技创新的重任，以及高新技术产业化和人文社会科学繁荣的重任，要成为继承传播民族优秀文化和对外开放交流借鉴世界进步文化的重要窗口。在广东经济持续快速发展、社会全面进步的形势下，广东的高等教育也必须持续加快发展，千方百计增加高质量的、大规模的教育供给，以适应和满足经济社会发展需求，实现其先导性、基础性的作用。从

---

① 本文写于 2002 年肇庆学院。

教育为人民服务的宗旨看，做大做强高等教育，是让人民更广泛地享有接受高等教育的机会，保障人民受教育权益和多样化多层次教育需求实现，代表了教育为人民服务的前进方向，实现了教育为人民服务的最高宗旨。广东省在1999—2002年连续四年扩大高等教育规模、提高高等教育毛入学率的基础上，现在再提出"做大做强广东高等教育"，是进一步确定广东省高等教育总体水平适度超前、布局结构适度调整、办学体制和机制加快改革创新、总体规模跨越式发展的思想。这一指导思想，体现了解放思想、实事求是、与时俱进的发展观，是"科教兴省"战略在新的历史条件下的具体落实。

第二，积极的建设目标。广东在2002年全省高等教育毛入学率已经达到15.3%、全面进入高等教育大众化的基础上，通过整合全省高等教育资源，引入新的办学机制，力争在"十五"期间内，广东高等教育毛入学率达到25%，即从目前的47万人规模，增加到2005年80万人左右的规模。到2010年，高等教育主入学率力争达到30%以上。在全省普通高等学校规模普遍做大的总目标下，集中力量建设好2~3所高水平大学，加快建设广州大学城和珠海、深圳、佛山、东莞大学园区，拓展广东高等教育发展的空间，优化广东高等学校办学环境，重组广东高等教育资源，提升广东高等教育的整体水平。

第三，协调发展的要求。做大做强广东高等教育，并不是单纯地追求全省高等教育规模扩张、高校数量膨胀，而是一个协调发展整体推进的综合大目标，包含数量发展目标、全面推进素质教育培养现代社会适用人才的质量目标、高等教育必须与国民经济发展和社会进步相适应的结构目标、教育必须最大限度满足人民群众的需求和提高社会贡献率以及管理科学化的效益目标。做大做强广东高等教育的过程，内在地要求其"上游"——中小学教育，特别是高中教育要有较快较大的发展，要进一步高水平、高标准普及九年义务教育；其"下游"——要加快改革现行的人事制度、分配制度、就业制度、财政拨款制度，加快调整产业结构，进一步营造尊重知识、尊重人才的社会环境。高等学校的建设，要实现"高、快、实、强"的要求，不能再走低标准、低水平，工程建设周期长，各项指标缺口大，师资建设、学科建设基础薄弱的落后的办学路子。全省高等教育在做大做强的过程中，实现"规模、结构、质量、效益"的协调发展和可持续发展。

明确"做大做强广东高等教育"的思想内涵，有利于统一认识、制定规划、合理部署、协调行动；有利于破除一切观念的、体制的和实践的障碍，调动一切积极因素，汇聚一切有效资源，加快广东高等教育的发展；有利于推动各高校内部的改革与创新，增强忧患意识和竞争意识，增强自身发展的压力和动力，千方百计提高办学实力和效益。

二、关于 "做大做强" 的发展战略

在实施"做大做强广东高等教育"的战略过程中，要有重点、分层次推进，力争实现整体做大、大中有强、强中更强。

广东高等教育做大的任务主要体现在本科教育上。对省内本科院校应甄别情况，给予不同扶持，使其做大。但当前在建设、扶持全省本科教育上，存在极不平衡的状况，例如对地方院校不够重视。而这些高校既有积极性，又有可能做大。希望对普通本科院校要有更多的投入、关注、重视和扶持。全省除中山大学、华南理工大学外，尚有近 30 所本科院校应承担做大广东高等教育的重任。如果省政府能给予较多的扶持，那么这些院校完全可以为广东高等教育的做大做强做出贡献。另外，广东应解放思想，创造条件，再新建几所本科院校。

广东省要在今后 5 年内建好 2 所高水平大学和若干所省属重点高校，关键是在"高水平"上做文章。中山大学和华南理工大学应定位在研究生教育这一层次，将重点放在培养研究生这一层面，即逐步扩大研究生的培养规模，使之等于或大于本科生的培养规模。一般来说，这些学校的生源较好，政府对其投入也较大。因此，这类学校应该集中人力、物力、财力切实提高办学水平和办学质量，而不必、也不应该各种层次、各种水平的教育都搞，也不应该只是为了当前的"做大"，就在本科层次与一般院校争夺生源、在争创一流学校的同时创办低层次的二级学院。

在未来 5 年内，作为重点进行建设的省属高校办学规模，实现在校生 3 万人的目标，对办学历史长、基础好的学校来说是容易达到的，尤其是一些合并后的院校，现有规模已经达到 2 万人以上，进一步挖掘潜力即可实现上述目标。而近年来新升格为本科或新建的普通本科院校，其首要任务则是保证质量、稳步发展，不宜单纯地追求规模效益。

"做大"，并非要"大而全"，每所院校都要培植特色，增创比较优势；"做强"，并非都争"国际一流"，应切实加强基础学科建设，使之更加厚实，拓展应用学科，使之更加有活力，适应社会发展的需求。在提高学校的整体实力和建设名牌特色专业方面，一是要加强师资队伍建设，提高教师整体素质，进行深层次的教学改革，切实提高教学质量；二是学科与专业建设要有前瞻性，为社会培养现实急需和将来适用的各级各类专门人才；三是大力发展职业技术教育，增强学生从事专业技术工作技能，提高学生的实践能力和创业能力。

从肇庆学院的办学历程，特别是近 5 年的跨越式发展成就看，必须坚持

规模、质量、结构、效益协调发展的办学思想，必须牢固树立质量是学校生命线的思想，这样，才能有效地推动各项改革，扩大办学规模，提升办学层次，改善办学条件。肇庆学院坚持以学科建设为龙头，抓好重点学科的建设，以此带动学校教学科研的发展。首批设立了 4 个重点学科和 3 个重点扶持学科。省级光电信息技术教学重点实验室已投入使用。学校于 2000 年升格为本科院校后，随即启动了课程建设工程，几年来正逐年加大课程建设经费的投入。目前，全校 18 个本科专业的主干课程中已有 85 门课程正在按一般课程与重点课程分批次建设，运行状态良好。现在，肇庆学院正以校级重点课程建设为切入点，以迎接教育部对学校本科教学工作水平的评估为契机与动力，致力于加强学科建设，对在省内具有一定优势的专业（如体育、音乐等专业）加大投入，重点建设，努力打造肇庆学院乃至广东省的名牌特色专业。

根据肇庆学院的实际情况，当前乃至近期的主要任务是稳定规模、保证质量，为高速发展的经济建设特别是地域经济服务，为社会培养具有扎实的理论基础、较强的实践能力的合格人才。在此基础上，学校未来发展的中远期对策是：经过 3～5 年的发展，逐步收缩专科层次，发挥现有的专业优势与区位优势，加强学科建设，在师资队伍逐步优化、教学基本建设进一步完善、本科教学全面通过评估的基础上，由与强校联合培养硕士研究生向独立培养硕士研究生过渡，完成由单一的教学型高校向教学研究型高校的转换，在 7～10 年内，走上以本科教育为主、研究生教育为辅的办学道路。

希望上级主管部门对远离省会城市，但对地域经济发展具有辐射作用的地方院校，以及这些院校的某些优势专业给予有效的持续的支持。地方院校没有重点名校那样雄厚的资金支持，因此，在确定学校发展方向时，必须找出自己的比较优势，用有限的资金发展自己的强项，集中力量培养为地方经济和文化服务的人才。

三、关于 "做大做强" 的教育布局

广东省现有的以广州高校集群为中心的高校布局，就培养层次、学科门类、人才培养结构而言，基本上是合理的。但是，近年来珠江三角洲地区高等教育和科技创新集聚群异军突起，并初具规模，从而使广东省高校更加集中。从客观上看，应该承认，这一态势所形成的竞争局面对全省高等教育事业的发展将产生重要的促进作用。全省高校布局结构的调整应处理好中心与周边、重点与一般、具有一定优势的传统专业与新兴的交叉专业的发展关系。因此，政府的宏观调控应与市场经济的发展相适应，避免政府行为"一

刀切"的现象。对地方高等院校中办学历史长、有特色、有优势的专业，只要社会有需求，就应该给予支持与保护，而不要单纯根据布局限制地方院校的发展优势。

为打破条块分割、整合和充分利用全省高等教育资源、优化高等教育布局层次结构，珠江三角洲地区部分条件成熟的院校，可让学生按学分流动，跨校择教、择学。加快广东高速信息宽带网的建设，尽快实现教育资源共享，这样就可以调动全省最优秀的师资和教学经验、最先进的设备、最前沿的科研信息用于教学。同时，全省实行分层次办学。一流的大学集中在省会城市广州（如广州小谷围大学城），国家和省在各方面对它们已有很多的优惠政策。这些名校应控制在一定规模，聚精会神抓质量、出精品、出名人、出大师、出重大科研成果；取消一流高校在各市县设立的教学点、分教点，避免无序竞争和资源浪费，集中精力抓高水平的教学和科研。其他的高校集中在地级市（含广州、深圳的地方院校），办学要规范化，主要为地方培养实用性人才，为地方的经济建设服务。建议成人教育以地方高校为基地，加大投入，加快发展。远程教育是一种利用先进教育技术手段推广的教育，技术要求高，应分区域定点高校举办。在专业设置、培养人才类型上尤其要注意适合远程教育特点和成人在职学习，增设一些适应加入 WTO 新形势所需要的专业，以及与信息、网络时代相适应的专业。

四、关于 "做大做强" 的体制创新

党的十六大报告提出："发展必须坚持和深化改革。一切妨碍发展的思想观念都要坚决冲破，一切束缚发展的做法和规定都要坚决改变，一切影响发展的体制弊端都要坚决革除。"同时，要大力加强新体制的建设，要"通过深化改革不断健全和完善与社会主义现代化建设要求相适应的教育体制"，即在改革教育体制中创新教育体制。创新教育体制，其核心是为做大做强广东高等教育提供体制动力。就高等教育体制而言，包括宏观管理体制、办学体制、投资体制、招生和就业制度以及高校内部管理体制等。尽管在未来的发展中，这些体制都还面临着不断深化改革的使命，但与经济体制改革相比，明显滞后的还是办学体制和投资体制。所以，进一步突破办学体制和投资体制的"瓶颈"，将是关系到广东做大做强高等教育目标能否实现的关键。

在加大高校人事、分配制度改革，加强师资队伍建设方面，一是要在全省高校全面推行真正意义上的聘任制，破除职务终身制和人才单位所有制。按照"按需设岗，公开招聘，平等竞争，择优聘用，严格考核，合同管理"的原则，各高校根据学校建设和教学、科研任务等的需要，在定编、定岗、

定职责基础上，实行全员聘任，强化聘后管理，加强教师考核制度，建立充满生机与活力的用人制度。二是贯彻"以岗定薪、岗变薪变"和"按劳取酬、优劳优酬"的分配机制，建立以岗位工资为主要内容的校内分配办法。完善用人制度的改革，要有科学的分配制度做支持。各高校在完成用人制度改革的同时，积极推行分配制度改革，根据岗位职责以及贡献大小，合理拉开分配差距。学校可以制定向优秀人才和关键岗位倾斜的政策，重点扶持和激励有突出贡献的学科带头人和中青年骨干教师。三是要运用分配激励机制的驱动效应，集中财力，分层次有步骤地积聚人才，大力加强师资队伍建设。根据广东高等教育大发展的需要，采取有效措施，建立柔性引进人才机制，加大教师引进和补充工作的力度，保证全省教师总量基本满足高等教育改革与发展的需要。实施"高层次创造性人才培养工程"，进一步抓好"千百十工程"培养工作，保证第二期工程顺利实施，进一步完善"特聘教授"岗位制度。各高校也要相应制订优秀青年教师培养计划，尽快让他们成长为优秀中青年骨干教师。要进一步开发高校人才资源，一要拓宽教师来源的渠道，参照国外高校的做法，向社会聘请兼职教师，逐步提高兼职教师的比例；二要实行各高校教师资源共享，建立高校师资信息网，校际互聘、联聘教师。加强师德建设，提高教师的职业道德水平。

深化高等教育教学内容和课程体系改革，提高人才培育质量。对地方性普通高校来说，培养基础理论扎实、专业技能强的应用型人才，为地方经济发展服务是主要任务。因此，在教育教学内容改革方面，应以加大教学方法和教学手段的改革力度为主要方向，在教学内容、课程体系的改革方面，注重加强学生的职业技能和实际动手能力，以适应当前社会发展的实际需要。

建立现代大学制度，实行一校一章程，提高管理水平，进一步下放高校办学的自主权，最大限度地调动高校办学的积极性，这是建立并完善现代大学制度的重要内容之一。它使学校能够根据具体情况充分发挥自身的优势。政府及高校主管部门放权，实质上也下放了责任。如此一来，学校会更加注重发扬民主、集思广益，千方百计地提高管理水平，保证教学质量。

深化高校科技体制改革，建立有利于高校技术创新的新体制。如何深化内部科技体制改革，尽快建立面向市场的技术创新体制，是高校能否充分发挥自身优势，在竞争中求生存、求发展的关键。第一，观念更新是前提。无论是高校的科技人员还是科技管理人员，都要以面向市场技术需要、服务经济建设为己任，转变科技成果的价值取向。只有转变了观念，才能把体制改革转化为内在的动力。第二，制度创新是重点。科研管理要贯穿于选题、立项、过程、评估、推广全过程。一是管理方法的创新。即由传统的注重过程的管理办法向规范、高效的目标管理转变。二是管理观念的创新。传统的管理是以制度为中心的刚性管理，忽视了人的个性、情感和需求等人性化的因素，要逐步树立以人为本、以人为中心的柔性管理。三是管理工作的定位。建立责、权统一的管理体制，充分调动管理工作者的积极性和主动性，吸引更多的优秀人才参与管理。第三，运行机制创新是核心。包括以市场为导向的立项机制，合理的科研工作量考核机制，公开、公平的招投标机制，优胜劣汰的人才机制。第四，人才培养是关键。有了创新人才，创新工作才能持续开展。同时，高校还要建立多层次、多功能、多种所有制形式的技术创新支撑体系，营造宽松、健康的创新环境，从而推动创新工作的持续发展。

高校后勤社会化改革，是深化教育改革的重要内容，是学校整体改革的一个重要组成部分，也是在目前条件下克服学校面临的瓶颈制约、加快教育发展的一条根本出路。加快推进高校后勤社会化改革，第一，要变靠国家拨款运行的后勤机制为靠市场运行的后勤机制，实行真正的事企分开、两权分离，形成管理、服务、经营、开发的良性循环，增强后勤自给能力和发展能力，使高校后勤服务工作社会化真正转制入轨。第二，要坚持政府为主导、教育部门为主管、学校为主体的原则，构建多种模式的高校后勤社会化改革。第三，政府要唱好主角，充分发挥主导力量的作用，社会各界要全力支持，形成有利于改革的社会环境，推动高校后勤社会化改革的进程。如政府及相关部门要制定一些切实可行的措施和政策。第四，要继续广开融资渠道，广泛吸纳社会资金，建设学生公寓及其他后勤服务设施，形成以大学为中心的新型社区。第五，转变观念，更新思想，不断提高后勤工作人员的素质。

在深化招生、学生管理和就业制度改革方面，一是专业设置方面不够灵活，管得太严太死。一方面要求扩招，另一方面不批专业。这样要完成扩招任务非常困难，虽说宽口径、厚基础是方向，但用人单位的要求是专业越对口越好。社会、经济分工越来越细，并日新月异，专业设置却仍处于"计划经济"状态，导致高教发展不仅在数量上而且在质量上越来越不适应社会需求。二是对学生的管理应逐步放开，乃至纳入社会管理系统，按社会行为规范、法规管理。在这个问题上，舆论的导向十分重要和关键，首先要解放媒体的思想，不要炒作，不要误导。

五、关于"做大做强"的资金投入

目前，加快广东高等教育发展面临的主要矛盾是，社会对高等教育的需求和现实条件下国家所能提供的高等教育供给之间仍存在巨大缺口，而弥补缺口的主要障碍是高等教育资金投入不足。现行的以政府为主导的财政拨款途径已难以解决学校正常发展的经费短缺问题，而要"做大做强"、超常规跨越式大发展，财政投入的局限性制约性会更加突出。在教育经费投入一定的情况下，如果高等教育经费比重过高，就意味着九年义务教育和高中阶段教育经费相应减少，这会在一定程度上造成基础教育滑坡、中小学乱收费等一系列社会问题，继而导致高等教育生源质量下降、数量萎缩。如果提高公办高等教育的收费标准，其负面效应也非常明显：增加人民群众教育消费支出，必然导致接受高等教育的学生中来自低收入家庭的比重降低，使接受高等教育成为高收入阶层的"专利"，造成教育不公平，严重背离高等教育为人民服务的宗旨。因此，要加快加大改革高校拨款体制的力度，在保障财政投入随经济发展逐步增加的前提下，开辟高校利用资本市场筹融资的途径，适当放开民办高等教育收费，积极实施"银行贷款、政府贴息、学校还本"的经费筹措模式。

粤东、粤西、粤北是广东省经济欠发达的地区，大多是贫困山区，基础教育及高等教育也比较落后。从长远看，要使这些地区发展起来，广东省的高等教育才能实现真正意义上的较大发展。因此，建议政府部门在粤东、粤西、粤北地区分别确定一所高校为中心，加大对这些中心院校的教育投入，以带动山区和经济欠发达地区高等教育事业的发展。同时，在充分发挥珠江三角洲地区地方政府举办高等教育的积极性，形成珠江三角洲地区高等教育和科技创新集聚群方面，要有全局意识，打破地方主义，各级政府要站在全省的高度，加大对教育的投入，特别是要加大对地方院校的投入。建议制定相关的教育法规，保证教育经费的投入和逐年增长，同时在政策上要扶持并向欠发达地区的院校倾斜，下放部分权责，从而提高举办高等院校的积极性。校与校之间、校企之间要资源共享，优势互补，加强科研课题合作，聘请企业精英到高校任教。

肇庆学院属于地方院校，全校在编人员中38%是地方编制，由于省、市经济状况存在差异，因此省、市政策也存在差异，地方财政部门无法按省级政策的标准保证市属编制人员个人部分的经费。学校为了稳定教职工，做到在校内执行同一项政策，只能从预算外收入中筹集资金，补充到个人部分的经费中来。尽管每一次省级政策增加岗位津贴，省财政都拨入省属编制人员标准的60%，但学校仍要自筹解决省属编制人员标准的40%和市属编制人员标准的100%，仅此一项，省财政拨款与自筹经费的实际比是4∶6，如自2000年省政府8次提高岗位津贴这一项，肇庆学院在2003年度的预算中就须安排2344万元，其中省拨款944万元，学校自筹1400万元。这样下去，学校不胜财力，无法落实，势必引起教职工队伍的不稳定，特别是影响高级人才队伍的稳定。

肇庆学院的经费筹措渠道有三条：一是争取财政拨款；二是向省政府申请贴息贷款；三是事业收入。建议尽快解决肇庆学院办学管理体制归属省管的问题，尽快提高公办教育收资标准。肇庆学院在今后五年，要完成 1.5 万人的教育规模，扣除省、市财政拨款 2440 万元、自筹资金 1000 万元外，学校还要负债 3.6 亿元。乐观地估计，按每年还贷 1000 万元计，也要 36 年才能还清。因此建议政府承担偿还贷款本金的责任，同时政府贴息时间应按学校偿还能力来定。

为降低办学成本，学校应进一步精简行政管理机构，加速后勤管理社会化进程，对各类依附学校生存的部门和单位实施"断奶"政策，使之与学校彻底剥离以消除无形消耗；加强管理，开源节流，堵塞可能造成资金流失的所有渠道。肇庆学院作为新升本的地方院校，投资规模不大，但投资的效益较高。几年来，办学规模虽然一扩再扩，但伴随规模的扩张，是育人环境的优化、办学实力的增强、教学质量的提高和学校形象的重塑。

六、关于国有民办的二级学院

举办国有民办本科二级学院，既是对现有公办高等教育体制的大胆突破，也是做大做强广东高等教育的有机组成部分。全省多数本科院校都没有举办本科二级学院的经验，需要新思维、新举措。要办好国有民办的本科二级学院，最关键的还是要合理设置社会需求的专业，针对学生的基本状况和特点，配备优秀的师资，通过教学改革与创新，确保二级学院的教学质量。学校要牢牢掌握并积极运用好办学权、教育权和管理权。在二级学院的教学计划、教学用书、教学过程、教学评估、师资配备、考试要求、毕业规格等方面绝不另立标准，更不能降低标准；在毕业文凭、学位证书方面，要严格按照教育部的有关规定办理，真正做到"宽进严出"。从各方面情况分析，现在广东省大力举办国有民办二级学院的条件已经成熟，政府应进行有效的导引和规划，制定专项法规条例，并做好评估检查，同时，要尊重高校依法自主办学的权利，让学校真正在自主办学的实践探索和高等教育市场竞争中做大做强。我相信在不久的将来，广东一定会产生质量、品牌、声誉和效益堪与公办高校名校媲美的民办高校。

做大做强广东高等教育是一项复杂的社会系统工程，是一个积极的持续的战略目标和发展过程。它应当是渐进有序的，而不应当是短距离突击式的；它应当是"求量"与"求质"的统一，而不应当是非理性的"造局"或"攀比"。我们要遵循教育规律，顺应时代的要求，奋发努力，兴利除弊，把做大做强广东高等教育这件功在当代、利在千秋的大好事做实做好。

增创广东师范教育跨世纪发展的优势和特色①

当经济增长方式突破了落后的模式，当社会发展落实到了教育优先发展，教育发展又突出师范教育优先发展时，广东"教育强省"的目标，就不会太遥远了。道理很简单，一是因为广东有了良好的经济基础，二是因为广东有了丰富的人才管理经验，三是因为广东的教育体系有了规模上的可靠保证。要实现广东教育发展的腾飞，就必须实行广东经济与师范教育的"强强"合作。

本文从师范教育的国际化趋势和现代特点出发，谈谈广东师范教育发展的优势和特色。

一、建立广东师范教育的投资保障体系

要出新产品、好产品，没有先进的设备不行，没有领先的工艺、过硬的技术不行。师范教育是中小学教育的"工作母机"，师范院校办学条件不好，中小学师资质量就难以保证和提高。师范院校因为长期单一、封闭办学，加上师范专业难以"下海"搞开发创收，所以办学经费自我投入、自我发展的能力普遍较弱。另外，师范专业比其他专业还要多一笔助学金开支。对此，政府理应对师范院校的投入"计划单列"，进一步说，政府对师范院校办学经费、专项经费的投入应有所倾斜。但事实却相反，在理工、农、医、师、金融、军事、综合大学等8类院校中，师范院校的生均投入长期处于第6至第8位。

在教育投资上，还有这样一种现象：中小学、特别是重点中小学获得政府的追加投资容易，师范院校想要获得追加投资较难。在经济发达地区，从村、乡镇到县、市，层层都可能对所属中小学进行投资或追加投资，但师范院校难以享受到这种优惠。同时，社会、个人对非师范院校和中小学的投资、捐资兴趣，也普遍比对师范院校大。师范院校的投资渠道单一，融资渠

---

① 本文写于 1999 年西江大学。

道短缺，严重制约着办学条件的改善和办学质量的提高。

虽然国家对师范教育采取了不少扶持、补救措施，但因师范院校摊子大、数量多，故被重视的力度仍不够。1993 年后，广东省各级政府虽然加大了对教育的经费投入，但因为大多数师范院校既不是重点投资对象，也不是"扶贫"对象，所以只能平平常常分得一杯羹。在全省 4 所本科师范院校中，除华南师范大学因攻"211 工程"得到省政府不断追加投资外，其他 3 所师范院校的办学经费都吃紧，特别是韩山师范学院、湛江师范学院 2 所专升本不久的师范学院，其师资队伍、仪器设备、图书资料和校园建设等办学条件都还停留在"较好的"师专水平上。广东省大部分专科层次的师范教育由地方大学承担，但地方政府对师范教育的投资任务却不明确，以为师范教育已有省政府的财政拨款而不再承担经费投入，致使师范教育经费长期处于拮据的窘境之中。

师范教育是提高广东省整体教育水平的支点和生长点。要保证广东省整体教育水平上台阶，就必须切实保障各级师范院校上质量、出效益所需的办学经费。广东教育的跨世纪发展，需要各级政府部门在投资、融资上对师范院校采取倾斜、扶持甚至特殊政策。第一，省级政府在确保教育投资总额、均额和增长速度居全国领先水平的同时，应确保对师范院校的投资增长速度高于其他类型的高等院校或中等专业学校；第二，明确市、县级政府对所属师范院校（地方大学）的投资任务，确定一个适当的投资数额或比例，且逐年提高的幅度应高于当地经济发展的速度；第三，允许师范专业收取一定的学杂费；第四，引导、鼓励社会力量重点捐资师范教育，给捐资有功的单位以特殊政策，给捐资有功的个人以特殊荣誉；第五，广开师范教育的融资渠道，如设立师范教育基金、开设师范院校银行，全方位筹措教育领域"基础工程"的建设经费。

二、做好广东师范教育 "开放" 的文章

（一）师范教育内循环的开放性

我国师范教育目前仍然采用三级办学形式，进入 20 世纪 90 年代之后，从中等师范学校升入师范高等专科学校、从师范高等专科学校升入本科师范院校的渠道虽已贯通，但能以保送、插班形式进行深造的师范生数量较少，比例太低。研究表明，只有当做一件事成功的希望值达到 10% 以上，群体中才会出现从众行为。师范生毕业时能升入高一级师范院校的比例一般低于10%，甚至低于 5%，这就很难对师范生形成发展导向。大部分师范生从入

学开始就放弃了毕业后继续深造的打算。阻碍师范教育内部体系扩大招生比例的原因有三点：一是师范生的原因。中师毕业生、师专毕业生无法与应届高中毕业生一较高下，特别是在英语、数学等科目的考试上，常常处于劣势。二是教育行政部门的原因。师范专业本身存在定向分配问题，过多学生升学，可能会影响生源所在地师资培养的计划性、稳定性。三是师范院校的原因。师范教育的封闭性也体现在师范院校之间的横向交流和纵向交流上，中师与中师、师专与师专、本科院校与本科院校之间的学生不容易流动，级差之间的纵向交流则更加困难。优秀的中师学生不容易被师专接纳，本科师范院校的后进生也难以流动到师专去。广东跨世纪的师范教育改革，应该打破学校之间、级差之间的某些界限，允许、鼓励学生对等交流和进一步深造，力争通过学籍管理和招生分配制度的改革，在师范教育体系内形成"梯"式交流和管理格局。

师范教育内循环还包括职业师范院校与普通师范院校，普通师范院校与教育学院、进修学校之间的"梯"式结构。在师范教育与师资培训一体化、中小学教师教育一体化的发展趋势中，广东省应该率先制定出一套切实可行的措施，突破师范院校之间、等级之间、区域之间的禁锢，在师范教育体系内开展广泛、深入的合作，在学生互换、师资交流、人员培训、学术研究上共同开辟一片新天地，以有效提高广东省师范教育的质量，形成广东省师范院校之间多层面、多维度资源共享的良好局面。

（二）师范教育外循环的开放性

师范教育外循环的开放性是双向的：一是师范教育的开放性；二是教师职业的开放性。广东的师范教育已在国内率先迈出了"开放"的步子，表现形式包括师范院校办非师范专业，师范院校不姓"师"、师范院校被兼并成综合大学的二级学院等。广东4所本科师范院校都开办了一些非师范专业，广东师范专科教育的开放形式更是灵活多样。例如，肇庆师范专科学校曾与西江大学"两校一体"办学达5年之久，实际上是西江大学依托肇庆师范专科学校办学，但发展的结局却是肇庆师范专科学校被撤并为西江大学。佛山师范专科学校与佛山大学两校合一后，佛山师范专科学校成了佛山大学的一部分。佛山大学升级改制为佛山科学技术学院后，更难以找到佛山师范专科学校的影子，但师范教育的功能仍然存在，甚至得到了规模、质量和层级上的多重发展。韶关大学、嘉应大学也是原来同名的地方大学与师专合并后的产物，同样实行师范专业与非师范专业并举。深圳师范专科学校被深圳大学合并后，成了深圳大学下属的一个学院。广东省师范专科学校仅存1所——广州师范专科学校，而广州师范专科学校与广州教育学院也早已一体化。整个广东省已经没有一所严格意义上的师范专科学校了，但师范专科教育没有被削弱，其规模得到了发展，质量得到了提高，大体上适应广东基础教育发展对师资的需求。

广东教师职业的开放性也有其自身的特色。如汕头大学、五邑大学、中山学院等没有任何师范教育背景的高校，都直接承担了师资培养的任务。这种来自非师范院校的师资，是教师职业由师范教育向非师范教育开放的具体表现。近年来，广东许多中小学向外省招聘了大量师资，在南下的众多人才中，有许许多多潜在的合格师资可供选择。从外省引进师资或从省内其他行业引进师资，是教师职业优胜劣汰的初始信号。既然师资培养、供应的渠道多了，传统师范教育的意义被打破了，那么师范专业毕业的学生也可以自由地向其他行业流动。从师范教育的开放性，到教师职业的开放性，广东已在不知不觉中迈出了建立教师筛选制度的第一步。

珠江三角洲等地区在经济建设有了一定起色后，采取了广招天下英才为教育所用的举措。中山市、东莞市、珠海市、深圳市等地已铺平了优秀人才通往教师职业的道路。大量优秀人才涌向广东教育领域，这是广东优化教师队伍建设的大好机会，但从发展、宏观的角度来思考，人才涌进教育口之时，也正是教育口收身敛腹之日。综合种种因素，广东可以先行一步，在全国率先建立全面的、严格的教师考核、筛选制度。在越来越多的学校培养教师、越来越多的人才愿意选择教师职业时，广东如何制定合理、可行的标准，因教育资源和人才资源利导，促进有关院校把师范专业的质量搞上去，激励高水平的人才在教师岗位上留下来，是广东各级教育部门必须认真思考的方向性问题。

（三）粤港澳台师范教育合作、交流的开放性

粤港澳台的师范教育有许多共同的基础：母语相同，地域相近，有大体相同的文化背景，有比较一致的师范教育价值取向。不同之处在于：香港、澳门、台湾以英语程度、国际化交流、师范教育投资、教师队伍水平和现代教育管理等见长，广东则在人文、历史、基础教育、基础研究、实践教学场地、自然教育资源等方面有显而易见的优势。从自然性看，粤港澳台的师范教育合作比内地省际合作更有互补性、必要性；从社会性看，粤港澳台的师范教育合作在一定程度上总要受不同政治、教育制度的影响。近年来，粤港澳在师范教育领域的合作已迈出了可喜的步伐，教师互访、学术交流、师资培养、人员培训、协作研究越来越频繁。华南师范大学与澳门教育系统建立了广泛、深入的联系，连续多年为澳门培养、培训骨干教师，并在基础教育领域开展了大量协作性试验研究。广东、台湾的师范教育在数量和规模上相

比广东和香港间更为接近。出于政策、制度方面的原因，广东和台湾师范教育领域之间的交流还未有效展开，但存在着巨大的深层次合作潜力。

广东毗邻香港、澳门，与台湾一水相隔，在推进师范教育的改革、发展之时，应本着师范教育大同的原则，把眼光投向香港和台湾地区，争取早日实现粤港澳台之间教师教育的广泛、深入合作，在教师互派、学生互换、人员培训、学术研究上共同做大教育、大师范的文章，以有效提高师范教育的教育质量和管理效益，促进师范院校多层面合作、多维度资源共享，相辅相成、相得益彰的格局早日形成。

三、广东师范教育 "高层次" "高标准" 的发展目标

（一）师范教育结构的高层次

近半个多世纪来，许多国家相继把培养小学教师和中学教师的任务都置于高等师范院校的职能范围之内，即"在同一个机构之内培养中学和小学教师"，把小学教师的文化程度提高到大学水平。第二次世界大战前，师范学院的学习年限、教育程度一般比普通大学低。战后，许多国家都意识到师范教育对保证基础教育质量的重要意义，开始重视提高师范教育的水平，使之与普通大学齐平。有些国家因此取消了师范院校的建制，或将之与大学合并，或改建为综合大学。有的国家虽一直保留师范院校的建制，但通过延长学习年限来提高师范教育的水平。中小学教师培养一体化、延长师范专业学制是师范教育结构高层次化的一种表现，研究生教育普及发展是师范教育高层次化的重要特征。我国的台湾于 1960 年开始把师范学校陆续改制升格为师范专科学校。从 1987 年起，9 所师范专科学校又被陆续改制为师范学院，现有师范教育的层次结构为本科、硕士、博士三级教育。1991 年，我国香港具有专科以上学历并经过教师职业培训的小学教师占 88.1%，持有认可学位的中学教师占 60.4%，教师教育的层次结构为专科、本科、硕士、博士四级教育。美国已取消本科教育主修专业，在本科阶段，师范生主要学习文理课程，掌握宽厚的文理知识，精通他们未来所教学科，获得文或理学士学位后，在研究生阶段再学习教育专业课程。也就是说，教学专业从研究生阶段开始，教师教育的层次结构为硕士、博士两级教育。

广东省现有中小学师资的层次结构是中专、专科和本科，即师范教育以低、中、高水平的三级教育形式存在。有个别硕士、博士进入了广东中小学教师队伍的行列，但数量还没有多到能改变师范教育层次结构的地步。与台湾师范教育的发展速度比，广东师范教育的发展明显滞后。台湾在 1960 年

已取消了中师教育，但广东的中师教育至今仍然存在。台湾自 1968 年开始实施 9 年基础教育，其师范学校向师专的转制已于 1967 年全部完成了。广东 20 年"两基"（基本普及九年义务教育、基本扫除青壮年文盲）建设已达标，但中等师范学校向专科教育升级却不知还要多久。因此，在短时间内，既提高中师的办学层级，又保证少数大专教育的质量，同时对师专的部分专业进行合理改制，加大教育专业研究生培养规模，是广东师范教育优化结构、提高效益应有的阶段性奋斗目标。

（二）师资培养目标的高标准

具有系统的专业知识，熟悉教育理论，具备娴熟的教师技能，这是优秀教师必须具备的基本素质。各国无论是综合大学还是师范院校，在师资培养方面都难以处理好师范性和学术性的关系，做到二者统一。事实证明，由专门师范教育机构培养教师不等于这些机构具有很强的师范性，还要看它们教育培训的组织和质量。同样，由综合大学等普通高校培养教师不等于学术性强，也要看它们专业教育的组织和质量。大多数国家都强调教师的师范标准，许多国家实行教师合格证书制度。大学毕业生若选择教师职业，都须经过教师资格考试，取得合格证书后，才能担任教师。有的国家更是明确规定，只有师范院校的毕业生和受过教育学科教育、训练的综合大学毕业生才能从事教师工作。

与其说广东的基础教育需要高学历的教师，倒不如说需要高水平的教师。在学历和能力之间不能画等号时，人们更应该看重教师的实际教学能力。广东基础教育迫切需要高质量、高水平的师范毕业生。在师范院校的升级发展中，要切实做好对各校实际教育教学质量的评价，给改制、升级的师范专业和师范院校设置一定的约束、发展条件。从跨世纪经济发展和基础教育发展的要求出发，对师范院校的评价，要注入素质教育、科教学农、教育投资效益、社会综合效益等内容。好的师范院校，在地方文化、社会规范和社会公德等方面有其突出之处；好的师范院校，应具有优秀的学生、一流的教师、高水平的管理等；好的师范院校，对学校以外的对象，对教育之外的领域，都具有感染、陶冶和教化作用。因此，在广东师范教育发展的近期目标中，不能刮"改制风"，不能吃"大锅饭"，对该上的要让其上，对该撤、并、转的应毫不留情地撤、并、转。广东师范教育体系既需要结构效益，也需要质量效益。

四、广东师范教育跨世纪改革的主要任务

（一）师范性与学术性的统一与提高

发达国家的师范教育课程反映了现代培养目标和科技迅猛发展的要求，纠正了传统师范教育在学术性和专业性上顾此失彼、畸轻畸重的现象。现代师范教育课程由文理课程、学科课程和教育课程三部分组成。师范性与学术性的统一指这三类课程基于培养现代化教师的需要，在发挥各自的特定作用中，相互依存、相互联系、相互渗透和相互促进。如美国提出师范教育既要提高学术水平，又要提高专业水平。要求师范生不仅要掌握专业课本身的内容，而且要掌握其来源和知识结构；不仅要会讲，而且要会演示、操作。对教育专业课程则提出了更高的要求，既重视理论方面，又强调实践方面；既重视"在教中学"，又突出"在学中教"。专业课学术性的提高体现在内容上不断充实科技新成果，反映科技新水平。教育课程也要求提高学术性，反映教育科研新成果。

我国师范教育一贯突出师范性，广东师范教育的"开放"办学也坚持和发展了师范性。但传统的师范教育过分强调专业思想和课程学习，没有突出教师职业技能的培养，特别是忽略了师范生教师职业心理方面的训练，造成部分毕业生心理适应性差，教学工作、班主任工作的基本技能水平不高的问题。在学术性方面，广东师范教育也没有达到应有的水平，特别是在教学试验研究、教育管理和实践研究、教育投资效益研究等方面，没有深度，缺乏师范特色。师范生在校期间没有得到良好的教研训练，毕业后教研意识、教研能力普遍较差。广东师范教育的跨世纪发展目标，是优化师范性，加强学术性，着力培养学者型的良师。

（二）加强普通基础课的地位，促进文理渗透

新技术革命深入发展，社会信息量不断增加，知识日益更新，要求教师有广博的文化积累和较大的发展潜力，加强对学生的影响力，不仅可以提高教师的学科教学质量，而且可以扩大教师在学科教学之外对学生的影响空间。德国大学一、二年级为基础学习阶段，分系不分专业，普通基础课占全部课程的33.3%。美国师范教育中的基础理论课也受到重视，占全部课程的40%，几乎每个专业的课程表都是一张文、理、医、管理、教育心理等课程的"联系图"。英、法两国招收具有学士学位或同等学力者，由于师范生在进校前都受过至少两年的普通或专业高等教育，因此文理科基础较好。

广东师范教育的文、理界限分明，选修课的结构、体系设置不合理，对分类课程的选修没有明确的学分要求，基础课长期受到冷遇。这与广东的

"教育强省"和素质教育对中小学师资的素质要求是不相称的。广东各师范院校在坚持完全学分制的条件下，要逐渐完善各专业的课程体系，促进文理渗透，充分体现时代对教师知识、能力结构的要求，同时要不断给普通基础课升温，为广东教育发展造就一批批知识结构好、适应能力强、教育水平高的新型师资。

（三）教学方法和教学手段现代化

美国哈佛大学伯顿指出，应通过教师创造性的教学，让教育专业的学生掌握创造教学的方法。在教学方法现代化的过程中，一些发达国家强调教师教育的教法改革，同时更看重师范生的学法改革，他们认为只有自己掌握了好的学习方法，才能教给别人好的学习方法。近几年来，发达国家在采用录音、电视、录像教学手段的基础上，又广泛采用计算机、多媒体和网络教学，并将人工智能技术运用于教学、模拟教学、试教、评课、教学试验等领域，收到了良好的效果。特别是微格教学实验和人工智能教学系统的开发使用，较好地解决了教师教育中传统实践教学的场地、人员、情境设计和时空利用等问题，在较大程度上改变了传统教法、学法的方式，有效调动了师范生投入"教学""实践""活动"的积极性，普遍提高了课堂教学和实践教学工作的效率。

现代教学方法和教学手段，是以"参与""操作""积极性""创新"等为主题词的。传统教学则常常围绕"黑板""讲坛""题目""书库"等来展开。从设备、物质环境看，广东大部分师范院校有电化教学中心、计算机中心，能制作多媒体课件，甚至配备了人工智能教学系统，但师范生常常只"动口不动手"。有些设备纯粹成了"请勿触摸"的"参观重地"，成了学校的招牌。许多师范生毕业后对中小学的教学改革实验一窍不通，对配套的教学设备感到陌生。

有些师范院校在教学方法改革上不能指导、引导中小学，在现代教学设备应用方面不能给中小学以示范，使师范毕业生一走上教学岗位就陷入困境。这种现象，无疑难以适应现代教育的发展需要。广东师范教育要走上高速度改革、高水平发展的轨道，就必须做这样的努力：让长久不变的原始课室解体，让师范院校的教师以改革为荣、以创新为重，让计算机、多媒体、网络走进教材、走进课堂，让课室、实验室变为学生自主活动的阵地，让学生在校期间都得到创新、试验、教研方面的良好启示和训练，把未来教师都培养成操作现代教学设备的能手。这需要各校具有正视困难、否定传统、突破自我的勇气。处于改革开放前沿阵地的广东，具备较强经济实力的广东，下决心成为"教育强省"的广东，在主、客观两方面，都有责任走在我国师范教育现代化的前列。

中国高等师范院校的难题、优势与选择[①]

从清光绪二十八年（1902）京师大学堂师范馆开办至今，中国高等师范教育已走过百年发展历程，中国高等师范院校（以下简称"高师院校"）为中国的教育提供了庞大的师资队伍，为中国人力资源开发和社会文明进步做出了历史性贡献。然而，随着我国市场经济体制的全面构建，社会资源（包括人力资源、教师资源）配置方式正发生深刻的变革，高等教育制度和教师培养培训体系也发生了重大变化，中国高师院校的发展正面临新的挑战、新的选择。

一、中国高师院校的现实难题

第一，高师院校的课程设置、学科结构、教学改革整体上相对落后，还不能适应教育基础性、先导性、全局性的根本要求，特别是滞后于基础教育、职业技术教育的改革与发展，还不能为现代社会多层次、网络化的教育体系提供足够的适用人才。

第二，长期封闭的师范教育体制导致高师院校对政府的依赖性过强，顺应变革自我发展的趋同能力降低。长期以来，教育教学质量只在师范院校系统内进行比较，评价标准较为陈旧；院校固守于政府确定的办学功能，机械地划分"师范"与"非师范"之间的界限，导致学科建设脱离科学发展规律，学术研究领域狭窄且在低水平层面徘徊；教师教育理念趋于刻板，知识结构固化，科研动力不足，创新意识和创新能力薄弱；在招生"并轨"前的教育环境中，学生依赖心重，享受公费读书，无就业风险，无学习压力和动力，社会竞争力较弱。

第三，在国家推行教师资格证书制度，教师资源配置逐步市场化的大趋势下，非师范院校进入教师培养培训领域，与师范院校共享市场份额。师资培养在政府主管下由师范院校垄断的局面被打破，高师院校不再是一门独

---

① 本文写于 2002 年肇庆学院。

大，而是被迫参与教育服务竞争，在办学机制、教育模式、发展定位几个方面都必须调整、改造、创新，谋求根本性转变。

第四，迫于内部矛盾的转化和外部压力的加大，各高师院校已纷纷扩展非师范专业，但现实情况是：由于传统弊端尚未清除，创新机制仍未形成，学科建设不成熟，非师范专业与市场衔接情况欠佳，毕业生竞争力不强，同时由于办学指导思想及工作重心的移位，原有的师范特色和优势也逐渐退化流失。

第五，国外名牌大学或教育集团进入中国教育市场，在教师培养培训等领域与中国高师院校争夺资源。如何适应高等师范教育国际化的潮流，学会与国外名牌大学在公平竞争中合作，增强实力，借势发展，这也是中国高师院校面临的现实难题。

中国高师院校的现实难题，有些是生于长期封闭的高师教育体制的种种弊端，有些是来自迅猛而深刻变革的当代社会经济文化形态。当面对现实难题之时，我们要清醒地认识到，难题并非困境，压力亦非危机，已有百年历史的中国高等师范教育要善于总结经验，探索规律，顺应变革，力求创新。

二、中国高师院校的特有优势

第一，中国高师院校从中国传统教育思想中批判继承了优秀的办学理念，形成了具有中国特色的师范教育传统。特别在坚持教育的人民性方面，高师院校功德卓著，堪称典范。

第二，中国高师院校一向注重以德育人，治学德为先，把师道师德修养视为教育教学的终极目标。"学高为师，身正为范"是中国高师院校普遍遵奉的价值准则。百年间，高师院校为中国教育事业培养输送了一大批甘为清贫、默默奉献的优秀师资，有力地推动了中国教育事业发展和社会的文明进步。

第三，中国高师院校与基础教育关联性强，重视教育服务下移，为加快中国普及九年义务教育，持续开展了大范围多层面的教育科研，积累了宝贵的信息资源，并已形成面向基础教育的研究培训基地。

第四，中国高师院校历来注重学生的教学基本功训练，追求学生学识、技能和素质的均衡发展。学生的专业思想、服务指向明确，职业规范意识较强，终身学习的观念较突出。

第五，中国高师院校是政府宏观调控教育事业、师范教育和教师供给的中介。政府有关学校教育和教师的新政策的酝酿，一般首先选择在高师院校咨询和论证，新政策的实施，也首先在高师院校试行。

高师院校的特有优势是其曲折发展历程的积淀，是其在新时代改革发展创新的有利条件和强大动力。应当看到，高等师范教育和高等师范院校的改革是势所必然，形势是严峻紧迫的，改革与转型又充满多种不确定因素，这需要高师院校登高望远，做出科学判断和价值选择。

三、中国高师院校的价值选择

（一）从封闭走向开放

第一，要建立开放的高等师范教育观念。高师院校要打破目前一定程度上脱离社会、脱离大中小学、脱离世界师范教育发展变革潮流的封闭状态，破除师资人才由高师院校"专营"的观念，顺应世界师范教育发展潮流，接受并建立整个高等教育、各类高等院校均可参与教师培养培训的新高师教育观，认识到经济社会文化发展的多元化、教育师资需求的多样化，仅靠高等师范院校不可能满足社会的需要。只要按照教师职业资格认证标准和职业教育基本原则，普通高校发挥各自的学科优势，对高师院校的教育培养进行补充，就会逐步形成不同类别、不同学科、不同层次的师资培养分工，构建起与社会发展互动的高等师范教育大体系。在这种新的开放的"大师范"观引导下，中国高师院校将开辟新的发展空间。

第二，要建立开放的高等师范教育体制。1999 年全国教育工作会议提出"鼓励综合性高等学校和非师范类高等学校参与培养、培训中小学教师的工作，探索在有条件的综合性高等学校中试办师范学院"。政府的政策导向与世界师范教育发展趋势是一致的。目前，我国综合性高等学校正积极参与教师教育，已形成师资培养培训多元化、"非师范化"的格局。2002 年全国共有 475 所高等学校招收师范类全日制本、专科学生，其中非师范院校 258 所，占培养教师院校总数的 54%。非师范院校培养教师数约占全国高校培养教师数量的三分之一。在这一态势下，高师院校要主动地与其他高等院校、科研院所合作，开展教育教学研究、办学模式研究，在新的开放体制中保持自己的特色和优势，发挥骨干示范作用。

第三，高师院校还应利用与中小学建立的紧密联系，全面向中小学开放，真正成为中小学校长、骨干教师的非学历培训和学历提高培训基地，成为基础教育教改研究、实验基地；同时，建立高师院校的中小学教育见习实习基地，加强和延长学生教育见习和实习的环节，使师范生有更多的机会、稳定的条件参与第一线教学过程，尽早提高教育教学工作能力。

第四，在高师院校内部，要根据现代社会和教育发展的需要，整合教学资源，调整学科结构，构建开放式的培养模式、课程体系、教学过程和评价机制，提高高师院校的学术水平和竞争实力。

（二）从数量走向质量

中国教师教育已经进入了一个从数量满足向质量提高转变的历史时期。因此，高等师范院校也应由低水平的"数量型"向高水平的"质量型"转变，以培养高素质的教师后备人才和培训"学术型"的骨干教师梯队以及学校管理人才为主要任务。重点高师院校不应追求规模效应，而应以增强培养硕士、博士研究生及其他较高层次研究型人才的教育实力为改革发展目标。

新的历史条件下的高等师范教育应坚持"精英型"教育，要吸引和录取最优质的生源，配备最优秀的师资，选用最先进的教材和实验技术，实施最严格的管理和训练，传播最新的科学教育理念。高师院校应对师范生实行"精英"教育，为未来教育培养具有精湛的专业知识技能、深厚的人文素养和高度的敬业精神的高素质师资，这样有助于提高和保障中国高等教育在大众化过程中的质量。

（三）从守成走向创新

中国高等师范教育和师范院校已积淀并提炼出许多优秀传统与经验，创造了世界教育史上可圈可点的辉煌业绩。坚守和继承这些精神和物质的遗产非常重要。但是，在继承优秀遗产基础上的创新更为可贵、更有价值。

对高师院校整体而言，应积极推进中国教师培养培训制度、人才培养模式、课程内容、教学方法和手段、师范院校与非师范院校竞争合作、分工施教机制等方面的创新，探索中国特色现代教师教育的新路子。

对一所学校而言，当前应着力于两方面的改革与创新：第一，课程体系建构的改革与创新。要跟随中小学教改的趋势和社会变革潮流，打破传统的学科课程体系，从培养人才的基本素质、知识体系、创新能力出发，构造新课程结构。实践证明，大学的课程结构决定教育教学质量，决定学生的认知结构和思维能力。第二，教师课堂教学的改革与创新，学校教育的创新，教师是基础，是源泉。教师的教学创新，要求一方面要善于选择和运用当代新教材和教学方法、教学手段；另一方面要紧密联系实际，探索高师教书和育人的发展规律，将科研成果运用于教学过程中。教师的教学创新要以学生为本，以努力提高学生素质、完善人格、全面发展为目标。

我国教师教育正处于历史性转折的关键时期。高等师范院校要抓住这个难得的发展机遇，积极主动地开放与创新，以促进中国高等师范教育及高师院校的战略性转变和跨越式发展。

以实施《珠江三角洲地区改革发展规划纲要 （2008—2020 年）》 为契机促进学校科学发展①

各位同志，各位领导：

大家好！

今天，我们在这里举行党员干部深入学习实践科学发展观活动的辅导报告会。开展深入学习实践科学发展观活动是中央以改革创新精神全面推进党的建设新的伟大工程。为深入学习实践科学发展观，3 月 23 日上午，我、王乐夫校长、王培林副校长专题向省委教育工委书记、省教育厅厅长罗伟其汇报我校结合学习实践科学发展观活动破解学校发展难题的情况。罗伟其厅长对我校近年来的发展以及"面向职教、服务职教、引领职教"的办学定位给予了充分肯定，并对学校提出了要全面转变办学观念、全面调整学科、专业和课程结构、全面改革人才培养模式和全面提高教师的职业技术教学水平等四个方面的具体要求，这充分体现了省委教育工委、省教育厅和罗伟其厅长对学校未来发展的深切关注和高度重视。现在我根据罗厅长的重要指示精神，结合《珠江三角洲地区改革发展规划纲要（2008—2020 年）》（以下简称《纲要》）的学习，以及学校发展的实际，谈几点学习科学发展观和《纲要》的体会。

一、深入学习、领会科学发展观的深刻内涵，结合《纲要》"科学发展，先行先试"的精神，认真解决办学观念的问题，努力构筑促进学校科学发展的思想基础

（一）深入学习、领会科学发展观的深刻内涵及其意义

当前，在全党开展深入学习实践科学发展观活动，是党的十七大做出的

---

① 本文是作者 2009 年 4 月 2 日在广东技术师范学院学习《珠江三角洲地区改革发展规划纲要（2008—2020 年）》专题会议上所做的辅导报告。

战略决策，是用中国特色社会主义理论体系武装全党的重大举措，是"三个代表"重要思想学习教育活动和保持共产党员先进性教育活动的继续，是深入推进改革开放、推动经济社会又好又快发展、促进社会和谐稳定的迫切需要，是提高党的执政能力、保持和发展党的先进性的必然要求。深入学习实践科学发展观，是在深刻变化的国际环境中推动我国发展的迫切需要，是落实实现全面建设小康社会奋斗目标新要求的迫切需要，是以改革创新精神全面推进党的建设新的伟大工程的迫切需要。

在高校开展深入学习实践科学发展观活动，是进一步用中国特色社会主义理论体系武装高校党员干部、教育广大师生员工的重大举措，是破解高校发展难题、推动高等教育事业又好又快发展的迫切需要，是以改革创新精神推进高校党的建设的必然要求。学校的各级干部要进一步提高对开展学习实践科学发展观活动重要性和紧迫性的认识，切实增强抓好学习实践活动的责任感和使命感，切实把思想统一到党中央的决策部署上来。

在全校开展深入学习实践科学发展观活动，就是要着力解决影响和制约广东技术师范学院科学发展的突出问题，要真正按照"党员干部受教育、科学发展上水平、人民群众得实惠"这个总要求来开展活动，努力实现"明确发展思路、解决突出问题、创新体制机制、促进科学发展"的目标。要紧紧围绕"培养什么样的人，怎样培养人""办什么样的大学，怎样办大学"这两个根本性的问题，继续解放思想、实事求是、改革创新，按照科学发展观要求，结合广东省委、省政府全面实施《纲要》，坚定学校的办学定位，坚定不移为广东培养职教师资，为实现广东实施"双转移"战略目标做出积极的贡献，推动学校的全面发展。

（二）认真学习《纲要》，转变办学观念

2008 年年底，国务院制定出台了《珠江三角洲地区改革发展规划纲要（2008—2020 年）》，为我省实现新的大发展大提高、争当实践科学发展观排头兵指明了前进方向，对广东高等教育的改革发展具有重大意义。《纲要》明确把珠三角地区改革发展上升为国家战略，赋予了广东自改革开放以来新的重大历史使命，即：要把珠江三角洲地区建设成为探索科学发展模式的实验区、深化改革的先行区、扩大开放的重要国际门户、世界先进制造业和现代服务业的基地、全国重要的经济中心。在这种形势和背景下，作为广东经济社会全面发展的一个重要组成部分，教育的改革和发展也站在了一个新的历史起点上，既面对严峻挑战，也面临前所未有的重大机遇。

《纲要》明确指出要优先发展教育，重点是优化基础教育结构、以新的思维和机制推动高等教育发展上水平、争创国家教育综合改革示范区等三大任务。具体来看，就是要进一步提高高等教育普及化水平，显著提升高校科技创新与服务能力；要开展全方位、宽领域、多形式的智力引进和人才培养合作，加大与港澳合作办学力度；要率先探索多种形式的办学模式和运作方式，改革应试教育模式，深化人才培养模式改革，推进高等学校治理模式改革；等等。《纲要》为广东高等教育改革发展提出了具体的目标和任务，充分体现为先行先试的精神。

我们要通过开展深入学习实践科学发展观活动，提高对我省全面实施《纲要》的认识，要借《纲要》实施的"东风"来促进学校科学发展。在这当中，转变我们的办学观念极为重要。学校第六次党代会提出了"面向职教、服务职教、引领职教"的办学定位，这些年来我们一直为此做出不懈的努力，坚定了办学的信念，取得了明显的效果。但至今为止，有一些干部、教师的教学观念还未转变过来，我们要在开展学习实践科学发展观的活动中彻底解决这一问题。

对于突出解决目前部分领导干部和教师的办学观念的问题，罗伟其厅长在听取我们的汇报后明确指出：广东技术师范学院确定"面向职教、服务职教、引领职教"的办学定位是正确的。全体教职员工要全面地、彻底地转变办学观念，全体校领导和教职工要把心植根于广东技术师范学院，就是要为广东培养合格的职业技术教育的师资，过去广东民族学院的办学培养了不少少数民族地区的干部，成绩是肯定的，但学校改制为培养职教师资后，就不要左右摇摆，要进一步强化"面向职教、服务职教、引领职教"的办学定位，要培养更多合格的职教师资，为广东职业技术教育服务。

罗厅长提出的这些要求就是省教育厅对当前我校工作的具体指导和要求。我们要坚决贯彻落实。

要强调的是，"面向职教、服务职教、引领职教"的办学定位是学校第六次党代会提出的办学目标，省教育厅对我们的办学定位是充分肯定的，我们决不可动摇。实事求是地说，我校的一些干部和教师，办学思想观念还没有真正转变过来，还没有竭尽全力拿出为广东培养合格的职教师资的行动来。原因是多方面的，除了一些教师固守原有的专业之外，更多的是对广东民族学院办学的留恋。所以罗厅长一针见血地指出办学定位"不要左右摇摆"。我认为，留恋过去的民族学院是可以理解的，但不能长期不变。我们要客观地放眼看看当下高校的发展趋势。如果不为广东培养职业技术教育的师资，那么我们到底有多大的发展空间，有什么样的地位？为广东培养职教师资的空间和地位是靠我们自己去抓机会、去真抓实干谋求发展争取的，而不是坐而论道就可以得到的。要让广东的高职院校和中职学校认可我们是"龙头"，认可我们能够"引领"他们，我们还要付出艰辛的努力。所以解决目前部分领导干部和教师的办学观念问题，就是实践科学发展观、促进学校又好又快发展的重点。我们要通过深入学习实践科学发展观活动，站在广东高等教育竞争发展的高度上，面对当下的现实，着眼未来的发展，不回避矛盾，逐一排查我们办学观念中存在的问题，积极创造条件，逐一解决，为学校的发展营造好的"软环境"。

二、以科学发展观为指导，全面调整学科、专业和课程结构，着力解决制约学校发展的"瓶颈"问题

（一）全面调整学科、专业和课程结构

罗伟其厅长在听取我们的汇报时要求：广东技术师范学院要根据广东经济结构调整和职业技术教育发展的需要，全面调整学科专业结构，专业学科不要再向普通师范专业看齐，或重复建设，要有技术师范教育的特色，课程方面一定要进行调整，着重学生技能方面的实训。罗厅长站在职业技术教育发展的高度，对我校的学科、专业和课程建设提出了明确的要求，也对我们提出了希望。如果不进行学科、专业和课程的全面调整，积累的问题将会越来越多，培养人才的质量就会受到严重的影响。

我们都很清楚，要全面调整学科、专业和课程结构是一件"伤筋动骨"的事情，需要我们拿出勇气来做这件事。职业技术师范教育与普通高等师范教育的学科、专业和课程结构有大面积的重复，无论是学科、专业还是课程，都无法突出技术师范教育的优势与特色，这就是我们改制以来办学观念上的深层次问题。回避这个问题和不解决这个问题就是对学校将来的发展不负责任。罗伟其厅长把这个问题提出来，是从广东高校布局和学校的发展定位来要求的，其目的是要我校的学科、专业和课程进行一次实质性的改革，就是要有技术师范教育的特色，培养的学生既要有专业理论，也要有实训操作能力，要能够指导学生实训。如果我校的毕业生不能指导学生上机床实训，那能有竞争力吗？

为贯彻落实罗厅长的讲话要求，学校将在今年的招生中向职业技术师范教育的专业倾斜，明年、后年的倾斜力度将会更大，政策支持的力度将会更强。如果我们不加大力度调整学科、专业建设，那么我们凭什么去争取成为技术师范大学？我们说要对学校发展的历史负责。就是要对学校重大发展的事情负责，如果我们坐失成为技术师范大学的机会，那我们拿什么来对学校的历史负责？

王乐夫校长在今年的工作要点中明确提出要"进一步反省学校人才培养

方案、学科专业发展规划"等。我希望各部门各单位的领导要好好领会王校长的要求,拿出具体措施。全面调整学科、专业和课程结构,不管是谁都是不可回避的。如果我校的学科、专业、课程发展与普通师范院校重叠,那我们要追赶多少年才会有自己的位置?不从事与职业技术教育有关的学科和专业,就是自动放弃自己的优势。如果在调整学科、专业和课程时还是"左右摇摆不定""顾左右而言他",那我校的成长空间将会自我封闭,这样,我们将无法面对学校发展的历史。

罗伟其厅长希望我们在学科、专业和课程方面进行大刀阔斧的改革,就是希望我们要彰显自己的学科、专业和课程优势,使我们的办学具有竞争实力,学校的发展具有优势。

如何进行学科、专业和课程结构的调整,我校各级领导,尤其是教务部门和二级学院的领导要群策群力,认真讨论、认真思考,真抓实干,干出成效。

(二) 着力解决制约学校发展的"瓶颈"问题

从发展的历程来看,我们学校在"规模、质量、结构、效益"协调发展的问题上存在不足。在 2008 年的解放思想学习讨论活动中,结合本科教学评估中存在的问题,学校就梳理出制约学院发展的 11 个难题。经过半年多的艰苦努力,有一些问题已经完善和逐步解决了。但是大多数问题还在积极创造条件解决。除了要解决刚才所讲的办学观念问题,学科、专业、课程调整问题,还需要着力解决以下几个问题。

一是新校区建设的问题。要从根本上解决办学规模的问题,就是要加快新校区建设的步伐。目前,新校区的征地工作和相关的建设手续都在紧锣密鼓地进行中,一期工程的施工之日就是学校解决办学行政用房之时,也是我们着力进行"规模、质量、结构、效益"协调发展的必要条件,因此,今年工作的首要任务就是建设新校区。我们知道,办学行政用房在很大程度上制约了学校办学规模的扩大与结构的调整,也直接影响了教学与实训的工作。新校区若不能尽快开工,必将影响学校的长远发展和教职工的经济收入。我们要通过深入学习实践科学发展观活动,加深对"规模、质量、结构、效益"的理解,同心同德,举全校之力建设新的校区。我们坚信,只要开始建设新校区,学校的各项事业发展必将走上快车道。

二是师资队伍建设的问题。罗伟其厅长在听取我们的汇报后特别强调,师资队伍建设是广东技术师范学院发展的关键。要全面提高教师职业技术教育的教学水平,要在师资引进和培养上下功夫,要培养"双师型"的学生,教师本身应是"双师型"教师。如果我们的教师职业技术教学水平低下,或者说无法指导学生进行教学实训，学生毕业走上讲台后怎样去指导他的学生实训？罗伟其厅长说，师资队伍建设要在引进和培养上下功夫。我们该怎么做？第一，引进和培养师资要有新的观念和措施，要紧紧围绕罗厅长提出"全面调整学科、专业和课程结构"的发展需要来进行，要有长远的学科专业发展目标，要按照"科学发展，先行先试"的精神，不拘一格引进学科带头人。要广开门路，多渠道地录用、引进具有较强实训能力和实验管理能力的人才，改变教师队伍的单一结构，扭转目前教师实训能力普遍不高的现状。我们要清楚地认识到，我们专为职业技术教育培养师资，如果我们的一些教师都无法指导学生进行教学实训，培养出来的毕业生怎能到职业技术教育第一线去教学，去指导学生实训？近年来，毕业生在就业中所表现的技能薄弱的问题，应该引起我们的高度重视。第二，学校要建立教师的培训制度。我们要加强教师的职业技能训练，强化教师的动手能力，让大多数教师获得相关专业的技能证书。没有获得相应的专业技能证书的教师，要加强在职培训或离岗培训。为什么这么做？试想一想，学生上专业课时，作为教师的你面对课程的实验设备却无法动手，你如何去指导学生实训？我们要从师资的源头上提高教师实训能力的水平，提高教师的技术教育的教学水平，扭转学生实训的薄弱环节，提高学生就业的核心竞争力。

如何引进和培养师资，如何提高教师职业技术教育的教学水平？这需要人事处、教务处和各二级学院的领导以及相关部门的领导进一步拿出切实可行的办法来，逐一落实。

三是图书、教学实验设备的问题。学校的图书、设备经过三年的建设，达到了教育部的评估要求，但作为培养职业技术教育师资的院校来说还是不够的，特别是工科的实验设备远远达不到学生实训的要求，制约了学生实训能力的提高。因此，筹措经费添置教学实验设备是今后一段时间内学校工作重点之一。设备不解决，实验场地不解决，学生的实训就会受到较大的影响。按照科学发展观的要求，科学管理，合理利用现有的实验条件，让学生获得最大化的实训，这既是我们办学的基本要求，更是教师的责任，也是对学生就业最大的帮助。

以上几个问题的解决，也是为了学校事业的协调发展。面对新的形势、新的挑战和新的任务，我们在今后的工作中，必须追求"规模、质量、结构、效益"的协调发展，尤其要注重硬件建设与软件建设的协调发展、理工科与文科的协调发展、师范与非师范的协调发展、师生的协调发展，以促进学校的整体发展。

三、以科学发展观为办学的行动指南，从根本上全面改革人才培养模式，要充分认识培养职教师资与传统教师培养模式不同，真正形成自己的办学特色，努力提高学校的办学竞争力

（一）要充分认识培养职教师资与传统教师培养模式的不同

培养合格的职业技术人才，源头在职教师资。培养合格的、优秀的职教师资，在办学观念、学科、专业、课程、实训体系建设和设备配置上，与传统的普通高等师范教育有所不同。在人才培养模式上，要从本质上正确认识培养职教师资与传统教师培养模式的不同。

第一，培养毕业生的目的不同。普通高等师范教育的办学定位是为培养基础教育的师资，重点面向的是各级中学和小学，毕业生的任务是传授九年义务教育和高中教育阶段的各科知识，他们具有很强的传授人类社会发展的基础知识的能力。而职业技术师范教育是专门为职业技术教育培养师资的，重点面向的是各级各类职中、技校和相关的职业技能培训机构，毕业生的任务是到职中、技校去教学和指导学生进行职业技能实训，他们既要有扎实的理论基础，又要有较强的职业技能的实训能力。

第二，人才培养模式上的不同。普通高等师范教育培养学生着重于理论知识的系统教育，着重于理论知识的系统训练。而职业技术师范教育培养学生除了理论知识的系统教育外，还有一个重要的任务是对学生进行专业课程的实训，这一过程既有实验室的教学实训，也有与社会经济紧密相连的职业技能训练，这个过程的区别决定了普通高等师范教育与职业技术师范教育在人才培养模式上的重大不同。

第三，教学的服务对象不同。普通高等师范教育培养的学生面向的是各级中学和小学，所面对的教育对象是中小学生，有不同的教学、教育要求。而职业技术师范教育培养的学生所面对的教育对象，是完成九年义务教育后进入职业技术教育的学生。他们是即将进入社会的劳动者，为走上工作岗位而接受技能性教育。

第四，用人单位的评价标准不同。中小学校对普通高等师范教育毕业生的评价标准与职中、技校对职业技术师范教育毕业生的评价标准不同，中小学校是看毕业生的教学过程、质量和育人能力，学生的各种考试成绩；而各类职中、技校和相关的职业技能培训机构对毕业生的评价是看教学效果，特别是组织、指导学生进行课程实训和工作岗位实践的能力，以及学生走上工作岗位后的技术能力。

以上四个方面的不同，决定了职教师资培养模式与传统教师培养模式是

不同的，只有充分认识职教师资培养模式的不同，才能在学科、专业、课程和实训建设中发挥工作的主动性和创造性，才能更有针对性地全面改革人才培养的模式。

（二）加强学生的技能培训，真正形成自己的办学特色

高等教育有其自身的发展规律。高校千校一孔，培养的学生万人一面已经成为培养人才的诟病。当下，高校没有自己的办学特色就没有竞争力，这已是逐渐为高校师生和社会认可的事实。罗伟其厅长要求我们全面改革人才培养模式，充分认识职教教师培养与传统教师培养模式不同，就是从根本上解决培养职教师资雷同于普通师范院校培养学生的问题。只要找准自己的办学位置，加强学生的技能培训，办出自己的特色，无论是在哪里都会有自己的一席之地。关于学生技能培训，我们已经做了一些工作，也取得了一些成效，但与社会的要求、与提高学生的核心竞争力的要求相比仍然不够，还有很多工作等待我们去落实。一提到学生的实训问题，总会有这样那样的"困难"，但是我们也看到有一些教师、二级学院的领导在克服存在的困难，探索新途径，认认真真地做好学生的实训工作。

举一个例子。传播技术学院的领导高度重视学生的实训，他们有一套完整的实训计划，在现有条件下尽可能让学生得到真实的实训。比如孙墀副教授带领学生做影视实训是手把手教的。他把学生能否拿出作品作为实训的基本标准，严格抓好每一个环节。学生出了不少获奖的作品，有的作品被电视台直接播放。尽管专业不一样，但各二级学院的领导可以对照自己的学院在实训方面做得怎么样，学生实训的组织与实施开展得怎么样？可以和天津工程师范学院对照一下，找找差距，想想办法，看看我们的设备是否用足了，学生是否得到实训了。最近，工业中心在为学生实训方面是想了一些好办法，免费为学生提供一些实训，这是一个很好的开始，一定要坚持下去，要想更多的办法，你给学生多点实训的机会，学生就多一分竞争力。

现在还有这样一个认识误区，即认为实训是理工科的事，与文科无关。这是不负责任的认识，也是在推卸责任。那么文科类专业怎样进行实训？文学院现在进行的实训改革，我认为是值得期待的。

陈利群院长提出文科类专业的实训要从学生以后从事的工作岗位、服务职教、内涵培养等方面出发来规划学生的实训计划，全程推进和监控实训过程。这些都是基于加强素质教育和提高学生核心竞争力来考虑的。

文学院为了提高学生的写作能力，原则上要求每个学生每学期完成课外写作10篇，三个学年共计60篇。一年级要求：时事评论8篇，文学作品4篇，读书笔记4篇，新闻、学术研究等4篇。二年级要求：时事评论8篇，

文学作品4篇，学术研究4篇，调研报告、新闻等4篇。三年级要求：根据各自的实际，在议论文、文学作品、学术研究及公文、应用文等方面的写作共10篇。学生的课外写作实训都由具体的教师负责指导。我认为这种强化性的训练，是有助于提高学生的写作能力的。

在广东技术师范学院，无论是理工科还是文科专业，教学安排都有实训的要求，教务部门、各二级学院要把学生的技能培训提升到提高学生核心竞争力的高度来认识，采取切实的措施，加强学生的专业实训工作，真正形成自己的办学特色。

四、以科学发展观为新的办学导向， 正确认识 《纲要》 对学校发展面临的机会与挑战

要根据《纲要》"科学发展，先行先试"的精神，努力抓住职业技术教育发展的契机，争取职业技术教育在广东高校的话语权。积极创造条件，为争取成为技术师范大学而努力工作。

（一）要充分认识《纲要》以及职业技术教育现实环境对学校发展的促进作用

珠江三角洲地区是我国改革开放的先行地区，也是我国重要的经济中心区域。党中央、国务院对整个珠三角地区的改革发展非常关注，在不同的历史时期都做出了非常重要的部署。《纲要》的颁布是广东改革开放30年来又一个新的发展里程碑，它对广东经济社会的发展将起着深远的影响，它的"科学发展，先行先试"精神对广东的高等教育和职业技术教育同样有着深刻的影响。

《纲要》提出要"以中等职业教育为重点，大力发展职业教育"，"推进校企合作，建设集约化职业教育培训基地，面向更大区域配置职业技术教育资源，把珠江三角洲地区建设成为我国南方重要的职业技术教育基地。高等教育普及化水平进一步提高，显著提升高校科技创新与服务能力"。这是广东职业技术教育的发展纲要，是广东职业技术教育的一幅美丽的蓝图，也是广东职业技术教育要成为全国职业技术教育改革发展的排头兵的号角。

2008年，广东省委、省政府实施了发展经济的"双转移"战略，把职业教育纳入重点发展项目；在普及高中阶段教育的同时也提出要重点发展中等职业技术教育，职业教育面临着难得的发展机遇。罗伟其厅长在《推进中等职业技术教育战略性结构调整，为实现"双转移"提供重要保障》一文中指出："从产业和职业技术教育发展的内在规律及其相互关系来看，推进

'双转移'，必然要求加快普及高中阶段教育，尤其要解放思想推进中等职业技术教育战略性结构调整，形成全省中职教育区域、校企互动协调发展新格局，为实现'双转移'提供重要保障"，要"积极主动地加强基础能力建设，努力拓宽办学空间，切实加强'双师型'教师队伍建设，着力建设实训中心和实践基地，合理调整专业设置和课程结构"。这些指导性意见高瞻远瞩，具有很强的操作性，对广东技术师范学院坚定"面向职教、服务职教、引领职教"的办学定位有很好的政策导向作用和激励作用。

据教育部测算，我国2010年中职在校生可达到2200万人，即便按照师生比1：21计算，也至少有30万人的职教师资缺口。根据广东省相关数据统计，2007年年底共有中等职业技术教育机构（普通中专学校、职业高中、成人中专学校）595所，另有技工学校217所。广东中职教师的师生比是1：26.47。根据教育部职业技术教育与成人教育司2005年重新修订的"中等职业学校评估指标体系"要求，中职学校师生比的合格标准是"在1：15—1：17或在1：21—1：23之间"。据初步统计，广东的中职在校生2008年达到了154.6万人。根据"双转移"战略的要求，未来几年，珠三角地区中等职业学校在校生规模每年按15%的速度递增，并安排不少于30%（省属中等职业学校不少于60%）的招生指标专门招收东西两翼和粤北山区10万名以上初中毕业生就读。按照这样的发展速度，广东职教师资非常紧缺。培养职业技术教育优质师资，作为广东省中职师资的主要培养基地，我校自然责无旁贷。

面对广东省的这些新的战略部署以及广东职业教育的大环境，在职业技术师范教育和职业教育培训方面，在向更大区域配置职业技术教育资源方面，在建设集约化职业教育培训基地与建设我国南方重要的职业技术教育基地方面，以及提升高校科技创新与服务能力方面，我们该做些什么？我们能否有所作为？这些都是我们应当认真思考的。

（二）解放思想，勇于创新，为广东的职业技术教育做出新的贡献

第一，做大做强职业教育培训。我校的师资培训中心在2008年举办了各类培训班53期，培训的中职校长、各类职教管理干部、各专业教师共2167人次，高质量、高效率地完成了各类培训任务。在今后的工作中，我认为师资培训中心除了要培训外地的师资外，也要培训校内的师资，以及为企业培训高端人才，把我校的职业教育培训做大做强。

第二，以新思路、新举措加快为广东职业技术教育培养师资的步伐。一是争取在高职院校招收专升本的优秀学生，单独编班，培养高素质的职业技术教育师资。二是争取早日实现工程硕士点招生，为高职院校培养职业技术

教育师资，为形成中职学校、高职院校、本科院校、研究生院的新型职业教育体系做出贡献，真正成为培养职业技术教育师资的"母机"。

第三，争取省政府、省教育厅的大力支持。在新校区建设实训大楼和培训大楼，为广东的职业教育事业做出新的贡献。

总之，在实施《纲要》的进程中，我们要有所作为，努力促进学校各项事业的科学发展。

《纲要》的实施给我校的发展带来了新的机会，罗伟其厅长也为我校的发展做了指示，如果我们错失了为广东职业技术教育培养师资的机会，拿不出新的发展成果，我们在广东高校的发展中就没有话语权。我们不要满足于自己的前后比较，要和同类的兄弟院校比，要把眼光放长远一些，只有这样才会有危机意识，才能奋起直追、获得话语权。

同志们，我们要通过开展深入学习实践科学发展观活动，认真学习贯彻《纲要》的精神，增强发展学校的信心，增强责任心和使命感。希望学校的各职能部门和二级学院的领导根据罗伟其厅长对我校发展提出的新要求，切实做好全面转变办学观念，全面改革人才培养模式和全面调整学科、专业结构，加强对学生实训的工作，努力提高教师的职业技术教育水平，为广东职业技术教育培养优秀的师资，为学校争取成为技术师范大学做出自己的贡献。

谢谢大家！

贯彻落实党的十六大精神
在做大做强中协调发展[①]

做大做强广东高等教育，为社会增加高质量的教育供给，是广东省委、省政府贯彻落实党的十六大精神，为全面建设更高水平的小康社会、率先基本实现社会主义现代化做出的战略部署和重大举措。肇庆学院党委经过认真的学习讨论，领会了实质，统一了认识，明确了目标，坚定了信心。我们将以积极务实的态度、发展创新的思路、超越自我的勇气和紧张有序的工作，承接好"做大做强广东高等教育"的任务，确保"十五"期间内在校生规模达到 1.3 万人的目标，实现肇庆学院建设和发展的新的历史性大跨越。

一、思想认识和现实条件

党的十六大报告提出，教育在现代化建设中具有先导性、全局性作用，必须摆在优先发展的战略地位，全面建设更高水平的小康社会，增强民族的生命力、创造力和凝聚力，必须造就数以亿计的高素质劳动者、数以千万计的专门人才和一大批拔尖创新人才。在广东确立建设经济强省文化大省的战略目标后，广东的高等教育需要有大的发展。在实现温饱、小康生活后，教育已成为大众关注的焦点，也是消费的新热点，让下一代接受更好的、更高层次的教育，已成为人民群众殷切的期望。加快发展广东高等教育，扩大高等教育规模，是顺应社会发展潮流、努力保障人民受教育权益的实现、满足人民丰富多样的教育需求的有效措施，是与时俱进、用实际行动实践"三个代表"的具体体现。可以说，做大做强广东高等教育，是繁重的建设任务，也是神圣的社会使命，高校责无旁贷。同时，做大做强广东高等教育，也为地方院校生存、发展和提高创造了历史机遇。

从肇庆学院的发展历程，特别是近 5 年的巨大发展变化中，我们可以获得经验启示和前进动力。肇庆学院的办学基础是比较薄弱的，人、财、物等

---

① 本文写于 2002 年肇庆学院。

有形资产的起点不高，但学校党委会始终坚持发展才是硬道理，团结奋斗，励精图治，汇聚一切有效资源，调动一切积极因素，创造一切必要条件，走出了一条建设、改革和发展相促进，规模、质量和效益相协调的超常规发展之路。以下举四个方面的实例。

（1）师资队伍发生了深刻变化。1997 年，学校教师中仅有教授 4 人；目前，学校教师中教授已达 38 人、博士 30 人。1997 年，学校副教授（高级实验师）有 76 人；目前，学校副教授（高级实验师）有 166 人。教师中具有硕士研究生学历的比例已达 35%，高于全国高校研究生学历教师平均值（全国为 31%）。同时，教师的科研能力提高了。2002 年，我校教师承担国家级科研项目 1 项、省级重点课题 13 项。

（2）图书资料、仪器设备扩充升级。与 1997 年相比，学校在这两方面的经费投入增加了 1500 多万元，馆藏图书增加了 25 万册；投资 50 万元建设的"全国期刊网镜像站"已开放使用，数字图书阅览室正在建设；先后投入 200 多万元建设的校园计算机信息网已连通全校。

（3）办学条件和育人环境发生巨大变化。5 年间，共新建 15 幢教学实验和生活设施。其中有 4 幢学生公寓、7 幢教工宿舍、1 幢教学实验大楼、1 座学生饭堂、1 所校医院、1 座多功能体育馆，建筑面积达 10 多万平方米。最近，学校承建的"广东省高校光电信息技术教学重点实验室"通过省高教厅验收，已投入运行。

（4）教学基本建设的成就，增强了学校的办学实力和发展后劲。1997年，学校全日制在校生为 5900 人，全部是专科生；2002 年，学校全日制在校生达到 9141 人，其中本科生 3940 人，学生净增 3480 人。1997 年，学校函授生有近 300 人，2002 年，注册学生达到 5000 多人。2002 年学校毕业生就业率达 94.22%。普通招生考试录取的情况和毕业生就业情况，也显示出随着学校近几年，特别是升格本科院校后，强化师资队伍，优化教学资源，严抓教学管理，推进素质教育，学校的办学质量、竞争实力、品牌形象及区位优势正日渐提升，社会影响力、吸引力和美誉度正日渐增大。

学校全方位、高起点构建了新时期大学生思想政治教育和党建工作体系，以及教育质量促进体系。2002 年以来，学校重点抓"党支部建在班上"和"思想政治工作进宿舍"工作，全校有 5600 多名学生递交了入党申请书。学校通过教与学的两个层次、两种机制全面保障共同推进教育教学质量的提高：以鼓励和指引本科生考研促学风建设，以本科教学评估的自评工作促教风建设。学校 2002 年中文系本科班 50 名毕业生中，有 10 名学生考研，其中 3 名学生直接考取了北京师范大学和华南师范大学的研究生。虽然肇庆学院作为地方院校，有其发展的局限性，投资规模不大，但投资效益较高。几年来，学校的办学规模一再扩大，伴随规模的扩张，是育人环境的优化、办学实力的增强、教学质量的提高和学校形象的重塑。

肇庆是发展高等教育的理想之地。这里面向经济发达的珠江三角洲地区，背靠广阔的蓄势待发的粤西腹地，对各类人才的需求旺盛。学校坐落在著名的自然风景区内，与地方各界关系融洽、合作密切，始终得到肇庆市委、市政府的大力支持和帮助，这是学校进一步扩展的地利、人和优势。

以上是我们形成积极认识的思想基础和现实条件。

二、办学的新思路、新目标、新举措

第一，为了承担新的更重要的历史任务，学校将认真学习党的十六大精神，全面贯彻"三个代表"重要思想，始终把发展作为办学兴校的第一要务。学校将以更新的教育观念、更开阔的视野、更强烈的责任感，承担做大做强广东高等教育的重任，对发展中可能引发的新问题、新情况，早做分析、预见和判断，做到积极应对、严谨落实、兴利除弊、稳中求进，力争办学质量、水平、规模、效益全面提高、协调发展。

第二，重新做好学校发展的定位。坚持以质立校，培植办学特色，增创比较优势，把肇庆学院建设成为肇庆市乃至粤西地区高等教育、人才培养、科技开发、信息咨询的中心，成为在同类院校中规模、质量、效益处于领先地位的具有特色的地方性综合大学。

第三，重新构建教学科研和人才培养的保障体系。按照现代大学的办学理念、管理模式以及学校规模扩大后的实际情况，调整专业结构，改革人才培养模式，创新教学管理制度和行政管理方式；改进大学生思想政治教育和党建工作；进一步加强学生的素质教育，增强学生的创业能力和创新能力。

第四，进一步加强教师队伍建设。学校将顺应新形势新情况，进一步优化学术环境和工作生活环境，栽下梧桐树，招引金凤凰。要以学科建设为导向，重点引进一批学科带头人和具有教学科研实力的中青年教师，形成结构合理、相对稳定的教师梯队，提高教师的师德和业务水平。

第五，进一步加强学科建设。学校将继续实施有所为有所不为的"非均衡战略"，确立学科发展的方向；汇集学术队伍，形成学术梯队；优化学术环境；促进学科交叉发展，办出新的学科特色。

第六，进一步拓宽学校自身的筹融资渠道。学校将努力探索新的投资引入方式，积极实施"银行贷款、政府贴息、学校还本"的经费筹措模式，吸引更多的社会资本投入学校建设。争取肇庆市委、市政府的大力支持，提前征用市政府预留给学校的规划用地（2003 年主校区再征地 150 亩），校园面积力争扩大到 1000 亩以上。加紧做好在建和已规划的 5 个基建项目（新学生公寓 26 万平方米，音乐艺术大楼 7100 平方米；新教学实验大楼 16 万平方米；第三学生饭堂 9000 平方米；新图书馆 15 万平方米），积极筹备做好 2004—2006 年的工程立项和规划设计，提升学校设施的现代化标准，优化办学硬环境。

第七，积极创办好国有民办的本科二级学院——星湖学院。学校利用星湖校区现有的教育设施创办二级学院，2003 年招生，至 2006 年力争达到在校生 3200 人规模。学校要牢牢掌握并积极运用好对二级学院的办学权、教学权和管理权，以高质量创品牌、增效益。

第八，进一步密切与地方的关系，牢固确立为地方经济、文化和社会发展服务的办学宗旨，以更好的服务争取更大的支持，以更多的贡献求得更快的发展。

三、面临的实际问题与挑战

第一，师资问题。根据广东省教育厅规划方案，未来三年内，肇庆学院全日制在校生若达到 1.3 万人规模，按教学型本科院校师生比的最低合格标准线 1：19 计算，需配备 685 名教师，而学校目前拥有专任教师 538 名，尚缺 147 名，加上自然减员 30 名计，需要增加近 180 名教师。虽然学校已做好了师资建设的规划和进度表，但高素质师资有限，在扩大高教规模的大背景下，竞争将十分激烈。另外，学校的师资建设还存在省属编制、市属编制问题的困扰。

第二，投资问题。在校生规模扩大，生均占地、建筑面积、运动场地、图书资料、仪器设备都要相应地增加。按 1.3 万人规模计，生均达标占地 45 平方米，校园面积尚缺 2.1 万平方米（约 31 亩）；生均达标建筑面积 30 平方米，学校建筑面积尚缺 8.6 万平方米；图书资料尚缺 55 万册，球类运动场缺 60 多个，风雨操场缺 3500 平方米。仪器设备生均达标要求 5000 元，学校尚缺 3069 万元。学校按省教育厅要求调整"十五"期间招生计划，由原定 9000 人扩大到 1.2 万人，基本建设资金负债规模已计 2.5 亿元，若招生达到 1.3 万人规模，资金负债将达 3 亿元以上。巨额的负债将制约学校按需要高标准建设和发展。

第三，本科教学评估的制约。学校 2000 年刚刚组建升格为本科，按照教育部的规定，将在 2006 年接受教育部本科教学工作合格评估。虽然学校早在 2001 年年初就启动了自评工作，按照《方案》规范教学过程，加强质量督导和监控并取得一定成效，但在加速大幅度扩招的情况下，本科教学的软硬件未能及时跟进，本科教学工作达标的难度加大了，未能按时通过评估的风险加大了。

第四，广州大学城，深圳市、珠海市、佛山市、东莞市四个大学园区的建设与运作，以及国外大学的进入，势必形成名校群聚、强势吸纳的效应，在生源流向、资金流向、教师流向几个方面对地方院校造成冲击。学校扩大招生规模 3~5 年后所形成的规模保持其效益增长的风险增大。

面对这些实际问题与挑战，学校将认真研究分析，千方百计、想方设法去解决。我们坚信，困难中隐伏着作为和变化，挑战中蕴藏着机遇和发展。

肇庆学院决心按照广东省委、省政府的战略部署，落实省教育厅的发展规划，踏出做大做强广东高等教育的节拍，奋发努力，顺势而为，开创肇庆学院建设和发展的新局面，为广东全面建设更高水平的小康社会、率先基本实现社会主义现代化做出更大的贡献。

努力实践"三个代表"重要思想
促进学校协调发展①

各位领导、同志们：

这次参加读书班，集中学习"三个代表"重要思想，时间虽短，但收获很大。下面，我结合工作实际，谈三点学习体会，同大家交流研讨。

一、"三个代表" 重要思想是高校工作的根本指针

实践需要理论指导。实践的深入，必然要求理论的深入；实践的创新，必然要求理论的创新，也必然会引发和推动理论创新。正如马克思、恩格斯所说："一切划时代的体系的真正的内容，都是由于产生这些体系的那个时期的需要而形成起来的。""三个代表"重要思想就是因应实践要求并反映时代特征、面向 21 世纪的中国化的马克思主义，是指引全党全国人民为实现新世纪新阶段的发展目标和宏伟蓝图而奋斗的根本指针。无疑，"三个代表"重要思想也是中国高等教育改革、发展、创新的根本指针。

"三个代表"重要思想绝不是简单的三句话表述，也不是概念、原则的抽象演绎，而是从当今中国和世界的客观实际出发，与时俱进、勇于创新的理论成果，是包含着一系列紧密联系、相互贯通的新思想、新观点、新论断的科学理论体系。用"三个代表"来概括、命名，准确恰当地反映了这一理论成果的最关键、最本质、最核心的内容。"三个代表"重要思想所具有的基本点，马克思主义经典作家都曾有过论述，但将"生产力""文化""人民利益"等原来各成体系、彼此分散的学说内在地有机地结合在一起，并赋予新时代的内涵，构成一个完整的思想体系，这在马克思主义思想发展史上是崭新的创造。把代表先进生产力的发展要求、代表先进文化的前进方向、代表最广大人民的根本利益同坚持党的先进性联系在一起，并上升到党的性质和宗旨的高度，上升到党的指导思想的高度，这在马克思主义建党学说史上也是一个新的里程碑。我们可以从以江泽民同志为核心的党的第三代中央

---

① 本文写于 2003 年肇庆学院。

领导集体的实践创新和理论创新中，获得巨大的精神激励和思想启迪：实践是无止境的，解放思想、理论创新也是无止境的。

胡锦涛同志在"七一"讲话中指出，"三个代表"重要思想的本质是立党为公、执政为民。他特别强调，是否"切实把立党为公、执政为民的要求具体、深入地落实到各项工作中去"，是衡量有没有真正学懂、是不是真心实践"三个代表"重要思想最重要的标志。

我们举办高等教育，我们管理高等学校，究其本质也有为了谁、依靠谁的问题。中国高等教育和高等学校的本质是为人民、为社会进步服务的。我们必须始终坚持并大力弘扬高等教育的人民性。以人民的需要办教育，办人民满意的教育。依靠人民，依靠社会，我们办学才有雄厚的物质基础和广泛的群众基础，才有不竭的资源和动力。相对于持续迅猛发展的社会经济态势和日益增长的人民群众的教育需求，广东高等教育仍然是落后的。因此，发展是广东高等教育的第一要务，发展也是我们各个高校领导的第一责任。"三个代表"重要思想贯穿着发展这一主题。"三个代表"重要思想的发展主题，蕴含着深刻的唯物辩证法思想：发展，是以经济建设为中心，物质文明、精神文明和政治文明相协调的发展，是以改革、发展、稳定三者关系相依存相转化的发展，是促进人与自然相和谐的可持续发展。紧紧把握"发展"这个主题，把坚持党的先进性和发挥社会主义制度的优越性，落实到发展先进生产力、发展先进文化、实现最广大人民的根本利益上来，推动社会全面进步，促进人的全面发展，就从根本上把握了人民的意愿，把握了社会主义现代化建设的本质。同样，我们办学也必然要体现出"三个代表"重要思想的发展主题和深刻内涵。要努力实现高等教育质量、水平、规模、效益相协调发展，学校教学科研、党建思政、校园文化相协调发展，人才培养的德、智、体、美综合素质全面发展。

高等教育的发展直接关联和反映先进生产力的发展要求、先进文化的前进方向、最广大人民的根本利益，直接关联和反映"三个文明"建设的动态和成果。高校是以培养人为中心的社会组织，高校的教师、学生是学习和接受"三个代表"重要思想的重要群体，高校在教育教学中贯彻落实"三个代表"重要思想，就能够为社会培养输送一大批高素质、高层次、具有社会竞争力和影响力、忠实践行"三个代表"重要思想的劳动者、建设者、管理者和领导者。高校学科门类齐全，研究力量雄厚，在宣传和研究"三个代表"重要思想及理论创新方面也有其特殊的地位、优势和影响。因此，高校应成为学习贯彻"三个代表"重要思想的重点和模范。

我们在最近专门召开了党委中心组学习会，认真研读胡锦涛同志的"七一"重要讲话和《"三个代表"重要思想学习纲要》，并向全校发出了兴起学习贯彻"三个代表"重要思想新高潮的通知。各系和校机关各单位在放假前和暑假期间，都分别举行"三个代表"重要思想专题学习研讨会，统一思想认识，查找问题差距，把智慧和力量进一步凝聚到贯彻落实"三个代表"重要思想、促进学校协调发展上来。我校大学生志愿者暑期"三下乡"服务队，也在八个乡镇服务点向农民宣讲"三个代表"重要思想，开展社会调查和技术服务。

二、 确立 "三个代表" 重要思想在高校的实践基础， 在协调发展中做大做强

高校兴起学习贯彻"三个代表"重要思想新高潮，其重大意义和实践基础是着力解决影响教学科研和人才培养的突出矛盾和问题，推动学校各项工作的开展。高校的发展，应当是内涵和外延相协调统一的发展，应当是规模、效益、质量、水平相协调统一的发展，应当以教学科研是否代表先进生产力的发展要求，代表先进文化的前进方向，实现好、维护好、发展好最广大人民的根本利益作为发展的目标及其评价标准。

与我省同类院校相比较，我校原有的办学基础比较薄弱，投资规模不大，人才、设备、设施等有形资产的起点不高。但是，自1998年以来的5年间，我校领导班子团结带领广大教职工，坚持发展才是硬道理，调动一切积极因素，汇聚一切有效资源，创造条件、抢抓机遇、励精图治、改革创新，实现了投资效益最大化、最优化，走出了一条规模、效益、质量、水平超常规相协调发展的新路子。多项反映办学实力的可比量化指标，实现了几个翻番和大跨度发展。

1998年，我校全日制在校生规模为5700人，全部为专科生；2003年我校全日制在校生规模达10160人，5年内接近翻一番，其中本科生已达7000多人，生源质量逐年提高。1998年，我校教师中仅有教授7人、副教授76人。到2003年6月，我校教师中有教授38人，副教授176人，博士28人，硕士研究生学历（学位）教师180人，高职称教师占教师总数38.7%，比1998年时的18%翻了一番，教师队伍呈现年轻化、高素质的良性发展态势。1998年，我校教师在国内外公开刊物发表学术论文122篇；2002年，我校教师在国内外公开刊物发表学术论文598篇，5年内增加了一倍多，其中有国家重点课题1项，省级重点课题13项，有17篇论文被SCI、EI等权威学术刊物载录索引。1998年，我校校园建筑总面积为15.3万平方米，到2003年7月，校园建筑总面积达31.4万平方米，5年内翻了一番，办学条件显著改善，校园环境更加优美怡人。

几年来，我们从学校实际出发，用新思想、新办法、新精神解决发展中遇到的各种困难和问题，把"三个代表"重要思想的科学内涵和精神实质转

化为自觉的工作实践，并在实践中取得一些宝贵的经验。

第一，以师资建设带动学科建设。我校把师资建设当作学校发展的核心工程，采取培养和引进相结合的战略方针，围绕学科建设和学术梯队的形成，有计划有重点地推进。经过几年的努力，我校已形成中文、数学、体育、音乐、美术等较强学科。一些薄弱学科、新兴专业、关键岗位的高素质教师的引进，整合优化了原有师资队伍，带动了整个学科发展。1998年以来，我校面向地方经济和社会发展，调整专业设置，开设了旅游管理、应用生物技术、国际经济与贸易、电子信息科学与技术、计算机科学与技术等9个应用型新专业。

第二，以本科评估带动教风建设。我校从2001年本科教学运行伊始，就按照《高等师范学校本科教学工作合格评估方案》启动了本科教学工作自评，以评促建。后来，又按照教育部《普通高等学校本科教学工作合格评估方案》，及时调整原定的自评指标，进一步规范本科教学过程和常规管理，加强制度建设；同时，开展了本科重点课程的遴选和建设。评估制度的推行，强化了教师教学质量意识、教学规范管理和教学创新意识，师德师风明显优化，本科教学成果显著增加，本科教学质量全面提升。

第三，以学生考研带动学风建设。作为地方本科院校，我们十分重视学生学习的动力和目标问题。一方面，我们确立了"宽口径、厚基础、强能力、高素质"的整体教学培养原则和目标；另一方面，对基础好、能力强、自我发展期望值高的本科生，采取多种措施鼓励支持考研，以新的目标指引，激励他们的发展动机，增强他们的学习动力，进而以他们的辐射力带动大多数学生明确目标、勤奋好学、励志成才。2002年，我校与华南师范大学联办的首届中文本科班，50名毕业生中有10人考研，其中3人以优异成绩考取北京师范大学和华南师范大学硕士研究生。2003年，数学系和中文系179名本科毕业生中有48人考研，其中15人进入复试，12人被录取。仅数学系一个班就有10名学生被录取（1人放弃另做选择），其中多名学生是以专业成绩第一名的绝对优势考取。高质量的教学与训练，增强了我校学生的综合素质和竞争优势。2000年以来，我校学生参加全国大学生数学建模竞赛、"挑战杯"全国大学生科技制作竞赛等全国性或省级大学生专业技能竞赛，获奖数量和等次在同类院校中名列前茅。我校毕业生就业率近3年都在94%以上，并呈现逐年上升的良好态势。

第四，以党支部建在班上推动新时期党建工作的创新，以思想政治工作进公寓推动新时期高校党建思想政治工作的改革创新；以邓小平理论和"三个代表"重要思想"三进"，构筑当代大学生的精神支柱。我校积极探索新时期党建和思想政治工作改革创新之路，努力构造全方位多层次的教学科研和人才培养政治保障体系，营造昂扬向上、奋发有为的育人环境，高度重视"两课"教师队伍建设和教学内容的针对性、时效性，努力开拓"三进"工作新途径，把学习贯彻"三个代表"重要思想与学生社团活动、大学生社会实践活动紧密结合起来，使"三个代表"重要思想真正内化为大学生的精神支柱。全校65%的学生向党组织递交了入党申请书。我校已连续6年荣获"全国大学生志愿者'三下乡'社会实践活动先进单位"称号。

第五，以多元化形式办学，延伸学校发展空间。2002年开始，我校与内蒙古工业大学、哈尔滨师范大学外语学院合作培养硕士研究生，与省内几所重点高校联合培养硕士生项目也在积极运作。2002年开始，我校承办了肇庆市高层次管理人才赴英国留学的国内培训，首期16名学员2003年已在英国波尔顿大学取得MBA学位，第二批17名学员正在我校强化培训。2003年9月，将有20名英国波尔顿大学学生来我校访学。此前，我校曾先后接收40多名美国、日本的大学生来校访学。我校还承担着肇庆、云浮两市普教系统"百千万人才工程"市级名校长、名教师的培训指导工作，为地方教育事业尽心竭力。我校与广东风华高新科技股份有限公司结成长期合作伙伴关系，派出教授、博士团为该公司开设讲座、举办夜大，还选派教授、博士定期定点到德庆且、广宁县、四会市农业产业化基地开展技术服务。多元化形式的办学，挖掘了学校的发展潜力，增强了学校的服务功能，拓宽了学校的发展道路。

三、在"三个代表"重要思想指引下，探索新问题，创造新业绩

作为地方本科院校，我们的发展机会、竞争条件，与重点高校、名校相比是不均等的，我们"做大做强"的内在动机和内涵要素与重点高校、名校也是不同的。我们要遵循"三个代表"重要思想的本质要求和创新思维，研究探讨本体内在的特殊矛盾，找出并强化自己的比较优势，走地方性有特色重实力的办学之路。借此机会，我与大家交流几点思路。

第一，把握机遇，准确定位，增创优势。我校的发展正面临两大机遇：一是广东省实施"做大做强"战略，加快高等教育的发展；二是肇庆市实施新的建设规划和发展战略。新机遇、新态势下，我们既要奋发有为，大有作为，又要清醒理性，不盲目追大，不刻意攀比，要夯实我们的根基，准确为学校发展定位：以确保2004年顺利获得学士学位授予权和2006年顺利通过本科教学水平评估为阶段性目标，以培养高素质适用型建设人才为己任，以为地方经济文化和社会发展服务为宗旨，建设高水平地方性有特色教学型的

本科院校。同时，按省级重点学科标准加强对我校中文、数学、体育、音乐、美术等优势学科的建设，发挥这些学科的比较优势和带动效应，提升我校学科建设的整体水平。

第二，培植特色，增强实力，服务社会。地方高校无特色，就无优势、无竞争力，办学的基础就不稳。而地方高校的特色在于为地方服务，从为地方服务中获取资源和动力，创造品牌和声誉。地方经济文化和社会发展有很多难题，有很多既有普遍性又具特殊性的情况，这正是地方高校教育教学科研实践拓展延伸、发挥作用的有利条件和机会。在教育科技资源激烈竞争的情势下，如果地方高校不主动，就会被其他高校抢占；如果地方高校无实力，也只能望洋兴叹、坐失良机。那么，地方高校的实力从何而来？我以为，一方面，从自身建设和为地方服务中不断集聚增强；一方面，可"借鸡下蛋""借船出海"，在与强校名校的合作中强大自我。可以说，努力增强为地方经济文化和社会发展服务能力和实力，是地方高校的重大课题。

第三，改革创新，"一主多元"，协调发展。江泽民同志提出："必须不断推进教育创新。教育创新，与理论创新、制度创新和科技创新一样，是非常重要的，而且教育还要为各方面的创新工作提供知识和人才基础。只有按照'三个代表'要求，大力推进教育创新，不断发展有中国特色社会主义教育事业，才能不断为我国经济和社会发展培养高素质的劳动者、建设者、管理者和领导者。"顺应时代发展潮流和社会需要改革创新，是高等教育发展的必由之路。高教改革创新，要尊重教育，特别是高等教育的规律与特性，要有助于高校自主办学和自我发展，要有利于高校为社会主义现代化建设服务和为人民服务。我校设想，将沿着"一主多元"的办学思路进行改革创新。"一主多元"包含以本科学历教育为主，进一步向研究生教育延伸，向各类培训市场拓展；以教学科研为主，主动进入地方经济文化领域，开展社会服务；以师范教育为主，不断增强职业技术教育能力，让学生在校就成为专业技术人才；以校本部管理模式为主，积极发展，规范管理二级学院；以国内教育合作为主，大力扩展国际教育合作交流；以政府投入、贷款贴息为主，多渠道筹措办学经费。通过"一主多元"的改革创新，把我们学校建设成为规模适度、结构合理、效益最佳、质量上乘的具有特色协调发展的新型地方大学。

"三个代表"重要思想具有很强的理论性和指导性，又具有很强的针对性和实践性。它是我们推动实践创新的根本指针，又是我们深化理论探索的崭新起点。我们一定要努力做到学以致用、用以促学、学用相长，在真正学懂、真心实践上下功夫，在求深、求新、求实上取得新成效，为办好人民满意的教育做出实实在在的贡献。

肇庆学院要为肇庆大发展提供人才和智力支持[①]

与广东省同类院校相比较,肇庆学院原有的办学基础是比较薄弱的,投资规模不大,人才、设备、设施等有形资产的起点不高。但是,自 1998 年以来的 5 年间,在广东省委、省政府,省教育厅,肇庆市委、市政府的关心和支持下,学校领导班子团结率领广大教职工,坚持发展才是硬道理,汇聚一切有效资源,调动一切积极因素,创造条件,抢抓机遇,励精图治,改革创新,走出了一条质量、水平、规模、效益相协调超常规发展的路子。

一、学校的发展变化

学校的发展变化可以从六个方面概括。

第一,顺利实现学校发展的历史性跨越。2000 年 3 月,教育部正式批准西江大学和肇庆教育学院合并,组建本科教育层次的"肇庆学院",这标志着学校的办学层次跃上一个新台阶。在省、市领导的关怀支持下,学校以改革发展统揽全局,以求真务实凝聚人心,积极有序地推进合并重组工作,当年便实现财务统一、招生统一、教学计划统一、党政管理统一,形成"一校两区"的格局。教学资源重组后,学校教学实力和社会服务功能都有所增强。现在,学校有文学、理学、工学、法学、管理学和教育学等 6 个学科门类,32 个专业,其中本科专业 20 个。

第二,师资队伍建设和科研工作发生了深刻变化。1997 年,学校教师中仅有教授 4 人。1998 年以来,学校加大了人才引进的力度,共引进教授 18 人、博士 23 人、副教授 61 人、硕士 79 人。目前,学校教师中已有教授 38 人,博士 30 人,副教授、高级实验师 176 人。一些薄弱学科、紧俏专业、关键岗位的高水平骨干教师的引进,整合优化了原有师资队伍,带动了整个学科建设。1998 年以来,学校面向地方经济发展和人才需求,调整了专业设置,先后开设了会计电算化、旅游管理、园林设计、应用生物技术、食品科

---

① 本文写于 2003 年肇庆学院。

学与工程等应用型新专业。2002 年，学校教师承担国家级科研项目 1 项、省级重点课题 13 项。其中，王忠博士的"微分算子谱理论研究及其应用"、梁广坚教授的"草地常绿技术"、李方满教授的"稻田养蛙建立生态新模式研究"等课题，具有重大的学术价值和经济价值，获得省自然科学基金高额资助。梁广坚教授的"暖地型草坪绿叶生长剂"已申报国家专利。2002 年，学校教师在国内外公开出版的学术期刊发表论文 451 篇，其中国外刊物 9 篇、国内核心期刊 228 篇，有 17 篇学术论文分别被 SCI、SSCI 等权威学术刊物载录。全年出版专著 11 部，通过成果鉴定 3 项。

第三，图书资料、仪器设备扩充升级。1998 年以来，学校在这两方面的经费投入累积增加了 1800 多万元。馆藏图书增加了 25 万册（套），投资 50 多万元建设的"全国期刊网镜像站"开放阅览，数字图书资源的开发共享效益明显；先后投入 300 多万元建设的校园教科网已接入主校区所有办公室和教工宿舍。由广东省教育厅和肇庆学院共同投资 365 万元建设的"广东省高校光电信息技术教学重点实验室"已投入运行。这个实验室的开放运行，增强了学校培养现代信息技术产业人才和教育人才的能力，为学校理工学科向应用领域扩展创造了有利条件。学校目前馆藏图书 76.5 万册（套），800 元以上的教学实验设备总值 3830 万元。

第四，办学条件和育人环境发生巨大变化。1998 年以来，学校新建（包括在建）教学实验和生活设施 17 项，其中学生公寓 5 幢、教工宿舍楼 7 幢、教学实验大楼 2 幢、学生饭堂 1 座、医院 1 所、多功能体育馆 1 座，总建筑面积达 14 万平方米。最近学校改造翻新的田径运动场和学生活动中心已开放使用。校园绿化美化净化建设持续推进，办学环境品位不断提升。学校先后荣获"广东省高校文明校园""全国部门造林绿化 400 佳单位""肇庆市创建国家园林城市工作先进单位"等称号。

第五，教学的中心地位进一步强化，本、专科教学质量明显提高。学校从 2001 年本科教学运行开始就全面启动了本科教学工作自评，以评促建，形成严格、规范、系统的教学过程和常规管理的质量促进保障体系；还按照宽口径、厚基础、通识教育和适应地方经济社会发展的要求，修订教学计划，推动课程建设和教学改革。高质量的教学与训练增强了学生的综合素质和竞争优势。2000 年以来，学校组队参加全国大学生数学建模竞赛，荣获全国一等奖 1 项、二等奖 3 项，广东赛区一等奖 4 项、二等奖 3 项、三等奖 6 项。在全国大学生英语竞赛和"CCTV 杯"电视英语演讲大赛中，学校参赛学生分别荣获一等奖 1 项、二等奖 1 项及非英语专业优胜奖 1 项。在第三届"挑战杯"全国大学生科技制作竞赛中，学校参赛的 13 件作品全部获奖，其中一等奖 1 项、三等奖 4 项。在 2002 年全国大学生电子设计竞赛、2001 年全国大学生定向越野比赛中，学校代表队也取得多项优异成绩。在全国性或省内大学生各类专业技能竞赛中，学校获奖数量和等次在全省同类院校中名列前茅。学校还连续6年荣获"全国大学生'三下乡'社会实践活动先进单位"称号。2002年有44名专科生直接考上本科插班；与华南师范大学联合举办的首届中文本科班50名毕业生中，有10名学生考研，其中3人以优异成绩考取北京师范大学和华南师范大学硕士研究生。2002年高考招生时，学校本、专科最低录取分数比省内同类院校高出7~11分，其中有5个专业是在分数线上以第一志愿录满。2002年毕业生就业率为94.22%，比2001年提高了1.42个百分点。普通高考招生录取和毕业生就业的情况都表明，学校近几年，特别是升格本科院校后，优化教学资源，严抓教学管理，推进素质教育，办学质量、竞争实力、品牌形象和区位优势正日渐提升，社会影响力、吸引力和美誉度正日渐增大。

第六，办学呈现多元化发展的良好态势。1997年，学校全日制在校生为5900人，全部是专科生；2002年，全日制在校生达到9141人，其中本科生3940人，学生类别有了师范类、非师范类和职业技术类。1997年，学校成人函授大专生仅有300多人，2002年，本、专科函授学员就达4892人。2002年，学校与内蒙古工业大学正式签署了合作培养计算数学专业和企业管理专业硕士研究生协议，与哈尔滨师范大学外语学院、华南师范大学联合培养硕士研究生项目也正在积极运作。2002年，学校承办了肇庆市高层次管理人才赴英国学习的前期培训，16名青年干部顺利外派英国波尔顿大学学习。今年，又有第二批17名优秀青年干部在学校接受出国前培训。学校与日本、美国、英国的3所大学建立了良好的合作关系，先后选派9名教师和6名学生到美国、英国进行国际教育交流；与日本神明畜产株式会社合作举办了肇庆中日交流培训中心，定期开办赴日研修生培训班。学校还承担着肇庆市、云浮市普通教育系统"百千万人才工程"市级名校长、名教师的培训指导工作，为地方教育事业和社会进步提供专业化高层次服务的优势正日益增强并充分展示。

肇庆市委、市政府对学校的建设与发展给予高度重视和支持。市委书记、市长及分管教育的副市长每年多次到学校视察指导工作，教师节、春节还到教师家中拜访慰问。在学校发展的一些重大问题上，市委书记、市长都一一过问，拍板决策。如在两校合并专升本的酝酿、可行性论证、专家预审、省部评审的全过程，市领导始终和学校一起跟踪情况，研究部署方案，及时解决问题，消除障碍，使得学校后来居上，顺利通过评审。在学校扩大规模、征用土地的问题上，市政府早做规划预留控制用地，学校建设征用时，又妥善协调各种关系，保证学校征地基建顺利进行。对学校近几年开工的基建项目，市政府都给予减免各类税费的优惠政策。特别值得一提的是，在学校筹建体育馆过程中，市委、市政府不仅给予一定的财政支持，而且在工程建设资金尚有缺口时，市委书记和市党政领导身体力行，带头捐款，全市干部积极响应，慷慨解囊，很快就募集到1200多万元专项建设资金，保证了学校多功能体育馆高质量建成投入使用。可以说，近几年肇庆学院的发展和提高，也是肇庆市委、市政府正确领导的结果。

二、学校的发展规划与工作思路

学校根据广东省委、省政府关于"做大做强广东高等教育"的战略部署和省教育厅的贯彻实施方案，结合肇庆市和本校的实际情况，以积极务实的态度、发展创新的思路，调整了学校"十五"期间的发展规划，并初步确定了2003—2010年的建设发展目标。具体时间安排如下：

2003年，学校全日制在校生规模突破1万人，达到10153人，其中本科生6835人；2005年，全日制在校生将达到13045人，其中本科生12145人，占全部在校生的93%左右。到2010年，规划全日制在校生将达到15000万人，全部为本科生。

2004年，学校获得学士学位授予权；2006年，学校整体通过教育部本科教学水平评估，本科教学质量和水平达到一个新层次。

2003年，专任教师550人左右。按照教学型本科院校师生比合格标准最低线1：19计算，2005年全日制在校生达到1.3万人规模时，专任教师将达到685名，其中具有高级职称的教师比例将达40%以上，具有硕士研究生学历教师比例将达50%以上。

2003年，校园占地面积846亩（5645万平方米），建筑面积29.7万平方米；2005年校园占地总面积1000亩（67万平方米）以上，建筑面积达到35万平方米左右。

为确保规划的顺利推进和高质量可持续发展，学校的工作思路与举措包括如下几方面。

（1）着眼于为社会增加高质量的教育供给和学校的可持续发展，重新构建教学科研和人才培养的保障体系。按照现代大学的办学理念、管理模式和学校规模扩大后的实际情况，调整专业结构，改革人才培养模式，创新教学管理制度和行政管理方式；改进大学生思想政治教育和党建工作；进一步加强学生的素质教育，增强学生的创业能力和创新能力。

（2）进一步加强教师队伍建设。顺应新形势、新情况，通过优化学术环境和工作生活环境，重点引进一批学科带头人和具有教学科研实力的中青年教师，形成结构合理、相对稳定的教师梯队，提高教师的师德和业务水平。

（3）进一步加强学科建设，确立重点学科、特色学科的发展方向。继续实施学科建设的"非均衡战略"，根据人才需求的变动趋势和现实条件，有所为，有所不为，重点保障和促进特色学科、强势学科、交叉学科的发展。

（4）积极与国内外名校合作，培养各类创新型人才；积极创办好国有民办的本科二级学院——星湖学院。学校利用星湖校区现有的教育环境和设施，创办二级学院，2003 年招生，至 2006 年力争达到在校本科生 3200 人规模。牢牢掌握并积极运用好对二级学院的办学权、教学权和管理权，以高质量创品牌增效益。

（5）探索新的投资引入方式，拓宽学校筹融资渠道。积极实施"银行贷款、政府贴息、学校还本"的办学经费筹措新模式，更多地吸引社会资本投入学校建设。与有关各方密切合作，做好在建和已规划的 5 个基建项目（新学生公寓 2.6 万平方米，新教学实验大楼 1.6 万平方米，音乐艺术大楼 7100 平方米，新图书馆 1.5 万平方米，第三学生饭堂 9000 平方米），积极筹备做好 2004—2006 年的工程立项和规划设计，提升学校设施的现代化标准，优化办学的硬环境。

为地方经济、文化和社会发展服务，是肇庆学院的办学宗旨。学校的发展一定要服从和服务于地方的发展。邓市长的政府工作报告的核心就是要加快发展、跨越发展、协调发展。邓市长对肇庆未来 5 年的发展做了清晰的、令人振奋的规划，特别是建设科技、教育、文化、旅游"大走廊"和创办科技园区与大学园区的规划设计，极具发展意识、超前意识和创新意识，它的建设势必拉动肇庆科教文旅的投资与发展，提升肇庆城市经济发展的内涵和品位，加速肇庆追赶珠三角、走向现代化的步伐。在建设肇庆科技、教育、文化、旅游"大走廊"和创办科技园区与大学园区的宏伟工程中，肇庆学院要积极参与，有所作为，成为一支重要的骨干力量。学校会根据肇庆发展的新战略，加快调整专业结构，扩大和加强电子计算机、生物工程等应用型学科建设，为肇庆培养更多的新兴产业人才；还要不断增强"产学研"的实力和效益，拿出更多的成果，实现生产力转化，创造经济价值和社会价值。学校的建设与发展，要与科教走廊的建设与发展相协调，与市政府经营城市的理念与追求相聚合，与肇庆市追求城市品位超越珠三角的定位与努力相适应。总之，肇庆学院要充分发挥自身的人才集聚、学科齐全和知识密集的综合优势，为政府的决策多出主意，为肇庆市的发展提供高质量的人才和智力支持。

落实科学发展观实施人才强校战略
为学校的跨越式发展提供人才保证[①]

——在肇庆学院人才工作会议上的讲话

同志们：

全国和广东省的人才工作会议提出，要树立科学的人才观，优化创业的环境，完善人才体制环境，合理使用现有人才，扩大人才规模，优化人才结构，增强人才的创新能力，建设一支与经济社会全面协调可持续发展相适应的人才队伍。为全面贯彻落实全国和广东省的人才工作会议精神，我校召开人才工作会议，其意义在于总结我校近年来的人才工作，探索在新的发展形势下人才工作的新思路、新举措，为我校的跨越发展提供人才保证。

一、学校人才工作的基本情况

肇庆学院是由原西江大学和肇庆教育学院合并组建的新升格本科院校，人才底子比较薄弱。针对这种情况，学校领导班子充分认识到要在激烈的竞争中获得发展的空间和主动权，人才是关键。为此，学校把人才工作作为突破口和重点，以超常规的热情、超常规的举措和超常规的努力，全面贯彻落实科学人才发展观，实施人才强校战略，扎扎实实加强学校师资队伍建设。

（一）人才工作的主要举措

1. 采取超常规的热情，引进高层次人才

（1）营造良好的工作、生活环境以吸引人才。

①创造良好的工作平台。为了引进更多的人才到我校工作，从事神圣的教育事业，学校投入巨资加大基础设施、校园网和重点实验室、图书资料的建设力度，增加教学经费和科研经费，加强重点学科、重点课程、名牌专业的建设，提高办学层次，扩大办学规模，拓展为社会服务的功能，让每一个

---

① 本文是作者 2004 年 12 月 15 日在肇庆学院人才工作会议上的讲话。

人才有施展抱负的工作基础和平台。

②创造温暖的生活环境。一是超常规解决引进人才住房问题。福利分房政策取消后，住房问题成为引进人才的一大瓶颈，为此学校超常规决定自筹资金建了8幢公产房，并采取送住房给引进的教授、博士使用，免5年房租给副教授、双硕士居住的办法，解决了引进教师住房的难题。二是较好地帮助引进人才解决家属工作安排和调入、户口迁移、子女就学等后顾之忧，使他们能把时间和精力投入到事业当中。

③营造和谐的人文环境。除了提供必要的工作、生活条件外，给人才的最好待遇就是尊重。学校努力营造全校上下尊重劳动、尊重知识、尊重人才和尊重创造的氛围，努力营造鼓励人才干事业、出成果的和谐环境。

④创造良好的育人环境。近年来，学校投入巨资用于校园基础建设，进一步美化、绿化校园，创造了良好的育人环境。

（2）创新人才引进工作的方式方法。

①以情引才。知识分子是比较注重感情的，学校领导以求贤若渴的诚恳和人事等职能部门的热情服务，让来校考察的高层次人才有宾至如归的感觉。每当有教师来校考察时，学校都会给予热情接待，各职能部门以自己的诚恳和热情感动每一位到校考察的教师。对紧缺专业或急需引进的高层次人才、学科带头人等，职能部门的同志登门求贤，以情感人，坚定了他们到学校工作的信心和决心。如今年刚聘任到我校的中国工程院院士，当学校知道他对家乡有很深的感情时，立即派人到他家中，请他支持家乡高校的建设。他放弃了许多重点高校的邀请，毅然选择受聘到我校工作。

②以才引才。学校坚持以学科建设和发展的需要引进人才，力争引进一个人才带活一个学科。为了利于建设学术团队和引进高素质的人才，学校请已经引进的人才，特别是学科带头人或在原单位有一定影响力的人才，推荐优秀人才，以才引才，起到以点带面的作用，进一步扩大我校的人才来源，拓宽我校的人才视野，同时使我校的人才引进工作更为有效。

③灵活引才。在日益激烈的人才争夺战中，谁能灵活应战，谁就能掌握主动权。在我国市场经济配置人才资源的基础性作用发挥不够、人才流动的体制性障碍尚未消除的情况下，学校在人才的引进过程中针对人才单位所存在的阻碍，超常规地较早启动人才柔性引进政策，采取了"不求所有，但求所用"的灵活多样的人才引进方法。主要做法有：一是可不办理工作关系、户口直接到我校工作；二是边到学校工作边等待时机办理有关调动手续；三是采取资源共享办法，可以暂时兼顾两个单位的工作；四是提供有关的资料，通过政府人事部门办理接转录用手续等。对于用柔性政策引进的人才，学校全力维护他们的合法权益，保证他们享受与校内教职工同等的待遇，让

他们全身心投入到教学工作中去。

目前，我校近50%的教师，50%的教授、副教授，80%的博士和50%的硕士都是近几年引进的，这项工作对改善学校的师资结构、提高师资队伍的整体素质、促进学校的发展起到了关键性作用。

2. 采取超常规的举措，加速人才的培养、提高

（1）以激励措施培养人才。学校长期以来十分重视人才培养工作。一是鼓励和支持教师通过在职攻读博士、硕士学位及参加访问学者项目、出国进修等，提高学历层次和教学、科研能力。为更好地激励教师提高业务水平，学校每年拨出60万元的师资培训费资助教师参加培训，同时还制定了《肇庆学院教职工培训管理暂行规定》，对培养的对象、方式、待遇、考核等方面都做了严格的规定，这既给教师以学习压力，又调动了教师进修学习的积极性，最大限度达到培养提高的目的。二是支持鼓励教师晋升职称，对晋升教授的教师奖励1万元，设立教授、博士每人每月1000元奖教金，激励教师不断进取。

（2）用科学方法培养人才。学校对教师培养遵循人才成长的规律，着眼人才的长远发展，科学制定了各层次人才的培养目标，使培养工作有的放矢。第一，注重学科带头人和学术骨干培养。学校升本科后，随即启动了重点学科建设工作，迅速为培养学科带头人和学术骨干构筑平台，同时以广东省高等学校"千百十工程"培养人才和肇庆市拔尖人才培养为契机，制定了《肇庆学院"千百十工程"管理暂行办法》，对培养对象实行择优选择、动态管理，遴选了一批中青年学术骨干教师和拔尖人才作为重点培养对象。学校还给每人每年发放4000元科研经费，每月给予适当生活补贴，以促进他们尽快脱颖而出，为学校事业的发展做贡献。

第二，创造良好的晋升职称环境。对具有副高级职称以上人员，学校为他们创造科研条件、选送到重点大学作为高级访问学者等，在名校知名导师指导下开展科研工作，为他们晋升教授创造条件。对讲师层次教师，尤其是原两校合并前的一大批讲师，学校则为他们营造良好的内部环境，创造外出进修条件，让他们积极向副教授进取。在原两校长期从事基础课教学的讲师，目前大部分已晋升为副教授。

第三，创造良好的条件让中青年教师攻读博士、硕士学位。对具有本科或硕士学历的中青年教师，学校激励他们攻读硕士、博士学位。对攻读硕士、博士学位的教师，学校分别资助培训费1.5万～1.8万元和2.7万～3万元，并且让他们全额领取工资和校内津贴。执行这些措施以来，基本上解决了长时间在校任教的一批中青年教师的学历、学位问题。

近年来，学校共有31名教师获评广东省高等学校"千百十工程"校级

培养对象，17名教师获肇庆市拔尖人才称号；共派出各层次教师进修400多人次，其中攻读博士、硕士学位180多人，在校内开办各种短期培训班32期次，共1600多人次参加培训，有力地推动了学校教师队伍整体素质的提高，满足了升本以来的教学与科研工作需要。

（3）注重师德建设。一直以来，学校把师德建设放在首位，先后组织开展了师德、师风建设活动，绝大多数教师教书育人的责任感和使命感增强，积极进取。在选拔优秀人才等方面明确师德要求，实行"师德一票否决"制度，使广大教师形成良好的教风和师德修养，从而推动良好校风、学风的形成。

3. 创新人才工作机制，做到人尽其才

（1）机制激励人才。人才的活力取决于机制和环境。人才机制是人才发挥作用的重要保障，先进的人才机制可以有效地用好人才、凝聚人才。学校重视每一位人才，充分发挥教授在治学方面的作用，使他们真正成为推动学校事业尤其是学科建设的重要力量。学校创造机会让每一位成员都融入学校改革、发展的各项事业之中。为鼓励人才在教学、科研上取得杰出成果，学校每年评选"教学名师""课堂教学质量十佳教师"等，并给予奖励，鼓励和支持教师积极开展科研工作，制定了科研计分及奖励办法，对重大科研成果获得者给予重奖。

深化用人制度改革。学校的干部制度改革深入人心。学校出台了多项公平、公正、公开的用人制度，全校上下呈现出爱才、用才的热情和荐贤、让贤的好风气，让能人有用武之地，充分发挥人才在推动学校事业发展的重要力量，使人才踊跃参与学科带头人、学术带头人和管理岗位的竞争，让人才在参与办学和治校、治学的各项工作中享受事业发展的乐趣，获得更大的发展空间，尽量做到人尽其才。近年来，学校引进和培养的教授大部分都成为我校学科带头人和学术骨干或担任学校学术委员会委员及管理干部，其中担任我校学术委员会委员及中层管理工作的40多人均为学校近年引进的人才。

深化分配制度的改革。按人才要素分配，切实把劳务酬金的分配向教师及优秀人才倾斜，超常规地启动教授、博士每人每月1000元的奖教金制度等。学校不断开拓创收渠道，想方设法提高教职工福利待遇，用待遇留人。

（2）事业造就人才。人才奔事业而来，吸引人才在于事业。学校坚持抓人才工作与抓事业发展相结合，让人才创业有机会、干事有舞台、发展有空间，使事业发展与人才工作相互协调、相互促进。学校通过自身不断发展壮大来用好人才、留住人才。例如，学校提升办学层次，加强学科建设、专业建设，注重教育教学质量提高，拓展学校对社会服务功能，开展与国内外高校合作、交流，先后与华南师范大学、内蒙古工业大学、河南师范大学、贵州大学联合招收培养硕士研究生，与英国、美国、日本等国家的高校进行人才培养、教学和科研的合作等，让人才有一个干事业的平台。

（二）人才工作的主要成绩

经过大家的共同努力，学校的人才工作取得了较显著的成绩，为学校的快速、协调发展打下了扎实的基础，提供了人才保证。近年来，我校共引进"双聘"院士 1 人，教授、副教授、博士、硕士等教师 314 人，在职培养的教师获博士、硕士学位的 62 人，晋升教授、副教授的 124 人。目前，学校有"双聘"院士 1 人，教授由原来的 4 人增加到 46 人，博士增加 43 人，副教授由原来的 70 人增加到 198 人，硕士由原来的 48 人增加到 211 人。目前在读博士、硕士学位的教师 126 人。我校教师中高职称、高学历教师的比例在省内同类院校中处于前列。

经过近几年的引进和培养工作，我校师资队伍的整体素质有了较大幅度的提高，呈现出良好的发展势头，各层次教师的年龄结构走向年轻化，职称结构趋向合理，学历结构不断优化，学缘结构也呈现多样性，基本上能满足我校教学、科研及发展的需要。

师资队伍素质的提高，有力地推动了学校的发展，扩大了学校的发展空间，提高了管理水平和教学质量，提升了学校服务社会的能力。

1. 提升办学层次和扩大办学规模，增强了学校的办学实力

师资队伍整体素质的提高，不但提升了我校的办学层次，而且也扩大了办学规模，在校生由 5000 多人增加到目前的 10890 人。另外，我校在省内同类院校中率先开展重点学科、重点扶持学科、名牌专业等的建设工作。去年，我校基础数学学科被评为广东省高校扶持学科，体育专业被列为广东省高校第三批名牌专业的评审对象，学校被教育部批准可在港澳台招生和在国外招收留学生，这在省内同时升本的 5 所院校中是唯一的。近年来，由于我校的师资实力较强，教育教学质量不断提高，第一志愿报考我校的考生和高考录取分数线在省内同类院校中也排在前列。

2. 提高了学校的教育教学质量

有了人才，教学质量的提高就有保证，我校学生参加国家及省组织的各类大赛都有不俗的表现。如我校在 2003 年的全国大学生数学建模竞赛中夺得全国一等奖 2 个，在广东省 70 多所高校中名列第三；在 2003 年广东省大学生运动会上，取得全省本科组奖牌第 5 名的成绩；等等。我校的毕业生就业率也不断提高，2003 年的就业率达到 97.24%。

3. 提升了学校的科研水平

学校刚由专科升格为本科时，科研水平相对较低。近年来，由于人才资

源的充实，申报国家、省级、市级项目获立项的情况有了较大的突破。据统计，近年来我校的科研项目获学校、市级以上立项的共 217 项，其中国家级（合作）5 项、省级 9 项，科研成果获地方及省、国家级奖励的共 54 项，其中省级 3 项、国家级 2 项。另外，获国家专利 4 项，通过有关部门鉴定 6 项。在省级以上学术刊物共发表学术论文 1941 篇，其中在国外学术刊物公开发表 50 篇，在国内中文核心期刊上发表的论文 650 篇，出版专著、教材 86 部。

4. 拓展了学校服务社会的功能

学校利用现有的人才资源和优势，发挥人才智力库的作用，积极投身地方经济和文化建设。如在农业科技方面，生物学系特种水产研究所的"彭泽鲫引种繁殖及推广养殖技术"，将成果推广到广东、广西 50 多个县市，养殖面积达 20 多万亩，产生了良好的经济和社会效益。在服务地方经济，为地方培养高级管理人才方面，学校与英国波尔顿大学合作承办的肇庆市处、科级干部培训班，目前已有三届共 41 人出国学习，其中有 2 届 33 人获得 MBA 学位后回国服务。此外，学校在地方普教师资培训、"文化强市"、开展"三下乡"活动等方面也为地方经济和社会的发展做出了积极的贡献，受到社会各界的好评。

（三）做好人才工作的几点体会

人才工作是一项系统工程，发挥人才的作用，必须解放思想、转变观念，把人才强校战略化为自觉行动。总结我校近年来的人才工作和取得的一些成绩，主要体会是：

1. 树立和落实科学人才发展观

学校党政领导班子在学校改革与发展的关键问题上始终认为兴校强校、提高学校的竞争力，人才建设是核心，较早确立了人才强校的新观念。

（1）树立人才强校的战略观。兴校强校，决定因素是人才。人才优势是最大的优势，人才是强校之本。有了人才可以推动学校各项事业向前发展。

（2）树立人才效益观。人才投入是效益最大的投入，学校在教师队伍建设中舍得花钱，在紧缺有限的经费中优先用于教师队伍建设的投入，为人才的成长提供良好的物质条件。近年专门用于人才引进和培养人才的经费约3200 万元（含住房建设费）。

（3）树立尊重人才的人本观。对人才最好的待遇就是尊重。学校要求每位教职工都必须树立尊重人才的观念，并落实到每一项工作中去，在全校上下营造尊重劳动、尊重人才、尊重知识、尊重创造的氛围，为人才提供尽可能好的工作和生活条件，使他们能够安心事业、干成事业、干好事业。

2．学校职能部门、用人单位齐心协力，人才工作成为自觉行动

学校对人才工作的战略决策必须通过学校的职能部门和用人单位去落实。如在人才引进工作中，人事部门负责有关人才引进前期工作，具体用人单位负责求职人员业务的测试、人员的安排和使用等工作，后勤部门负责住房的安排等后勤保障工作，工会负责安排联系解决引进人员的子女读书问题，保卫处则负责办理入户登记，等等。学校的人才工作需要各部门齐心协力、共同配合来完成，每一个环节都非常重要。

3．学校教职员工的大力支持

广大教职员工都能认识到人才工作关系学校的生存和发展，识大体、顾大局，以学校的整体利益为重，给人才工作以大力支持，全校上下形成尊重人才的良好氛围。

二、学校人才工作面临的机遇和挑战

（一）面临的机遇

全国人才工作会议的召开和"人才强国"战略的实施，是高等教育事业发展千载难逢的历史性机遇，也是我们做好新一轮人才工作、壮大教师队伍、完善人才工作的体制和机制、进一步推动学校事业向前发展的良好机遇。

近几年人才工作为学校的发展提供了人才保证。学校在人才的培养、引进工作方面积累了很好的经验，建立了较好的人才工作机制，形成了尊重劳动、尊重知识、尊重人才的良好氛围。学校的人才工作正朝着良性方向发展。

随着社会主义市场经济体制的不断完善，高校逐步建立和完善"按需设岗、公开招聘、平等竞争、择优聘优、严格考核、合理管理"的人事管理体制，逐步建立和完善相对稳定的骨干层和出入有序的流动层相结合，对教师资源有效地开发、优化和利用的教师管理体制。分配方面要以人才资本价值实现为导向，坚持效率优先、兼顾公平，建立完善与社会主义市场经济体制相适应、与工作业绩紧密联系、鼓励人才创新创造的分配制度和激励机制。这些体制的不断建立和完善，将进一步为学校的人才工作增添新的活力。

（二）面临的挑战

随着高等教育由精英教育向大众化教育的转化，全国各所高校都在扩招。与此同时，各高校需要大量的高层次教师。就广东省本身而言，广州大

学城自今年开始招生以来，规模不断扩大，纷纷向外招聘高层次人才。这使我们这些地处山区的地方高校的人才工作面临着更大的压力。同时，随着国家对西部大开发战略的推进，东西部地区的差距逐步缩小，加上对西部地区的政策扶持，这些都使我校引进高层次人才工作面临更为激烈的竞争。

如何进行人才资源的合理配置，充分发挥人才的最大效益是当前需要解决的重大课题。随着我校人才总量的增加，要发挥人才的最大效益，必须要抓好学术团队的建设。要抓好学术团队的建设和发挥学术团队的作用，必须引进和培养一批学科带头人和学术骨干。而要抓好学科带头人和学术骨干队伍的建设，就必须建立一整套科学的选拔、培养、管理制度，建立相应的激励和约束机制。这项工作关系到我校人才工作的可持续发展，关系到用好人才、留住人才的问题，必须认真加以研究解决。

在学校人才队伍建设中碰到的矛盾和关系主要有：

引进人才待遇与现有人才待遇的关系。随着时代的发展和物质条件的充裕，学校提供给新引进人才的条件越来越好，这是必然的。但随之也会产生一些新的矛盾，如造成事实上某些新引进人才的待遇比原有人才的好，新引进人才的某些待遇比学校自己培养的人才好。

学校的效益目标与学术目标的关系。一方面，学校办学要讲效益，对每位教师的教学、科研任务有明确的要求，并进行数量和质量的考核。另一方面，学校也有学术目标，要求产生高水平的成果，但这需要积累，如有的教师为了一项学术成果，可能要耗费几年甚至十几年。学校的效益目标和学术目标既有一致之处，也有矛盾之处。

各专业教师数量及职称、学历结构不平衡。根据教育部本科教学水平评估的有关要求，在数量方面，从总体上看，按生师比 17 : 1 计算，我校教师的现有数量达不到评估的要求，还要大量引进教师。具体到每个系（部），教师数量的分布也不平衡，一些系缺口还很大。在职称方面，高级职称教师的比例在各系的分布也不平衡，如中文系（55.4%，含"双肩挑"，以下同）、数学系（53.3%）、生物学系（45.7%）、政法系（42.5%）、体育学系（41.8%）等系较高，美术系（16.2%）、教育学系（25.9%）、外语系（28.9%）等系较低。在学历方面，硕士以上学位的教师比例在各系也分布不均，如财经系（67.8%）、中文系（51.8%）、轻化系（51.5%）、政法系（49.3%）等系较高，音乐学系（9.3%）、美术系（18.9%）、体育学系（16.4%）、教育学系（29.6%）等系较低。造成以上状况的原因是多方面的，必须想方设法克服不利因素，进一步加强师资队伍建设。

学校重视、加大投入与各用人单位重视、加大投入的关系。

三、学校未来人才工作的展望

肇庆学院的不断壮大发展，将促使人才工作不断开拓创新、与时俱进。今后，我校的师资队伍建设将实现"三个转变"，即教师队伍整体上从数量向素质提高转变，从专业教学人员的充实向培养和引进高水平学科带头人、建设一批具有创新能力和发展素质的中青年学校骨干教师转变，从着眼于单个教师的发展向建设创新学术团队、学术梯队的需要转变。

我校师资队伍建设的总体思路是：以邓小平理论和"三个代表"重要思想为指导，全面贯彻国家和省的人才工作会议精神，以全面提高师资队伍的整体素质为中心，以培养学科带头人和中青年学术骨干教师为重点，切实抓好人才的培养、吸引、使用三个环节，实施"人才强校"战略，着力建设一支专兼职结合的结构优化、素质良好、富有生机活力并与市场竞争机制相适应的师资队伍。

（一）制定新一轮人才工作规划

2005 年全校教师中，教授和博士人数达到"双五十"，高级职称教师的比例和硕士以上学历教师的比例达到"双四十"目标，即 50 名教授、50 名博士，40% 高级职称教师、40% 硕士以上学历教师，初步建立校级重点学科和重点扶持学科的学术梯队。

2010 年实现"双百"和"双六十"的目标，即 100 名教授、100 名博士，60% 高级职称教师、60% 硕士以上学历教师，初步建立 1～2 个省级优秀学术团队，培养 5 名左右在本专业领域有一定影响力的学科领军人才。

学校加强对人才工作的领导，把教师队伍建设列入"一把手工程"，系党政领导一把手要负责抓人才，认真分析本系教师队伍现状，制定建设规划。学校根据师资队伍建设的目标要求，将目标分解到各用人单位，并作为本部门领导班子任期内的考核指标之一，以调动各方做好人才工作的积极性、主动性和创造性。

（二）进一步加大对人才工作的投入

一是要加大学校发展性投入中用于人才队伍建设的比例；二是要广开渠道，积极吸纳资金用于人才队伍建设。学校计划每年的人才培养费增加到 80 万元，并根据发展需要逐年增加。引进人才工作要树立全局观念、成本观念、效益观念。引进人才要提高起点，缩短培养期，进一步完善引进人才的政策措施，注重引进人才的质量和效益。

（三）以学科带头人和创新学术团队为人才战略抓手，带动师资队伍建设

（1）加大学科带头人和中青年学术骨干的培养和引进力度。建立学科带头人和优秀中青年骨干教师的选拔培养制度，形成推荐选拔、跟踪培养、严格考核、滚动上升的良性循环机制。加大经费投入，重点资助学科带头人和中青年骨干教师到国内外高校及科研机构进修深造、参加学术会议等，多渠道促使他们尽快成长。区别不同学科、不同层次的人才，有针对性地加强培养。对一些师资薄弱的学科、专业要加大扶持的力度。

（2）以学科带头人为核心，构建和扶持一批结构合理、优势互补、团结协作、具有凝聚力和战斗力的创新团队和学术梯队。对涉及学科较多的团队，建立相对独立的交叉学科基地，配置固定与流动相结合的科研人员编制。

（3）遵循高层次人才成长规律，弘扬科学与民主精神。鼓励创新，宽容失败。鼓励年轻人敢于探索，提出新观点。切实解决学术浮躁、急功近利等不良倾向，坚决反对和制止各种学术腐败现象。

（4）进一步加强与国内外高水平大学和科研机构的"强项合作"，积极争取他们的支持和帮助，通过合作研究、参加国际学术交流等方式打通开放式培养人才的绿色通道。

（四）创新人才工作机制与制度，建立激励与约束机制，凝聚教师队伍

（1）稳定、吸引和激励人才。要从注重单纯提高个人待遇向引导鼓励人才想干事业、干成事业和干大事业方面转变，坚持抓人才工作与抓事业发展相结合，使事业发展与人才工作相互协调、相互促进，真正做到用事业造就人才、用环境凝聚人才、用机制激励人才，达到创业有机会、干事有"舞台"、发展有空间的目标。

（2）完善教师聘任制度，激活用人机制。坚持"按需设岗、公开招聘、平等竞争、择优聘用、严格考核、合同管理"的原则，推选岗位职务聘任制，实行岗位聘任，淡化身份评审，实现由身份管理向岗位管理的转变，打破教师职务终身制。加强聘后的管理工作，明确各级职务教师的教学、科研职责和教学工作量的要求，重视履职考核，建立科学完善、可操作性强的教师考核评价体系。增强教师是学校办学主体的观念，做好为教师服务的工作。

（3）推进分配制度的改革，形成良好的激励机制。进一步深化分配制度改革，要以人才资本价值实现为导向，坚持"效率优先、兼顾公平"的原则进行分配制度的改革，建立完善与社会主义市场经济相适应的、与工作业绩紧密联系、鼓励人才创新创造的分配制度和激励机制，保证优秀人才进得

来、留得住。目前先从提高教师的课时酬金开始，逐步加大分配改革的力度。

（4）不断提高教师的福利待遇，用待遇留人。学校要不断开源节流，改善教师的福利待遇政策，给干事的人以实惠，这样才有利于留住人才。想方设法解决引进人才与原有人才之间的待遇差异，以消除原有人才的不平衡心态。

（5）积极创新并完善有利于尊重和保护创新思想的学术评价制度。由重视过程管理向重视目标管理转变，由重视年度考核向重视聘期考核转变，由单纯的数量评价向更加注重质量评价转变。

（五）加大智力引进力度，建设一支适应学校发展需要的兼职教师队伍

根据学校的发展，为适应新学科、新专业、新课程的需要，在国内外院校、科研单位、高科技公司、政府部门聘请高水平的学者、企业家、政治家及海外留学人员等担任兼职教师，也适当聘请一些高水平的高校退休教师，或与国际、国内高校、科研院所开展交流与合作，共享资源，建立起一支高水平的出入有序的兼职教师队伍，促进教师资源的合理配置与有效利用。

（六）加大教辅系列人才队伍的建设力度

学校教辅系列人才队伍是学校人才队伍的重要组成部分，他们的建设水平如何，将直接影响到学校教学、科研工作的水平，影响到学校人才培养和服务社会功能的实现。学校必须大力加强教辅系列人员的引进和培养工作，建立起教辅系列的学术带头人和骨干人才队伍。

（七）加大思想政治教育人才队伍和管理人才队伍的建设力度

要采取有力措施，着力建设一支高水平的辅导员、班主任队伍，加强学校思想政治教育工作队伍建设，吸引更多的优秀教师从事学生思想政治教育工作，建立和完善学生思想政治教育专职队伍的激励和保障机制。要建设一所优秀的高等学校，必须要有优秀的管理人才。要重视管理人才队伍的建设，积极探索和完善干部选拔任用机制，注意培养政治强、业务精、素质优良、年龄结构合理的管理干部队伍，建立健全对管理干部的管理、考核、激励的制度和机制，为学校的改革和发展提供强有力的组织保证。

同志们，全面落实科学人才发展观，实施人才强校工程，这不仅是学校一项长期而又十分重要的战略性工作，也是实现学校全面、协调、可持续发展的根本保证。我们必须认真贯彻落实全国人才工作会议精神，树立科学发展观，解放思想，求真务实，开拓创新，与时俱进，扎扎实实做好人才工作，为把学校建设成为同类本科名校提供人才保证，不断推进学校各项事业向前发展。

深化校务公开　加强民主和廉政建设
促进学校的稳定发展①

党的十六大报告指出，要健全社会主义民主制度，丰富民主形式，不断促进民主决策、民主管理和民主监督的发展。实行校务公开是实现依法治校、以德治校的重要举措，是加强高校党风廉政建设和反腐败斗争的有效途径，是保障教职工主人翁地位，进一步调动广大教职工的积极性，增强凝聚力，促进学校改革、发展和稳定的需要，有利于坚持和完善教代会制度，落实全心全意依靠广大教职工办学的指导思想。

一、突出重点，注重效果，确保我校校务公开工作的针对性和实效性

实行校务公开，就是依法在一定范围内将广大教职工普遍关注的校内运行情况公布于众，直接接受广大教职工的监督。我校结合本校实际确定了以下五项校务公开作为主要内容。

（1）重大决策、改革方案、发展规划的公开。凡重大决策、改革方案、发展规划都是涉及和影响学校建设与发展或直接关系教职工切身利益的。在决策过程或规划与方案的制定中，我们都做到适时公开，让广大教职工参与讨论，广泛征求意见。这样既体现了教职工主人翁地位的办学方针，又充分调动了教职工民主参与的积极性，使决策更具民主性和科学性，避免重大决策失误。如学校在制定"十五"发展规划、教职工劳务酬金分配方案、教职工住房分配方案、后勤社会化改革实施方案等改革方案、发展规划的过程中，都把这些方案、规划下发到各单位征求意见，再提交教代会进行审议。实践证明，这些重大决策、改革方案、发展规划在公开的过程中得到群众的参与、理解和支持，在公开中宣传了有关政策，在公开中发动了群众，在公开中保护了教职工的合法权益，维护了教职工的主人翁地位，体现了全心全

---

① 本文写于 2003 年 4 月肇庆学院。

意依靠广大教职工办学的指导思想，在公开中推进改革，保证了学校的稳定和发展。

（2）财务公开。学校财务的管理和使用，不仅是一个受到校内外普遍关注的问题，也是最能体现教职工参与、领导干部接受监督的重点问题。财务管理的透明度和资金使用的效益，教职工也较为关注。因此，我校每年的财务年度预决算、财政拨款、全部支出项目等情况，都在教代会上进行公开审议，让教职工参与管理、参与监督，民主理财，使有限的资金发挥最大的效益。

（3）涉及教职工、学生切身利益事项的公开。多年来，我校坚持公平、公正、公开的原则，直接涉及群众利益的部门都实行公开办事制度。如职称评聘、调资、奖惩任免、社会保险、招生就业、出国、奖学金等涉及教职工、学生切身利益的热点问题都通过不同的方式实行公开制度，使广大师生员工参与管事、议事，发表意见，畅通民主渠道，把好事办好，把实事办好。

（4）工程建设和大宗物品采购情况的公开。公开工程建设和大宗物品采购情况，有利于增加透明度，体现民主监督，同时也有利于预防腐败的发生，保证工程和物品的质量，极大地避免浪费，发挥资金的最大效益。

（5）领导干部重要事项的公开。这里所说的领导干部主要是指校级领导干部。公开他们的住房、公务接待费、公车的配备使用、年度考核述职报告及评议结果、党风廉政建设等情况。通过公开，既能有效地促进领导干部廉洁自律，同时也是实施对领导干部严格要求、严格管理、严格监督的有效途径。

二、讲究方法，形式灵活，不断探索校务公开的新途径

校务公开的形式可以是多种多样的。讲究方法、形式灵活地实行校务公开，更能充分发挥校务公开的作用。

（1）召开教职工代表大会。教职工代表大会是学校实行民主管理和民主监督的基本组织形式和制度，是校务公开的基本载体。学校的发展规划、重大改革方案、校长年度工作报告、财务年度预决算和财务报告，涉及教职工利益的重要规章制度、奖惩办法、劳务酬金分配方案、干部评议等，都可以通过每年一次的教职工代表大会的形式进行。这样既可以保证学校工作、财务管理公开、透明，也是直接地体现民主监督的好形式。校务公开通过这种形式，有利于促使校务公开向制度化、规范化发展。

（2）采取中层领导干部大会、民主党派人士座谈会、离退休人员情况通

报会，学生大会、学生家长及社会有关方面代表参加的民主议事会等会议形式进行校务公开，通报情况。利用不同的会议形式，针对不同的内容、范围进行公开，在公开的同时广泛地听取师生员工、家长、专家、民主党派及社会有关方面人士的意见和建议，可以有效地改进学校的工作，畅通民主渠道，树立良好形象。

（3）利用校内各种信息媒体。

①利用学校主办的各种信息媒体，定期公开校务。如校报、信息简报等。这种定期发行、覆盖面广的书面形式公开显得很有效。

②在校内设立永久的校务公开专栏。

③利用现代通讯信息载体。如校内的广播、校园网等。

（4）制定校领导联系基层制度，设立校领导接待日等。

三、加强领导，完善机制，保证校务公开工作健康持续地进行

建立和完善校务公开的领导体制、工作机制和运行方式，是校务公开工作顺利开展的重要保证。

（1）加强对校务公开的领导。校务公开是一项政策性很强、涉及面广的工作，要切实加强对校务公开的领导。近年来，我校在校务公开工作中，坚持党委统一领导，行政牵头，职能部门各负其责，纪检监察、工会监督，群众积极参与的领导体制和工作机制。学校成立了校务公开工作领导小组，负责校务公开工作的领导和组织实施，由学校党委副书记、院长亲自担任组长，校领导、有关职能部门负责人和教职工代表担任成员，院长办公室负责校务公开的日常事务。

（2）建立校务公开监督机制。为使校务公开工作落到实处，必须建立多渠道、全方位的监督机制。学校成立了校务公开工作监督小组，由校纪委书记担任组长，成员由工会、纪检、民主党派和教职工代表组成。监督小组主要负责检查监督校务公开的内容、程序和结果，防止校务公开流于形式，保证校务公开的力度和质量。

（3）制定校务公开实施制度。通过建立健全有关校务公开制度，把教职工参与学校民主管理和民主监督的内容、方法、步骤、组织等规范起来，使教职工参与民主管理、民主监督时有法可依、有章可循。我校出台了《肇庆学院关于实施校务公开的意见》，对校务公开的指导思想、基本原则、主要内容、主要形式等都做了具体明确的规定，从而保证了校务公开的制度化和规范化，真正把校务公开工作落到实处，使校务公开工作健康持续地开展下去。

四、开展校务公开工作的几点体会

近年来，我校坚持以"三个代表"重要思想为指导，积极开展校务公开工作。自实行校务公开制度以来，切实加强了学校的民主管理，不断拓宽了广大教职工参与学校民主管理的渠道，使广大教职工的积极性、创造性得到了极大的发挥；加强了党风廉政建设，带动良好的校风、教风和学风；学校依法治校、以德治校得到有效的推进，促进了学校的改革、发展和稳定，基本上达成了校务公开的目标。我校在开展校务公开工作中主要有以下几点体会。

（1）领导重视，认识明确，是搞好校务公开工作的重要保证。学校领导要把校务公开这项工作列入重要议事日程，并注意统一部署，统筹安排，认真组织协调，以保证校务公开制度切实得到贯彻实施。实行校务公开，不仅是建立高效、廉洁的运行机制的客观要求，也是加强学校民主管理的重要举措，是提高学校管理水平，从根本上治理腐败的有效措施。把学校各项工作置于教职工的监督下，让教职工明白领导在干什么、将要干什么、是怎样干的，这样才能真正发挥出民主治校的核心作用，真正调动起广大教职工的参与意识，及时提出好的意见和建议，推动学校工作的全面健康发展。

（2）校务公开是贯彻落实全心全意依靠广大师生员工办学的根本方针的需要，是充分发挥我党的政治优势的必然要求。高校是知识分子集中的地方，广大教职工文化水平高，民主意识强，富有智慧和创造力。实行校务公开是为了更好地保证广大教职工主人翁地位和民主权利在制度上得到落实，也是真心实意依靠广大知识分子办好学校的具体体现。

（3）坚持实事求是原则，突出重点抓公开。校务公开工作要取得实效，必须紧紧围绕高等教育的改革、发展和稳定的任务，抓住重点、热点问题，解决好难点问题。针对高校的工作特点，学校校务公开，必须以学校改革发展的重大决策、与师生员工切身利益密切相关的热点问题、易引发矛盾和滋生腐败现象的重点事项为重点内容，与高校密切相关的招生、考试、收费等关键环节，群众反映强烈的以权谋私的多发部位，也就是抓住了校务公开的关键。

（4）校务公开要切实把握好一个度。首先要明确校务公开的内容和办法，凡是与学校发展和广大教职工利益密切相关的又不要保密的教育教学业务工作都要公开。在具体实施校务公开工作的过程中，要注意做好"三个结合"：一是部分公开与全面公开相结合。校务公开并不是意味着所有的热点问题都要公开，在公开程度上，也并非越彻底越好，要根据不同的性质和公开的内容，做到"部分"与"全面"公开相结合。二是过程公开与结果公开相结合。对一些需要花费较长时间、暂时见不到明显效果的工作，可以以过程公开的方式引起或满足师生的关注，而结果则将各项工作的最终状态公开，而非仅仅是成绩公开。注重过程公开与结果公开相结合，还要做好说明解释工作，及时解答广大师生的疑问。三是即时公开与定期公开相结合。要根据具体情况，确定公开的内容、原则和程序，建立规范、良性互动的工作机制，防止盲目和随意性，把校务公开与民主管理、民主监督紧密结合起来，确保公开内容的真实性、完整性，克服重形式轻内容的形式主义倾向。

（5）校务公开要精心组织，统筹推进。校务公开工作是一项系统工程，涉及学校工作的方方面面，务必精心组织，周密安排。要开展深入细致的调查研究，抓住关键的问题和环节，确定公开的内容，探索公开的形式，明确每一个阶段的工作任务和要求，全面推进。要加强监督和检查，使校务公开工作经常化、规范化、制度化，切实取得实效。

校务公开工作是高等学校一项长期而重要的工作，只要我们以"三个代表"重要思想为指导，充分认识其重要性、必要性，持之以恒地抓下去，不断地加强宣传教育，不断地总结提高，不断地改进完善，就一定能在推进高校民主化过程方面取得丰硕成果，把学校的各项事业不断向前推进。

朝气蓬勃　励精图治　重塑西江大学新形象①

——在广东省普通高校工作会议上的讲话

各位领导、同志们：

大家好！

今天，上级领导和各高校领导莅临我校视察。首先，请允许我代表西江大学全体师生员工，表示最热烈的欢迎！

我受校党委委托，向大家简单介绍西江大学和汇报我们新班子成立半年多来的工作情况。

西江大学以原肇庆师范专科学校为依托，于 1985 年 11 月经广东省人民政府批准、教育部备案而成立，坐落于风景秀丽的七星岩旅游度假区。校园占地面积 573 亩，建筑面积 16 万平方米。现设有 13 个教学系、部，32 个专业。目前在校全日制学生 6000 人，教职工 688 人。学校拥有满足各种教学需要的各类专业实验室 58 个，教学仪器设备总值达 1800 多万元。图书馆藏书 48 万册，各类中外文期刊达 1500 多种，采用计算机管理系统。西江大学于 1997 年 12 月被广东省委、省人民政府评为"广东省文明单位"。

在广东省高教厅直接关怀和主持下，去年 10 月，我校顺利地进行了党政一把手的新老交替。半年多来，我们主要做了以下几方面的工作。

一、建设一个朝气蓬勃的年轻化的校级新班子

火车跑得快，全靠车头带。火车头的作用是相当重要的。我们充分认识到，重塑西江大学新形象，建设一个高素质的能够驾驭全局、勇于开拓进取而又真抓实干的党政新班子至关重要。

我们在充分肯定老班子成绩的基础上，细心做好老领导退位的思想工作，使他们愉快而光荣地退位，然后通过民意测验，几上几下，历经 5 个月，把三位德才兼备、群众基础较好的基层干部提拔上来，组成了党政新班子。

---

① 本文是作者 1998 年在广东省普通高校工作会议上的讲话。

现在，新组建的党政班子共 7 人，其中 5 人是新上任的干部，平均年龄只有 42.7 岁。年轻化的新班子，充满了抱负。班子成员都具有强烈的革命事业心、政治责任感和无私奉献精神。大家心往一处想，劲往一处使，做到了互相关心、互相支持、互相谅解、互相补台。每位校级领导都制定了自己的任期目标。这个富有凝聚力和战斗力的年轻的新班子，以她崭新的面貌和突出的政绩，赢得了全校师生的拥护和支持。在刚结束的西江大学第一次党代会上，通过差额选举，校级党政班子全部当选为党委委员。其中党政一把手得票率高达 96%，其他班子成员最低得票率也达到了 70%，这个数字表达了党代表对新班子的评价。

二、建章立制， 以法规范治校

为了避免管理上人为化、随意化的现象，新班子上任后，一直狠抓建章立制，使学校管理日益规范化和制度化，收到了较好的管理效果。

在原有规章的基础上，新班子根据学校管理实际需要，新建立了《西江大学教职工考勤管理办法》《西江大学人事调配工作暂行办法》《西江大学关于加强暂付款管理，进一步规范财务报销手续的规定》《西江大学关于公务接待用餐的管理规定》《西江大学水电管理规定》《关于教学改革研究项目立项的规定》等 11 项规章，让全校师生办事有章可依、守规有章可循、执法有章可查。

建章立制工作做不好，容易造成抵触和逆反心理，挫伤师生员工的积极性，影响学校安定团结。为此，我们在建章立制过程中，特别注意抓好以下三个环节。

第一，抓好思想教育，将规章成为全校师生员工的行为准则。例如我们在建立《西江大学教师工作规程》时，首先加强以法规范治校的意识教育，然后组织教师学习《教师法》，对照十条教师职业道德规范准则，自查自纠，使教师加强了师德规范意识。待《西江大学教师工作规程》草案拟出后，又组织教师讨论修正。通过讨论，使教师普遍明确我校教师师德修养、课堂教学、班主任工作等 11 项规章的要求和考评，使建章立制成了广泛的思想教育，让学校的各项规章制度成为全校师生员工的行为准则，从本质上实现了将管理成为良性激励机制的根本目的。

第二，抓好规章制度的可操作性。

第三，严格实施，奖罚分明。我们在实施《西江大学教职工考勤管理办法》的时候，从 1997 年 12 月开始，实行机关工作人员上下班打卡制度，党委书记、校长也不例外。定期公布考勤情况，把考勤直接与经济利益挂钩，杜绝了迟到早退的不良现象，使机关的办事效率和工作质量有了明显提高。

近半年来，《南方日报》、《人民日报》华南版、《南方人才市场报》、香港《商报》、《高教简报》、《西江日报》等报纸都报道了我校办学新举措、新面貌，收到了良好的社会反映。例如香港的陈熹先生、何铁文先生慷慨捐资 80 万元港币给西大，建立奖教奖学基金。同时学校加大科研奖励经费的投入。各种奖励，给西大注入了新的动力和活力，进一步体现了建章立制、以法规范治校的良性循环。

在以奖励为主的前提下，我们还大胆以章执罚。例如，根据《高等院校学生学籍管理条例》，我们恢复了"留降级"和实行缴费重修制度，对完成不了学业的学生严格按章给予处分，最近开除了 8 名学生，其中有 3 名毕业班学生因没完成规定学分而被开除。对于违反《西江大学教师工作规程》的教师，我们也决不姑息。本学期学校处分并通报批评了 4 名违纪教师，其中包括一名系副主任。以章执罚，进一步促进了教风、学风和机关作风的好转，取得明显良好的管理效果。

三、深入调查研究， 明确西江大学的定位， 确定西江大学的发展目标

新班子上任后，深入教师群体中，走向社会。进行广泛调查，反思和研究西江大学的办学历程，在充分肯定西江大学已发展成为全省最大规模的专科学校的骄人成绩基础上，我们决定承前启后，继往开来，既高举师范教育的旗帜，坚持姓"师"、向农，又主动适应地方经济建设的需要，坚持发展职业教育和成人教育，继续走既为教育服务又为地方经济建设做贡献，综合发展，比翼齐飞，优势互补，迅速壮大的改革创新之路。

为此，我们逐步确定了我校的定位：我们的天地在农村、在乡镇、在中小型企业，培养中小学教师，初、中级管理人员和技术员。因此，我们必须站在未来的角度调整专业结构和课程设置，要真正办成一所以振兴地方经济、开发地方资源为己任，通过人才服务、科技服务和产业合作等形式，对肇庆经济、产业、教育、文化、科技等领域开展全面服务活动的综合性大学。

我们确立了"稳定办学规模、调整专业结构、深化教学改革、提高教学质量。坚持一校三院的办学体制，把学校办成本专科结合的地方性综合大学"的发展目标。

我们正齐心协力，以只争朝夕的精神勇于开拓，扎扎实实地沿着这个发展目标建设西江大学、发展西江大学。

四、加快师资队伍建设步伐

目前，我校的发展已进入了强化教育质量、提高办学层次、增强竞争实力、丰富办学内涵、整体推进办学水平和办学效益的阶段。要实现既定的办学目标，我们必须加快师资队伍建设步伐。

我们已实施的举措有：

（1）筑巢引凤。为了引进高级职称、高学历教师，我校想方设法自筹资金，于去年12月动工建造一幢"招贤楼"。

（2）登广告招贤才。我校于今年4月在《光明日报》上连续四次刊登了西江大学招聘广告，应聘者达700余人。其中有院士、教授、副教授、博士、硕士等高素质人才。根据面试择优录用，约40名人才将于今年9月前到校任教。

（3）花大力气抓好在职教师进修提高。我校对助教、讲师、副教授等任职期间的进修提升分别提出了具体明确的目标，学校每年将投入40多万元经费用于教师的进修提升。

学校着重抓学科带头人和重点教师的培养提升，做好"千百十工程"培养对象的动态管理和考核工作，还对硕士学历的年轻教师提出明确的科研要求，鼓励更多的青年教师脱颖而出。

师资队伍建设是一项复杂而艰巨的系统工程，我校在半年时间里已迈出了很大的一步，调动了全校教师拼搏向上的积极性，形成了良好的发展势头。

五、狠抓教学，高唱教学的主旋律

教学是高校的中心工作，是高等学校工作的主旋律。我校在1998年工作要点中指出，要"紧紧围绕教学这个中心开展工作"，"全年的工作重点是：讲学习，抓'三风'，进一步提高教学质量和办学效益……"。

我校这半年狠抓教学做了如下工作：

第一，开展教育思想、教育观念转变的讨论活动。由学校确定讨论的中心议题，列出参考题目。讨论的形式有学习材料、专家讲座、组织座谈和结合我校实际开展讨论等四种。

第二，进一步完善教学设施，改善现代化教学手段。近半年来，我们新建了多媒体网络CAI室1个、多媒体综合电教室2个、多媒体课室1个。课室大楼的课室装配了"两机一幕"。我们有计划地举办CAI初级班和中级班，让全体教师分期分批地掌握电教手段，从而改革教学方法，提高教学质量，提高学校的整体教学水平。

第三，建立党政领导听课和联系基层制度。今年 5 月份，学校制定了《西江大学党政领导听课和联系基层制度》。该制度规定校级领导每学期听课 4 节以上，教务处领导、系领导和各教研室主任每学期听课 8 节以上，听课者须填写《西江大学听课评议表》，交由教务处汇总、统计。

第四，狠抓"三风"建设。半年来，我校一直围绕教学中心狠抓"三风"建设，使我校校风建设上了一个档次，师生精神面貌发生了深刻变化。

我们首先抓机关工作作风建设，端正为教学服务的指导思想。

在教风建设中，针对部分教师教学积极性不高、对教学工作投入不足和精力外流等现象，我校提出重点抓教师的教学态度、工作作风、纪律及课堂教学、实施课堂教学评估和专家评课制度。在整顿教风的同时，建立了《西江大学教师工作规程》等 6 项教学规章，规范教学管理，并建立《西江大学教学专项奖励办法》和 2 项奖教奖学基金。对于违反纪律者除情节轻重者给予批评或处分外，还采取与评优、奖金挂钩的办法，促进了教风的好转。

在学风建设中，我们重点抓考风，以考风促学风。学校颁布了《关于端正考风、严格考纪的规定》，对考试命题、阅卷评分、缴费重修等环节做了规定，并着重抓考试的四个环节：一是抓好命题质量、实行教考分离和建立试题库；二是强化考试纪律，实行考试前公布考室，随机抽号入座，巡考员给监考员打分等措施；三是实行严格阅卷制度，采取封卷阅卷的办法，增强阅卷的客观性；四是抓好补考工作，实行集中补考、统一监考、集体阅卷。这些措施的实施，使考试作弊人数大幅度减少，上学期已减少至仅有 9 人次，涌现了一大批无作弊班和无作弊系。考风好转促进了学风好转。现在每晚有 85% 以上的学生自觉到课室自习，形成较好的学风。

六、建设花园式文明校园，优化育人环境

去年肇庆市委书记到我校视察，交给我们两年建成花园式文明校园的任务。他希望西江大学成为肇庆地区的文明示范区。

在省高教厅和市委、市政府的大力支持下，我们筹集了 200 多万元建成了新校门、7500 平方米的广场和 1.5 万平方米的绿色草坪，扩建改造了两个人工湖，美化和东校道。短短半年时间，校园变化日新月异。

我们深切地体会到，抓好校园建设不容易，抓好校园文明建设更不容易。只有一手抓硬环境建设，一手抓软环境建设，"两手一齐抓"，才能建设出一个花园式的文明校园，真正优化育人环境。我们在抓"软环境建设"中

主要做了以下几项工作。

（1）发动"爱我西大，建设西大"义务劳动。去年11月省高教厅召开优化育人环境工作会议之后，我们立刻举行了2000多人的"优化育人环境"誓师大会，动员和组织全校师生在双休日开展"爱我西大、建设西大"的义务劳动（广场的初期工程由师生完成）。通过这一活动，培养全校师生爱校热情，让全校师生共同塑造西大形象。

（2）积极开展"青年广场、青年绿地"的创建活动。由学生处、团委、学生会、律委会组织全校参与校园绿地管理，把全校草坪和广场分别包干到14个系（部、院），由学生实行自我管理，给各包干绿化区竖牌明确责任人，公开接受监督，并开展争先创优活动。

（3）各系坚持不懈开展文明举止教育，提高文明素质。通过这项教育，让学生在美丽校园熏陶中，自觉养成良好的卫生习惯和文明举止。经过几个月的努力，在没有任何铁丝网等障碍物的情况下，每天校园的每一块草坪都能够保持"无杂物、无人践踏"的状态。

（4）成立校园文明纠察队。学校组建了校、系两级执勤纠察队，每天早上、中午和晚上值班巡查，对校园内一切不文明行为（如随地扔杂物、损坏公物、打架斗殴等）进行劝阻，这项活动既维护了校园文明秩序，又让学生在活动中实现自我管理和自我教育，提高爱校意识思想和道德水准。

（5）开设"科技、文化、艺术"系列讲座。学校坚持每周五晚上邀请校内外专家做高水平、高品位的专题讲座。讲座涉及文学、历史、哲学、艺术、生物学、科技等方面，用高品位的校园文化吸引师生，创设优良的校园文化氛围和特色。

（6）大力开设公共艺术教育技能培训。本学期由教务处、公共艺术教研室和团委在双休日开设"唱歌""合唱与指挥""舞蹈""书法""演讲艺术""图案与设计""绘画"等9门公共艺术教育技能培训，受训学生达740余人。

这些校园文化活动，有力地推动了校园软环境建设，让学生在浓郁的文化氛围中陶冶性情，从而形成积极向上的文明新风。

经过半年努力，花园式文明校园已显雏形。我们已规划出今后发展的宏伟蓝图。我们将继续进行校容校貌建设，做到高标准、严要求，使学校"绿树成行，绿茵成片，道路整洁，管理有序"。总之，我们要在21世纪内把学校建设成为文明、整洁、幽静、美化、宜学的花园式校园，使学校总体面貌与肇庆市历史文化名城相适应，与七星岩旅游度假区相协调，集教育、科技、文化于一体，做到功能齐全、布局合理、风格独特、管理有序、文明先进。

各位来宾，以上简要汇报了我校新班子半年来的工作。我们所做的工作与各院校相比，显然是很不够的，见笑于大家。我们自知与先进院校之间还有差距。

当前，我校正面临着新的发展机遇，上级部门和社会各界正以前所未有的关怀注视着西江大学，期待着西江大学！我们将弘扬"艰苦奋斗""团结拼搏""敢为天下先"的光荣传统，讲实话，干实事，求实效，努力把充满生机与活力、稳定与发展的西江大学带入 21 世纪。

谢谢大家！

面向新世纪　力创新发展①

——西江大学发展趋势和展望

各位政协委员：

大家好！首先让我代表西江大学，衷心感谢肇庆市政协对西江大学的关心和支持。西江大学想对政协委员们说很多很多话，但今天的发言仅有 15 分钟。为此，我想在这相当宝贵的 15 分钟里，说说西江大学面向新世纪、力创新发展的趋势和打算，借此呼吁肇庆各界人士，"像爱护自己的眼睛一样"，爱护西大，关心西大，支持西大，将社会方方面面的力量聚集起来，形成合力，建设和发展这所肇庆唯一的大学。力争在 21 世纪初把西江大学办成本、专科相结合的综合性大学，让西江大学成为肇庆这座全国优秀旅游城市的一道亮丽的人文景观，为肇庆地区培养和输送优秀人才。

西江大学在大专这一层次上已经徘徊了 30 个年头。面向 21 世纪，面向新发展，我们这一届新的学校领导班子迫切地感到，西江大学应该上一个档次，办本科教育了。否则，西江大学就跟不上肇庆地区的发展，就会落伍于全省各地方性大学之后。虽然西江大学离本科院校还有一定的距离，但无论多么艰难，我们都决心创造条件，奋起急追，尽快将西江大学发展为本科、专科相结合的综合性大学。

这一目标已在学校干部、教职工中引起强烈反响。1998 年，广东省高教厅许学强厅长视察我校时，充分肯定了我们的目标。他也认为，肇庆市应该有一所本科院校，西江大学应该朝这个方面努力。许厅长的指示，给我们极大的鼓舞。1999 年，新春伊始，肇庆市委陈均伦书记，市政府梁伟发市长、李德秋常务副市长，以及市有关部门负责人和端州区的领导来我校考察工作，对我校决心办本科教育表示坚决支持。市委、市政府的坚决表态，再次给我们注入了一剂强心针。我们正信心百倍，一步一步攀登本科教育的新台阶。

朝着求发展、上台阶、办本科这一既定的目标，一年多来，我校在校园

---

① 本文是作者 1999 年 3 月 12 日所作报告。

建设、教学改革、科技研究、机构改革、行政管理、师资队伍建设，以及教学设备建设等方面有了较大进展。加上《西江日报》和肇庆电台、电视台的大力宣传，西江大学的声望日益提高，社会影响日益扩大。1998 年 8 月，西江大学已开始招收四年全日制中文本科学生，1999 年又获批准招收数学本科学生。这是我们朝着办本科教育的目标迈出的可喜可贺的两大步。

在过去的 30 年里，经过几届学校领导班子带领师生艰苦创业，西江大学在办学规模、仪器设备、图书资料等方面有了较好的基础，唯有师资队伍薄弱成为制约学校发展的障碍。因此，我们下大力气，狠抓师资队伍建设。我们设想，要以高学历、高职称、高水平、高度敬业精神这"四高"标准来建设西江大学教师队伍，力争 2000 年西江大学师资质量达到拥有"双十五"（即 15 个正教授、15 个博士）和"双一百"（即 100 个高级职称和 100 个研究生学历的教师）的水平。这是一个相当艰巨的任务。

一年多来，我们采取培养和引进"两条腿走路"的办法，加速师资队伍建设的步伐。首先，加大对原有教师培养的力度，鼓励教师在职攻读博士、硕士学位。1998 年学校在财力紧张的情况下仍将教师培训费由 1997 年的 25 万元提高到 40 万元。1998 年学校派出国内访问学者 10 人，国外留学者 1 人，到日本、韩国、马来西亚等国参加国际学术会议者 13 人。在职攻读博士 2 人，在职攻读硕士 33 人。另外，配合广东省高教厅"千百十工程"，我校已选拔 10 人进行培养，4 人当选为肇庆市拔尖人才。学校每年每人发 4000 元科研费、每月发放生活津贴。这些措施，大大调动了原有教师提高自身素质的积极性。

与此同时，我们仅用 8 个月的时间盖起了一幢"招贤楼"，在《光明日报》上发布招聘人才广告。结果 700 余人来人来函应聘求职。我们以宽阔的胸怀广揽天下英才。经过严格筛选，去年我们共引进了 45 人来校工作。其中，教授 2 名、副教授 13 名、博士 6 名、硕士 15 名。至今，前来求职的人才络绎不绝，西江大学这块施展才华的热土远没有降温，正在联系的几位博士、教授也即将来到西江大学贡献聪明才智。

经过一年多的努力，我校师资队伍建设取得了显著成绩。至今，我校已拥有教授 10 名、副教授 89 名、博士 6 名、硕士 70 名。西江大学的师资力量已居全省同类院校的优势地位。

然而，"良禽择木而栖"。在客观环境和整个大气候尚未完善的情况下，培养和引进人才不容易，留住人才更难。西江大学 1994 年初曾引进一位化学博士，但不到一年就要求调走，不久便去了佛山大学。这一年多来，我们边引进，边着力做到"三个留人"。

第一，感情留人。对于每一位引进的人才，我们都满怀热情地去关心他们，了解他们的事业，解决他们的实际困难。几位校级领导和工会负责同志为教授、副教授、博士包括讲师子女的入学问题四处奔波；人事处的领导几次逐户走访，帮助他们解决劳动、人事、工资、城市增容费等具体问题；保卫处为新引进的人才特事特办。今年春节，大部分新来的同志都是第一次在这里过年，我们的校领导亲自给他们拜年，让新来的同志发自内心地感到这里适宜于他们成长、生活。

第二，事业留人。对于一个真正的人才来说，比待遇和感情更重要的是这里是否有他值得贡献青春和才智的事业。为了让他们尽快进入角色，使他们的事业与其未来联系在一起，学校根据工作需要，经过党委考察，已经安排4位同志走上中层领导岗位，1位出任研究所所长职务，有6位教授、副教授、博士被聘为校学术委员会委员。书记和校长还带他们到广东风华科技股份有限公司，寻求与企业的合作。

第三，待遇留人。新引进的人才中，大部分学历高，读书时间长，但经济条件比较拮据。为此，学校专门制定优惠政策，给每位新调入的教授15000元安家费，8000～10000元科研启动费；给每位博士12000元安家费，5000～8000元科研启动费；给新来的博士、副教授分配三房两厅的住房一套，入职几个月后，教授还可以住进110～120平方米的房子。

西江大学"像爱护自己的眼睛一样"爱护着引进的每一位人才，但同时学校也承受了沉重的负担。我们深感培养、引进、留住人才，仅靠西江大学，势单力薄。我们衷心地希望社会各界关心西江大学，形成合力，进一步巩固和加快我校师资队伍建设，促进西江大学早日实现上本科的目标。

在此，我谨代表西江大学向肇庆市政协提出几点希望：

第一，恳请市政协协助呼吁，市府对西江大学办学经费投入要以法定形式固定下来，并根据经济增长逐步增加投入。西江大学是省、市共管的地方大学，师范部分的经费是由省投入的，非师范部分的经费来自收取的学生学费和市投入。近几年来，市委、市政府对西江大学办学十分支持，从政策、经费上都给予支持。但面对新发展，市政府应不断加大投入，并把经费投入以法定的形式固定下来。

第二，恳请通过市政协委员的纽带作用，加强企业与西江大学的合作。西江大学引进了经济学、电子学、高能物理学、机械学、建筑学等专业的博士、硕士，还有实践经验丰富的高级工程师，利用和发挥这批高层次人才是实现知识经济效益的最佳途径。

第三，恳请通过政协和各位委员的作用，促请市委、市政府及有关主管部门帮助解决引进人才的实际困难。如帮助解决城市增容费的负担问题。引进的人才，工资收入微薄，经济拮据，对支付配偶和子女的城市增容费深感负担太重。恳请市委、市政府给予特殊政策，减轻一点负担。又如帮助解决子女入学问题。前些时候，应我校请求，肇庆中学在学位紧张的情况下，通力支持解决了我校引进的三位人才的子女入学问题。我代表西江大学衷心感谢肇庆中学。但是，引进人才的子女入托入学问题还没有彻底解决，希望有关单位给予更大的支持。

第四，恳请市政协协助呼吁市政府给教授、博士每月津贴 300～500 元。据反映，佛山市、江门市市政府给教授、博士每月津贴 1000 元。

第五，值西江大学 30 周年校庆之际，请广大政协委员做好宣传工作，扩大西江大学的影响，动员社会各界及海内外热心人士，特别是西江大学校友踊跃开展捐助活动，为改善西江大学的办学条件、推动西江大学向前发展，以适应新世纪培养人才的需要贡献自己的一分力量。

各位政协委员，西江大学期待着你们的关心和支持。美国平均每 7 万人口就有一所学校，中国台湾平均 12 万人口就有一所大学。而我们肇庆，360万人口仅有西江大学这一所大专层次的大学。"物以稀为贵"，我们一定要发展西江大学，决不能辜负 360 万肇庆人民的重托。我们一定会，也一定能够把西江大学办得更好。

让我们携起手来，万众一心，形成合力，关心西大，支持西大，宣传西大，为使西江大学早日上本科新台阶而共同奋斗吧！

同心协力　把握机遇
开创肇庆学院发展的新局面^①

各位代表，同志们：

今天，全校教职工代表聚集在这里，隆重举行肇庆学院第一次教职工代表大会。借此机会，我代表学院领导班子向辛勤工作的全校教师、干部和职工表示亲切的问候和衷心的感谢！从上一次教代会到现在，整整两年的时间过去了。在这两年里，我们在党委领导下，以邓小平理论和"三个代表"重要思想为指导，励精图治、奋发有为、把握机遇、开拓创新，实现了学校发展的历史性转折、历史性跨越。在这两年里，我们大力推进各项改革和建设，办学的综合实力和发展后劲明显增强。在这两年里，我们积极探索并逐步形成了具有我校特色的新办学思路和发展模式。这次大会，我们要认真系统地回顾和总结过去的工作，更要对我校今后，特别是"十五"期间的改革、建设和发展大计进行商议筹划。无疑，这次教代会，将是我校历史上承前启后、继往开来的具有重要意义的会议。

现在，我代表学院向大会做工作报告，请各位代表审议。

一、建院以来的工作进展和主要成绩

（一）顺利实现学校发展的历史性转折

2000 年 3 月，教育部正式批准西江大学和肇庆教育学院合并，组建本科教育层次的"肇庆学院"。这标志着西江大学和肇庆教育学院的光荣历史到此结束，肇庆学院伴随着新世纪的到来，开始书写新的历史篇章。肇庆学院的筹建过程，是资源重组、为迎接本科层次办学做全面准备的过程，是检验校领导的魄力和水平的过程，也是检验我校教师干部基本素质的过程。在省市领导的关怀支持下，肇庆学院筹备领导组以改革发展统揽全局，以务实求

---

① 本文是作者 2001 年 2 月在肇庆学院第一届教职工代表大会第一次会议上所做的报告。

真凝聚人心，有计划分阶段地推进各项工作。按标准如期完成了原两校的资产清查、登记和审核工作；当年内便实行财务统一、招生统一、教学计划统一、党政机构办公统一，"一校两区"格局基本形成。教学资源重组后，我院教育教学和社会服务实力有所增强，形成本科教育一级学科 6 门、二级学科 18 门、专业 32 个的办学规模。在筹建过程中，各教学单位和机关各部处临时负责人任劳任怨，尽职尽责；广大教师、干部、职工顾全大局，团结合作，为顺利实现学校历史性转折做出了积极贡献。2001 年 2 月，广东省委正式任命我校领导班子成员。2001 年 3 月 23 日，我校隆重举行揭牌仪式。从此，肇庆学院昂首阔步，踏上征程。

（二）积极推进"公平竞争、择优选聘"干部的人事制度改革

2001 年初，我校先后制定颁发了《机构设置及党政管理人员定编方案》《干部管理暂行规定》《中层干部选拔任用实施办法》《机关科级干部选聘任用办法》等一系列干部人事制度改革的规章，全面推行了教师岗位全员聘任制，中层干部岗位公开招聘、平等竞争、择优选聘的制度。在定编、定岗、定职责的基础上，全校 13 个处级党政管理部门和 18 个业务部门的正、副职负责人全部实行公开招聘竞争上岗。经过严格的公开的组织程序，95 位同志走上中层领导岗位，其中一批德才兼备的高素质的中青年同志脱颖而出，进入管理岗位。经过这样公开平等的竞争选拔，原两校管理层的界限、隔阂得以消解，基本达到了优化组合，顺利过渡。我校在分配制度的改革方面，也做了积极探索：对拔尖人才、学科带头人和优秀中青年骨干教师设岗位津贴；对优秀教学、科研成果实行高额奖励；对突出贡献者重奖；等等。在教学和管理的劳务酬金分配上，打破平均、固化的状态，以"效率优先、兼顾公平"和鼓励、调动积极性为原则，合理拉开分配差距。

（三）强化教学的中心地位，严格按本科教学合格评估标准管理教学

2001 年上半年，我校就启动了本科教学工作合格评估的自评，并以此作为学校今后几年工作的中心和重心。我校原有的教育教学体系，是按照专科教育教学的框架建立的。在距教育部本科教学工作合格评估还有三四年的时间，我们依照教育部制定的评估方案有计划地开展自评工作，可以找准差距，以评促建，把评估带来的压力转化为动力，把制约转化为机会，重新确立我校办学思想和教学目标。一年来，我校十分注意促进教师和管理干部认真学习本科教学的一系列规范和标准、认识现代本科教育和管理的规律。在这一年里，我们还重整了课程体系、教学秩序和管理制度，构建起教学质量促进系统和督导评估专家队伍。学院教学工作委员会和教学质量评价督导组

已建立起来，并开始履行职责，各教学单位和机关职能部门的"自评"工作已按要求基本完成。教学工作合格评估的过程，正成为我校教学工作改进、建设、积累和完善的过程，正成为教风、学风和校风建设大进步的过程。

2001 年 7 月，我院召开了第一次教学工作会议，对我院在新的形势下教学工作取得的成绩、存在的问题、面临的考验及今后改革、建设的任务做了全面的分析研讨，明确提出了要顺应现代素质教育的要求，建立以人为本、求实创新、"授人以渔"的教学观念，切实改革教学方法，加强课程、教材、实践基地等教学基本建设，对加强和完善教学评估机制，构建规范的、系统的教学管理体系做了规划和部署。

近两年来，我校的教学改革和建设取得了一些新成绩：为第一届本科生编制的教学计划，加强了"宽厚基础、通识综合"的教育教学导向，增添了跨学科和交叉学科的内容；学院课程建设三年规划及专业结构调整计划已制订，并逐步推行实施；全校性或专业性的选修课程门类增加，内容拓宽，许多选修课教学效果好，深受学生欢迎。新的学分制学籍管理规定和新的重修制规定，对调动学生学习积极性、建设优良学风起了推动作用。教学基本建设有新的进展：学校加大了对省级重点课程和校级优秀课程建设的经费投入；在原有 22 个师范教育实习基地基础上，又在云浮、新兴等地增建 3 个师范教育实习基地。在肇庆市中级人民法院、西江机械厂、星湖旅游区等单位建立了高等职业技术专业实习基地。2000 年，我校大学英语和计算机一级统考过关率分别达 62.6% 和 54.7%；今年上半年，我校有 2531 人参加全省计算机应用水平考试，过关率达 76%，优秀率达 27%。2000 年，我校组派 6 支代表队参加全国大学生数学建模竞赛，全部获奖，其中省级一等奖 1 名（同时荣获全国二等奖）、二等奖 2 名、三等奖 3 名。在第三届"挑战杯"大学生课外科技学术作品竞赛中，我校推荐参赛的 13 件作品也全部获奖，其中一等奖 1 名、三等奖 4 名，集体荣获银奖。今年上半年，在全国大学生英语竞赛中，我校 4 名参赛学生分别获得一、二、三等奖。这些成绩充分表明，切实加强教学的中心地位，我校的办学实力会不断增强，教育质量会持续提高。

（四）师资建设取得突出成绩，学科建设有重要进展

建设一支结构优化、素质优良、富有活力的高水平教师队伍，是我院改革、建设和发展的根本大计，也始终是学院领导运筹谋划的重要议程。我们从实际出发，制定普通专业和特殊专业师资建设的计划和目标，坚持积极引进和培养提高相结合，采取以学科建设促进师资建设、师资建设带动学科建设的新策略。我校师资的学历层次、职称级别、学科结构等处于渐进良性发

展状态，师资整体素质有较大改观。截至今年 10 月底，我院共有专任教师 503 人，其中教授 26 人、副教授 149 人，博士 13 人、硕士 103 人，还有一批中青年教师在职或脱产在读博士、硕士学位。我校人事处仍在积极引进高层次专业人才。最近，我校还外聘 4 位在信息技术领域有较高造诣和影响力的学者为计算机科学系客座教授。我们既抓教师队伍的扩充，又抓内在素质的建设。今年 10 月，我校开展的师德师风学习教育活动，使广大教师增强了教书育人、树立高尚师德风范的责任感和自觉性。

根据我校现有学科的师资结构、教学科研综合实力、学科（专业）的生长空间和社会需求，全面分析高教竞争发展的新态势，我校以实事求是、开拓创新的精神，运用创造性思维，打破常规，及时制定并实施学科建设"非均衡战略"，对基础厚实、已有优势的学科，在经费投入、师资建设、教研指标上给予重点驱动，促其教学科研再上新台阶。今年 10 月，经过严格规范的评审，我校确定了首批 4 个"重点学科"和 3 个"重点扶持学科"，以此带动学科建设，提高本科办学水平，增强竞争力，提升我校在全省高教格局中的地位。

一年来，我校还着力抓了重点实验室建设和跨学科（专业）教学实验班建设。我院承担的"广东省高校光电信息技术教学重点实验室"项目，已经通过以中科院院士刘颂豪为首的专家组论证，建设已经启动。它的建设，连同已建的"金工实验室""生物园"等工程，将为我校理工科教育教学注入活力、为我校培养社会急需的高新技术产业人才，以及与地方高科技产业联合搞技术开发创造了有利的条件。跨美术、音乐学科的高等艺术教育实验班，是我院重点抓的一个创新项目，是为培养适应中小学素质教育的师资和先进文化发展需要的复合型人才进行的积极探索。

两年来，我院科研工作继续保持好的势头，并有新开拓。2000 年，我院教师有 4 项科研成果获省级奖励，其中广东省第四届教学成果奖一等奖 2 项、二等奖 1 项，广东省高校计算机多媒体软件制作三等奖 1 项。"两课"教学研究项目和一批高职技术专业研究项目列入省级课题。今年，我院与广东人民出版社合作，出版"肇庆学院人文社科文库丛书"，首批 5 本学术专著已经发行。学院还加强了科研过程的管理，充分发挥学术委员会的学术领导作用，突出对教师科研的服务功能和引导功能。2001 年学院科研基金项目评审确立 35 项课题作为资助立项；2001—2002 年度校级教学研究项目经评审已确立 21 项，其中文科 11 项，理工科、艺术科 10 项。物理系一项应用研究最近列入 2002 年广东省教育厅自然科学基金项目。科研选题和科技成果与社会经济文化建设连接，促进科研成果社会转化工作有新拓展。目前，我校已设立 12 个"产学研"一体化的研究所（中心），直接以科研成果服务教学、服务社会。《肇庆学院学报》已公开向国内外发行，用稿、编辑和出版质量有较大提高。近两年，来我校讲学、做学术交流的专家学者越来越多，层次越来越高，我校定期举办的科技文化系列学术讲座影响越来越大。临近年末，许多系都举办了专业学术报告会，学校举行的科研报告会共有100 多位教师提交论文报名参加，足以显示科研促教、科研兴校的氛围越来越浓。

（五）学生思想政治教育和管理工作取得新成绩

我校坚持以科学的理论武装学生头脑，推动邓小平理论"三进"工作，并且积极做好邓小平理论课与马列主义、毛泽东思想理论课的结合、邓小平理论课与"三个代表"重要思想宣传教育的结合、思想政治教育与专业课的结合。专兼职思想政治工作队伍以求实创新精神不断改进工作方式，贯彻"以人为本"的教育原则，从"做事、做人、求知、共处"几方面培养学生健全的人格和全面发展的能力。通过与学生签订"文明承诺书"，强化学生道德自律意识和社会责任感，促进学生"文明修身"和"自我管理"的养成。以"三下乡"为主要形式的大学生社会实践活动持续开展，成效显著，我校已连续五年被中宣部、教育部和团中央评为"全国大学生青年志愿者'三下乡'社会实践活动先进单位"。学生社团活动更加活跃，思想性、文化性和学术性有所提高；毕业生就业指导更加贴近实际，服务性和实用性增强；学生参加校园自然环境美化和人文环境建设的自觉性提高，校园文明创建活动丰富多彩。今年，我校招生工作成绩喜人，第一志愿报读我校的上线本、专科考生，超过其他同类本科院校。我校实际招生数 3755 名，比计划增招 255 名。生源更广泛，质量也有较大提高。目前，我校各类全日制在校生 8277 人，其中本科生 2092 人。我校的成人高等教育规模不断扩大，中小学教师继续教育和初中校长培训工作组织管理有序，教学活动也令人满意。

（六）后勤社会化改革迈出重要一步，企业化的后勤集团开始运营

按照教育部制定的高校后勤社会化改革指导性意见，我校在今年 5 月全面启动后勤服务社会化改革，后勤的服务经营人员、相应资源及操作运行，成建制地从学校行政管理系统中分离出来，组建自主经营、独立核算、自负盈亏的学校后勤服务实体。到今年 7 月，后勤社会化改革的第一阶段工作顺利完成，学校组建了后勤集团。对原校产资源进行了清查审核及产权登记，实行了所有权和使用权分离。对后勤职工实行"新人新办法、老人老办法"，做了分流、调配和业务组合；对后勤服务项目进行了重新分类，部分实行有偿服务。集团总经理、财务总监和集团所属六大服务中心的经理全部公开招

聘竞争上岗。从今年 10 月开始，后勤集团已按照企业方式运作，各项服务的质量和效益已初步显示有改进和提高。

（七）学校基础设施建设有新发展，办学条件进一步改善

目前，我校（包括主校区和星湖校区）校园总面积 766 亩（约 52 公顷），建筑总面积 25 万平方米。"九五"时期是我校基础设施建设大发展、校园面貌大改观的时期。在省市资助和推动下，我校筹集并投入资金 5600 多万元，大力建设基础设施，改善办学条件。在这期间，学校净增建筑面积 7.4 万平方米，其中教学大楼 1.33 万平方米，教工宿舍 2.27 万平方米，学生宿舍、公寓 1.61 万平方米，还建设标准化饭堂等一批生活辅助设施。教学实验室建设步伐加快、技术含量提高。近两年来，新增建计算机实验室 2 个，添置计算机 120 台，新建多媒体课室 5 个、语言实验室 1 个。投资 50 万元建设的"清华大学全国期刊网镜像站"在图书馆已投入运行，极大地扩充了图书馆藏服务的内涵。与国际互联网连接的校园网开通运行。投资 3000 多万元的多功能体育馆将于 2002 年 3 月交付使用；建筑面积 7000 多平方米的新教工宿舍基础施工已经完成；校医院大楼主体工程建设进展顺利；2 万平方米的新学生公寓建设，首次采取建筑商带全资兴建的新模式运行，市政府已批准签约，旧楼拆除工程已经开始。校园环境园林化建设效果显著，我校被全国绿化委员会授予"全国部门造林绿化 400 佳单位"。在今年肇庆市"创卫"活动和"园林化城市"建设评估检查中，我校获得较高评价。

（八）依法治校力度加强，机关工作效率提高

两年来，我校为顺应本科教育教学和规范化管理新制定了一批规章制度，并对原有的规章制度进行清理和修订，目前，这项工作仍在系统地、认真细致地进行中。学校在管理中，对各项规章制度的执行力度加强了。各级工作人员精神风貌、思想作风和工作作风总体上是积极向上的，按制度办事、规范化管理与提高服务质量、讲究工作效率逐步达到有机的统一，管理成本有所降低。最近开展的机关工作作风教育整顿活动，将进一步促进我校机关工作人员整体素质和工作质量的提高。监察、审计部门的队伍建设和业务建设得到加强，项目审计制度全面落实。校产资源的管理细致到位。财务工作严格执行国家财会法规和财经纪律，依法理财用财，用好收入，合理支出。2000 年度和 2001 年度我校财务运行情况良好，请各位代表审议。目前，我校离退休教职工已有 318 人，对老同志的关心爱护和管理工作更加主动、细致和务实。对外交流与合作项目又有新扩展，今年 11 月，我院与英国波尔顿大学正式签署了友好合作协议。计划生育工作深入细致，计生状况良

好。社会治安综合治理全方位推进，在宣传教育、设施建设、责任制管理和群防群治等多方面都取得新成绩，我校被授予"广东省高校治安综合治理先进单位"称号，两校区正向"肇庆市安全文明示范区"的建设目标努力。

在总结我校工作进展和主要成绩的同时，应看到我们在工作中还存在不少薄弱环节，例如：学院建议与发展的投资不足问题，仍未能有大的突破；学院为地方经济和社会发展服务的实力仍需不断加强；专业调整、学科建设的力度还不够；在推进素质教育、提高师生的创新能力方面，仍需从观念建设、制度建设和具体实践上全方位推进开拓创新。

同志们，《高等教育法》规定，高等学校通过以教师为主体的教职工代表大会等组织形式，依法保障教职工参与民主管理和监督，维护教职工的合法权益。我校非常重视教代会的地位和作用，充分尊重教职工的学校主人翁地位，坚持重大事务和涉及教职工切身利益的事项必须经教代会审议通过，并把它作为民主治校、依法治校的一项制度坚持和维护。只有全校教职工以主人翁的姿态为学校改革、建设和发展献计献策、尽职尽责，学校的实力才能不断增强，学校的宏图大计才能一步一步变成现实。

二、"十五" 期间的工作思路和主要目标

同志们，提交本次教代会审议的《肇庆学院"十五"期间发展计划（草案）》，希望各位代表以高度的责任感和聪明智慧进一步审议，使之更加科学完善、切实可行。

下面，我简要说明我院"十五"期间的工作思路和主要目标。

（一）"十五"期间我校工作的基本思路

以邓小平理论和"三个代表"重要思想为指导，按照《高等教育法》规定的本科教育学业标准，以培养具有创新精神和实践能力的高素质人才为中心，继续推动素质教育和各项改革，构建完备的本科教育教学体系，推行规范化管理，确保顺利通过教育部本科教学工作合格评估，为进一步扩大办学规模和提升办学层次创造有利的条件；培植办学特色，增创优势，力争在教学质量、科技成果、师资素质、校园环境、办学效益等综合实力竞争中位居同类院校的前列，为"科教兴粤"做出更大的贡献。

（二）"十五"期间我校工作的主要目标

（1）办学规模目标。按照广东省教育厅下达的"十五"规划，至2005年，我校全日制在校生规模为9000人，其中本科生7030人，专科生1970

人，逐步建成以本科教育为主，拥有学士学位授予权的多科性高等院校。

（2）师资建设目标。按照教育部普通高等学校师资建设"十五"规划的指导性意见，我校师生比要达到 1：16 左右，到 2005 年，专任教师数达到 650 名左右，其中教授、副教授岗位占专任教师编制总数比例达到 40%，具有博士、硕士学位教师要达到 60% 以上，特殊专业要达到 35% 以上。到 2005 年，我校要拥有教授 50 名、博士 50 名以上。加强学术梯队建设，培养数十名具有较高学术水平的中青年学者，其中出众者成为学科带头人；培养百余名具有创新能力、敬业爱岗的优秀中青年教师，承担教学骨干任务；还要建立师德师风规范体系，引导教师在教学过程中发挥能动性，以知启德，以行示德，为人师表，教书育人。

（3）教学建设目标。确保按时、一次顺利通过教育部本科教学工作合格评估；由部分学科（专业）获得并逐步扩大各学科（专业）获得学士学位授予权。加强校级优秀课程建设，继续抓好 4 门省级重点课程建设，争取再有 3~5 门课程达到省级重点课程，争创省级优秀课程；跟踪现代科技和高等教育的发展，加快学科（专业）调整，积极扶持新兴学科、交叉学科的建设，培养和发挥重点学科的优势；继续推动新教材的使用和教学方法的改革与创新；大力加强本科公共英语和信息技术教学，扩大本科选修课程的范围；进一步完善学分制学籍管理。

（4）科研工作目标。以适应本科教育教学为基本要求，提高教师的学术见识和理论创新能力，提高教学研究和科技研究成果的质量；鼓励教师以教学需要和社会需要为科研选题的方向，推出更多的成果，寻求与社会生产力的嫁接点，提高"产学研"的综合效益。

（5）学生工作目标。以培养适应社会主义现代化建设需要的劳动者和接班人为根本目标，探索信息网络时代加强和改进大学生思想政治工作的新路子，持续不断地进行公民道德教育和"文明修身"活动，继续组织好以"三下乡"为主要形式的大学生社会实践，培植以"团结奋进、求实创新"的校训为核心的"肇庆学院人"精神，增强学生综合素质和社会竞争力。

（6）基本建设目标。到 2005 年，校园面积力争扩大到 1000 亩左右（约 68 公顷），基本满足 9000~10000 名学生在校学习的要求；校舍建筑面积达到 31 万平方米；按规划完成多功能体育馆、艺术大楼、第二教学实验大楼、新学生公寓、新教工宿舍、校医院等主要项目的建设，改善本科生培养的硬件质量；进一步提高校园自然环境与人文环境建设内涵和品位。

（7）后勤服务目标。按改革时间表继续推进后勤社会化改革。2002 年年底前，校医院按社会化管理方式运行；2003 年年底，学校后勤服务全面实现社会化。改革的进程和结果，要不断提高服务质量扩大服务项目，不断增加学校的收益和教职工的收益。

（8）学校管理目标。贯彻依法治校和以德治校相结合的治校方略，加强制度建设，推行规范化、科学化管理，提高工作运行效率。

各位代表，学校的发展，就在我们日常的教学、科研、管理和服务工作中，学校的荣辱兴衰与我们每个教职工息息相关。从肇庆学院成立伊始，我们就已经加入到高等教育新一轮更高层次的竞争的行列，发展的机遇、挑战的压力都是前所未有的。我们必须以实事求是、开拓创新的精神，培植我们的办学特色，增创新优势，为肇庆学院更加美好的明天而努力奋斗！

谢谢大家！

明确目标 求实创新
努力开创肇庆学院建设与发展的新局面①

——在"三讲"教育回头看暨中层领导干部学习培训班上的讲话

同志们:

江泽民同志庆祝中国共产党成立八十周年的讲话发表后,全国上下、各行各业掀起一股学习江泽民同志"七一"重要讲话的热潮,把学习贯彻讲话精神作为首要的政治任务。暑假期间,我也认真学习了江泽民同志的"七一"重要讲话,深感江泽民同志的"七一"重要讲话思想深刻、内容丰富,不仅对"三个代表"做出了新的阐述,而且使党建理论有了新的发展,具有很强的理论性、针对性和指导性。我们在进一步深入学习江泽民同志"七一"重要讲话时,要注重理论联系实际,尤其要注重联系学校的实际、本部门的实际以及自身工作的实际,用讲话精神统揽和指导我们的工作,坚持解放思想、实事求是,开拓创新,努力开创学校建设与发展的新局面。

在今天肇庆学院"三讲"教育回头看暨中层领导干部培训班上,我主要讲三个问题:一是肇庆学院一年多来的新发展;二是肇庆学院面临的新任务和存在的困难;三是肇庆学院各级领导干部要以讲话精神为指导,求实创新,以新的姿态做好学校的各项工作。

一、肇庆学院一年多来的新发展

自从 2000 年 3 月学校顺利升格为本科院校后,在广东省委、省政府、省教育厅的正确领导下,在肇庆市委、市政府的大力支持和关心下,全体教职员工齐心协力、努力奋斗,开创了学校建设与发展的新局面。学校各方面的工作均取得了较为显著的成效,主要表现在以下几方面。

(1)学校升格为本科院校后,完成了教学资源优化重组,增强了各学

---

① 本文是作者 2001 年 9 月 7 日在肇庆学院"三讲"教育回头看暨中层领导干部学习培训班上的讲话。

科、专业的实力。到目前为止，我校本科专业招生已经迅速增长到 12 个，（今年招收本科生 1622 人）为顺利实现学院"十五"规划奠定了坚实的基础。

（2）学校招生对象发生了变化。在 2001 年以前，我校的生源主要来自肇庆、云浮地区。2001 年我们将面向全省招生，这是一个可喜的变化。它将会给学校带来一系列的变化，不仅是生源质量的变化，而且包括校风、学风以及今后毕业生就业率的变化。它还反映了学校在社会上的地位和影响。

（3）师资队伍建设上了一个新台阶。现在学校专任教师的总数为 502 人，其中教授 26 人、副教授 139 人、讲师 228 人、博士 14 人（另外有在读博士 11 人），硕士、研究生学历 105 人（另外有在读硕士 28 人）。就目前的情况来看，我校的师资力量在全省同类院校中名列前茅。

（4）教学设备得到进一步改善。在一年半的时间里，学校新建实验室 4 个，即英语系的语音室、数学系的电脑教学实验室、美术系的设计实验室、财经系的旅游实验室；改善了 4 个实验室，即电子实验室、微机原理实验室、公共电脑实验室、电教 CAI 实验室，增加教学设备 198 件。学校还建起了新的生物园和工业实验中心，使实验教学设备得到进一步改善。

（5）图书馆建起了与校园网联网的中国期刊网肇庆学院镜像站，我校师生可以通过校园网查找我国自 1994 年以来的 5300 多种核心期刊和专业特色期刊全文，为师生教学、科研、学习提供了极大的方便，解决了原馆藏文献资源不足的弊端。

（6）教师的科研意识加强了，科研水平有了显著提高。近两年来我校的科研立项，省级的有 6 项，校、市级的有 100 项。教师在省级以上刊物发表论文 518 篇。学校的科研气氛比过去更浓厚，教师注重以科研促进教学质量的提高。

（7）学院的基础建设有所发展。近两年来，学校建起了学生公寓和西区教工宿舍、体育馆、工业实验中心等，现在建筑总面积为 257333 平方米，改善了办学环境。

（8）学院于今年 6 月 6 日成立了后勤集团。后勤集团根据学院的实际情况成立了 7 个中心，按照"独立核算、自主经营、自负盈亏"的模式对学院的后勤服务进行管理和经营。

（9）学校完成了处级干部的竞争上岗工作，有效地调动了广大干部的积极性。

（10）教职工的经济收入有了较大幅度的增长。2001 年年初与 1999 年年初相比，每人每月增加近 1000 元（具体为教授每月增加了 1300 元，副教授每月增加了 1200 元，讲师每月增加 1000 元，博士每月增加 900 元）。另外，市政府还从今年1月起，每月给教授、博士发放津贴1000元。

（11）学校顺利地召开了第一次教学工作会议，进一步确立了以教学为中心，树立科研与教学并重的观念，以科研促教学，努力提高教学质量，开创我校教学工作的新局面。

除了以上提到的这些变化和发展外，学校的学生工作、团委、工会工作、医疗卫生工作、财务管理工作、保卫工作等都有明显的变化和发展。近两年来，学校之所以有这些变化和发展，主要原因在于学校领导能坚持把发展作为主题，在发展中增强竞争的实力，学校领导始终依靠中层干部和广大教职员工的智慧和力量从事学校的发展工作，并追求工作的最佳效果。为了学校的进一步发展，我们必须戒骄戒躁，以更加积极的姿态，切实解放思想、开拓创新，增强忧患意识，增强紧迫感和责任感，扎实工作，争取在新一轮的竞争中取得更好的成绩。

二、肇庆学院面临的新任务

江泽民同志在"七一"重要讲话中指出："忘记远大理想而只顾眼前，就会失去前进方向；离开现实工作而空谈远大理想，就会脱离实际。"肇庆学院已进入新的发展阶段。在新的发展阶段中，我们的理想和目标是什么？我们面临的是什么样的新任务？我们目前存在的问题和困难是什么？这些我们都要心中有数。只有这样，我们才能变压力为动力，视困难为挑战，振奋精神，努力工作。

我们的发展目标是什么？新任务是什么？在我校的"十五"发展规划中已有说明：

（1）争取在3~4年内获得新办本科专业学士学位授予权，争取在5年内获得学院本科教学工作评估合格，这是学校今后几年的中心工作。

（2）争取到2003年达到开办20个本科专业，争取在5年内举办研究生教育。另外，从明年开始，我们将进行函授本科生教育。

（3）力争把1~2个学科建设成为省级重点学科；争取有5~6门课程获评为省级重点课程，并力争实现省优重点课程零的突破。

（4）力争所获省级科研成果奖数量居省内新升同类本科院校的前列。

（5）到2005年，学校专任教师达到715名，其中有教授50名、博士50名。

（6）图书馆藏书由现在的71.1万册增加到89万册；仪器设备的总值由现在的2726.83万元增加到5200万元。

（7）校舍建筑面积由现在的23万平方米增加到近30万平方米。

（8）校园面积扩大到 1000 亩，能满足 9000 ~ 10000 名在校生的学习生活需求。

（时任）副省长李鸿忠在 2001 年 6 月 19 日考察我校时提出，肇庆学院要把粤西一带、广西直至珠江三角洲地区的生源吸引过来，争取办成地方同类一流的学院。这也是肇庆市委、市政府以及全校师生所希望的，也是我们的理想。

以上提到的都是学校近几年要努力完成的新任务。要完成这些任务，难度是比较大的。有的要依靠人去完成，有的要有资金才能完成。肇庆学院新的目标、新的工作任务以及上级领导对我们的要求，都已很清晰地摆在我们的面前，我们必须振奋精神，同心同德，努力为之，力争实现。在明确了目标和主要工作任务的同时，我们还必须正视当前所存在的问题和困难。

（1）在教学工作方面还存在如下问题：我院是一所新升格的本科院校，有的教师未从事过本科教学工作，专科教学的思维定式还未改变；教育思想、教育观念滞后，一些陈旧的观念仍然制约着教学的发展与进步；教学内容、教学方法、教学手段还不适应新形势教学的需要；师资队伍建设的任务依然繁重，现有学术梯队参差不齐，有的教师缺乏上进精神，过早地放弃目标、放弃追求；专业设置仍不能很好地适应地方经济的发展；等等。

（2）近两年来我校科研水平有所提高，但高质量、高水平、有标志性的科研成果还不多，在发展高新技术研究、积极促进科技成果转化和产业化方面迈出的步伐还不够大。

（3）重点学科的建设才刚刚起步，学术梯队还未完全建立。

（4）同本科院校建设与发展相配套的行政管理、规章制度还未完善。

（5）人事分配制度改革的力度还不大。

（6）办学经费的不足仍然成为制约学校加快发展的"瓶颈"因素和突出问题。

以上所提到的问题，都不利于我们实现新的目标和完成新的任务。如何去克服它、完善它、改变它，是我们每一位领导干部需要认真思考和解决的问题。

三、以讲话精神为指导， 真抓实干

为了实现学院所规定的发展目标和完成学院所确定的新任务，这一届学校领导干部和中层领导干部必须从现在开始，以江泽民同志"七一"重要讲话精神为指导，真抓实干，扎扎实实地做好本职工作。

在这里，我提出几点建议，供大家参考。

（一）增强团结、顾全大局

为了完成学校所确定的新任务，作为教学单位的党政领导班子，一定要注重团结。团结才能产生力量，大家心往一处想，劲往一处使，才能拧成一股绳，完成学校布置的工作任务。反之，互不配合、互不支持，就会相互抵消和削弱力量，产生离心力，领导就不能充分发挥自己的作用，任务的完成就会有落空的危险。毛泽东同志在谈到我们的军队之所以有力量时指出："这个军队有一个很好的内部和外部的团结。在内部——官兵之间、上下级之间，军事工作、政治工作和后勤工作之间；在外部——军民之间、军政之间、我友之间，都是团结一致的。一切妨害团结的现象，都在必须克服之列。"团结是力量的源泉，团结是胜利之本。学校这几年工作之所以发展得这么顺利，就在于领导班子团结协作，紧紧依靠广大教职工的力量，这一点我们必须持之以恒。系一级的党政干部要充分注重团结协作，以便调动教职工的积极性，使本系的工作顺利发展。

作为领导，还要注重识大体、顾大局。陈云同志在谈到领导干部的要求时指出："识大体、顾大局，在工作上，如果只看到你的一部分，就要发生本位主义，妨碍大局。"本位主义之所以错误，就是因为它只考虑自己的局部利益，忽视或否定了全局利益。各单位的领导在开展工作的过程中，都要从学校的大局出发，服从学校的整体利益。例如学校为了提高办学层次，扩大本科专业的招生，今后会逐步删减专科专业，这就需要各系积极配合做好这项工作。有的专科专业删减了，教师就需要适应学校的发展，重新选择本科课程，重新熟悉教材，重新备课和讲课。又如"百千万人才工程"的教学、函授教育和继续教育，都需要教师讲课，这就需要各系的领导顾全学校大局，积极派教师参与这些工作。可以说，学校的利益和各系的利益是处在一个整体之中，祸福相关、利害相连。所以，中层领导干部在工作中要注重从全局出发，从整体出发，局部要服从全局，千万不要为了本部门的局部利益而损害学校的整体利益。

（二）重视人才、用好人才

江泽民同志在"七一"重要讲话中指出："领导干部要有识才的慧眼、用才的气魄、爱才的感情、聚才的方法，知人善任，广纳群贤。"这一段讲话，包含了很丰富的内容，很值得我们去思考、去实践。我校在重视人才、引进人才、培养人才方面，基本上达成了共识。现在我们需要思考的是如何用好人才。

尸子曾说过："国之所以不治者三：不知用贤，此其一也；虽知用贤，求不能得，此其二也；虽得贤不能尽，此其三也。"由此可见，有了人才，用不好也不行。领导者要清醒地认识到，领导者只靠自己的积极性、创造性是干不成什么大事的，只有把整个组织集体的积极性、创造性调动起来才能实现既定的目标。这就涉及如何用才的问题，这是一个很大的命题，这里主要结合学校的实际谈点个人意见。

1. 要注重用其所长

领导干部在使用人才时，首先要考虑的是：他有什么长处？做什么工作最能发挥他的长处？用其所长，其工作必然积极，事半功倍；用其所短，勉为其难，必定办不好事。作为系主任对本系教师的长处必须了如指掌、心中有数。如果不了解他们的情况，如何谈得上用好人才？我在高校工作已有20多年，据自己的观察，在教师中，有各类不同的人才，有的能讲能写（写指搞科研），有的能讲不能写，有的能写不能讲，他们各有所长。系领导要结合本系的教学工作、科研工作、学科建设工作认真思考，根据人才的长处合理地安排，人尽其才。这样就能让人才发挥作用，把人的潜能发挥出来，就能推进本系工作向前发展。现在各系都有一些快退休的老教师，有的老教师有较丰富的教学经验和科研经验，如何发挥他们的才能和作用，很值得我们思考。我们不能总是让他们到处去讲课，比如到外地讲函授课、自考辅导课，也不能限定他们要完成多少科研任务，因为他们都会受到体力和精力的限制。如果让他们指导青年教师讲好课和从事科研工作，也就发挥了他们的长处。

2. 要注重用人不嫉

领导干部用人不能嫉贤妒能，不能怕人才超越自己。嫉贤妒能是一种腐朽没落的封建意识，是扼杀人才的软刀子。嫉贤妒能，不能容才的结果只会是赶跑人才。大家都听说过，项羽手下曾有不少贤臣名将，如范增、陈平、英布、韩信等，但项羽不是看不起他们，就是妒忌他们，迫使这些人离开了项羽，韩信还成了刘邦手下大将，最后项羽只落得孤家寡人，演出了"霸王别姬"。汉高祖刘邦则豁达大度，善于用人，他在总结自己能战胜项羽的原因时说："论带兵打仗，我不如韩信；论管理钱粮，我不如萧何；论运筹帷幄决胜于千里之外，我不如张良"，"三者皆人杰，吾能用之，此吾之所以取天下者也"。由此可见，对一个领导来说，他不一定要样样强于他人，但要敢于任用比自己强的人，不能嫉才、妒贤。

3. 在用人才的过程中，要容人才的言，容人才的错，容人才的怨，让人才心情舒畅地发挥自己的聪明才智。另外，还要注重人才的培养。容人才的言，就是指领导者要容许别人讲话，能听得见各种不同的意见，尤其是容许有才能、有独立见解的人讲话，能听得进他们的意见，能采纳他们的正确意见。善于纳谏，可以纠正自身不少错误的主张和行为。要真正做到容人才的言，领导者还要注意不要计较言者的态度和方式。容人才的错，就是指领导者要容许别人犯错误，容许别人改正错误，绝不能对犯错误的人"一棍子打死"。容人才的怨，就是指领导者不计较个人恩怨，容许下属对自己暂时不理解、暂时埋怨。领导者要及时与他们交流思想，消除误会。领导的肚量要大，容得下难容之事，容得下难容之人。正如俗话所说："宰相肚里能撑船。"

注重人才的培养是一件重要的事情。有的人才很有才气，或有能力，或有智慧，但在处理人际关系方面有所欠缺，有时容易与同事之间、上下级之间产生矛盾，时间长了，容易不合群。对于这一类人才，作为领导应当给予关心、帮助，与他们沟通交流，千万不可激化矛盾。如果激化了矛盾，将会使距离拉得更远。如果拉远了距离，不但不能发挥他的作用，反而会起反作用。当然，当人才有错的时候，该批评教育的就要批评教育，该处分处罚的就要处分处罚，不能姑息迁就。在现实生活中，也有因恃才而傲、因傲才而毁的现象。《左传》里说过："骄而不亡者，未之有也。"对骄傲自大的人，当送他这两句话。对于领导者来说，碰到傲才该怎样办？第一，要听其言，观其行，容其一短，用其一长；第二，要注意经常批评教育，使其逐步克服缺点；第三，要对说他不好的人多问几个为什么，切莫轻信。

（三）勇于超前，敢于创新

《现代汉语词典》对"超前"一词做了两方面的解释：一是指超过前人；二是指超过当前的。领导要有超前意识，要勇于超前。这也是我们要完成学校"十五"规划任务所需要的精神。对于"超前"，我们可以理解为这一届的领导干部所做的工作、所取得的成绩，应当超过上一届。这是我们这一届学校领导和中层领导必须具有的精神，有了这种超越前人的精神，就会真抓实干，扎扎实实地去做好各项工作。例如，学院召开了第一次教学工作会议后，如果你认真地去组织本部门的教职工进行深入、认真的讨论学习，制定具体的落实方案，真抓实干，就一定会促进教学质量的提高。有了超前意识，我们就会想得更远些，有的工作就会提前做。例如，本科教学合格评估是几年后才进行的工作，但教务处现在就提出要做本科教学合格评估的自评工作。这就是一种超前意识，有助于我们尽早检查本科教学的不足之处，然后用几年的时间进行弥补和修正。到了真正要进行合格评估时，我们就会充满信心。又如，我们提出要力争举办研究生教育。要真正实现这一愿望，我们就必须提前做准备工作，认真思考师资队伍的建设，积极从事科研工作，积极准备开设的课程。如果样样条件具备了，到申报时我们就有话可说。如果没有这种超前意识，等几年之后才来考虑这些问题，申报时才匆忙准备师资队伍和科研成果，那就会痛失良机。因此，中层领导要强化超前意识，勇于超前。

除了勇于超前之外，还要勇于创新。江泽民同志指出："创新是一个民族进步的灵魂，是一个国家兴旺发达的不竭动力。"为了完成学校既定的各项任务，我们的领导干部要注重创新，我们的教学工作、科研工作、行政管理工作、学生工作等，都需要创新。只有创新才能超跃自己和超越别人，只有创新才会有新的收获。作为系领导，一定要鼓励教师们解除传统教学观念的束缚，建立创新的教学观念，要引导教师们在教学过程中贯彻创新的思想，善于把所教知识与最新成果融入教学中，创造自己的教学特色，以培养学生的创新精神和能力。学校第一次教学工作会议提供的50多份材料都体现了作者们的创新精神和创新能力。例如生物系的梁广坚教授，在讲授专科"植物生理学"课程时，让学生先掌握基本理论，然后指导学生到图书馆和网上查资料，让学生既了解本门学科新的进展动向，又了解尚未解决的问题和某些假说的不足，大胆地有根据地提出疑问，随后进行实验和验证，并写出论文。如周加奎等同学写出的论文《烯效唑对早春菜心生长和单株产量的影响》就发表在《华南师范大学学报（自然科学版）》上，顾兆开等同学的论文《几种处理对秋冬季黄化草坪的复绿效果》发表在《肇庆学院学报》上。梁教授对我说，既然我们可以引导在读专科学生写出论文在本科院校的学报上发表，那么，我们也可以引导本科生写出更好的论文去发表，以此来不断提高我校的教育教学质量和科研水平，培养更多具有创新精神和实践能力的人才。还有数学系所探索的"一主两翼"培养模式，也是一种创新，它体现了人才培养的一种新的教育理念。财经系在"产学研"活动中进行了新的探索，先后与十几家公司开展了人才培训、发展战略规划以及企业文化建设等活动，为培养具有综合素质的复合型人才探索新路。这种创新精神和创新之路，很值得我们提倡，只要我们持之以恒，必然会结出更丰硕的成果。

关于如何创新，这里就不多讲了。希望大家结合学校的工作和本部门的工作去思考、去实践。

只要我们注重团结协作，注重用好人才，勇于超前，敢于不断创新，我们就能满怀信心，去实现学校的新目标，完成学校的新任务。

只要我们真抓实干，努力实现学校的新目标，完成学校的新任务，就是在贯彻江泽民同志"七一"重要讲话精神，就是在自觉实践"三个代表"重要思想。只要我们广大领导干部牢牢把握解放思想、实事求是、与时俱进的精神，依靠广大教职员工的智慧和力量，开拓创新、扎实工作，就一定能促进学校建设和发展的新局面。

肇庆学院改革、建设和发展综合情况介绍①

——在欢迎国家高级教育行政学院考察团座谈会上的讲话

尊敬的各位领导、各位来宾，同志们：

我代表肇庆学院对大家光临我校表示热烈欢迎。下面，我简要介绍一下肇庆学院改革、建设和发展的综合情况。

一、学校概况

肇庆学院是 2000 年 3 月，经教育部批准，由西江大学和肇庆教育学院合并组建的本科院校。办学体制为省市共建，以省为主。学校分为两个校区，主校区（原西江大学校址）位于七星岩旅游度假区内的北岭山麓；星湖校区（原肇庆教育学院校址）位于星湖景区的仙女湖畔。校园总面积 766 亩，建筑总面积 26 万平方米。全校教职工总数 947 人，其中专任教师 503 人，有教授 26 人，副教授、高级工程师等 149 人，博士 13 人、硕士和研究生 123 人。设本科教育学科门类 6 个，一级学科 14 个，专业 32 个。现有各类全日制在校生 8277 人，其中本科生 2092 人，专科生 6185 人。按照广东省教育厅发布的"十五"规划，到 2005 年，我校全日制在校生规模为 9000 人，其中本科生 7030 人，专科生 1970 人。从"十五"规划看，今后几年，我校的办学规模扩张不大，但教育结构，即本专科教育的比例却有大幅度调整，要逐步建成以本科教育为主、拥有学士学位授予权的多科性高等院校。

二、办学思想和办学特色

根据现代高等教育发展的趋势和广东率先基本实现社会主义现代化的目标要求，从我校实际出发，我们确定的办学思想是：按照《高等教育法》规定的本科教育学业标准，以培养具有创新精神和实践能力的高素质人才为中

---

① 本文是作者 2002 年在肇庆学院欢迎国家高级教育行政学院考察团座谈会上的讲话。

心，以高等师范教育为主体，以服务地方经济和社会发展为宗旨，全面推进素质教育和各项改革，培植办学特色，增创新优势，力争在教学质量、科技成果、师资素质、校园环境、办学效益等综合实力竞争中位居同类院校前列，为"科教兴粤"做出更大贡献。

近几年来，我校领导班子在全面分析学校发展历史、办学社会环境的基础上，认真思考我校的自身优势和发展潜力，努力凸显自身的办学特色。

（一）坚持师范性特色

这是我们认真总结历史经验，深入分析现有师资结构和办学传统，反复比较各种利弊因素做出的选择。我们之所以这样做，是因为有着深刻的历史背景和现实依据。第一，肇庆学院的前身肇庆师专是 1970 年建校的，至今已有 30 多年的历史，虽历经多次更名，但学校的师范教育历史较长。现在学校虽然已进入多科性普通本科院校行列，但主要的学科仍属于师范教育，学生中 60% ~ 70% 都是师范生。这是一个非常突出的特点。第二，原西江大学与肇庆教育学院合并组建本科院校，其前提是学科属性相近、师范教育共通。两校的办学传统都是以师范教育见长，现在我校已经升格为本科的专业主要是师范类专业。第三，肇庆市乃至广东省中西部地区对高素质师资的长期需求，为我校的师范教育提供了广阔的发展空间。仅以肇庆市为例，到 2000 年，全市高中教师的本科学历达标率不足 70%，而初中专任教师中，具有本科学历的教师所占百分比还停留在一位数。我们坚定地认为，师范教育是我校的优势之所在、特色之所系。随着师范教育由"旧三级"（中师、专科、本科）向"新三级"（专科、本科、研究生）的过渡，我校的发展必将展现更加美好的前景。从现在开始，我们就在师范专业重点建设几个学科，旨在积蓄力量，强基固本，为未来在师范领域开展研究生教育奠定基础。目前，师范教育正在走向开放，一些著名的综合性大学也纷纷加入到培养师资的行列中来，师范教育领域的竞争日益激烈。经过全面权衡，我们仍将义无反顾，始终不渝地高举师范教育的旗帜，办出水平，突出特色，为社会做出应有的贡献。

（二）地方性特色

由两校合并而成的肇庆学院，其前身的重要组成部分是西江大学。西江大学创办于 1985 年，当时与肇庆师专是一套人马、两块牌子办学。考察西江大学的历史不难发现，西江大学完全是沐浴着改革开放的春风，为适应地方经济发展的强烈需求而诞生的。西江大学成立后，开始加入非师范与地方经济紧密结合的学科和专业。可以说，地方经济、社会发展的是土壤和温床，学校的学科、专业是禾苗与花朵，两者枯荣相伴、息息相关。如今，学校虽然已经升格为本科院校，但其地方性特色不仅没有因此而减弱，反而更扩宽了为地方经济和社会发展服务的领域。为地方经济服务，为广东省、肇庆市培养大批高素质的各类人才，已经成为我校的办学宗旨，成为广大教职工的共同追求。

坚持地方性特色，也是我们经过广泛调查研究做出的结论。肇庆市地处广东省中西部地区，属经济中等发达地区，是珠江三角洲通往大西南的过渡地带。特有的地理环境和秀美的湖光山色决定了它特有的产业结构。肇庆是遐迩闻名的全国优秀旅游城市，旅游业在全市国民经济中占有重要地位，食品饮料、化工、机械、电子、生物工程等支撑着肇庆市国民经济的半壁江山。为了与地方经济实现全方位对接，我校分别设置了旅游管理、食品工程、精细化工、机械与电子、电子信息工程、生物技术等专业，以最大限度地满足地方经济对各类人才的需求。

肇庆学院是地方大学，地方大学就要坚定不移地为地方服务。这一点，越来越被我校广大教职工所认识。学校过去的历史表明，肇庆学院是伴随着地方经济的增长和学校对地方经济需求满足程度的提升而成长的。学校未来的发展也必将证明，越是突出地方性特色，学校就越发具有生命力。

三、几项主要工作的做法和进展

（一）学校升格为本科院校后，认真抓好本科教育教学基本建设

我校原有的教育教学体系是按照专科教育教学的框架建立的，尽管在教学和管理上取得了一些成绩，积累了办学的经验，但从全面开展本科教育教学的现实要求和发展目标来检验，差距是十分明显的。为了尽快实现本科教学的合格评估，今年初，我们按照教育部本科教学工作合格评估的标准，编制了为期四年的自评计划和实施方案，并从这个学期开始开展自评。目的就是强化教学的中心地位，以评促建，促进教师和管理干部认真学习本科教学的一系列规范和标准，认识现代本科教育和管理的规律，重新确立我校办学思想、培养目标和管理方式，使评估的过程成为我校教学工作改进、建设、积累和创新的过程，成为教风、学风和校风建设进步的过程。本学期各教学单位和机关职能部门的自评工作已按计划完成，基本达到预期效果。

我校为顺应现代素质教育的要求，积极推进课程改革和专业结构调整，编制了课程建设和专业调整三年规划；在为第一届本科生制订的教学计划中，强化"宽厚基础、通识综合"的教育教学导向，增添了跨学科和交叉学

科的内容；扩大了全校性和专业性选修课程的门类；重新修订了学分制学籍管理规定和重修制规定，充分调动学生的学习自主性和积极性。

我们还进行了跨学科的教育实验探索，开设了跨美术、音乐学科的高等艺术教育实验班，培养适应中小学素质教育要求和先进文化发展需要的复合型人才。实验班打破原来的单一专业模式，实行美术、音乐双学科主辅修制。以美术为主的高等艺术教育实验班，三分之二学时为美术专业课，三分之一学时为音乐专业课；以音乐为主的实验班，三分之二学时为音乐专业课，三分之一学时为美术专业课。毕业时，毕业证上加注辅修专业名称。这样既为学生就业扩宽道了路，也适应了中小学教学改革和素质教育的需要。

（二）下大力气建设一支结构优化、高素质的教师队伍

师资建设始终是我校领导运筹谋划的重要议程，也是我校改革、建设和发展的长期的根本大计。我们从实际出发，坚持培养提高和引进外聘相结合，采取以学科建设吸引人、留住人，以人才带动学科建设的策略。1998 年以来，我校共引进专任教师 156 人，其中教授 13 人、副教授 52 人、博士 15 人、硕士 68 人。引进人员都是国内高校的教授、副教授，来自中国科技大学、中国科学院研究生院、复旦大学、南京大学、浙江大学等著名学府的博士、硕士和优秀本科毕业生。在培养提高方面，目前，我校已派出 5 位教师（博士）在国外进行访学研究。物理系教师周卫东，是中国科技大学物理系毕业的博士后，现在英国伯明翰大学同步辐射实验室做访问研究；物理系副教授赵永宽，原来是内蒙古大学建筑工程学硕士导师，调入我校后，1998 年被派到美国访学；计算机科学系教师令锋，是中科院兰州冻土研究所的计算数学博士，2001 年由我校派到美国科罗拉多大学进行环境科学合作研究；轻化系教师舒东博士，毕业于厦门大学化学系，获得韩国 21 世纪杰出人才计划基金项目资助，2001 年由我校派往韩国延世大学做电子材料课题研究；物理系教师叶子飘博士，毕业于中科院高能物理研究所，调来我校后，继续与中科院宇宙线与高能天体物理院级开放实验室和南京大学天文系进行两项合作课题研究，最近被评选为肇庆"十大杰出青年"。还有一批教师在职或脱产攻读博士、硕士学位以及在国内重点大学做访学研究。我校师资的学历层次、职称级别、学科结构和学术贡献都处于渐进良性发展状态。我们的目标是，到 2005 年，专任教师数达到 650 名左右，比目前增加将近 150 名，师生比达 1∶14 左右；教授、副教授岗位占专任教师编制总数比例 40%；具有博士、硕士学位教师达到 60% 以上，特殊专业达到 35% 以上。在扩充教师队伍的同时，我们还非常重视教师教育教学观念和师德风范等内在素质的建设，为此有计划地开展了一系列专项活动。

（三）重视科研的基础作用和社会转化效益

根据我校的实际情况，我们以适应本科教育教学为基本要求，鼓励教师以教学需要和社会需要这两个"需要"为科研选题方向，提高"产学研"的综合效益。教师以教学需要开展科研，可以对本学科和相关学科的进展与学术动态形成系统深入的了解和思考，增强学术见识和创新能力，将科研成果转化至教学中，弥补教科书的滞后性，使教学更加生动、有新意。为此，我们专门设立了教学研究专项基金。而运用科研成果为地方经济和社会发展服务，可以检验学术成果，扩大其应用范围，提高学科自身造血功能，加强学校与社会的联系，增强学校服务社会、贡献社会的实力。目前，我校已设立12个"产学研"一体化研究所，其中对外合作科研项目5项、理工科服务地方经济项目13项、文科服务地方经济和社会发展项目8项。应用生物研究所的"壮秧素""绿叶生长剂"技术，"提高荔枝产量综合技术"、"南甜竹种苗、芦荟种苗、粉蕉种苗快速繁殖技术"，特种水产研究所的"彭泽鲫引种繁殖及推广养殖技术""虎纹蛙人工繁殖和高产养殖技术"，都获得省、市级科技奖励，并产生经济效益。应用化学研究所的4项技术，有些已通过中试，有一项已申请国家专利。文科的"广东区域经济可持续发展研究"和"肇庆市旅游业发展研究"项目，已为政府规划和决策所采纳，产生了良好的社会效益；财经系组成专家团为肇庆市和珠三角地区一些企业提供营销策划、CI设计和员工培训，实现了教学与实践的嫁接，取得较好的经济效益和社会效益。我校在2000年年初就建立了校企合作领导小组，首先与广东风华高新科技股份有限公司结成长期合作关系，在教育培训、科技交流等方面互补互利，共图发展，特别是我校承担的"广东省高校光电信息技术教学重点实验室"全面建成后，这种合作将更加实质化。

（四）以改革创新精神做好学生思想政治工作

我校坚持以科学的理论武装学生头脑，推动邓小平理论"三进"工作，并且积极做好"三结合"，即邓小平理论课与马克思列宁主义、毛泽东思想理论课的结合，邓小平理论课与"三个代表"重要思想及广东改革开放实践成果宣传教育的结合，思想政治教育与专业学习的结合。不断改进日常思想政治工作方式，贯彻"以人为本"的教育原则。通过"文明修身"和"文明承诺"活动，强化学生道德自律意识，促进学生文明习惯的养成；通过开展学生社团活动（目前我校有23个学生社团），提高学生的科技、文化、艺术综合素质和"一专多能"的实力；通过开展"三下乡"社会实践活动，让学生广泛接受改革开放成果教育，培养务实求真、开拓创新意识和能力。

我校已连续五年被中宣部、教育部、团中央评为"全国大学生青年志愿者'三下乡'社会实践活动先进单位"。

（五）积极推进内部管理体制改革

2002年初，我校全面推行了教师全员聘任制和中层干部"公平竞争、择优选聘"的制度。在定编、定岗、定职责的基础上，全校13个处级党政管理部门和18个业务部门的正、副职领导岗位全部实行竞争上岗。经过严格、公开的组织程序，95位同志走上中层领导岗位。经过这样公开平等的竞争选拔，原两校管理层的界限、隔阂也得以消除，基本上达到了优化组合，顺利过渡。

2002年，我校还完成了后勤社会化改革的第一阶段工作，组建了企业化的后勤集团。学校对原校产资源进行了清查、界定、登记和审核评估，实现了规范分离；对后勤人员实行了全员劳动合同制；与后勤集团签署了资产租赁协议和资产托管协议，还签署了服务项目质量标准协议，变原来的行政隶属关系为契约关系。学校对后勤改革前后服务质量进行了抽查，结果显示，改革前满意率在70%左右，第一阶段改革后满意率达83%以上。省教育厅对我校后勤社会化改革工作进行了检查验收。

（六）对外合作交流进一步扩大

我校分别与日本、美国、英国的3所大学建立了友好合作关系，定期互派教师和学生进行教育学术交流，学校领导也保持互访交流。特别是我校和日本神明畜产株式会社等企业合作举办了肇庆中日交流培训中心，定期培训赴日研修生。截至2002年为止，我校已输送300名赴日研修生。这些研修生大多是大专毕业生和高中毕业生，在日本工作学习一年，学会了日语，接受了技术培训，回国后很受肇庆市日资企业的欢迎。我校还受省外事办委托，开办广东省赴日研修生培训班，收到较好的经济效益和社会效益。最近，我校与英国波尔顿大学签订了友好合作协议后，肇庆市政府准备利用两校合作关系，选派20名35岁以下的地方科级以上干部赴英国学习经贸和管理，为适应加入WTO后的竞争与发展培养干部，这一计划已得到英国波尔顿大学的同意。

尊敬的各位领导、各位来宾，我校还是一所年轻的学校，可以说，她还不到两岁，各方面的工作才刚刚展开，有许多不足和缺陷。请各位领导对我校的改革、建设和发展提出宝贵的意见。

谢谢大家。

团结奋进　求实创新
全面推动办学、水平、规模、效益协调发展①
——肇庆学院第一届教职工代表大会第二次会议工作报告

各位代表，同志们：

肇庆学院第一届教职工代表大会第二次全体会议隆重开幕了。在这里，我首先代表学校领导班子，向过去一年里在学校各个岗位上辛勤工作、敬业奉献的教师、干部和职工致以亲切的问候和衷心的感谢！这次教职工代表大会，既是依法举行的年度例会，也是全面贯彻落实"三个代表"重要思想和党的十六大精神，总结经验，动员鼓劲，统一认识，共谋发展的一次非常重要的会议。

现在，我向大会做工作报告，请各位代表审议。

一、2002 年度的工作总结

2002 年，我校以邓小平理论为指导，深入学习贯彻"三个代表"重要思想，坚持把发展作为办学兴校的第一要务，牢牢把握教学科研和人才培养这个中心，稳健有序地推进各项工作。学校的内在素质、综合效益和竞争优势又有新的提高，学校实现新一轮发展的基础更加坚实。

（一）党建和思想政治工作在改革中创新，在创新中发展

2002 年我校党委认真学习贯彻"三个代表"重要思想，按照"八个坚持八个反对"的要求，切实加强领导班子的思想作风建设和廉政建设，积极探索新形势下高校党建和思想政治工作改革与创新之路，努力构造新型的全方位多层次的思想政治教育和保障体系，营造昂扬向上、奋发进取的育人环境。学校党委高度重视并且直接领导了邓小平理论和"三个代表"重要思想的"三进"工作；高度重视"两课"教师队伍建设、专职辅导员和兼职班

---

① 本文是作者 2003 年在肇庆学院第一届教职工代表大会第二次全体会议上所做的报告。

主任队伍建设，大力推动日常思想政治工作到班组、进宿舍；积极部署并创造性地开展了"党支部建在班上"和"党员示范岗"工作。以迎庆党的十六大胜利召开为契机，学校党委有计划、有步骤、有重点地组织教职工和学生认真深入学习邓小平理论、江泽民同志"五·三一"重要讲话和"三个代表"重要思想；组织收看收听党的十六大开幕式，聆听江泽民同志的报告；组织党课、学习辅导会、座谈会，联系实际系统学习深刻领会党的十六大报告的主题思想和丰富内涵。

我校党建和思想政治工作的改革与创新，不仅保障了办学的社会主义方向，促进了教学科研和人才培养上台阶上水平，而且得到上级党组织和兄弟院校、新闻媒体的关注和赞扬。2002 年 4 月，在广州召开的全省高校党建工作会议上，我校作为大会安排的 5 所高校之一，由校长邝邦洪同志代表党委做了《加强党建促学校发展，立足改革为地方服务》的发言，得到与会者好评。2002 年 10 月，广东省委组织部、宣传部联合召开"三个代表"重要思想与广东实践经验交流和理论研讨会，省教育工委推荐我校向会议提交经验材料备选，我校作为全省 71 所高校的唯一代表参加会议，经验材料入编会议文集。2002 年年底，人民日报社华南分社记者曾来我校，就党"支部建在班上"和"党员示范岗"建设对党委书记陈优生同志进行专访；2003 年年初，广东省委组织部主办的"广东党讯"，专门介绍了我校"党支部建在班上"的工作情况，并配发编者按，对我校贯彻落实"三个代表"重要思想和党的十六大精神、致力于高校党建和思想政治工作创新的实践探索，给予充分肯定和高度评价。到 2002 年年底，我校共建学生党支部 36 个，有 5000 多名本、专科在校生向党组织递交了入党申请书，占在校生的 60%，2002 年全校共发展学生党员 448 人。2002 年 4 月，我校重新组建了肇庆学院党建研究会和思想政治教育研究会，开展了一系列理论和实践探索活动，取得丰硕的成果。我校思想政治教育研究会连续 6 年荣获"肇庆市优秀社团"称号，2002 年又被评为"全国大中城市先进社科学会"。

2002 年我校积极推进社会主义精神文明建设，在全校师生中开展了公民道德建设系列活动，取得显著效果。在以"高尚师德"和"理想校风"为主题的征文、演讲活动中，师生积极参与，活动规模大，质量高，影响深广。我校选送参加全省高校决赛的作品和选手，分别荣获征文一等奖、演讲二等奖。2002 年我校再次荣获共青团中央和教育部授予的"全国大学生'三下乡'社会实践活动先进单位"称号，这是我校连续 6 年获得该荣誉。2002 年我校还荣获"肇庆市创建国家园林城市工作先进单位"称号，这说明我校重视加强自然环境和人文环境建设，学校品位形象已赢得社会赞誉。2002 年，我校成立了大学生艺术团，并与风华集团共建，开展了创作演出活动；我校的学生社团活动也继续保持健康向上、丰富多彩，对学生培养和施展个性特长，优化知识、技能和素质，推动先进文化的发展起了积极的作用。

（二）教学的中心地位进一步强化和突出，本科教学水平评估工作顺利开展，本专科教学质量明显提高

2002年我校按照本科教学工作自评方案，进行了系统、严格、规范的教学工作评估检查，对存在的主要问题开展了跟踪与整改。2002年6月，教育部下发《普通高等学校本科教学工作水平评估方案（试行）》后，我校又及时研究调整了原定的自评指标及相应教学观测点，重点检查各教学单位对教学管理规章制度的执行落实情况，进一步规范本科教学过程和常规管理。根据教育部评估方案和我校的现实情况，本科教学评估督导组编写了我校第一部本科教学工作年度自评报告，对2002年度我校有关本科教学工作的重要指标进行了统计和数据分析，对各教学单位的工作水平做出了成绩评定，指出了全局性和局部存在的主要问题，提出了工作建议。本次评估与2000—2001年度评估结果相比较，不仅检测更加系统全面、清晰准确，而且显示出我校本科教学工作整体水平有明显提高。学校在2002年年底制定了《肇庆学院教学事故认定与处理办法》《肇庆学院考试管理规则》等8项教学管理规章；2003年年初，又颁布了《肇庆学院教学管理奖励办法》，并且根据奖励办法评选奖励了2002年度"教学管理工作优秀系""教学管理优秀干部""优秀教研室""优秀教务员"。《肇庆学院教学管理规章制度汇编》已编制出版，这标志着我校教学管理的制度建设进入一个新层次、新阶段。

本科专业课程建设和优化专业结构工作取得新进展。按照宽口径、厚基础、通识教育和适应国家、地方发展需要的基本要求，我校修订了2002级各专业教学计划，强化师范技能教育和非师范专业应用能力实践能力的培养。目前，我校共有本科专业16个，本科专业主要课程约200门。学校已确定其中82门课程为首期重点建设课程，并且投入20万元课程建设经费，强力推动重点课程建设，带动本科专业课程全面提高和创新。我校承担的教育部"高师艺术专业主辅修改革实验计划"项目也取得阶段性成果。美术音乐主辅修实验班通过"美术作品展"和"音乐汇报演出"，验证一年来的教学实验基本上达到预期的培养目标。我校教学成果获奖数量和等次在全省同类院校中名列前茅，显示出我校的教学改革和教学研究，在探索和积累中实现了突破与飞跃。

2002年我校继续重视加强本、专科的基础教学和常规教学，教学质量明显提高。同时，我校还重视对学生参与各类教学竞赛、过级统考的教学与训练。2002 年我校选派 24 名学生组成 8 支参赛队，参加 2002 年度全国大学生数学建模竞赛，共获 12 个奖项，其中一支参赛队荣获全国一等奖，两支参赛队荣获全国二等奖。在获全国奖前，我校代表队已获得 2002 年度广东赛区一等奖 3 项、二等奖 1 项、三等奖 3 项。我校学生还在全国大学生电子设计竞赛、"挑战杯"全国大学生科技竞赛、全国英语演讲比赛及"CCTV 杯"电视英语竞赛中取得多项优异成绩。我校学生参加 2002 年度全国大学生英语四、六级考试的人数和成绩比往年都有所提高，参加高等学校 A、B 级英语应用能力统考的平均过级率高于全省高校平均过级率。全校有 3132 名学生参加全省计算机应用水平一、二级四个科目的统考，共有 2335 人过级，其中成绩优秀的有 657 人，合格的有 1678 人，过级率达到 74.55%。高质量的教学与训练，增强了我校学生的竞争优势和发展后劲。2002 年我校有 44 名专科毕业生直接考上了本科插班生。我校与华南师范大学联合开办的首届中文专业本科班，50 名学生合格毕业，其中 3 人以优异成绩分别被北京师范大学和华南师范大学录取为硕士研究生，这是我校历史上的第一次，是我校教育教学的标志性成果。

我校的办学也出现多元化发展的良好态势。2002 年我校与内蒙古工业大学正式签署了合作培养计算数学专业和企业管理专业硕士研究生协议；我校承办的 2002 年度肇庆市高层次管理人才赴英国学习的前期培训工作圆满完成，16 名优秀学员顺利外派英国波尔顿大学学习；同时，我校分别选派 6 名学生和 4 名教师到英国波尔顿大学、美国阿诺卡·莱蒙斯社区学院进行国际教育交流；我校还承担了肇庆、云浮两市普教系统"百千万人才工程"市级名校长、名教师的培训指导工作，为地方教育事业和社会进步提供专业化高层次服务的优势正日益增强和充分展示。

（三）科研工作步入规范化、制度化健康发展的轨道，成果质量显著提高

2002 年 5 月，我校召开了首次科研工作会议，明确了我校的科研定位，规划了"十五"期间的科研任务和目标，为营造良好的学术风气、促进学科建设和教学改革、提升我校的科研地位产生了积极的影响。2002 年申报国家级和省级科研项目取得突破性进展：全年共申报 43 项，获得立项 15 项，其中获国家级科研立项 1 项、省级课题立项 13 项，共获得科研经费 40 万元，省科技厅、省教育厅对我校的科研成绩和科研潜力都给予高度评价。2002 年我校教师在国内外公开出版的学术刊物发表论文 451 篇，其中国外刊物发表 9 篇、国内核心期刊发表 228 篇、省级期刊发表 214 篇，有 17 篇学术论文分别被 SCI、SSCI 等权威学术刊物收录。全年出版专著 11 部，通过成果鉴定 3

项，获得专利1项。

2002年，学校加大了经费投入，提高教学实验室的设备等级和环境质量。全年装备多媒体课室10个、CAI电教室1个，配置微机教学设备10套、语音教学设备20套，购置其他教学实验设备1332套（台），教学楼课室全部安装无线扩音设备，以上投资总计806万元。广东省教育厅和我校共同投资365万元建设的省级重点开放型实验室——"广东省高校光电信息技术教学重点实验室"于2002年12月顺利通过省教育厅专家组验收。这个实验室的投入运行，增强了我校培养现代信息技术产业人才和教育人才的能力，为我校理工学科向应用领域扩展创造了有利条件。学校投入100多万元用于校园教科网第三期升级工程，2002年5月网络已接入主校区所有办公室和教工宿舍。图书馆全年共订购图书约8000种，2.3万册，投入经费56万元。数字图书资源进一步扩充，图书借阅环境有所改善，为教学科研服务的质量和效益显著提高。

（四）师资建设取得新的成绩，师资结构进一步优化

根据学科建设和专业调整的重点方向，我校修订了"十五"期间师资建设规划，大力实施培养与引进相结合的战略，在高级职称、高学历、高素质教师资源竞争日趋激烈的情况下，2002年共引进教师71人，其中教授8人、副教授8人，博士9人、硕士26人。特别是一些薄弱学科、紧俏专业、关键岗位的高水平骨干教师的引进，带动了整个学科的建设，整合优化了原有的师资队伍。截至2002年年底，我校有教职工975人，其中专任教师548人，教师职工比为1∶0.78，教师学生比为1∶16.7。在专任教师中有教授35人，副教授、高级实验师161人，具有高级职称的教师占专任教师总数35.8％，教师中具有博士学位的有25人，具有硕士研究生学历的有142人。

我校高度重视在职教师的继续教育培养工作，2002年学校投入60多万元用于选派教师参加国内高级访学、在职或脱产攻读博士、硕士学位。去年我校参加国内访学、攻读博士、硕士学位等进修学习的在职教师有70多人。校内岗位继续教育也有计划开展，2002年我校为教师举办计算机技术培训班、外语口语提高班、世贸知识培训班等，共有300多人次参加学习。在职教师进修访学的规范化、制度化管理进一步加强。数据显示，我校的师资队伍建设走在全省同类院校的前列。

（五）招生形势令人振奋，毕业生就业率稳步上升

2002年我校普通类计划招生3200名，其中广东省本科1872名，专科980名，本科插班生108名。实录本科生2003名，超计划131名；专科生

1176 名，超计划 196 名；本科插班生 44 名，招生计划完成 108.9%。2002 年我校招生形势有令人振奋的五大亮点：一是首次在广西壮族自治区、湖南省、湖北省、河南省、江西省等外省区招生。二是录取分数创历史新高。普通类广东生源本科平均分 574.7 分，专科 535.1 分，分别比 2001 年提高 7.2 分和 4.3 分，最低录取分数线比省内同类院校高出近 10 分。三是在本科录取中，音乐学专业首次出现分数线上第一志愿全部录满，美术、体育、电子信息科学、计算机科学与技术等 4 个专业也在分数线上录满。专科首次实现录取考生全部是第一志愿，首次实现最低出档线超出省定录取线。四是我校本科招生专业达到 16 个，每个系都有了本科专业。五是首次在校内计算机录取场顺利实现网上录取。2002 年我校成人教育招生也成绩喜人，共招收本科生 800 人，专科生 1491 人。截至 2002 年年底，我校全日制本、专科在校生 9141 人，成教函授注册本、专科生 4892 人。

根据广东省高校毕业生就业指导中心公布，截至去年底，我校 2002 年毕业生就业率达 94.22%，比 2001 年提高了 1.42 个百分点。在当前就业形势趋紧，岗位竞争激烈的背景下，我校毕业生就业率稳步上升，是一个鼓舞人心的信息。招生和就业形势共同表明，我校近几年，特别是升格为本科院校后，强化师资队伍，优化教学资源，严抓教学管理，推进素质教育，我校的办学质量、竞争实力、品牌形象及区位优势正日渐提升，社会影响力、吸引力、美誉度正日渐增大。

（六）基本建设成绩显著，后勤服务质量提高

2002 年我校的基建项目多，工程量大，其中几项是提升我校形象、增强办学实力的关键工程。已竣工交付使用的主要工程有：多功能体育馆（12834 平方米）、生物园工程（3203 平方米）、校医院大楼（1426 平方米）、学生公寓 C 幢工程（9930 平方米）、西区教工宿舍（6442 平方米）及学校三个食堂改建改造工程等。体育馆高质量的建成和投入使用，为我校体育、艺术教育教学和校园文化建设提供了现代化场所，为提升我校办学的环境品位、增强竞争优势、扩大对外教育文化交流创造了优越的条件。学生公寓 C 幢工程是我校首次尝试全额利用社会资金（1020 万元）建设，仅用 8 个月高速度、高质量地完成工期，确保了我校 2002 年扩招后学生按时入住。西区教工宿舍的建成，及时解决了新引进高级职称教师的住房问题，也改善了部分教职工的居住条件。有效地利用上级拨款及学校计划外资金 100 多万元进行的食堂改建改造工程，提高了食品卫生安全防疫标准，达到了广东省教育厅"食堂标准化建设"验收的要求。我校财政拨款及贷款的工程项目，都进入招标市场公开招标，有效地保证了基建工程的质量、进度和投资控制。

2002 年学校完成了校门东西两侧的土地征用与置换，校园面积扩大了 114 亩。截至 2002 年年底，我校占地总面积 56.4 万平方米（846 亩），建筑总面积 29.7 万平方米。

我校后勤社会化改革已初见成效。2002 年后勤集团按企业模式市场化运作，加强了内部管理、制度建设和运行监控，服务领域拓宽，服务质量和服务标准提高，在校园绿化美化净化、水电维护管理与节约能耗、主校区直饮纯净水工程、交通服务、宿舍物业管理等方面取得明显绩效，赢得师生的好评。集团员工士气高昂，素质普遍提高，集团自身运营、增值增效的能力有所增强。后勤处代表学校加强和改善了与集团的沟通协调及服务质量监督。学校在 2002 年节省后勤开支约 100 万元。

（七）依法治校力度加强，行政管理效率提高

2002 年学校机关各部门继续加强了规章制度的建设和规范化管理，恪尽职守，协调有序，工作作风和工作效率有所提高。财务工作严格执行国家财会法规和财经纪律，积极平衡收支，量入为出，强化预决算的控制和管理，严格执行"一支笔"审批制度，改进学杂费收缴方式，拓宽贷款渠道，年度财务运行情况良好。2002 年我校为保证教师的生活工作稳定，自筹资金 472 万元增补岗位津贴。监察、审计部门全面落实基建、资产、招生、考试等重大事项的监察审计制度，2002 年审计设备购置项目 19 项，审计金额 136 万元；审签基建维修工程 128 项，审计总金额 3661 万元，审减金额 384 万元，维护了学校的利益。计划生育工作依法落实，学校被评为"先进单位"。医疗服务、预防保健工作及时有效、高度负责。以建设"安全文明示范小区"为目标的我校治安综合治理工作常抓不懈，高标准全方位推进，一校两区治安环境保持优良，2002 年我校被评为"广东省高校治安综合治理先进学校"。

（八）成功举办了体育馆剪彩仪式和"新星杯"全国少年儿童乒乓球公开赛

我校多功能体育馆工程从 1999 年 6 月立项筹建，到 2002 年 4 月 17 日落成使用，始终得到广东省教育厅、肇庆市委、市政府和社会各界、港澳同胞的热切关注和大力支持。工程总投入 3000 多万元，其中社会专项捐款 1140 万元。可以说，我校体育馆凝聚了社会各界人士的情感和心血，承载着全市人民对肇庆学院的厚爱和期望。筹备和举办第 29 届"新星杯"赛，是我校 2002 年度的一项重要工作。这届"新星杯"赛历时 6 天，来自 76 个城市的 943 名运动员，在我校体育馆依次摆开的 60 张乒乓球台上，共进行 9338 场

比赛。这不仅是"新星杯"赛历史上参赛选手最多、地域最广、最为壮观的一届，而且在国内外也堪称乒乓球竞赛史之最。比赛期间，省、市领导高度重视，亲临赛场视察指导；众多媒体全程报道；肇庆市民及珠三角地区乒乓球爱好者纷纷前来观看。"新星杯"全国执委会负责人评价：本届杯赛是第一次与国内高校合作，整个赛事的组织运作和综合效应超出想象，十分圆满！我校承办赛事以回报社会、树立形象、展示实力、扩大影响的动机和期望也基本达到。从筹备到竞赛结束，参与这项活动的我校干部、教师、职工和大学生志愿者，在各个环节、各个阶段始终精神饱满，团结协作，顾全大局，不辞劳苦，勤奋工作，甘于奉献，表现出崇高的精神境界和优秀的职业素质。承办这次大赛，我们的收获是多方面的：开发了潜力，验证了实力，再次体会了"天时、地利、人和"的内在规律，积累了利用社会资源和我校现成设施举办大型活动的经验，更重要的是，收获了一笔宝贵的精神财产。

各位代表、同志们，2002 年度我校的各项事业都向前跨越了一大步。这一步是坚实有力的，是鼓舞人心的，为我们下一步的发展增添了强劲的动力。但是，我们也应清醒地看到，作为年轻的本科院校，我们的许多工作还仅仅是打基础、刚起步。我们的制度建设、管理方式都需要不断地调整、改进和完善；我们的本科教学工作总体水平还不高，学科之间不平衡；师均科研成果值和科研成果社会贡献率还较低。特别是在目前高等教育规模急剧扩大、高素质教师资源竞争激烈的大背景下，体现学校核心竞争力的师资建设的任务更加艰巨。到 2005 年，我校全日制在校生将达 1.3 万人，按教学型本科院校师生比的合格标准 1∶19 计算，需配备专任教师 690 人左右。以 2002 年年底在职教师为基数，考虑到自然减员，我校在 3 年内需增加教师 180 名左右。另外，我校师资建设仍存在省属编制、市属编制问题的困扰。为适应 1.3 万人的办学规模，我校还必须扩大基建规模，提升设施的现代化标准，优化办学的硬环境，同时，我校的基建负债规模也将随之加大。这些问题与挑战，既有全局性的也有局部的，既有长期未解决的也有新出现的，需要全校教职工以实事求是的精神和主人翁的姿态，分析研究，贡献良策，有效应对。

二、2003 年的工作要点

各位代表、同志们，2003 年是各方面工作非常繁重的一年，是实现我校调整后的"十五"期间发展规划目标、承前启后的关键一年，是培植我校办学特色，增强我校办学实力，全面推动我校办学质量、水平、规模、效益协调发展的重要一年。我们务必要振作精神，团结奋进，戒骄戒躁，开拓创新，创造性地做好各项常规工作，集中力量重点抓好五件大事。

（一）党建思政

要深入学习、全面贯彻落实"三个代表"重要思想和党的十六大精神，以扎扎实实地抓好"党支部建在班上"和"党员示范岗"建设，全面带动党建工作的改革与创新；以继续推动邓小平理论与"三个代表"重要思想"三进"和思想政治工作到班组、进宿舍，全面带动日常思想政治教育的改革与创新。力求达到党建和思政工作与促进和保障教学科研相统一；党建和思政工作与全面提高学生的科学文化、思想道德、社会服务的素质相统一；党建和思政工作与营造昂扬向上、奋发有为的政治环境和精神文化环境相统一。以此为目标，要切实加强专兼职党务和思政工作干部队伍建设，切实加强各级领导班子建设，增强党组织战斗力、凝聚力、影响力和创造力。

（二）教学科研

2003年要以贯彻落实教育部《关于加强高等学校本科教学工作提高教学质量的若干意见》和教育部关于《普通高等学校本科教学工作水平评估方案》为基本要求，以迎接和全面顺利通过2006年教育部本科教学评估为目标，切实抓好本科教学质量建设，进一步完善我校本科教学工作水平自评的方案和评估运作机制，责任层层落实，过程环环相扣。继续推动"以评估促教风""以考研带学风"的工作。加强重点课程建设，编制适应现代社会发展需求的专业教学计划和培养方案。在适当的时候，召开肇庆学院第二次教学工作会议，系统总结近两年的教学工作，特别是本科教学工作。要认真抓好2003年度的科研立项、申报工作，着力于国家级、省级项目，促进我校的科研上质量、上水平。要制定适度可行的专业技术人员科研工作量和科研任务指标体系，并认真考核评定，激发教师科研自觉性和积极性。要继续做好校级重点学科建设的评价考核，以学科建设带动教学科研质量整体上升。继续重视和推动科研成果向国民经济和社会发展的应用转化，提高我校科研的社会贡献率。

（三）二级学院

积极创办国有民办的本科二级学院——星湖学院。创办本科二级学院是大势所趋，顺势而为，是我校办学体制内生长出的新体制。2003年上半年，星湖学院就要实质性运行：要组建精干高效的领导班子；要编制建设规划和工作方案；要调查研究，组织生源，全力做好招生准备和教学准备。星湖学院从一开始就要高质量地运行，要以质量增效益、赢声誉、创品牌。学校要牢牢把握并积极运用好对二级学院的办学权、管理权和教学权；要全力做好2003年本科和专科的招生工作。2003年我校计划招收本科生3000名（其中星湖学院800名），专科生400名，共计3400名。今年的招生将面临全省扩招、各高校开办本科二级学院的新形势，我们必须摸清情况，早做预案，积极应对，务求全胜。

（四）基建后勤

2003年是我校基本建设的重要之年。1.6万平方米的教学实验大楼正在建设，将在9月份竣工；2.6万平方米的学生公寓D幢正在建设，将在9月份交付使用；7千多平方米的音乐艺术大楼已完成建设招标，即时开工；改建的田径运动场和学生活动中心即将完工投入使用；1.5万平方米的新图书馆已批准立项，规划设计和建设准备正加紧进行；6000平方米的第三食堂已批准立项，规划设计和建设准备正在进行。这些工程投资多、规模大、时间紧，建成后我校的格局和环境将发生新的根本性的改观，将对我校的办学产生积极而深刻的影响。同时，我校还将积极运筹扩大征地，力争2005年以后，我校占地面积达到66.7万平方米（1000亩）左右，建筑面积达到33.5万平方米左右。前景是辉煌的，任务是艰巨的。我们必须排除各种困难，向着既定目标大步迈进。与学校新建筑群、新格局形成的同时，后勤处和后勤集团要做好环境设计，高标准美化、绿化；做好校内商业服务网点的布局，做到便利服务，规范经营。

（五）校园文化

建设先进文化是"三个代表"重要思想的要求，也是高校承担的重要职责，校园文化体现着一所高校的内涵和形象。2003年，我们要以办好肇庆学院第一届文化艺术节为动力和导向，充分调动和发挥教师、学生社团的积极性，建设丰富多彩、健康向上的校园文化。要加强领导、积极筹备、全面动员、精心组织，全力办好我校升本后的第一届文化艺术节。要做好参加广东省第6届大学生运动会的组队、训练和参赛工作，力争取得优异成绩。要大力推动全民健身运动，提高师生的身心健康素质。继续办好周末科技文化艺术讲座。进一步加强对外教育文化交流。

各位代表、同志们，肇庆学院的发展，是全体教职工的共同心愿和期望，也是每个人肩头承担的责任，只要我们全校上下同心同德，尽职尽责，我相信，肇庆学院的办学质量、水平、规模、效益必然会全面提高、协调发展。肇庆学院的明天更美好！

谢谢大家！

教学科研工作

突出中心地位　狠抓教育质量
全面适应本科教学①

——在肇庆学院教学工作会议上的讲话

同志们：

我校教学工作会议经过长时间的酝酿、筹备，今天开幕了。这次会议是在全国、广东省、肇庆市教育工作会议以及广东省高等学校教学工作会议相继召开，各地高校全面深化教育改革，积极推进素质教育的宏观背景下召开的，也是我校升格本科后召开的第一次教学工作会议，肩负着承前启后、继往开来的重任。这次会议的主题是：深化教学改革，推进素质教育，提高教学质量，适应本科教学。我们希望通过这次会议，进一步统一大家的认识，凝聚全校教职工的力量，营造优良的环境和氛围，开创我校教学工作的新局面。

一、过去几年教学工作的回顾

原西江大学教学工作会议是 1998 年 11 月召开的。会议制定了《深化教学改革提高教学质量计划纪要》，为教学工作规划了总体思路。会后，全校上下积极贯彻会议精神，齐心协力狠抓教学质量，推动了全校教学工作的开展。与此同时，星湖校区的教学工作，结合自身的特点，积极抓好成人教育和普通专业教学工作，监控教学过程，认真为基础教育服务，使教学工作的基础得到了加强。过去几年间，两个校区的教学工作在学校中心工作的主战场上，积极进取，扎实工作，注重建设，加强管理，深化改革，为学校的整体腾飞和跨上新台阶做出了不懈的努力，取得了可喜的成绩。

---

① 本文是作者 2001 年 7 月在肇庆学院教学工作会议上的讲话。

（一）坚定不移地以教学为中心，为学校升格本科奠定坚实教学基础

过去几年，我校的教学工作进入了稳定的发展时期。在指导思想上，进一步突出教学工作的中心地位，强化教学工作是学校压倒一切的中心任务和学校"生产力"的主要体现的思想，摒弃短期行为，着眼长远发展，坚持社会效益高于经济利益，维护并塑造学校的教学声誉，排除干扰，敢抓严管，树立正气，使广大教职工对教学工作越来越重视，广大教师对教学工作的投入越来越多，全校上下提高教学质量的使命感越来越强。

近几年，学校工作的重心是全力以赴升格本科。为此，全体教职工包括广大学生、各职能部门和学校领导付出了巨大的心血，然而，升本工作不仅是对学校硬件建设的检验，更重要的是对教学工作的检验。在升本过程中，广大教职工把学校的工作重心和中心工作有机地结合在一起，以自己的实际行动支持学校升本工作。我们始终认为，广大教职工分担了升格本科工作中的忧愁，分享了胜利后的喜悦，是共同的努力实现了我们的夙愿。我校成功地升格为本科，是学校发展史上的重要里程碑，而教学工作始终起着排头兵的作用。这一成果标志着我校的教学工作跨上了新的台阶，标志着社会对我校教学质量的认可。

（二）利用升格本科的契机，进行了一次大幅度的教育资源的重组

两校合并升格本科，是在我国高校管理体制改革的大背景下进行的，是"共建、调整、合作、合并"总方针的具体体现，是我国教育改革的组成部分。合并的初衷是资源共享、优势互补，但能否实现这一目标，是当时摆在我们面前的重要课题。学校领导班子不失时机地抓住这一机遇，从1999年下半年开始着手酝酿教学资源的重组工作，并制定了重组原则。经过一年多的努力，先后采取调查研究、制定方案、专家论证等步骤，完成了升格本科后的一次重要的教学资源重组。经过这次重组，原西江大学与肇庆教育学院的10个师范专业实现了合并，原肇庆教育学院的地理专业撤销，其资源转入旅游管理专业；原西江大学政法系、社科部与肇庆教育学院的政史系合并；原西江大学体育系、公体部与肇庆教育学院的体育系合并；中文系的中英文秘书专业改造为中文秘书专业，原教育学院的小教大专文科班归入中文系，小教理科班归入数学系；外语系的旅游英语专业撤销，归入财经系旅游管理专业；新成立了计算机科学与技术系；等等。

实现重组以后，我校的学科、专业结构与过去相比发生了较大变化，为社会服务的功能更加齐全，10个师范专业的实力都有不同程度的加强。个别专业的实力大大加强。比如政法系、社科部过去分为三个单位，各占一份资源，不能实现统一调配和共享，合并后，达到教授 5 名、副教授 15 名、讲师 20 多名、博士 3 名、硕士 9 名。广大学生在课堂上初步尝到了资源共享的甜头，由于资源重组提高了专业实力，使我校的本科专业迅速增长为 12 个专业，为顺利实现"十五"规划提出的本科专业建设目标奠定了坚实的基础。

（三）教学改革取得了一定的成效

1. 开展教育思想、教育观念改革的讨论

几年来，我校一直重视教育思想、教育观念改革的先导作用。从 1998 年起，开始组织教育思想、教育观念改革的讨论，先后邀请了蔡克勇、张岂之、李燕等著名学者举办学术讲座，各系还组织教师开展讨论，举行小型研讨会，使教育思想、教育观念的改革日益深入人心。这些讨论在教职工中产生了积极的作用，为我校改革人才培养模式、摆脱长期的专科教学思维定式、培养学生的创新能力、鼓励学生个性发展、加强素质教育等准备了思想基础。

2. 课程体系改革朝素质教育方向迈出了坚实的步伐

几年来，我校从人才培养模式改革的整体目标出发，规划设计新的教学内容和课程体系，多次修订教学计划进行改革实践。1999 年修订教学计划时，我们提出了"厚基础、重实践、强能力"的改革原则，使教学计划集中地体现出宽厚知识基础、较强实践能力的培养目标。2000 年，我校为第一届本科生准备的教学计划，分别加入了跨学科和交叉学科的内容，例如，为文科学生开设"现代科学技术概论"等课程，为理工科学生开设"中国文化概论"等课程。2001 年修订教学计划时，我们强调通识教育在培养"通才"中的作用，加强了向课程综合化方向的引导。在这些改革观念的引导下，不少系认识到课程体系对形成学生知识结构和能力结构的重要性，下大力气修订教学计划，完善课程体系，如数学系提出的"一主两翼"课程模式就是经过认真探索而构建的颇具特色的课程体系。

为了开阔学生的视野，自 1998 年以来，除各系在专业教学计划内开设选修课外，我校还开设出一大批全校性选修课程，1998 年下半年至今，共开设选修课 107 门（次），参加选修的学生达 8000 多人次。众多的选修课程极大地激发出学生的学习热情。本学期有 28 门选修课程报名时仅 3 天就全部报满。这一事实说明，高质量的选修课程是颇受学生欢迎的，同时也从一个侧面反映出构建新的课程体系加强素质教育的必要性。

3. 学分制、重修制的实施推动了教学制度的深化与改革

我校于 1995 年制定了学分制试行办法。起初几年，由于受学年制传统

影响较深，学分制有名无实。1999 年，我校对学分制方案进行了较大幅度的修订，实现弹性学制，发挥学分制以学习分量及学分绩点标示知识能力的优势，允许优秀学生提前毕业，基础较差、难以完成学业的学生可以延长学制，开始打破了沿袭多年的专科学制三年、本科学制四年的老规程。1999 年下半年，省高教厅下发了《广东省普通高等学校学分制管理规定》，我们第三次修订了学分制学籍管理实施细则，使专科生学习时间最长可延长至 7 年，本科生可延长至 8 年，同时，对免修、免听等也做出了新的规定，还特别增加了创新和发明学分的条文，鼓励学生积极创新。1996 年，我校建立起重修制，规定学生考试成绩经补考不及格者，必须缴费重修。几年的实践表明，重修制的建立对我校学风的好转起到了重要的推动作用。今年上半年，根据学校刚刚组建本科院校，面临本科合格评估，因而必须使学风有更大的好转幅度的现实，我校参照兄弟院校的普遍做法，又及时出台了新的重修制规定，决定从今年 9 月 1 日起，学生学习成绩不合格的课程，不予补考，全部重修。这必将进一步推动我校良好学习风气的形成。

（四）教学基本建设成绩喜人

1. 课程建设成效显著

课程建设是学校教学基本建设的最重要的内容之一，做好了课程建设就抓住了高校教学基本建设的"牛鼻子"。为此，我校于 1998 年制定了《课程建设三年规划》，按照广东省高教厅颁发的课程评估方案，1999 年评出校级优秀课程 11 门、校级合格课程 17 门。1999 年，省高教厅批准我校中文系"写作"课为省级重点课程。目前，我校有 4 门省级重点课程。几年来，学校加大对课程建设的投入，对省级重点课程给予配套建设经费，对每门校级优秀课程和合格课程都投入一定的建设经费。

2. 实习基地建设稳步推进

原西江大学有 20 个教育实习基地，原肇庆教育学院有 2 个实习基地。1999 年以来，我校又先后在云浮市的托洞中学、新兴一中等中学建立了 5 个教育实习基地。2000 年，借高要学校师范转制为肇庆实验中学之机，将其建成为全省为数不多的专门面向音乐美术专业实习的具有鲜明特色的艺术教育实习基地。近几年在实习基地建设方面的一个突破就是高职高专实习基地的建设工作，到目前为止，已在肇庆市中级人民法院、西江船械厂、七星岩风景旅游区等建成我校实习基地 11 个，此外还有一批实习基地正在筹建中。

3. 实践教学环节得到了加强，实验室建设突飞猛进

随着我校高职专业的发展，在培养学生的动手能力、加强实践环节方面得到学校领导和专业所在系领导的重视，在设计教学计划时，要求高职专业

培养动手能力的实践环节在时间上不少于40%，这就在制度上和教学计划中保证了学生动手能力的培养时间。实验室建设方面，一批急需的实验室已经投入使用，近3年来，建成了2间计算机实验室，增加计算机120台，增加了1间语音室，增建了5间多媒体课室，校园网已部分开通，投入50多万元的"清华大学期刊网镜像站"已在图书馆建成，投入2000多万元的多功能体育馆正在紧张施工。随着生物园和金工实验室的建成，生物系和物理系的实验条件将得到极大的改善。

（五）教学管理水平逐步提高

这主要表现在，教学规章制度越来越健全，以法治教的意识深入人心。几年前，我们将长期教学管理实践中形成的规章制度进行认真修订、甄别与遴选，编辑成《西江大学教学管理规章制度汇编》一书。近几年又根据学校发展的实际制定并完善了多项教学管理制度，使我校教学过程的各种行为基本有章可循。随着新一届中层领导竞岗到位，教学管理队伍得到了加强，一批有学识、有成就、善管理的年轻干部走上了教学管理的第一线。教务处建成了学籍管理的局域网，一些比较先进的教学管理系统开始运行，不仅提高了管理的效率，也标志着教学管理向手段现代化方向前进了一步。

（六）学生在统考课程和全国、全省大赛中表现不凡

大学英语和计算机应用基础全国、全省统考是各校教学质量可比较的标志性课程。几年来，我校加大对这两门课程的管理力度，开课单位高度重视，全校上下协调配合。到2000年，我校大学英语和计算机一级统考通过率分别达到62.6%和54.71%。今年上半年，我校有2531名学生参加全省计算机应用水平统考，共有1923人成绩合格，通过率达76%，其中有684人成绩优秀，优秀率达27%。1999年暑假，在深圳大学举行的全省第五届大学生运动会上，我校代表团共获金牌8枚、银牌10枚、铜牌9枚，在全省18所同类院校中，获得团体总分第三名的成绩。2000年，我校6支代表队参加全国大学生数学建模竞赛全部获奖，其中省级一等奖1名、二等奖2名、三等奖3名，获一等奖的代表队还获得全国二等奖。1999年10月在全国首次高校音乐专业学生基本功比赛中，我校音乐系学生陈佳、何菁充分发挥各自的水平，获得7个前6名的奖项。1999年6月广东省大专院校学生设计作品联展，我校美术系学生1人获三等奖、12人获优秀设计奖；在第六届"挑战杯"大学生课外学术科技作品竞赛中，我校推荐的13篇作品全部获奖，其中一等奖1名、三等奖4名，集体获银奖。2001年上半年，在全国大学生英语竞赛中，我校中文系学生杨丽君、方迎风分别获一等奖和二等奖，

数学系学生蔡琳红和邓芸分别获二等奖和三等奖。这些成绩的取得，标志着我校办学实力在增强，教学质量在提高。

（七）师资队伍建设上了一个新台阶

"九五"规划及1998年教学工作会议提出"争取到2000年，我校要拥有'双十五'（15个教授、15个博士），'双一百'（100名高级职称人员、100名硕士及研究生以上学历人员）的师资力量"。经过几年的努力，现在已经有教授22名，博士13名，教授、副教授、高级工程师等高级职称人员178名，博士、硕士、研究生学历人员136人。除引进人才外，我们还采取"两条腿走路"方针，以老带新培养青年教师。1999年我校建设了导师制，首批聘任48名副高以上职称教师为青年教师导师，今年又续聘了一批。在导师制的实施过程中，涌现出一批工作负责、成绩显著的导师，同时，一批青年教师也在茁壮成长。

（八）教学改革研究渐成风气，校园文化氛围日益浓厚

近年来，我校鼓励广大教师积极开展教育教学研究，继1998年2个项目入选广东省电教"五个一百工程"后，1999年又有3个项目入选该工程，其中"化工单元操作"还荣获2000年广东省高校计算机多媒体优秀软件奖三等奖，另外还有一批高职专业研究项目和"两课"教学研究项目列入省级研究课题。自1998年起，我校开始设立教学研究项目，到目前为止，共立项46项，其中有不少已经结出了丰硕的成果。

坚持开设高品位的"科技文化艺术系列讲座"是我校近年来丰富校园文化氛围的一项创举，自1998年开设至今已满100期，前来听讲的学生难计其数。讲座的教师既有我校近年崭露头角的博士、硕士、教授、副教授，也不乏国内外知名的大学者。现在，这一系列讲座已经成为校园内一道不可或缺的风景线，被学生亲切地称为"周末频道"。

（九）高等职业技术教育取得了新进展

1997年，经省高教厅批准，我校会计电算化、电子技术应用专业改革为高等职业教育专业。借用这一契机，我们在培养目标、课程体系、教学方法、实践环节、动手能力方面进行了改革尝试和探索，使高职专业的人才模式向着职业型、实用性方向转变。1999年，经省高教厅批准，将设计艺术、机械电子工程、食品生化工程、房屋建筑与道路桥梁工程改造为高等职业教育专业。2000年，我校的旅游管理专业被省教育厅确定为高职改革试点单位。截至目前，经教育主管部门批准改革为高等职业教育的专业达到7个。

2000 年，我校又将旅游管理和电子工程专业作为校内试点，组建了由社会行业专家组成的专业指导委员会，为有重点地办好几个有特色的高职专业创造了条件。

（十）优秀教学成果实现了历史性突破

2000 年下半年，我校将 1998、2000 年两届评选的 3 项一等奖校级教学成果选送省教育厅参加广东省第四届教学成果奖评选工作，所送成果全部获奖。其中，"高师艺术教育的改革与实验研究""精讲、导读、博采、演练、综评——教育学课程的理论探索与改革实践"获一等奖，"公共体育课程健身教学内容体系建构改革研究与实践"获二等奖，实现了我校历届评奖一等奖零的突破，其档次和名次在全省同类院校中名列前茅。1998 年和 1999 年，我校还有 2 个项目分别获得广东省高等教育管理科学研究优秀成果吴汉良奖一等奖和二等奖，这在全省同类院校中也是不多见的。

以上事实说明，近几年来，我校的教学工作取得了很大的成绩，我们的教学质量在稳步提高。但是也必须清醒地看到，我校的教学工作还存在很多问题：教育教学体系基本上仍是专科框架，专科教学的思维定式根深蒂固；一些陈旧的观念（得过且过思想、大锅饭思想等）仍然制约着教学的发展与进步；教风、学风状况仍不理想，有的教师师德观念淡薄；教学内容陈旧、教学方法落后、教学手段落伍，不适应新形势教学的需要；与本科教学相配套的规章制度尚未完善；素质教育、创新精神的培养不够；干扰教学的因素仍然很多，浓厚的教学氛围和良好的育人环境还有待进一步营造；以教学为中心的观念在有些人的心目中未能真正确立起来；"四个投入不足"的问题仍然不同程度地存在；师资队伍建设的任务依然繁重，现有的学术梯队水平参差不齐，部分教师素质不高又不注重自我完善，或过早放弃目标、放弃追求；职业技术教育的实验、实践条件仍需改善；专业设置和学科结构仍不能很好地适应地方经济的发展；等等。这些都是制约教学工作顺利开展的不利因素，应当引起我们的充分重视。

二、今后几年教学工作的设想

同志们，关于今后几年我校教学工作的改革、建设和发展，本次会议将形成一份指导性意见。在此，我就教学工作的几个重要问题谈几点设想。

（一）关于教学观念

适应社会发展，更新教学观念，我们提了许多年，但是却没有引起广大教师的足够重视。有些教师认为，教学观念的更新是学校领导的事情，有些教师甚至没有明确的教学观念，只是年复一年机械地上课。事实证明，教学观念对教学起引导作用，有什么样的教学观念，就有什么样的教学过程和教学结果。我们的教学现在面临三大变化：一是教育在社会发展中的地位、功能和作用发生了重大变化；二是素质教育已成为国家教育的指导方针和明确目标，人才标准和教学质量评价标准都发生了重大变化；三是由于专科升为本科，我校的教学层次发生了重大变化。不从这样的宏观背景下认识教学，不树立正确的教学观念，不解除传统教学观念的束缚，我校教学工作的改革、建设就无法深入，教学质量就无法提高。广大教师要建立以下三个方面的教学观念。

1. 教师要建立以人为本的教学观念

以人为本，就是教学以学生为本。它包含：第一，以学生发展为出发点。教什么、怎样教都要研究和顺应学生发展的需要；教学过程将知识传授、技能培养和素质教育三者融为一体；以学生素质发展提高的情况作为评价教学成果的标准。第二，教学过程充分尊重和发挥学生主体地位和能动作用，让学生参与教学过程，师生互动，双向交流，教学相长。第三，把教会学生做人当成教学的终极目标和最高价值。我们的教学不但要教会学生做事、求知，更重要的是教会学生做人，让学生以健全的人格、高尚的品德献身社会，实现人生的价值。

2. 要建立创新的教学观念

教师在教学过程中要贯彻创新的思想，善于把所教知识与最新成果融入教学内容中，对现有知识、技能和方法进行新的组合，融会贯通，有新突破；要创造自己的教学特色，还要鼓励和开拓学生的创造动机、探索精神和判断能力。

3. "授人以渔"的教学观念

在教学中，现成知识和结论的传授并不是最重要的，也不是唯一的目的。重要的是通过教学，让学生学会学习，学会分析、判断和选择，学会寻找进入社会发展自我的最佳方法和途径。

每个系、每个专业都要紧紧抓住培养什么人和怎样培养人这两个根本问题开展教学，都要有很明确、很具体的专业定位和培养目标，每一门课的教学也要有很鲜明的目的性，要为学生的未来而设计。就好像产品的设计制造，要面向市场，要适销对路，要有良好的品质性能和广泛的应用性。总之，教学观念的树立、更新和创新是教学工作改革、建设和发展的先导，是推进素质教育、提高教学质量、适应本科教学的保证。

（二）关于教学基本建设

作为新建本科院校，我们面临的教学基本建设任务是繁重而艰巨的。

一是课程建设。我们必须根据本科教育学业标准和教学合格评估标准，尽快建立适应学生知识、技能和素质协调发展的整体性、系统化课程体系。我们必须确保本科必修课程在五年内都达到合格课程标准。同时，我们要大力加强校级优秀课程建设，力争五年内有 50 门本科课程达到校级优秀课程标准，积极扶持省级重点课程建设，争取有 10 门左右本科课程达到省级重点课程标准，其中 2~3 门课程争创省级优秀课程。今后，每年上半年要认真做好合格课程和优秀课程的推荐、评选和验收工作，加强公共必修课程建设，包括马克思主义原理和毛泽东思想、邓小平理论课程，大学语文，公共英语和计算机课程建设。特别是本科公共英语和计算机课程建设的力度要加大，这是我省经济社会发展的迫切要求，也是增强我校学生竞争实力和发展后劲的迫切要求。还要积极建设和扩大本科选修课程，鼓励文科学生选修几个学分的自然科学课程，理科学生选修几个学分的人文学科课程，文、理学生都要选修几个学分的艺术类课程，使我校学生既有扎实的专业基础和专业特长，又有宽厚的综合知识面和适应社会需要的能力。要积极推进多媒体实验课程建设，鼓励教师在教学中更多地选择和应用现代教育技术和 CAI 课件。

二是教材建设。选用什么样的教材，直接关系到教学思想、教学内容和教学方法的传授。有些教师抱着多年陈旧的讲义不放，即使有些内容、观点、数据、例证已经过时，也不愿使用新教材。这种因循守旧、不思进取的教学观点、态度和做法，是不适应时代要求的，也不可能培养出创新人才。今后，各学科各专业都要选用高质量的新教材，以此推动教学观念、教学内容和教学方法的全面改革。要把选用新教材作为我校评价各系各专业教学改革和建设成效的一项重要指标，还要鼓励教师积极编写或参与编写反映学科前沿水平、适应现代素质教育要求的教材及教学参考书，逐步形成我校教材建设的特色。

三是实习、实践教学基地建设。在本科课程结构中，实习和实践教学的比重加大了。实践教学和实习是对课堂教学的延伸，也是培养和提高学生知识、技能和素质的有效教学方式。我们必须高度重视实习和实践教学工作，进一步搞好基地建设，充分发挥其功能和效益。今后五年，争取各系都有相对固定的专业实习和实践教学基地。

（三）关于教学方法改革

教学是对象性、目的性很强的劳动，能否收获丰硕的劳动果实，很大程度上取决于劳动者的劳动方法。一些教师不注重教学内容、教学对象、教学层次和教学环境的变化，教学方法多年一贯制，老套呆板；一些教师教学习惯照本宣科，"一言堂""满堂灌"，无视学生在教学过程的主体地位和创造性。这实际上是一种落后的粗放的劳动方式。我们要构建本科教学体系、全面推进素质教育、扩大我们的教学成果，必须改革教学方法，鼓励探索新的教学方法和教学模式。每个系、每个专业都要创造自己的教学特色和教学模式。每个教师在教学上都要有创新精神，要不断自我否定，创造出适合教学内容和教学对象又具有个性特点的新教学方法、教学模式。

本科学生在校学习时间一般是四年，实际上课堂学习时间只有两年多。这就要求我们的教师真正为学生着想，为学生负责，精心教学，树立课堂教学的"效率与效益"意识，与学生共同创造课堂教学单位时间的最佳效果，要根据本科学生能力和课程特色，积极实践师生互动的讨论式、专题研究式教学方法。瑞士著名心理学家皮亚杰说过："我只希望教师不再是一个讲课者，只满足于现有答案，教师的任务应该是一个良好的辅导者，激起学生的创造性和探索性。"教师应当通过教学成为学生素质和潜能的开发者、学生学习和探索的引导者、学生进步和发展的推动者。

（四）关于教学评估

我校正在推行两种不同类型的教学评估：一种是刚刚启动的教育部本科教学工作合格评估的自评；一种是已在我校实施多年的课堂教学质量评估。两种评估内涵要素不同，方式方法不同，但目标指向一致，都是按照比较客观规范的标准约束和激励教学工作。根据我校制定的《本科教学工作合格评估自评实施方案》，从下学期开始，将按照标准派专家到各教学单位开展评估。这是一次模拟实战的演习。"万事开头难"，各系必须充分准备，严格认真、深入细致地做好"自评"工作。我希望，通过"自评"，全校教师进一步学习和熟悉本科教学工作的一系列标准，认识和掌握本科教学与管理的规律，进一步整合、优化我校的课程结构、教学计划和教学资源，不断地推动我校教学基本建设、学科建设、师资建设和制度建设。每年的"自评"，既要全面铺开、整体推进，又要采取重点带动的方针。每年选择和确定几个"标志性"质量指标，重点检查、评估和建设，进而带动周围相关要素的质量提升达标。

课堂教学质量评估，是对每一个教师教学思想、教学能力和成效的综合评价，是教学质量检测的较为可靠、可信和有效的方式。我们要继续推动和完善这项评估，使之发挥更好的效益。要增强评估的民主性，使评估逐渐转移到以学生评价为主，教师教得好不好，要让学生说了算，对评估结果各系要组织教师进行分析研讨，使评估过程成为教研教改的过程。学校要建立一支相对独立、稳定的比较权威的教学评估督导队伍。在时间安排上，课堂教学质量评估应固定在学期中段的第 13 周前后，这时课程教学已经过半，学生对教师教学状况已能做出较全面的评判。此外，学生评估的结果可以对发现的突出问题进行诊断，在学期后段时间里采取整改补救措施。要切实重视和利用每一次评估的结果。评估结果要以适当方式公布。对经学生评估"不合格"的教师，经专家和领导复核确认，学院将实行"一票否决制"。在专业技术职称申报评审中，科研评价指标很硬很具体，而教学质量评价约束机制则相对薄弱、模糊。今后，教学评估结果也要像科研成果一样，作为职务评聘的重要指标。要完善"十佳"教师的评估程序，对通过教学质量评估结果排序产生的优秀教师，要给予重奖，并大张旗鼓地宣传，充分开发和利用教学评估的激励带动效应和导向作用，引导广大教师重视教学质量和效益，努力营造浓郁的教学气氛和良好的育人环境。

（五）关于教学管理

我们要按照本科教育教学的要求，构建全方位、高效率的教学管理体系。今后，要在系统性、目标性、规范性和持续性四个方面加强我校教学管理建设。

系统性，就是要运用系统论的思想和方法，全面考察和理顺教学过程各个要素及要素之间的关系，使各个要素、各个环节在教学过程中都充分展示其功能并得到有效控制，确保学校教学工作整体运转顺利、内在质量稳定提高。教学管理规章制度建设也要系统化，对现有的规章制度，要按照教育部《高等学校教学管理要点》精神，全面整理修订。条文应简明适用，不应烦琐、重叠，应相互联系、相互补充、配套完善，形成有机整体。

目标性，就是教学管理的目标定位要具体明确，要符合我校各学科、各专业教学建设的实际，有利于提高教学质量和进行质量评估监测。全校各部门的工作目标要统一于教学管理工作目标，为教学服务，全面育人。

规范性，就是教育管理要依法管理，依规章制度管理，避免主观随意性、工作无序性，使校、系两级教学管理都制度化、标准化和规范化。今后几年，要特别重视按照教育部本科教学工作合格评估标准的要求，规范我校的教学管理工作，有计划地调控教学全过程各阶段、各环节和各要素。

持续性，就是树立教学管理不断优化、持续发展的观点，避免工作时紧时松、忽冷忽热。教学质量管理重在平时，贵在坚持。要通过持续不断的管理，促使教学过程不断优化，教学基本建设、教师队伍建设、学科建设整体提升，形成良性循环。

教学管理还要注意处理好以下"五对关系"。

第一，宏观与微观的关系。我校的教学管理是校、系两级管理，以系为主的体制。校级管理居于宏观，系级管理处于微观。要明确两级管理的职责，协调好两级管理的关系。要防止出现"宏观"对"微观"统管过多、包办过多，导致管理僵化、管而怠惰，使系一级失去动力和活力；同时还要防止"宏观"对"微观"调控乏力、放任自流，导致"微观"各自为政、力量分散。根据我校现在的情况，要特别注意增强各系的活力和动力，充分发挥系主任作为系教学管理"第一责任人"的地位和作用。系主任千万不能满足于将课程安排下去就高枕无忧了，一定要对教学全过程进行质量督导和监督。要重视和加强专业教研室的建设，使之真正成为专业教学研究的实体，每个教师必须归属一个教研室并按时参加教研室活动。

第二，常规与随机的关系。常规管理是保证教学秩序正常运转、教学目标顺利实现的经常性管理；而随机管理则是针对教学过程中出现的非正常情况的教学活动的多样性及临时变动等因素做出的非常规管理，它反映了我校教学管理调控应变能力。处理好两者关系，可以保证教学秩序稳而不僵、动而不乱。随机管理不是随意管理。管理上的随意性只能导致工作关系磨擦，教学秩序混乱。

第三，动态与静态的关系。教学过程是一个动态的过程。教学环节环环相扣，持续运动变化。教学管理也应随教学而动。而教学计划、课程设置、教学目标、教师的教学效果则是相对静态的。只有对"静态"进行检查分析，才能准确地诊断、评价和改进，推进"动态"的发展。教学管理是动态与静态的统一。

第四，严与宽的关系。在教学管理中，我们始终强调一个"严"字：严格的制度、严肃的纪律、严谨的教风等。但"严"并不是目的，通过"严"达到"宽"，营造出宽松和谐的教学环境和秩序，才是管理的高境界。"严"不是硬性管理，也不能僵化呆板；"宽"也不能放任自流，无为而治。"宽"中蕴含着制度、规范和秩序。

第五，软与硬的关系。教学管理是学校工作的"软件"，但绝不是"软任务"，抓教学管理绝不能用"软手段"。我们要重视现代教学设备、设施及环境等"硬件"建设，但如果忽视和轻视"软件"建设，"硬件"建设就难以发挥效益，投入越多，流失越多，浪费越大。我们在办学中要"软硬兼施"，用硬手段抓好"软件"建设，在"硬件"投入有限的条件下，充分挖掘"软件"的潜力，强化和扩充"软件"功能，实现办学效益的最大化。

同志们，我校是以教学为中心的本科院校，同时也要重视和加强科研工作，要树立科研与教学并重的观念，以科研促教学，努力提高教学质量。我们只有兢兢业业、扎扎实实地抓好教学工作和科研工作，才能使我校的内在质量和整体素质跃上一个新台阶，才能使我校在日趋激烈的高等教育竞争中立于不败之地，才能创出我们的品牌，赢得社会的赞誉。肇庆学院才无愧于时代的赋予，无愧于党和人民的重托。

以人为本　固本强基　管理创新①

——肇庆学院升本以来的科研工作

肇庆学院是由西江大学和肇庆教育学院于 2000 年合并升格为本科的院校。现有全日制在校生 10100 人。截至 2004 年 10 月，全校有在册教职工 1038 人，专任教师 635 人，其中正高级职称 45 人、副高级职称 192 人，博士学位获得者 43 人。全校现有 40 个专业，其中本科专业 29 个、专科专业 11 个，覆盖了经济学、管理学、法学、教育学、文学、理学、工学等 7 个学科门类，本科专业争取达到 35 个，5～7 年内实现高层次办学，实现人才培养、科学研究、服务地方经济建设和社会发展三大功能。

肇庆学院近年的科研工作可以概括为：科研队伍逐年壮大，科研成果数量、质量逐年提高。

从 1998 年至 2004 年 11 月底，全校共引进各类人才 300 余人，同时，广泛与有关单位合作，派出数十名教师到国内外高校和研究机构攻读硕士、博士学位和进行访问研究。近年来，我校的科研成果无论在数量上还是在质量上都取得了一定进步，具体体现为：

据不完全统计，建校 30 年来（1970—1999）在国内外刊物公开发表论文 1000 余篇，出版教材、专著 50 余部，有各类科研项目（省、市级以上）15 项左右；到位资金 30 万元以内；获政府奖不超过 5 项。

2000 年全校在国内外刊物公开发表论文 216 篇，出版教材、专著 14 部，各类科研项目（省、市级以上）3 项；到位资金 10 万元。

2001 年在国内外刊物公开发表论文 401 篇，出版教材、专著 16 部，各类科研项目（省、市级以上）3 项；到位资金 20 余万元；获得广东省"五个一工程"奖 2 项。

2002 年在国内外刊物公开发表论文 598 篇，出版教材、专著 21 部，各类科研项目（省、市级以上）20 项；到位资金 80 余万元；鉴定成果 3 项，获得肇庆市科学技术奖 3 项。

---

① 本文写于 2004 年肇庆学院。

2003 年在国内外刊物公开发表论文 561 篇，出版教材、专著 11 部，各类科研项目（省、市级以上）19 项；到位资金 84 万余元；鉴定成果 5 项；获得肇庆市科学技术奖 3 项。

2001 年开始抓学科建设，设立校重点学科。经过几年的建设，2003 年有 1 个学科纳入广东省高校扶持学科，有 5 个学科现在与国内高校合作培养硕士研究生。

到目前为止，被五大国际索引检索的论文共有 35 篇，在研项目（含校级项目）150 余项，其中国家级 3 项，省、市级 40 余项，获得校外各种科研奖励 50 多项，其中有 3 项省级优秀教学成果奖、2 项广东省"五个一工程"奖、6 项肇庆市科学技术奖和 30 余项社科优秀成果（论文奖）。我校大学生和博士、教授参与的"三下乡"活动连续 7 年被中宣部、教育部、团中央、全国学联评为科技、文化、卫生"三下乡"社会实践活动先进单位。

我校科研工作取得进步，有以下几个方面的原因。

一、良好的大气候和小环境

改革开放以来，特别是实施"科教兴国"战略以来，科学研究作为第一生产力得到了前所未有的重视，面临着极好的发展机遇。高校作为我国科研成果活动的一支重要生力军，在促进经济建设和社会发展中占有举足轻重的地位。"十五"期间也是我国高等教育大众化的过程，高等教育得到了充分的发展、前所未有的重视，高校除肩负人才培养的重任外还承担着科学研究、服务社会的重要功能。特别是党的十六大提出了一系列新的思想、新观点、新概括，各行各业与时俱进、改革创新，贯彻执行、认真落实"三个代表"重要思想，显示出蓬勃的生机。"十五"期间，国家和广东省不论在科技方面，还是在人文社科方面，加大了投入力度，对科研发展方向给予了明确的指导，规范管理。广东省科研水平得到了充分发展，也大大推动了科研水平向更高的方向发展。

升格本科以来，省教育厅科研处、省社科规划办、省科技厅和肇庆市政府等有关上级行政部门，对学校的科研工作给予了大力的支持和精心的指导，扶持肇庆学院科研工作走上规范化道路，迈出健康的一步。

学校领导高度重视科研工作，在学校的发展战略规划中，把科研工作作为重要内容进行科学、合理的规划，并且提供一切资源支持科研工作，制定一切有利于科研发展的激励政策，强调科研在学校发展中的重要地位，坚持科研兴教、科研兴校的方针，同时又结合自身实际探索一条具有自身特色的科研创新之路。

二、以人为本的理念， 加强科研队伍建设

高校科研的核心是人才，高校只有拥有持续创新能力和高素质的人力资源，才能在未来竞争中立于不败之地。为此，地方师范院校要使科研切实做到为教学和人才培养服务，就一定要把科研队伍建设作为具有战略意义的大事来抓，营造尊重知识、尊重人才的氛围，牢固树立以人为本的理念，对教师、科研人员要以信任为基础、以道德为前提、以爱护为动力，创造一个有利于优秀人才培养、使用、成长的环境，全方位、多渠道、多层次提高教师整体素质。在队伍建设中，既要注重引进，也要注意内部培养，正确处理好两者关系。

三、强化教职工科研意识， 规范科研管理

2001 年年初，学校针对自身办学历史和现状，进行了认真的调研，及时召开科研工作会议，确立了目前的办学指导思想"以学科建设为龙头、教学为中心，教学与科研并举"，制定了学院学科发展规划，明确了"十五"期间乃至"十一五"期间科研工作的重点、任务和目标，推出了科研工作量，设立科学技术进步奖（优秀社科成果奖）等措施，极大地调动了全校教师的科研积极性，增强了广大教师的科研意识，使他们对学校的未来充满了希望和信心。

随着办学层次和科研意识的整体提高，学校在规范科研管理的基础上强化了科研管理机制。如：①设置校级重点学科，以重点学科为龙头，带动全院学科建设，形成以学科建设促科研，以科研带动学科建设，以学科建设促学院整体教学、科研水平的提高这一良性循环；②设立科研工作量，确定科研是教职工常规工作的一部分。

四、不断开拓创新， 营造良好的科研氛围

营造良好的科研氛围，为广大教师创造一个有利于科研的良好环境十分重要，这是学校科研工作健康发展的重要保证。

首先，加大对科研的投入力度，加强科研基地建设，改善科研硬环境。学校科研经费的投入也逐年加大比例，由 1998 年的每年 4 万元增加到现在的每年 100 万元左右。通过一批重点学科、重点实验室、重大课题的建立，2001 年开始抓学科建设，设立校重点学科，2003 年设立校重点实验室，调

整校级立项等，进一步改善学校科研环境，为发展高水平科研、培养高质量人才提供必要条件。

其次，创造宽松的科研政策环境，建立导向机制、评价机制、有效的竞争与激励机制，引导广大教师、科研人员投身于创造性科研活动，鼓励优秀人才脱颖而出，规范科研评价。如：设立科学技术进步奖（优秀社科成果奖），充分肯定教职工所取得的科研成果。每年一度举办的全校性科研活动周、科研报告会，为广大教师提供学术的舞台。

最后，强调管理人员的服务意识。科研管理部门服务要创新，不断加强信息服务功能，提供及时、高效咨询、决策服务和科研的实践依据与价值导向，创建有效的学术交流机制与环境，建立鼓励教师参加各种学术会议的制度和机制，同时建立高效率、高质量信息网络系统、科研服务系统、科研评价与考核系统，使科研管理走向科学化、规范化，更好地为学校科研报务。内部管理规范化，由科研处起草了 20 多个新的科研管理文件，经全校教职工反复讨论、研究后，于 2003 年 6 月内部印制了《肇庆学院科研管理制度汇编》，等等。通过这一系列的举措，学校的科研管理更规范，科研运行机制更科学，与此同时，管理人员的素质也在不断提高。

五、加强交流与合作，努力提高整体科研水平

高校科研的生命力最终取决于科研质量。而地方院校由于科研力量相对薄弱，在目前条件下其科研水平要超越重点大学是不现实的，因此，要提高学校整体科研水平，就必须针对自身实际，鼓励广大教师、科研人员以积极的姿态、宽阔的视野、深入的思考、大胆的探索，投身于科研，加强广泛的交流与合作，走特色发展之路。积极组织广大教师和科研人员走出去参加重点院校和科研机构的科研课题，邀请知名专家、学者担任课题顾问，指导项目申报和课题研究工作，借别人的力量发展壮大自己。同时，充分发挥自身优势，积极组织科研团队，使有限科研力量形成合力参与竞争，增强承担重大项目的能力，通过科研促使师资队伍整体科研水平和科研能力提高。加强与地方的合作，使科研工作更具针对性。

六、发挥优势，体现特色，重视抓学科建设工作

学校学科建设从开始就注重培植和发展本校优势、特色学科和专业，以更好地为广东特别是肇庆的经济建设和社会发展服务。2001 年开始启动学校第一轮重点学科建设工作，现在第二轮重点学科建设工作也已经启动。通过

第一轮重点学科的建设，已取得初步成效。在广东省第七轮重点学科评选结果中，我校基础数学学科被评为"省高校扶持学科"。

（一）主要做法

1. 对每个入选学科的学科建设规划严格要求

内容包括：建设的意义、建设的基础、发展规划、建设设施和所需条件等方面。在制定学科建设规划过程中，学校关注了以下几个方面的问题：①重点学科的研究方向，应体现广东省特别是肇庆市社会、经济和科技需要解决的问题，应体现在全国特别是广东省范围内同学科和相同领域中的自身特色和优势；应体现以应用、开发为主，推动应用基础研究，并形成应用、开发为主和应用基础、基础研究相结合，互相促进、互相支持的良好格局。②研究课题应具有学科前沿性和现实应用性，强调学科的交叉和联合，申报高层次、高水平的课题，出优秀名人。③强调成果的学术价值和社会价值，尽可能做到二者的统一，在产出应用性成果时出高水平学术论文。④要以推动课题设施为核心，以学术带头人的选拔和学术梯队的组织建设为根本，以实验室建设和资料建设为保证，把学科建设与将来计划申报学位点的建设和研究生培养等结合起来，加强国内外学术交流。⑤强调学科建设的动态管理，每两年为一个建设周期，两年后上一轮被列为重点学科建设的学科与其他学科同时参加下一轮的校重点学科评选，根据评选结果确定当轮次的校重点学科。

2. 以学科建设规划为基础，强化管理重点学科的建设工作

列为我校重点学科和重点扶持学科的学科，学校正式发文全面启动，建设经费陆续到位。由科研处负责研究课题和重点学科建设经费管理以及研究生联合培养方面工作、教务处负责专业课程设置、人事处负责学术梯队保障。建设经费由学校拨入和学科自筹两部分组成。

（二）取得的成绩

1. 科研能力增强，科研成果质量和学术水平不断提高

（1）课题数量和科研经费。从 2001 年至今，4 个校级重点学科和 3 个校级重点扶持学科共承担各类课题 53 项，其中国家级 1 项、省部厅级 21 项、肇庆市 8 项、其他 23 项，共争取科研经费 80 余万元。无论是科研课题数量还是科研经费，与以前相比都有了长足的进步，其中科研课题增加 36 项，科研经费增加 60 万元。在完成科研课题的基础上，4 个校级重点学科和 3 个校级重点扶持学科共出版专著（教材）23 部，发表论文 500 余篇。

（2）成果质量与学术水平。通过学科的重点建设，学校的科学研究层次

和起点有较大提高，各学科积极利用现代科学来研究人文、自然科学问题并取得了可喜成果。已通过鉴定的课题均达到省内先进水平，个别项目达到国内领先水平。如数学学科的"常微分算子谱的定性分析"等6个项目分别获得肇庆市科学技术一、二、三等奖。4个校级重点学科和3个校级重点扶持学科发表的论文中共有18篇被SCI、SSCI、A&HCI、EI、ISTP等索引检索或收录。

2. 教学改革不断深入，人才培养的层次、规模、质量明显提高

（1）培养层次与规模。各重点学科或重点扶持学科均承担本科生、专科生、留学生和进修生的教学任务。部分重点学科（基础数学学科、工商管理学科、现当代文学学科、植物学科等）还与兄弟院校（内蒙古工业大学、华南师范大学、河南师范大学等）开始联合招收和培养研究生。

（2）积极进行教学改革探索。各学科注重利用本学科的资源优势，在本科生中开设实验课，教学模式也从理论讲授转变为理论与实践相结合。各学科充分发挥教师知识面宽、理论功底深厚的优势，积极为本科生、专科生开设选修课、举办学术讲座。学科硬件条件的改善、教师队伍学术水平的整体提高、科研能力的增强，极大地提升了本科教学质量，亦为我校未来发展奠定了坚实基础。各学科不仅注重教学建设和教学质量，而且重视教学水平的提高，不断进行教学研究，2001年以来共承担教研课题90余项，其中有两项获广东省优秀教学成果奖。

3. 学科梯队形成，结构渐趋合理，学术骨干迅速成长

（1）学科带头人学术水平进一步提高，学术影响不断扩大，在省内或国内具有较高的学术地位和一定的知名度。各学科带头人中多数是肇庆市拔尖人才和"千百十工程"培养对象。

（2）技术职称层次大幅度提高。我校第一轮重点学科建设工作中的3个校级重点学科和4个校级重点扶持学科经过两年多的重点建设，现共有60岁以下的专业技术人员68名，其中正教授20名、副教授35名、讲师11名，具有博士学位的有19名。到目前为止，我校9名教师被内蒙古工业大学聘请为硕士研究生指导教师并已经开展工作。

（3）各学科梯队结构完备。各级梯队学术带头人明确，学科群体教学、科研综合实力不断增强，为各学科的持续发展提供了可靠保障。

4. 教学、科研工作条件得到改善，实验室建设初具规模

实验室和图书资料建设是提高办学质量和学术水平的基本保证，也是重点学科建设的重要内容。各学科以学校重点学科建设为契机，结合本学科自

身特点，制订了重点学科实验室建设计划，使学校与各学科有关的实验室建设取得了明显成效。如生物学科投资300万元建起了"智能控制植物实验园"。

图书资料经过不断有计划的扩充，各学科现有书刊500余种，专业图书60多万册，基本能满足各学科教学与科研的需要。

5．学科建设工作取得初步成效

在广东省第七轮重点学科评选结果中，我校基础数学学科被评为"省高校扶持学科"。

七、"十一五"期间的科研工作目标和任务

（一）"十一五"期间科研发展的总目标

我校"十一五"期间科研发展的总目标是，将我校逐步发展成为肇庆市乃至粤西地区科技开发和信息咨询的中心、高级人才培养的基地，使我校科研成果的数量和档次进入省内同类院校前列。

（二）围绕学校"十一五"期间科研发展的总目标进行的工作

（1）继续重视和强化学科建设工作。

第一，强化重点学科建设效益，增强科技成果的转化能力。由于我校重点学科建设工作开展的时间还不长，因此从目前来看，为地方经济建设和社会发展服务的观念和科技成果的转化能力不太理想，与各学科的地位不相适应。从各学科的研究项目来看，基础研究项目多，应用开发研究项目少。为此，学校已经在重点学科的建设上，特别强调今后在科技成果的转化上要有所作为，并制定了一系列重点学科建设与企业进行横向联合的相关鼓励性政策，以促进重点学科的良性发展。

第二，继续加强应用性重点学科建设，优化重点学科整体结构。在我校已经结束的第一轮7个重点学科中，基础性学科多，应用开发性学科少，不利于科技成果向生产力转化。今后重点学科建设工作的重心要向应用性学科建设方面有所侧重，优化重点学科整体结构，协调发展，增强我校重点学科的整体实力，提高重点学科为经济建设和社会发展服务的能力。

（2）进一步抓应用型科技成果的转化工作。

（3）进一步抓研究所的工作。强化对2000年以来我校相继成立的13个

研究所（研究中心）的管理工作。充分依靠我校的师资力量进行学术研究，走出一条自主、开放、竞争、"产学研"相结合的路子。

（4）规范和强化研究生的合作培养管理工作。

同心同德　群策群力
共创肇庆学院科研工作的新局面①
——在肇庆学院第二次科研工作会议上的报告摘要

在第一次科研工作会议上，学校提出"以学科建设为龙头，以教学为中心，教学与科研并举"，对科研工作做出了明确定位。在 2003 年 10 月召开的肇庆学院学科建设工作会议上，学校又重申了这个方针，并根据我校的实际，强调科研要"以应用研究为重点，突出科研为教学工作服务和为地方经济服务的功能"。现在，"以学科建设为龙头，以教学为中心，教学与科研并举"得到全校上下广泛的认同，已成为我校的基本办学方针。

一、　学科建设先行并取得重大突破

学科建设是高校各项建设中的重中之重。我校升本科后就充分认识到学科建设的重要性，于 2001 年 6 月成立了以校长为组长，主管副校长和科研处处长为副组长，人事处、教务处、科研处负责同志为成员的学校学科建设领导小组，并立即组织实施了肇庆学院首轮重点学科建设工作。基础数学等 4 个学科成为首轮校级重点学科，企业管理学等 3 个学科成为校级重点扶持学科。由于这项工作抓得准、动作快，我校在 2003 年 6 月成功申报广东省第七轮省重点学科的评选，并实现了零的突破：我校基础数学学科被评选为"省高校扶持学科"，成为省内同类高校中唯一的省级重点学科。2003 年 9 月，我校开始进行第二轮重点学科的滚动建设工作，评出基础数学、企业管理学等 4 个校级重点学科和有机化学学、植物学等 6 个校级重点扶持学科，每年拿出 40 万元作为重点学科建设的专项经费。在学科建设中，我们还抓学科队伍的建设工作，先后有 31 人入选广东省高校"千百十工程"培养对象，8 人入选为广东省委宣传部"千百十工程"培养对象，17 人被评为肇庆市拔尖人才；在培养研究生工作方面，我校与华南师范大学、内蒙古工业大

---

① 本文是作者 2004 年在肇庆学院第二次科研工作会议上的报告摘要。

学、贵州大学、河南师范大学等校联合培养研究生，有近 20 名教师被相关院校聘为硕士研究生导师，联合培养硕士研究生的工作已有一定规模。

二、 科研工作全面推进

第一次科研工作会议以后，我校在科研的意识、环境、条件、管理等方面，都发生了较深刻的变化。现在广大教师的科研积极性有了较大的提高，教辅部门的业务技术人员也纷纷申请各级科研项目。特别值得一提的是，一批青年教师积极参与科研并取得好成绩。我们还在高年级的本科生中启用了科研课题的立项活动，教务处拨出专门经费，各系认真组织实施，目前参与人数达 600 多人，立项 192 项。

学报作为展示学校科研成果的一个重要窗口，近几年来有了长足的发展。2003 年 7 月，我校学报被国家新闻出版署、国务院新闻办审核定为"中国期刊全文数据库收录期刊"，同年 12 月，又被中国学术期刊（光盘版）编辑委员会及检索与评价数据规范执行评优活动委员会评选为"首届《CAJ－CD 规范》之星优秀期刊"。

作为科研工作的重要基础条件，我校图书馆软硬件建设也取得了很大的成绩。2000 年以来，图书馆的设施方面有了很大的改善，新增电子阅览室 1 个、电器设备近 200 台；书刊购置经费也有了较大增长，从 2002 年的 68.5 万元增加到 2004 年的 213.5 万元，增长 2.1 倍。

学校下决心加大实验室建设力度，投入 250 万元建成了具有一定规模的生物园，投入 2000 万元的新音乐楼已基本建成。学校贷款 3200 万元用于实验室仪器设备的购置，加上学校筹集的其他经费，2002—2004 年的仪器设备购置数为 5395 台（件），金额达 3509 万元。这三年的仪器设备购置费远远超过了升本科前 30 年的仪器设备总值 2600 万元，现在仪器设备总值已达 5800 万元，极大地改善了教学和科研的条件。

三、 科研管理体制初步建立

第一次科研工作会议后，学校印发了《肇庆学院科研管理制度汇编》，使科研工作有章可循，逐步走上规范运作的轨道，并得到上级管理部门的表扬，在全省人文社科科研处长工作会议上做了经验交流发言。学校学术委员会的运行日臻完善，在审议专业设置、学科发展、学术梯队建设，审定教学研究和科学研究项目，评定教学成果奖和科技进步（社科优秀）成果奖等方面起着越来越重要的作用。学校科研处转变工作作风，加强服务意识，管理工作有了很大的改进和提高，并注意做好纵向、横向的联系与沟通工作，为我校科研工作对外联系开通了顺畅的渠道，为我校科研的发展做出了积极的贡献。

四、 科研成果跃上新台阶

三年来，我校的科研成果无论是在数量上还是在质量上，都有了较显著的进步，科研整体水平跃上一个新的台阶。2001 年肇庆学院教职工在国内外刊物共发表论文 401 篇，其中有 139 篇为核心刊物，4 篇为 SCI 等四大索引检索，出版教材、专著 9 部。2002 年在国内外共发表论文 598 篇，其中有 158 篇发表在核心刊物，7 篇为 SCI 等检索，出版教材、专著 21 部。2003 年在国内外共发表论文 561 篇，其中有 182 篇发表在核心刊物，9 篇为 SCI 等检索，出版教材、专著 44 部。在市级及以上的课题研究方面，不仅申报项目的人数大大增加，而且中标率和到位经费金额也有了较大程度的提高，2002 年的立项数和到位经费分别是 18 项、70 多万元，2003 年是 19 项、80 多万元，2004 年是 30 项、80 多万元。在肇庆市科技进步奖和社科优秀成果奖的评比中也取得了较好的成绩。2003 年和 2004 年，在肇庆市科技进步奖评选中，我校有 6 个项目获奖，其中一等奖 2 项、二等奖 3 项、三等奖 1 项；2002 年和 2004 年在两届肇庆市社科优秀成果奖评选中有 28 篇论文获奖，其中一等奖 3 篇、二等奖 11 篇、三等奖 14 篇。在刚刚结束的广东省优秀教学成果奖的评选中，我校获得一等奖 2 项、二等奖 3 项。这些政府奖项的获得是我校历史上的一个新飞跃，远远领先于省内同类院校。

我校作为地方院校，运用科研成果为地方经济社会发展服务水平不断攀升。近三年来，在生物系、化学系的科研工作为地方经济社会服务已取得较大成就的基础上，电子与信息工程系与风华集团科海公司等企业开展了"智能敏感元件玻封机的研制""图像识别微小芯片插片机的研制""变频控制的逆变焊接电源研究""城市安全防范监督体系"等重大科研项目的合作；财经系组织教师先后到封开龙昌水泥股份有限公司、肇庆邮政局等单位进行了一系列的经济咨询、企业策划、员工培训等活动；校旅游科学研究中心组织校内外 10 多名教师、专家正在完成肇庆市软科学项目"肇庆市封开县旅游发展规划综合研究"的工作；生物系、物理系、轻化系、美术系和音乐系受省教育厅和市教育局的委托，开展省市中小学"科学""艺术"课程的骨干师资培训工作，预计培训 160 多名中小学教师；由校团委长期组织的科技、文化、卫生"三下乡"社会实践活动，在 2004 年又迈出了新的步伐。这些工作，都产生了明显的社会效益和一定的经济效益。

五、 科研工作的体会与不足

作为一所成立不到 5 年的本科院校，我们能够在科研上取得这样的成绩确实来之不易，这首先归功于学校各级领导的重视和全体教师干部的努力。同时，学校对科研的定位准确，工作思路清晰，抓学科建设夯实科研基础，抓激励机制促进科研发展，抓规范管理提高科研效率，也是科研工作取得成绩的原因。

我校的科研工作还存在一些具体的困难和不足之处。科研成果纵向比较还有较大的进步空间，但横向比较，在数量和整体质量上还有很大的差距，即使与同类院校比较，在某些指标上也不占优势；科研的群众基础的广泛性还不够，主要的科研成果尤其是高水平的成果基本是由少数人完成的，一些教师包括部分青年教师的科研意识不强；科研条件虽有很大的改善，但与科研的要求还有较大的差距；近年来学校规模扩张较快，教学任务重，教学评估压力大，客观上给教师搞科研带来负面影响；部分教学单位对学科建设的重要性和紧迫性认识不足，学科梯队和研究方向没有得到很好的整合，科研工作单打独斗状态比较普遍；已试行两年多的科研管理办法有部分内容已不适应新形势发展的要求，亟待修订。

六、 今后科研工作的展望与思路

根据学校的现状和发展要求，在"以学科建设为龙头，以教学为中心，教学与科研并举"的基本办学方针指导下，我校今后科研工作的指导思想是："以学科建设统领科研，以科研提升学科建设；坚持以应用性研究为主，兼顾基础理论研究，突出科研为地方经济与社会发展服务和为教学质量提高服务，形成自身特色与优势；优化学科队伍，整合研究方向，强化科研激励，规范科研管理，不断提升科研水平和促进科研可持续快速发展。"

七、 科研工作的目标和任务

我校在 2005—2010 年的科研工作目标是：

（1）围绕学科建设以申请省部级及以上项目为切入点，提升我校科研水平和档次。在"十一五"期间，力争使我校的厅局级及以上项目达到年平均 40 项左右，其中省部级以上项目 15 项左右，到位经费 120 万元左右。

（2）力争每年完成 2 ~ 3 项标志性成果，平均每年在国内外学术期刊发表的论文数平均达到 700 篇左右。其中，核心期刊论文达到 300 篇左右，SCI 等收录和权威期刊论文达到 40 篇左右；出版的专著和教材达到 30 部左右。

（3）整合校内研究所和研究中心的人才资源，组建创新科研团队，采用"走出去"和"请进来"的方式，加强与企业的合作，力争在服务地方经济社会发展方面有重大突破，平均每年校企合作项目达到 10 项左右，到位经费 50 万元左右。

"十一五"期间，我校科研工作面临的主要任务是：确保在 2010 年或稍长时间内，学校获得硕士学位授予权，3～5 个二级学科成为硕士学位授予点；确保到"十一五"后期，省级重点学科的建设有新的飞跃，1～2 个学科跃上省级重点学科第二个层次，2～4 个学科进入省级重点学科的初级行列，力争建成 1 个广东省普通高校人文社科重点研究基地和 1 个重点实验室。

八、 科研工作的发展思路

这次会议，我们确定肇庆学院学科建设的基本思路是："坚持学科发展与经济建设相匹配，建设适应广东省并兼顾肇庆地方发展需要的门类比较齐全又有自身特点的学科体系，以人为本，以营造充满活力的学术氛围为保障，以建设激励机制为动力，以争取硕士学位授予权为目标，走出一条颇具地方院校特色的学科建设之路。"各单位从现在起要根据这个指导思想，切实把学科建设抓起来，尤其要下大力气抓学术梯队的建设和研究方向，建设结构合理的学术梯队，要特别注重青年教师的培养，发挥他们可塑性好、思维敏捷、创新意识强的优点，尽早定向，以老带新，新老结合，形成合力，创建优秀学术团队，不断产出科研精品。

九、 科研工作的重点和特色

从我校基本情况出发，现阶段我校科研工作的重点是"以应用型研究为主，突出科研为地方经济与社会发展服务和为教学质量提高服务"。以应用型研究为主，同时兼顾基础理论研究，是我校的必然选择。我校的主攻方向只能是广阔的应用研究领域，我校既有必要也有可能把应用型研究做强做大，做出特色。

现阶段要突出科研的两个服务：一是要突出科研为地方经济社会发展服务。地方性院校就是要以地方为根基，依靠地方发展并回报地方，这是地方性院校办出特色、提高办学质量和竞争力的根本途径。二是突出科研为教学质量提高服务。丰富教学的内涵、提升教学的档次是科研为教学服务的最重要体现。

师范性和地方性是我校办学的基本特色。通过强化科研为教学和地方经济服务，逐步形成自身的科研特色和优势，将有力支撑并进一步突出我校的办学特色。特色就是质量，特色就是竞争力，突出重点，形成特色和优势，是我校科研工作茁壮成长的根本所在。

十、 科研工作的保障与措施

第一，逐步加大科研投入力度。一是图书馆和系资料室的建设。我校的新图书馆将于 2005 年年初基本建成。整个新馆的建设投入了 3200 万元，在图书资料和设备的购置方面，准备继续加大投入。二是教学楼和实验室的建设。目前，我校除了新建综合教学楼、音乐教学楼之外，近期还准备新建美术教学楼 9000 平方米，预计投入经费 1200 万元。在实验室建设方面，今后的 6 年内，我们将继续大力投入，到 2010 年年底，计划新建 1～3 个省级重点实验室，3～5 个校级重点实验室。

第二，结合人事分配制度改革，强化科研的激励机制。激励以正面鼓励为主。学校的分配制度改革将通盘考虑教学与科研的工作量，适当提高科研工作量的报酬。

第三，加强和改进师资队伍的建设。注重教师综合素质与能力，注重学术团队建设新的人才工作发展思路的实施，必将对我校学科建设和科研工作起到极大的推动作用。

第四，统一衔接协调与学科建设相关的各项重点建设，如重点学科、名牌专业、重点实验室、重点课程等方面的建设，合力打造学校的优势学科，以点带面，促进学校各学科的发展。

第五，修订和完善科研管理制度，进一步规范科研管理，提高科研的效率与效益。

增强自主创新能力　为繁荣肇庆经济服务①

——在肇庆市提高自主创新能力工作会议上的发言

肇庆学院是肇庆地区唯一的一所省市共建综合型本科院校。"十五"期间，在广东省政府、肇庆市政府的大力支持下，学校已经发展成为教学与科研并举、具有一定自主创新能力、在省内同类院校中相对领先的地方性大学。为使我校在肇庆地区经济建设中发挥中坚作用，为肇庆产业发展提供技术支持和人才培养基地，我校相继采取了一系列措施，对创新人才培养、创新团队建设、科技创新环境营造等方面给予政策和资金的大力支持，实现了教学、科研和社会服务的有效结合，取得了丰硕成果。

一、转变观念，把服务肇庆经济纳入学校定位

我国高等教育的地位已从社会边缘迈向社会中心，高校远离社会的"象牙塔"时代已然过去。一所高校得到社会认可的程度以及能否完成高校本身应承担的社会责任，已经成为高校评价体系的一部分。而高校的定位恰恰关系到高校与社会关系问题的命脉，有了准确的定位，高校才能与地方政府协调一致、通力合作，进而充当社会经济建设的主力军。

为此，在"突出特色，以质立校，以生为本，崇尚创新"的办学理念指导下，我校确立了以"立足地方，面向基层，服务社会"为基点的办学定位。"立足地方，面向基层，服务社会"既是我校办学的根本目的，也是我校未来的办学方向。我们深知：高等教育为地方服务是整个世界高等教育发展的普遍趋势，而地方院校只有立足于地方，才具有生存的空间和发展的后劲。因此，我们相信这一定位将具有持久的生命力。

---

① 本文是作者 2005 年 12 月 15 日在肇庆市提高自主创新能力工作会议上的发言。

二、着力创新，　为繁荣肇庆经济扎实奉献

基于以上办学理念和定位，我校把为肇庆经济建设服务当作学校生存、发展的大计来抓，根据肇庆地区经济发展的需要调整了专业设置，增加了电子信息工程、机械电子工程、应用生物技术、化工工程与工艺等专业，鼓励教师与企业横向联合，促进科研成果的转化。

在农业科技创新方面，我校根据自身的特点和优势，建立了生物园科技创新基地，并以此为平台，组织我校专家进行农业科技创新研究，为地方农村经济建设排忧解难，产生了明显的经济效益和社会效益。梁广坚教授的科研团队取得了"暖地型常绿技术""粉蕉种苗的快速繁殖技术""减少贡柑裂果和错开成熟期技术"和"甜菜碱提高植物抗低温技术"系列创新成果，并已推广应用到广东省和广西壮族自治区的 50 多个县市。陈学年副教授的科研团队在"彭泽鲫引种繁殖及推广养殖技术"方面取得了重大技术突破，经改良的"丰产鲫繁殖及推广养殖"研究成果已经在广东、广西两省推广应用，推广应用面积达 20 余万亩，仅肇庆市就达 12 万亩。此外，我校还整合了由生物系、财经系、计算机系的部分博士、教授参加的肇庆市科技局建设农业科技示范镇的重大科研攻关项目，目前已完成对沙浦镇的全方位考察，正在拟定创建规划。梁广坚教授的"果树和速生桉无公害高效栽培新技术"也在紧锣密鼓的研究当中。

在工业科技创新方面，我校利用拥有省教育厅"光电信息技术教学重点实验室""计算机基础教学实验示范中心"和校"应用化学重点实验室"等优势，积极承担企业重大科技任务和高新技术研究，努力实现从跟踪模仿向原始创新和集成创新转变，不断提高持续创新能力。轻化系科研团队的"金属防锈清洗剂""造纸毛布洗涤剂技术""锂离子电池锂锰氧化物的低温制备技术"等创新技术成果，已经推广应用于省内部分相关企业，帮助企业解决了重大工程难题，提高其自主研发高附加值产品的能力。物理系陈英俊副教授受肇庆市科海技术发展有限公司委托研制的"视频信号中长距离传输设备中的发送器、接收器"已经进入试用阶段，试用结果证明稳定性良好。计算机系张会章博士与肇庆市科技局合作开发的"专家库系统"已经准备连网测试，与科海公司合作开发的"机动车安全性能全自动监测系统"的研究也接近尾声。

物理系与计算机系联合承担的"智能敏感元件玻封机的研制""图象识别微小芯片插片机的研制""变频控制的逆变焊接电源研究"等三项重大科研项目正在与地方企业密切协作、共同研发之中。

三、培养引进， 奠定自主创新的 "主体" 条件

人是第一生产力，是经济发展的首要资源，是自主创新的主体力量。为此，我校从 1997 年起实施了"人才强校"战略，采用多种途径、一整套优惠政策培养和引进一批具有创新能力的高层次学术骨干。这些人才带来了高规格的研究项目和科研成果，提升了我校科技创新的水平，使我校师资队伍发生了质的变化。2005 年，我校专任教师达到 660 人，其中双聘院士 1 人、教授 59 人、副教授 223 人，博士 48 人、硕士 258 人。有 8 人被列为广东省委宣传部"千百十工程"培养对象，有 31 人被列为广东省高校"千百十工程"校级培养对象，有 17 人被评为肇庆市专业技术拔尖人才。我校还创造条件鼓励教师继续深造，有 126 人考取了博士、硕士研究生，有 200 多人到国内外名校访问和进修。这种引进来、派出去的人才方略，促进了我校人才队伍整体素质的提高，保证了我校的教育教学质量，为学校增强自主创新能力奠定了人才基础。

四、建立基地， 培育振兴地方经济的创新人才

高等学校的生存价值在于为社会输送有用之才，严格地说，高等学校就必须是一个为经济建设培养创新人才的"育人基地"。为适应广东特别是肇庆地区对人才的需求，我校建立了教学与科研相结合的教育教学体系，把创新人才的培养纳入这一体系的中心位置。我校每年拨出专款资助本科生申请科研课题、出版优秀毕业论文集、组织课外科技活动，以此提高学生的创新能力。"十五"期间，我校本科生规模扩大到 1 万余人，学生的创新能力日益增强，在全国数学建模竞赛、电子设计竞赛、CCTV 英语演讲比赛、科技制作比赛等大型赛事中获得数十项全国和省级大奖。毕业生受到广东省各地区各行各业的欢迎，2004 年就业率高达 99.8%。

除全日制教育外，我校配合市委、市政府成功地与英国波尔顿大学联合举办了 4 期 MBA 学位班，共培训 61 人。学员们前半年在我校学习，后一年到英国波尔顿大学学习并取得学位。目前，许多学成归来的 MBA 管理硕士，带着创新理念活跃在肇庆市各级领导岗位上。几年来，我校承接了"教育专家""名校长""名教师"培训班，工商系统文秘班（惠州）、中小学教师英语和计算机培训班、人民警察培训班等不同层次的培训任务，培训人数达到18204 人，赢得了地方政府及培训单位的信任。

我校还根据地方经济建设发展实际需要，定期安排由教授、博士组成的专业技术、管理咨询专家小组，先后为风华集团、肇庆市邮政局、中国工商银行肇庆分行、肇庆市龙昌水泥制造集团有限公司、肇庆市肇供电力通信有

限公司、佛山市恒诺陶瓷有限公司等多家企业就市场调查、营销策划、企业识别系统（CI）设计、企业发展战略、员工绩效考评、员工培训等方面进行了一系列产学研合作活动，得到了相关企业和社会各界的广泛好评。

五、制度保障，营造自主创新的氛围

提高科技创新能力是一个系统工程，需要各种综合保障措施。围绕这一要求，我校建立了科学合理的创新绩效评价机制，加大了原始创新和集成创新的奖励力度。修订了《科研管理汇编》，对省级以上科研项目、发明专利、科技奖励和高水平论文给予重奖，最高奖励达 5 万元。对科技创新基地——重点实验室的运行经费、配套建设经费给予大力支持，物理系、生物系、轻化系、电子计算机系等重点实验室的经费都已超过百万元，全校实验室总投资达 6200 万元。人事管理方面，我校给科技创新人才提供科研启动基金，给学科带头人和学术带头人提供岗位津贴，给联合培养硕士研究生的导师提供培养费。

经过几年的努力，我校科技成果的含金量不断上升。2002 年以来，生物系李军教授、姜玉霞教授、赵则海博士、张爱芳研究员、陈学年副教授等有关农业技术创新的项目分别获得省级科学技术进步奖或省级农业技术推广成果奖。刘超英教授等的科研团队夺得省级以上有关工业攻关的自然科学研究基金项目 12 项；王忠教授等 8 人获得市级以上科学技术进步奖 9 项。2005年，梁广坚教授申报的"暖地型草坪绿叶生长剂"和"果实防裂防落剂及其使用方法"已经获得国家发明专利；刘超英教授申报的"滚动数码输入式防窥视密码键盘"得到国家实用新型专利授权。2001—2005 年 9 月，我校教师发表学术论文 1941 篇，其中国内核心期刊 650 篇、国外学术刊物 50 篇，被 SCI 等索引检索 20 多篇；出版专著、教材 86 部。一个鼓励创新、尊重创新、积极创新的人文环境已经形成。

未来几年是我市建设创新型肇庆，全面提高竞争力的关键时期。我校计划成立专门的科技咨询组织，协助聘请国际国内知名专家学者为肇庆产业发展提供咨询和指导；利用省市共建的有利条件，开放重点实验室，在果树、制药、化工、动物、植物、环境监测、食品工程等方面为肇庆市属企业提供硬件支撑；进一步加强校企合作，积极参与企业技术攻关的投标，在加强自身创新能力的同时，最大限度地给予企业技术支持。尽管我校与国家、部属重点院校之间还存在较大差距，缺乏一流人才、一流设备和充足的科研资金，但我校决心"以小做大"，通过创新来挑战自己和超越他人，在适当条件下建立自主创新园区或科技创新基地，为进一步提升肇庆市自主创新能力做出更大的贡献。

在广东技术师范学院 2007 年度教学科研工作总结会议上的讲话①

同志们：

过去的 2007 年是我校发展历史上不平凡的一年，是全体师生员工团结奋进、努力工作、取得显著成效的一年。一年来，在两校实质性合并后，在学科专业整合后的新起点上，经过全校教职员工的共同努力，学校各项事业得到了稳步推进。在此，我代表学校向各位辛勤工作在一线的同志们表示衷心的感谢！向在教学科研工作中做出突出贡献、今天受到表彰的同志们表示热烈的祝贺！希望获奖老师们再接再厉，为学校的建设与发展再创佳绩，也希望全校教师向他们学习，希望今后有更多的教师获得荣誉。

在过去的一年里，学校的教学科研工作取得了比较显著的成绩。在教学工作上有不少的亮点，涌现了不少国家级、省级的优秀教师，获评一门省级精品课程、一个广东省高等学校实验教学示范中心，多个教研项目获省级立项等。在科研工作上，科研立项的层次与数量都有了较大的提升，尤其是国家自然科学基金与国家社会科学基金项目的立项，使我们的科研工作又有了新的突破。另外，经过一年的建设，我们的生师比、图书资料、教学仪器设备的总值都已达标；两校实质性合并后，学科与教学资源整合后运转良好；首届硕士研究生的招生与培养工作进展顺利；等等。

教学科研工作是学校工作的重要部分，是学校教育事业发展的推动力，是校园文化建设的重要基础，也是师资队伍建设的重要标志和教学水平的重要体现。教学科研工作的发展关系到整个学校事业的兴衰，尤其对于我们在新的一年里迎接教育部的评估、启动新一轮的大发展具有十分重要的意义。

下面，我代表学校党委提几点要求。

---

① 本文是作者 2008 年 1 月 24 日在广东技术师范学院 2007 年度教学科研工作总结会议上的讲话。

一、狠抓质量工程，努力促进本科教学工作水平上新台阶

2007 年 1 月，教育部、财政部联合下发了《关于实施高等学校本科教学质量与教学改革工程的意见》，2 月，教育部下发了《关于进一步深化本科教学改革全面提高教学质量的若干意见》，正式启动了"高等学校本科教学质量与教学改革工程"，简称"质量工程"。这是继"211 工程""985 工程"和"国家示范性高等职业院校建设计划"之后，我国在高等教育领域实施的又一项重要工程，是提高高等学校本科教学质量的重大举措。

教育部的"质量工程"确定了专业、课程、实践实验教学、师资队伍等六个方面的建设内容。这"六大举措"抓住了当前本科教育的关键环节，体现了现代高等教育的新理念。我们要紧扣教育部"质量工程"的建设内容推进我校的教学工作。

我们要进一步认识提高我校本科教学质量的重要性。过去的一年里，我们在教学工作中虽然取得了一些成绩，但是也应当充分认识到，我校在专业建设、课程建设方面的积累太少、欠账太多。体现一所学校教学水平的高低有若干因素，标志性的因素有教学成果奖、教学名师、名牌专业、精品课程、示范性实验实训基地等。一所学校国家级精品课程数量的多少能体现学校课程建设的成就与水平，但是我们没有国家级的精品课程，省级精品课程只有 3 门。我们也没有省级名牌专业，只有一个省级实验教学示范中心。这些问题应当进一步引起我校各级领导干部和全体教师的高度重视，要采取有效措施加以推进，争取在教育部实施的质量工程中取得实质性进展。

我们要进一步加强专业建设与课程建设，制定切实可行的专业与课程建设规划与措施。去年我们评选了 6 个校级名牌专业，今年又评选了 2 个，校级精品课程已经有几十门了，这些都是我们在专业与课程建设中的成绩。但是我们不能满足于现状，要制定目标冲刺省级、国家级的精品课程与省级名牌专业。对校级精品课程与名牌专业，要定期进行指导与检查。如今一年已经过去了，这些课程与专业经过一年的建设，成效如何，还存在哪些不足，离省级的精品课程与名牌专业还有多大的差距等，我们都要及时总结。

我们还要进一步加强师资队伍建设。加强师资队伍建设是提高我校教学质量的根本保证。近年来，为了解决生师比的问题，我们引进了一大批教师。这批教师中很大一部分是刚毕业的博士或硕士，他们还欠缺教学经验。我们对任教时间不足 3 年的青年教师，要采取多种措施，促进他们的教学水平快速提升。例如定期举办校内教师培训班，选派各学科优秀教师、教学名师等教学经验丰富的教师对他们进行具体指导和帮助，定期组织教学观摩，

或与企业合作、联合培训，不断提高教师的教学能力和应用实践能力。

在进一步加强师资队伍建设中，我们还要重视各级各类优秀教师在提高本科教学质量中的示范带动作用。探索本科教学团队的建设，建立有效的团队合作的机制，推动教学内容和教学方法的研究，促进教学研讨和教学经验交流，开发教学资源，推进教学工作的老中青相结合，发扬传、帮、带的作用，加强青年教师培养。通过教学团队的建设，带动全校教师教学水平的提高。

我们还要进一步加强对教学资源的建设与利用。我们要引导教师借鉴利用国家级与省级精品课程的资源，提高教学质量。

二、重视科研工作， 营造教学科研相互促进的良好氛围

我校目前是教学型的大学，教学工作是我们的核心工作，但是学校要发展，要提升办学层次，没有高水平的科研工作是不行的。因此，教学是立校之本，科研是强校之路，这两者是相辅相成的。

科研对教学工作的促进作用是显而易见的。通过参与科研，教师可以追踪学科前沿的最新突破，研究学科前沿的最新命题，从科学知识、科学方法、科学精神诸多方面促进教学质量的提高。另外，科研的本质就是质疑和释疑，这种理念用于教学，能培养学生提出问题、分析问题和解决问题的能力，促进教学水平的提高。教学对科研的促进作用则体现在两个方面：一是教学的过程能促使对所教内容的深入理解和融会贯通，进而有可能是引发某项研究的契机，也使自己的研究活动有了更好的基础；二是高水平的教学需要教师在阐述教学内容时具有高度的思辨性、逻辑性和条理性，而这样的训练能增强教师的学术素养和科研技能。

我校的科研工作近年来发展得很快，各项指标都有较大幅度的增长。由于我校的科研底子太薄，因此尽管纵向比增长很快，但是横向比差距却还很大，科研工作对学校的学科建设、教学质量的支撑还不足。在新的一年里，我们要有忧患意识，增强创新发展意识，争取更好的成绩。

三、增强评建工作信心， 扎扎实实做好评估的每一项工作

今天是 1 月 24 日，如果除去 1 月 30 日到 2 月 24 日的寒假，离 3 月 16 日预评估专家进校只有 25 个工作日了，我们的评建工作真正到了关键阶段。在这个阶段，我们的工作重心与前段时间相比将有所不同。借此机会，我提几点要求。

　　第一，我们要坚定信心。对评估"硬件合格、软件优良"，总体"良好"的信心，我们不能有丝毫动摇。思想上缺乏信心，工作上必然会缺乏斗志。要以认真扎实、满腔热情、细致到位的工作状态，团结一致、奋力拼搏的精神面貌，为评估立功、为学校争光。

　　第二，认真抓好各种汇报环节。通过这次PPT汇报评比，相互之间取长补短，高标准做好汇报文稿的撰写和多媒体演示的制作。

　　第三，评建工作人人有责。各级干部、每位教师、每位工作人员都必须清楚自己的职责，以高度的责任感，扎扎实实、不折不扣地履行各项职责，完成评建办公室布置的工作任务。

　　最后，我代表全体校领导给大家拜个早年，祝大家：

　　新春愉快，身体健康，工作顺利，阖家幸福！

　　谢谢大家！

在广东技术师范学院 2009 年度教学科研
工作总结表彰会上的讲话[①]

同志们:

　　大家好!

　　今天下午,我们在这里召开学院 2009 年教学科研工作总结表彰大会。借此机会,我谨代表学院党委向辛勤工作在一线的同志们表示衷心的感谢!向在教学科研工作中做出突出贡献、今天受到表彰的老师们表示热烈的祝贺!希望获奖的老师们再接再厉,再创新的佳绩,也希望全校教师向他们学习,努力工作,在新的一年里取得新的成绩。

　　刚才,王培林副院长和林伦伦副院长分别做了教学和科研工作报告,认真总结了学校一年来教学和科研工作所取得的成绩和经验,深刻分析了存在的问题和不足,明确了下一阶段教学和科研工作的主要任务和努力方向。教学与科研的获奖代表介绍的经验值得我们学习和借鉴。王乐夫院长对学院今年的教学科研工作进行了很好的评点,对教学科研工作所取得的成绩给予了充分的肯定,对今后的工作进行了部署并提出了要求。希望大家认真学习和领会,以高度的责任感,把各项工作落到实处,不断追求工作的最佳效果。

　　下面,我就学院今后的教学与科研工作谈几点意见。

一、积极从事教学科研工作是提高教育教学质量的需要

　　教学与科研是现代大学的两个重要的职能,二者相辅相成、互相促进。教学工作是学院的中心工作,教学质量是学院生存、发展的生命线。过去的一年,我们的教学科研工作取得了显著的成绩,促进了学院科学发展。但是,我们的教学科研工作与建设一流职业技术师范大学的标准相比,与兄弟院校相比,还有一定的差距,我们还要努力进取。

　　我们要充分认识到,积极从事教学科研工作是提高教育教学质量的需要。我们要树立教学工作的中心地位,进一步加强科学研究和学科建设,以

---

① 本文是作者 2010 年 1 月 19 日在 2009 年度教学科研工作总结表彰会上的讲话。

学科建设提升专业建设，以科研促进教学质量的提高。我们要认真贯彻落实好 2009 年教学工作会议的各项任务，进一步探索提高学院教育教学质量的有效机制，切实提高学院的教育教学质量和人才培养质量。对于广大教师来说，我们要明确大学是做学问的地方，是学术研究的地方，是出思想、出理论的地方，是培养人才的地方。所以，我们要通过参与科研，追踪学科前沿的最新成果，研究学科前沿的最新命题，从科学知识、科学方法、科学精神等方面促进教育教学质量的提高，提升学院的综合竞争力，为培养人才服务，也为我们实现成为广东技术师范大学做出贡献。

二、积极从事教学科研工作是服务社会的需要

服务社会是现代大学的基本功能。我们要充分发挥职业教育"工作母机"的作用，通过突显"面向职教、服务职教、引领职教"的办学特色，服务广东职业教育，引领广东职业教育的发展。

如今，广东省委、省政府大力推进产业和劳动力"双转移"和"三促进一保持"的重大战略决策，着力提高广东的自主创新能力，必然要求以人力资源强省和宏大的人才队伍为坚强后盾，要求高等教育在学科优势、人才优势、知识优势、技术优势上发挥引领和支撑作用，也必然要求以职业技术教育培养培训数以千万计的各类型各层次高素质技能型人才和产业工人为依托。一方面，我们要紧密结合产业结构转型升级、建设现代产业体系的具体要求，深化内涵建设，进一步提高人才培养的质量和水平，为广东培养更多高素质的职业技术教育师资和应用型高级专门人才，为广东经济社会的发展提供有力的人才保证。另一方面，我们要坚持产、学、研结合，鼓励教师积极开拓经济社会发展需要的课题和项目，充分利用学院学科的学科优势、技术优势和人才资源，开展人文社会科学研究和应用性研究，把教学与生产实际，与新科技的转化、应用、推广紧密地结合起来，努力推动校企合作，使学术成果转化为现实生产力，为广东的经济建设和社会发展提供智力支持和科技支撑。

三、进一步加强 "德学" 修养， 促进自身发展

教师承担着传光明之道，授立身之业，解人生之惑的神圣使命。教师的职业特点决定了教师必须具备更高的素质。当前，我们落实科学发展观，深化教育教学改革，全面推进素质教育，不断提高教育质量，既需要教师转变教育思想观念、更新知识结构、改进教学方法，更需要教师有良好的思想政

治素质和高尚的道德情操，不断提高师德水平。

昨天下午，学院组织召开了我院的"全国优秀教师"和学院"教学名师"座谈会，从这些"全国优秀教师"和"教学名师"身上，我们看到的是高尚的师德和高水平的教学和科研能力，这很值得我们学习。同时，我们的教学名师也指出，还有一些教师，不注重个人道德修养和业务学习，违反学校的有关教学管理规定，造成严重教学事故；有的教师在上课前才备课，缺乏认真备课讲学的态度；有的教师不注重教书育人；还有的教师违反学术道德，出现学术不规范行为；等等。因此，希望各二级学院的领导，在进一步深化"以德为行，以学为上"主题教育活动中，要引导广大教师特别是年轻教师，加强"德学"修养，努力践行"高校教师职业道德规范"，积极从事教学科研工作，努力提高自身的教育教学能力和科研水平，进一步促进自身发展，成为受学生爱戴的教师。

寒假临近，希望同志们在寒假期间要严格自律，注意安全，还要注意加强学习。

最后，我代表全体学院领导给大家拜个早年，祝大家：

新春愉快，身体健康，工作顺利，阖家幸福！

谢谢大家！

贯彻落实"四个全面" 认真做好教学工作①

——在广东技术师范学院 2009 年教学工作会议上的讲话

同志们：

历时三个单元的教学工作会议即将闭幕，这是我校新一届班子成立后召开的第一次全校性的教学工作会议。王乐夫院长代表学校做了《深化内涵建设，创新培养模式，努力开创教学工作新局面》的主题报告。报告认真总结了三年多来我校教学工作取得的成绩和经验，认真分析了目前教学工作存在的问题和不足，并明确指出了学校今后教学工作的思路。主题报告所总结的经验实事求是，对问题的分析客观中肯，提出的思路和措施既符合我校的教学工作实际，又体现了高等教育发展的趋势和要求，对我校教学工作的发展具有重要的指导作用。

自 2006 年 2 月两校实质性合并以来，学校一直把规范教学管理、加强教学建设、深化教学改革、提高教学质量等作为中心工作来抓。从效果来看，本科教学工作实现了较大突破，取得了显著成绩。学校办学规模稳步扩大，办学条件不断改善，专业结构逐步优化，教学管理逐步规范，师资队伍建设明显加强，人才培养质量稳步提高。这些成绩的取得，是学校党政领导、教学教辅管理人员和全体教职员工齐心协力、努力奋斗的结果。在此，我代表学校党委，向出席会议的各位代表，向在教学、管理和服务岗位上辛勤耕耘、无私奉献的广大教职工，表示衷心的感谢！

在这次教学工作会议上，王培林副院长传达了广东省高等教育会议精神，还谈了学校发展的愿景，希望大家深刻领会。大会还安排了 5 位二级教学、教辅单位负责人，围绕学科专业建设、人才培养模式改革、教师队伍建设及人才培养综合改革等方面交流了经验和做法。他们的经验值得大家学习、借鉴。

在三个单元的紧张会期中，各位代表紧紧围绕广东省高等教育会议和广东省教育厅罗伟其厅长对我校改革发展提出的"全面转变全校的办学理念，

---

① 本文是作者 2009 年 12 月 31 日在广东技术师范学院 2009 年教学工作会议上的讲话。

树立为职教服务的观念；全面调整学校的学科专业结构；全面改革人才培养模式；全面提高教师的职业技术教育的教学水平"的"四个全面"指示精神，围绕这次会议的主题报告，围绕本次会议提出的两个重要文件——《广东技术师范学院本科教学质量与教学改革工程实施方案（讨论稿）》和《广东技术师范学院关于进一步加强专业建设与人才培养分类指导的若干意见（讨论稿）》，展开了热烈的讨论。这种踊跃发言、积极献言献策的场面，充分体现了广大教师爱校建校的热情和干劲。刚才，几位组长的汇报，对学校今后的教学工作提出了很好的意见和建议。会后，学校要对这些意见和建议认真整理分析，对可行的将予以采纳，并尽快地落实。

同志们，本次教学工作会议就要结束了。会后贯彻落实本次会议提出的目标、任务，还需要做大量的、艰苦的、细致的工作。全面贯彻落实《珠江三角洲地区改革发展规划纲要》和罗伟其厅长对我校改革发展提出的"四个全面"指示精神，更是一项长期而又艰巨的任务。当前，高等教育的发展已进入以质量求生存、以特色谋发展的时期，我们面临着发展与竞争的双重压力。全校师生员工一定要齐心协力，真抓实干，继续保持和发扬学校"求真务实、艰苦奋斗"的精神，牢固树立"以德为行、以学为上"的教育思想和"校以育人为本、师以严教为业、生以成才为志"的建设理念，以更强的责任心抓好学校学科专业优化调整、人才培养模式改革、教师职业技术教育水平提高等工作，尽快把本次教学工作会议的精神落到实处，推动学校教学工作再上新台阶。

下面，我代表学校党委对进一步做好教学工作提几点意见。

一、牢固确立教学工作的中心地位， 切实增强做好教学工作的责任感、 使命感和紧迫感， 确保教学工作顺利开展

高等学校的根本任务是培养人才，而人才培养的中心环节，是教学工作，因此，教学工作始终是学校的中心工作。把"强化内涵建设、深化教学改革、调整专业结构、创新培养模式、提高教学水平，更好地发挥我校在构建广东现代职业教育体系中的重大作用"确定为本次教学工作会议的主题，正突显了教学工作的中心地位，也体现学院党委深入贯彻落实"四个全面"、构建广东现代职业教育体系的信心和决心。全校教职工，特别是各级领导干部，要牢固树立教学质量是学校发展生命线的意识，牢固树立以生为本的意识，牢固树立教师是实施教学改革、提高教学质量主力军的意识，切实把"以教学为中心"的理念贯彻落实到学校的各项工作中去，努力形成领导重视教学、教师专心教学、全员保障教学的浓厚氛围和良好局面。

坚持以教学为中心，就是要切实地把教学工作的各项要求和保障条件落到实处。全校上下要认真学习贯彻本次会议精神，把思想和行动统一到会议精神上来，统一到会议提出的各项工作部署上来，要全力以赴地关心支持教学工作，在教学工作上形成合力。

在学校领导层面，要认真贯彻党的教育方针，进一步抓好加强教学工作各项政策和措施的制定，不断完善教学管理机制，大力加强师资队伍建设，努力改善办学条件。要优先考虑教育资源对教学的配置，努力保证教学一线的需要。要统筹安排各项工作，保障教学工作不受干扰和削弱。要坚持科研促进教学、后勤服务教学、管理保障教学的办学思想，逐步构建起以教学工作为中心的全校统一的运行机制。

在二级学院层面，各二级教学单位要认真组织实施教学工作。要根据本次会议的精神，结合本单位的实际，提出"调整学科专业结构、改革人才培养模式、提高教师职业技术教学水平"的具体办法和措施，创造性地开展工作。二级教学教辅单位党政领导的精力要到位，要经常研究教学问题，定期召开专题教学工作会议，及时研究和解决教学工作中的新情况、新问题，提出解决问题的新措施、新办法。要积极推进教学理念、内容、方式的变革，以更开阔的视野，打造优势，培育特色，多形式、多途径、多方面地探索高等教育大众化阶段教书育人的有效模式，要从端正教风、学风入手，切实提高课堂教学质量，加强学科专业建设，尤其要加强师资队伍建设和人才培养综合改革，使课程体系、教学内容、教学方法、教学手段改革有较大突破。要加强教学检查督促工作，切实保证教学质量。要认真落实各项教学管理制度。教师应将更多的精力投入到教学中去，潜心研究教学，积极改革课堂教学，努力提高自身的教学水平和教学质量。

在教学管理和教辅层面，各机关职能部门要从转变工作作风入手，不断提高管理能力和管理水平，树立为教学服务、为人才培养服务的思想，创新管理机制，明确服务职责，努力为教书育人、为教学工作创造良好的舆论环境、制度环境和物质条件，营造和谐的校园环境和人性化的工作氛围。不同岗位的管理人员都要通过本职工作促进教学管理的有效高速运转。

二、进一步重视师德教育，努力建设一支高素质的教师队伍

高尚的师德是培养高质量人才的保证。教师作为学生成长成才的指导者和引路人，自身必须具备良好的思想道德素质。因此，加强师资队伍建设的首要任务就是要提高教师的思想品德和职业道德，使广大教师能够以正确的世界观、人生观来引导学生，以高尚的情操和人格魅力来影响学生，以渊博的知识来教授学生，以睿智的思想来启迪学生，通过言传身教、授业解惑，

帮助和激励学生成长成才。广大教师特别是年轻教师，要用"以德为行、以学为上"的教育思想指导自己的行动，在提升业务水平的同时，更要注重个人思想道德修养，自觉做到爱岗敬业、为人师表；要始终保持对工作有热情、对学生有爱心，精心备课，认真施教，耐心答疑；要全身心投入工作，把时间和精力集中到教书育人上来，甘当人梯，乐于奉献；要自觉加强业务学习，不断丰富教学内容，逐步提高教学水平。各单位和部门要把加强师德师风建设作为一项重要工作，坚持不懈地抓实抓好，抓出成效，为提高教学质量创造良好的人文环境。

三、努力提高教学管理水平

有高水平的教学管理，才可能有高质量的教学工作。

首先，我们要充分认识教学管理者的理论素养、知识水平和科学管理能力对提高教学质量有直接的效能作用。自学校合并以来，我校的教学管理队伍在理论素养、知识水平和管理能力等方面都在提高。但随着高等教育、高等职业教育的发展，我们迫切需要解决提升管理理念、提高岗位技能的问题，才能跟上本科教育教学工作改革快速发展的需要，才能完成本科教学管理的任务。作为教学管理的干部，要注重理论学习和业务学习，尽快提升自身素质。要按照高质量的岗位技能标准严格要求自己，更新教育管理理念，掌握现代化的管理手段，不断提高管理水平，使自己的岗位管理能更好地适应教学改革的深化发展，促进教学水平和教学质量的不断提高。

其次，我们还要充分认识到，教学管理是一项具体的、烦琐的工作，是一项让学生受利的工作。教学管理部门的同志要以强烈的事业心和工作责任心去做好这项工作，将自己的全部精力和心思放在教学管理上，将自己的热情和智慧贡献在教学管理上，严格执行各类课堂纪律、授课纪律、考试纪律，规范教学行为。要注重教学管理的人性化，从关心爱护师生出发，将管理融于教育、服务之中。要坚持做好教学评估、教学质量监控等工作，采取多种有效形式加强教学管理，通过管理调动师生教学积极性，为学校形成良好的校风学风和良好的社会声誉做贡献。

四、突出办学特色，提升办学水平

我校经历本科教学工作水平评估之后，学校教学工作水平有了明显的提高，但教育理念、学科专业结构、人才培养模式、教师的教学水平等，仍然与学校的办学定位和人才培养目标有差距。我们要紧紧抓住贯彻落实《珠江三角洲地区改革发展规划纲要（2008—2020年)》和广东省委教育工委、省教育厅领导对我校提出的"四个全面"的机会，及时转变教育观念，认真分析人才培养的新特点、新要求，积极开展教学模式、教学内容和教学方法改革，把培养能力与传授知识有机结合起来，促进学生知识、能力、素质的协调发展。要认真抓好我校的"教学质量工程"，按"教学质量工程"建设要求，积极开展教学改革，切实提高教学质量，以高质量的教学来培养适应经济社会快速发展的高素质人才。

办学特色是高校核心竞争力的重要组成部分，是关系学校生存和发展的重要因素。我们要重视培育和凝练学校及各专业的办学特色，提高办学竞争力。我校已初步形成了"优先发展职教师范类专业，积极发展就业前景好的应用类专业，保护办学实力较强的传统师范类专业，限制发展办学条件差、就业前景不好的专业"的办学思路，即大力发展职教师范类专业，逐步扩大师范生的规模，着力提高师范生培养质量，努力凸显师范生培养特色，把职教师范类专业办成在省内具有重要影响的强势专业；非师范类应用型专业要在稳定规模的同时，注重加强专业内涵建设，不断提高专业的社会适应能力和学生的就业竞争力。教务处和各二级学院要加强专业特色建设的研究，积极探索，大胆改革，力争在3～5年内，使我校的专业特色建设取得明显成效。

五、群策群力，举全校之力，把广东技术师范学院建设成为"广东技术师范大学"

同志们，这次重要的教学工作会议为我们学院全面贯彻"四个全面"制定了具体的措施，为教学改革、专业结构调整和培养人才模式的创新提出了具体的要求，同时也为把广东技术师范学院建设成为"广东技术师范大学"提供了重要的人才培养模式，打造具有竞争力的办学特色。在这里，我就建设"广东技术师范大学"的问题提几点要求。

（1）各级领导干部要有强烈的责任感和历史使命感。王乐夫院长在《广东技术师范学院本科教学工作水平评估校长报告》中代表学院向专家组汇报时说："把学校建设成为国内同类院校领先的、有一定国际影响的职业技术师范大学而努力奋斗！"在今年4月2日学习《珠江三角洲地区改革发展规划纲要（2008—2020年）》的辅导报告会上，我提出，要以科学发展观为新的办学导向，正确认识纲要对学校发展给予的机会与挑战，要根据纲要"科学发展，先行先试"的精神，努力抓住职业技术教育发展的契机，争取职业技术教育在广东高校的话语权，积极创造条件，为争取成为技术师范大学而努力工作。建设"广东技术师范大学"是学校新领导班子共同形成的办学目标，我们一直为这一目标工作着。今天，建设"广东技术师范大学"已经摆在学院党委和各级领导干部的面前。过去我们常说，北有"天师"，南有"广师"，现在，天津师范工程学院已经升格为大学，这对我们既是期待已久的结果，也是巨大的鞭策与压力。在座的各位领导和全院教师，要把这种鞭策与压力化为行动的自觉，要有强烈的责任感和历史使命感，把学院建设成为"广东技术师范大学"是我们肩负的历史责任。我们要为此而自豪！

（2）要对照建设大学的要求和指标，有明确的工作目标。经过本科教学工作水平评估，学院的教学资源得到较大程度的整合，科研工作也上了新的台阶，但要清楚地看到，学院的师资队伍、教学改革、科研成果、人才培养模式等还存在较大的不足。我们要制定目标，按照建设大学的要求和指标查漏补缺，有目标就有计划，有计划就有行动，要拿出本科教学工作水平评估的精神和干劲，切实做好准备申报"广东技术师范大学"的基础工作。有的小组在讨论王院长的报告时，强烈地感受到建设"广东技术师范大学"的紧迫性和责任感，希望学院有明确的工作目标。可以说，这是全体师生的愿望，更是我们的责任。

（3）新校区的建设工作已经有实质性的进展，建设"广东技术师范大学"的办学空间将得到全面拓宽。这为我们建设"广东技术师范大学"提供根本的保障。新校区的建设工作即将开始，我们将为这所有着52年办学历史的"老校"注入新的血液，谱写新的历史篇章。在这里，我代表学院党委感谢新校区建设办的同志们，他们为新校区建设付出了艰辛的劳动。

（4）各有关职能部门、各二级学院的领导要围绕建设"广东技术师范大学"来思考、组织、规划、实施本单位的工作。要把贯彻落实这次教学工作会的精神贯穿于各项工作中，狠抓落实，要按照建设大学的要求来组织和发动师生员工做好工作，要让师生员工以饱满的热情投身于建设大学的工作中，要让他们有强烈的责任感和自豪感。

同志们，此次教学工作会议的召开时间临近年底，大家工作都很忙，但两天来，大家都能集中精力在研讨教学工作上，相互交流，相互启发，相互提高，这对于进一步理清我校教学工作思路、做好教学工作具有重要意义。同志们，让我们齐心协力，以本次教学工作会议为契机，进一步解放思想，贯彻落实科学发展观，求真务实，开拓创新，深化改革，强化管理，强化内涵建设，努力提高教育教学质量，为实现学校又好又快发展而努力奋斗！

新年的钟声即将响起。在这里，我代表学校向各位教职工代表，并通过你们向全校的教职员工致以新年的问候，祝大家在新的一年里身体健康、工作顺利、家庭幸福！

谢谢大家！

努力提升科研水平
为创建广东技术师范大学而奋斗[①]

——在广东技术师范学院 2010 年科研工作会议上的讲话

老师们，同志们：

历时两天的科研工作会议即将闭幕了，这是我院新一届班子成立后召开的第一次全校性的科研工作会议。王乐夫院长代表学院做了《营造科研环境，提高科研水平；齐心协力，开创学院科研工作的新局面》主题报告。报告认真总结了"十一五"以来我院科研工作取得的成绩和经验，指出了我院目前科研工作存在的主要问题，并明确提出了学院今后科研工作的发展目标和主要任务。主题报告所总结的成绩是实事求是的，指出存在的问题是客观中肯的，提出的目标和主要任务是明确的、具有可操作性的，既符合我院的科研工作实际，又体现了高等教育发展的趋势和要求，对我院科研工作的发展与建设和更名为"广东技术师范大学"有重要的指导作用。

在这次科研工作会议上，许玲副院长的报告分析了我院科研工作的现状，指出了我院科研工作所面临的机遇和挑战，提出了应对的措施，并对我院今后的科研工作进行了布置。黄秋文处长就有关文件进行了说明，希望大家认真贯彻落实。在这次会议上，管理学院单纬东院长、电信学院闫俊虎院长、吴小立博士和何影记博士交流了开展科研工作的经验和体会。他们的经验是很值得大家学习和借鉴的。

在这两天的紧张会期中，各位代表还紧紧围绕这次会议的主题报告和这次会议提出的三个重要文件［《广东技术师范学院科研创新团队建设实施办法》《广东技术师范学院横向科研项目管理办法（修订）》《广东技术师范学院科研经费指标分解办法》］展开了热烈的讨论。这种积极献言献策的场面，充分体现了广大教师爱校建校的热情和干劲。刚才，6 位组长的汇报，对学校今后的科研工作提出了很好的意见和建议。会后，学校将对这些意见和建议进行认真梳理和分析，对可行的将予以采纳，并尽快地落实。

[①] 本文是作者 2010 年 12 月 24 日在广东技术师范学院 2010 年科研工作会议上的讲话。

同志们，这次科研工作会议就要结束了。会后，贯彻落实本次会议提出的目标、任务，还需要做大量的、艰苦的、细致的工作。我们要全面贯彻落实《国家中长期教育改革和发展规划纲要（2010—2020年）》《珠江三角洲地区改革发展规划纲要（2008—2020年）》和《广东省中长期教育改革和发展规划纲要（2010—2020年）》等重要文件精神。我们要创建广东技术师范大学，构建现代职业教育体系，落实罗伟其厅长提出的"四个全面"要求，这些都是艰巨的任务。因此，我们要树立信心，增强责任心和使命感，齐心协力，迎难而上，搞好科研工作和学科建设。希望各单位的领导尽快把本次科研工作会议的精神传达给广大教职员工，抓紧落实，推动学院科研工作的新发展。

下面，我就如何进一步做好科研工作讲几点意见和建议。

一、正视现实，增强危机意识和紧迫感

反思"十一五"期间我院的科研工作，我们看到了学院一直把科研工作作为重点工作来抓，经过全体教师的共同努力，科研工作取得了较显著的成绩。学院的科研管理逐步规范，科研实力不断增强，科研课题立项的层次、水平、数量及研究经费都逐年增加，特别是"国家自然科学基金""国家社会科学基金"项目，省级科研型重点实验室，省级重点扶持学科等方面实现了新的突破，教师公开发表的学术论文在数量上和质量上都比以前有明显的提升。但是，我们也清楚地看到，目前我院的科研经费指标、科研项目指标、科研成果指标、为地方经济社会发展服务指标等，与省内同层次院校、与教育部设置的全国八所技术师范院校中其他七所院校相比较还有较大的差距，离我们要更名为大学还有较大的差距。这就是我们要面对的现实。这种现实令我们可喜又可忧。可喜的是，我们毕竟在不断进步，逐步发展；可忧的是，如果我们不正视"差距"的现实，不奋起直追，我们会掉队更远。因此，我们要增强危机意识和紧迫感。

我们已确立了建设"广东技术师范大学"的办学目标，我们深知要实现这个目标有难度，但只要我们有危机意识，有紧迫感，不气馁，齐心协力，树立信心，迎难而上，一年一年地抓好任务的落实，经过不懈的努力，我们的目标一定会实现。

二、强化责任，真抓实干，讲求实效

建设"广东技术师范大学"的目标，已摆在学院党委和各级领导干部的

面前，我们必须肩负这一历史责任，增强责任心和使命感，调动广大教师的积极性，依靠广大教师的智慧和力量，真抓实干，讲求实效，扎扎实实抓好科研工作。

（1）各二级学院的领导干部要引导广大教师树立"科研强校"的思想。要让广大教师明白科学研究是高校增强实力、提高水平的重要途径；学校要发展，要提升办学层次，必须要有高水平的科研成果。因此，我们要让广大教师充分重视科研工作，充分认识科研工作的重要性。这种重要性主要体现在，教师积极从事科研工作，就可以提高教学和学术水平，提高学校的学术地位和声誉，学校有了良好的声誉就可以吸引优秀的学生和优秀的名师；教师积极带领高年级本科生和研究生从事科研工作，就可以让学生在校期间接触到科技发展和科学研究的前沿领域，这就有利于培养学生的创新思维和创新能力；教师积极从事科研工作，还可以提供社会需要的科研成果，为社会服务，为社会的经济发展做出贡献。

（2）各二级学院的领导干部要引导广大教师，尤其是青年教师，要注重把科学研究和教学工作结合起来。一方面，我们要让青年教师明白，高等学校的教学不仅是给学生传授前人所总结、积累的理论知识和实践经验，而且要培养学生的智力和能力，科学研究正是在已有的知识的基础上去探索和总结新的知识，因此，我们提倡科学研究要走在教学的前面，通过开展科学研究，及时了解和掌握本门学科、相关学科的最新学术动态和发展趋向，不断提高自己的学术水平，丰富教学内容，从而促进教学质量的提高。另一方面，我们还要引导青年教师在研究方向上尽可能地与专业的发展方向相结合，使取得的研究成果能够促进教学质量的提高。我们都很清楚，在高校，不少教师都是在专业教学和专业研究的结合上出学术论文和学术专著的，有的教师的专业选修课讲义经过不断修改，也成为学术专著。对青年教师做这一引导，也是让青年教师避免走弯路。

（3）各级领导干部要引导广大教师加强与企业的联系和合作。就目前来看，我们的校企合作工作还比较弱，不是很理想。我们要运用学校的科学技术力量、实验手段和企业的研制条件，共同研究解决生产建设中提出的关键技术问题。通过校企合作，我们既可以获得横向经费的支持，又可以为社会经济服务。

（4）各级领导要教育和引导广大教师加强德学修养、自觉遵守学术规范。在积极推进科研工作的进程中，我们要引导广大教师认真学习学术大师治学严谨的学风、勇于创新的意识和创新精神，自觉遵守学术规范。在当代学术研究中所谓的"规范"，是指规则、标准或尺度，"是人们为实现一定的目的而根据某种观念所制定的供社会群体诸成员共同遵守的规则和标准"。

所以，我们应要求广大教师力戒浮躁的学风，克服急功近利的情绪，杜绝剽窃、抄袭他人成果的行为，进一步加强德学修养，加强学术道德建设，自觉遵守学术规范，坚持实事求是的科学态度，营造良好的学术环境。

三、用好人才，努力建设一支高素质的学术队伍

高水平的教师队伍是提升科研水平的关键。各级领导要进一步加强师资队伍建设，尤其要注重"领军人物"的培养和引进。梅贻琦先生曾说过："所谓大学者，非谓有大楼之谓也，有大师之谓也。"梅贻琦先生所说的"大师"就是领军人物。有了"领军人物"，才能营造一种崇尚科研的学术环境，有了适宜科研的学术环境，科学研究才能上档次，才能提升学校的声誉。因此，我们要重视"领军人物"的培养和引进。在"十二五"期间，我们要努力建设一支高素质的学术队伍，使我校科研竞争力有一个明显的提升。

就目前来说，我们各级领导干部要用好学校的人才资源。当前，我校有教授128人，副教授288人，博士110人，硕士539人，可以说拥有一支巨大的科学研究力量。我们的教授、博士，都分散在各个学科里，他们有宽厚的基础理论、专业知识和很强的研究能力，能够根据科学发展的趋势积极从事科学研究工作。如何用好这些人才、留住这些人才，我们当领导的必须认真思考。在人才使用上，我们对老、中、青的教师要提出不同的要求。要充分调动老教授的积极性，让他们在从事教学工作和科学研究工作外指导青年教师如何从事科学研究工作和申报项目，起到传、帮、带的作用；要让中年教授、博士承担科研的重担，从他们中间培养一批学术带头人和学科带头人，形成学术团队，整合科研实力，让他们的科学研究上档次、上水平，为学院科研发展做出重要的贡献；要加强青年教师的培养，引导他们顶住工作和生活的压力，焕发青春和活力，把时间和精力都放在教学和科研上，不断提高教学和科研能力，努力成为我院教育事业发展的后起之秀。我们要引导青年教师注重学术积累。古人云："泰山不让土壤，故能成其大，江海不择细流，故能就其深。"要让青年教师明白，没有学术积累，就谈不上学术进步。另外，我们还要利用好学校学科门类比较齐全，有利于学科之间的相互联系和相互渗透的优势，让不同的人才在一起相互探讨、相互启发，创造成果。充分运用好了学院的人才资源，让老、中、青教师这支队伍，形成合力，你追我赶，是可以创造出优秀的科研成果的。

四、明确任务，　狠抓落实，　再创佳绩

在这次科研工作会议上，我们清楚地认识到我们要做的工作和要完成的任务很多。

一是王乐夫院长在报告中对我们今后的科研工作提出了六大任务，指出了五方面存在的主要问题，这些都是我们今后要逐步解决的问题和要完成的工作任务。如何去完成这些工作任务，这是我们必须认真思考的问题。对存在的五方面问题，我们首先要分析原因，其原因包括了历史的原因、现实的原因以及机制等方面的原因，查找出原因后，要进行逐一梳理，"对症下药"，才可以解决存在的问题。六大任务涉及面较广，涉及的部门较多，学校要将任务具体分解，制定可行的措施，强化执行力，狠抓落实，努力完成各项任务。

二是按照建设大学的要求，我们要查漏补缺，解决科研方面的"差距"问题。就科研方面来说，我们学院的科研经费指标、科研项目指标、科研成果指标、为地方经济社会发展服务指标等，还有较大的差距。对于如何消除这些差距，我们必须制订出有针对性的措施，进行任务分解，逐年缩短这些差距。

为了完成这些任务，请机关各部处的领导和教辅单位的领导，进一步强化全心全意为教学科研服务的意识，提高工作效率和服务质量，多为教学科研工作办实事、办好事，让广大教师对我们的服务工作满意，共同促进学校事业的发展，共同为把学院更名为"广东技术师范大学"贡献力量。

老师们，同志们，在这次科研工作会议上，大家都能集中精力研讨科研工作，相互交流，相互启发，出谋献策，这对于进一步明确我校科研工作思路、做好科研工作具有重要意义。这次科研工作会议开得圆满成功，我代表学院党委感谢大家！同志们，让我们齐心协力，以这次科研工作会议为契机，狠抓落实，按照建设大学的要求来组织和发动广大教职员工做好工作，努力提高我院科研实力和科研水平，进一步促进学科建设，为创建广东技术师范大学而努力奋斗！

新的一年即将到来，我祝福大家在新的一年里，身体健康、工作顺利！

谢谢大家！

在广东技术师范学院 2011 年校级重点（扶持）学科建设立项评审会上的讲话①

一、我们为什么要进行学科建设

学科建设是我校事业发展的重要基础，是我校提升核心竞争力的重要依托。高度重视学科建设，加大建设力度，形成布局科学、富有特色、满足需要的学科体系是我校发展建设的重要保证。

（一）我校发展的历史使命要求我校开展学科建设

一是学校发展目标的需要。《广东技术师范学院"十二五"及中长期教育改革与发展规划纲要（2011—2020 年）》提出的发展目标是："把广东技术师范学院建设成为一所学科专业结构合理，办学特色鲜明，并在国内外具有一定影响的技术师范大学。"

二是学科和专业建设的需要。我校的学科专业建设要紧紧围绕广东现代产业结构优化升级和职业教育发展急需的学科专业，以工、管、教育类学科为主，理、工、经、管、文、教、法、史等多学科协调发展。到 2015 年，力争建成省级以上重点学科 2 个，省级重点扶持学科 3 个以上，增加硕士学位一级学科 2 个以上，二级学科点 8 个以上，专业学位点 3 个以上，中职硕士学位二级学科 4 个以上，并在"十二五"时期末做好申报博士学位授权点的各项准备工作。

（二）我校学科建设的现状决定我校要开展学科建设

长期以来，我校一直重视学科建设。本届领导班子成立以来，已经多次开展过学科建设工作。2006 年，我校立项建设 12 个二级学科，同年，我校获得了硕士学位授权点，在民族学、教育学、中国现当代文学、系统理论 4

---

① 本文是作者 2011 年 10 月 13 日在广东技术师范学院 2011 年校级重点（扶持）学科建设立项评审会上的讲话。

个二级学科开展研究生培养教育。2008 年我校又立项建设 9 个二级学科。2010 年，我校立项建设 5 个一级学科。学科建设体系初步形成。

虽然取得了一定的成绩，但是我校学科建设的成果与建设的力度仍落后于省内同类高校。目前，我校仅有职业技术教育学在 2007 年获批为省级重点扶持学科；在 2010 年国家一级学科评审工作中，我校仅有"民族学"获得一级学科，与省内兄弟院校相比，差距较大。在广东省 2010 年审核增列的硕士学位授权一级学科名单中，广东工业大学获批 6 个、深圳大学获批 21 个、广州大学获批 20 个、广州医学院获批 3 个、广东药学院获批 3 个、广东商学院获批 5 个、仲恺农业工程学院获批 4 个、五邑大学获批 5 个。

所有这些内在的目标和外在的差距，决定了我校要大力开展学科建设工作。

二、开展学科建设的重要性

（一）加强学科建设有利于形成我校的办学特色

我校既承担着普通高等教育任务，又承担着服务我省职业教育的任务，还承担着为我省民族地区培养人才的任务。这样的功能与任务，决定了我校有别于其他普通高等院校，特色的形成与凝练有着较好的基础。我校的学科建设布局充分体现了这一点。我们要充分发挥办学特点，通过学科建设工作进一步将我校的办学特色彰显出来，真正成为在我省职业教育和研究生教育领域有较大影响的学校。

（二）加强学科建设有利于增强我校的办学实力

学校的办学实力除了通常讲的人才队伍、基础设施等硬实力外，还包括学科、教学质量等软实力。无论是硬实力还是软实力，都牵涉到学科。学科不强，实力自然不强。我校要以学科建设为载体和平台，打造强势学科。只有这样，才能真正增强我校的综合实力。

三、开展学科建设应关注的几个问题

学科建设是一项综合性、长期性的基础工程，只有大力开展、埋头苦干，才能产生效果、取得成果。我们要认真思考以下几个问题：

（一）围绕学科凝聚人才

学科水平的高低主要取决于学校是否拥有享有盛誉的学科带头人和高水平的学术团队。人才培养和队伍建设是学科建设的关键，主要是加大领军人才的引进和自我培养的力度，要坚持老、中、青三结合的原则优化队伍结构，依托重点优势学科组建学科团队。通过安排进修深造、做访问学者、参加学术会议、"压担子"交任务等多种办法，加强对教研人员的培养锻炼，使他们上课有讲台、实践有平台、施展才华有舞台，同时，加强兼职教师队伍建设力度，切实发挥"以兼补专"的作用。

（二）围绕学科搭建平台

要努力创造条件，完善机制，搭建好学科建设平台。要根据学科需要完善教研体系，通过专业建设完善学科建设。要着重加强国内外交流与合作，拓展学术交流和合作领域，为教研人员构建丰富多彩的学术平台和学术环境、提供广阔的学术活动空间。要着力抓好教材建设，围绕学科编写高水平的教材，建立与学科相适应的教材体系，突出教材建设的科学性、理论性、系统性、层次性和配套性。要抓好学位点建设，学位点建设是强化学科建设的必由之路，要着眼于学位点的申报来规范学科的设置，把学位点建设与学科建设紧密结合起来，以学位点为平台推动学科建设，通过学位点建设不断整合和优化校内人才资源，吸纳校外高层次人才，锻炼和培养师资队伍，提升我校的学术地位和办学层次。

（三）围绕学科搞好科研

教学离不开科研的支撑，科研要为教学服务、为教学提供理论支撑。强化科研是开展学科建设的必要途径，也是衡量一个单位教研水平的重要指标。没有科研课题的立项，就不可能有深入的科学研究工作，不可能有高水平的成果产出。因此，要强化科研的基础地位，提升科研层次水平，增强学科创新能力。

（四）围绕学科整合资源

资源的有效整合是学科建设的着力点和关键点。要整合学科，建立学科群；调整机构，促进学科建设；整合师资力量，形成合力；整合资源，打造精品课程。

（五）围绕学科完善激励

学科建设上要形成激励竞争机制。学科带头人不搞终身制，重点学科不搞"铁交椅"，实行优上劣下制度，尽快培养出学科建设的领军人物，形成学科团队和梯队。要建立客观公正的教研评价体系，建立健全教研奖惩激励机制。要建立学科建设资助制度、学科建设评估验收制度。

在广东技术师范学院评建工作专题会议上的讲话①

同志们：

我校将于2008年5月18—23日正式接受教育部本科教学工作水平评估。从今天算起，距教育部专家进校考察评估仅有131天的时间，中间还有一个寒假和春节，时间很紧迫。从现在起，我们将进入迎评与建设的关键阶段。刚才，王乐夫校长就自评报告等工作做了说明和阐述，王培林副校长对评估的具体工作做了较具体的布置，工作思路、工作任务都讲得很清晰，具有指导性和可操作性，希望大家认真学习和执行。

下面，我代表学校党委提出几点意见。

一、增强评建工作的忧患意识

（一）要清醒地认识到我们存在的问题

对我校目前的评建工作，我们要有一个清醒的、客观的认识，既要看到成绩，又要看到存在的差距和不足。应该说，开展评建工作以来，特别是去年以来，学校的评建工作取得了一定的成绩。但是，目前更要正视存在的问题。去年11月，我们邀请了校外专家组来进行诊断性评估，上个月，又邀请教育部评估专家万洪文教授来指导我们的评估工作。这两次诊断性评估暴露出了我校存在的大量问题。如人才培养的目标与质量的"三个符合度"的问题，教学管理的规范问题，四项业务经费的问题，课程建设薄弱、实验室不达标的问题，学科专业建设的规划问题，部分试卷、毕业论文（设计）中存在的问题等。对专家提出的意见与建议，我们一定要有清醒的认识。结合专家们的意见，再对照《教育部本科教学工作水平评估方案》，我们与"硬件合格、软件优良"，总体"良好"的标准相比，实事求是地说，还有较大的差距，一些与教学工作有关的矛盾和问题亟待整改与解决。各部门、各单

---

① 本文是作者2008年1月7日在广东技术师范学院评建工作专题会议上的讲话。

位要组织师生员工在诊断性评估的基础上，进一步查找自身存在的问题和不足，逐条地梳理清楚，明确整改要求、整改时限、整改责任人。

（二）要清醒地认识到评建工作对我校发展的影响

仅就本科教育而言，自评自建和接受评估的过程，就是不断增强对本科教学工作重要性认识的过程，是认真检查和总结我们的教学工作的过程，是发扬成绩、弥补不足的过程，也是促进教学改革、加强教学管理的过程。我们更应该看到，评估工作的影响是全局性的，不仅对本科教学至关重要，而且还是新一轮学位点建设、学科建设的基石，是衡量一所学校综合办学实力的标准。我们在评估工作中能否取胜，对我校今后申报省级精品课程与名牌专业、申请各级课题等的成功与否都将产生直接的影响，对我校的声誉、品牌、生存和发展都将产生深远的影响。为此，我们要举全校之力，做好评建的各项工作，确保评估结果良好，为学校今后的发展奠定坚实的基础。

正如万洪文教授所言，广东技术师范学院虽然有 50 年的办学历史，但是由于我们错失了一些很好的发展机遇，因此，与省内的一些高校相比，我们在校园面积等办学的硬件指标上是落后的。虽然现在我们的征地工作几经周折已经完成了，但是接下来新校区的建设还有大量的工作要做。在这个时期，我们需要有良好的社会声誉，经得起国家教育行政部门的检验，获得上级教育行政机关对我们事业发展的进一步支持和扶助。抓住评估这个机遇，以良好的成绩通过这次评估，就会为我们学校带来更加广阔的发展空间，我们将获得政府、教育厅以及社会各界更多的支持。我们要充分认识到，大家在这样一个集体里工作、学习和生活，学校发展了，广大师生都会从中受益。

二、强化评建工作的责任意识

在迎评与建设的关键阶段，责任要更明确，就是要把评建的每项工作具体落实到人。评建的指标体系非常严密、科学，涉及学校工作的方方面面和每一位师生员工，大家一定要学习好、掌握好。工作中要做到事事有人管、人人有事做，工作紧张有序、忙而不乱、高质高效，就必须责任明确。凡是评建工作做得不好的部门，问题就在于责任不落实。这次大会后，从学校评建办到各部门、各单位都要根据评建工作的要求，把每一项工作都落实到具体的人，包括具体的领导人、承办人、核查人，登记在册，做到有章可循、有案可查，避免出现责任不清、有事无人管的现象。对各自分工负责的工作，人人都要尽职尽责地做好。

在迎评与建设的关键阶段，工作要更细致，就是要高标准、高质量地做好每一项工作。细节决定成败。正式评估期间，专家组将检查教学工作以及与教学工作相关的每一个细节。我们要以优异的教学工作水平迎接专家的评估，就要在细节上下功夫。要把细节做好，关键在于两点：一是标准要细，要让每一位干部、管理人员、教职员工和学生，都明确自己应做哪些工作，以及该怎么样做、达到什么样的标准。二是工作要细，对各项工作要想得多一点、深一点、全面一点，严格按照规范办事，做到精益求精、好上加好。

三、要强化大局意识与团结协作的精神

在迎评与建设的关键阶段，全校上下更要同心同德抓评建。评建工作是一项全局性的工作，需要全校上下的共同努力，任何一个环节、任何一个人出了问题，都有可能给整个评建工作造成很大的影响。全体师生员工一定要心往一处想、劲往一处使，拧成一股绳，一个目标争良好。要做到全校上下同心同德抓评建，必须做到以下三点。

（一）强化大局意识

评建工作事关学校发展大局，事关全体师生员工的根本利益和长远利益，做好评建工作人人有责。要树立评建工作一盘棋的思想，自觉服从和服务于评建工作，人人都要用自己的智慧和汗水为评建工作献策献力、增光添彩。党委希望评建工作结束后，人人都能自问无愧于学校、无愧于自己。

（二）增强团结协作的精神

评建工作是一个有机的整体，既需要大家各负其责，又需要相互之间密切配合。大家一定要增强团队意识，同心同德，众志成城，形成强大的评建合力。

（三）发挥基层党组织的政治核心和战斗堡垒作用

在评建的关键时刻，各级党组织要采取各种形式，积极营造良好的迎评氛围，广泛深入地做好思想工作，重视和善于把群众的积极性、主动性调动起来，把大家的聪明才智激发出来，把师生员工的力量凝聚起来。全校共产党员都要充分发挥模范作用，在评建工作中做出新的贡献。

四、加强师德建设， 积极迎接教学评估

师德建设是本科教学评估的一个重要部分。教师具有较高的职业素质、先进的教学观念、合理的知识结构、良好的协作精神等，对于学校的本科教学评建工作的教风、学风起着决定性的作用。正是出于这样一种考虑，去年下半年，结合"以德为行，以学为上"的教育理念，我们在全体教职工中开展了推进师德建设的一系列工作。上周五上午，学校召开了一场本科生参加的以"如何加强学校的师德建设，积极迎接教学评估"为主题的座谈会，目的是全面收集学生对教师的意见和建议，加强"师风师德"建设，加强"迎评促建"力度。

在会上，学生们畅所欲言，对教师的一些很好的做法提出了具体的表扬，如有的教师备课认真、课堂信息量大、内容新、教学手段新颖、批改作业认真等，但是学生也指出了一些教师上课有照本宣科的现象，看着教材读，或者看着教案读，如果是多媒体教室，就照读投影，学生对这样的教学很不满意。学生们希望教师对课程的知识能融会贯通，认真传授。

学生还提出了一些教师上课有重理论、轻实践的现象。学生一再强调，与其他本科院校的学生相比，他们唯一的优势就指望"动手能力强"了，但是有很多需要实践的课程都以纯理论的教学方式进行。有些实验课程，学生希望能加强技能的学习，教师能胜任实验与实践的指导。

我们要清醒地认识到，在网络化的今天，学生的视野已经比较开阔了，他们可以通过网络走进国内名校的教学资源网，走进国家精品课程网、省级精品课程网。这些资源都是共享的，他们对教学大纲、实验大纲、教学内容都会进行比较与判断，以此来发现问题和提出问题。

针对学生们提出的问题和建议，我们必须高度重视，要让教师们知道，认认真真地上好每一节课，让学生们满意，这就是师德建设的主要内容之一。迎评在即，专家随堂听课是检验我们教学质量的一个重要环节。如何在短时间内提高课堂教学质量，杜绝照本宣科的现象，最大限度地落实实践环节，这是各个二级学院领导与教务管理部门的一项艰巨的任务。

五、增强评建工作的信心

这几次的诊断性评估中，专家指出的问题很多，很尖锐，这是好事，说明专家是真心诚意地来帮助我们的，对我们做好迎接教育部的正式评估非常有帮助。对此大家要正确看待，不要因为专家指出了很多问题就消极、气

馁，抓紧时间整改好了就是好事。

我们的信心要坚定。就是对评估"硬件合格、软件优良"，总体"良好"的信心不能有丝毫动摇。思想上缺乏信心，工作上必然会缺乏斗志。一些同志看到评建工作中存在一些问题，就对评估实现目标信心不足，这是不应该的。

目前尽管我们的评建工作与目标相比有很大的差距，但我相信，这些问题通过整改是可以解决的。同时，我们也要看到有利的因素：第一，新校区的征地工作已经完成了；第二，经过一年多的努力，生师比、图书资料、教学仪器设备的总值等指标已经基本达标了；第三，两校实质性合并后，学科与教学资源整合后运转良好；第四，办学层次已提高了，已有硕士点。另外，经过前段时间的努力，我们已经为评建做了很多准备工作。因此，我们应该对评估充满信心。

同志们，这次本科教学工作水平评估是一场硬仗。这次评估既是对我校本科教学工作进行的国家级"质量认证"，也是对我们整体实力的一次全面检验；既是一次严峻的挑战，也是我们展示成绩、赢得支持、加强建设的一次极好机遇。能不能很好地应对这次挑战，实现"硬件合格、软件优良"，总体"良好"的评估目标，是关系到我校办学声誉、办学地位、生源乃至生存和发展的重大问题。我希望各部门、各二级学院的领导增强忧患意识、责任意识，强化大局意识，齐心协力做好这次迎评工作，使这次评估工作能让上级领导满意、广大师生满意、社会满意和自己满意。

明确目标 落实责任 扎实做好评建整改工作[①]

——在广东技术师范学院本科教学工作水平评估
总结表彰暨整改大会上的讲话

各位老师，同志们：

教育部本科教学工作水平评估专家组进校考察评估这一阶段的工作已经结束了，接下来学校将进入评建的第三阶段：整改阶段。评建整改将是今年我校工作的重点。因为整改是深化教育教学改革、巩固评估工作成果的重要手段，是加强改进教学工作的重要环节，是提高我校教育教学质量的重要措施。

在此之前，学校已多次召开专题会议，研究部署评建工作。刚才，王乐夫校长对我校评建的工作做了很好的总结，并对下一阶段的评建整改工作进行了总体部署，我完全同意。下面，我想结合当前学校本科教学评建工作再谈几点建议。

一、高度重视，保持斗志

我校的评建工作开展了近四年，已做了大量的工作，并取得了阶段性成效。通过教育部评估专家为期一周的考察走访，我们进一步认清了自身存在的问题和差距。对于评估专家的反馈意见，我们要有清醒的认识，这一方面说明我们的工作是富有成效的，另一方面也说明我们过去的工作还做得不够。专家指出了不足，使我们今后的工作更有针对性。同时，我们也应该看到，评估暴露的问题，很多是可以通过今后的整改工作来进一步解决的。我们应该把反馈意见看作是专家帮助我们解决存在的问题，促进学校的进一步发展。

我们要高度重视评估整改工作，巩固成果，认真总结和整改，防止出现评估工作重结果轻过程、重迎评轻整改的现象，要以更加饱满的热情、更加旺盛的精力、更加高昂的斗志、更加富有成效的工作，认真抓好整改工作，

---

① 本文是作者 2008 年 7 月 3 日在广东技术师范学院本科教学工作水平评估总结表彰暨整改大会上的讲话。

推动学校各项工作再上一个新台阶。

二、巩固成果，　认真整改

　　针对专家提出的问题，我们要理清整改思路，突出工作重点，牢固树立教学质量是学校生命线的意识，进一步建立健全学校内部教学质量监控体系，建立自我评估的长效机制。目前学校的发展还不平衡，师资队伍建设依旧任重道远。全校要高度重视一年的整改时间，务必做到"四个坚持"，即坚持重点整改与全面提升相结合、坚持短期整改与长期建设相结合、坚持完善规范与强化特色相结合、坚持高标准严要求推进各项工作的落实。各单位要抓紧落实会议精神，将整改工作落实到位，认真总结评建工作中的成绩和存在的不足，巩固好在评建工作中建立起来的有效工作机制和管理方法，并不断提高与加强。评估整改工作，既要立足于"改"，更要着眼于"建"，要将固化的评建成果、先进的思想观念、成功的经验做法，运用到今后的教学和各项工作中去，并把取得的这些成果作为继续前进的新起点，把在评建工作中找到的差距转化为加快发展的新目标，把评建工作中创新的精神作为不断超越的新动力，充分发挥评建成果的积极促进作用，在师资队伍建设、专业建设、课程建设、课堂教学与实践教学、教学管理、毕业论文或毕业设计、教风学风、办学特色、办学条件等方面下功夫，将评建整改工作做实、做出成效。

三、落实任务，　强化责任

　　加强组织领导，狠抓任务落实，加大督察力度，强化整改责任。评建工作开展以来，我们一直实行工作责任制，强调各二级学院党政主要负责人和各职能部门主要负责人就是本单位的评建工作第一责任人。在接下来的整改工作中，各单位党政主要负责人必须亲自动员、亲自组织、亲自督办，要把最艰巨的任务留给自己；要合理地分解整改任务，层层建立责任制，切实把责任落实到人，落实到具体岗位，使每一个人都清楚自己要做什么，怎么做；要明确"四个到位"，即思想认识到位、组织落实到位、措施办法到位、工作检查到位，狠抓落实，务求实效。在评建整改工作中，每位教师、干部都应当十分明确自己的责任，尽职尽责，努力做好自己这份工作。

　　同志们，评建工作是一项专业性、业务性很强的工作，回顾评建这段不平凡的历程，困难与希望共存，压力与动力同在。在接下来的整改过程中，我们还需要进一步提高认识、统一思想，进一步明确职责、真抓实干。希望全体师生员工要以对学校高度负责的精神，积极投身到整改工作中来，为全面完成整改工作任务做出应有的贡献。

　　谢谢大家！

党的思想建设

加强党建促学校发展 立足改革为地方服务[①]
——在 2002 年广东省高校党建工作会议上的发言

各位领导、同志们：

　　肇庆学院作为地方高校，这几年来，尤其是 1997 年新领导班子建立以来，始终抓住了党的建设的根本，坚持社会主义办学方向，坚持以邓小平理论和"三个代表"重要思想为指导，凝聚各方力量，立足改革，励精图治，开拓进取，积极为地方经济建设服务，赢得省市各级党委和政府以及教育行政部门的大力支持，有效地推动了学校各项事业的发展。2001 年，李副省长到我校视察，全面了解我校的办学情况后，对我校的工作给予了高度评价。这对我们是极大的鼓励和鞭策。我们跟自己比，取得了长足的发展，但与许多兄弟院校比，还有一定的差距，仍需继续努力。尤其是在这次会议上，陈副书记、郑厅长对加强高校党的建设提出了更高的要求，我们深感任重道远。下面，我谨代表肇庆学院党委就作为地方高校如何贯彻本次会议精神，怎样把陈副书记和郑厅长所提出的工作要求变成自觉行动，结合我校当前的实际情况，提出以下几点初步的想法。

一、进一步加强领导班子的思想和作风建设，充分发挥党委的领导核心作用

　　我们深深体会到，学校要发展，关键在班子；班子自身的建设，关键是抓好思想建设和作风建设。这几年来，我们首先是抓中心组学习。学习时注意针对性和实效性。例如，2001 年西江大学和肇庆教育学院两校合并、挂牌升级为本科院校后，我校立即着手推行机构改革，干部和教师都要定员、定

---

① 本文是作者 2002 年在广东省高校党建工作会议上的发言。

岗、定职责，为了做好舆论和思想上的准备，党委围绕"如何加快和做好我校机构和干部人事制度改革"的主题，连续组织了两次中心组学习活动。学习过程中既有中心发言，也有广泛深入的讨论，收到了明显的效果。我们组织学习的目的就是要统一思想，步调一致。今后我们将把这种学风坚持下去，使党委中心组的学习进一步做到制度化和规范化，突出针对性和实效性。其次，落实了党委领导下的校长负责制。我们在这方面是做得比较好的，一方面，校长做到坚决执行党委的决定，自觉服从党委的集体领导；另一方面，学校党委也非常支持校长独立行使职权。由于党政协调一致，上下同心，决策民主化，拧成一股绳，产生了极大的凝聚力、向心力和战斗力。我们强调分工合作，强调打"团体冠军"，不突出个人。这一点说起来容易，做起来难，但做好了就能对学校的发展起很好的推动作用。今后，我们要根据广东省委和省教育工委的新要求，把党政协调这一优良的传统坚持下去，把党的民主集中制坚持下去，把党委领导下的校长负责制更加完善起来。最后，坚持了党风廉政责任制，一级抓一级，层层抓落实，有效地遏制了消极腐败的现象，树立了领导干部良好的人格形象。群众对班子党风廉政是很在意的，它是激励和凝聚人心的无声力量。今后我们还要长期坚持下去，而且要越做越好。另外，还要进一步加强与民主党派和非党人士的联系与沟通，积极推进党委决策民主化的进程，充分调动民主党派参政议政的积极性。同时还要关心离退休老同志的生活，让他们与学校的发展同舟共济，理解和支持学校的改革。在这一点上，我们由于工作到位，近年来也没有因为民主党派或离退休教职工的事而给学校党委增添麻烦，这也是我们继续要做好的工作。

二、进一步坚持有针对性地做好思想政治工作，充分调动各方面的积极性，形成学校发展的整体合力，促进学校的改革与发展

学校要改革、要发展，就必须调动大家的积极性，集思广益、群策群力、统一思想、达成共识，把各方面的力量汇聚成为学校发展的整体合力。思想政治工作是我们做好党建工作的一个法宝。为此，我们要紧紧依靠各级基层党组织，有针对性地做好广大师生员工的思想政治工作，保证学校改革与发展的顺利进行。在过去几年里，我们一直注意发挥思想政治工作的优势，有针对性地解决了一系列在改革和发展中出现的思想认识问题和思想情绪问题，使党委的领导核心作用和支部的战斗堡垒作用得到充分的体现。例如，在我校专升本的过程中，有部分干部和教工对本科办学的要求认识不清，有些学历不高、职称不高的同志还存有担心和顾虑，担心不能胜任本科

的教学工作，生怕被解聘。为了解决认识上的问题，我们对全校教职工开展了教育思想、教育观念的大讨论，通过交流思想、提高认识，使大家端正了态度，消除了顾虑，愉快地投入工作。又如，在专升本后，学校的办学规模扩大了，办学层次增加了，教学校区分散了，两校合并的人员也正在磨合期中，教学管理上难免有漏洞，教学质量受到影响。为此，我们在全体干部和教师中开展了为期一个月的师德师风和转变机关工作作风的教育整顿活动。通过四个阶段的集中整顿教育，干部、教师的思想作风、道德水平、工作态度和纪律秩序都有了明显好转。另外，我们针对两校合并后在机构改革、干部人事制度改革和后勤社会化改革过程中暴露出来的种种消极情绪，在党委通过中心组学习统一思想的基础上，组织了两期中层干部封闭式学习的培训班，并利用周三下午政治学习时间在广大教职工中进行广泛的宣传、教育和正面引导。同时，学校党委在选人用人和重大决策上始终做到公正、公平和公开，使广大教职工在各项改革中有参与权、知情权和选择权，稳定了人心，鼓舞了士气。经过一年的磨合，两校资源已合为一体，原两校教职工的思想已完全融合。我们深深地感到，思想政治工作只有紧紧结合实际，把它贯穿到工作中切实解决具体问题，才能发挥出其巨大的威力。今后，我们将在这个基础上进一步探索思想政治工作的新路子，把工作做得更有成效。

三、进一步调整专业结构，积极主动为地方服务，争取赢得地方党委和政府的大力支持

过去几年，我校一直得到广东省委、省政府以及省教育厅的大力支持，健康有序地发展。我们一方面自觉接受地方党委的领导，主动密切与地方政府的关系；另一方面积极调整专业结构，加大引进人才的力度，提高为地方经济建设服务的实力，用工作实绩和实干的精神，赢得地方党委和政府对我们的信任和支持。

例如，在这几年来，学校党委始终坚持学校发展的"两个特色"：一个是地方性特色，地方高校就是要坚定不移地为地方经济发展服务；另一个是师范性特色，这是由学院的历史和发展现状决定的。为了突出地方性特色，我们进行了专业设置的调整。根据肇庆地方经济发展的需要，我校新开设了电子信息工程、机械电子工程、应用生物技术、食品科学与工程旅游管理、信息教育技术等多门新的应用专业。为适应我国加入世贸的形势需要，又新增设了国际经济贸易、化学工程与工艺等专业。特别是前两年，为将肇庆市建成花园式风景旅游城市，在肇庆市委书记陈均伦的直接提议下，我们新设立了旅游管理专业。等到2003年，我们培养的第一批旅游专业大学生将加

入到肇庆市旅游业中去。另外，食品、化工、机械、电子、生物工程等，都是肇庆市经济发展中的支柱产业，也是热门专业。我们在师资队伍、实验设施、教学方法等方面都予以大力支持，确保新学科、新专业发挥出最佳的人才效益。

我校升格本科以后，重视学科建设，重视产学研结合。为提高服务地方的实力，我们加大了人才引进的力度。自 1998 年以来，我们引进了近 200 名教师，其中包括教授 15 人、副教授 52 人、博士 15 人和硕士 68 人，这些高学历、高职称的教师已形成教学的骨干力量。同时，学校经常组织成果丰富的博士、教授，积极开展服务地方城乡的科技文化卫生"三下乡"活动，并积极推荐骨干教师参加肇庆市的科技讲师团，直接为地方开展科技推广和咨询服务，反响良好。另外，党委重视教学工作，实行党委班子成员与教学单位挂点联系的制度，并经常开展深入的教学工作调研活动，着力提高教学质量，在首次与华南师范大学联办而委托我们培养的中文本科班中，全班 41 人有 10 人参加考研，其中 3 人上录取分数线。在专业教学上，重视思维的创新，重视复合型人才的培养，我们把音乐和美术两个师范专业打通，开设了跨美术、音乐学科的高等艺术教育实验班，培养适应中小学素质教育要求和先进文化发展需要的复合型人才。实验班打破原来的第一专业模式，实行美术、音乐双学科主辅修制。主修专业占 2/3 学时，辅修专业占 1/3 学时，毕业时，毕业证上加注辅修专业名称。这样既为学生就业拓宽了路子，也适应了地方中小学教学改革和素质教育的需要。

一分耕耘，一分收获。我们所做出的努力，得到了肇庆市委、市政府的充分肯定和大力支持。例如，为了支持学校把引进的人才留住，肇庆市委、市政府每月给我们的教授和博士发放教学科研以及生活津贴 1000 元；又如为了支持学校筹集资金建一座建筑面积 1.3 万平方米的多功能体育馆，肇庆市委、市政府发动全市各界人士捐款，市委书记陈均伦为了动员一位香港同胞捐款，提前一个小时到我校等候，其诚意感动了这位香港同胞，捐了 100 多万港元；主管教育的常务副市长李德秋同志还亲自带队到香港联络肇庆的乡亲捐款，在市委、市政府的大力支持下，很快筹得捐资 1140 多万元。加上自筹经费和广东省教育厅的支持，一座造价 3000 多万元的两层多功能体育馆，经过一年施工，现已坐落在我们美丽的校园内。最近，市委、市政府把肇庆市选拔和培养高层次管理人才出国进修的重任交给我校负责，从出题考试到国内强化训练，乃至联系英国培训院校等业务，全程由我校承担。现在，经过选拔的 25 名干部正在我校接受 4 个月的强化训练，9 月份将从中选拔 15 人到英国进修学习一年。

四、认真组织学习和贯彻这次高校党建会的精神， 以新的发展目标激励广大教职工努力进取， 为学校的建设多做贡献

客观来讲，这几年我校发展的速度是比较快的，学校规模从 1997 年的全日制在校生 4700 多人扩大到今天的 8277 人；学校的办学层次从单一的专科发展为本专科的结合；生源从地方扩大到省内和省外；校园建筑面积比1997 年增加了 8.7 万平方米；教学和设备经费增加了 1154 万元；图书馆藏书也增加了 25 万册。短短的几年间，我校一直在发展中前进。学校前进的每一步，都离不开上级的大力支持和广大教职工的共同努力。最近，学校根据广东高等教育发展规划的要求，计划将我校原定的"十五"期间全日制在校生 9000 人规模扩大到 12000 人。虽然实现这一新的发展目标有许多新的困难和新的问题，但是学校党委已分析了形势、统一了思想，大家表示要克服困难，抓住机遇，发展学校，为广东省高等教育大众化、为广东早日实现现代化提供人才和智力支持多做贡献。我们已召开中层领导会议进行了思想动员，党委的认识很快就成为全体教职工的共识。我们将结合组织广大党员干部学习贯彻本次会议精神的良好契机，用新的发展目标去激励广大教职工为学校的发展努力工作。

同志们，回顾这几年走过的路，我们依靠加强党的建设和思想政治工作取得了较好的成绩，但展望未来，要做的工作还很多，困难也不少。我们下定决心，在这次省高校党建工作会议结束以后，一定要认真学习和贯彻大会的精神，把陈副书记和郑厅长讲话的要求落实到工作行动中，虚心向兄弟院校学习，努力把肇庆学院办出水平、办出特色，为 21 世纪我省高等教育事业的发展做出更大的贡献。

讲究工作方法　争取更佳效果①

——重温《党委会的工作方法》

　　毛泽东同志于 1949 年 3 月 13 日在中国共产党第七届中央委员会第二次全体会议上谈到了"党委会的工作方法"，就"工作方法"问题谈了 12 种。毛泽东同志希望党的各级委员会一定要讲究工作方法，把党委的领导工作提高一步。在今天的知识经济时代，重温毛泽东同志的讲话，笔者深感这一讲话不仅在过去、而且在今天仍有深刻的指导意义，尤其是结合本校的实际加以学习和反思，更有助于促进学校工作的开展。

　　毛泽东同志在"工作方法"之一中提出"党委要完成自己的领导任务，就必须依靠党委这'一班人'，充分发挥他们的作用"，"如果这'一班人'动作不整齐，就休想带领千百万人去作战，去建设"。很显然，毛泽东同志在这里提出了党委会依靠谁的问题，如何调动这"一班人"的积极性的问题，以及这"一班人"的团结问题。我校党委提出的奋斗目标就是要把学校办成本专科相结合的多科性大学。要完成这一既定的奋斗目标，不仅要依靠党委这"一班人"的力量，而且还要调动他们的积极性，让他们再去调动中层干部的积极性，进而让中层干部调动教职工的积极性，将各方的力量凝聚在一起形成合力，才能完成我们的任务，实现我们的目标。1999 年，我们的工作重点是争取上本科，迎接 30 周年校庆和筹款建体育馆。要完成这两大工程，要消耗大量的人力、精力和物力，但是，由于党委依靠了这"一班人"的力量和中层干部以及广大师生员工的力量，市委、市政府的力量，社会各界人士、港澳同胞的力量，成功完成了这两大工程。这两项工程的完成，深得民心，深得人们的好评。

　　两大工程的完成，使我深深体会到"一班人"的动作整齐了，一切事情都好办，正所谓"人心齐，泰山移"。"动作整齐"，首先是要求这"一班人"对既定的工作目标要有统一的认识、正确的认识、正常的心态。有了统一的认识、正确的认识、正常的心态，才能在"一、二、三"的口号下，迈

---

① 本文写于 2001 年肇庆学院。

出整齐的、有力的步伐，做出规范的动作。任何不协调的动作，都会发出不和谐的声音。不和谐的声音，会产生噪声。噪声会扰乱人的心绪，消解人的意志，毁坏美好的事业。

毛泽东同志在"工作方法"之五中提出要"学会'弹钢琴'"。要"产生好的音乐，十个指头的动作要有节奏，要互相配合"。一所学校要不断发展，要上新的台阶，也需要互相配合。互相配合得好，就会产生动力，就会产生好的效果和效益。学校近两年来，从建青年广场、筑两个人工湖、建休闲公园、绿化校园，到倡导校园文化、提高教学和科研的质量、进行人事机构和后勤社会化的改革等，每一件大事都得到落实，有的做得比较圆满，让领导满意、服务对象满意、自己满意，这都是各部门、各领导互相配合的结果。如果各部门、各领导不互相配合，就很难取得这样好的效果和成绩。当然，我们也得注意，在进行这多项工作的进程中，也有配合得不那么好的现象，甚至出现观望、当裁判的现象，指手画脚的现象，但这又是正常的现象。能帮助克服这种现象是最好的、最理想的。一时克服不了这种现象，也不必恐惧。因为不良的现象，到一定的时候，尤其是等到繁花吐艳的时候，自然会隐退、会消失。

毛泽东同志在"工作方法"之十中提出"注意团结那些和自己意见不同的同志一道工作。……我们都是从五湖四海汇集拢来的，我们不仅要善于团结和自己意见相同的同志，而且要善于团结和自己意见不同的同志一道工作"。在学校的发展中，这是非常值得我们注意的问题。学校的教职员工来自全国各高等院校。他们之中，有不同的学历、不同的职称、不同的级别、不同的生活经历、不同的生活环境，也有不同的知识水平、不同的工作能力、不同的品性。他们对学校、对领导、对同事，肯定会发出不一致的声音，会有不同的意见，有的意见甚至很尖锐……有不同的意见是十分正常的，也是可以理解的。我以为听听不同的意见，听听反对的意见，有助于我们三思而行，有助于提醒我们在做出决策时要反复论证。多听听不同的意见，有益无害。当听不到不同意见的时候，当听到的只是一片赞扬声的时候，你就必须冷静地想一想，多问几个为什么，这对自己绝对是有益处的。在学校不断发展的进程中，我们"要善于团结和自己意见不同的同志一道工作"。我们要深深地懂得，多听听不同的意见，尤其是多听听富有建设性的意见，对我们干好工作绝对是有好处的。

结合实际进行学习，在实际工作中讲究工作方法的改进，对我们有好处，有助于我们在新一轮工作中取得更好的成绩。

加强师德建设 适应本科教学①

——在肇庆学院师德师风教育整顿活动动员大会上的讲话

各位领导、各位老师：

高等学校肩负着全面贯彻党的教育方针，培养德、智、体、美全面发展的社会主义事业的建设者和接班人的重要使命，其根本任务是培养人才。"上行才能下效""身教重于言教"，因此，以培养人才为职业目标的高校教师，不仅要具备丰富的科学文化知识，同时也要有高尚的道德情操。加强师德建设，是做好学校建设工作的长期任务，也是提高教育教学质量的长期性重点工作。

对于学校这次在全体教师中开展师德师风集中教育整顿活动，我想讲三个方面。

一、师德师风教育整顿活动的目的

我校师德师风的主流是积极健康的。长期以来，我校广大教师积极向上、爱岗敬业，默默奉献于教学第一线，以自己的崇高师德和行为风范教育着学生、影响着学生，推动着学校各项事业的顺利发展。每年我校都有一批教师因为出色的工作和师德受到学校、市、省乃至国家的奖励和表彰，他们代表了我校教师队伍的主流，切实体现了"为师为范"的教师精神。

但是，我校也确实存在师德不正、师风不纯的一些表现。我校升格为本科院校以来，随着本科教学的深入和对师德师风要求的提高，有一些教师的师德师风不适应或者不完全适应学校发展的需要，主要表现在：有的教师忽视自身师德修养，出现严重违纪事件，造成严重的教学事故；有的教师漠视教学规章，违反教学纪律；有的教师随意教学，教学工作失范；有的教师教学准备不认真，导致学生不满；有的教师利用考试之机，以某种方式暗示学生送礼，玷污了大学教师在学生心目中的形象；有的教师扭曲了师生之情，

① 本文是作者 2002 年在肇庆学院师德师风教育整顿活动动员大会上的讲话。

要么对学生漠不关心、处处刁难，要么与学生称兄道弟、恣意放纵；有的教师在外兼课过多，造成精力外流，使教学质量难以保障；有的教师衣冠不整，举止粗俗，缺乏文明修养；有的教师思想品德不健康，生活作风不检点，造成不良影响；有的教学单位甚至擅自改动学生对教师课堂教学质量评估的结果，造成教师评估成绩大面积雷同。凡此种种，都有违于教师的职责，亵渎了"人类灵魂工程师"的神圣赞誉，是师德不正、师风不纯的典型表现，绝对不能见容于新时代、新时期的人民教师队伍。

学校这次决定对长期以来积累的师德师风不良现象进行整顿，开展师德师风教育活动，根本目的在于适应本科教学。尽管师德不正、师风不纯的暗流表现形式各种各样，形成原因纷繁复杂，但其危害性却是一致的，即严重妨碍学校"十五"计划两大目标的实现。师德师风存在的这些问题不加以整顿，就会使教师队伍涣散、凝聚力和向心力下降。听任这些不良的现象蔓延和泛滥下去，将不利于学校事业的长远发展和近期目标的实现，将会给学校本科教学工作带来严重的后果。能否治理好师德师风问题，是对我校贯彻"三个代表"思想的直接检验，也是对学校领导班子和中层领导班子管理学校能力的考验。

二、师德师风教育整顿活动的意义

第一，教师的师德和师风，直接关系到学校教学质量的高低。师德建设是高校工作特别是教师队伍建设的重要组成部分，是提高教育教学质量和办学水平的重要举措。教师应该具有高尚师德、优良教风和爱岗敬业精神，具有严谨的科学态度和高度的责任心。我们开展师德师风教育整顿活动，就是要求教师把主要精力投入到人才培养和教学工作中；要求教师做到课前认真备课和准备教案，规范教学；要求教师注重教学研究，通过教学改革研究不断提高自己的学术水平和业务水平。教学工作是学校的中心工作，教学工作、教学质量有赖于全体教师的共同努力和奋斗。提高我校教学质量，首先必须努力建设一支高素质的教师队伍，要求教师既要有高深的科研学术水平，也要有高尚的职业道德。

第二，教师的师德师风对学生世界观、价值观、人生观的形成有着直接的影响。教书必然育人。在平凡的教学活动中，教师的道德品质、行为模式"立体地"展示在学生面前，耳濡目染、潜移默化，直接关系着学生世界观、价值观和人生观的形成，影响巨大。教师是领路人，是学生学习的直接榜样，教师的思想行为、科学态度、求知精神、思维方式都对学生起着示范作用。为人师表的高尚品德容不得半点玷污，否则后患无穷，师德师风若"差之毫厘"，学生品德行为必"谬以千里"。

第三，加强师德建设，开展师德师风教育整顿活动将有助于规范我校办学方向，巩固和扩大我校教育改革和发展的成果，提高教师队伍的整体素质，具有十分重要的意义。我们要深入学习和贯彻"三个代表"重要思想和江泽民同志"以德治国"的主张，重视"以德治校"。同时，开展这次师德教育活动，将有助于进一步净化育人环境，打造优良学风、校风，加强思想道德建设，使每个教师自觉养成良好的社会公德和职业道德，以德修身，以德育人。

三、师德师风教育整顿活动的基本要求和目标

开展师德师风教育整顿活动，要贯彻学校《关于在全校教师中开展师德师风集中教育整顿活动的实施意见》，认真学习广东省教育厅《关于加强广东省高等学校师德建设的若干意见》《广东省高等学校教师职业道德规范》和《肇庆学院教师教学工作规程》等文件，统一思想认识。

这次教育整顿活动的基本要求是：坚持整风精神，发动教师和学生广泛参与，认真查摆问题，开展严肃的批评与自我批评，切实解决各系、部、中心师德师风方面存在的突出问题，尤其是群众意见大、学生反响强烈、长期未能得到解决、个别系表现特别突出的问题。通过教育整顿活动，要求达到使全校教师的思想作风有明显的改善，师德水平有明显的提高，工作作风有明显的转变，教学纪律有明显的增强，更好地担负起培养人才和建设学校的重要任务。

通过切实有效的教育整顿活动，希望达到以下四个方面的目标：

第一，自觉树立高尚的师德。树立高尚的师德就是要求我们要有坚定的敬业乐业精神和乐于奉献的献身精神。我们要热爱教育事业，要把培养教育好下一代当成神圣的天职。我们要热爱教育对象，具体来说，就是要尊重、信任、关心、严格要求学生，使之茁壮成长。我们要无私善良、言行一致、谦虚谨慎、胸怀坦荡，为人师表，甘为"人梯"，努力为社会培育英才。

第二，注重自身的师才修养。高校教师必须掌握精深广博的科学文化知识，构建理想的知识结构。我们要学而不厌，勇于创新，刻苦学习，追求真理，专博相济，深广结合，钻研业务，认真施教，以扎实的专业知识和现代的教育思想来适应现代素质教育的需要。

第三，努力提高自身的师能。实践证明，要想做一名合格或优秀的教师，就必须拥有熟练的教学能力、良好的思想教育能力、科学的组织管理能力、流畅的语言表达能力和较强的科学研究能力。我们必须懂得教育规律，

掌握现代教育的内容、方法和技术，讲究教学艺术，注重教学研究，扎扎实实地提高教育教学质量。

第四，加强言传身教，身体力行。教师的言行起着以身立教的作用。学生都具有模仿性、可塑性的特点，因此，教师的言行往往会被学生当作"样板"接受而产生直接的影响。我们应努力做到谈吐文雅，庄重含蓄，幽默风雅，穿着整洁，朴素大方，仪表端庄，举止得体，彬彬有礼，讲究卫生，遵守秩序，为学生树立教师人格榜样。

各位老师，今天我们开始师德师风教育整顿活动，过一段时间，将要开展机关工作作风的教育整顿活动，共同促进学校风气的好转。我们相信，经过大家的共同努力，我校的教风、学风、校风一定会大大改观，有力地促进我校各项事业的大发展。

精心组织　突出特色　注重实效　扎实推进

——在肇庆学院保持共产党员先进性教育活动
第一阶段工作总结会上的讲话①

同志们：

　　根据中共中央、广东省委和肇庆市委的部署，我校作为第二批开展保持共产党员先进性教育活动的单位，从 2005 年 7 月 9 日召开动员大会后，全校 18 个党总支、92 个党支部、700 名教职工党员、1255 名学生党员参加了第一阶段学习动员的教育活动。在上级保持共产党员先进性教育活动领导小组的领导和市委巡回检查组的指导下，学校党委把开展保持共产党员先进性教育活动（以下简称"保先教育活动"》作为首要的政治任务摆上重要议事日程，以求真务实的态度，找准工作着力点，迅速行动，周密部署，扎实完成了第一阶段的"规定动作"，同时结合学校实际，精心组织"自选动作"，使全校党员保先教育活动具有氛围浓厚、特色突出、注重实效、有序推进的良好开局，并取得了阶段性的明显效果，为顺利转入分析评议阶段奠定了坚实的思想基础。

一、基本情况

　　按照上级的总体要求和学校党委制定的《肇庆学院保持共产党员先进性教育活动实施方案》，自 2005 年 7 月 9 日学校党委召开"保持共产党员先进性教育活动动员大会"以来，各级党组织根据学校保持共产党员先进性教育活动领导小组办公室的具体安排，紧密结合学校和本单位的工作实际，认真抓好思想发动、学习培训和主题实践活动，坚持做到人员、时间、内容和效果"四落实"，通过集中学习、专题辅导、个人自学等形式，组织党员学习《保持共产党员先进性教育读本》、胡锦涛同志在新时期保持共产党员先进性

---

① 本文是作者 2005 年在肇庆学院保持共产党员先进性教育活动第一阶段工作总结会上的讲话。

专题报告会上的重要报告、《江泽民论加强和改进执政党建设（专题摘编）》、《争创"三有一好"，争当时代先锋》、《我是共产党员》、广东省纪委编印的《反腐倡廉教育读本（2005）》和广东省委书记张德江同志在全省高校领导干部暑期读书班上的讲话等，重点是学习党章，重温入党誓词。组织党员参加优秀共产党员事迹报告会，观看教育专题片，并开展了相应的学习和讨论，同时还举行了读书心得交流会和以师德教育为重点的专题研讨会。

各级党组织都建立了参学考勤、专用学习笔记本、党支部书记讲党课、开展主题党日活动和集中培训等学习制度，完成撰写学习心得体会、认真结合实际思考学校改革发展举措等学习任务，保证了每个党员集中学习的时间达到 48 小时，收到了较好的学习效果。

在学习教育过程中，全校党员率先垂范，校领导带头读书学习、上党课、做动员报告、到校外基层过党日活动；离退休老党员冒着酷暑，克服困难，积极参加学习；在职党员和学生党员放弃了休息时间，暑假期间主动承担重要而艰巨的工作，为学校的教育教学和发展积极贡献力量。

据统计，在学习动员阶段，学校党委共召开了 9 次党委会，专门研究教育活动的开展；学校领导到基层教学单位联系点上党课共 12 次；组织召开党委中心组（扩大）学习会议 5 次，内容分别是学习和传达上级的精神、分析通报教育活动的情况、部署教育活动工作、如何当好中层干部专题辅导报告、传达学习张德江同志在全省高校领导干部暑期读书班上的重要讲话精神；组织全校党员大会 3 次，分别召开动员大会、举行先进事迹报告会、第一阶段总结转段会；建成保先教育活动专题网站 1 个、出版教育活动《简报》11 期；报送保先教育活动信息 120 条；利用暑假组织了 5000 名学生党员和入党积极分子开展"三走进、三了解、三提高"主题社会实践活动，邓慧琨等 4 名同学光荣加入中国共产党，并在社会实践活动地封开大玉口镇举行了庄严而富有特殊意义的入党宣誓仪式。这一系列活动，有力地推动了保先教育活动的开展，形成了内容丰富、形式多样的保先学习教育热潮。

在这一阶段，《南方日报》《西江日报》都对我校的教育活动做了报道，广东省委保先教育活动简报两次刊登了我校教育活动的情况。在 8 月 22 日由广东省委组织部、省委教育工委举办的全省高校领导干部暑期读书班上，我校就如何开展保先教育活动方面做了经验介绍。同时，我校的教育活动情况可以直接向中央的保先教育活动简报投稿。可以直接向中央的简报投稿的单位，全肇庆市只有两个，我校是其中之一。

二、主要做法和特色

学校党委坚持从提高思想认识、激发内在动力，打牢理论基础、坚定理想信念，发挥模范作用、细化先进要求，严格学习纪律、保证学习效果，注重突出重点、密切联系实际等方面开展教育活动，使全体党员保持了良好的学习状态，推动了教育学习活动的深入开展，达到了通过学习明确新时期共产党员保持先进性的具体要求。

（一）高度重视，精心组织

学校党委高度重视保先教育活动，将其作为当前党建工作的头等大事。

2005 年 6 月，学校党委已着手进行第二批保先教育活动的前期准备工作：党委中心组举行了扩大学习会，学习中央和广东省委有关文件，并请肇庆市委副书记、市纪委书记来校做了《认真贯彻〈实施纲要〉，深入推进党风廉政建设和反腐败工作》的专题报告；组织部门对全校基层党组织和党员基本情况做了分项调查，进一步了解党员和师生对保先教育活动的认识、要求和期望，有针对性地做好思想发动和舆论宣传工作预案；党委领导和相关部门到第一批开展过保先教育活动的高校、单位学习取经，为制定学校的教育活动方案做好准备。与此同时，学校自去年底在党组织和全体党员中开展的"三有一好"主题创建活动和今年上半年中层领导干部的顺利换届调整工作，也为这次全面开展保先教育活动提供了充分的思想准备、舆论准备和组织准备。

7 月 1 日肇庆市委召开第二批保先教育活动动员大会后，学校党委立即召开会议，传达学习有关文件，统一认识，明确指导思想、工作目标和方法原则，成立了由党委主要负责同志任正副组长的保先教育活动领导小组，统一领导和指导全校保先教育活动；下设保先教育办公室，辖协调服务、宣传、秘书 3 个工作小组，负责对保先教育活动的具体组织和指导；学校党委还成立了督导组，对督导组所挂点单位的保先教育活动予以指导和督促。各党总支也成立了相应的领导机构，从而使学校从领导力量、组织机构和工作体系上为搞好保先教育活动提供了保证。制定了《肇庆学院保持共产党员先进性教育活动实施方案》《肇庆学院领导班子保持共产党员先进性教育活动的工作方案》和《第一阶段日程安排表》。学校及时将有关情况向市委先进性教育巡回检查组通报，并请他们提前到校调研，指导教育活动的启动工作。7 月 8 日，学校党委召开党总支书记和先进办成员会议，对总支书记和先进办工作人员进行了培训，并部署了学校开展保先教育的具体工作。7 月 9 日上午，学校举行了保先教育活动动员大会，拉开了集中学习序幕。同时，

《保持共产党员先进性教育读本》、学习笔记本和有关学习资料也陆续发到每个党员的手中，保先教育专题网站正式开通，保先教育简报编印发出，各党总支保先教育活动计划拟定，从而确保了教育活动的各项安排在第一时间得到落实。随后，各党总支在放假前陆续召开了动员大会，在学校的统一部署下，按照计划有序地开展教育活动。

（二）突出特色，重在实效

首先是建立了党委成员和总支委员联系点制度。党委成员都分别建立了2~3个联系点，各总支委员也相应建立了联系点。党委成员除了带头认真抓好自己的读书学习外，还主动到各自联系的教学基层单位作了学习动员和专题辅导报告，7月中旬又率教授、博士"三下乡"服务团冒着酷暑到今年受洪灾最严重的封开县大玉口镇和广宁县古水镇开展扶贫慰问和技术服务，帮助指导当地干部和农民救灾复产重建。在封开大玉口镇，学校领导走访了所有重灾户，并送上了由我校党员干部捐助的慰问金3万元和慰问品，有力地支持了灾民恢复生产、重建家园。教授、博士党员分别指导农户种植养殖和产品加工营销技术。一位生物学教授的技术讲座持续了两个多小时，临走时还被村民团团围住咨询求教。结合先进性教育活动，今年学校组织了5000名学生党员和入党积极分子参加了"三走进、三了解、三提高"主题社会实践活动，24支实践分队深入到封开、广宁、怀集等地贫困受灾的乡村和基层社区、企业开展为期1个月的实践活动，启迪学生"立志、修身、博学、报国"。这项活动既继承延续了学校组织开展"三下乡"活动的传统，又增添了新的更深刻的内容，使学生受到了极大的教育。在搞好学生党员"三走进、三了解、三提高"主题社会实践活动的同时，学校又创造性地把该项活动延伸到校园内，在教师党员中开展进宿舍、进课室、进饭堂的"三走进"活动，进一步加强和做好大学生的思想政治教育工作。

（三）贴近实际，推进工作

在开展教育活动过程中，学校注重把教育活动与学校实际、师生的实际紧密结合起来，找准着力点，增强时效性，通过扎实开展教育活动，不断促进学校的工作。如除了要求党员学习规定的书目外，学校党委还根据张德江同志在全省高校领导干部暑期读书班上的讲话精神，在组织中心组成员学习后，又在全校中层干部大会上进行了传达学习和贯彻，并把张德江同志的讲话印发到每一位党员手中，作为学习教育阶段的补充材料。同时要求全体党员要找准着力点，结合张德江同志的讲话确定自己要重点解决的问题，教师党员要自觉做"崇教厚德、为人师表"的模范，按照学校确定的"突出特色，注重质量，建设名校"的奋斗目标、明年迎接教育部组织的本科教学工作水平评估和办人民满意的高等教育等方面，根据各自的岗位和职责，思考如何在具体的实际工作中发挥党员的先锋模范作用，积极做出应有的贡献。开展保先教育活动，既要立足实际，更要推进工作，做到"两促进、两不误"。学校坚持"以生为本"的办学理念，组织好近3000名毕业生文明、愉快离校；安全、有序地做好了星湖学院470多名学生搬迁回主校区的工作，使这些学生高高兴兴地在这里学习、生活；为了做好迎新工作，利用假期对学生宿舍进行翻新维修和供电线路的改造，为新生入住创造一个整洁、安全、舒适的生活环境；认真做好新引进教师的住房安排工作，使他们一进学校就能安居乐业，充分感受到学校这个大家庭的温暖；抓紧做好旧图书馆的改造工作，使得相关的单位和系如期搬入改造好的办公地点，大大改善了这些单位的办公环境和教研条件。暑假期间，学校顺利地完成了137名山区英语教师的培训工作、3800多名函授学员的面授工作和1100多名监狱人民警察的培训提高工作。有关职能部门和系牺牲暑假休息时间，想方设法做好毕业生的就业工作，严格遵照上级的要求，实施"阳光工程"，圆满地完成了今年的招生工作。

（四）创新方法，扎实推进

一是营造学习氛围，形成学习共识。学校充分利用横幅、校报、简报、网络、专栏等形式营造教育声势，活跃学习气氛，使全体党员同志在浓厚的舆论氛围中接受教育和熏陶。二是丰富学习手段，保持旺盛状态。在集中学习过程中，充分利用观看专题教育片、组织外出到基层进行党日活动、建立专题网页等多种方式，丰富了学习的形式。三是丰富活动载体，调动学习积极性。学校在完成"规定动作"的同时，创新了不少"自选动作"，重点抓了"八个一"活动：每个校领导为自己的联系点党员讲一次党课；举行一场形势报告会；一个支部帮扶一名贫困新生；各支部组织党员开展一次下基层进行党日活动；举行一次优秀共产党员先进事迹报告会；组织大学生开展一次以"三走进、三了解、三提高"为主题的社会实践活动；组织一支教授、博士团参加社会实践活动；举行一次新党员入党宣誓仪式。在学习教育活动阶段，学校和各级党组织严格按照保先教育活动的程序，坚持高标准、严要求，扎实有效地推进教育活动的顺利、健康开展。按照上级的部署和要求，结合学校实际制定了保先教育活动实施方案；由各级党组织通过各种方式查找长期未与党组织联系的、在外进修学习以及暂缓毕业的党员，力争让每一名党员参加教育活动，同时通过电话、邮寄、网上学习等形式对在外的党员开展教育活动；学校按要求做好党支部书记和工作人员的培训工作；利用放假前和假期，采取集中、个人自学等形式，组织党员学习规定的书目，重点是学习党章；邀请全国首届十大教学名师、中山大学博士生导师王金发教授和本校教学名师吴忠义教授做先进事迹报告；要求党员提前一周回校撰写学习心得体会，参加学习心得交流会和党员先进性具体要求大讨论；组织党员参加百题学习测试。

（五）规范机制，加强督导

学校在保先教育活动的开始就严格学习纪律，明确学习要求。所有党员做到了集中学习，人人签到，人人做笔记，人人撰写心得体会。学校定期检查学习笔记和心得，严格进行阶段性学习效果测试，全体党员自觉遵守学习纪律，按规定完成了学习任务。同时加强督导工作，保证学习质量，确保教育活动的顺利开展。一方面，学校自觉接受肇庆市委巡回检查组的检查和指导，及时汇报学习教育计划和安排，虚心听取检查组对学习教育活动的意见和建议，主动接受检查组对各级党组织、党员个人学习教育活动的检查、督促和指导。另一方面，学校督导组认真负责，任劳任怨，严格按职责要求做好督导工作。在肇庆市委巡回检查组和学校督导组的共同努力和辛勤工作下，学校第一阶段教育活动圆满完成，并达到了预期的效果。

三、主要收获和体会

在学习动员阶段，学校坚持以思想发动为前提、以健全机制为保障、以联系实际为导向、以深入学习为重点，坚持保先教育更重要的是落实到实践中、落实到具体工作中。全体党员在认真学习和深刻领会保先教育重大意义的基础上，又结合实际，高度理解了解"科教兴国战略、人才强国战略和可持续发展战略"的内涵和历史赋予教育工作者的重任，深入讨论应对学校在教育教学工作中存在的不足、提高教育教学质量和做好明年迎接评估准备工作的具体举措。通过这一阶段的学习教育，广大党员的思想认识有了新的提高，在一些重大问题上达成了共识，取得了重要的成效。

（1）全体党员提高了对保先教育重大意义的认识，增强了参加保先教育的主动性。通过学习，全体党员认清了开展保先教育的重大意义，较好地解决了"为什么学""学什么""怎么样学"的思想认识问题，产生了学习教育的积极性，党员参加保先教育的主动性普遍增强。

（2）全体党员提高了对保先教育目标要求的认识，增强了保持共产党员先进性的政治责任感。全体党员结合国际国内形势理解保先教育的总体目标。通过层层召开动员大会、支部书记讲党课、做专题辅导报告等方式，使全体党员深刻认识到：进入21世纪，我们党所处的内外环境、所肩负的历史任务和党员队伍的现实状况都发生了深刻的变化，对保持党的先进性提出了新的要求，在全党开展保先教育活动，就是党中央针对新形势新任务做出的战略决策。深刻领会和认真贯彻落实中央的重大部署，是我们在新的起点上扎实推进党的建设新的伟大工程的难得机遇，是赋予我们的重大政治责任，是我们肩负的一项重大政治任务。

（3）全体党员提高了对马克思主义世界观、人生观、价值观的认识，增强了执政为民的宗旨意识。在学习中，学校采取集中学习、个人自学、举办专题讲座、交流学习心得、开设网页专栏等多种方式，引导全体党员认真学习了《保持共产党员先进性教育读本》等规定书目，通过通读原文、重点文献，准确把握党的先进性和党员先进性理论体系，对保持共产党员先进性理论体系有了较全面的了解。在学习中，学校始终把牢固树立马克思主义世界观、人生观、价值观，牢固树立正确的权力观、地位观、利益观作为教育学习的核心内容，作为坚定理想信念、保持党员先进性的关键和保证来落实，使党员为人民服务的宗旨意识普遍增强。

（4）全体党员提高了对党员先进性标准和具体要求的认识，增强了保持共产党员先进性的内在动力。学校充分运用正反两方面典型，对全体党员进行教育和引导，从历史丰碑、时代先锋、身边典型等各个角度展示了不同历史时期优秀共产党的风采，激发了全体党员学先进、赶先进的激情。在此基础上，学校按照要求组织全体党员开展了新时期保持共产党员先进性具体要求大讨论，形成了日常工作生活行为准则，使全体党员找到了前进的方向和整改的重点，纷纷对照自己的思想、学习、工作开展批评和自我批评，写出了学习心得，制定了改进措施。

（5）全体党员提高了对"两不误、两促进"具体要求的认识，增强了率先垂范的自觉性。在学习教育中，全体党员能够围绕中心、服务大局、合理安排，把开展保先教育活动与做好当前的工作有机结合起来，使保先教育成为促进各项工作的有利契机，成为促进学校发展的强大动力，真正做到"两不误、两促进"，增强党员率先垂范的自觉性。

学校保先教育活动第一阶段的工作启动迅速、开局良好、成效显著，但与上级的要求还存在差距和不足。主要表现为：有的党员思想认识还未完全到位，仍然存在着被动学或应付过关的思想，学习笔记质量还不够高，没有合理安排自学时间；有的党员对先进性的具体要求还不够深入、彻底地明确，与实际工作结合得还不够紧密，心得体会不够深刻。对存在的问题，必须高度重视，认真加以解决。

同志们，保持共产党员先进性是一项长期的任务，学习动员阶段只是开展先进性教育活动的开端，后面的工作更加艰巨。我们一定要以满腔的政治热情、饱满的精神状态、开拓创新的态度，扎扎实实地做好先进性教育活动的各项工作，促进学校的改革发展不断取得新成绩。

加强理论学习　促进作风建设　构建和谐校园①

——在广东技术师范学院促进学校机关作风建设
教育活动动员会上的讲话

同志们：

今天，我们在这里召开学习《江泽民文选》、促进学校机关作风建设教育活动动员会，主要目的是通过加强政治理论学习，促进我校机关作风建设，构建和谐的校园环境以及和谐的校园文化氛围。也就是通过这次教育活动，切实增强学校各机关部门的服务意识，提高服务水平，切实转变观念、转变职能、转变作风，使学校各职能部门成为让广大师生员工满意的服务型机关，为我校的教学、科研以及 2008 年的本科教学水平评估做好服务。

江泽民同志指出："党的作风是党的形象，是党的性质、宗旨、纲领、路线的重要体现，是党的创造力、战斗力和凝聚力的重要内容。"加强作风建设，是我们党不断完善自身建设的优良传统，也是我们党不断胜利前进的重要法宝。近日，党的十六届六中全会研究了构建社会主义和谐社会的若干重大问题，做出《中共中央关于构建社会主义和谐社会若干重大问题的决定》。因此，在新的历史时期，开展学习《江泽民文选》、促进学校机关作风建设教育活动，对于我们学习实践"三个代表"重要思想，树立和落实科学发展观，构建和谐社会，全面贯彻党的十六大和十六届四中、五中、六中全会精神，不断增强党的创造力、战斗力和凝聚力都具有重要的意义。在这里，我谈两个方面的问题。

一、通过学习教育活动，抓住机关作风建设中存在的突出问题，切实加强和改进作风建设

客观地说，我校的机关作风总体上是好的，机关干部素质总体上也是好的，在学校的发展中，机关部门的功劳不容否定。长期以来，机关和广大机

---

① 本文是作者 2006 年在广东技术师范学院促进学校机关作风建设教育活动动员会上的讲话。

关干部认真按照学校工作部署，努力完成各项任务，为全校师生员工服务，为学校发展服务，这是大家有目共睹的。同时，我们也要看到，在机关和个别干部当中也确实存在着一些不容忽视的问题，要从以下几方面加以认识、解决。

（一）加强服务意识，解放思想，转变观念，大力建设服务型机关

机关作为学校的职能部门，其管理功能应该建立在服务的基础之上。但是有些部处和同志的群众观念有待进一步加强，管理意识过浓，服务意识较弱，"脸难看、门难进、话难听、事难办"的现象在学校一些部处或多或少地存在着，也有同志反映"脸也好看、门也好进、话也好听，就是事不办"。个别同志习惯于以管人者、监督者甚至恩赐者的身份自居，习惯于发号施令、让人找上门来，遇事不是主动帮助、积极解决，而是从自己方便的角度考虑，能推则推，能拖则拖；个别部门、单位办事程序繁复；个别部门、单位缺少办事规则和程序，造成工作上互相推诿，师生员工办事无所遵循。前几天，一位外省学生的家长打电话到学校党办，情绪有些激动，说要找书记、校长反映问题。在办公室工作人员的沟通下，他才愿意把情况反映出来：他的女儿在我们学校读师范类专业，需要报考普通话测试，报了几次都没有成功，她就比较着急，找到某部门的工作人员询问情况，这个工作人员的态度比较生硬，没有仔细说明情况就打发学生离开。学生感觉受到委屈，向家长打电话诉苦，家长便打电话来学校投诉。这件事情，有的同志认为是小事情，但实际上是大事情。机关工作人员的一言一行，不只代表着自己的形象，更主要的是代表着学校的形象。如果一件事情没做好，就会影响到学校的声誉。因此，希望大家一定要树立服务意识，一定要热情待人、积极办事。

加强和改进机关工作作风，我们必须以解放思想为先导，努力转变观念、开拓创新，用新的理念审视学校的改革和发展，以强烈的发展意识、开放意识和机遇意识，推进管理创新；要以"三个代表"思想为指导，重新审视自己的思想观念和思想方法，重新审视自己的认识能力和认识水平，重新审视自己的工作目标和工作规范，重新审视现有的各项制度和做法。

加强服务意识，解放思想，就是要求我们要树立全心全意为师生服务的宗旨，贯彻"以人为本"的服务理念，尤其在高校，要树立"以生为本"的理念，深入基层，改变服务方式，改善服务态度，提高服务质量。在上学期学校的中层干部大会上，我谈到"以生为本"的理念。我在肇庆学院提出的办学理念是十六个字"以生为本，以质立校；突出特色，崇尚创新"。这个理念得到了全校师生的高度认同。在高等院校牢固树立"以人为本"的思

想实质，就是坚持"以生为本"。我们的机关管理工作必须树立"以生为本"的服务理念，学校机关的全部责任和追求就是为师生员工服务，为学校的教学科研、基层和师生员工服务。大家都是为人民服务，都要做好服务工作。希望大家都能正确认识到高校工作的特点，树立"以生为本"的服务理念，为学校的教学科研、学生的成长成才做好管理与服务工作。在机关工作的同志，天天接待教师、学生，如果把工作做好了，就能得到师生的肯定，取得良好的效果。譬如今年新生入学的时候，学生处为了做好新生接待工作和贫困新生入学工作，专门为新生开设绿色通道，为贫困新生设立一百多个勤工助学岗位，让贫困的学生一入大学就有勤工助学岗位，解决了读书期间的经济困难；对特别贫困的学生还由校领导赠送日常生活用品，赠送礼包。这个消息经过媒体报道之后，在社会上引成了极大的反响，有的学生家长专门致电学校，有的兄弟院校也专门打电话到学校，对学校的这一做法表示赞同。这就是开创性做好服务工作的很好的做法，容易得到广大师生乃至社会的一致认同。

（二）加强责任意识，提高办事效率，建设创新型机关

上学期以来，我和王院长到学校的教学辅导单位调研，一些同志反映我们的机关工作人员中存在责任意识不强、办事效率不高的问题。有些同志不愿意触及工作中的矛盾和问题，对师生提出的意见视而不见，听而不闻，习惯于按部就班、墨守成规，工作的责任心、主动性、创造性不够，碰到问题、遇到矛盾往往以"我不管""不知道"敷衍搪塞；在具体事务的处理上，不能做到急事急办、特事特办，常常使一些工作卡在某一个环节或某一个人手上，甚至院系报送给领导和机关部门的申请、报表被丢失的现象也屡有发生。责任意识不强，办事效率就不可能提高。比如，个别部门、同志在向学校领导和上级报送信息时，没有落实责任，没有提供实际数据，存在虚报的情况。其导致的结果就是工作没有完成，或者出现失误甚至差错，影响正常工作。同志们，这种行为要不得，我和王院长在不同的场合都反复强调，学校各级部门上报信息或数据时，一定要准确、客观，不要有水分。正确的信息、正确的数据才能为学校的决策提供正确的依据，做起事来才能有的放矢。希望各部门、各位同志提供数据一定要实事求是，要提供真实信息，反映真实情况。

机关干部是联系学校与广大师生的桥梁和纽带，是代表学校对外交往的特使。在每一个岗位上工作的同志都很重要。大家是真正的主人，如果都把工作做好了，就能为学校的改革与发展，为加强学校的凝聚力发挥重要的作用。因此，我们所处的地位、所负的责任、所起的作用十分重大与特殊。只

有每位同志都具备强烈的责任意识，我们的工作才会真正落到实处，才能够提高工作效率，才能够开拓思路、创新方法，才能够为学校的事业发展办实事、办好事、办成事。同时，我们在工作中要特别注重创新。江泽民同志指出："创新是一个民族进步的灵魂，是国家兴旺发达的不竭动力。""整个人类历史，就是一个不断创新、不断进步的过程。没有创新，就没有人类的进步，就没有人类的未来。"创新对于学校来说，同样十分重要。可以这么说，一所学校如果没有创新，必将错失机遇，必将落后于时代、落后于社会主义建设对人才的需要。在高等教育蓬勃发展的形势下，任何一所学校的发展，都不是靠少数人思考、创新就能成功的，而是需要集思广益，需要在教学、科研、人才制度建设、后勤服务等方面不断创新。因循守旧，安于现状，是不可能建成世界高水平大学的。请广大机关干部在制度上、管理上和实际工作中不断创新，开创新思路，想出新办法，创出新成果。

（三）加强学习意识，努力建设学习型机关

江泽民同志在中共中央纪律检查委员会第五次全体会议上强调："加强学习，对提高人的精神境界很有益处，对自觉抵制消极腐败现象也很有益处。学习搞好了，掌握的理论知识和科学文化知识多了，政治认同和精神境界提高了，讲政治、讲正气才能讲得起来。勤于学习，善于学习，不仅有利于我们更好地改造客观世界，而且也有利于我们更好地改造主观世界。全党同志特别是领导干部，一定要坚持学习，学习，再学习。"机关职能部门在学校实现"十一五"规划和2020远景目标中，担负着领导、组织、协调和服务的重要职责，机关工作人员的综合素质和工作效能的高低，对全校工作起着直接或间接的影响。思想是行动的先导。加强机关作风建设首先要大力倡导学习之风和调查研究之风。要按照党的十六大提出的"形成全民学习、终身学习的学习型社会，促进人的全面发展"的要求，坚持以邓小平理论和"三个代表"重要思想为指导，深入贯彻落实党的十六大和十六届四中、五中、六中全会精神，紧密结合学校实际，以进一步解放思想、求真务实、开拓创新、提高素质、改进作风为目的，树立"终身学习""知识立身"的理念，建设学习型机关。克服不思进取、得过且过，不认真学习理论、不用心汲取新知识、不深入思考新问题，思想上安于现状、自我满足，工作上敷衍了事、庸碌无为等不良倾向。全体机关工作人员要减少不必要的应酬，少参加一些不必要的活动，沉下心来，多读书，多思考，再学习，再提高，加强修养，拓宽眼界。积极适应市场经济条件下高等教育改革发展的新要求，加强现代科技、教育、管理、经济、法律等方面知识的学习，努力掌握电脑、外语等基础性技能。要在学习上形成新的氛围，认识上达到新的高度，实践上取得新的成效，形成机关以人为本、尊重知识、尊重人才、尊重劳动、鼓励创新、团结协作的人文环境。

（四）加强规范管理意识，建立有效的规章制度

要健全体制，规范管理，明确机关职责。机关职能部门的主要任务是代表学校执行管理职能，它除了参与学校政策制定之外，主要还是一个政策执行机构。学校的主要任务是贯彻党的教育方针，培养德、智、体全面发展的合格人才，管理工作就是要围绕这个主要任务来做。学校的管理工作有很多方面：一是要对全校的人、财、物、信息等进行合理的组织和调配，来保证教学和科研任务的完成；二是在加强思想教育的基础上，制定和实施好一系列规章制度，用行政手段来保证各项工作紧张而有序地进行，实行有效管理；三是学校目前还承担着繁重的后勤工作任务，广大教职工的生活要给予关心和照顾。机关的管理职能要通过职权、职责、服务三位一体来实现。

要通过建立健全制度、机制来加强和改善管理，坚持依法治校。各部处要制订和完善本部门的职能和职责，公开办事流程。各部门及相关岗位的工作纪律、岗位职责、职业道德等都要有明确的规范，要通过科学规范的制度来加强管理，提高工作效率。好的制度是保证学校管理健康有序开展的基础。随着社会的发展与进步，大学的管理必须适应新的形势的需要，原有的管理体制中旧的、不再适应新形势的管理模式应该进行改革。这个学期的一项重要工作是要建章立制。各部门、各单位要制定工作职责，按章办事。这项工作党办、校办还在进行之中。制度贵在执行、贵在坚持，制度的执行要注重一视同仁，不搞特殊化。各部门负责同志要身体力行，带头贯彻执行，确保各项纪律不会流于空谈。比如会议制度，每次召开会议有规定的时间、有会议的纪律。在几次召开学校有关干部的会议时，绝大多数同志按时到会，但总是有部分同志迟到，甚至个别同志不参加会议。同志们，有句俗语说：村看村，户看户，社员看干部。身为大学各部、处、系的干部或工作人员，开会尚且迟到甚至缺席，我们怎么去为人师表呢？

同志们，加强理论学习、促进作风建设，关键在机关，关键在干部。机关和干部不带头，作风建设就很难取得实效。对于存在的问题，不下定决心、不采取得力措施解决，就不可能真正发扬求真务实的精神，不可能真正使我校机关和干部作风有一个实实在在的转变，不可能很好地开展教学、科研工作以及迎接本科教学工作水平评估，也就不可能构建和谐的校园环境与和谐的校园文化。

二、通过学习教育活动，构建和谐校园

党的十六届四中全会提出了构建"社会主义和谐社会"的命题，十六届六中全会专门研究了这一命题，并发布《中共中央关于构建社会主义和谐社会若干重大问题的决定》。高等学校作为培养中国特色社会主义事业建设者和可靠接班人的主要场所，必然成为构建社会主义和谐社会的重要阵地，要在构建和谐社会的进程中有所作为、有所贡献。构建和谐校园，就是要构建文明高雅、融洽祥和、教工安居乐业、学生健康成长的和谐环境以及和谐的校园文化。为了更好地构建和谐校园，我代表学校党委和行政领导班子提几点要求：

第一，要通过学习《江泽民文选》，提高理论水平。教育工作是面向未来的工作，服务师生要有良好的服务意识和较高的服务质量，这需要机关工作人员不断提高素质，提高能力，增强工作的前瞻性，提高决策的科学性；要通过认真学习《江泽民文选》等政治理论及有关的业务知识，不断加强知识积累和经验积累，确实提高政治理论水平。通过努力加强与改进学校的机关作风建设，提高服务意识，转变机关形象，形成各单位、各部门以及师生员工之间相互协调、相互支持、爱岗敬业、勤奋好学的和谐环境，为构建和谐校园奠定牢固的思想基础。

第二，在学习《江泽民文选》的教育活动中，要坚持理论联系实际。各机关部处要对本部门工作人员提出政治理论学习和业务学习的具体要求，努力创造良好的学习条件和环境，营造学习的氛围。要及时、认真地组织研讨工作中存在的问题，探讨新的工作思路，不断提高机关的工作效率和效益。特别是要坚持党的理论联系实际的优良作风，也就是要联系学校改革与发展的实际，联系本单位、本部门的业务要求与工作的实际，联系个人的工作能力、工作方法、发展要求等实际，充分发挥理论对实践工作的指导作用。

第三，要明确服务对象，树立机关工作人员的良好形象。作为学校机关工作人员，一定要明确自己的服务对象是谁。我们服务的对象不是工人、农民、军人、商人，而是高级知识分子，是教师的教学科研和学生的成长成才。只有明确了自己的服务对象是谁，才有助于我们开展工作。我们要清醒地认识到，要做好广大教职员工的服务工作是不容易的，一定要提高服务意识，要为教师的教学科研、学生的学习生活排忧解难。服务做好了，就会得到他们的认可。例如教务处为非师范生开设"教育学""心理学"的培训班，解决他们获取教师资格证的难题；后勤部门为各个校区安装热水供应系统，解决他们的生活难题；学生处为贫困生提供帮助，解决他们的经济难题

等，都受到了师生员工的好评。我们就是要以热情的服务，通过解决教师的教学科研以及学生的学习生活等方面的疑难问题，不断树立机关工作人员的良好形象。

第四，要明确目的，严格要求。这个学期，学校党委把学习《江泽民文选》、加强机关作风建设作为重点工作之一，就是希望通过加强和改进我校机关和干部作风建设，为学校教学、科研及学生的成长成才提供优质服务，为学校第六次党代会的召开、2008年本科教学工作水平评估提供有力保障，为推动我校党风、学风、校风建设和构建和谐校园发挥积极的表率作用。

同志们，通过这次学习教育活动，只要我们能以崭新的面貌、务实的作风、高效的形象展现在师生员工面前，在解放思想上有新突破，在转变职能上有新举措，在服务水平上有新提高，我们就会以饱满的热情、积极的心态迎接学校第六次党代会的召开和2008年本科教学工作水平评估的到来。我们就会团结协作、努力工作，学校的发展事业就会蒸蒸日上，更加辉煌。

谢谢大家！

在广东技术师范学院纪念中国共产党成立 89 周年表彰大会暨创先争优动员会上的讲话①

同志们：

今天，我们在这里隆重集会，纪念中国共产党建党 89 周年，表彰先进基层党组织和党内先进个人。在此，我谨代表学院党委向辛勤工作和战斗在一线的广大党员和党务工作者致以亲切的节日问候！向受表彰的先进基层党组织和个人表示热烈的祝贺！

中国共产党成立 89 年的光辉历程，是一幅波澜壮阔的历史画卷，是一部催人奋进的长歌史诗。89 年来，我们党由小到大，由弱到强，历经风风雨雨，饱尝千辛万苦，不断从胜利走向胜利。中国共产党的 89 年，是把马克思列宁主义同中国革命和建设实践相结合，不断追求真理、开拓创新的 89 年，是为民族解放、国家富强、人民幸福而不断艰苦奋斗、发奋图强的 89 年，是不断接受考验、不断发展壮大、以实际行动赢得人民群众拥护和信赖的 89 年。可以自豪地说，现在的中国，经济实力大幅提升，综合国力显著增强，人民群众物质文化生活水平明显提高，党的执政地位更加巩固，在国际上的地位和影响与日俱增，民族精神空前凝聚，民族力量空前团结，民族自豪感空前增强，民族成就感空前彰显。历史雄辩地证明，我们的党是用马克思列宁主义、毛泽东思想、邓小平理论武装起来的党，是始终代表中国先进生产力发展要求、代表中国先进文化前进方向、代表中国最广大人民根本利益的党，是肩负中华民族伟大复兴历史重任的党；是伟大、光荣、正确的党。每一位共产党员都应该为我们有这样的党感到自豪和骄傲。

近几年来，学院各基层党组织和全体党员，坚持以邓小平理论和"三个代表"重要思想为指导，认真学习贯彻党的十七大和十七届三中、四中全会精神，深入贯彻落实科学发展观，紧紧围绕学院党委的中心工作，坚定"面向职教、服务职教、引领职教"的办学定位，努力践行"以德为行、以学为

---

① 本文是作者 2010 年 7 月 1 日在广东技术师范学院纪念中国共产党成立 89 周年表彰大会暨创先争优动员会上的讲话。

上"的教育思想，切实加强党建和思想政治工作，有力地推动了学院各项事业的顺利开展，为推动学院的新发展做出了积极的贡献。

一是积极开展丰富多彩的学习教育活动，坚持用马克思主义中国化的最新成果武装党员干部，教育广大师生。通过开展解放思想大讨论活动、深入学习实践科学发展观活动和学习《珠江三角洲地区改革发展规划纲要（2008—2020年)》，学院党委梳理出制约学院发展的关键问题和整改措施，紧紧围绕"学院的办学特色""培养什么样的人，怎样培养人"和"办什么样的大学，怎样办大学"这些根本性的问题，继续解放思想、实事求是、改革创新。各基层党组织和广大党员解放了思想，开阔了视野，提高了素质，理清了科学发展思路，坚定学院的办学定位，坚定不移地为广东培养职教师资，全面推进学院的新发展。

二是着力加强基层组织建设和党员队伍建设。学院党委以改革创新精神加强基层党组织建设，在条件成熟的单位成立了二级党委，进一步理顺二级党委、党总支的工作体制和机制，在中层单位实行党政联席会议制度；以支部建设为重点，创新组织设置形式，将教工党支部建在系上，学生党支部建在班上。截至6月底，全院共有教工党支部107个，学生党支部112个，支部建在班上占45%，党支部和学生党员的覆盖面明显加大。以"德学"教育为重点，抓紧抓好党员队伍建设的基础工程。在学生党建中开展主题教育活动立项，在师生党员中深入开展"以德为行、以学为上"主题党日活动，增强党员队伍的生机活力，切实抓好在青年教师和大学生中发展党员工作。两年来，共发展青年教师党员20人，学生党员2305人；强化党校的作用，抓好二级党校建设，努力构建系统化的政治理论培训基地，进一步提高了党校的培训质量和水平；建立完善"早启蒙、早教育"的入党积极分子培养机制，创新党校培训的模式，开设了"中国共产党基础知识"选修课；做好基层党组织的调研工作，召开了2009年党建和思想政治教育工作研究会年会，深入开展了党建理论研究工作。

三是建设学习型创新型的领导班子和干部队伍，干部教育培训工作稳步推进。坚持党管干部的原则，坚持走群众路线，注重选任干部的民主、公开和透明，不断加大干部交流力度，优化干部队伍结构，不断健全完善体现科学发展观要求的选人用人工作机制和监督机制，结合学院的实际，圆满地完成了科级干部换届，中层干部届中考核、换届工作；在干部教育培训方面，以能力建设为核心，以"德学"教育为平台，建立健全监督机制，不仅派干部参加国家教育行政学院、中南干部培训中心和省委党校的培训班，而且定期组织中层干部培训班，创新干部培训模式，建立"干部在线学习中心"，启动党员干部校内菜单式的选学培训工作，建设善于推动科学发展，促进校园和谐的高素质干部队伍。

四是进一步深化作风建设，抓好执行力。"执行力"是学院发展的竞争力和生命力。各基层党组织和广大党员充分认识到深化作风建设的重要性，进一步加强了作风建设，把作风建设变成巨大的实践力量，切实解决好学风、思想作风和工作作风等方面存在的问题，明确了任务，真抓实干，注重实效，认真贯彻落实罗伟其厅长关于学院发展的"四个全面"要求。各级领导干部、党员以及教职工加强了执行力，把学院党委布置的各项工作任务落到实处，推进学院科学发展。

五是进一步加强反腐倡廉建设工作，努力从源头上预防和治理腐败问题。坚持开展"清风论坛"活动，着力抓好思想教育工作，筑牢拒腐防变的思想长城；促进各项制度的落实，做到按制度办事、用制度管权、以制度管人；强化对重点领域、重点环节的监督，特别是促进了学院招投标、招生录取等工作的规范化。

六是认真做好城乡基层党组织互帮互助和"规划到户、责任到人"扶贫开发工作。按照省委的"五个一"要求，结合学院实际，统筹全院76个教工党支部帮扶清远市76个农村党支部；通过开辟茶园、募捐爱心基金、成立村少儿图书中心等措施，帮助丰顺县箭竹村转变观念，发展集体经济，取得一定的实效。2010年全院教工党员又为扶贫开发捐款达10.719万元。通过帮扶工作，进一步凝聚了党心民心，大大增强了学院干部党员的群众观念，也为广大师生提供了鲜活的学习实践基地，城乡互动互促、双向受益。

同志们，以上这些成绩的取得，是全院各级党组织、广大党员和全体教职工恪尽职守、精诚团结、无私奉献、共同奋斗的结果。我们的基层党组织，能贯彻学院党委的工作部署，坚持原则，维护班子团结和党员干部队伍的思想统一，充分发挥了战斗堡垒作用。我们的绝大多数党员干部，能牢记党的宗旨，认真地履行职责，顾全大局，明辨是非，努力践行"以德为行、以学为上"的教育思想，在不同岗位上发挥了模范带头作用。两年来，我院有2个教工党支部获得省委表彰，有2位党员教师获得"南粤优秀教师"称号；在科研方面，获得国家级科研课题立项中，党员占72.73%，获得省级科研课题立项中，党员占74.58%；在学生党员中，2010届获表彰的优秀毕业生中，党员占95%；等等。广大党员在学院的各项事业中起到了模范带头作用，彰显了共产党员的先进性。

在肯定成绩的同时，我们还应该清醒地认识到我院所面临的形势和挑战。我们必须把加强党的建设和推动学院科学发展结合起来，进一步加强学科建设、师资队伍建设，提高教育教学质量，进一步推进新校区建设和落实省教育厅罗伟其厅长关于学院发展的"四个全面"要求，齐心协力克服困难，加快学院的发展。

这次受表彰的先进集体和个人，是在开展民主评议党员和党支部建设评估的基础上逐级推荐产生的，他们是近两年我院基层党组织和党员中的优秀代表。还有不少同志也默默无闻地做了大量的工作，但由于名额的原因，不能一一表彰。希望通过这次表彰，激励和培养出更多更优秀的先进集体和党内先进个人，从而更有效地推动学院各项工作的顺利开展。刚才会上有三位同志做了很好的经验交流和发言，他们的做法和经验值得大家学习和借鉴。

同志们，按照中央、省委、教育部党组、省委教育工委的统一部署和安排，为扎实有效地深入开展好我院的创先争优活动，全力推进学习型党组织建设，我提三点要求。

一、充分认识开展创先争优活动的重大意义

深入开展创先争优活动、全力推进学习型党组织建设是党的十七大和十七届三中、四中全会做出的重大决策，也是学院当前和今后一个时期以改革创新精神加强和改进新形势下党建工作的重要任务，是今后两年学院各级党组织的主要工作，必须集中精力，精心组织，抓紧抓好。

第一，开展创先争优，是巩固和拓展学习实践科学发展观活动成果，进一步抓好整改落实工作，推动实践活动向深度和广度发展的重大举措。在学院学习实践科学发展观活动中，我们找出了制约学院发展的十大问题，制定了10大类58项具体的整改措施，有些问题已经解决了，有些问题还需要我们进一步抓好落实。深入开展创先争优活动，就是要使全院党组织和广大党员关心学院的发展，着力解决影响和制约发展的问题，解决好师生最关心的实际问题和热点问题，更好地兑现学习实践活动中对师生员工的承诺。

第二，开展创先争优活动，是加强学院基层党组织建设和党员队伍建设的必然要求。党的十七届四中全会指出："党的基层组织建设是党的全部工作和战斗力的基础，是落实党的路线方针政策和各项工作任务的战斗堡垒。"近年来，学院党建工作的活力和创造性不断加强，基层党组织的工作水平和党员队伍整体素质不断提高。但是，面对新形势和新任务，一些基层党组织起战斗堡垒作用还需进一步加强，一些党员教师在教学、科研、教书育人上起先锋模范作用还需进一步加强，一些党员、党员领导干部还需要进一步加强理论学习等。开展创先争优活动、推动学习型党组织建设，有助于解决党组织和党员队伍中存在的突出问题，增强党组织的凝聚力、创造力和战斗力，彰显基层党组织的战斗堡垒作用和党员的先进性。

二、突出成效，扎实推进创先争优活动

我们要借鉴学习实践活动的做法和经验，统筹安排创先争优活动，把建设学习型党组织贯穿于创先争优活动的全过程，高标准、高质量、高效率地完成各项任务。

按照广东省委组织部和省委教育工委的统一部署，创先争优活动分两个阶段进行：第一阶段，从2010年6月开始至2011年7月前，着重围绕迎接中国共产党成立90周年开展活动，兴起创先争优的热潮，分为发动部署和积极创先两个步骤；第二阶段，从2011年7月开始至党的十八大召开，着重围绕迎接党的十八大开展创先争优活动，引导基层党组织和广大党员以昂扬向上的精神风貌和更加出色的工作业绩向党献礼，分为巩固提高和系统总结两个步骤。

深入开展创先争优活动，要把握好以下五个方面的工作：

一是准确把握创先争优活动的总体要求和主要内容。总体要求是：认真贯彻落实党的十七大和十七届三中、四中全会精神，以邓小平理论和"三个代表"重要思想为指导，以"深入学习实践科学发展观、推动教育事业又好又快地发展"为主题，紧紧围绕《国家中长期教育改革和发展规划纲要（2010—2020年）》的发布实施，落实好广东省教育厅罗伟其厅长关于我院发展的"四个全面"要求，落实好我院第六次党代会提出的"突出特色、以质立校、建设新校、和谐发展"的工作方针，全面加强"面向职教、服务职教、引领职教"的内涵建设，进一步深化"以德为行、以学为上"的教育思想，统筹推进党的建设其他经常性工作，充分发挥基层党组织的政治核心、战斗堡垒作用和共产党员的先锋模范作用，为学院今后更名为广东技术师范大学打下坚实基础，提供坚强的组织保证。

二是创先争优活动以创建先进基层党组织、争当优秀共产党员为主要内容。先进基层党组织的基本要求是，学习型党组织建设成效明显，出色完成党章规定的基本任务，努力做到"五个好"，即领导班子好、党员队伍好、工作机制好、工作业绩好、群众基础好。优秀共产党员的基本要求是，模范履行党章规定的义务，努力做到"五带头"，即带头学习提高、带头争创佳绩、带头服务群众服务师生、带头遵纪守法、带头弘扬正气。

三是精心设计创先争优活动载体。全院各基层党组织要按照学院党委制定的实施方案，结合自身的实际，结合教学、科研、管理服务岗位和学生党员的不同特点，突出实践特色，按照有利于活动开展、有利于党员积极参与、有利于提高活动实效的原则，精心设计主题鲜明的载体，做到主题明

确、内容充实、形式丰富。要充分发挥基层党组织在推动改革、坚定学院办学定位、教书育人、师德师风建设中的积极作用，把开展创先争优活动与推进学习型党组织建设、与全面落实罗伟其厅长对我院发展的"四个全面"要求、与提高基层党建科学化水平结合起来，进一步健全工作机制，彰显共产党员的先进性。

四是广泛组织群众积极参与创先争优活动。充分发挥基层党组织和党员的主体地位，要深入发动群众，广泛组织师生员工参与，积极发挥工会、共青团和学生团体等基层群众组织的作用，在全院形成创先争优的良好氛围，并充分发挥师生员工的监督作用。

五是活动方式要做到公开承诺、自我讲评、领导点评、群众评议和评选表彰。具体来说，公开承诺就是要求各基层党组织要有活动方案和工作目标，党员要有具体打算，并做出承诺，接受群众监督。自我讲评就是要求基层党组织和党员要适时小结，并以召开组织生活会的形式进行点评，进行自查。领导点评就是要求校、院两级领导班子成员按工作分工和联系点分工对活动进行点评，实事求是地肯定取得的成绩，及时指出存在的问题和努力方向。群众评议就是要适时组织党员、群众进行评议，评议的结果作为评先树优的重要依据。评选表彰就是在民主评议党员和党支部建设评估的基础上，对在活动中涌现出来的先进集体和个人集中进行表彰，届时，将在先进个人中评选出 10 名先进标兵，为广大师生树立榜样。

三、加强领导，精心组织，切实开展好创先争优活动

学院党委贯彻中央和省委等上级部门的精神和要求，对创先争优活动进行了明确、清晰的部署，各二级党委、党总支要加强领导，精心组织，切实开展好创先争优活动。

一要明确责任，狠抓落实。学院已成立创先争优活动领导小组，负责全院活动的组织领导。各二级党委（党总支）要成立相应的领导小组，二级党委（党总支）书记、党支部书记作为责任人，要吃透精神，熟悉学院方案，结合本单位实际，制定自己的活动方案。要形成层层抓落实、人人抓落实、事事抓落实的良好氛围，提高执行力，通过活动促进学院科学发展。

二要强化督查，推动工作。领导小组要深入基层，深入到广大党员群众中，加强对活动的具体指导和督促检查，通过专题调研、召开座谈会、随机抽查等方式，了解活动进展，通报活动情况，总结交流经验，研究解决实际问题，总结推广经验等做法，推动活动的顺利开展。创先争优活动是基层党建工作的一项经常性工作，要正确处理开展创先争优活动与做好各项工作的

关系，活动要始终做到围绕中心、服务大局，要通过"创""争"的工作，在全校范围内进一步树立党组织和党员的"五个好""五带头"的良好形象。

三要加强宣传，抓好典型。要充分运用校园网、校报、简报等方式，大力宣传创先争优活动中涌现出来的好做法、好经验，大力宣传先进基层党组织和优秀共产党员的典型事迹，并充分发挥典型的示范引导作用，努力在全院营造学先进、赶先进、做贡献、当表率的良好风气，推动校风建设迈上新台阶。

同志们，任务已经明确，贵在抓好落实。希望各二级党委、党总支坚持党要管党、从严治党，强化党委管党建、书记抓党建的责任，确保加强和改进新形势下基层党建工作各项重大措施落到实处。希望全院各级党组织和全体共产党员要按照学院党委的统一部署，按照省教育厅罗伟其厅长提出的"四个全面"要求，进一步提高执行力，扎扎实实地做好每一项工作，干出成绩、干出成效，并追求工作的最佳效果，进一步建设和谐校园，促进学院事业的新发展，以更加昂扬向上的精神风貌、优异的成绩向建党 90 周年和党的十八大献礼！

最后，祝同志们身体健康，工作顺利！

谢谢大家！

在广东技术师范学院 2010 年纪律教育学习月活动动员大会上的讲话[①]

同志们，同学们：

根据广东省委教育工委的部署，结合我院实际，经学院党委研究决定，我院从 5 月 27 日至 6 月 27 日开展纪律教育学习活动。今年纪律教育学习的主题是"加强制度教育，构筑拒腐防线"。下面，我就开展纪律教育学习月活动谈三点意见。

一、统一思想，深刻认识开展纪律教育学习月活动的重要意义

开展一年一度的纪律教育学习月活动是学院党委工作的重点，对学院各项事业又好又快发展起政治保障作用。

开展纪律教育学习活动是新时期加强和改进党的建设、永葆党的先进性和纯洁性的必然要求。坚决惩治和有效预防腐败，事关党的先进性和纯洁性，事关党的执政基础和执政能力，事关党和国家生死存亡的重大问题。党的十七大以来，以胡锦涛同志为总书记的党中央将反腐倡廉建设放在更加突出的位置，深入推进惩治和预防腐败体系建设，腐败现象得到进一步遏制。同时，我们也要清醒地看到，世情、国情、党情的深刻变化对党风廉政建设和反腐败斗争提出了新课题、新要求，反腐倡廉形势依然严峻，任务依然繁重。我们必须正确认识党风廉政建设和反腐败斗争的长期性、复杂性和艰巨性。纪律教育学习月活动是党的纪律教育和反腐倡廉教育的有效载体，我们要常抓不懈、持之以恒，要进一步统一思想、提高认识，坚定理想信念、增强党性修养、强化制度意识，筑牢拒腐防变思想防线，做到立党为公、执政为民、清正廉洁，加强和改进新时期我院党的建设，永葆党的先进性和纯洁性。

[①] 本文是作者 2010 年 5 月 27 日在广东技术师范学院 2010 年纪律教育学习月活动动员大会上的讲话。

开展纪律教育学习活动是提高党员干部执行力的重要举措。当前，我国高等教育正站在新的发展起点，特别是党中央、国务院提出以提高高等教育质量为核心，加快从高等教育大国向高等教育强国转变的战略任务，高校的发展进入了一个重要的历史关头。我院作为广东省职教师资人才培养的院校，在贯彻落实《珠江三角洲地区改革发展规划纲要（2008—2020年）》《国家中长期教育改革和发展规划纲要（2010—2020年）》和《广东省中长期教育改革和发展规划纲要（2010—2020年）》中，面临前所未有的发展机遇。我院正在抓紧推进新校区一期工程的建设，力争明年9月迎来第一批新生。我们要苦练内功，深化内涵建设，着力做好职教师资人才培养综合改革工作，进一步提高教育教学质量和科研水平，为实现更名为"广东技术师范大学"的共同愿景而努力。这就需要广大师生员工统一思想，增强纪律观念，提高执行力。应该说，我院绝大多数的党员干部干事创业的热情是高的，工作是扎实的，主流是好的。但是，在师生员工中还存在一些与学院发展不相适应的现象。譬如：有的干部当面讲执行，背后无行动；有的部门当面讲协调，背后互推诿；有的干部遇事"难"字当头，遇难而"退"；等等。这些现象的存在，不同程度地影响了学院事业的发展。因此，我们必须在师生员工中深入开展纪律教育学习活动，加强制度教育，提高执行力。

二、围绕主题，突出重点，分层次开展纪律教育学习活动

今年纪律教育学习月活动的主题是"加强制度教育，构筑拒腐防线"。我院纪律教育对象是全体师生员工，重点是学院各级领导干部、权力集中部门和关键岗位的工作人员。

突出党员干部法纪制度教育。我们要把学习贯彻、自觉遵守、维护党纪国法和各项制度，作为反腐倡廉宣传教育的重要内容，教育党员干部牢固树立党纪面前没有特权、法律面前人人平等、制度面前不得例外的意识，切实增强党员干部组织观念和遵纪守法、按章办事意识，筑牢拒腐防变的思想道德和党纪国法两道防线。通过法纪教育，增强党员干部尤其是党员领导干部的政治意识、权力意识、法律意识、责任意识和忧患意识，切实做到令行禁止、纪律严明，做自觉遵纪守法的表率。通过制度教育，使广大党员干部领会制度精神、熟知制度内容、不断增强制度意识，把制度转化为党员干部的行为准则、自觉行动，切实提高制度的执行力。

强化领导干部廉洁从政教育。各级领导干部是学院改革发展的领导者、组织者、推动者，是贯彻执行党的教育路线、方针、政策的带头人，加强领导干部廉洁从政教育对推进我院反腐倡廉建设至关重要。我们要大力推进反

腐倡廉思想教育，加强领导干部党性修养和从政道德修养，促使领导干部模范遵守社会公德、职业道德和家庭美德，筑牢廉洁从政的思想道德基础。领导干部要重点学习和严格执行《中国共产党党员领导干部廉洁从政若干准则》《广东省〈关于实行党政领导干部问责的暂行规定〉实施办法》法规和"三重一大"集体决策制度，自觉维护制度的权威性和严肃性，做立党为公、执政为民、廉洁从政及执行制度的表率。要把各级领导干部廉洁从政教育同理想信念教育结合起来，大力推进党的基本理论、基本路线、基本纲领和基本经验教育，使领导干部牢固树立马克思主义的世界观、人生观、价值观和正确的权力观、地位观、利益观，始终保持清醒的头脑和坚定正确的政治方向。要把各级领导干部廉洁从政教育同加强作风建设结合起来，着力解决领导干部在思想作风、学风、工作作风、领导作风和生活作风方面存在的突出问题，切实改进领导干部作风，做到为民、务实、清廉，以优良的作风促进学院各项事业健康发展。

加强教职员工职业道德教育和廉洁教育。要在广大党员干部和教师中继续深化"以德为行，以学为上"主题教育活动，把廉洁从教纳入师德建设范畴，切实加强学院师德师风和教风学风建设，提高教职员工职业道德修养和廉洁自律意识。要加大对广大教师特别是学术带头人、科研项目负责人、评审专家等人员的教育引导，引导广大教师树立良好师风师德、崇尚科学精神、端正学术风气、恪守学术研究道德。对广大干部职工尤其是组织人事、招生考试、后勤、财务、基建、设备和图书采购等人财物管理部门和关键岗位的干部职工，要深入开展事业观、工作观、政绩观教育和岗位廉政教育，提高责任意识和法律意识，规范岗位履职行为，筑牢思想道德和党纪国法两道防线，做到警钟长鸣、防微杜渐。

要在大学生中深化"以德为行，以学为上"教育活动，加强大学生廉洁修身教育。大学生是我国未来建设中一股不可忽视的力量。大学生对于廉政、廉洁和腐败的态度，决定着他们将来是成为国家廉政建设中一支建设性力量，还是一支破坏性力量。我们要按照教育部《关于在大中小学全面开展廉洁教育的意见》要求，充分发挥课堂教学的廉洁教育主渠道作用，把廉洁修身教育纳入学生思想品德课教育学内容，进一步深化"廉洁修身"等课程的教学改革。深入开展"以德为行，以学为上"的主题教育活动，把廉洁修身教育与素质教育、社会主义核心价值体系教育、理想信念教育结合起来，渗透到党团、社团活动和毕业生就业指导工作中，强化青年大学生的廉洁意识。要认真贯彻落实中央纪委等六委部《关于加强廉政文化建设的意见》精神，通过以开展"读廉书、知廉事、重廉行"为主题的廉政文化系列活动，把廉政文化建设融入学院教育、教学、管理的各个方面，培养学生崇尚真知、文明礼貌、诚实守信、洁身自好的良好道德品质，确保大学生成为我国社会主义事业合格的建设者和接班人。

三、加强领导，狠抓落实，确保纪律教育学习月活动取得成效

纪律教育学习月活动是反腐倡廉教育的一个平台，是党的宣传教育工作的重要组成部分。各单位各部门要高度重视，严格要求，精心组织，营造氛围，不断增强纪律教育学习的针对性和实效性，确保今年的纪律教育学习月活动顺利进行并取得扎实成效。

一是要加强领导，讲求实效。为了加强对教育活动的领导，学院成立了纪律教育学习月活动领导小组。各单位党政主要领导是所在单位纪律教育学习活动的第一责任人，要确实负起责任，开展好本单位的教育学习月活动，使纪律教育学习有主题、有内容、有计划、有落实、有检查、有效果。纪检监察部门要积极协助党委做好教育活动的组织协调，学院各部门要主动配合，形成纪律教育"大宣教"的整体合力，追求教育活动的最佳效果。

二是要创新形式，丰富载体。纪律教育的形式要随着形势、任务的变化不断推陈出新，要体现时代精神、突出我院特色、适应党员成长规律，要把传统教育形式与创新教育形式相结合，用丰富多彩的活动来营造浓厚的教育氛围。

三是要加强监督，狠抓落实。学院党委、纪委将通过召开教育学习情况汇报会、开展检查等形式，对教育学习活动的情况进行指导和检查督促。各单位主要负责人要亲自检查活动进展情况，发现问题，及时纠正，确保教育学习活动落到实处。

同志们，开展纪律教育学习月活动是当前我院党风廉政建设和反腐败斗争的一项重要政治任务。我们一定要认真贯彻落实党的十七大、中央纪委十七届五次全会、省委十届五次全会精神，紧紧围绕学院工作中心，求真务实，开拓创新，认真抓好纪律教育学习月活动"规定动作"和"自选动作"，不断推进我院党风廉政建设和反腐败工作，促进我院科学发展，为营造风清气正的发展环境而努力奋斗！

谢谢大家！

加强德学修养 增强服务意识①

——在广东技术师范学院总务处学习班上的讲话

学校总务处是学校重要的组成部分之一。学校总务处在学校教育事业发展中做了大量的工作，做出了突出贡献，这是有目共睹的。为了进一步做好为广大师生服务的工作，为了推动学校进一步发展，总务处的每一位同志都应进一步加强德学修养，增强服务意识。

一、加强德学修养

（一）为什么要加强德学修养

1. 德学缺失给人生造成悲剧的现实，促使我们必须强化德学修养的意识

高等院校是培养人才的地方，每年都有成千上万的大学毕业生走向社会。他们在各行各业中辛勤工作，为社会的经济发展、精神文明建设和物质文明建设贡献自己的青春和力量。纵观现实，不少学生经过自己长期的努力奋斗，有的成了科学家、专家、学者，有的成了工程师、企业家，还有的成了党的领导干部……这些都让身为高校教师的我们感到欣慰、感到自豪。然而，现实也让我们看到了生活中不幸的另一面：有的领导干部官德失范，忘却了自己是人民的公仆、人民的勤务员，忘却了为人民服务的宗旨，忘却了做官要清正廉明、道德高尚。这些人由于官德失范，法律意识、平等意识、责任意识淡薄，权力意识、等级意识和优越感极度膨胀，逐渐走向了违纪违法、腐败的路途，成了阶下囚。

在现实生活中，也有些高校的校领导、中层领导，甚至教授、博士、理论专家，忘却了坚定的理想信念，忘却了自己艰辛的努力，忘却了知识分子应有的操守，不珍惜来之不易的荣誉和地位，守不住做人做事的底线，经不起经济利益的诱惑，走上不归之路……

---

① 本文是作者 2010 年 11 月 3 日在广东技术师范学院总务处学习班上的讲话。

当他们付出沉重的代价，进行忏悔时，他们都道出了共通点：放松了政治学习，丧失了理想信念，违背了职业道德，被社会上庸俗的社会风气所迷惑，思想上防腐拒变的能力逐渐丧失，犯下了致命的错误，毁了自己美好的人生。

这些人生悲剧，不能不让我们深刻反思。我们要充分认识到，人生的"德学"修养，应当伴随人的一生，成为人的一生的追求、一生的实践。

2. 社会现实对高校的强烈冲击和影响，促使我们必须加强德学修养

当历史的脚步跨入 21 世纪之后，国际和国内的社会现实都在强烈地冲击和影响着高等院校的广大师生，高等院校不再是一块净土。如今广大师生生存的环境，不再是宁静的大学校园，而是一个纷繁复杂的大世界。世界经济全球化和政治多极化越来越明显，高科技的竞争和人才竞争不断加剧，使一些师生的心态失衡、焦躁不安。市场经济的快速发展，一方面增强了人们的竞争意识、效率意识和开拓创新的精神，强化了师生的自强意识、成才意识、创业意识和创新意识，但另一方面由于市场经济活动存在的弱点和消极方面带来的负面影响，容易诱发一些师生的拜金主义、利己主义和享乐主义思想。在相当一段时间里，人们对社会义务、社会责任、大公无私、无私奉献、道德理想、人生理想等讲得少了，一切以利己、金钱、物质利益为行动准则的意识正以种种隐性形式熏染着广大师生；东西方文化在进一步碰撞，尤其是西方文化中的政治、经济、哲学、文化、艺术等作品的大量涌入，在某种程度上消解着一些师生的传统价值观念、道德意识，使他们产生一种对西方文化盲目推崇的心理，思想观念变得更加复杂多样。现代科学技术的飞速发展和广泛应用对师生的影响日益增大，互联网中一些腐朽落后的文化和有害信息对师生的发展也在产生不良的作用。总之，不利于广大师生健康成长的种种社会现实在冲击着高等院校、影响着广大师生。

面对国际国内形势的深刻变化和严峻挑战，我们该如何面对？我们必须要深刻认识到加强和改进师生思想政治教育工作的重要性，要树立新的教育理念，理出新的工作思路，探索新的有效措施。我们提出"以德为行，以学为上"的教育思想，其目的就是为了让学校的各级领导干部、广大师生员工加强德学修养，时刻保持头脑清醒，自觉抵制不良现象的影响和种种诱惑，增强遵纪守法和自律意识，强化学习意识，不断增长才干，使自己健康成长，走好人生路。

（二）如何加强德学修养

明确"以德为行，以学为上"的内涵。我们提出的"以德为行，以学为上"教育思想，其要义包含两方面："以德为行"就是要求以高尚的道德

情操来指导自己的行动；"以学为上"就是要把学习放在重要的位置上，要树立终身学习的理念，通过学习增长知识、增长才能，增强竞争的实力。其目的就是为了构建和谐校园，为培养"德才兼备"的人才服务。

我们所说的"德"就是指道德。《现代汉语词典》对道德的解释是："社会意识形态之一，是人们共同生活及其行为的准则和规范。"《简明社会科学词典》把道德界定为"一定社会为了调整人们之间以及个人和社会之间的关系所提倡的行为规范的总和"。这两者的解释，都说明了道德这一概念的本质。道德是人类社会行为的准则和规范。

"道德规范"的内涵是相当丰富的。作为一个社会的人，他承担着多种角色。作为一个公民，他要实践社会的公民基本道德规范；作为一名家庭成员，他要实践家庭道德规范；作为一名教师，他要实践教师的道德规范。军人有军德规范，医生有医德规范，商人有商德规范。总务处的领导、员工，也有职业道德规范。以这些道德规范来严格要求自己，我们就会少犯错，甚至不犯错，可以得到心灵的宁静、家庭的安宁，成为一个高尚的人、有道德的人。

"以学为上"的"学"就是指学习。我们要不断进步，不断提高，就需要树立终身学习的理念，不断地加强学习。江泽民同志说："知识在不断更新，我们各级领导干部更应自觉地加紧学习，争取掌握更多的现代科学文化知识。"胡锦涛同志强调："面对这样的新形势、新任务，如果我们的领导干部不抓紧学习，不抓好学习，不在学习中不断提高自己，就难以完成肩负的历史责任，甚至难以在这个时代立足。"总务处每一位同志，都承担着不同工种的任务和责任，要完成好各项工作任务，加强学习是必须的，要通过学习来解决碰到的难题，来提高自己的工作能力。

二、增强全心全意为师生服务的意识

（一）要充分认识后勤工作的重要性

古今中外的军事家、政治家都非常重视后勤工作。"兵马未动，粮草先行"，这是古人对后勤工作的作用和地位的精辟概括。恩格斯说，马克思的一个伟大发现就是提出了"人们首先必须吃、喝、住、穿，然后才能从事政治、科学、艺术、宗教等等"。美国的一位将军在1982年谈到现代战争后勤工作的重要性时指出："在打仗上，外行谈论战术，真正的职业军人则谈论后勤和支持能力，因为这才是战争胜负所在。"这位将军的话当然是不全面的，高等教育也不同于战争。但是，随着现代科学技术的迅速发展，后勤工作在高等学校里的地位和作用将会越来越突出。

我校负责后勤工作的,有修缮科、门诊部、饮食服务中心、运输服务中心、校园服务中心、学生公寓管理服务中心、维修服务中心、南北西校区饮食服务中心、南北校区综合服务中心、后勤财务劳务管理中心、幼儿园,还有办公室,等等。这些部门、中心都有不同的服务功能,缺一不可。可以说,做好后勤工作已成为促进学校安定团结、稳定教学秩序、提高教育质量和学术水平的重要保证。

(二)要有爱岗敬业的精神

加强德学修养,对我们来说,最重要的是要通过具体的工作实践来实现的。对于做后勤工作的同志来说,爱岗敬业是十分重要的,要在爱岗敬业中体现为师生服务的精神和品质。例如,黄本生同志从 1982 年至今一直在学校食堂工作,除了出差之外,每天都到食堂检查各方面的工作。早上检查早餐的供应,晚上检查夜宵供应。出现了停水停电,或机械出了故障的情况,他都前往现场处理。学校的饭菜质量、安全卫生等工作,他都操心操劳。28年来的春节,他都是在学校与学生们一起度过的。2008 年春节,他 80 多岁的老母亲打电话给他,希望他回家过春节,但他考虑到由于冰雪封路,很多学生都留在学校,为了让学生能吃得更好,他要把工作安排好,所以还是没有回去与母亲团聚。韩婷同志,她对幼儿园的工作有高度的责任心和事业心。她每天第一个来到幼儿园,接待家长和小朋友,又是最晚一个离开幼儿园,一心一意关心爱护小朋友。陈贻章同志,在旧教工楼加装电梯的工作中,不断地解决新问题新矛盾,排除各种干扰,终于让校本部教工楼十栋加装的电梯投入使用,接着教工楼八栋安装电梯工作又开始了。这种爱岗敬业、一心一意为大家服务的精神,都值得我们学习。还有我们学校的司机,每天都准时接送教师上班,让教师能准时上课,这也是爱岗敬业的表现。

(三)要有服务周到的精神

后勤工作从根本上讲,是服务性的工作。所谓的服务周到,具体来说就是:服务,要做到与人方便;周到,要做到千方百计让广大师生员工满意。我们都很清楚,管好衣食住行是非常琐碎、非常麻烦的事情,也是最容易引起不同意见的事情。做这些工作常常能得到同志们的尊敬,同时也最容易引起非议。正因为后勤工作很麻烦,又容易引起非议,所以要做好这份工作,更需要勤勤恳恳、任劳任怨、全心全意为师生员工服务的精神。

能准时送教职工上下班,准时为师生员工开饭,及时修理好机械故障,保证幼儿园小朋友的安全,等等,都可以说是具有服务周到的精神,广大师生都会感激你们。

服务的质量如何？广大师生员工往往会给予评价，做好了，他们会肯定，会赞赏、表扬；做错了，他们会指出或给予严厉的批评。所以，我们在日常的工作中，在平凡的工作中，要培养为广大师生员工服务周到的精神。

（四）要有团结协作的精神

团结协作，也是总务处的同志们必须具备的道德素质，这一道德修养也是要加强的。团结协作，就是要处理好同事之间的关系，相互支持，相互帮助，相互尊重，具有团队精神。

在《博弈学》这本书里，有这样两段话："从我们的生活中来看，我们都离不开朋友、家人甚至陌生人，有时候别人的一个眼神都可以给予你极大的鼓励。人是社会的人，单独存在是没有意义的，千万不要觉得自己什么都行，想着一个人能解决所有的问题，每个人都不是万能的神。""今天的时代是市场经济时代，市场经济是广泛的交往经济，离不开与各种类型的人合作；今天的时代是竞争的时代，只有选择合作，才能成为最具竞争力的一族；今天的时代是全球一体化的时代，要成为国际人，更需要高超的合作能力。没有合作能力，就不可能适应我们这个时代。"这两段话都说明了团结协作的重要性。例如，在学校食堂，有卖菜的、洗菜的、炒菜的、端盘子的，大家齐心协力才能做好日常的饭菜供应，才能办好大型的聚餐，稍有不合作的现象，都会带来麻烦和不良的影响。因此，加强团结协作，也是加强道德修养的重要方面。团结协作做好了，才能更好地为广大师生服务。

（五）要加强学习，提高服务能力

为了更好地为学校的发展服务，为广大师生员工服务，我们必须加强学习，树立终身学习的理念，经常学习，通过学习来提高服务能力。

随着社会经济和科学技术的发展，大学里的教学和科研管理以及后勤等各项工作的机械化、自动化、电子化设备越来越多，程度也越来越高。这就需要我们不断增加科学文化知识和专业技术知识，否则就难以适应工作的需要。我们要通过学习不断提高烹饪技术、开车技术等。每一位同志都积极钻研业务技术，将会为学校的发展做出更大的贡献！

谢谢大家！

全面加强制度建设　切实提高制度执行力①

——在广东技术师范学院第五届"清风论坛"上的讲话

同志们：

大家好！刚才李月同志对我院第五届"清风论坛"——"规章制度大家谈"征文比赛活动做了很好的总结，刘玲化等6位同志的发言很有针对性，紧紧围绕我院规章制度的修订、制订和执行情况谈了自己的看法，并对今后如何更好地修订、制订、执行规章制度提出了很好的意见和建议。

这次征文活动共征集到52篇论文，其中获得一、二、三等奖的论文我都认真看过。这些论文大多数是来自基层一线的同志撰写的，其中有8篇是中层干部撰写的。论文作者紧密结合本单位、本岗位的工作实际，认真探讨我院规章制度的修订、制订和执行情况，所提交的论文内容涵盖我院教学管理、设备管理、基建工程管理、后勤管理、学生管理、人事管理、财务管理、图书管理、实验室管理等方方面面的规章制度的制订、修订和执行情况。我认为，这些同志所提出的问题是实事求是的、客观的，所提的意见和建议是富有建设性的。应该说，"规章制度大家谈"这个选题很好，很有针对性，对进一步完善我院各项规章制度、坚持依法治校、提高制度执行力具有现实的意义。为进一步加强制度建设，下面我谈三点意见。

一、深刻认识制度建设的重要性

我们常说，没有规矩不成方圆。这里的规矩指的就是人们行为的规范，有形或无形地约束我们行为的规则。在社会生活中，我们无时不倚仗制度的规范和约束。一旦缺失了制度的规范和约束，人们之间的交往就没有了准绳，社会就会失序，生活就会混乱。高校的管理也是一样，高校所制订的规章制度，是为了实现高校的目标，要求师生员工共同遵守的法规、规章和章程。高校的规章制度是我国教育法律体系的有益补充，高校的规章制度建设

---

① 本文是作者2010年12月30日在广东技术师范学院第五届"清风论坛"上的讲话。

是高校法制工作的核心内容。邓小平同志曾经说过："制度好可以使坏人无法任意横行，制度不好可以使好人无法充分做好事，甚至会走向反面。"可见，大力推进依法治校，制度建设至关重要。

党的十七大对推进反腐倡廉建设做出重大部署，第一次把反腐倡廉建设同思想建设、组织建设、作风建设、制度建设一起确定为党的建设的基本任务。胡锦涛同志指出，反腐倡廉建设面临不少新情况新问题，出现一些案件多发的新领域。其中高校、医院等单位案件呈多发态势。他强调，如果不加强管理和监督，有些原来被认为是"清水衙门"的部门和单位也很可能成为案件多发地带。中纪委书记贺国强同志也提出，要"加强高等学校反腐倡廉建设，健全领导班子科学民主决策机制，加强对财务、基建、采购、科研经费、校办企业的管理和监督，提高校务公开制度化和规范化水平"。胡锦涛、贺国强等同志的讲话，对高校规章制度建设、反腐倡廉建设和提高制度执行力都具有深远的意义。

为了贯彻落实中央领导的讲话精神，2008 年，中纪委、教育部、监察部联合下发了《关于加强高等学校反腐倡廉建设的意见》，这是对教育事业的高度重视，具有很强的针对性、指导性，也是对高校反腐倡廉建设、规范管理和规章制度建设提出的明确要求。应该说，我院党委和行政高度重视制度建设。2006 年学院新班子成立后，为了不断强化依法治校理念，加强和完善学院各项管理制度，我们将 2006 年定为我院制度建设年，要求各职能部门依据《中华人民共和国教育法》《中华人民共和国高等教育法》《中华人民共和国教师法》以及其他相关法律、法规，对学院原有的文件、制度、规定进行清理和整理。对一些已不适应学院工作的文件、工作程序、规章制度进行废止、修订，对一些新增的工作制订新的规章制度。经过一年的努力，制订了一整套学院的管理制度，并编印了我院《规章制度汇编》，共 8 册。这些制度内容涵盖教学、科研、人事、基建、设备、党建、校务、学生、后勤等方面，使我院初步形成了用制度管事、用制度管人、用制度管权的长效机制，在依法治校中发挥了积极的作用。但是，随着形势的发展和我院办学规模的不断扩大，我院有些规章制度在执行过程中，或多或少地存在着这样或那样的缺陷或漏洞，给学院教学、科研、人才培养等工作带来一定的影响，不利于学院的改革创新和依法治校工作的开展。刚才 6 位同志的发言也谈了这个问题。我认为规章制度存在这样或那样的缺陷或漏洞是正常的，因为形势在不断地发展和变化，制度建设也有一个不断发展和完善的过程，制度建设永无止境。问题的关键是我们要善于发现规章制度的缺陷或漏洞，及时地纠正缺陷和填补漏洞，不断完善规章制度。应该说，我院的职能部门在制度的执行过程中是善于发现问题和解决问题的，他们主动制订、修订和完善相关的管理制度，既有约束性的管理制度，也有激励性的管理制度。例如，为了进一步完善基建工程建设方面的规章制度，从源头上预防和制止腐败，职能部门制定了严格的基建工程约束性的管理制度。2010 年初，学院办公室、新校区建设办公室、总务处、财务处、设备处与管理处、审计处、监察处等相关部门，重点对我院基本建设管理的规章制度进行全面的梳理，修订、制订了《广东技术师范学院基本建设管理程序规定》等 13 个规章制度，并于11 月汇编成《广东技术师范学院基本建设管理制度汇编》。同时，为了推动学院事业的发展，职能部门也制订了相关的激励性的管理制度。例如，我院刚刚结束的科研工作会议，就重点修订、制订了《广东技术师范学院纵向科研项目奖励和项目配套经费实施办法》等有关激励科研工作的管理制度。我相信，新修订、制订的规章制度，将给我院依法治校提供强有力的制度保障，必将促进我院各项事业的健康快速发展。

二、坚持依法治校，提高制度执行力

胡锦涛同志曾经说过："再好的法规制度，如果不去执行，也会形同虚设。许多法规制度之所以没有发挥应有的效力，一个重要原因就是执行不力。"可见，制度的生命在于执行。应该说，就目前而言，各行业、各单位所制订的制度不可谓不多，要求不可谓不高，检查不可谓不频，处罚不可谓不重，但仍然有相当一部分制度没有落到实处，甚至流于形式、形同虚设，这是客观事实，高校也不例外。因此，提高制度执行力刻不容缓。可以这样说，我院规章制度建设是比较完善的，执行也是比较到位的，效果也是明显的。各职能部门和全体师生员工是遵纪守法的，严格遵守学院各项规章制度，在依法治校和党务校务公开工作等方面取得了较好的成绩。但是，我们也清醒地看到，我院在提高制度执行力方面还存在一些薄弱环节，还有一些需要改进和加强的地方。因此，我们要牢牢树立依法治校意识，提高制度执行力。一是要在维护制度的严肃性和权威性上下功夫。要克服有令不行、有禁不止、上有政策、下有对策、约束有限、监督乏力等现象发生，形成人人遵守制度、人人敬畏制度、人人维护制度的法制氛围。因为只有维护制度的严肃性和权威性，才能营造一个有章可循、有章必循、违章必究的依法治校环境。二是要在自觉提高制度的执行力上下功夫。制度是现代社会运行的基础。有了制度就必须执行，这是一个最基本的工作原则。可以这样说，我们不缺少各类管理制度，缺少的是对规章条款不折不扣地执行，也就是我们常说的执行力问题。规章制度是由人来制订的，规章制度也是靠人去执行的，再好的制度没有人去执行、没有人去落实、也是一个没用的制度。执行规章制度，人是最重要的因素，自觉执行规章制度和被动执行规章制度效果是不一样的。因此，我们要养成自觉遵守规章制度的习惯，提高制度的执行力。三是要在执行制度中互相监督、互相提醒上下功夫。我们常常说，金无足赤，人无完人。每一个单位、每个人在执行规章制度时，有时因为对制度的理解不透彻、不全面，往往会造成在制度执行中出现这样那样的偏差或者与制度相悖的情况，轻者影响制度的执行效果，重者违反国家法律、法规，给单位和个人造成严重的影响。因此，在工作中我们要克服"事不关己，高高挂起，明知不对，少说为佳"的错误思想，及时对执行规章制度过程中出现偏差的单位或个人进行善意的提醒和监督。同时，我们要正确对待部门之间、同事之间的监督和提醒，要把这种监督和提醒看成是行政监督、群众监督的延伸。我们要把部门之间的监督和提醒看成是互相帮助、互相沟通、互相补台的善举，要把同事之间的监督和提醒看成是一种关心和爱护。

三、几点要求

第一，要利用好这次征文的成果，进一步对规章制度查漏补缺。应该说，这次"规章制度大家谈"征文活动达到了预期的效果，对我院规章制度的制订、修订和执行提出了许多很好的意见和建议。我们要以本届"清风论坛"为契机，利用好这次征文活动的成果，进一步清理、修订和完善学院的各项规章制度。一是各职能部门要对以往建立的各种制度进行认真的清理，对那些已经过时、不起作用的制度要予以废除；对交叉重叠相互矛盾的制度要重新整合；对"真空"、新兴领域要研究制定相关制度，填补制度建设的空白。二是要注重制度检视。每项制度的出台，都有其时代背景和客观条件，有其时代性和局限性。因此，各职能部门要不断加强制度自身的检视，注重从制度内部检视存在的问题，对可行的要继续坚持，对不合实际、不合时势的要及时修正和完善，要将有缺陷、有漏洞的制度加以修订完善，形成完整的克服制度缺陷、填补制度漏洞的科学、严谨、管用的制度。三是要将这些制度汇编成册或在校园网上公布。要做好执行制度的宣传工作，做到家喻户晓，使全体师生员工知晓制度的内容，做到心中有数，从而促使师生员工自觉遵守规章制度。

第二，要加强德学修养，提高服务质量和工作效率，切实提高制度的执行力。制度建立后，制度的执行和落实至关重要。我们要充分认识提高制度执行力的重要性，因为是否具有卓越的执行力，能否将制度落实到位，关系到学院的各项工作任务能否顺利完成，关系到学院的发展目标能否顺利实现，关系到学院教育事业的可持续发展。因此。我们要进一步加强德学修养，提高服务质量和工作效率，切实提高制度的执行力。一是领导干部率先垂范，带头执行规章制度，营造遵章守制的良好氛围。二是要加强德学修养，提高服务质量和工作效率。机关工作人员要进一步加强德学修养，树立全心全意为教学、科研工作服务意识，进一步增强服务基层、服务师生的意识，急师生之所急，不断提高服务质量和工作效率。三是要增强责任心，克服推诿现象。每一位同志都要有强烈的事业心和责任感，对属于自己分内的工作要尽力尽责去完成，绝不允许"踢皮球"等推诿现象的发生。部门与部门之间，同事与同事之间要形成互相支持、互相配合、互相补台的良好工作氛围。

第三，要加强监督检查，严格执行工作制度。一是要发挥监督职能部门的作用，对事关学院发展全局的工作进行全过程的监督，及时发现问题，及时解决问题。按照法律法规的相关条款，及时纠正制度执行过程中出现的错误和偏差，把问题解决在萌芽之中。二是要广开监督渠道，充分发挥社会监督、群众监督的作用，形成对制度执行情况进行全方位监督检查的机制。三是要严厉问责，对不严格执行制度甚至是违反制度规定的行为要进行问责，维护制度的权威。既然立了规矩，就必须严格遵守；既然定了制度，就必须严格执行。在制度面前，任何人都没有特权，制度面前人人平等。绝不允许出现有章不循、有令不行、有禁不止的现象。一旦发现，严格按照有关规定进行责任追究。

同志们，新年的钟声即将敲响，在这送旧迎新之际，我代表学院党委和行政衷心祝愿大家在新的一年里，身体健康、工作顺利、家庭幸福！

谢谢大家！

在广东技术师范学院 2010—2011 年新提拔干部集体廉政教育会议上的讲话①

同志们：

今天，我们在这里举行学院 2010—2011 年新提拔干部集体廉政教育会议。我谨代表学院党委和行政对诸位表示祝贺，希望同志们珍惜荣誉，牢记使命，不负重托，在工作岗位上做出更大的成绩。对新提拔干部进行集体廉政谈话是学院干部队伍建设的制度要求，其主要目的就是围绕加强党风廉政建设、保证廉洁从教沟通思想，明确责任，事先提醒。刚才学院党委副书记、纪委书记李月，学院纪委副书记黄圣诚分别就如何加强廉政建设做了很好的讲话，我完全赞成，希望同志们认真学习领会，贯彻落实。我想利用这个机会，跟大家一起交流思想，谈几点意见，以作共勉。

一是要转变角色，明确岗位职责。我们在座的都是这两年新提拔的干部，有处级干部，也有科级干部。对于新提拔的干部来说，我认为，首要的是要尽快转变角色，明确自己的岗位职责。新提拔，就意味着从一个岗位晋升到另一个岗位。对于交流提拔到其他单位的同志来讲，工作性质、服务范围、工作对象以及人际关系等都发生了变化；而在单位内部提拔的同志，尽管环境还很熟悉，但位置变了，工作要求也更高了。我们如果不尽快转变角色，不明确自己的岗位职责，就不能准确定位，不知道自己应该干什么、怎么干、干到什么程度。因此，我们要仔细研读自己新岗位职责中的每一个字句，认真领会履职岗位的具体要求，认真学习了解本单位本部门的规章制度，明确岗位职责，把自己应该做什么搞清楚，这有助于我们变被动工作为主动工作，有助于我们更好地为教学科研服务、为师生服务，有助于我们为学院的发展建设做出更大的贡献。

二是要廉洁自律，提升政治修养。对于新提拔的干部来讲，严守党纪国法和学院的规章制度是确保廉洁自律的前提，也是确保为师生员工服务的根本态度。党纪国法和学院规章制度执行力、约束力的大小，很大程度上取决

---

① 本文是作者 2011 年 8 月 31 日在广东技术师范学院 2010—2011 年新提拔干部集体廉政教育会议上的讲话。

于同志们的自觉遵守，以"自律"作为基础，贵在身体力行。这就要求我们在工作生活中，不断增强章法观念，不断增强自律意识、大局意识、宗旨意识和服务意识，严格遵守政治纪律、组织纪律、人事纪律、财经纪律和保密纪律，自觉用法规约束自己的行为，用法规指导各项工作，切实做到有令必行、有禁必止、有法必依、有章必循。同时，我们还要经常检查自己在廉洁从政方面存在的问题，特别是工作作风、廉洁自律等方面存在的突出问题，从点点滴滴做起，从日常小事做起，慎权、慎欲、慎独、慎微，常思贪欲之害，常怀律己之心，常除非分之念，及时修正自己的从政行为，做到清正廉洁。

此外，新提拔的干部还要进一步强化接受监督的意识，自觉接受监督。我们要充分认识强化接受监督的重要性，自觉接受党和群众的批评和监督，保证权力正确行使。我们要把监督看作是对自己的一种警诫、一面镜子，经常想一想、照一照，检查自己的缺点和不足，自觉地接受党组织和广大师生的监督，避免出了事了"后悔没有监督"。

三是要注重学习，提高服务管理能力。最近，胡锦涛同志在广州、深圳考察时强调，"各级党组织和广大党员干部要深刻认识新形势新任务对自身知识和本领提出的新要求，抓紧学习科学的新思想、新知识，优化知识结构，提高综合素质，打牢工作的知识根基"。

学习是提高干部素质的重要途径，也是筑牢拒腐防变思想道德防线的基础。对于新提拔的干部来说，新的岗位、新的职责对我们个人的理论素养、领导能力、领导艺术、知识结构等提出了新的、更高的要求。面对新的要求、新的挑战，我们要自觉地践行"以德为行，以学为上"的教育思想，不断加强德学修养，提高服务管理能力，促进学院事业发展。注重学习是有助于自身的发展的。因为一个人越注重学习，他的知识结构和观察思考问题的方法就越会超出间接经验和直接经验的限制，他的注意力就越不会停留在身边的个人恩怨和无原则纠纷上，而会投向更广阔的时空，他的思想境界更会提升到一个新的层次。他会变得更大气、更宽厚、更睿智、更成熟，因而也更适合承担重任。我们常说，学习改变命运，学习改变人生。每个人不同的发展道路，固然有环境、机遇造成的差别，但最重要的差别，还是学习的差别。我始终认为，注重学习，有助于自身的发展。

加强学习还有助于不断提高我们科学管理和服务师生的能力。我们要学会在研究状态下工作，努力在千头万绪的工作中找准规律、把握大局，牢牢掌握工作的主动权，切实把各项工作任务落到实处。要有干事创业的锐气、自我加压的勇气、敢于争先的志气，要敏于学习、乐于实践、善于总结、勤于思考，坚持工作学习化、学习工作化，在深入钻研理论上下功夫，始终保持政治上的清醒和坚定；在更新知识上下功夫，更好地掌握业务知识和技能；在管理水平提高上下功夫，不断满足群众对高等教育的新需求。要通过学习，不断增强工作的原则性、系统性、预见性、创造性，提高解决实际问题的能力，真正做到学以立德、学以增智、学以创业。我们还要注重在实践中总结反思，不断探索新的工作方法与途径，提高自身的综合素质、管理能力和服务水平。

四是要增强责任意识，提高执行力。《广东技术师范学院"十二五"及中长期教育改革与发展规划纲要规划（2011—2020 年）》已经描绘了学院未来发展的美好蓝图，提出的目标任务也非常明确。这些目标能否实现，任务能否得到落实，关键在于我们的干部是否有责任意识，是否有较强的执行力。高度的责任心是做好工作、成就事业的前提。只有想干事，才有可能去干事、干好事；只有牢记责任，才能谈得上尽心尽力、尽职尽责。人的能力有大有小，但有了事业心、责任感，能力强的可以把工作做得更好，能力相对弱的可以在实践中不断提高，把工作越做越好。在增强责任意识的基础上，新提拔的干部要不断提高执行力，把各项工作任务落实到位。我们要充分认识执行力是学院发展的竞争力和生命力。因为我们能否正确、及时、有效地执行学院党委的战略部署和战略决策，将直接决定学院的各项工作任务能否落到实处，决定学院"十二五"及中长期改革与发展目标能否顺利实现。希望新提拔的干部要以高度的工作责任心，带头抓好各项工作的落实，齐心协力，扎实工作，要干一件成一件，不断追求工作的最佳效果，高质量地完成学院交给我们的各项工作任务，促进学院各项事业的发展。

五是要强化宗旨意识，加强干部作风建设。我们的干部不管在什么岗位，都是为师生服务的。我们要强化宗旨意识，明确服务对象，端正服务态度，坚持"师生利益无小事"思想，主动为师生排忧解难，对师生反映的问题及需要办理的事情，能解决的及时解决，不能立即解决的要做好解释工作，并抓紧研究，做到不推诿不拖延、不模糊答复。我们的一切工作都要以师生利益为中心并服务于这个中心，工作中要主动热情，管理上要以人为本，服务上全心全意，养成认真负责、严谨细致、求真务实、廉洁高效的工作作风，为广大师生员工提供满意的服务。

毛泽东在中国共产党七届二中全会上讲话指出，务必使同志们继续地保持谦虚、谨慎、不骄、不躁的作风，务必使同志们继续地保持艰苦奋斗的作风。这"两个务必"的要求对新提拔的干部同样具有深刻的指导意义，希望同志们牢记和发扬"两个务必"的精神，加强作风建设，立足新岗位，再创新业绩，为学院的科学发展贡献力量。

祝大家新学年在新的岗位上取得更大的进步。

谢谢大家！

在广东技术师范学院民主党派
工作总结交流会上的讲话^①

同志们：

今天，我们大家在这里会聚一堂，既是总结经验，交流体会，也是畅叙情谊，共谋发展。刚刚过去的 2009 年，在全院师生员工的共同努力下，学院各项事业顺利进行。特别是通过学习实践科学发展观活动，进一步理清了办学思路，找出了制约学校发展的突出问题，制订了落实整改方案，取得了阶段性成果。学校各项事业顺利发展，凝聚了学院全体师生员工的辛勤汗水，也离不开学校民主党派同志们的智慧和奉献。

刚才，我院各民主党派组织主要负责人分别介绍了各自组织一年来的工作开展情况和取得的成绩，对今后如何更好地开展工作提出了许多新思路、好设想。一年来，在学院党委的领导和各党派省委的具体指导下，我院民主党派组织充分发挥自身优势，积极开拓进取，围绕民主党派思想建设、组织建设和制度建设等自身建设，积极履行参政党民主管理、民主监督职能，工作卓有成效，为学院的改革、发展和稳定以及服务社会等方面取得了可喜的成绩。通过总结和交流，将工作中一些好的经验和做法共同分享，将工作中遇到的问题提出来共同讨论、平等协商，大有裨益。听了大家的发言，我深受感动和启发。

学院民主党派成员是我校办学的一支重要力量，许多同志是教学单位的教学和科研骨干，有的还是学科带头人，一年来，民主党派成员在完成本职工作的同时，积极参与学院的民主管理，为学校改革发展积极建言献策，充分发挥民主党派协调关系、化解矛盾、理顺情绪、凝聚力量的作用。在学习实践科学发展观活动期间，学院曾召开"民主党派"和"两代表一委员"座谈会。会上，学校民主党派组织负责人踊跃发言，做到知无不言、言无不尽、言真意切。大家围绕学校的办学定位、办学特色、学科发展、专业建

---

① 本文是作者 2010 年 1 月 18 日在广东技术师范学院民主党派工作总结交流会上的讲话。

设、人才培养等重大问题提出了许多好的建设性意见。在立足本职工作的同时，我院民主党派组织围绕我省改革开放和经济建设积极履行参政议政、民主监督和服务社会职责，做出了自己应有的贡献。今年，省委统战部组织开展我省统一战线"三促进一保持"系列行动，我院民主党派组织积极参加，一共承担了系列行动中的 13 个项目，制订实施方案，积极开展活动，取得良好成绩。

需要指出的是，学院各民主党派组织围绕我省民族地区经济、文化、教育等积极开展调研活动，撰写提案，建言献策，成绩显著。比如，民盟总支主委林鸿伟教授撰写的社情民意反映信息《采取有力措施遏制连山水电站屡遭抢劫的现象》，被编入《广东政协信息》第四期，受到省长的重视，并做了重要批示；民建支部多次前往广东粤北连南瑶族自治县和连山壮族瑶族自治县开展支教扶贫活动，开办"小学英语教师培训班"；九三学社陈鸣教授撰写关于抢救我省少数民族非物质文化遗产的建议的提案；等等。被广东省人民政府办公厅作为重点督办的政协提案，"亮点"还有很多，这里就不一一列举了。2009 年 12 月 18 日，在广东省第五次民族团结进步表彰大会上，我院等 40 个单位被授予"广东省民族团结进步模范集体"荣誉称号，这是包括民主党派同志们在内的全院教职员工共同努力的结果。可以说，长期以来民主党派组织充分发挥了参政党的智力优势和群体功能，工作卓有成效，同时也为我校科学发展上水平做出应有的贡献。借此机会，我代表学院党委，向长期以来为我院改革发展付出辛勤劳动、做出突出贡献的各民主党派成员表示衷心的感谢。值此新春佳节即将来临之际，也借此机会，向各民主党派成员拜个早年，向大家致以诚挚的节日问候。

学院党委历来重视统战工作。近年来，我院党委以邓小平理论、"三个代表"重要思想和科学发展观为指导，认真学习贯彻上级文件和会议精神，以"围绕中心、服务大局、凝聚力量、和谐共建"为基本工作思路，不断加强统战工作，围绕学校发展，积极探索统战成员参与学校民主管理、民主监督的模式，调动了统战成员为学院发展做贡献的积极性。不久前的 1 月 12 日，学院召开有离退休干部和民主党派参加的情况通报会，今天又召开民主党派总结交流会，为大家提供一个相互交流、相互沟通和信息传递的平台，形式和效果良好，今后还要不断畅通沟通渠道，积极搭建联系平台，包括组织研讨会、座谈会、协商会、通报会、谈心会等形式，在制度上保证民主党派参政议政。希望通过大家的共同努力，能够将我院党派工作开展得有声有色，共建和谐校园，使 2010 年民主党派工作更上一个新台阶。利用这个机会，我向民主党派的同志们提三点期望。

第一，加强理论学习，增强政治意识，夯实多党合作基础。各民主党派组织要把深入学习贯彻中共十七大和十七届四中全会精神，认真学习中共十七届四中全会通过的《中共中央关于加强和改进新形势下党的建设若干重大问题的决定》，作为当前和今后一个时期的首要政治任务，进一步增强接受共产党领导的自觉性，进一步增强坚持多党合作制度的坚定性，不断巩固多党合作的政治基础和思想基础，落实好"长期共存、互相监督、肝胆相照、荣辱与共"的方针，共同把共产党领导的多党合作和政治协商制度坚持好、完善好、落实好，坚持正确的政治方向，充分发挥统一战线凝聚人心、促进和谐的作用。

第二，要发挥自身优势，围绕中心，服务大局。要立足本职，出色完成岗位职责，着眼学校中心工作和发展大局，充分发挥民主党派组织人才荟萃、联系广泛的优势，利用好平台，发挥好作用，在教学、科研上多出成果，出好成果，继续为我校各项事业和我省经济社会的发展深入调查研究，建有用之言，献务实之策。同时要按照肝胆相照、同舟共济的要求，不断提高政治把握能力、组织协调能力、参政议政能力与合作共事能力，真正形成与学校心往一处想、劲往一处使、事往一处做，团结奋斗、共谋发展的良好局面。

第三，加强自身建设，全面提高参政议政、民主监督能力。民主党派提高参政议政、民主监督能力，不仅是民主党派自身建设的一个重要目标，也是民主党派思想建设、组织建设、制度建设等各方面工作水平的综合体现。各民主党派组织要以思想建设为核心，以组织建设为基础，以制度建设为保障，不断提高自身建设的水平。思想建设的重点要放在提高全体成员的思想政治素质和思想道德水平上，积极践行"以德为行，以学为上"的教育思想；组织建设的重点要放在提高民主党派领导班子成员的政治把握能力、参政议政能力、组织领导能力和合作共事能力上，全面提高其整体素质；制度建设的重点要放在健全民主党派内部监督机制和工作的规范化、科学化管理上面。内部监督是民主党派自我约束、自我完善的基本途径，是保持民主党派肌体健康的重要手段，是民主党派加强自身建设的客观需要。工作的规范化、科学化管理有助于民主党派成员准确把握参政议政、民主监督的重点，提高参政议政、民主监督的能力和水平。

利用这个机会，我也向党委统战部和各二级党委提出三点要求。

第一，高度重视统战工作，充分发挥统一战线的优势和作用。希望党委统战部和各二级党委以全面贯彻落实刚刚结束的全国、全省统战工作会议精神为契机，认真学习党的统战理论、方针和政策，不断深化新时期统战工作的认识，提高统战部工作人员和统战委员的综合素质和工作能力，紧密联系和依靠基层统战干部，不断增强我院统战工作的时代感、针对性和实效性，积极搭建平台，提高协调服务意识和质量，创造更好的条件，继续关心、关注、关爱和协助学院各民主党派组织为学校的发展和和谐校园建设发挥更大的作用。

第二，建立健全统战工作体制机制，进一步落实统战工作制度。要建立健全学院党委统一领导、统战部牵头协调、各二级党委书记参加、党政有关部门参与的各负其责的统战工作体制。学院党委和二级学院党委今后要坚持和完善统一战线专题会议制度、情况通报制度、交友联系制度、征询意见制度、学习调研制度、培养举荐制度和经费保障制度等统战工作制度，制订实施细则和方案，将统战工作制度真正落到实处。

各二级党委要认真研究本单位的统战工作，制定年度工作计划，提出具体要求。各单位党政主要领导要带头学习和宣传统战理论和知识，带头贯彻落实统战政策，带头参加统战重要活动，带头广交、深交党外朋友，引导和带动全校统战工作的落实。同时，学院党委和各二级党委今后还要不断加强包括民主党派成员在内的党外干部的培养与推荐，为他们铺台阶、搭舞台，不断扩大学校的影响力。

第三，加强统战部门自身建设，不断提高统战干部队伍素质。统战工作是党的特殊的政治工作和群众工作，是政治性、政策性和策略性都很强的工作。统战工作是一门科学，也是一门艺术，要十分注意工作方法和思想方法。统战部干部和二级党委统战委员要切实担负起反映情况、掌握政策、协调关系、举荐人才的重要职责，这就要求统战干部要自觉加强自身建设，提高统战工作能力和素质，不断提高自身的政策把握能力、工作创新能力、团结交友能力和沟通协调能力，力求做到四个到位，即"观念到位、支持到位、关怀到位、宣传到位"。

同志们，高校统战工作历来是党的统一战线工作的一个重要方面，是高校党的工作的重要组成部分，学院党委今后将一如既往重视统战工作，一如既往关心和支持各民主党派组织开展工作。让我们更加紧密地团结起来，同心同德，高举爱国主义、社会主义伟大旗帜，认真学习邓小平理论和"三个代表"重要思想，深入学习实践科学发展观，认真贯彻中共十七大和十七届四中全会精神，以高度的政治责任感、良好的精神状态、扎实的工作作风，切实做好统一战线的各项工作，把各方面的积极性和创造性发挥出来，把学校各方面的智慧和力量凝聚起来，肝胆相照、荣辱与共，再接再厉、攻坚克难，为构建和谐校园，为学校各项事业的可持续发展奉献力量。

谢谢大家！

第三部分

人才管理与培养

领导干部

论高校领导干部的素质与能力①

关于如何当好一个党的领导干部，江泽民同志和胡锦涛同志都向我们提出了很具体的要求。

江泽民同志在纪念中国共产党成立 75 周年座谈会上的重要讲话中，提出了党的干部首先是领导干部都要具备政治业务素质的五条基本要求。这是党中央根据新形势、新任务的需要和领导干部队伍建设的实际情况提出来的。作为高校的各级领导干部，要率先实现江泽民同志提出的五条基本要求。胡锦涛同志在中共中央政治局第三十二次集体学习时，又强调要科学执政、民主执政、依法执政，为人民执好政、掌好权。这是党中央对我们党的领导干部提出的更高更新的要求，作为高校的领导干部也要以"科学执政、民主执政、依法执政"的理念来管理学校、治理学校，使学校不断地向前发展。

高校的各级领导干部要当好高校领导干部这一角色，首先，要明确自己的位置。学校的中层领导，在本单位是一把手或副手，但是在学校中仍处于被领导的位置；学校的党委书记、校长是学校的党政一把手，但是要接受省委、省委教育工委和省教育厅的领导，同样处在一个领导与被领导的位置。明确自己的位置，才有助于开展工作，做到"有令则行，有禁则止"。其次，要明确自己领导的对象。高校领导干部领导的对象不是工人、农民、军人、商人，而是高级知识分子。明确了自己的领导对象是谁，同样有助于开展工作。我们要清醒地认识到，要做好高级知识分子的领导是不容易的，要让高级知识分子说你是好领导更是不容易的。

在明确了自己的位置、自己领导的对象的基础上，要当好高校各级领导干部，还必须加强自身素质的修养，不断提高自己的管理能力。

---

① 原载于《广东技术师范学院学报》2006 年第 5 期。

一、加强素质修养，以"德"树"威"

高校的各级领导干部在加强自身素质修养时，尤其要注重"德"的修养。因为在领导干部的品德、才能、知识、情感等诸多因素中，最能打动人心的品德。在"德"的修养中，应当包含"公仆意识""自律意识""用人意识""原则意识"，这几方面修养加强了，领导干部在群众中就会有一定的地位，就会有一定的威信。

（一）公仆意识

公仆意识，就是为公众服务的意识。邓小平同志曾说："什么叫领导？领导就是服务。"① 服务，就是领导干部的本质特征。在高校里，领导干部要真正意识到领导就是服务，要把自己看成是为广大教职员工服务的公仆，好好地为他们服务。高校的教职员工都是知识分子，要当好他们的公仆、为他们服务，首先要了解他们。我们清楚地知道，知识分子比较重视心理感受、精神要求和人际关系，他们特别需要得到尊重和理解。尤其是对他们的工作、劳动和成果，给予充分理解和公正、客观评价，就会使他们受到极大的鼓舞和激励。因此，每一个领导者，对此都必须保持清醒的头脑，要深刻认识到，这种知识分子"知音人"的角色意识，是高校领导必须具备的心理素质。反之，一个不懂得尊重知识、尊重人才，不理解精神产品的理论价值和社会效益的领导者，不仅会使知识分子离心离德、意志消沉，还会使大批人才外流，把学校置于困境。其次，要帮助教职员工。如果领导者已经意识到要成为教职员工的公仆，就要为他们办些实事、好事。高校教师所关心的切身利益，主要是职称、住房、小孩读书、小孩工作以及科研立项、发表论文等问题。领导者在这些方面要尽量想办法帮助他们，有些事情，只要尽力去办了，即使由于多种原因办不成，也会得到他们的感激。如果我们的领导干部都有一种公仆意识，都努力为学校的发展服务，为教师的教学、科研服务，那何愁教职工不跟着我们好好地工作呢？

（二）自律意识

所谓自律意识，就是按照一定的思想信念和道德规范，对自身言行进行自我约束、自我省思和自我校正的自觉性。严格自律意识，对于领导干部来说是必不可少的，而对于单位的"一把手"来说更是至关重要的。因为一把

---

① 邓小平文选：第三卷［M］．北京：人民出版社，1993：121.

手处于领导班子的核心地位，岗位重要，责任重大。一把手有无自律意识，直接关系到个人的影响和学校的形象。笔者举一个亲身经历的例子，这个例子值得我们思考：有一年，笔者所在学院的音乐系招了一名韦姓学生，这名姓韦的学生有一个同班同学，也报考音乐系，两人的高考成绩差不多，但同班同学没有被录取。于是韦姓学生同班同学的父亲打电话给笔者，说学院招生办的同志肯定收了韦姓学生的礼，他才被录取的，并说自己已掌握了大量的证据，要告到省招办、省人大，语气咄咄逼人。笔者当即表示会马上调查，如果真有此事，一定会撤相关人员的职，同时要求这位学生家长来学校，当着笔者和其他领导的面，白纸黑字写下来，如果查无实据、无中生有，学校将告他诬告罪。他也表示同意。后来这位家长前前后后打了五次电话，有一次还是深夜打来的。为了了解情况，笔者找学生处处长谈话，处长当即表示，绝无此事，如真有此事，愿接受处分和被撤职。一个星期后，这位家长没有再打电话来，也没有来学校。这件事，使我们深刻认识到严格自律的重要性。如果我们的干部没有自律，真的做出了那位家长所说的行为，那他不仅要受到撤职的处分，还会影响到学校的声誉。笔者当时之所以敢说那番话，也是因为相信自己学院的干部。这个例子说明党的领导干部要增强自律意识。领导干部应从以下方面做到严格自律：

（1）以身作则。领导要求他人做到的，自己首先做到，这样才能取得主动权，才能得到群众的信任，群众才会自觉地跟着领导走。领导只有以身作则，和群众一起用行动来实现自己的号召时，才具有最大的说服力和影响力。如果领导不能以身作则，言行不一，必然会遭到群众的唾弃，这是领导工作的大忌。

（2）树立正确的权力观，正确行使手中的权力。领导者要充分认识到自己的权力是党和人民赋予的，必须用于为学校谋利益，绝不能把权力私有化、商品化，把它变为谋私利的工具。高校的领导干部手中的权力和地方官员手中的权力有所不同，但也要正确运用权力，不可用教师们给的权力去考虑个人的事情，特别在职称晋升、劳务酬金、各类评奖等事项中，更要严格自律，避免群众在背后议论。

（3）自我反思。"人贵有自知之明。"作为高校领导干部要勇于反省自我，努力做到"吾日三省吾身"，做到在每晚睡觉前反思自己一天的工作和生活。对错自检，对自己是有好处的，这也是不断的自我完善。

（三）用人意识

用人意识，即指运用手中的权力用好人。如果说公仆意识是为别人服务，自律意识是自我严格要求，那么用人意识则是如何运用权力用人的问题。这对于领导干部来说是一个重要的问题。毛泽东同志说过："领导者的责任，归纳起来，主要是出主意、用干部。"① 邓小平同志说："中国的事情能不能办好，社会主义和改革开放能不能坚持，经济能不能快一点发展起来，国家能不能长治久安，从一定意义上说，关键在人。"② 美国前总统罗斯福说过："一位最佳领导者，是一位知人善任者。"这些都说明了用人的重要性。在用人方面，中层"一把手"要考虑以下几个问题：

（1）用人之道。荀子在《大略》篇中说："口能言之，身能行之，国宝也。口不能言，身能行之，国器也。口能言之，身不能行，国用也。口言善，身行恶，国妖也。治国者敬其宝，爱其器，任其用，除其妖。"荀子将当时的官吏分为"国宝""国器""国用""国妖"四类。划分的标准是：口能否言？身能否行？对"口能言之，身能行之"的"国宝"，治国者要敬重，因为他们是官吏的表率。对于"口不能言之，身能行之"的"国器"，虽有不足，也应关怀、爱护。对于"口能言之，身不能行"的"国用"，同样有不足，也应信任、使用。只有对于"口言善，身行恶"的"国妖"，因他们是"两面派"，能迷惑人，会给国家带来祸害，必须坚决清除。荀子在用人问题上，既重视所用之人的言，又重视所用之人的行，而且特别强调言行要一致，这不仅在当时有现实意义，而且在今天，对如何用人、认识人，也是有借鉴意义的。

结合我们的工作实际，系领导必须熟悉、了解每位教师和行政人员的基本情况和个性特长，并根据他们的个人素质特点安排、分配工作，使他们在工作中各司其职，扬长避短，人尽其才。更具体地说，有那么多教授、副教授、博士、硕士，谁适合当学科带头人，谁适合当学术带头人，谁适合当教研室主任，谁适合当研究所的所长，谁适合抓成教工作，这些都要认真考虑。用其所长，工作必然积极，事半功倍；用其所短，勉为其难，必定办不好事。

（2）学会尊重人。领导要想别人尊重你，你首先得尊重别人。我们知道，每个人都有自己的尊严、自己的人格，每个人都有受人尊敬的需要。美国行为科学家马斯洛（A. Maslow）的"需要层次论"中，把"自尊"列为人类的第四层需要。他的五个层次是：①生理的需要；②安全的需要；③社交的需要；④自尊的需要；⑤自我成就的需要。不论他这五个"需要"是否圆满无缺，但"自尊"的确是人们普遍的需要。尊重人是调动人的积极性的前提，假如一个领导连尊重人这点基本要求也做不到，那么调动人的积极性

① 毛泽东选集：第二卷［M］. 北京：人民出版社，1991：527.
② 邓小平文选：第三卷［M］. 北京：人民出版社，1993：380.

就是一句空话。

《三国演义》中的曹操在尊重人的问题上就犯过一个错误。他为了要使谋士徐庶为他所用,先扣押了徐庶的母亲,然后伪造徐庶的家信,把徐庶骗到了曹营。徐庶和母亲会面后,才真相大白。徐母因此上吊自杀,徐庶也从此一言不发。曹操是个重才的人,想用徐庶,但他采取的是欺骗、讹诈的办法,这就大大刺痛了徐庶的自尊心,严重损害了他的人格和尊严。事后曹操虽然采取了一些补救措施,亲自为徐母祭奠,也未能使徐庶回心转意。结果,徐庶的才终未能为曹操所用。这个例子说明:要发挥人的聪明才智,要以尊重人为前提。一个领导要调动自己周围人的积极性,要用别人的才能,首先就得学会尊重人。尤其作为知识分子的领导,一定要学会尊重知识分子,尊重他们的人格和尊严,尊重他们的意见,尊重他们的劳动成果。

(3)要大度待人。这是指领导待人要有宽阔的胸怀。大度待人,笔者以为首先要有容人之量。中层"一把手"虽然处于核心地位,但不一定能事事超越他人。要取得事业上的成功(指的是为了学校的发展、系的发展、一个单位的发展),必须有容才之量、护才之胆、举才之德。我们要知道,广纳百川的容人海量就像金字塔的低层一样是领导事业成功的基础和最稳定的因素。近年来,有的系在引进人才方面比过去迈进了大大的一步。此外,要容许别人犯错。金无足赤,人无完人。对工作有失误或错误的同志,不要一味埋怨和无端指责,我们一方面要肯定其成绩,帮助他总结经验教训,另一方面要主动承担领导责任,并鼓励他们大胆工作。

(四)原则意识

所谓原则,就是按照一定的规章、制度,规范人们的行为和工作。一直担任着克林顿总统高级策划人的柯维博士在他的一部著作《以原则为重心的领导》中指出:原则就像罗盘一样,为迷失在生活荒野中的人指引正北的方向。守住原则做人,就不会被这个花花世界所迷惑。柯维博士将正确的原则比喻为罗盘,将它视为使领导者摆脱困惑、走出迷惘、获得清明的最有效工具。在柯维看来,原则是至关重要的。

下面笔者举一个例子——"哈佛的理念"。当年,哈佛牧师在立遗嘱时把他的一块地皮和250本书遗赠给了当地一所学院,这所学院发展成了现在的哈佛大学。关于这250本书,有这样一个故事:这所学院一直把哈佛牧师的这批书珍藏在哈佛楼里的一幢图书馆内,规定学生只能在图书馆内阅读,不能携带出馆外。1764年的一天深夜,一场大火烧毁了哈佛楼。在大火发生前,一名学生碰巧把哈佛牧师捐赠的一本名为《基督教针对魔鬼、世俗与肉欲的战争》的书带出了馆外,打算在宿舍里阅读。第二天他得知大火的消息，意识到自己从图书馆带出的那本书已是哈佛捐赠的 250 本书中唯一存世的一本了。经过一番思想斗争后，他找到当时的校长霍里厄克，把书还给了学校。霍里厄克校长收下书，感谢了他，然后下令把他开除出校，理由是这名学生违反了校规。哈佛大学的理念是：让校规看守哈佛的一切比让道德看守哈佛更安全有效。这便是他们的行事态度：法理第一。

由此可见，一个领导者如果遵循原则行事，那么，领导工作就会更有成效，个人和集体都会更有力量。

俗话说，家有家法，校有校规。学校里的规章制度，是实现学校目标的基本保证。没有这些规章制度，领导就不能有效地进行组织和管理，使工作有条不紊，上下步调一致。规章制度实际上是领导权力的延伸，领导者不可能事无大小，事必躬亲，什么事都自己处理。领导者要借助于规章制度使教职工对常规性的工作有法可依，有章可循。因此，各级领导干部要强化原则意识，重视制订和健全各项规章制度。

在原则意识强化的基础上，如何抓好规章制度的执行，要注意三个方面：一是不讲情面。不论是干部还是职工，只要违反了规章制度，都应一视同仁，同样对待，同样处理，决不能搞几个标准。二是不能"下不为例"。如果大家都下不为例，规章制度的约束力等于零，那还要它干什么呢？三是不能功过相抵。对一个人做鉴定、结论，或考察了解干部，需要做历史的、全面的衡量；但对违反了规章制度的人，却只能就事论事，按一时一事处理，决不能搞"综合平衡""功过相抵"。只有论功行赏、论过惩罚，才能维护规章制度的严肃性。

如果我们的领导干部在这几方面做好了，那么在群众中就会有一定的地位、一定的威信。一个领导有了这种非权力性的影响力和"威信"，就能增加领导者的效能，发挥最大的效益，就应当可以带领群众干好学校的工作，促进学校的发展。

二、提高管理能力，促进事业发展

作为高等学校的领导，除了有品德素质外，还应当有能力意识。高等学校领导者的能力素质是多方面的，这里主要强调三方面的能力。

（一）要有善于完成上级任务的能力

任何一个单位都会制订长远的发展目标，作为领导干部都应为实现这个目标而努力工作。如我校党委已确定了学校"十一五"发展规划和 2006 年工作要点。我们应当如何去开展工作？

（1）在工作上要有主动精神。主动即行动。拿破仑曾说过一句话："花点时间深思熟虑，但一旦行动的时刻到来，就中止思考，付诸行动。"学校党委已确定了学校今后发展的目标，作为中层干部的"一把手"就应根据学校的发展目标，尽快制定出本单位相应的发展规划，从师资队伍建设到学科建设，从科研工作到硕士点的建设，从课程建设到教学质量的提高，都要认真思考，付诸行动。只有这样才能跟上学校的整体节拍，促进学校工作的整体发展。

（2）在工作上要有创造精神。有人认为，在人类才华中，创造性可能是最有价值的一种能力。一个人有了创造性，就能更快地做出与众不同的成绩。学校目标的实现，需要大家在工作中有创造精神。例如电子信息工程系在改革人才培养模式实践过程中，对专业基础课、专业课的教学内容进行调整、优化和整合，把实训内容课程化，开发出"必训"和"选训"课程组并纳入课程体系和教学计划，创建了以工业中心为主体的实验实训基地，三年大学基础教育、半年专业技术的实验实训和半年工业中心的技能实践的"3＋0.5＋0.5"人才培养模式。通过课程实训、综合实训不断提高教学质量，使学生掌握较强的实操能力、科研开发能力和现代教育技术能力，在完成学历教育的同时具备"双证"（学历证书、技能培训证书）。通过探索与改革，他们对应用型人才培养积累了经验，与工业中心合作申报"从虚拟演练到项目实训高技能人才培养新机制的研究与实践"项目，获得广东省教育厅2004年教学成果二等奖。还有自动化系组织的大学生课外科技创作活动、中文系的"大中文"改革等，都蕴含着领导们的创造精神。

我们要深刻认识到：唯有创新，才能突破自己；唯有创新，才能超越别人。

（3）在工作上要追求最佳效果。在工作上，我们除了要有主动性、创造性外，还要追求最佳效果，让群众满意，让领导满意，让自己满意。我们每天都在工作，有的人几乎每天都在做同样的工作，但我们是否都在努力追求最佳效果，这是很值得我们认真思考的。明年我们将接受教育部本科教学水平评估工作，有很多工作需要我们去做。从现在开始，我们做每项工作，都要追求最佳效果。有最佳的效果，才能取得最佳的结果。"追求最佳"应该成为有志者经常思考的一个方向，也就是力争在所做的每一件事上，都体现出尽善尽美的特征，体现出最佳的精神。

（二）要有善于发现问题和解决问题的能力

在高校当领导，除了具有完成上级交给的任务的能力外，还必须要有发现问题和解决问题的能力。毛泽东同志曾说过："你对于那个问题不能解决吗？那么你就去调查那个问题的现状和它的历史吧！你完完全全调查明白了，你对那个问题就有解决的办法了。"① 在高校当领导，一定要重视调查研究，因为调查研究是解决问题的基础，是领导决策的依据。我们只有掌握真正的第一手材料，经过认真分析，在处理问题、解决问题的时候，才不会出现偏差，才不会被人质疑你解决问题是无理无据的。因此，要深入基层开展调查研究。我们学校领导班子成员都注重到基层开展调研工作。2006 年上半年，笔者和王乐夫院长到 19 个基层单位调研，其目的就是为了了解基本情况、摸清家底、正视存在的问题和困难，依靠广大教职工的力量和智慧，想办法去解决这些问题和困难。从现在开始，我们要扎扎实实开展迎评的准备工作，各单位、各部门的领导都要注重调查研究的工作。通过调研，我们发现了问题，分析了问题之后，就要做好决策工作。领导干部在决策中应当注意发扬求实精神、民主精神和敢于负责精神。

（1）求实精神。决策是主观对客观的认识。在决策时要让事实和数据说话，切忌"想当然""大概"，以个人的猜测代替客观实际。

（2）民主精神。决策是一项复杂的活动，要做出正确的决策，领导光靠自己的知识、能力显然是不够的，必须充分发扬民主，集思广益，认真听取各方的意见。要知道，"与其一个焦躁，不如大伙商量"，"一人不及二人计，三人出个好主意"。领导只有汲取他人的智慧，才能防止主观武断和片面。

（3）敢于负责精神。作为领导，成见不可有，主见不可无。决策过程中，对下面的各种意见要听，但决策时不能犹豫不决。领导要有领导的主见。主见，不等于专断，而是在汲取群众智慧基础上的一种高瞻远瞩。

任何决策都有时间性。因此，作为一个领导者，必须有不失时机决断问题的魄力。俗话说："机不可失，时不再来。"时机失去了，条件变了，优势也会转为劣势。决策往往带有一定的风险，当领导的要敢于负责。

（三）要有善于凝聚的能力

学校要全面实施"十一五"规划，要迎接教育部的本科教学水平评估，这是一个新的发展的关键时期，需要全校师生员工进一步贯彻落实科学发展观、增强凝聚力和战斗力。

现代领导科学认为，领导凝聚力是指集中所属成员的能力和意愿，取得相互信任并影响其思想和行为，使领导集体沿着共同目标不断前进的一种内在精神综合力量。中层干部中的"一把手"，作为领导班子的核心，其作用

---

① 毛泽东选集：第一卷［M］. 北京：人民出版社，1991：110.

在于统——班人的思想，集中一班人的智慧，组织一班人的行动。一个领导班子是否有战斗力，"一把手"领导凝聚力的作用至关重要。而"一把手"领导凝聚力的增强，其决定性的因素在于由领导者自身素质所集结成的非权力性领导影响力的大小。

"一把手"的凝聚力如何增强？

（1）"一把手"要树立良好的人格风范，处处起表率作用。作为高校各层的一把手，要领导好各部门的各项工作，必须善于组织协调，充分调动各方面的积极性。要做到这一点，仅仅靠手中的权力是不够的，还必须十分重视非权力因素的影响。这个非权力因素，是通过前面所讲的公仆意识、自律意识、用人意识、原则意识所体现出来的人格风范和所起到的表率作用来体现，以此来影响群众，增强领导的凝聚力。

（2）增强领导班子的团结，增强凝聚。讲领导班子的团结，首先要讲党政"一把手"的团结。党政"一把手"团结了，才有可能使整个领导班子团结；党政"一把手"不团结，谈整个班子的团结是不可能的。要增强领导班子的凝聚力，领导班子成员要提倡互相尊重、互相支持、互相谅解。

（3）党政"一把手"不要争个人高低。对于书记和校长、总支书记与系主任的关系，有一种普遍的说法："一强一弱可能和，两个都弱能凑合，两个都强斗得火。"为什么两个都强斗得火？思想根源就是想争高低。如果思想不正，相互争高低，必然会闹矛盾。所以我们各级党政"一把手"，要从学校的大局出发，不计较个人名利，不争个人高低，这样才可以增强凝聚力。学校的领导干部来自五湖四海，来自不同的高等院校，能聚在一起工作，这是一种缘分，我们应当珍惜这种缘分，齐心协力促进学校的大发展。

（4）要增强单位的凝聚力，领导班子成员要多与本单位的教职员工沟通，倾听大家的意见，倾听民主党派的意见，形成合力，增强凝聚力。

一个单位、一个学校有了凝聚力，就会有战斗力。有了凝聚力和战斗力，这个单位、这个学校就会快速发展，就能做到规模、质量、结构、效益协调发展，就会可持续发展。如果每一位领导把学校的事业当成自己的事业，如果每一位教职员工都把学校的事业当成自己的事业，学校的事业发展就一定会灿烂辉煌，一定会写下美好的历史篇章。

参考文献：

[1] 车文博. 高等学校管理心理学［M］. 北京：北京师范大学出版社，1995：12.

[2] 郑科扬，刘海藩. 领导干部一定要讲政治［M］. 北京：中共中央党校出版社，1996：3.

论高校领导的政绩观[①]

立党为公、执政为民是中国共产党执政施政的核心理念，也是党对各级领导干部政绩评价的根本准则。党的干部虽然岗位不同，但都必须忠诚于党的事业，为人民的利益恪尽职责、贡献才智、创造业绩。只有这样，才能把"三个代表"重要思想落到实处，才能不断增强党的执政能力、巩固党的执政地位、实现党的奋斗目标。树立正确的政绩观，并以正确的政绩观指导从政实践，是新时期党的建设伟大工程的重要内容，是党的各级领导干部经受新考验、应对新挑战、承担新使命的迫切需要。

一、高校领导树立正确的政绩观具有重要而深远的战略意义

（一）树立正确的政绩观，将有力地促进高校把学习贯彻"三个代表"重要思想落到实处，引向深入

"三个代表"重要思想是我党必须长期坚持的指导思想，是包括高等教育在内的各项工作的根本指针。"三个代表"重要思想的本质是立党为公、执政为民，这就决定了我们高等学校必须坚持为人民办教育、办人民满意的教育，在办学中坚持教育的公益性和人民性，干出党和人民所需要的丰盈的政绩。只有这样，高等学校才能不断适应先进生产力的发展要求，始终坚持先进文化的前进方向，最大限度地实现人民群众的根本利益。只有这样，我们的高等学校才能赢得人民群众的拥护，获得更广泛的教育资源和持久动力。

（二）树立正确的政绩观，将促进高校全面落实科学发展观，实现办学规模、结构、质量、效益全面协调可持续发展

为满足人民群众日益高涨的教育需求、适应经济社会全面进步的需要，

---

① 原载于《高教探索》2004 年第 4 期。

我省积极推进高等教育大众化，实施教育强省战略。实现这个宏伟目标，关键在党和政府。归根到底要靠高校领导带领教师职工奋发有为，以科学发展观为指导，把以人为本的执政理念和全面、协调、可持续发展的一系列要求，转化到规模和结构调整扩张后的高校建设与治理中，落实到教学科研和人才培养的全过程。树立正确的政绩观与树立科学的发展观是相辅相成的。只有全面落实科学发展观，高校规模扩大、结构调整与教育质量的矛盾和问题才能有效解决，符合高等教育发展规律和人民群众利益的新的高等教育秩序才能形成，我们高校领导才能创出符合科学发展观要求、经得起历史检验的政绩。否则就会走弯路，甚至贻误大局。

（三）树立正确的政绩观，是高校领导肩负重大历史责任和使命的客现需要

当今世界，影响一个国家核心竞争力的重要因素之一就是大学。因为，国际竞争力中具有战略意义的核心要素——科学、技术、知识、人才都集中于大学，都高密度地在各大学间流动。大学所具有的智力优势和人才优势，对于国家的发展和国际竞争力的提升有着至关重要的意义。党的十六大围绕推进社会主义现代化建设和中华民族伟大复兴的战略部署，把教育发展，特别是高等教育的发展放到空前重要的地位，提出了培养一代社会主义建设者和接班人，造就数以亿计的高素质劳动者，数以千万计的专门人才和一大批拔尖的创新人才，为社会主义现代化建设事业做出更加全面贡献的历史任务。高校领导只有把自己的政绩与增强国家民族的国际竞争力相联系、与自己肩负的历史责任和重大使命相联系，才能够在任期内做出非凡的政绩。

（四）树立正确的政绩观，是高校领导驾驭现代高等教育发展规律的必然要求

大学是一种具有独特功能和运行方式的社会机构。大学与一般社会机构的不同之处在于，它是一个学术性组织，其教学和科研都属于学术性事业，其管理也必须按学术性组织的特点和规律来运作。具体来说，大学必须按照教育规律来培养人才，按照科学技术发展规律来开展科研工作。学校领导，特别是党政一把手的政绩观，直接、深刻地影响着学校管理的全过程，甚至每一项工作。从学校的性质出发，学校领导对自己政绩的期望，应当是更内隐、更长久的。"十年树木，百年树人。"高校领导政绩的建立应当是一个持续的、艰难的积累过程。

（五）树立正确的政绩观，是加快推进高教大众化，办好人民满意的高等教育的价值选择

高校领导政绩观的核心是"三个代表"重要思想，高校领导创造政绩的目的是办好人民满意的教育。人民拥护不拥护，人民满意不满意，人民高兴不高兴，人民答应不答应，是衡量一切事业政绩的最终标准，也是衡量高校领导政绩的最终标准。人民群众的根本利益在高校又具体表现为学生的根本利益。社会通过学生来评价我们的学校。学生的学习、生活、成长情况反映出我们的办学是否代表了人民群众的根本利益。所以，学校一定要尊重学生的主体地位，千方百计让学生享受优质的教育服务。对每一个学生负责，就是对人民群众负责；让学生满意，就是让人民群众满意。

二、高校领导政绩观的核心是立党为公、执政为民，办人民满意的教育

政绩观对学校领导行为提供普遍指导和作为制定决策、过程评价的参照点，学校领导据此采取行动的基本原则、信念、标准或态度。学校作为一个学习机构，政绩观的建立与学生健康成长相关联。政绩观在学校管理（治校）过程中表现出来。一校领导者的政绩会深刻地反映在学校的结构、管理、制度和文化氛围及各种关系中。政绩观也反映出学校领导者的价值选择：是为学生，还是为自己；是为学校全面协调可持续发展，还是搏一时的新闻效应、一时的经济效益；是把工作重点放在学科建设、课程建设、教学科研环境的营造上，还是追求办学的功利性、营利性和短期的经济效益。这是高校领导建立什么样的政绩观的根本尺度。

（一）高校领导政绩观要反映高校领导的战略眼光和胸怀

一所高校的发展战略是学校在较长历史阶段内带有全局性的规划，其内容涵盖大学的战略目标、办学理念、办学定位、办学思路以及实施举措等，使学校具有一种相对长远的宏观谋略，在发展的思路、过程上具有相对的稳定性。特别是学科建设、师资队伍建设是一项长期的、艰苦的工作，这项工作的绩效往往不会在短时间内显现出来，但它又是支撑一所高校发展的基础性工程。因此，在高校领导的政绩观中，应当把这项建设作为重要的内容。

（二）高校领导的政绩观应体现出领导者的创新精神

高校领导是教学科研的组织者，而教学科研的本质是创新，因此，高校

领导政绩观的根本指标应当是创新。高校领导要善于把教学科研中的各个创新要素有机地组织起来，相互协调，相互促进，不断产生教学科研的创新成果。大学生是国家优质的人力资源，高校有责任对这些资源进行深度开发，转化为具有创新精神、创新能力、社会竞争力的全面发展的人力资本，源源不断地奉献于社会，这是高校领导创造政绩的重要目标。

（三）高校领导政绩观应突出质量意识

办学质量是每一所高校的立身之本，质量本身就是一种发展，并且是更为重要、更为本质的发展。在招生规模扩大、学科结构调整的大背景下，如何兼顾规模、结构、质量和效益，做到质量优先，是衡量一所高校是否代表人民群众根本利益，是否尊重教育规律，是否尊重知识、尊重人才、尊重教育的社会价值的重要标准。

（四）高校领导政绩观必须体现领导干部的"政德"

树立和落实正确的政绩观必须用德治的观点看政绩，用正确的世界观、人生观、价值观、权力观、地位观和利益观指导政绩观，以坚定的理想信念和良好的道德修养承载政绩观。高校领导要志存高远，在实践党的纲领和宗旨、党的教育方针上矢志不移。在办学过程中，要始终把师德建设、以德育人放在突出的位置，既要讲政绩、重政绩、以实绩论英雄，又要讲政德、讲政风、讲政责。要有为社会、为人民建功立业、办好高等教育的高度责任感和紧迫感。在自己的岗位上，在高等教育发展的不同阶段都要不断做出新的政绩。要正确对待权力、地位和名利，明确权力就是责任、权力就是义务、权力就是风险，把权力用在为党建功、为民造福上，把权力用在教书育人、科教兴国、人才兴国的事业上。

（五）高校领导政绩观要充分体现依法从政、廉洁从政

高校领导尤其是党政一把手，要模范遵守党纪政纪法纪，模范执行两个《条例》等廉洁从政的各项规定，落实胡锦涛同志提出的"为民、务实、清廉"的要求。领导干部在干净问题上不过硬，关键时候就排除不了各种阻力，解决不了复杂矛盾，冲不过难关，也就干不成事。依法从政、廉洁从政，把干净和干事有机结合起来，才是出政绩的正道。要树立求真务实的工作作风，牢记"两个务必"，做到"五个力戒"。要牢记政绩判断的最终标准是实践、群众和历史这"三把尺子"。

三、高校领导的政绩评价要有科学的价值评价体系

每所大学的历史，都有其所在地区经济、政治、文化的烙印，每所大学都有它长期积淀下来的校风、学风和精神文化品格。单凭某一个方面、若干个硬性数据，会把复杂问题简单化，也不可能对高校领导的政绩做出客观、准确的评价。

（一）高校领导的政绩要接受社会的检验和评价

大学作为从政府（或纳税人）无偿取得大量资源的组织，其所有活动都具有强烈的公益性、公共性、社会性，并受到社会的高度关注。这就要求大学不能用市场规律来支配自己，不能用市场交换原则来评价办学行为。大学不能混同于商业组织或行政机构。对大学的"产品"——人才、教学科研成果、社会服务能力的检验和评价，应来自社会的各个层面和社会发展的不同阶段。

（二）高校领导的政绩评价应看重高校的投入产出效益

同样的投入，能不能发挥更大的效益，主要看学校领导者的治理；同样的条件，能不能办得比别人更好，也主要看学校领导者的治理。以肇庆学院为例，作为一所地方高校，学校的基础薄弱，投入规模始终较小，但五年来的产出效益却比较理想。全日制在校生规模五年内翻了一番多；学校建筑面积翻了一番多；教学设备总值翻了一番多；高素质师资的数量增长 5 倍；科研成果增长 5 倍；师生的精神面貌昂扬向上。2003 年 10 月，中共中央政治局委员、广东省委书记张德江同志视察肇庆学院时曾评价说：肇庆学院发生了翻天覆地的变化，现在是肇庆学院历史上最好的发展时期。张德江同志还希望学校进一步突出特色，注重质量，把学校建设成名校。衡量一所高校的发展指标，既要看"硬指标"，包括办学经费、师资力量、教学科研装备、基础设施、办学的基本条件以及教学科研成果的数量。这些"硬指标"是显性的，可以用数据衡量，表现出学校的实力和水平。同时，又要看重影响和反映高校发展质量的"软指标"，包括办学理念、办学定位、教学科研成果、学校制度、文化氛围、师生的精神面貌等不能量化的各项指标。从大学的本质看，具有特色的办学理念、学科建设、大学精神和价值观的塑造、大学文化积累、校风学风的建设、学术风气的优化更具有决定性意义，影响更深远。

（三）高校领导的政绩评价要坚持辩证、全面、发展的标准

各高校所担负的人才培养任务、层次和规格是有差异的，各高校的发展基础不同，办学定位也不同，因此，对高校领导的政绩评价也应实事求是，充分尊重各校的办学自主权，贴近各校工作的实际，坚持辩证、全面、发展的标准，形成与科学发展观相统一的政绩导向。高校领导追求政绩、创造政绩，必须以人为本，遵循教育规律，从本校情况出发，切不可盲目攀比。要正确处理"三对关系"：一是"有与无"的关系。在学科建议、专业设置等反映办学结构和内涵素质的建设方面，不必求全，应突出重点，有所为，有所不为，有所少为，向特色要竞争力，以质量创品牌。二是"大与小"的关系。在办学规模方面，应努力实现师资、设备设施等教育教学资源的合理、适度和最佳配置，培育和发挥各校的特色和优势，不能简单地以大小论英雄。三是"长与短"的关系。在办学效益方面，既要抢抓机遇，乘势而上，创造很快见效益、出成果的"显绩"，更要善于做扎扎实实、日积月累的教育教学基础性建设，如学科建设、师资建设等，为学校的可持续发展，为"百年树人"的长远大计，提供潜在的动力和长远的支持。

（四）高校领导的政绩评价要看重领导班子的党纪政纪法纪意识和水平

高校作为一个社会组织，要认真贯彻落实我国《高等教育法》《行政许可法》等相关法规。坚持依法治校、民主治校、以德育人，要努力形成鼓励教师职工干事创业、教书育人的良好环境，营造人才辈出、成果涌流的大好局面，使"树正确政绩观、走实干从政路"在高校领导干部队伍中蔚然成风。高校党委要始终把反腐倡廉作为关系高等教育健康发展全局的大事来抓，认真落实两个《条例》，健全党内廉政建设责任制，既防止经济上的腐败，也防止政绩上的腐败。要建立配套措施，确保监督制度化、日常化和权威性。要加强领导班子内部监督，自上而下和自下而上的监督、群众监督、舆论监督和专门机构监督等，建设结构合理、配置科学、程序严密、制约有效的监督运行机制，使各种监督力量形成强大的合力。

高等教育和高等学校在社会不同的发展阶段会面临不同的发展课题，高校领导树立和落实正确的政绩观，关键是靠启动自觉改造主观世界这个"总开关"，真正做到寓改造主观世界于改造客观世界之中，用改造主观世界的成效来推进客观世界的改造，不断认识和探索高等教育的发展规律，求真务实，开拓创新，把高等教育真正办成人民满意的教育，培养出更多的优秀人才，为社会主义现代化建设和中华民族的伟大复兴做出应有的贡献。

坚持实事求是　勇于开拓创新^①

——在广东技术师范学院 2007 年中层干部培训班上的报告

同志们：

在 2006 年 7 月 8 日的中层干部培训班上，我做了《加强素质修养　提高管理能力》的讲话。今天，我在这里做《坚持实事求是　勇于开拓创新》的讲话，目的是为了加强党的思想作风建设，崇尚和培植实事求是的工作作风，以进一步促进学校事业的再发展。

一、实事求是：　党的作风建设的灵魂

"实事求是"原是中国古语，出自班固的《汉书·河间献王传》。班固称赞西汉河间献王刘伏"修学好古，实事求是"。颜师古注："务得事实，每求真是也。""务实""求真""求是"是中华民族的优良传统，只是这种好传统长久以来一直局限于"做学问"和伦理意义上的美德。1938 年在党的六届六中全会的报告上，毛泽东同志第一次使用了"实事求是"这个概念："共产党员应该是实事求是的模范，又是具有远见卓识的模范。因为只有实事求是，才能完成确定的任务；只有远见卓识，才能不失前进的方向。"1941 年 5 月，毛泽东同志在延安整风的开篇之作《改造我们的学习》中，古语新解，对"实事求是"赋予新的更深刻的哲学内涵。他说："'实事'就是客观存在着的一切事物，'是'就是客观事物的内部联系，即规律性，'求'就是我们去研究。"并且首次明确提出，"实事求是"是我们党的"行动的向导"。1942 年，毛泽东同志又将"实事求是"四个大字作为校训，题写给新创办的中共中央党校。从此，"实事求是"作为我们党的思想路线高扬在我们党的旗帜上。大家知道，从延安整风开始，即从确立"实事求是"的思想路线开始，我们党从战略上驾驭抗日战争、驾驭中国革命的能力大大增强了，党的队伍、人民军队的实力壮大了，中国革命胜利的步伐加快了。

---

① 本文是作者 2007 年 7 月 11 日在广东技术师范学院中层干部培训班上的报告。

邓小平同志对毛泽东的这一伟大历史贡献给予高度的评价，他明确指出："党的这条思想路线是毛泽东同志确立的，他在领导革命的大部分时间内是坚持这条思想路线的"。

1978年，在为党的十一届三中全会做准备时，邓小平同志针对中华人民共和国成立后，特别是1957年后在相当长的时间里，以个人迷信为基础的教条主义之风盛行、以思想僵化为特征的形而上学猖獗的严重情况，针对党和人民尚未从"文化大革命"造成的政治灾难中解放出来的复杂局面，振聋发聩地提出，要重申和恢复党的实事求是的思想路线，并且把"解放思想"与"实事求是"并列，作为党拨乱反正，实现历史性转折的行为指南和精神动力，从而开创了中国共产党领导全国人民改革开放，建设有中国特色社会主义的新实践新境界。

江泽民同志在《纪念党的十一届三中全会召开二十周年大会上的讲话》中指出："我们党在理论上和实践上的每一步前进，改革和建设的每一步发展，都是坚持党的思想路线，解放思想、实事求是的结果。"胡锦涛同志《在学习〈江泽民文选〉报告会上的讲话》中指出："解放思想、实事求是、与时俱进，是马克思主义活的灵魂，是我们适应新形势、认识新事物、完成新任务的根本的思想武器。"他认为党的十三届四中全会以来，我们党在实践上的每一个重大突破，在工作上的每一个重大进步，都是坚持解放思想、实事求是，与时俱进的结果。无数历史事实已证明，实事求是是马克思主义的精髓，是毛泽东思想的精髓，是邓小平理论的精髓，是我们党作风建设的活的灵魂。同样，也是我们面对新世纪国内外复杂而深刻的社会变革，面对未知世界的战无不胜的法宝。江泽民同志说："实践是永无止境的，认识真理不是一次完成的，一切从实际出发，解放思想、实事求是也要一以贯之。"

社会的演进，历史的发展，现实的情况都表明，实事求是，说来易，行却难。不实事求是而导致的大大小小的失误总是发生，我们不得不一次又一次在事后承受惨痛的教训（例如，反"右"斗争、"大跃进"、十年"文化大革命"等政治运动，都违背了实事求是的思想路线，带来的危害是深切的、令人难忘的）；想实事求是，而阻力重重、干扰不断的情况也总是存在，我们不得不迂回曲折，鼓足勇气，坚定信念，奋力拼争甚至付出代价。

二、实事求是的阻力和障碍

实事求是的过程，既是探求真理的认识过程，也是驾驭客观规律，排除万难、开拓创新的实践过程。在这一过程中，必然会受主观认识和客观条件的种种影响，这些影响有时会成为实事求是的阻力和障碍。

在工作中，实事求是的阻力和障碍主要有以下几点。

（一）知识的障碍

如果对自身所承担的工作、所要解决的问题缺乏相关的知识，难以抓住工作要领，而又忽视学习，就难以做到实事求是。有一些同志工作很辛苦，面对任务和问题常常一筹莫展，束手无策，陷于矛盾当中难以化解，按自己的"理解"去办事往往是"缘木求鱼"，办事的效能、效率和效果都很差。在知识迅猛发展的今天，在一个传播知识的环境中，在知识分子成堆的地方，如果不学习新知识、不接受新的信息、不用新的理论丰富自己，"知之"就会变为"无知"，就会"愚钝""虚弱"，成为实事求是的阻力和障碍。

（二）经验的障碍

经验是我们以往工作得失成败的积累、梳理和汇集，是属于主观先验的东西。它可以帮助我们很快进入工作状态，对某类情况、某些问题做出推理判断，有时候对探索新事物、感悟新观念会有帮助。但是，经验在很多时候、很多情况下，也会成为实事求是的阻力和障碍。比如，面对同样一件事，一个自恃有经验的同志，可能就不再调查研究，弄清事实，直接凭经验就下断语、得结论；而一个无经验的同志，则可能追根寻源，调查取证，弄清真相，恰当处理。事实也是如此，我们工作中很多失误都与沿用"老经验"有关。对一个过分相信自己经验的人而言，经验的一半就是失误。我们的工作对象、工作内容、工作标准都已发生变化，新事物、新情况、新问题层出不穷，如果我们因循守旧，"你有你的新实践，我有我的老经验"，以"不变应不变"，那么，必然会主观背离客观，不能实事求是。

（三）自满的阻碍

一个人在事业初创时，追求的目标尚未达到，他会有强烈的进取心，也会虚怀若谷，注重实事求是。当他取得一些成绩或达到一个目标后，则可能会发生变化：创业变为守成，进取变为自满，成功转入失败。历史上、现实中不乏其例。陶醉于已有成绩的人，故步自封、盲目骄满、自以为是、目空一切，就不可能对现实情况做出客观的判断，更无动机去寻求新突破新发展。甚至当别人发展进步了，超越了自己，他还沉湎于过去的"辉煌"，用过时的观念和方法去对待新的实际。

（四）私心的障碍

陶铸同志曾有诗言："心底无私天地宽。"我们无论要成个人之事，还是要成单位集体之事，在主观上都要有广阔的天地，能吸纳、能舍弃，能务实、能奉献，出于公心，坦诚刚正，实事求是。如果人的私心膨胀，一事当前，就往往会以个人利害定界线，以个人好恶定取舍，私人成见压倒一切，脱离实际，脱离群众，明知错而为之，昧着事实和良心违背实事求是的原则。

（五）实践的障碍

我们每个人做工作都是具体的，都是有阶段性的，因而都是有局限性的。客观事物的发展变化是无限性的，事物的真相和规律又往往隐藏于复杂的现象背后，我们的实践没有达到那一步，就无法揭示真理。在这项工作中，我们认为是可靠性很强的依据，或者今天确信不移的结论，随着实践的深入可能会被验证为谬误。反之，今天认为不可靠、缺乏实证的"假说""超现实的观念""带有预见性的理论"，在未来的实践中也可能被证明为真理。自然科学和社会科学发展进程中，不乏生动的实例，我们工作中也常常出现这种情况。当然，我们绝不能因为实践有局限性就放弃实践，放弃主动探索、主动开辟新领域。个人实践的局限性，可以从集体的实践中获得弥补和校正，因此，我们要充分尊重集体、同行的实践和认识，不要追求个人优势，而要努力追求和创造集体优势。现阶段的实践有局限性，我们也不要犯"急性病"，试图超越现实，而应深入研究，充分利用现实条件，扎扎实实做好今天的工作。

（六）习惯的障碍

习惯就是指人们的惯性思维和惯性行为。列宁曾说过，千百万人的习惯势力是最可怕的。习惯的可怕之处在于，它把人控制在一个狭窄的固定的思维空间，使你感受不到外部世界的新变化，看不到事物的新发展，一切跟着习惯走，不思进取、只图省心，不计效果、只图省事，怕冒风险、只求保险，工作多年老一套，在"惯性"中运行，毫无创新。习惯思维是妨碍实事求是、开拓创新的一大障碍。正如《中共中央关于加强和改进党的作风的决定》所指出的：有的党员干部"习惯于单凭老方式老办法想问题、做工作，缺乏主动性和创造性；有的习惯于凭主观意志办事，盲目蛮干，随意性和片面性严重。这种精神状态和思想作风，必须坚决改变"。我们只有从习惯思维中跳出来，打破惯性思维定式，才能创造新的理论、新的业绩。邓小平之所以伟大，就在于他冲破了已在人们头脑中固化的对资本主义和社会主义、市场经济和计划经济的一整套思维习惯，以实事求是、改革创新的精神提出了新的理论主张，倡导了新的实践方式。

（七）"本本"的障碍

无知会成为实事求是的障碍，而将知识和理论教条化，如毛泽东同志所说的"本本主义"，也同样会成为实事求是的阻力和障碍。我们提倡多读书，形势也逼迫我们多读书。从书中获得的启示、智慧和间接的实践经验，都会为我们开辟前进的途径，校正我们的工作方向和工作方法。但是，要看到，书本造成的迷信力、束缚力也很大。有些人不从实际出发，无视事实和情况的变化发展，习惯于照搬"本本"，遇事忙于从书本里找现成的答案，固守书本的结论。有些人忽视理论与实践的结合，忽视通过实践开拓新的认识，解决新的问题，满足于纸上谈兵、坐而论道、抚书论政。这种情况下，"本本"必然会变成实事求是的障碍。

（八）权威的阻力

这里所谓的"权威"，包括"行政权威"和"学术权威"。行政权威往往是领导干部通过运用与自己职责相统一的权力表现出来的；学术权威是通过在某一学科、某一领域的学术实力和学术贡献表现出来的。当"权威"发挥正向的积极引导职能时，会推动、激励和扶助我们探索新事物，开拓新领域；当"权威"变成了绝对的"权势"，权威的意志和认识成了唯一的标准、唯一的真理，以权势压制、限制人们进行探索，发表不同意见时，这种"权威"就成为实事求是的阻力和障碍。另一方面，如果我们不顾实际情况，放弃主体能动性，无条件地崇拜和服从权威，那么就等于作茧自缚，人为地在通往实事求是的大路上筑起了一个个精神屏障。

实事求是的阻力和障碍存在于我们思想和工作的方方面面，以上举出几例，意在提高我们对坚持实事求是难度的认识。在加强和改进党的作风建设过程中，经常自觉地反思、反省，树立实事求是的信心和勇气，努力克服实事求是的阻力和障碍，有助于学校事业的发展。

三、坚持实事求是，勇于开拓创新

为了学校的发展，领导干部必须坚持实事求是，勇于开拓创新。

（一）坚持实事求是

1. 要有胆识，要有勇气，要有事业心和责任感

当新一届领导（校领导或中层领导）上任后发现问题的时候，往往想解决它。这时有的领导可能会想得很多，比如这样做会不会不被前任领导所理

解和认可，甚至可能会被人说成在否定前任领导的做法。面对这种状况该怎么做？这就需要新任领导有胆识、有勇气，以集体的利益为重，不考虑个人的得失。我校这一届新领导班子上任之时，就碰到了这样的问题：省教育厅要求各高校上报学校的基层统计报表，那么学校是实事求是地报，还是按过去的材料报？过去材料中的数据不够准确、真实，党政领导班子经过讨论，决定还是要实事求是地报。实事求是地报，这是对本校负责任的表现。党政领导班子认为既然发现了缺口、问题，就要想办法去解决。这一年多来，学校领导和广大中层干部都在做这件工作，已经有一定的成效（见表1、表2）。对于这些工作，笔者相信前任领导与广大教职员工是会理解的，因为这些工作有助于通过评估，有助于学校健康发展。

表1 2005—2007 年广东技术师范学院高等教育基层统计汇总表

学年度	校区	全日制在校生/人	折合在校生/人	教师总数/人	专任教师/人	专任教师中研究生数/人	教学行政用房/平方米	教学仪器设备/万元	图书/万册
2005 学年	校本部	18148	20135	1130	990	408	326824	9306	207.49
2006 学年	校本部	16862	19666	798	685	317	127555	9039	118.50
	离合格标准尚缺数			295	295		108513	794	78.16
2007 学年	校本部	15591	18040	787	749	360	127555	7650	140.00
	离合格标准尚缺数			216	216		90719	1370	40.40

表2　2005—2007 年广东技术师范学院基层统计汇总表

学年度	校区	图书/万册	生师比	具有研究生学位教师占专任教师的比例/%	生均教学行政用房/（平方米/生）	生均教学仪器设备/（元/生）	生均图书/（册/生）
2005 学年	校本部	207.49	17.82	41.21	18.01	4621.80	103.05
2006 学年	校本部	118.50	24.64	46.28	7.56	4596.26	60.26
	离合格标准尚缺数	78.16					
2007 学年	校本部	140.00	22.92	48.06	8.18	4240.58	77.61
	离合格标准尚缺数	40.40					
2004 年教育部提出的基本办学条件	本科		18.00	30.00	14.00	5000.00	100.00
	限制招生		22.00	10.00	8.00	3000.00	50.00

2. 坚持实事求是，要敢于正视存在的问题

今天，我们发了省教育厅副厅长魏中林同志在我校考察调研时的讲话，请大家抽出一些时间认真研读思考，下学期也可在本单位组织学习讨论。在魏中林同志的讲话中，他对我们目前办学过程中存在的问题说得比较委婉，但是也谈得比较透彻。我在这里抽取魏中林同志讲话中的部分要点加以解读。

（1）"随着经济社会发展对职业技术教育提出的新要求和加快培养职业技术教育师资的需要，在职业技术和技术师范教育等方面，广东技术师范学院可以而且应该发挥更大的作用。"

解读：广东技术师范学院在职业技术师范教育等方面以前发挥的作用不够。

（2）"当前，技术师范院校面临着发展的双重机遇。一方面，大力发展职业技术教育已成为我省经济社会发展的迫切要求。另一方面，办好职业技术教育，关键在于建设一支高素质、高水平的教师队伍，广东技术师范学院作为我省唯一的以技术师范教育冠名的具有硕士授予权的普通高校，兼有职业技术教育和技术师范教育的双重任务与要求。对此，我们应有充分的认识

和准备。"

解读：我们面临着发展的机遇，但我们的认识还不够充分。此外，希望我们要加强师资队伍建设。

（3）"要按照省委、省政府的部署和要求，服从、服务于加快发展职业技术教育的大局需要，进一步转变办学观念，找准办学定位，理清办学思路，坚定办学信念，抢抓机遇，克服困难，乘势而上，为我省职业技术教育和技术师范教育的发展做出新的更大贡献。"

解读：我们目前存在着一定程度的办学思路不清的问题。

（4）"在主动适应和服务经济社会发展过程中展示自己的办学优势和特色。这也是学校争取各种条件支持和拓宽办学资源的基础。如何结合技术师范教育的办学新要求，利用获得硕士授予权的良好机遇，进一步密切与职业技术院校、企业、行业和政府部门各部门的关系，争取和利用多种资源为学校的发展服务。"

解读：我们在主动适应和服务经济社会发展的问题上做得还不够，与职业技术院校以及企业的联系需要加强。

（5）"学校在提高人才培养质量的对策与措施上，要与以往的综合性学院的人才培养模式与规格作适当的区分与调整，在对以往人才培养模式的合理借鉴和创新的基础上，按照职业技术教育和技术师范教育的新要求制定新的人才培养目标和规格。"

解读：我们的人才培养规格与培养模式不尽合理，要按照职业技术教育和技术师范教育的新要求制定新的人才培养目标和规格。

（6）"对学校技术师范教育的办学格局、类型和学科专业等方面进行战略性调整，主动适应和满足我省职业技术教育等对高素质技能型人才和应用型人才的需求，进一步扩大技术师范的规模和比例，服从职业技术教育大发展的需要。"

解读：我们目前的学科专业布局不合理，需要全局规划，进行战略性调整，以服从职业教育大发展的需要。

魏中林同志对我们目前的办学思路问题、培养规格与培养模式问题，以及专业结构与布局问题都提出了他的看法与希望。这些问题都是我校目前存在的主要问题。

面对魏中林同志谈到的问题，我们应该思考什么？该做些什么？我们可以这样去思考和做些工作。

一是努力转变办学观念。我们都知道，从传统的学科型模式转变到职业技术师范教育模式，这是一个十分痛苦的过程。我们都是从学科型的大学培养出来的，惯性使然，我们都在自觉或不自觉地走学科型培养的路。我们能否走出一条新路来？

二是在我们"面向职教，服务职教，引领职教"的办学定位下，如何理清办学思路？我们能否按照职业技术教育和技术师范教育的要求制定新的人才培养目标和规格，制定新的课程与教学计划？

三是如何建设一支货真价实的具有"双师"素质的教师队伍，激励教师从事实践教学？我们能否制定政策与措施，吸引企事业单位中既有实践经验，又有扎实理论基础的高级技术人员从教？

这些都是我们需要思考和解决的问题。

（二）勇于开拓创新

同志们，在新的时代背景下，在新的发展和实践中，我们党的思想作风建设，坚持解放思想、实事求是，其价值取向、其本质特征在于开拓创新。创新是具体生动的实践活动。我们所倡导的创新，必须着眼于我们正在做的事情，必须着眼于我们的实践对象和实践目标，必须着眼于我们工作中的实际问题。

1. 创新"面向职教，服务职教，引领职教"之路

"面向职教，服务职教，引领职教"是一条创新之路，我们必须走稳、走实、走得矫健。

例如，天津工程技术师范学院走的是"本科 + 技师""硕士 + 高级技师"的路子，于 1997 年开始实行"双证制"，培养"一体化"职教师资。2005 年，他们推出的培养高等技术应用人才"本科 + 技师"的新模式获得国家教学成果一等奖，成为他们的标志性成果。从此，"动手动脑，全面发展"成为他们被社会广泛认同的办学理念。

深圳职业技术学院创办于 1992 年，建校 15 年来，树立了一套符合高职教育规律、在高职教育界有一定影响的办学理念和教育理念，确立了培养灰领人才的目标定位。深圳职业技术学院的目标定位是培养"灰领"人才，也就是具有大学水平的能工巧匠或者能工巧匠型的大学生，培养生产、管理、服务、建设一线既有理论又有很强动手能力的技术人才和管理人才，或者叫作现场的、一线的技术人才和管理人才。为了适应这个培养目标，他们的教学模式也随之有所不同，一句话就是：以职业能力为本位而不是以学科、学术为本位的教学模式，是重实务、重能力和重技术的教学模式。

比较上述两个国内职业教育做得比较好的院校，他们的一个共同点就是办学的定位与思路非常清晰，而且这个定位与思路强有力地指导着他们的教学模式、培养目标等一系列工作。两所院校的发展之路对我们都有很大的启发与借鉴意义，尤其是天津工程技术师范学院，和我们的办学层级相同，办

学定位类似，很值得我们学习。

这两所学校办学定位与办学特色的共同点，就是"应用性"与"实践性"。万变不离其宗，不论如何表述，"大学水平的能工巧匠"或"本科＋技师"，都表达着共同的思想：一是专业的应用性，不论专业的设置，还是专业的内涵建设，都要突显应用性，要为当地的社会经济发展服务；二是人才培养的实践性，强调的是实践能力与职业能力。

办学目标明确了，办学思路清晰了，那么如何将目标与思路落实到本科生的培养方案中，落实到教学计划中？这两所学校的共同点是学科建设、精品课程建设、课程改革与建设、实训基地建设、特色师资队伍建设等方面都紧紧围绕学校的发展目标展开，为培养"大学水平的能工巧匠"与"本科＋技师"的目标展开。

我校于 1998 年挂牌改名为广东职业技术师范学院，2002 年又改名为广东技术师范学院。至今快 10 年了，我们走出了一条什么样的路？我们应该好好总结。如今对我校"面向职教，服务职教，引领职教"的办学定位，我们应该坚持不动摇，走好这条创新之路。如何落实我们的目标与定位？如何体现各专业的特色？请各位二级学院的领导与教务处、学生处、研究生处、工业中心等及本科与研究生培养密切相关的部门认真思考，到基层去、到高职院校去、到一些中技学校去开展调研工作，尽快努力地完成从普通的高等学校到以职教师资培养为主要目标的技术师范学院的转型。我曾经说过，当二级学院建立之后，这又是一个新的起跑点，谁能抓住机遇，谁能尽快尽早按照学校的定位从事深化教学改革，谁就会获得新的成果。

2. 创新培养职教师资之路

目前我省有高职高专院校 68 所，中职学校 642 所，技工学校 191 所，每年需新增加教师约 3000 人。由于现有的师资队伍学历偏低，结构不合理，不能满足职业院校工学结合的技能型人才培养的需要，"双师型"教师的匮乏已经成为制约职业教育发展的瓶颈。据广东省劳动厅主管中职学校师资培养的技工教育管理处处长介绍，我省仅中职教育范围内目前的职教师资缺口就达近 2 万人。我校的定位是为广东省培养职教师资，是职业教育的"工作母机"，是我省职教师资培养的主渠道。我们应当承担任务，开创一条培养职教师资之路。

最近，由王乐夫校长主持的"职业院校'双师型'教师培养机制探索"项目，已正式启动。我认为这是一条创新培养职教师资之路。这条路走好了，会让我校在广东高职院校中产生强烈的反响。目前我们有四个专业招收工程硕士班。这四个专业是机械工程、计算机技术、电子与通讯工程、控制工程（争取明年再增加一些专业）。前段时间，研究生处的领导和工作人员先后与四个专业的负责同志，共走访了 45 所职业院校，其中高职 10 所，中职 35 所。我也到肇庆市找分管教育的市长和教育局局长谈此项目，黄玲副市长当场表态，要为读工程硕士的学员出 2000 元学费。这四个专业的单位领导工作是积极的、到位的，发动得好，办这几个班会成功，将会为职教师资的培养做出新的贡献。办这些工程硕士班，不仅提高了办学层次、人才培养层次，而且还会提高教师的教学科研水平。此外，也将会为"职业院校'双师型'教师培养机制"探索出新的经验，在全国产生影响。

第一，我省的职教师资队伍存在着"质"与"量"的双重缺口，几乎每一所职业技术学院都缺乏"懂理论、能实践"的一线教师，尤其是工科专业硕士层面的教师。

第二，在职业技术院校的走访中，这些学校的领导与人事部门的负责人的说法几乎一致："每年都会收到一大摞本科生与硕士生的求职表，但是几乎没有我们需要与满意的人。"我们追问："那我们的毕业生呢？我们是技术师范学院，是专为职业院校培养师资的。"他们的回答很直接："你们的毕业生也一样，你们走的是普通高等教育学科性培养的路，与我们的需求有差距。"

很显然，这些信息明确告诉我们高职院校、中等职业中学、技工学校需要的是什么样的师资，我们应如何培养我们的学生，如何去改革我们的专业培养方案与教学计划。在这些方面，我们能否有新突破？

现在有些二级学院的领导已经意识到了这个问题，他们准备大刀阔斧地修订本科生的培养方案与教学计划，利用师培中心举办"骨干教师培训班"的机会，通过座谈、调查问卷等形式来收集职业院校相关专业的情况，以此为依据对本专业的培养方案与教学计划进行修订。目前这项修订工作还在酝酿之中，我提出对修订的一点意见，仅供参考：对我省职业院校中该专业的专业与方向设置、培养方案、教学计划、实训内容进行全面深入的调研。

为什么这么做？理由有三点：

第一，俗话说"知己知彼，百战不殆"。我们要培养职业院校的教师，必须全面掌握职业院校的专业方向设置、开设的课程、课程的内容、实践环节的内容等，在此基础上有所吸收和借鉴，以形成我们的培养方案与教学计划。在培养方案与教学计划的设置上，我们要有"覆盖高职，高于高职"的思路。

第二，职业院校的专业设置与培养方案的制定宗旨是贴近市场，那么我们职教师资的培养宗旨就是要贴近职业院校，他们的经验是"专业围绕市场转"，实际上就是将产业结构调整、城市功能定位和社会人才需求的发展变化作为专业设置与教学计划的依据。

第三，我们的本科生中只有一部分是准备加入职教师资队伍，还有很大一部分是到其他领域就业的。我们还有大量的专科生，不论是在职业教育领域，还是在其他领域就业，都是要经过就业市场检验的。因此，要求我们的本专科的培养方案与课程设置、课程内容要加强实践教学环节，加强创新能力培养；注重"三个结合"，即理论教学与实践教学相结合、人文素质教育与科学精神培养相结合、专业知识与专业技能相结合；培养"四种能力"，即基本实践能力、专业技术应用能力、解决实际问题能力、专业创新能力。

说起来容易，做起来有难度，需要我们有开拓创新的精神，一点一点地推进，是彻底地推进，而不是在纸上总结。

关于创新的内容是十分丰富的，大家一起去探索新的生长点和突破口。

同志们，职教发展的春天已经到来，我们能否在职教这块园地里迎春，能否在春天里播种，让它生根开花、结果，全靠我们自己，靠我们齐心协力。只要我们持之以恒，一定会迎来满园春色，取得丰硕成果。

今天所讲，只是近来思考的碎片，不妥之处，请批评指正。

谢谢大家！

加强班子建设　促进学校科学发展①

——在广东技术师范学院 2009 年中层干部培训班上的讲话

我们要坚定不移地贯彻落实学校"面向职教、服务职教、引领职教"的办学定位，全面贯彻落实《珠江三角洲地区改革发展规划纲要（2008—2020年）》，全面落实罗伟其厅长所提出的"全面转变办学观念，全面调整和优化学科、专业和课程结构，全面改革和优化人才培养模式，全面提高教师的职业技术教学水平"要求，全面执行学校的发展规划，全面执行学校学习实践科学发展观落实整改措施，我认为在新一届中层干部中，提出进一步加强班子建设、加强理论学习、加强执行力、加强师生的思想政治教育工作是十分必要的，有助于促进学校事业的科学发展。

一、进一步加强班子建设，增强凝聚力和战斗力

加强班子建设的关键，就是要加强班子成员之间的团结。团结是领导班子的生命。领导班子成员之间只有团结，才能出智慧、出经验、出成绩、出干部、出人才。因此，校领导班子以及各二级学院、各部门的领导班子，都要识大体、顾大局，用高尚的人格增进团结，用坚强的党性保证团结，用学校发展的事业维护团结。

加强班子的团结，党政"一把手"是关键。党政"一把手"是事业上的搭档，不是竞争的对手；是工作上的分工，不是权力的分配。我们各级党政"一把手"，只要从学校的大局出发，不计较个人名利，不争个人高低，相互理解、相互支持、相互配合，班子的和谐就会形成，就会增强凝聚力、增强战斗力。

加强班子的团结，班子成员要注重相互尊重、相互宽容。领导干部要有宽阔的胸怀，要懂得尊重别人的个性，尊重别人的人格和尊严，尊重别人的意见，尊重别人的劳动和成果。要懂得谅解和包容别人的弱点和不足。金无

---

① 本文是作者 2009 年 7 月 11 日在广东技术师范学院中层干部培训班上的讲话。

足赤，人无完人。对工作有失误或错误的同志，不要一味埋怨和横加指责，而要肯定其成绩，帮助他总结经验教训；要坚持大事讲原则、小事讲风格，使班子成员之间政治上能志同道合、工作上能相互配合、生活上能相互关心。只有这样，班子成员之间才会有团结共事的基础。

加强班子团结，要注重坚持民主集中制。我们除了要尊重人、大度待人处事之外，还要注重按规矩办事，严格执行民主集中制的各项规定。凡是重大的决策、重大的教学科研立项、重要的人才引进、重要的人事任免和大额度资金的使用，都要广泛听取意见、集中讨论，绝不能搞"一言堂"，一个人说了算。集体决策一旦做出，即使自己有不同意见（可以保留意见），也要贯彻执行，不能发出"两种不同的声音"，这也是维护班子的团结和威信。

二、进一步加强学习， 努力增长才干和提高素质

我们要清楚地认识到，加强学习有助于每个干部的成长。在高等院校，有不少领导干部、院士、教授、学科带头人、学术带头人，都是从偏远的山村走出来的。他们为什么会有今天的成就？主要的原因在于他们把时间和精力都放在工作和学习上，他们的注意力往往不会停留在身边的个人恩怨和无原则的纠纷上，而是投向更广阔的时空；他们追求的是知识的广博，是工作上的卓越，是为经济社会发展服务。他们的思想境界会提升到一个新的层次，他们会变得更大气、更宽厚、更睿智、更成熟，因而也更适合承担重任。很显然，加强学习可以改变人的命运、改变人生、促进自身的健康成长。

高校的领导干部，在这科技进步日新月异、知识更新不断加快的当今时代，面对高等教育不断发展，新情况、新问题层出不穷的形势，为了学校教育事业的发展和自身的发展，要充分认识加强学习的重要性，要把学习作为一种习惯、一种操守、一种精神。

领导干部应当学习些什么？

第一，要加强马克思主义理论学习，努力掌握和运用马克思主义的立场、观点、方法，用以指导我们发现问题、分析问题和解决问题，提高领导科学发展的能力和水平。

第二，要认真学习和掌握与本职工作相关的方针政策和法律法规。通过学习，使自己管理到位、管理不出差错、管理有成效。

第三，要加强学科专业的学习，了解学科专业前沿研究的新信息、新思想、新成果，努力使自己成为教学科研管理的内行、专家。

第四，要进一步加强和改进党委中心组学习。中心组的学习，要列出学

习专题和要解决的突出问题，通过专题学习，研究提出解决突出问题的思路和对策，既提高理论水平，又推动工作。

总之，我们要牢固树立终身学习的理念，在工作中学习，在学习中工作，使自己成为学习型的领导干部。

池田大作先生曾说过这样一句话："毕生保持求知欲，就一定能在自己的重大使命上成就一件事。"只要我们不断地加强学习，就能成就一件甚至几件大事。

三、进一步加强执行力，高质量地完成工作任务

所谓执行力，指的是贯彻战略意图，完成预定目标的操作能力。有人认为，执行力就是一个组织的核心竞争力。同样，执行力也是学校竞争力的核心，是把学校的办学定位、办学理念、发展规划、决策计划转化成促进学校发展、教师进步、学生健康成长成才的关键力量。高校的领导干部必须重视执行力对于学校管理的重要性，切实提高自身的执行力。

我们必须充分认识到，执行力的欠缺会给学校的声誉和发展带来影响。例如，在2008年的正式评估工作中，有专家提出：毕业论文（设计）中，个别教师的评语几乎千篇一律，不管论文写得好还是写得差，都是几句套话。评估结束后，评估处在对2008届毕业生论文的抽查中，发现类似的问题仍然存在，尤其是在档案材料的规范性上仍然存在不少问题。从这些例子可以看出，很显然，部分教师对教务处提出的一些具体的要求执行不到位，这就影响了学校的教学质量和声誉。

从我校出现的由于执行不到位所造成的不良现象来看，执行力不强的表现主要在以下几个方面：

一是在具体执行学校或职能部门布置的工作任务时，随意地改变要求，使标准逐渐降低，甚至完全走样。

二是在执行学校的决策方案或计划的过程中，对方案或计划的反应滞后，或者在具体的执行过程中，将时间拉长，导致执行延误或不了了之。

三是在执行有关的决策或计划中，没有配备相应的人力、物力和组织保证，工作力度小，工作成效低微。

为了克服执行不到位、执行效果不佳的现象，我们作为领导干部，要从以下几个方面进行考虑：

一是注重具体操作和实施。领导干部在注重定任务、定目标、做决策的同时，也要注重参与、督察、指导具体操作和实施工作，确保各项任务落到实处，追求工作的最佳效果。

二是建立健全责任制。根据学校的实际情况和各单位、各部门的工作需要，进一步明确各单位、各部门的总体责任，进一步细化各岗位的具体责任，全面确立岗位责任制，将责任落实到部门、落实到岗、落实到人。

三是建立健全责任追究制，实现以岗定责、以岗问责、以岗究责。

在这次学习实践科学发展观活动中，我们梳理出的要整改的重大问题有10项，要解决的任务58项。要解决这些问题、完成这些任务，我们必须建立健全责任制和责任追究制，全面提高执行力，实现事事有人管、件件有人落实，确保学校各项工作保质保量完成，推动学校事业的科学发展。

比尔·盖茨说过："没有执行力，就没有竞争力！"这句话很值得我们思考。我们要充分认识执行力的重要性，因为是否具有卓越的执行力，关系到学校教育事业的可持续发展。我们要真抓实干、务求实效，在学校事业的发展中，贡献自己的力量，铸就自己的无悔人生。

四、进一步加强师生的思想政治教育工作， 实践 "以德为行， 以学为上" 的教育理念， 促进 "校以育人为本， 师以严教为业， 生以成才为志" 的校风建设

为了促进学校的科学发展和可持续发展，促进"校以育人为本，师以严教为业，生以成才为志"的校风建设，各级领导干部在思考如何做好师生服务工作的基础上，要重视对师生进行"以德为行，以学为上"的思想政治教育工作，使学校形成良好的风气，让学校在社会上产生良好的影响。

（一）关于对学生进行思想政治教育的思考

对学生进行思想政治教育工作是多方面的，但我们要强调对学生进行的"德"的教育在于"公民道德"教育和"高等学校学生行为准则"教育。

2001年10月，中共中央颁布实施的《公民道德建设实施纲要》把公民基本道德规范概括为"爱国守法、明礼诚信、团结友善、勤俭自强、敬业奉献"，其内涵是相当丰富的，我们要要求学生认真学习和践行。

1982年2月，教育部颁布了《高等学校学生行为守则》。2005年，教育部将《高等学校学生行为守则》改为《高等学校学生行为准则》："一、志存高远，坚定信念。二、热爱祖国，服务人民。三、勤奋学习，自强不息。四、遵纪守法，弘扬正气。五、诚实守信，严于律己。六、明礼修身，团结友爱。七、勤俭节约，艰苦奋斗。八、强健体魄，热爱生活。"这八条准则，体现了党和国家对高等学校学生在政治思想和道德品质方面的基本要求，是每个学生应该遵守的行为准则和道德规范，它对学生在德育方面的要求进一

步具体化。加强对学生进行"公民道德"教育和"高等学校学生行为准则"教育，对于促进学生德智体全面发展，将起到重要作用。因此，我们作为领导干部，特别是党总支副书记，要逐条向学生讲解《高等学校学生行为准则》，尤其要用鲜活的、正反的、典型的例子去讲解辅导，使学生真正理解其丰富的内涵、真正自觉地去践行。如果每一位学生都能以"行为准则"来严格要求自己，良好的学风和校风就会逐步形成。

前段时间，我请学校图书馆对今年的毕业生在校四年来到图书馆借书的情况做了一个抽样调查。今年的毕业生有 2464 人，其中，借书量排在第一位的同学借了 734 册，排在第 20 位的同学借了 480 册。在这 2464 人中，有 91 人没有到图书馆借过一本书。读了三四年书，竟然没有到图书馆借过一本书，真是不可思议。这种现象很值得我们思考。我们有必要在对学生，尤其是刚进大学校门的学生进行思想政治教育时，引导他们在大学期间把学习放在重要的位置上，鼓励他们勤奋学习，学会利用学校的资源进行学习。因此，我们在培养学生成长成才的过程中，要注重对他们进行"德与学"的教育。

（二）关于教师思想政治教育的思考

我们都很清楚，没有一支高水平的教师队伍，要办好一所高等学校是不可能的。领导干部一定要重视教师的思想政治教育工作。教师的思想政治教育是关系到提高教师思想政治素质的大事。它不仅影响高等学校教师队伍的建设和教师本人的成长，而且影响对学生的全面培养。因此，领导干部对教师应当提出严格的要求。当然，领导干部应当严格自律，要求别人做到的，首先自己要做到。

关于当前高校教师师德缺失的现象，我们在报纸杂志上看到不少，我不一一列举。评估处刚发下来的"简报"里反映了教师教学方面存在的一些问题，也包括我刚才讲的问题。这些例子也足以提醒我们要重视师德教育。

注重教师的"德"的教育，就是要注重教师的"职业道德"教育。

首先，要明确教师的职责和使命。《中华人民共和国教师法》第三条规定："教师是履行教育教学职责的专业人员，承担教书育人，培养社会主义事业的建设者和接班人，有提高民族素质的使命。教师应当忠诚于人民的教育事业。"这一规定明确地告诉了我们，教师是从事专门职业活动的专业人员，教师的职责是教育教学，教师的使命是教书育人、培养社会主义事业的建设者和接班人、提高民族素质，教师要忠诚于人民的教育事业。因此，高等学校教师的教育教学工作必须服务于这个目的，教师要认真履行这个职责。

其次，教师要努力践行广东省高校工委、广东省教育厅 1997 年 3 月制定的广东高校教师职业道德规范：遵纪守法，为人师表；爱岗敬业，积极奉献；爱护学生，教书育人；严谨治学，求实创新；团结协作，关心集体。这些职业道德规范看起来很容易理解，其实它同样具有丰富的内涵，要真正做到不是一件容易的事。我们的党总支书记、院长应结合高校教师的实际，用正反例子来讲解教师的职业道德规范，让教师努力去践行这一职业道德规范。

最后，教师要树立终身学习的理念。我们常说的"学而不厌"，是孔子的学生对孔子所做出的一种道德上的概括，它反映了一位教师必须具备的道德品质。在今天，教师更需要以"学而不厌"的精神去加强学习、提高自己。

教师树立终身学习的理念，是具有现实意义的。一是有利于更新知识结构；二是有利于提高教育教学能力；三是有利于提高学历和素质。例如杨振野教授，他只要有时间，就会抓紧时间看资料、学习各种知识。这既是为了教学和科研工作的需要，也是他多年以来的习惯使然。如果一天没有看点什么，就会感到空虚。他认为，教师在专业方面应当具有远高于学生的学问水平，这就需要教师不断学习，不断提高自己的业务能力。又如机电学院院长李玉忠对"学习"也有深刻的理解："学"是能力的延伸，只有"学"或研究才能创新，才能解决问题，不学习、不研究，教师就无法做好教学和科研工作，学科带头人和院长就无法管理好自己的部门。他认为，"以学为上"是工作学习的终身伴侣。

只要学生能真正践行高等学校学生行为准则，教师能真正践行职业道德规范，我们的学校就能真正形成"校以育人为本，师以严教为业，生以成才为志"的良好校风，不断发展，不断产生良好的社会声誉。

谢谢大家！

领导干部要强化接受监督的意识①

——在广东技术师范学院 2010 年中层干部培训班上的讲话

2008 年 9 月，中共中央纪委、教育部、监察部为全面落实党的十七大精神，根据中共中央《建立健全惩治和预防腐败体系 2008—2012 年工作规划》要求，结合高校的实际，提出了《关于加强高等学校反腐倡廉建设的意见》。近两年来，我院通过开展反腐倡廉教育，特别是加强制度教育，使各级领导干部提高了党性修养，强化了制度意识，廉洁自律，自觉筑牢拒腐防变的思想道德防线；促进学院各单位和部门健全制度，加强管理，强化监督，提高制度执行力，形成了用制度管人、靠制度管权、按制度办事的良好氛围，进一步营造了良好的育人环境。但我们也应当清醒地看到，高校反腐倡廉建设面临新的情况和挑战，形势依然严峻，任务依然艰巨。胡锦涛同志在第十七届中央纪委第五次全会上强调了要"加强对领导干部的教育监督"，因此，我们作为高校领导干部要强化接受监督的意识，充分认识领导干部强化接受监督意识的重要性，增强接受监督的自觉性。

一、充分认识领导干部强化接受监督意识的重要性

强化领导干部接受监督的意识，有利于党和国家事业的发展。我们党历来重视对领导干部的监督工作。在《中国共产党章程》里明确规定，要加强对党的领导机关和党员领导干部的监督；党的各级领导干部要自觉接受党和群众的批评和监督。党的三代领导核心对党的领导干部要自觉地接受党和群众的批评和监督都提出了许多重要思想，做出了很多深刻的论述。1945 年 7 月，爱国民主人士黄炎培在访问延安期间，目睹了中国共产党的施政政策和解放区的成就，有机会与毛泽东同志多次促膝长谈。黄炎培说："我生六十多年，耳闻的不说，所亲眼看到的，真所谓其兴也浡焉，其亡也忽焉。一人、一家、一团体、一地方乃至一国，不少单位都没有能跳出这周期率的支

---

① 本文是作者 2010 年 9 月 3 日在广东技术师范学院中层干部培训班上的讲话。

配。"谈到共产党在执政以后如何跳出中国历代执政者由兴到衰的历史周期率①时，毛泽东同志说："我们已经找到新路，我们能跳出这周期率。这条新路，就是民主。只有让人民来监督政府，政府才不敢松懈。只有人人起来负责，才不会人亡政息。"他提出了依靠民主，依靠人民监督政府，以防止消极腐败现象发生的重要思想，并多次强调加强对党的高级领导干部的监督。邓小平同志深刻指出，党要管党，一管党员，二管干部。对执政党来说，党要管党，最关键的是对党员干部，特别是领导干部的监督和管理。邓小平同志还提出了要建立以制度为载体的监督体系，并多次强调监督制度建设"要带有根本性、长期性、全局性"。江泽民同志鲜明提出："治国必先治党，治党务必从严。"他告诫全党，"越是改革开放，越要加强和健全党内监督"，"越是领导机关、领导干部，越要有严格的党员监督"。

党的十六大以来，党中央高度重视对领导机关和领导干部的监督，并率先垂范，带头接受监督。在 2003 年 2 月中央纪委第二次全体会议上，胡锦涛同志代表新一届中央政治局和中央政治局常委郑重表态，在党风廉政方面一定要以身作则，诚恳地接受全党和全国人民的监督。在第十六届中央纪委第三次全会上，他专门强调，加强监督制约，要坚持以领导机关、领导干部特别是各级领导班子主要负责人为重点。在第十七届中央纪委第五次全会上，胡锦涛同志又进一步强调了要"加强对领导干部的教育监督"，"要进一步加强监督制度建设，认真执行和不断完善各项监督制度，改革和完善党内监督体制，健全权力运行监控机制，拓宽监督渠道，增强监督合力，加大监督制度创新力度，建立健全决策权、执行权、监督权既相互制约又相互协调的权力结构和运行机制"。在着力健全党内监督制度方面，先后出台了《建立健全教育、制度、监督并重的惩治和预防腐败体系实施纲要》《建立健全惩治和预防腐败体系 2008—2012 年工作规划》和《中国共产党党员领导干部廉洁从政若干准则》，这明显地体现了党内监督制度建设持续向纵深发展。2010 年 8 月 27 日，国务院在北京召开全国依法行政工作会议，温家宝同志做了重要讲话。他指出："孳生腐败的根本原因是权力得不到有效监督和制约。这个问题解决不好，政权的性质就会改变，就会'人亡政息'。"这无疑强调了对领导干部权力监督的重要性。

很显然，我们党和党的领导人历来重视和强化对党的领导干部的监督工作，其目的是为了社会主义社会可持续发展，是为经济社会又好又快发展提供有力的保障，是为社会的改革发展稳定提供政治保证，让党和国家的事业永葆生机。

---

① 历史周期率，即指"掌权—腐败—垮台"的过程。

　　强化领导干部接受监督的意识，有利于学校教育事业的发展。高校的领导干部特别是各级领导班子主要负责人，是学校实现学校发展目标的主要实践者，大都掌握着一定的权力。这种权力是广大师生赋予的，只能为广大师生服务，为教学科研工作服务，为培养社会主义事业的建设者和接班人服务，决不能用来谋私利。高校的各级领导干部负责的工作是方方面面的，手中都有一定的权力，如果各级领导干部能自觉地接受党组织的监督，接受党内和党外群众的监督，正确地使用手中的权力，就会促进学校教育事业的发展。《关于加强高等学校反腐倡廉建设的意见》里，提出了要加强对领导干部、干部人事、内部财务、基建（修缮）项目、物资（设备）采购、科研经费、高校企业和国有资产的管理和监督。最近广东省委组织部、省纪委、省委教育工委、省教育厅起草了《关于进一步加强对高等学校若干重大问题监督管理的意见（征求意见稿）》，提出了进一步加强省管高校领导干部在工程建设、物资（设备）采购、财务管理、选人用人、学术行为、收入分配等六大重大问题的监督管理工作的意见，目的是加强高校领导干部的监督管理，促进广东高校教育的健康发展。这六大方面的重大问题，都涉及学校的人、财、物的问题，涉及到学校的硬件建设和软件建设的问题。这六大方面的工作，都需要学校的中层领导和校级领导去实施和管理。如果校级领导和中层领导都能自觉地接受监督，把这些事情办好，不出问题，就有利于学校各项事业的顺利发展，反之，就会给个人和学校带来影响。例如，《高校防腐亦任重而道远：对浙江省高校第一贪腐串案引发的反思》《光环下的罪恶：河南某学院原党委书记徐某违纪违法案剖析》《从先进个人到阶下囚：一位知识分子的蜕变》《科研院所"高智商"腐败应警惕》等，都是涉及校级领导和中层干部犯受贿罪和职务犯罪的案件。这些案件都反映了对领导干部权力缺少监控、监督不到位的问题，都给这些学校带来了恶劣的影响。我们作为高校的领导干部，都要从这些案例中吸取教训，自觉接受党和群众的监督，保证正确行使权力，干净干事，为学校教育事业的发展做出贡献。

二、领导干部要强化接受监督的意识

　　为了学校教育事业蓬勃发展，实现学校的发展目标，学校各级领导干部要强化接受监督的意识。

　　第一，领导干部对接受监督要有正确的认识。领导干部在腐败问题上没有"终身免疫力"，必须自觉接受监督。首先，领导干部要明白，党员和党的领导干部必须要自觉地接受监督。在我们党内，无论职务高低，无论从事何种工作，都是人民的公仆。我们要牢记手中的权力是党和人民赋予的，只能用来为人民服务、为广大师生服务，并要接受党组织和党员干部、广大师生员工的监督，决不允许有超越党组织和党的纪律之上的、不接受监督的特殊人物。其次，我们要强化"监督是关心爱护"的意识。监督对领导干部不仅是一种约束，更是对领导干部的一种关心和爱护。那种认为组织监督、群众监督是跟自己过不去，总是排斥监督的做法是错误的，也是一些干部走上违纪违法道路的重要原因。例如，原北京市交通局副局长、首发公司董事长、首发房地产公司董事毕玉玺（犯受贿罪）在忏悔时说："自己逐步走上犯罪道路的主要原因之一是长期不接受监督，喜欢干什么就干什么，极力放纵自己。"我们要深刻地认识到，党培养一个干部不容易。加强对领导干部权力运行的监督制约，实质上就是为了防止和减少领导干部犯错误，同时也是对领导干部的最大的关心和爱护。所以，我们要明白，自觉接受监督是为自己好，只有自己不出事，才能给自己带来平安，带来自由，带来心灵的宁静，带来家庭的幸福，才能做好工作，为党和人民的教育事业做出贡献。

第二，领导干部要带头发扬民主、接受批评。党内民主是党的生命，也是监督的有力武器。江泽民同志在1996年第十五届中央纪委第六次全会讲话中深刻指出："哪个地方、部门什么时候党内监督工作抓得比较紧，民主集中制执行得比较好，个人专断、滥用职权和'有令不行、有禁不止'的情况就比较少，消极腐败现象也会受到抑制，出了问题一般也能得到及时解决。反之，监督工作薄弱，民主集中制受到破坏，权力被滥用而又得不到制止，往往就会出问题，甚至出大问题。"我们作为高校的领导干部，必须严格实行民主集中制，营造党内民主讨论、民主监督环境。要坚持集体领导，不以个人意志代替集体意志，不以个人表态代替集体讨论，不以个人拍板代替会议决定，完善议事规则和决策程序，凡属重大决策、重要干部任免、重大项目安排和大额度资金使用等，都要由领导班子集体讨论决定。只要我们真正地发扬民主，坚持集体领导，就会最大限度地防止权力失控、决策失误、行为失范。批评与自我批评是我们党的优良传统，作为高校的各级领导干部应当要有宽阔的胸怀，虚心地接受党内外群众的批评。对来自组织、同志和师生的批评监督，我们都要持欢迎的态度，"言者无罪，闻者足戒"，"有则改之，无则加勉"。学校各级领导分管的工作是多方面的，由于工作多、任务重、压力大，有的工作会做得不理想，甚至有时会出差错，这时群众会提意见，有的意见甚至很尖锐。对这些意见，我们都应当欢迎并认真对待，认真反思，及时改正。这有助于我们提高工作的质量，有助于促进学校教育事业的向前发展。

第三，领导干部要自觉地严格地执行监督制度。近年来，我们党内出台了不少加强监督的制度，监督制度体系不断完善。特别是最近中央接连出台的《中国共产党党员领导干部廉洁从政若干准则》《领导干部报告个人有关事项的规定》《关于对配偶子女均已移居国（境）外的国家工作人员加强管理的暂行规定》以及干部选拔任用四项监督制度等一系列制度，充分体现了中央对各级领导干部廉洁从政、规范用权的高度重视。制度的生命在于执行，我们必须不断提高制度执行力。各级领导干部要认真学习制度，牢固树立法律面前人人平等、制度面前没有特权、制度约束没有例外的意识，在执行监督制度上率先垂范，严肃认真地对待民主生活会和述职述廉，带头如实向组织报告个人重大事项，营造执行监督制度的良好氛围。要带头执行党内各项监督制度，当前最重要的就是要贯彻落实好《中国共产党党员领导干部廉洁从政若干准则》，把准则作为自己从政行为的准绳，在日常工作、生活和社会交往中把握好是非界限；进一步增强自律意识，把监督看作是对自己的一种警诫、一面镜子，经常想一想、照一照，检查自己的缺点和不足，自觉地接受广大师生的监督，避免出事了"后悔没有监督"。我们要自觉地净化自己的心灵、规范自己的行为，心情愉快地去从事神圣的教育教学工作。

同志们，高等教育在不断地发展，高等学校也与社会各条战线一样，在加强对权力的监督与制约，确保权力的阳光运行。我们必须严格自律，不断强化接受监督的意识，齐心协力，为促进学校教育事业的发展，为构建和谐校园做出新的贡献！

加强理论学习 提高管理能力①

——在广东技术师范学院 2011 年中层干部培训班上的讲话

同志们：

中层干部是学校决策得以有效实施的中坚力量和重要保证。为了实现《广东技术师范学院"十二五"及中长期教育改革与发展规划纲要（2011—2020 年）》，广大中层干部要进一步加强理论学习，进一步提高管理能力。

一、加强理论学习

学习是一切进步的先导，是求新求变的起点。《中共中央关于加强和改进新形势下党的建设若干重大问题的决定》明确指出："不断学习、善于学习，努力掌握和运用一切科学的新思想、新知识、新经验，是党始终走在时代前列引领中国发展进步的决定性因素。必须按照科学理论武装、具有世界眼光、善于把握规律、富有创新精神的要求，把建设马克思主义学习型政党作为重大而紧迫的战略任务抓紧抓好。"这是一项长期的、持续性的工作，我们必须努力去追求、去实践。

（一）为什么要加强理论学习

我们要清醒地认识到，当前，世界正处在大发展大变革大调整时期，世界多极化、经济全球化深入发展，特别是现代科学技术进步日新月异，知识创造、知识更新不断加快；中国也正处于改革的攻坚期、发展的关键期、矛盾的凸显期，我国发展呈现一系列新的阶段性特征，党和国家正面临长期的、复杂的、严峻的执政考验、改革开放考验、市场经济考验和外部环境考验；社会经济的快速发展对我国高等教育提出了更高的要求，产业转型升级战略为职业教育带来了全新的挑战和空前的发展机遇；市场经济强烈地冲击和影响着高等院校，广大师生的思想观念变得更加复杂多样。

---

① 本文是作者 2011 年 8 月 27 日在广东技术师范学院中层干部培训班上的讲话。

面对世情、国情的深刻变化，面对改革开放和社会主义现代化建设任务的艰巨性、复杂性、繁重性，面对新形势下高等教育、职业教育发展的新情况、新问题，我们要提高我们的工作能力，我们就必须进一步加强理论学习，切实增强学习的紧迫感和自觉性。要通过学习，努力掌握和运用一切科学的新思想、新知识、新经验，顺应时代发展，实现知识的不断更新和理论水平的不断提升；切实掌握和运用好高等教育和职业教育的理论创新成果，不断深化对新时期高等教育和职业教育规律以及人才成长规律的认识，进一步改革和优化人才培养模式，提高教育教学质量和科学研究水平。只有这样，我们才能与外部环境的变化同步甚至超前地运行，才能不断地自我创新和进步，才能更好地带领广大教职员工努力实现学院"十二五"发展规划纲要提出的各项目标任务，促进学院事业科学发展。

（二）应当学什么理论知识

作为高校的中层干部，我们应当学习些什么？

一是要加强政治理论学习。《中共中央关于加强和改进新形势下党的建设若干重大问题的决定》提出，在学习型党组织建设中，党员干部学习的主要内容是"两大体系"，即中国特色社会主义理论体系和社会主义核心价值体系。

要坚持用中国特色社会主义理论体系武装头脑。中国特色社会主义理论体系是马克思主义中国化的最新成果，是党最宝贵的政治和精神财富，是全国各族人民团结奋斗的共同思想基础。坚持用中国特色社会主义理论体系武装头脑，就是要求党员、干部要深入学习马克思列宁主义、毛泽东思想、邓小平理论、"三个代表"重要思想以及科学发展观，这样，才能为提高党员领导干部的理论素养和解决实际问题的能力奠定坚实的理论基础。

要坚持开展社会主义核心价值体系学习教育。社会主义核心价值体系是社会主义意识形态的本质体现。我国社会主义核心价值体系的基本内容有四个方面，即马克思主义指导思想、中国特色社会主义共同理想、以爱国主义为核心的民族精神和以改革创新为核心的时代精神、社会主义荣辱观。开展社会主义核心价值体系学习教育，主要目的在于使党员、干部坚定理想信念，增强政治敏锐性和政治鉴别力，培养高尚道德情操和健康生活情趣。

在加强政治理论学习的同时，我们还应当努力掌握和善于运用马克思主义的立场、观点、方法，用以指导我们发现问题、分析问题和解决问题，不断提高自己的政治理论水平，增强驾驭和正确处理各种矛盾的能力。

二是要学法。"法"是人民意愿的反映，是国家或政府意志的体现，是现实社会活动的指南和秩序，高校各级党政管理干部一定要重视学法、懂法、用法。我们不仅要学我国《高等教育法》《教师法》《继续教育法》，还要学《民法通则》《合同法》《劳动法》《行政许可法》等法律、法规、规章和规范性文件，通过学习，强化法律意识，增强法治理念，形成良好的法律素养，提高依法决策、依法行政、依法管理和服务师生的能力。近年来，一些高校相继发生的案件，涉案人员上到校领导，下到处级、科级干部和一般管理人员，都是因为法制观念淡薄导致的。所以我们要重视学法、懂法和用法。

三是要广泛学习、浏览人文学科的知识。如阅读哲学、历史学、文学、美学、伦理学、宗教学、逻辑学、社会学、教育学、心理学等方面的书籍，不断提高自身的素养，不断增长自己的人生智慧和强化自己的人文底蕴。

总之，我们作为高校的领导干部，要牢固树立终身学习的理念，在工作中学习，在学习中工作，成为学习型的领导干部。

怎么学，这里就不多说了，因为学习的方法大家都懂。这里只强调理论联系实际、学以致用，真正做到学以立德、学以增智，不断提高解决实际问题的能力。

二、提高管理能力

我在多个会议和场合反复强调过，要通过加强理论学习，提高管理能力，今天之所以再次强调，就是希望中层干部不断提高管理能力，促进学院又好又快发展。各二级学院的领导要想办好学院，需要的能力是多方面的。我这里主要强调以下几个方面。

（一）二级学院的领导要具有制定本学院定位与发展规划的能力

高校的顶层设计，是学校的办学指导思想，它包括学校的办学定位、办学思路等，也就是学校的事业发展规划。高校的顶层设计对学校的建设和发展至关重要，具有根本性和战略性的指导意义。同时，顶层设计也是学校工作的纲领，它包含了一个学校的教育观、质量观、人才观、发展观。所以，办学指导思想是否科学，学校的定位是否准确，办学思路是否符合社会和高等教育规律的要求，最终决定着学校的人才培养质量，决定着学校的事业发展。

而作为二级学院的领导，同样要根据本学院学科专业的特点、人才培养目标来进行二级学院的顶层设计。因此，各二级学院的领导，要做到既充分吃透"上情"，准确把握、领会、吃透学校的办学指导思想、办学定位；又要深入把握"下情"，了解自己学院方方面面的实际情况，包括自身的优势与劣势以及发展潜力等；还要全面把握"外情"，将本学院的发展与外部情况对比，在比较中发现差距，在联系中发现规律，在结合中探索路径。我们只有在正确把握"三情"的基础上，才能科学制定本单位本部门的发展规划。上个学期，围绕我院"十二五"规划的贯彻落实，我们举办了九场"院长论坛"。各二级学院高度重视"十二五"规划的工作，制定的"十二五"规划目标明确，任务具体，工作思路清晰，并从办学特色、学科建设、师资队伍建设等方面的发展提出了战略性思考。这都是值得肯定的。同时，我希望二级学院的领导，在本学年要进一步思考当前高等教育和职业教育发展变化的状况，进一步思考自身的办学条件和自身发展潜力，进一步思考社会发展和经济建设的需要，进一步思考自己的特点、突出个性，进一步细化工作目标，分解任务，明确责任，按时按质，逐年确保"十二五"规划目标的顺利实现。

（二）各单位、各部门的领导要有"执教为民"的能力

首先，我们要理解"以人为本，执教为民"的内涵。

胡锦涛同志在庆祝中国共产党成立90周年的讲话中特别强调"必须进一步把以人为本、执政为民贯彻落实到党和国家全部工作中"。

"以人为本，执政为民"落实在教育系统就具体体现为"以人为本，执教为民"。

"以人为本"，就是要以实现师生员工的全面发展为目标，从师生员工的根本利益出发谋发展、促发展，不断满足师生员工日益增长的物质文化需要，切实保障师生员工的经济、政治和文化权益，让发展的成果惠及全体师生员工。

"执教为民"所指的"民"，从小处讲就是学生、家长和教师，从大处说就是民族和社会。"执教为民"就是指我们的教育要为师生员工服务、为社会发展服务。即教育的方针政策以及全部工作，必须以最广大人民的利益为根本出发点和归宿点，做到权为民所用、情为民所系、利为民所谋。教育的范畴很广，但就学生而言，就是指我们的德育、智育、体育等方面要为培养学生服务。

所以，"以人为本，执教为民"，是高校工作最根本的价值追求。我们广大党员干部和教师只有更加自觉地把实现好、维护好、发展好师生员工根本利益，把为国家和社会培养合格人才作为学院工作的根本出发点和落脚点，真正把"以人为本，执教为民"贯彻落实到学院各项工作之中，才能为技术师范大学建设、为培养高素质的职教师资和应用型人才提供坚强的政治保证。

其次，我们要加强素质修养，不断提高"执教为民"的能力。

观念是先导，能力是关键。落实"以人为本，执教为民"理念，就要求领导要对广大干部和教职员工开展职业道德教育，增强育人为本、廉洁从教的意识。要求师生员工要不断加强学习，不断提高自己的政治素质、师德修养、理论水平、政策水平和业务水平，以适应新形势、应对新情况、处理新问题、创造新局面。尤其是我们党政管理人员要注重提高自身的组织管理能力，多深入基层、深入一线体察民情、了解民意，增强管理实效。党政管理人员要在依法管理、科学管理、民主管理的基础上，畅通联系群众渠道，拓宽师生员工的利益表达、诉求渠道；寓管理于服务之中，通过管理和服务解决好师生员工的利益问题，让师生员工的学习、生活越来越好。我们的教师要注重提高自身的教育教学能力，多深入学生、深入社会，了解社会需求和学生发展需要，因材施教。

（三）二级学院的领导要有善于调动大家积极性的能力

一个学院能否发展，关键在于能否调动大家的积极性。如果每个人都把学院的发展作为自己的事业，作为自己的大事，焕发出热情和激情，那学院一定会获得很好的发展。我们现在各个二级学院都有不少教授、副教授、博士、硕士，都有老、中、青教师。我们如何用好这些人才，如何调动他们的积极性，当领导的必须认真思考。在人才使用上，我们对老、中、青教师要提出不同的要求。我们要充分调动老教授的积极性，让他们在从事教学工作和科研工作外，指导青年教师从事科学研究工作和申报项目，起到传、帮、带的作用；要让中年的教授、博士承担科研的重担，要从他们中间培养一批学术带头人和学科带头人，形成学术团队，形成合力，让他们的科学研究上档次、上水平；要加强对青年教师的教育和培养，引导他们顶住工作和生活的压力，把更多的时间和精力都放在教学和科研上，不断提高教学和科研的能力。我们要正确对待年轻人的成长：要鼓励年轻人迅速成长，超过自己，不能像过去师傅教徒弟那样留一手，更不能压制他们。要鼓励年轻人走出去，多参加学术交流，让他们在交流中有所启发，有所发现，不断增强科研的信心。我们当领导的，面对教师的科研，既要抚强，又要扶弱，要让强的更强、弱的跟上。如果老、中、青教师的积极性都调动起来了，学院一定会发展。科研处黄秋文处长昨天发了一份数据给我。今年 1—8 月的科研经费数据已完成纵向科研经费 107 万元、横向科研经费 330 万元，合计 437 万元，超过今年 400 万元的任务了。这就是调动了广大教师积极性的结果。我认为，其他工作也一样，只要调动了大家的积极性，工作到位，指导得当，就会有好的收获。

（四）二级学院的领导要有筹措经费办学的能力

目前，我们学校办学经费的来源，主要是政府拨款和收学费和一些培训经费。如今，我们学院正在建设新校区，需要大量的经费。因此，各二级学院想得到学院经费的大力支持，就目前来说是比较困难的。各二级学院的领导，一定要想办法多方筹措经费来支持自身学院的发展，要想办法广开筹措经费之渠道，要想办法得到校友、国内外热心教育事业人士的捐赠，要想办法与企业合作搞科研，争取经费，必须靠自己走出一条路来。

各二级学院的领导要清楚，如今当领导，不仅要有一定的学术水平，懂得教育和教学科研，而且还要善于组织管理，在市场经济的条件下，还要学会公关和筹钱，要知道如今办学必须要有钱，但也不是有了钱就一定能办好学。在筹措经费时，要注意两点：一是定好项目；二是把经费用好。这样可以使经费的来源不断，可以为学院的持续发展做贡献。

关于中层干部所需的能力是多方面的，我以往也讲了不少，这里就不再重复了。

同志们，新的学年即将开始，让我们一起振奋精神，加强学习，努力提高工作能力和工作效率，为学院的进一步发展做出新的贡献！

谢谢大家！

加强自身修养 提高工作能力^①

——在科级干部培训班上的讲话

一、明确岗位与服务对象

作为高校的科级干部要能顺利地完成学校领导分配的工作任务，我认为首先要明确自己的工作岗位。在座的各位科级干部，在本单位你们接受正副处长（系主任、系副主任、党总支书记、党总支副书记、处长、副处长、主任、副主任）领导的领导，在本科室，你是科长的话，你又是科室工作人员的领导，你要领导全科室的工作人员齐心协力地工作，可以说你是处在领导与被领导的位置。我们校领导，既要接受省委的领导，又要接受省教育工委和省教育厅的领导，因此，我们也像在座的各位一样，处在一个领导与被领导的位置。我们虽然处在不同的位置，但都要做到"有令则行，有禁则止"。我们明确自己的工作岗位，是有助于我们开展工作的。当然不同的岗位有不同的任务、不同的职责。就如学生科的科长与财务科的科长、教务科的科长等任务与职责是不相同的，但是目标是一致的，就是为学校的发展而工作，为培养人才而工作。其次我们要明确服务的对象。我们服务的对象不是工人、农民、军人、商人，而是教师（教师中有教授、副教授、讲师，有博士、硕士）、学生（研究生、本科生、专科生，成人教育的本科生、专科生），都是知识分子。我们明确了自己的服务对象是谁，同样是有助于我们开展各项工作的。我们要清醒地认识到，我们的服务工作都能让师生满意，是不容易的，我们必须加倍努力。

在我们明确了工作岗位和服务对象的基础上，我们要当好一名科级干部，我们还必须加强自身的修养，不断提高自己的工作能力。

---

① 本文是作者在科级干部培训班上的讲话。

二、加强自身修养，提高综合素质

为了学校教育事业的发展，为了个人的健康成长，我们必须加强自身修养。加强自身修养可以从以下几个方面着手。

（一）加强理论学习，提高业务素质

1. 为什么要加强学习

当前高等教育事业发展迅猛，高等教育从精英教育走向大众化教育；高等学校不再是一块净土，而是一个纷繁复杂的世界；政治多极化和经济全球化越来越明显，高科技的竞争和人才竞争加剧。新矛盾、新问题、新情况层出不穷，我们不熟悉、不了解、不懂得的东西很多，所以我们必须加强学习。只有不断地学习，才能跟上时代的步伐，才不会被日趋激烈的竞争淘汰。

在座的科级干部工作在第一线，"官"虽不大，但责任重大。一个辅导员管 1000 多个学生，有的管 2000 多个学生，管理好了"风平浪静"，维护了校园的稳定；管理不好，也许会"惊涛拍岸，卷起千堆雪"，校园难以安宁。要管理好，就得加强学习。古语说，"为官不学半个盗"，即是讲为官者的学习不只是个人行为，而是关系到百姓祸福的社会行为，因为为官者的错误决策会给百姓造成损失。如果我们不学习，不知对错，不但会闹出笑话，而且会给单位带来不良的影响。

下面举几个例子：

例 1：

学生守则

不准穿内裤、拖鞋进课室。

不准深夜不归。……

例 2：

证　　明

因毕业班班主任的期末工作特别多，所以张老师八至十三号的假没批。

×××学院××系（章）

2007 年 2 月 15 日

例3：

机关游泳池办证的通知

机关各直属单位：

机关游泳池定于6月1日正式开放，5月20日开始办理游泳证，请你们接此通知后，按下列规定，于5月30日前往机关俱乐部办理游泳手续。

一、办证对象：仅限你单位干部或职工身体健康者。

二、办证方法：由你单位统一登记名单、加盖印章到俱乐部办理，交一张免冠照片。

三、一个游泳证收费五角。

四、凭证入池游泳，主动示证，遵守纪律，服从管理人员指挥。不得将此证转让他人使用，违者没收证件并作废。

五、家属游泳一律凭家属证，临时购买散票，在规定的开放时间内入场。

机关俱乐部

2006年5月13日

以上的例子中都有错误。为什么会出现这样或那样的错误？大家想一想。

我们要清楚地认识到，标题、盖章、签发、用纸等如果不规范，会让人感觉到你所在单位的业务水平不高。而这种情况往往出现在科级这个层次，因为所有的文件、材料一般由科级干部起草，再给处级干部审阅，最后报上一级签发。

我们现在经常出现的错误是把"请示"写成"报告"，把"规定"写成"条例"。请想想哪一级部门才能写"条例"。

2. 我们要学习什么

我们要学习马克思列宁主义、毛泽东思想、邓小平理论和"三个代表"重要思想，以及科学发展观，重点掌握贯穿其中的基本观点和基本方法；要学习现代经济知识、科技知识、社会管理知识、法律知识、与自己工作密切相关的专业知识；要从学校事业发展的高度看待学习，为了提高我们工作的能力出发抓好学习，从提高个人素质和修养以及自己今后的发展而自觉学习，坚决克服"有知识差不多了""学不学无所谓""工作太忙顾不上"等思想。少一点应酬，多一点学习，对自己是有好处的。

另外，在学习中，我们要注重学以致用。毛泽东同志曾说："读书是学习，使用也是学习，而且是更重要的学习。"美国政治家华盛顿曾说过："读书而不能运用，则所读的书等于废纸。"所以，我们要学以致用，用学到的知识指导我们的工作。

（二）强化服务意识，提高服务质量

毛泽东同志曾说过："全心全意为人民服务。"邓小平同志曾说过："什么叫领导，领导就是服务。"服务就是领导干部的本质特征。我们要强化为师生服务的意识，全心全意为师生做好力所能及的工作，并且要让师生满意。

我们服务的对象是师生，我们所做的工作是为师生服务、为学校的发展服务和贡献力量。我们服务的质量如何？师生往往会给予评价。做好了，他们会赞赏；做错了，他们会认真指出，或给予严厉的批评。例如，学生就业指导科开招聘会，为毕业生提供方便，毕业生十分高兴，特别感激他们。又如，上学期学校开展名牌专业评选活动，由于教务处的个别同志统计票数时出了差错，使这次名牌专业评选"流产"了，结果怨声载道，从校领导到教务处的领导都表示要承担责任。从这件事，我们应当深刻认识到，服务是我们的工作，但在从事服务工作中更要讲究和追求服务的质量和效果。

如何提高服务质量？只要在工作进程中有认真负责的工作态度，有精益求精的精神，就能提高质量。

（三）正确对待批评，增强进取心

在生活当中，人们都喜欢表扬，而不喜欢批评，这是一种正常现象。不喜欢批评的原因主要有两种：第一种是对批评的认识不正确。有些同志往往把别人对他的批评看成是找"岔子"、找"麻烦"、"与自己过不去"，没有把批评看成是对他的爱护和帮助。第二种是有私心杂念。常言道，忠言逆耳。既然是"忠言"，为什么又会逆耳呢？其原因是批评往往触及人们工作中的错误和问题，触及他们的痛处，所以就不那么容易听得进。有的人怕接受批评后要进行自我批评，会丢"面子""丧失威信"。

我认为这两种态度都是不可取的。我们必须正确对待批评。为了学校的工作，为了自己能健康成长，我们要敢于接受批评。接受批评是不会丢"面子""丧失威信"的。古人云："人非圣贤，孰能无过，过而能改，善莫大焉。"孔子也说："过也，人皆有之；更也，人皆仰之。""过而不改，是谓过矣。"这就是说，过错和问题是普遍存在的，世人"皆有之"，关键是能不能接受批评、改正错误。改正了，"人皆仰之"，并不会降低"威信"，失掉"面子"。而有错时不认错，必然会再次犯错，讳疾忌医，反而会丢掉"面子"、丧失"威信"。所以，我们在工作中出现了差错，对他人的批评要虚心接受，勇于改正。

我认为在正确对待批评的基础上，我们还要增强进取心。从中外历史上看，可以说，凡是有成就的人都有强烈的进取心。进取心是推动人们前进的强大动力。

在座的同志们都很年轻，都不会满足于现状，都希望不断进步、不断发展，这就是进取心。一个人有了进取心，就会努力学习、努力工作，敢于面对困难、战胜困难，在战胜困难的进程中磨炼自己。

关于加强自身修养，我在这里只谈了三个方面，有关其他方面的修养，同志们可以参阅我在中层干部培训班上的一次讲话《加强素质修养　提高管理能力》。

三、提高工作能力，　创造新的业绩

作为一名高校的科级干部，除了要有品德素质外，还应当有能力素质。作为科级干部，要完成上级交给的任务，要创造新的业绩，所需要的能力是多方面的，我在这里只强调以下几个方面。

第一，努力提高独立完成任务的能力。学校往往把工作布置到处级部门，处领导、系领导又会把工作任务分解到科、室，当科、室接到任务之后，往往会立刻着手实施。这时科级干部就要独立去完成工作任务。如何去完成工作任务呢？首先要学会制定工作方案。比如要在我们学校体育场举办一次招聘会。接到这一任务后，科级干部可以先花些时间和精力，制定两个讨论方案供科室的同志们讨论，在讨论中不断修改完善，然后再提供给处领导批准，由处领导送主管领导审批，选出其中一个方案。在实施方案前，还得考虑采取什么样的措施保证在方案落实的过程中万无一失。这方方面面的工作都需要认真思考、分析、分解、集中、再分解，深思熟虑之后再去操作。这样的工作方式是可取的。

第二，努力提高创新能力。有人认为，在人类才华中，创造力可能是最有价值的一种能力。一个人，有了创造力，就能更快地做出成绩。为了学校的发展，为了学校目标的实现，大家在工作中要有创新精神和创新能力。例如中文系2004级文管班学生写的《无限风光》、学生处为贫困生开设的绿色通道、电子信息工程系举办的"爱心超市"等，都蕴含着创新精神和创新能力。我们要认识到，在许多情况下，领导的指示不过是一项需要落实的决策或意图，至于怎样去落实、能否对领导的意图做出深入的诠释和创造性的发挥，就是执行者的问题了。我们经常要培养自己的创造性思维和创新能力，富有创新性地开展工作。我们要深刻认识到，唯有创新，才能超越自己、超越别人。

第三，努力提高团结协作的能力。在座的同志们都很清楚，当我们要完

成一项较大的工作任务时，离不开上级的领导和支持，离不开同级的相互配合和协作。离开了团结协作，个人即使本领再大，也不可能完成自己的任务。例如，我们明年要迎接教育部的本科评估，这是一项大工程，它需要全校广大教职工、学生齐心协力，相互协作配合，才能完成任务，单靠一个处、一个科、一个系，是不可能完成这一项大工程的。

作为一名科级干部，要深刻认识到团结才能产生力量。毛泽东同志在谈到我们的军队之所以有力量时说过这样一段话："这个军队有一个很好的内部和外部的团结。在内部——官兵之间，上下级之间，军事工作、政治工作和后勤工作之间；在外部——军民之间，军政之间，我友之间，都是团结一致的。一切妨碍团结的现象，都在必须克服之列。"团结是力量的源泉，团结是胜利之本。作为一名科级干部，要注意团结好本科室人员，要学会调动一切积极的因素，团结搞好了，心往一处想，劲往一处使，就没有完不成的任务；反之，互不配合、互不支持、相互拆台，就会相互抵消和削弱力量，产生离心力，任务就难以完成。如何提高团结协作的能力，同志们可以思考，但有一点需要大家重视的，就是同志之间要相互信任和尊重。

同志们，如果每一位领导、每一位教职员工都把学校的事业当成自己的事业，那么学校的事业发展就一定会灿烂辉煌，一定会写下美好的历史篇章！

以上是我就"加强自身修养，提高工作能力"谈的一些认识和看法，其目的是为了与同志们共勉，其中肯定有不足之处，请大家批评指正。

谢谢大家！

在广东技术师范学院干部在线学习中心启动会议上的讲话①

同志们：

今天，我们在这里召开大会，对全院干部在线学习工作进行安排和部署。开展干部在线学习，是我院学习贯彻胡锦涛同志在全党深入学习实践科学发展观活动总结大会上的讲话精神，深入贯彻落实党的十七届四中全会关于建设学习型党组织、学习型干部队伍的要求和中央关于大规模培训干部的部署，也是进一步落实学院党委提出"突出特色、以质立校、建设新校、和谐发展"的工作方针和"以德为行、以学为上"教育思想的重要举措。下面，我讲三点意见。

一、充分认识开展干部在线学习的重要意义

开展干部在线学习，是我院贯彻党的十七大和十七届四中全会要求建设学习型党组织和学习型干部队伍的一项重大举措。我们通过与国家教育行政学院 – 中国教育培训网合作，建设学院干部在线学习中心，充分利用现代远程教育技术，发挥网络培训在线学习的优势，大规模培训全院中层干部和科级干部，建设学习型的党组织和干部队伍，进一步提高干部的思想政治素质和管理工作水平，从而为我院干部把握形势、解读政策、学习理论和借鉴经验提供便捷高效的学习平台。

开展干部在线学习，是贯彻落实省教育厅罗伟其厅长关于我院发展的"四个全面"要求的需要。在当前我省高等教育、职业教育发展面临新机遇、新挑战的新形势下，我院各级干部要充分认清学院所面临的新形势和新挑战，要抢抓机遇、迎接挑战、乘势而上，通过在线学习，不断提高自身的综合素质和领导能力，提升自身的科学发展能力和水平，推动学院新的发展。

---

① 本文是作者 2010 年 5 月 27 日在广东技术师范学院干部在线学习中心启动会议上的讲话。

二、通过干部在线学习中心，在党员干部中深入开展"以德为行、以学为上"主题教育活动，进一步提高全院党员干部的思想理论水平

学院第六次党代会提出在广大师生中开展"以德为行、以学为上"主题教育活动，其根本目的是要通过活动的开展，促进"校以育人为本，师以严教为业，生以成才为志"的校风、学风、教风建设。经过广大师生四年来的共同努力，这项活动已经取得初步成效。要通过干部在线中心的学习，进一步加强思想理论建设，不断提高全院干部学习和运用科学发展观水平。要坚持把党的思想理论建设放在首位，继续认真学习马克思列宁主义、毛泽东思想、邓小平理论、"三个代表"重要思想以及科学发展观，在实践中不断丰富和发展中国特色社会主义理论体系，努力开拓马克思主义新境界，切实提高全党运用科学理论改造主观世界和客观世界的能力。要坚持按照建设马克思主义学习型政党的要求，完善学习制度，丰富学习内容，创新学习方法，努力把各级党组织建设成为学习型党组织，把各级领导班子建设成为学习型领导班子。要坚持教育引导广大党员、干部牢固树立重视学习、善于学习、终身学习的观念，自觉学习社会主义核心价值体系，自觉学习党的路线方针政策和国家法律法规，自觉学习现代化建设所需要的各方面知识，不断提高理论素养和知识素养。各级领导干部要带头学习，先学一步、多学一点、学深一些，做真学真懂真信真用科学发展观的模范。要坚持学以致用、学用相长，引导广大党员、干部向书本学习、向实践学习、向群众学习，把学习科学发展观同解决人民最关心最直接最现实的利益问题、本部门本单位改革发展稳定的重大问题、党的建设突出问题结合起来，把学习成果转化为推动科学发展的实际能力。要按照《广东省高等学校教师职业道德规范》的要求，努力提高学院教学、科研工作的质量，提高育人的质量，提高学校的办学竞争力。要通过"以德为行、以学为上"主题教育的开展，引导广大党员干部、党员教师提高自身的"德学"修养，以德促学、德学并进，提高服务师生、服务社会的能力。

三、完善机制，进一步提高执行力，创新工作思路和举措

要不断完善机制，加强组织领导。学院二级党委、党总支要关心和支持在线学习工作，按照学院党委的统一部署，结合本单位的实际，精心组织、周密安排，抓好本单位干部在线学习的组织落实。目前，在线学习中心平台

已经有包括国家宏观发展形势、高等教育发展战略、高等学校管理实践、现代大学理念与制度创新、高等教育管理热点问题、领导者能力与素质建设等六大类共 500 个视频和文字材料课程，各单位可以根据不同部门、不同岗位、不同类别干部的实际，每学期妥善安排好本单位的"集中学习"课程，并结合实际工作开展研讨、交流；自选课程则由干部结合自身的实际选择专题进行学习，把组织要求和个人需要有机结合起来，把理论学习和工作实际结合起来，提高干部在线学习的针对性和实效性。同时，要做好学习和工作的安排，确保工作、学习两不误。学院党委组织部和计算机网络中心，要认真做好服务工作，要加强干部在线培训的跟踪考核、管理监督，详细记录学习的基本情况，实现干部在线培训的动态化、同步化管理，积极为干部在线学习提供有力的保障。

要把学习放在重要位置上，树立终身学习的理念。二级党委、党总支要充分利用这一全新的学习平台，让在线学习在我院蔚然成风。各单位、部门领导要带头学，还要督促检查班子成员和本单位干部的学习，提高在线学习平台的利用率，扎实推进全院干部在线学习工作。要自觉地把在线学习作为一种责任、一种动力和良好习惯。多一些学习，少一些应酬，挤时间学、有重点学、联系实际学，真正做到用理论武装头脑、指导实践、推动工作、促进成长。

希望全院各级党组织和全体干部按照学院党委的统一部署，按照省教育厅罗伟其厅长关于我院发展"四个全面"的要求，加强学习，积极思考，开展研究，理论联系实际，更好地把握新形势下高校办学规律，增强谋划发展和改革创新的能力，依法治校和民主管理的能力，统筹人才培养、知识创新和社会服务的能力，建设和谐校园的能力，要以真抓实干的精神去抓落实，要激励广大教职工把思想统一到干事业上、把精力集中到干实事上、把功夫下到抓落实上，进一步提高执行力，创新工作思路和举措，确保把学院党委的各项工作任务落到实处，要做一件成一件，干出成效，推动学院的新发展。

教师队伍

对新建本科院校师资队伍建设的思考①

近年来，在我国高等教育不断发展的进程中，一批专科院校通过合并重组，升格为本科院校。这批新建本科院校能否健康持续发展，能否保证教育教学质量，最根本的是能否抓好教师队伍建设。新建本科院校师资队伍建设有其内在的要求和特殊性。做好这项工作，必须重视和处理好以下几个关系。

一、引进和培养的关系

新建本科院校最快捷、最有效的师资建设路径，就是根据本科教育教学的要求来组建师资队伍，增强本科教学和学科建设的实力。在师资引进工作中，应遵循"三指引"原则。

第一，以学科建设为指引。学科建设是新建本科院校的基础性工程，学科的数量和水平反映出学校的办学实力和办学特色。以学科建设为指引，可以营造较高层次的学术环境，使教师有学科依托，有利于吸引和凝聚高学历、高职称和高素质师资，有利于学科带头人和学术梯队的建设，产生"筑巢引凤"的效应。而高层次师资的引进和学术梯队建设，又会扶植学科的生长，优化师资队伍，加速拓展和调整原有的专业结构，推动本科教育教学从一开始就在新层次、高标准的状态下运行，达到师资建设、学科建设和教育教学良性互动共同发展，再形成"百鸟朝凤"的效应。

第二，以专业调整为指引。在构建本科教育教学体系的过程中，需要对原有专业结构进行调整，对专业内涵进行扩充。通过引进高素质的教师，加速专业调整和扩展，构建宽口径、厚基础、适应性较强的新兴学科和专业。

---

① 原载于《中国高等教育》2004年第5期。

高素质的教师在教学上既能够向学生传授本专业基本理论、基本知识和基本技能，又能够传授相近专业的理论知识，还能够跟踪学科研究的最新进展，将最新的成果和信息传达给学生，开发学生获取新知、研究问题和适应社会的能力。在很大程度上，尽快根据地方经济社会发展需要，调整专业结构，开发新的应用型学科专业，培养出各类高素质的适用性人才，已成为新建本科院校的"信用卡"和"生命线"。而问题的关键，还在于有没有担当重任的学科带头人和一批高素质的教师。

第三，以加强基础学科、基础课程和薄弱学科专业建设为指引。基础学科建设非常重要，基础宽厚坚实，学校才有充足的持续发展后劲，才能营造人才辈出的局面。师资引进必须有明确的导向性和目的性，通过有计划地引进，扩充和加强基础学科、基础课程的师资，使学生广泛受益。同时，通过引进调节，改造原来的薄弱学科专业，使师资分布相对均衡合理。

"引进"是新建本科院校在一定时期师资队伍建设的重点和有效举措，但同时，"培养"也是新建本科院校师资队伍建设不容忽视的重要环节。如果重"引进"轻"培养"，必然会导致一方面原有的师资队伍无法适应本科教育教学的新内容、新要求，继续在岗位上工作，会降低教学标准，导致质量整体下滑。教师队伍会出现素质、能力和结构上的"脱节"，出现新建学科专业的教师梯队的断层，动摇学科建设的基础。另一方面，在优质教师资源相对稀缺的情况下，外部校际师资竞争激烈，依赖"引进"，势必会自设师资建设的"瓶颈"，制约学校的发展，原有资源也有可能萎缩、流失。

新建本科院校在师资建设方面，必须坚持引进与培养相辅相成、同时并举的方针。对原来长期从事专科教学的教师，要区别情况，分层分类制定培养提高计划，或派送国内重点高校进修访学，或鼓励在职研修研究生课程、学位。对教学经历不长或刚走上教学岗位的青年教师，可以采取校内岗位培养为主的方式。选聘高学历、高职称和高素质的教师做"导师"，在教学第一线示范培养，在科研课题、项目上带动，实现在教学科研过程中建设教师梯队。对学术梯队中的青年教师，还要优先安排国内外学术交流、访学进修。

教育教学是一个永无止境的流动过程。任何教师能力和素质的提高都不可能一蹴而就，都需要顺应本职工作的发展要求，以不同的方式、反复多次地进修提高。在这个意义上，无论是"引进"的"三高"教师，还是原来的专科教师，都有接受继续教育的义务，学校都要为他们制订长期培养计划，创造进修的机会和条件。

总之，处理好引进与培养的关系，有助于优化整合新建本科院校的教师队伍，加快本科专业的设置与建设，促进学科建设，增强办学的内在动力。

二、数量和结构的关系

新建本科院校的师资建设最一般的要求，是建设一支数量充足、能够保证本科教学秩序正常运行的教师队伍。但着眼于学校的发展和提高，这支队伍还必须尽可能结构合理、可持续发展。这包括专业结构、学历结构、职称结构和年龄结构，而教师队伍的结构又是随学科专业结构的变化要求不断变化的，所以，师资建设始终存在数量和结构的矛盾。新建本科院校通过一段时间的集中精力、强势出击，在师资建设的整体数量上可能会增长较快，结构的某些方面也可能会迅速改变，如教师中高学历、高职称占比会较快提升。如果不在师资建设的过程中把握和处理好数量与结构的矛盾，那么，就可能出现这样一些情况：一些传统的长线专业的教师，一些在旧体制下发展规模过大、本应压缩的老学科专业的教师，会大量进入新建本科院校，造成"老学科专业"教师数量大、职称高，学科专业重叠过多，而一些急需发展的社会需求大、面向应用领域的新型学科专业，以及需要加强的优势专业、特色专业，却可能存在严重的师资短缺问题。这种师资总量增长扩大，而关键岗位的师资短缺的状况，属于师资建设的"结构性短缺"。"结构性短缺"一方面会影响新建本科院校按照社会需求调整专业结构，创设新的学科专业；另一方面会增加以后扩大师资队伍、优化师资素质的负担。

三、稳定和流动的关系

一个学校中，教师的稳定是相对的，流动是绝对的。流动可以增加教师队伍的活力，教师队伍在流动中优化。但是，如果没有一批稳定的骨干教师和学科带头人，那么，学校的教学秩序就会混乱，学科建设也会成为"空中楼阁"。因此，相对稳定的骨干层和出入有序的流动层相结合，是新建本科院校师资建设可能达到的较为理想的状态。

要保障有一批骨干教师和学科带头人相对稳定地在学校服务，新建本科院校应强化三项建设。

第一，学术环境建设。新建本科院校要为教师，特别是高素质高层次的教师营造"百花齐放、百家争鸣"的宽松、和谐的学术环境，创造理论创新、教育创新、教学创新的学术氛围，为教师充分发挥和发展专业特长、实现人生价值提供空间和舞台。新建本科院校应成为优秀师资的"栖息地"，以及"创业园"和"竞技场"。要鼓励探索，善待和容忍教师在探索、试验和创新过程中的失误或失败，褒扬并奖励成功的探索、试验和创新。要为高素质、高层次的教师创造相应的工作载体，如实施学科建设和校级重点学科建设，建立"青年教师导师制"，争取更多的科研课题立项，积极做好科研成果推广和社会转化，尽早地与有实力的综合大学、名校建立联系，合作教学研究、合作培养研究生等，使教师既受到尊重和优待，又能够大展拳脚，有用武之地。

第二，制度环境建设。公开的、相对稳定的又适度超前的师资建设制度，是吸引和稳定高层次师资的保障。好的制度能产生延揽人才的积极效应，包括感召效应、荟萃效应、激励效应和稳定效应。师资建设的制度应涉及四个层面：一是生活层面。对引进的和原有的高层次的师资，在生活（包括住房安家、子女就学、家属安置等）方面的优待及各种津贴，按不同条件不同标准，明确条文制度化，把学校的感情投入、生活关爱和事业期待都化为公开的、稳定的制度。二是工作层面。对学科建设和教学科研管理的关键岗位，设定学位和职称标准，没有符合条件的，宁可虚位以待，也不降低标准；符合条件的，招进校即委以重任。对学术造诣较深、承担科研课题的教师，要优先安排国内外学术考察交流，优先、重点安排经费支持；优先配备学术助手，使这些教师无杂事纷扰，无后顾之忧。三是利益层面。要将学校与教师，特别是与引进的、特聘的"三高"教师的权利、义务和利益关系，以契约（合同）形式予以明确。四是考核层面。教师考核制度实际上是一项激励制度，是优化教师队伍的有效措施。教师通过科学完善的考核程序，可以获得对自身成就和不足的认识，从而调整和规划未来的行为。学校通过考核结果，客观地评价教师业绩，决定奖励或批评。一般来说，知识分子，特别是高级知识分子对制度有较高的期待和信赖。师资建设的各项措施制度化，也是依法治校的必然要求。

第三，生活和人文环境建设。新建本科院校应当高度重视校园自然环境和人文环境的营造，为教师创造优良的治学和生活条件。学校必须努力营造彼此尊重、和谐合作的人际关系，各尽所能、求实创新的工作氛围，让优秀人才聚到一起，释放出推动学校超常规发展的能量。

对于教师的"向外"流动，学校要本着对教师的尊重，本着人才引进是正常"流动"，人才走出也是正常"流动"，也是学校对社会的贡献的理念，善待"向外"流动的教师。学校应对高层次、关键岗位的教师有全面的了解和工作取向。对去意彷徨的教师，既要恪守契约关系，又要积极做好转化工作和岗位空缺后的应对工作，最大限度地减少对教学、对教师队伍、对学校工作造成的负面冲击。

四、师德与师能的关系

从教师职业的特性与本质看，师德与师能是并行不悖的。师德建设是师资建设极其重要的组成部分。新建本科院校要高度重视和强化师德建设。特别是在新校运作的初始阶段，师德建设不能有偏误。高起点、高标准抓好师德建设，会产生深远的引导示范作用。我国有优良的师德传统和规范。在新的时代、新的社会背景下，要拓宽师德建设的新视野，倡导师德建设的新理念。在以培养中国特色社会主义事业建设者和接班人为目标的高等教育发展过程中，师德要有新的提升。我们要提倡严谨求实与改革创新的统一、竞争意识与合作精神的统一、个人成就与集体荣誉的统一、以人为本与从严治教的统一、自主意识与民主平等的统一、人才流动与恪守合约的统一，建立起高校教师的新的职业形象。

学校要通过制度导向和经常性的学习教育活动，从教育教学各个环节各个层面规范师德的实践，把教师对岗位的敬重和对个人价值的追求融合起来，把教师浓厚的职业情感和学校发展的大目标统一起来。要建立严格的师德考核制度，实行师德缺陷"一票否决"，增强师德考核的约束力。要重视学生对教师的评价与选择，学生"亲其师才能信其道"。要通过外部条件的规范约束和教师自主的陶冶涵养，使教师的道德判断能力、道德选择能力和抵御不良诱因的能力不断提升和强化，自觉地在教学过程、科研过程及日常行为中以知启德、以行示德、为人师表、教书育人。

新建本科院校一定要把握历史机遇，花大力气建设一支高素质的教师队伍，承担起培养人才、服务社会、振兴中华的神圣使命。

深入贯彻全国及全省教育工作会议精神
大力加强师资队伍建设[①]

同志们：

全国教育工作会议的召开是我国教育事业改革发展的里程碑，它充分体现了中央优先发展教育、建设人力资源强国的坚定决心和英明远见。胡锦涛同志用"五个必须"对推动教育事业科学发展提出了要求，广东省委书记汪洋也提出了广东在今后一个时期教育方面的六项重点工作，这其中无一例外地都强调了师资队伍建设问题。胡锦涛同志指出，教育大计，教师为本。高素质专业化教师队伍对于培养德才兼备的创新人才，对于提高教育现代化水平都意义重大。为此，我校要把大力加强师资队伍建设作为贯彻全国及省教育工作会议精神的重要举措。

胡锦涛同志在全国教育工作会议上指出："教育事业发展的关键在教师，必须紧紧依靠广大教师和教育工作者。"多年来，我校广大教师充分发挥了主人翁精神、兢兢业业、默默耕耘、积极进取、勇挑重担，在培养人才及我校发展中发挥了主力作用。如果说教育是国家发展的基石，那么教师就是一所高校科学发展的奠基者。但是也必须看到，我校师资队伍建设还存在队伍结构不尽合理、学科带头人较为匮乏、教师业务水平有待提高、科研项目及经费有待突破、师德建设有待加强、管理机制有待完善等问题。因而，造就一支师德高尚、业务精湛、结构合理、充满活力的高素质专业化教师队伍，是我校申办技术师范大学，实现跨越式发展的重要而紧迫的任务。大力加强师资队伍建设，应该在"树立一个理念，抓住一个龙头，围绕一个中心，突出一个关键，强化一个重点"等环节上下功夫。

第一，树立一个理念，努力在观念认识上下功夫，就是要落实"以人为本"理念，营造尊师重教的良好氛围。

教师是办学的主体，我们要进一步确立教师在办学中的主体地位，在全

---

① 本文是作者 2010 年在广东技术师范学院学习全国及全省教育工作会议精神会议上的讲话。

校上下大力营造尊重知识、尊重人才、尊师重教的良好氛围，构建和谐的人际关系。

一是要为教师教书育人创造良好的条件。虽然我校正处在新校区建设过程中，人力物力财力都较为紧张，但我们一定会采取多种措施，制定、完善和落实好教师的医疗、养老、住房、工资、福利待遇等政策，维护教师权益，关心教师身心健康。对教师在工作生活上多关心、多帮助、多体贴，解除其后顾之忧；在精神上用真心、动真情、讲真话，以真心实意相待。

二是要营造民主、宽松、兼容并蓄的人文环境。人才竞争，要引进培养人才，更重要的是留住人才。我们要坚持用事业聚才育才，针对各类人才成长特点，提供干事创业、发挥作用的平台，使各类人才干事有舞台、发展有空间，不断提高自身价值。要营造严谨治学的学术氛围和团结协作的人际环境，取人之长、互相尊重、与人为善、宽以待人、团结协作。说到团结协作，大家都知道，我校申办大学的一项主要短板就是高层次科研立项及科研到账经费不达标的问题。解决这个问题的一个重要措施就是打造优秀科研团队。要以学科带头人为核心，以重点学科建设和重大科研项目立项为依托，打破教研室、学科、专业及院系界限组建创新团队。如果我们没有大局意识，不善于团结协作，仍停留在单干户、夫妻店、父子兵、小作坊的状态，就无法取得重大科研项目的突破，自然也很难提高科研及学科建设水平，更培养不出大批创新型人才。

三是不断强化对教师的服务意识，切实保障对教师的服务工作。从学校领导、党政管理人员到普通员工，都要坚持管理为基层服务、为教学服务、为科研服务、为提高人才培养质量服务的原则，深入实际，倾听呼声，关心疾苦，及时了解教师思想、工作、学习、生活等方面的情况，千方百计为教师排忧解难，使广大教师政治上有地位、工作上有条件、发展上有空间，能够安心、用心、顺心地投入教学工作。

第二，抓住一个龙头，努力在队伍建设上下功夫，就是要坚持"人才强校"战略，推动我校又好又快地发展。

师资是立教之基、兴教之本、强教之源。师资队伍建设问题始终是高等学校改革与发展的核心问题和头等大事。我校要想实现又好又快跨越式发展，最有效、最根本的途径和办法，就是建设一支高素质专业化的教师队伍。清华大学老校长梅贻琦先生曾说："大学者，非大楼之谓也，乃大师之谓也。"我校新校区的动工建设使我们看到了学校未来发展的空间与潜力。但是，有了高楼大厦，不一定就意味着我们能建成一流的、国内先进的技术师范大学。有了一流的教师、一流的人才，队伍、项目、经费、基地、一流的学科等都可以创造出来。因此，我们一定要把师资队伍建设当作关系学校生死存亡的一件大事来抓。

一是抓好三支队伍建设。首先要突出抓好创新型学科队伍建设。采取各种措施，加快引进和造就学科带头人；抓紧培养一批具有创新能力和发展素质的中青年学术带头人和学术骨干；大力推进学术创新团队建设，从而形成以高层次领军人才和顶尖的学术带头人为核心，带动学术骨干和青年拔尖人才成长的，高低有序、分工合理、相互衔接的学术梯队。其次要突出抓好高水平教学队伍建设。教师的教学水平直接决定着人才培养的质量。我们要继续组织实施教学改革，鼓励教师进行教学手段和方法的创新；创造各种学习条件，包括讲座、研讨班、教育理论学习班、国内外省内外学习交流等，促使教师提高教学水平；继续着力培养一批教学名师和优秀教学团队，树立教学楷模，带动教师教学水平的整体提高。再次要进一步抓好党政管理干部队伍建设。干部队伍是学校事业发展中政策的制定者和实施者，起着十分重要的作用。在选人用人机制上，要以公开、平等、竞争、择优为导向，把德才兼备、实绩突出、群众公认的优秀干部选拔到各级领导岗位上来。在干部队伍培养方面，要教育和引导干部贯彻"以德为行，以学为上"的教育思想，不断加强学习，把政治理论与业务实践、科学管理与服务学校有机统一起来，从而形成一支与学校发展要求和办学水平相适应的高素质的党政管理干部队伍。

二是继续引进高层次人才。从学校学科建设、师资队伍建设的需要出发，紧紧扣住高水平、高层次人才队伍建设这个主题，加大对学科带头人以及重点建设学科、新办专业、工科紧缺专业等高层次人才的引进力度。面向国内外公开招聘在本学科领域有一定影响力的学科带头人，重点引进博士和具有硕士以上学历的教授，对引进人才继续实行倾斜政策，强化高层次人才资源集聚力度，加快提高我校的整体学术水平和知识创新能力。

三是着力构建师资队伍的培养和支持体系。教师素质提高的一条重要途径就是培养和培训。要完善校本培训，继续开展以新理念、新课程、新技术为重点的教师全员培训，逐步加强双语教学师资培训、教师"双师素质"的培训、教师教学技能及现代教育技术培训，加大教师出国培训的力度。与此同时，要采取长期与短期相结合、脱产与非脱产相结合、面授与远程相结合的全方位、多渠道、多形式的立体化培训方式，探索以全国重点培训基地为龙头、省级培训基地为主体、校本培训为基础，涵盖新教师培养、教师继续教育和校长党政管理干部培训等方方面面的教师培养新路。

第三，围绕一个中心，努力在教学科研上下功夫，就是要大力实施"质量工程"，进一步提高教育教学质量。

教育教学质量是高校生存和发展的生命线，它决定着人才培养的质量和水平。改革开放以来，我校在快速发展壮大的同时，教育资源紧张、动力不足、教育教学质量不尽如人意的现象也日趋凸现。因此，进一步提高教育教学质量，是我校科学健康发展的关键，是学校基业长青的重要保障。

一是要继续深入实施本科教学质量工程。坚持"以育人为本，以学生为主体"的教育理念，一切为了学生，一切依靠学生，把教学工作作为中心任务；坚持以培养创新人才为重点，下大力气实施好专业建设、课程及教材建设、教研教改与人才培养模式改革创新、学生实践能力和创新精神建设、教学质量监控与评估体系建设等质量工程，把质量问题贯穿于学校教育教学的全过程及各个环节，从而以完善优质的教育教学质量培养学生的社会主义人文精神，提高学生的创新能力和可持续发展能力。

二是有效开发和利用科研资源，全面提高我校科研水平。教学是立院之本，科研是强院之路。科研问题一直是制约我校跨越式发展的桎梏。我们要树立"以科研为先导"的理念，在多渠道筹措科研经费、合理配置科研资源、搭建科研创新平台、组建科研创新团队、建立科研激励机制、加强科研管理等诸方面下大力气，切实增强我校科研实力。同时还要引导教师充分认识科研对教学的促进作用，并树立科研为教学服务的理念，不断将科研成果充实到教学环节中，实现教学内容、教学方法的先进性，切实促进教学质量的提高。

三是搞好学科建设，强化学科特色。以现有学科为基础，进一步优化布局，提升层次，努力构建优势突出、特色鲜明、多学科协调发展的良性学科生态体系。深入推进学科交叉融合，大力发展新兴学科、前沿学科，培育新的学科增长点。进一步扬优支重，实施重点突破，培育优势和特色学科，力争使若干个学科或学科方向达到国内、省内前沿水平。

第四，突出一个关键，努力在师德建设上下功夫，就是要促进教师全面发展，造就高素质、专业化教师队伍。

学为人师，行为世范，加强师德建设是造就高素质专业化师资队伍的关键。由于改革开放和市场经济中某些消极因素的影响，加上学术体制上的一些弊端和我们在工作中存在着一些薄弱环节，我校教师队伍的师德状况还不那么尽如人意。一些教师身上存在着职业责任感比较淡薄、教书育人意识不强、缺乏团队协作精神和严谨的治学态度、道德价值追求模糊等问题。这些问题尽管只是个别的，但如果不引起我们的高度重视，不及时采取切实有力的措施来加以解决，就势必影响学校的整体形象，影响学校的校风、教风和学风，最终影响育人质量和我校建设技术师范大学目标的实现。所以，我们要从我校的前途命运和长远发展的高度，充分认识加强师德建设的重要性和紧迫性。

一是加强师德学习培训，建立健全师德教育机制。要引导教师进行自我教育，学会"修身"与"慎独"。要在全校范围内开展师德典型教育、同行教育，引导、激励教师向身边的先进模范学习。要探索政治理论学习、形势政策报告会、师德专题讲座等多种教育途径。通过多元化师德教育，使我校教师进一步增强教书育人的责任感和使命感，弘扬求真务实、勇于创新、严谨自律的治学态度和科学精神，教书育人，修身立德，为人师表，做广大学生健康成长的指导者和引路人。

二是加强师德制度建设，建立健全师德约束机制。我校要认真贯彻《中华人民共和国教育法》《中华人民共和国教师法》《教育部关于进一步加强和改进师德建设的意见》《广东省高等学校教师职业道德规范》等法律和文件精神，结合学校实际，制定出一系列师德建设制度，用制度规范言行，把教书育人变为每一位教师的自觉行为。

三是加强师德考核评估，建立健全师德评价机制。要逐步完善教师管理工作体系，将师德建设纳入学校整体规划。要把师德作为一项重要指标来衡量对教师的整体评价。在教师入党、年度考核、晋职、进修、评优等方面，应加强监督检查，严格执行思想政治标准，实行师德标准"一票否决"制度。特别是在学校已经制度化的教学、科研奖励中要突出"育人"方面内容，对有严重失德行为、影响恶劣者一律撤销教师资格并予以解聘。只有这样，才能真正改变师德建设工作现在所处的这种弱势地位，促使教师自觉按照师德规范的要求对自己的言行进行评价和反思，加强和改进自己的工作。

第五，强化一个重点，努力在制度建设上下功夫，就是要着力推进管理机制创新，营造人尽其才的良好环境。

管理是一所高校正常运行不可或缺的因素。管理出效率，管理工作做得好，就能使高校的规模、结构、质量、效益合理协调，发挥最大功效。管理出人才，管理工作做得好，就能人尽其才、才尽其用。

一是完善各类管理制度。建立校、院、系三级教师管理体制，对教师进行分层次管理。进一步规范编制管理，提高办学效益。探索和建立相对稳定的骨干层与出入有序的流动层相结合的教师队伍管理模式。努力营造有利于优秀人才成长的制度环境，进一步形成鼓励人才想干事业、支持人才干成事业、帮助人才干好事业的良好氛围。

二是深化人事制度改革。认真贯彻落实《广东省高等学校岗位设置管理指导意见》，合理确定岗位总量，优化各类人员结构比例，提高用人质量和效益。以岗位设置为基础，深化岗位聘用制改革，建立"能上能下"的岗位聘任制度，实现由"身份管理"向"岗位管理"的转变。逐步建立教师转岗和退出机制，形成优胜劣汰的动态平衡。严格教师准入制度、新任教师公开招聘制度和教师资格证书制度，规范教师职称管理。真正形成人员能进能出、职务能上能下、待遇能高能低的动态管理和竞争机制，创造良好的人才环境。

三是深化分配制度改革。在逐步实行教师岗位设置管理制度改革的前提下，根据国家人事部、教育部以及广东省有关绩效工资改革文件精神，尽快完善我校校内津贴分配制度改革方案。方案坚持按劳分配与按生产要素分配相结合，效率优先、兼顾公平的原则，强化岗位管理，注重工作实绩，充分发挥校内津贴的激励功能和导向作用，充分发挥稳定、吸引高层次人才的作用，使分配制度从注重提高个人待遇向更加重视支持人才成长和发展转变，鼓励优秀人才脱颖而出。

同志们，师资队伍建设工作是一项艰巨、复杂、繁重的系统工程和战略工程。希望以这次全国及省教育工作会议为新的起点，全校上下统一思想，齐心协力，真抓实干。经过几年、十几年长期不懈的努力，我校一定能够建设一支高素质的专业化教师队伍，为实现学校的跨越式发展做出贡献。

谢谢大家！

师资建设五年大丰收　学校发展五年大跨跃①

肇庆学院从本校实际出发，创造性地实施师资建设带动战略。短短五年时间，学校内在素质和外部形象发生了根本性变化，胜利实现历史性跨越：办学层次提高，办学规模扩大，办学实力增强，教学、科研和人才培养呈现出协调发展高歌猛进的大气象。

一、抓准主要矛盾，转变办学观念，实施师资建设带动战略，彻底扭转被动徘徊局面

肇庆学院的前身是西江大学和肇庆教育学院。在 20 世纪 90 年代中期，因办学基本条件不达标，西江大学曾两次被教育部"黄牌"警告。同一时期，因办学秩序出现问题，被舆论炒得沸沸扬扬，学校声誉受到极大损害，一时间，学校人气低迷，人心浮动。其实，当时西江大学的办学条件和面对的问题，与其他地方高校一样：经费不足，教学设施简陋，设备陈旧，师资不强，特别是高学历、高职称、高素质的师资严重短缺。如果眼睛只盯在"经费"上，往往会无所作为，抱残守缺，导致教师人心浮动，人气低迷，流失严重；如果为追求短期经济效益而无视秩序，走"邪门歪道"滥发文凭，必然会导致高校学科建设缓慢，教学质量下降，社会对学校失去信心和信任。学校党委深刻认识到面临的危机，运筹谋划学校发展的转折点和根本出路。"投资"和"师资"是关系学校命运的两大问题。但"投资"的有限性不可能在短时期得到解决。如果等、靠、要，必然会贻误学校的发展；如果急功近利，把学校的发展放在只能带来短期效益的办学行为上，必然会违背教育规律、损害学校和社会的利益；如果只强调经费不足没钱办事，而忽视师资建设，必然会影响学科的发展，人才离散，办学难以为继。一所高校的核心是学科建设，而学科建设的关键是师资。"投资"与"师资"相比较，真正制约学校发展的主要矛盾是师资，是人才。因此，必须把学校发展

---

① 本文写于 2002 年 9 月 11 日肇庆学院。

的战略重点转移到师资建设上，全力以赴，强势出击，抢占师资建设的"高地"，以师资建设带动学校各项事业的发展。

在学校党委达成共识、统一领导下，校长主持制定了学校师资建设规划，并负责抓师资的引进和培养工作。从 1998 年下半年开始，在工作上采取了五大举措，推出了新的师资建设机制。

（1）以学科建设为目标指引，重点加强高学历、高职称、高素质的学科带头人的引进力度，加强薄弱学科骨干教师的引进力度。学科建设是体现一所学校办学实力、办学特色和社会声望的主要标志。学科建设具有带动性和关联性，直接影响着师资建设。以学科建设为指引，可以营造高层次的学术氛围，对高层次师资的引进和凝聚有利，对建设学术梯队有利。而高层次师资的引进又会扶植学科的生长，有利于学科调整和拓展，有利于面向应用领域的新兴学科的形成与充实。教师有了学科依托，又会促进学科建设和师资建设的良性互动共同发展。

（2）建立有利于吸引、稳定和激活高层次师资的制度。公开的、相对稳定的、适度超前的师资建设制度是做好师资建设的保障。我校师资建设制度涉及四个层面：一是生活层面。对引进的高学历、高职称、高素质教师，在住房安家、家属安排、子女入学以及生活津贴、岗位津贴等方面给予优待，并列入制度条文，把感情的投入、生活的优待都转化为制度保障、制度吸引。二是工作层面。对学科建设和教学管理的关键岗位，设定学历和职称标准，没有符合条件的，宁可虚位以待，也不降低标准；符合条件的，人一到校即委以重任，挑起学科建设和教学管理的重担。对学术造诣较深、承担科研课题的教师，积极支持、优先安排国内外学术考察交流、访学进修。经费的投入也实行"非均衡"制度，对重点学科、新兴学科、有社会需求和潜力又亟须支持和扩充的薄弱学科集中投入，提高这些学科的实验设备水平，改善教学科研条件，增强教师承担重大科研项目的能力。还实行了高层次的教师担任青年教师"导师"制。三是以契约形式确立学校与教师，特别是"三高"教师的权利和义务关系。引进高层次师资，实际上是一个"双向选择"的过程。教师享受比较优厚的待遇，同时要承担相应的教学科研任务，要有一个最基本的稳定工作周期，这是关系双方利益的问题，用契约条文明确具体化，对双方都有利。实践中，引进的教师"二次流动"的情况是常见的，也是十分敏感和棘手的。我校本着对教师的尊重，基于人才流动和输送也是学校对社会的贡献的理念，一方面严格实行履约考核和问责，另一方面对有正当理由"二次流动"的教师也宽容对待。四是教师考核制度。教师考核制度是一项激励制度，是师资建设质量的保障。教师考核的重点是"师德"和"教学科研实绩"。教学考核以学生的评价作为主要依据，科研考核以教师完成科研工作量为基本指标，不同职称有不同的要求。对教授、博士的科研考核还将决定其能否拿到全额奖教津贴。

（3）创造良好的生活环境和工作氛围。1998年开始，学校充分利用地处七星岩风景名胜区的优越位置，花大力重新规划整治校园，提高学校基本建设（包括教师住房）的标准。在自然环境营造上，既突出高校的品位高雅、涵养心性的要求和特色，又追求与自然原生态相和谐、与山水风景相统一。在生活休闲条件创设上，建设多功能体育馆等一批文体活动场所，还与市政部门协商完善交通服务，为教师提供充分的生活便利。引进的教师来自全国各地，有不同的学术背景、专业特长、个性风格，到一起工作需要相互"磨合"，而学校必须努力营造彼此尊重、和谐合作的人际关系，各尽所能、团结奋进的工作氛围，让优秀的人才来到这里，就能贡献才智、实现抱负。学校还特别注意消除人为的界限隔阂，在任用上不分地域祖籍，先来后到，也不允许教职工私下划分广东人、外地人，南方人、北方人，制造乡会帮派的"小团体"，努力强化一种意识——"肇庆学院人"意识。

（4）把优秀的教师，高学历、高职称、高素质的教师安排在教学第一线，承担学生受益面广的基础课、专业基础课和公共理论课教学。这样做，既是落实教学的中心地位，又能够提高教育教学质量、推动教学改革、加强学科建设，让学生享受到学校师资建设的果实。同时，"三高"教师作为青年教师的"导师"，在教学第一线示范、培养和带动青年教师，可以达到校内培养和岗位培养的最佳效果，实现在教学过程中建设师资队伍。

（5）高度重视和强化师德建设。教师的思想倾向和道德修养对学生的群体影响和渗透是巨大的，对一所学校信誉的塑造也是至关重要的。在我校，师德建设并不是虚的，而是作为师资建设的内在的关键的实体要素。学校对教师师德的考核实行"一票否决制"。学校通过制度导向和经常性的学习教育活动，从教育教学的各个环节规范师德的实践活动，把教师对职业的敬重和对个人价值的追求融会起来，把教师深厚的职业情感和学校的教育目标统一起来，引导教师在教学过程中自觉能动地以知启德、以行示德、为人师表、教书育人。

从1998年至今，短短五年，我校指导思想的转变，发展战略的调整，举措的得力，机制的创新，上下合力、扎实细致的工作，带来了肇庆学院师资队伍质的变化和质的飞跃，带来了肇庆学院办学层次、办学规模、办学效应质的变化和质的飞跃。

二、师资队伍五年巨变，教学、科研和人才培养呈现协调发展高歌猛进的大气象

1998 年以来，我校坚持师资建设带动战略，人才引进和在职培养相结合，教师队伍整体素质优化，数量逐年增加，1998 年，原西江大学和肇庆教育学院两校专任教师总数不到 330 人，截至 2002 年 9 月 10 日，肇庆学院已有专任教师 543 人，比 1998 年增加 213 人。1998 年，原西江大学和肇庆教育学院两校教授的总数是 7 人，到 2002 年 9 月，肇庆学院教授总数 32 人，比 1998 年增加 25 人，增幅达 4.6 倍；其中五年间引进教授 18 人，占教授总数的 56.3%。1998 年，原西江大学和肇庆教育学院两校副教授（高级实验师）总数是 76 人，到 2002 年 9 月，肇庆学院共有副教授（高级实验师）161 人，五年增加了 85 人，其中引进 61 人。副教授占教师总数的 30.8%，已略高于全国高校副教授占教师总数的平均值（全国为 30%）。在这五年间，教师的学历层次也大幅度提高：2002 年肇庆学院教师中有研究生学历者 138 人，比 1998 年增加近百人，其中五年间引进 78 人。1998 年，原西江大学仅有 1 名博士，到 2002 年 9 月，肇庆学院拥有 25 名博士。现在，我校具有研究生学历的教师占教师总数的 31.2%，已略高于全国高校研究生学历教师占教师总数的平均值（全国为 31%）。

2001 年初，学校制定的"十五"期间发展计划提出：到 2005 年，我校教授、副教授占专任教师总数要达到 40%。截至 2002 年 9 月，我校教授、副教授已占教师总数的 35.5%，仅仅近两年已接近五年计划指标。《"十五"期间发展计划》提出：到 2005 年，具有博士、硕士研究生学历的教师要达到教师总数的 50% 以上。截至 2002 年 9 月，这一指标已达 31.2%，处于全国平均线以上。从教师队伍的学科结构看，随着师资建设导向有计划有目标地调控，高层次师资学科结构分布逐渐均衡合理，原来的薄弱学科、高层次师资结构性短缺问题得以改善。从学缘结构看，近几年引进的教授、副教授，博士、硕士，大多数来自国家重点高校，如中山大学、浙江大学、复旦大学、北京师范大学、中国科学院研究生院等著名学府。有的教授在引进前还担任着综合大学二级学院的院长、系主任或硕士生导师，还有享受省政府特殊津贴的专家学者。这些教师的到来，从根本上改变了我校教师原来的结构和素质，为教学科研注入了一股强大的活力，推动学校各项工作高歌猛进、面貌一新。

（1）我校优势学科建设已具备实力和条件，学科带头人和教学科研骨干教师梯队已经形成。比如中文系现当代文学学科，现有名教授、名副教授，

名博士和名硕士，已成为我校师资力量最强的学科。数学学科现有名教授、名副教授、名博士和一批中青年骨干教师，学科竞争力增强，学科群体优势已经形成。思想政治教育学科拥有教授 6 名、副教授 15 名，博士 4 名、硕士 10 名，成为学校科研成果最多、实力最强的学科。

（2）高学历、高职称、高素质的教师不断充实到教学第一线，承担基础课、专业基础课和公共理论课教学，极大地激发了学生学习钻研的兴趣，教学质量和效益显著提高，课程体系、教学内容的改革与创新加快。近两年，我校教师每学年为学生开设 100 多门选修课，平均每学年举办 70 多场科技文化专题讲座。

（3）学科拓展和新专业创设加快。高层次专业人才的汇聚，推动了学科向应用领域的拓展，也加快了新专业的创设。如财经系拓展创设了工商管理、市场营销、旅游管理、会计学等学科专业；数学系创设了信息与计算科学；教育系由过去单一的学校教育学科，拓展为学前教育、小学教育、教育管理、应用心理学等，形成更宽的学科面。这些学科的发展，一方面顺应科技文化和产业进步的要求，满足社会对各类人才的需要；另一方面学科之间的交叉融合取得进展，师资队伍的整体效能得到了最充分的发挥。

（4）教学实验设备水平和科研能力大幅度提高，取得一批标志性成果。我校承担建设的"广东省高校光电信息技术重点实验室"已经通过省专家验收，并投入运行，这对提升我校本科光电信息教学实验水平、培养社会急需的 IT 产业技术人才具有重要战略意义。2001 年前，限于科研实力薄弱，我校教师申报的省级课程无一通过立项。2001 年终于实现零的突破（物理系获省厅课题 1 项），今年则猛增到 13 项，项目经费资助也大幅度增加。数学系博士王忠到我校三年来，连续在中国科学院数学研究所主办的国家一级权威刊物《数学学报》上发表 2 篇学术论文，2001 年被破格晋升为教授。王博士指导的我校学生数学建模竞赛队，连续两年夺得广东省一等奖、全国二等奖；他承担的省级课题一次获得 10 万元资助。我校美术系副教授陈岫岚，在中国历史博物馆举办个人画展，获得首都美术界很高评价。我校文科教师的论文连续三届（每两年一届）荣获肇庆市社会科学成果一等奖，文科论文的转摘率逐年提高。2000—2001 年，我校教师在省级以上学术刊物发表论文 611 篇左右，出版学术专著和教材 21 部。现在，我校学术风气日渐浓厚，科研促教的效益愈加明显，科技成果社会转化的项目越来越多。

三、教师资源的优化与扩大，为我校的发展带来持续效益和积极效应

把师资队伍建设作为学校第一位的战略任务来抓，不仅不会产生任何负效应，而且它所释放的扩张效应已经带动学校各项工作跃上高层次、达到新水平。原来制约学校发展的一些困难和障碍，也随着教师资源的优化迎刃而解。

从我校专升本的过程可以很清楚地看到师资建设的持续效益和扩张效应。由于 1998 年开始着力抓师资建设，形成了好的机制，到 1999 年，师资队伍的结构和素质已有所改观，并且已经进入良性发展状态。因此，在酝酿和论证专升本的时候，我们才充满信心。也正是有了一定的人才储备，在机遇到来的时候，我们才能赢得机遇，实现历史性跨越。当本科的肇庆学院顺利运行后，又有大批的"三高"教师慕名而来，寻找实现个人价值和社会价值最大化的机会。优质充裕的教师资源，提高了我校应对办学层次提升、办学规模扩大的承受力、应变力和创造力。2000 年，我校第一次招收本科生只有 6 个专业获批准；2001 年，扩大到 14 个专业；到 2002 年，覆盖全校所有的系，有 17 个专业招收本科生，并且招生数量扩大为本科 1930 人，本专科共 3200 人。现在我校在校生规模已超过 9000 人。

更可喜的是，今年普通高校招生录取，我校已显现出超越同行的好势头。我校本科普通类最低录取分 560 分，并且提前超计划完成，而同类院校茂名学院、韶关学院、嘉应学院是 549 分，惠州学院是 554 分，甚至几所老牌本科院校录取线也低于我校，如湛江师范学院是 554 分，韩山师范学院是 550 分，佛山科学技术学院是 550 分。在专科录取中，我校全部以上线考生第一志愿录取，当天超计划完成，出档线超出省定录取线。肇庆学院作为一所地方高校，其品牌效应已云光初显。

总结我校五年来师资建设的经验，明确今后工作的方向，我们认为主要有以下三点。

（1）师资建设必须创建好的制度加环境。实践证明，制度是师资建设的保障，又是工作的指引。好的制度能产生延揽人才的积极效应，包括激励效应、感召效应、汇聚效应、稳定效应等，好的制度又是以公开、公正、公平为前提的，是透明的，它不会因个人动机和意愿而随便更改或废止。这些正是知识分子所渴望获得、依法治校所必要的。实践还证明，师资建设需要感情投入，但它还不足以成为事业牢固持久的基础；师资建设也需要物质的改善与满足，但任何一所学校的物质条件都是有限的，改善与满足对任何人任

何时候都是相对的，而不满和求变则是绝对的。因此，我们要投入感情和资金，但更要注意营造良好的学术环境和人文环境，即使投资不足、硬件暂时稍差，在这样的环境下，还是能凝聚高素质的师资，能保持教师队伍常青，成果丰硕。

（2）学校既要做优秀师资的"栖息地"，更要成为优秀师资的"创业园"和"竞技场"。学校创设好的生活和工作环境，还不足以唤起教师的进取心和创造力，也的确有个别引进的教师故步自封，荒疏了学术。学校必须建立"优待加竞争""奖励加淘汰"的机制，实行严格的师资考核制度。鼓励改革、创新、敬业、奉献，宽容对待学术探索、教学试验的失误与失败，还要善待合理的流动。这样才能使学校和整个教师队伍保持生机活力。

（3）党委统一认识，加强领导；校长亲手抓、负全责；职能部门工作做早、做实、做细。从现代高等教育形势看，高校之间已经形成了事实上的竞争关系，而竞争的核心是高素质教师资源的竞争。现在是好师难求，得好师者得"天下"，师资建设已成为一所高校事业成败的关键。在师资建设问题上，学校领导一定要站得高，看得远，胸襟开阔，兼容并蓄。全校教师干部要上下合力，共担大任。

广东省委常委、副省长李鸿忠在 2001 年视察我校时，提出希望我校改革、建设和发展走在我省同类院校的前头。他还提出，要把肇庆学院建设成为广东省地方高校的"龙头"。省领导的指示，既是对我校过去工作的肯定，又为我校指明了方向、提供了动力。我校将本着解放思想、实事求是、与时俱进、开拓创新的时代精神，高举邓小平理论伟大旗帜，学习实践"三个代表"重要思想，始终把发展作为治校兴教的第一要务，坚持不懈地搞好师资建设，推进学校各项工作，为"科教兴省"做出更大贡献。

培养职业教育师资人才　加强职业教育理论研究①

——在广东技术师范学院职业教育师资人才培养综合改革工作会议上的讲话

同志们:

大家好!

今天下午,我们在这里召开学院职业教育(以下简称"职教")师资人才培养综合改革工作会议。这次会议开得很及时、很有意义。

刚才,王培林副院长详细介绍了学院职教师资人才培养综合改革总体方案(试行)的制定背景、指导思想和主要内容;教务处梁荣新处长对学院职教师资人才培养综合改革任务分解与工作进程方案(试行)做了详细的说明,进一步明确了下一阶段职教师资人才培养工作的任务与要求。希望大家按照这次会议的部署和有关文件的要求,以高度的责任感,切实做好学院职教师资人才培养综合改革的各项工作,推动学院教学质量和育人水平迈上新台阶。

下面,我就做好职教师资人才培养综合改革工作,谈几点意见。

一、要充分认识职教师资人才培养综合改革工作的重要意义

近年来,我们坚持"面向职教,服务职教,引领职教"的办学定位,始终把创新高素质职教师资和高技能应用型人才培养模式的探索和实践作为学院教学改革与发展的重点工作,通过大家的共同努力,我们取得了较好的成绩。如2008年我院顺利通过教育部本科教学工作水平评估;"面向、服务与引领职教,培养高素质(应用型)职教人才的探索与实践"荣获第六届广东省教学成果一等奖;顺利完成了以突出职教师范性和技术性为特征的新一轮人才培养方案的制定工作并已开始实施;正在积极开展的现代职业教育体系的理论研究与实践探索赢得了省教育厅的高度重视和大力支持,获省教育厅、省财政厅500万元专项经费资助;等等。所有这些成绩的取得为我们今

---

① 本文是作者在广东技术师范学院职业教育师资人才培养综合改革工作会议上的讲话。

后进一步深化教育教学改革与发展打下了坚实的基础。但是，我们也应该清醒地认识到，我院的教学工作仍存在不少突出问题。如我院办学模式还比较单一，人才培养主要沿用普通本科院校的学科教育模式，还没有形成一套相对成熟和特色鲜明的职教师资人才培养模式等。因此，我们必须进一步加大教育教学改革力度，深入开展职教师资人才培养综合改革，积极主动地适应广东经济社会发展对职教师资人才的需求。开展职教师资人才培养综合改革，培养符合广东省职教发展需要的优秀职教师资，推动我院教学改革与人才培养质量的全面提高，是我院教学改革与发展的迫切需要和研究的重大课题，也是我院进一步贯彻落实《国家中长期教育改革和发展规划纲要(2010—2020 年)》与《珠江三角洲地区改革发展规划纲要（2008—2020年)》等文件精神，实施罗伟其厅长关于建设现代职业教育体系的战略构想和 2009 年 4 月就我院教学改革与发展提出的"四个全面"指示精神的具体行动，是践行我院"面向职教、服务职教、引领职教"的办学定位，把学院建设成为人才培养特色鲜明的职业技术师范大学的重大战略举措。学院职教师资人才培养综合改革成功与否对学院未来发展具有重大的影响，关系到学院教育教学质量和育人水平能否提高，关系到我们能否办好人民满意的教育，更关系到我们能否更名为"技术师范大学"，并在现代职业教育体系中占有一席之地。因此，大家必须充分认识学院开展职教师资人才培养综合改革工作的重要性及其意义，要统一思想和行动，积极参与和全力支持职教师资人才培养综合改革各项工作，为学院教育教学改革和发展做出新的贡献。

二、以 "3＋2" 试点专业职教师资人才培养综合改革为突破口， 先行先试， 推动我院职教师资人才培养综合改革工作的全面开展

在省教育厅的大力支持下，我院从 2009 年 9 月开始在计算机科学与技术等 4 个专业试点开展"3＋2"职教师资人才培养工作，今年我院将增加应用电子技术专业，把"3＋2"试点专业扩大到 5 个。学院党政领导十分重视"3＋2"职教师资人才培养工作。为进一步加强专业内涵建设、深化教学改革、提高教育教学水平、凸显职教特色，更好地发挥我院在构建广东现代职业教育体系中的重大作用，在广泛研讨的基础上，学院决定开展以"3＋2"为重点和突破口的职教师资人才培养综合改革工作。可以说，我院职教师资人才培养综合改革就是以"3＋2"专升本职教师资人才培养试点专业教育教学改革为重点和试验区，先行先试。所以，"3＋2"试点专业负责人及所属二级学院的领导要充分认识到自己所肩负的重任，要按照"科学发展，先行先试"的精神，积极探索，大胆实践，深化教学改革，创新教育教学模式，

及时总结和推广应用教学实践成果，不断提高教育教学水平和教学质量，当好我院职教师资人才培养综合改革的排头兵。同时，其他普通本科师范专业（职教方向）与硕士研究生相关专业也要按照学院的统一部署，结合专业优势和特点，积极有效地开展职教师资人才培养综合改革各项工作，着力提高教育教学水平和教学质量。

三、要加强领导，强化执行力，确保综合改革取得实效，推动我院教育教学和人才培养质量上新水平

这次学院研究出台的《职教师资人才培养综合改革总体方案（试行）》作为指导我院当前教学改革工作的一份重要文件，使大家能更加明晰我院职教师资人才培养综合改革的指导思想、目标及其主要内容。《职教师资人才培养综合改革任务分解与工作进程方案（试行）》则使大家能够更进一步明确职教师资人才培养综合改革的具体任务与要求。将综合改革内容以教学改革研究项目方式进行立项，实行项目化管理，这种方式能够充分调动教师积极参与教学改革的积极性和主动性，增强教学改革与建设的针对性，也容易做出教学成果，从而有效地提高教学改革与建设的水平与质量。

为了能把职教师资人才培养综合改革的各项工作与任务做细、做扎实、做出成效，各"3＋2"试点专业所属的二级学院和有关单位，要加强领导，统一认识，把"3＋2"职教师资人才培养综合改革作为当前教学改革工作的重中之重；要根据学院职教师资人才培养综合改革总体方案与任务要求，结合职教师资人才培养的需要和本单位实际情况，通过充分论证，认真地制定出切实可行的、操作性较强的、系统的职教师资人才培养综合改革实施方案。通过强化执行力，精心策划，狠抓落实、真抓实干，认真做好和完成本单位职教师资人才培养综合改革的各项工作与任务。

职教师资人才培养综合改革在某种意义上来说，又是一项"系统工程"。各二级学院、教辅单位、学生处、教务处、教学质量监控与评估处、设备与实验室管理处以及有关职能部门之间要加强沟通与合作，紧紧围绕要着力提高职教师资人才培养质量这一共同的目标来开展工作；要及时发现并研究和解决教学改革中所出现的问题，确保职教师资人才培养综合改革各项工作的顺利开展。

四、加强职教理论研究， 有效指导职教师资人才培养综合改革工作

职教师资人才培养综合改革是我院教育教学改革的重大课题，职教师资人才培养综合改革工作的深入开展必须要有理论指导，高教职教研究所应该责无旁贷地担当起这一重任，积极开展构建现代职业教育体系的理论研究，结合我院实际有针对性地开展有关的职教理论与应用研究，从而对我院职教师资人才培养综合改革给予有效的理论支撑和实践指导；要依托校企合作项目，坚持产、学、研结合，鼓励教师积极开拓经济社会发展需要的课题和项目，充分利用学院学科的学科优势、技术优势和人才资源，开展职业技术教育理论研究和应用性研究，把教学与生产实际，新科技的转化、应用、推广紧密地结合起来，使学术成果转化为现实生产力，进一步提升我院职教师资人才培养综合改革的成效、水平和质量，为广东的经济建设和社会发展提供智力支持和科技支撑。

以德为行，以学为上[①]

——关于如何成为一名优秀大学教师的思考

在我校举办的新教师培训班的第一堂课上，我们共同来探讨一个问题：如何成长为一名优秀的大学教师？

怎样才能称为一名优秀的大学教师？主要有两个核心标准：一是高尚的师德；二是高水平的教学与科研工作。具体来说，大学教师要为人师表，要诲人不倦，要授业解惑，要发展创新。为人师表，要求有很好的思想道德素质；诲人不倦，要求有很强的尽职敬业精神；授业解惑，要求有很高的教学水平；发展创新，要求有很强的研究能力和学术造诣。

如何才能尽快成长为一名优秀的大学教师？我认为，那就是要努力践行"以德为行，以学为上"教育理念，用"以德为行"来锤炼高尚的师德，用"以学为上"来不断提高教学水平与科研水平。

一、以德为行，锤炼高尚的师德

师德是教师必须遵守的道德规范和行为准则，它是教师的灵魂，也是教师的人格力量，它的作用贯穿在教师工作的方方面面。"以德为行"的含义是以高尚的师德来规范、指导教师的言行。教育部在 1997 年 8 月修订了教师职业道德规范，比较多的高校强调的教师职业道德规范是：依法执教、为人师表、教书育人、爱岗敬业、严谨治学、团结协作。胡锦涛同志在 2007年全国优秀教师代表座谈会上，对教师提出了几点要求："爱岗敬业、关爱学生，刻苦钻研、严谨笃学，勇于创新、奋发进取，淡泊名利、志存高远。"这些规范与要求，都蕴含着高尚的师德。教师要通过工作的每一个细微点滴来锤炼自己，形成高尚的师德。

我们要清楚地认识到，学生在毕业走上社会之后，对教师的印象最深的

---

① 本文是作者 2008 年 2 月 28 日在广东技术师范学院第一期青年教师培训班上所做的辅导报告。

往往不是教师所传授的学科知识，而是教师做人、做学问的态度，是教师引导他们掌握的学习方法，是他们与教师充满人格魅力的心灵碰撞，是教师对他们充满鼓励的评价。有人曾经对已经毕业的学生做过调查，让学生谈谈什么是最有力量的教育，答案是多种多样的，但达成共识的是：教师的人格、教师的为人、教师的学识。为什么会有这样的共识？原因在于教师教给学生的知识随着时间的流逝，有的会被逐渐淡忘，有的会失去效用，大部分知识需要不断更新。但是教师最有特点的表情、最有个性的语言，教师的为人、做事的态度，教师的人格魅力，却给学生留下了最深刻的印象，长久地影响着他们的人生道路。显然，师德在教书育人中具有非凡的作用。

由于时间有限，我对师德的内涵、外延等问题不展开阐述，只是重点强调我们在日常的教学工作中如何逐步修炼自身的高尚的师德。

（一）关爱学生，教书育人

关爱学生，是一名优秀教师最基本的品德，没有爱就没有良好的教育。办大学者，要有大师、大楼，还要有大爱。关爱学生主要体现在了解学生、信任学生、尊重学生的人格、做学生的良师益友。只有这样，学生才会"亲其师"，从而"信其道"。在这里，我想问问在座的教师：你们在课堂之外，与学生有交流吗？你了解你的学生现在的生活环境吗？你知道他们有什么困惑吗？在专业学习中，你知道他们有什么困难吗？你有没有为他们排忧解难？你们与学生年龄接近，没有代沟，沟通与交流是比较容易的。如果你们在学生最需要帮助的时候伸出了热情的双手，学生就会感激你们一辈子。

教书育人是教师的崇高职责。教好书是教师的主要职责，育好人是教师的天职所在，是教师的最高境界。育人包含两层意思：一是"育德"，二是"育才"。作为教师培养人才，要注重"育德"。因此，在关爱学生的同时，要严格要求学生，不迁就学生，不放任学生，不溺爱学生。我们要清楚地认识到，教师教书育人的过程是一个不断追求的过程，也是教师不断完善与提升自我价值的过程。如果你能关爱学生，注重教书育人，那么你的形象在学生的心中就是高大的。

（二）以身作则，为人师表

教师工作有强烈的典范性。教师以身作则，才能在学生中起到潜移默化的影响作用，培养出品德高尚的学生。如要求学生诚实守信，自己就要表里如一；要求学生言行一致，自己就要说到做到。上课迟到早退，在课堂上打电话，衣着奇特古怪、华丽花哨，因小事借题发挥、怒骂学生等都是自我要求不严的表现。

教师要为人师表，就是要求教师无论何时何地，都要在思想品德、学识才能、语言习惯、行为举止等方面成为学生的表率。

（三）精心备课，认真讲课

师德的重要体现就是要认真上好每一堂课。为什么要上好每一堂课？我们要清醒地认识到，如今的学生是缴了学费来听课的，我们必须保证授课的质量。一堂敷衍马虎的课不仅没有让学生在学识上有所增进，还会影响学生以后的学习方法与工作态度。更重要的是，对于已经初步具备了独立思考与判断能力的大学生来说，教师在课堂上的形象将在他的心里定格，因为他在大学四年里只上过你讲授的一门课程，只记得你当时的授课形象。你以后的课上得再精彩，他也没有机会再次听你的课了。所以，我们要珍惜在讲台上的机会，认认真真地上好每一堂课。

如果我们能做到以上三点，我们就是在不断地修养我们的师德，提升自身的人生价值。

二、以学为上，不断提高教学水平

"以学为上"，对大学教师而言，有两层含义：第一层含义是要将学习放在重要的位置上；第二层含义是要做到终身学习。大学教师的主要工作之一是传授知识给学生。但在新知识不断涌现、科技发展一日千里的今天，作为大学教师，我们必须不断学习新的专业知识、新的教育理念与新的教育方法等，这样才能不断提高教学水平与科研水平，立于不败之地。

现在大部分年轻教师没有师范教育背景，在"如何教"的问题上，如果完全靠自己摸索，那么"教"的水平就会提高得比较慢，我们应该通过学习先进的教育理念、观摩国家级与省级精品课程、参加教学培训等活动，尽快提高自己的教学水平。如何尽快提高教学水平？我有以下三个建议。

（一）真正吃透教学内容，努力做到融会贯通

只有将课程的所有内容真正吃透了，讲课时才能做到融会贯通、挥洒自如。有人说："要给学生一杯水，教师要有一桶水。"用"一桶水"教学和用"一杯水"教学的差距是很大的。用"一桶水"教学，能挥洒自如、信手拈来，而用"一杯水"教学则战战兢兢、如履薄冰。如何才能真正吃透课程的内容？如何才能使自己拥有"一桶水"？这是一个积累的过程。如何积累？虽然各学科间知识的差异是很大的，但仍有一定的方法可循。下面我谈几点共通的方法。

首先，对课程知识的认识要有一定的深度与广度。教师对课程知识的掌握与了解一定要比本科教材涉及得更深，同时还要掌握教材中涉及的相关知识。只有对课程知识的认识与掌握达到一定的深度与广度之后，教师才有可能在授课中做到深入浅出，才能对课程内容的取舍安排做到心中有数。如果这门课程自己以前没有学过，就需要通过进修、研读研究生的相关教材、学习一些专题研究的材料来提高自己的学识。

其次，要密切关注本专业、本学科的发展状况与最新的研究动态。关注的途径有很多：可以积极参加本学科的学术会议；给自己定一个目标，每年或两年至少参加一次学术会议；通过参加本学科的学术会议，可以全面地了解本学科重大问题的研究趋势、研究重点等，这些不仅有助于教学，也有助于科研工作；也可以定期浏览本专业的学术杂志与有价值的学术网站，尤其是多浏览专家关于本学科专题问题的综述性文章，从中获取增加教学内容的新信息。

随着时代的发展与科技的进步，每一个学科、每一门课程都需要不断拓展课程知识的深度与广度。这个问题在一些新兴学科中体现得很明显，尤其是 IT 类学科。例如计算机学科中有一门课程"数据库原理与应用"，二十年前的教学内容与现在的教学内容相比，差别是很大的，大概只有30%左右的基本原理内容是相同的，其中数据库的应用部分，由于主流的数据库产品更新换代迅速，教学内容也在不断地更新。试想一下，如果你是二十年前读的本科或者研究生，那么你当时学的这门课程的知识大部分都过时了，需要你不断地关注新的数据库发展趋势、了解掌握主流的数据库、更新自己的知识。

刚才我用了教育界常说的一句话："要给学生一杯水，教师要有一桶水。"这句话更准确的表达应该是，教师之"水"是一条溪流，一条不断有泉水补充进来的、源源不断的溪流才能满足知识快速增长的现状。教师只要主动地、积极地学习，在学习中不断吸收各方面的知识，不断更新知识，就可以吃透教学内容，做到融会贯通，达到上好课的目的。

（二）全面领会学科精髓，尽快完善知识结构

一名优秀的大学教师不只需要吃透几门课程的内容，更重要的是要全面掌握学科知识的重点与难点，通过对自己学科的深入研究，以及对其他领域的广泛涉猎，真正领会本学科的精髓。如果将一门课程比喻为一棵树，那么本学科系统的学科知识就是一整片森林。只见树木，不见森林，永远都不可能成为一名优秀的大学教师。领会学科精髓，全面掌握学科的系统知识将是教师在专业方面成长的一个必要的条件。可能有部分教师不认同这个观点，

认为自己已经是硕士或者博士，本学科的系统知识与自己的知识结构、应付本科教学是足够的，难道还需要继续学习？

就学科知识的系统性而言，对学生所掌握学科知识完整性的要求与对大学教师的要求是不同的。对于学生，只要求在本学科的某个研究领域要有专攻，但是，对大学教师，则要求掌握与深入了解本学科的整个学科体系，如该学科主要由哪些知识组成、各部分之间有什么关系、这门课程在本学科体系中处于什么位置、有哪些课程作为先修课程、为学生后续的哪些课程打基础？如果修不好这门课程可能会影响学生哪方面的能力。作为教师应该胸怀成竹，把这些问题弄清楚了，你对本学科知识体系的认识才足够深入。当你对本学科的每门主干课程的内容都了解并且明白它们之间的关系，若干年之后，系里讨论修订培养方案、优化课程内容时，你有发言权，有自己的观点，并且阐述得头头是道时，就说明你在大学教师的道路上快速成长了。

（三）精心准备，上好每一堂课

什么样的课堂才是优秀课堂？在探讨这个问题之前，我们先看看三位教师的上课方式。这是学生在座谈会上谈到的。第一位教师把教材上的内容搬到幻灯片文件中，上课时照着投影念一遍，或者抄到自己的教案本上，上课时再把教案上的内容抄到黑板上，对着全文念一次。学生认为这是典型的照本宣科。第二位教师，按照学校目前评估的要求，他的教案写得很规范，但他讲课的声音不高，语速太慢，不看学生，只看着教案，课堂气氛很沉闷。他花费了45分钟讲的知识，学生用20分钟自己阅读也能全部掌握。学生认为这样的课信息量不够，也算不上是一堂好课。第三位教师，写的教案水平很高，教学内容中理论部分的深度与重点大学同类课程的一样，但是缺乏试验与实践的环节，学生听得一头雾水，对理论知识一知半解，又没有实践的机会，这样的课也是失败的，没有做到因材施教，这种教学方式超越了学生的实际，追求的是理论探讨。

有人认为，一堂真正优秀的课是这样的："宏观线索的勾勒，微观细节的阐述，逻辑分析的独白，讲解视角的转换，典型实例的穿插，恰到好处的板书或多媒体课件，思想感情的交流，疑难问题的揭示，人格力量的感染，理论境界的升华，所有这些必须是成竹在胸，水乳交融，挥洒自如，引人入胜。"这样的优秀课堂境界，我们虽然不能时时刻刻做到，但是必须努力实践追求，并逐步接近，这是一个教师专业化形象和能力的具体体现。

如何上好一堂课？这是我们必须思考的问题。关于如何备好课、上好课，我有以下几点建议，与大家探讨。

1. 做好备课前的准备工作

青年教师在接到一门课程的教学任务之后，不要马上拿着教材就开始备课，而要在开始备课之前，先做好以下的准备工作。

首先，要找到本课程目前最好的教学资源，包括经过反复修订的比较科学、规范的教学大纲与实验大纲，水平最高的教材，已经共享的优质课件与试题集，甚至本课程完整的教学资源库。如果找到了本课程最好的教学资源，那么备课从一开始就站在了较高的起点上。在哪里可以找到这些资源呢？告诉大家一个捷径：在国家精品课程网或者中国高等学校教学资源网，以及各省的精品课程网查询，看看这门课程是否已经有国家级或者是省级的精品课程。要知道，经过几年的建设，国家级与各省级精品课程的覆盖面已经很广，大部分课程都能找到，各级精品课程的所有教学资源都是共享的，也可以下载、借鉴。

其次，在大量的教学资源面前，要学会如何借鉴、如何利用，要带着问题浏览这些教学资料，如教学大纲、不同版本的教材、教参以及其他资料。通过浏览，弄清楚在不同的教学资源、不同版本的教材中，本课程的知识体系安排有何差别，这些差别体现了主编或者主讲教师的什么意图，并根据自己的实际，如培养目标、授课课时、试验条件等合理安排授课内容，既要保证本课程的主要内容都被覆盖，又要体现本专业的特色，要做到借鉴而不是照搬，并且有所创新。

例如，在国家级精品课程网上有一门"大学物理实验"课程。该课程关于物理实验的教学资源做得非常好，它把实验内容、实验手段、实验仪器以及实验中可能遇到的问题都展示了出来，应该说是一门建设得很好的精品课程。但是我们在学习的时候不能全盘照搬，为什么呢？第一，因为我校的"大学物理"主要是对"电"类专业的学生开设的，如电子信息、机电工程、自动化等，在实验项目的选择、实验内容的安排上要有所侧重；第二，我们还要考虑到我校实验设备的支持问题等。对教学资源如何借鉴、如何吸收、如何创新，是我们每一位教师都需要思考的问题。

2. 认真细致地写好教案

对于新教师来说，第一轮备课，首先要在充分比较与借鉴的基础上明确本课程的结构体系、各个知识点之间的内在关系，并掌握本课程的教学重点、难点，选择好教学方法。在此基础上写出非常详细的、完整的课堂讲义，包括本课的教学设计、案例分析、课堂讲稿、阅读清单、考试试题、课后小结等。对具体的一堂课来说，课堂上讲的每一个知识点、每一个实例、每一个需要课堂互动的环节都要事先准备好、写下来，甚至是每一个环节占用的时间都要预计好。只有做了充分准备，才有可能在课堂教学中做到从容镇定。而当你一旦进入从容、镇定的状态，这堂课就可能会有超水平的发挥，如果准备不充分，则可能20分钟就讲完一节课的内容了。

3. 充分了解学生，做到因材施教

教学备课的一个重要环节是备学生，这是至关重要的环节，否则就做不到因材施教。国家级精品课程的教学资料之所以不能照搬，原因除了我校的培养目标、教学要求、内容侧重有所差异以外，还有一个重要的差别是学生。我们只有充分了解学生，包括他们的先修课程、掌握的程度等，才能有针对性地进行教学。

同时，我们还要认识到，在网络化的今天，与过去的学生相比，现在的学生视野更加开阔，也具有一定的独立思考与判断的能力。在我们借鉴参考诸多教学资源的时候，他们也许已走进了国内名校的教学资源网，走进了国家精品课程网、省级精品课程网。他们会对教学大纲、实验大纲、教学内容进行比较与判断，以此来发现我们在教学中存在的问题。在去年召开的学生座谈会中，就反映了很多这类问题。

4. 认真选择教学方法与手段

计算机技术、网络技术、多媒体技术与现代教育技术的不断发展对传统课堂的改革与推动作用是巨大的，新的教学方法与教学手段不断出现。例如，在教学手段上，有多媒体演示、动画课件、网上答疑等，这些手段的使用可以在某些课程中将原来抽象、复杂的内容用生动的图像和动画表现出来，使学生更直观地理解教学内容，激发学生学习兴趣。在教学方法上，有讨论式教学、推演性教学、启发性教学、实践操作性教学等。但是万变不离其宗，不论采取何种教学手段与教学方法，目的都是一个：提高教学质量和效果。具体到每门课程的每一章节，教师们要认真判断，哪种教学方法与手段更适合本课程的哪一堂课的教学，同一门课程的不同课堂可能需要不同的教学手段。例如，需要展示复杂图表与抽象过程的内容，采用多媒体演示的教学效果会好一些；需要进行层层递进式推演的内容，则黑板加粉笔的效果更好，例如高等数学的公式推理等。因此，在选择教学手段与教学方法上，一定不能教条化。俗话说"教无定法，贵在得法"，一切都以教学效果为衡量标准。

此外，还有两项工作需要认真做好：一是认真做好辅导答疑和批改作业。这是巩固课堂教学效果、检验和了解学生学习情况的重要手段。现在各专业的基础课程与专业基础课，大部分都出版了针对教材中习题的习题解答，其中理工科最多，但是我们教师不能依赖习题解答，一定要亲自动手把所有问题和习题都做出来。批改作业不能仅限于打"√"或打"×"，还要写评语，让学生看了不但知道对错，而且知道错在哪里，有所收获。尤其要重视学生的创造性解题。好的评语，会让学生有所启发，甚至让学生终生难忘。二是制定个人教学工作的中长期目标。当一门课程教了 5 轮之后，我们就要有一个远大并富有创造性的教学目标——编写一部本课程的教材，或参编教材；同时也可以开始申请校级精品课程，甚至省级。这本教材或者这门精品课程将成为佐证进步的材料，成为教学科研的重要成果。

同时，还可以设计一个课程网站来承载自己搜集和建设的教学资源，用多媒体技术来演绎教学内容，可采用音、画、文并用的方式。课程网站海量的储存功能，会让课堂教学以一种新颖、生动的数字化形态展现在学生面前。

三、以学为上，　不断提高科研水平

"以学为上"，通过不断地学习，不仅可以提高教学水平，还可以提高科研水平。我校目前是教学型大学，教学工作是我们的核心工作。但是学校要发展，要提升办学层次，没有高水平的科研工作是不行的。因此，教学是立校之本，科研是强校之路。陶行知先生曾号召教师和教育家要"创造值得自己崇拜之创造理论和创造技术"，要"敢探未发明的新理""敢入未开化的边疆"，培养创造的精神，提高创造的能力。因此，教师必须从事科研工作。关于青年教师的科研工作，主要关注以下几个问题。

（一）明确科研工作的目的

大学教师进行科研工作的目的是什么？

首先，大学教师的科研必须要为教学服务。这个问题可以从两个方面来看：从大学教师的个人角度来看，要成为一个优秀的高校教师，必须积极从事科研工作。作为教师只有通过科学研究才能娴熟地驾驭知识，精选教学内容，运用灵活多样的教学方法和现代教学手段，向学生传授分析和解决问题的方法，传播本学科的最新成果，展望学科前沿，指出有待解决的问题。从整个学科体系来看，科研成果解决了教学中的基本理论问题，为教学提供本学科的学术前沿理论，更新了教学知识体系，补充丰富了教学内容，同时还改进了教学方法。因此，科研是教学质量提高的必要途径。

其次，大学的科研工作要为当地的社会经济发展服务。大学具有教育、科学研究和社会服务三大功能。在这三大功能中，不能偏废任何一方，我们要将科学研究和社会服务结合起来，与地方经济和社会发展密切结合起来。在科研工作中，我们要捕捉社会需要的课题，给业务部门提供智力指导，给经济和社会发展提供技术与智力支持，要把当地经济建设和社会进步的任务带入到教师的科研课题中，使我们的科研工作更好地为地方经济与社会发展服务。在广东的高校中，科研为地方社会经济服务的例子有很多，其中比较突出的是华南农业大学与广东温氏集团的合作。温氏集团是广东养殖业界的"航空母舰"，华南农业大学把家禽育种、饲料加工、疾病防治等技术直接运用在指导温氏集团的生产上，取得了较好的社会效益与经济效益。这种产学研的结合让企业受益，也让高校的教学科研受益。目前，尽管我校与重点院校之间还存在较大差距，缺乏一流人才、一流设备和充足的科研经费，但我们还是要努力从事科研工作，通过研究创新来挑战自己和超越别人。

最后，大学教师从事科研工作是自身发展的需要。成为一名大学教师后，前面的路就是成为助教、讲师、副教授、教授。如何走好这条路，你必须思考，而科研是不可或缺的。

（二）处理好教学与科研的关系

教学与科研的关系是相辅相成的。教学为科研提出了要求和方向，科研为教学更新了内容、提高了质量。科研可以提升教师的业务水平，同时也是教师在本学科领域深入发展、掌握学科前沿的必经之路。科研水平提高之后，又可以充实教学内容、提高教学质量。一名称职的教师，不能不搞科研。如果教师没有科研作为积淀、养料，没有学术交流作为拓展，那么即使课堂效果再好，也只能维持浅层次的教学，难以满足学生进一步求知的需要。

科研与教学是如何做到相辅相成的？科研对教学工作的促进作用是显而易见的，通过参与科研，教师可以追踪学科前沿的最新突破，研究学科前沿的最新命题，从科学知识、科学方法、科学精神诸多方面促进教学质量的提高。科研的本质就是质疑和释疑，这种理念用于教学，能培养学生提出问题、分析问题和解决问题的能力，促进教学水平的提高。教学对科研的促进作用则体现在两个方面：一是教学的过程能促使对所教内容的深入理解和融会贯通，而这有可能是引发某项研究的契机，也使研究活动有了更好的基础；二是高水平的教学需要教师在阐述教学内容时具有高度的思辨性、逻辑性和条理性，这样的训练能增强教师的学术素养和科研技能。

（三）在教师的不同阶段，教学科研应各有侧重

作为高校教师，在个人发展不同阶段，对教学和科研应有所侧重。

助教、讲师以教学为主。青年助教和讲师首先要过好教学关，站稳讲台，可以针对教学内容的需要适当对本学科的基本理论问题和经济实践中提出的问题开展科研，并将研究成果充实到教学内容中去。

副教授、教授以教学与科研并重。我校目前已经开办了研究生教育，针对研究生教学开展有一定深度的科研，并及时将研究成果融入教学中去，通过科研带动学科建设，将教学与科研融为一体。

四、迎着朝阳，扬起风帆，勇往直前

作为教师，我们应该深深地庆幸自己能够生活在这样一个社会大变革、教育大发展，尤其是高等教育跨越式发展的时代，因为跨越式发展的高等教育领域为广大的青年教师提供了施展才华的广阔舞台。我校将于今年5月份迎来教育部的本科教学工作水平评估。对我校而言，接受本科教学工作水平评估，既是挑战，也是机遇，对我校的每一位教师而言，也是挑战与机遇并存。我希望，通过这次评估，能切切实实地提高青年教师的教学水平。

最后，寄语大家：

志存高远，努力进取。首先树立为教育事业奋斗终生的思想，以全身心投入教育教学工作，同时必须长期如饥似渴地学习，使自己成为知识的富翁、育人的行家。

迎难而上，顶住压力。现在我们国家正在经历经济、社会和文化教育领域的巨大变化，变化速度之快在几千年中国历史上是绝无仅有的。正是由于社会的迅速转型，我们的价值观、行为方式和思维模式正日益多元化，大学教师的工作较之以往有更深刻的矛盾和压力。同时，还由于青年教师正处在成家立业的时期，会体会到更多的压力，如经济的压力、住房的压力、教学科研的压力、家庭的压力等。如何正确对待压力？如何顶住压力？这不仅需要正确认识压力，还要不断地化解压力，并将压力转化为我们前进的动力。

最后祝愿你们，早日成为师德高尚、知识渊博、专业功底深厚、教学方法科学、教育艺术精湛的专家型教师。期待着你们，上出精彩的课，写出高水平的学术论文，培养出高素质的人才，成为教坛上的新秀。

谈谈担任研究生导师的几点体会①

——在广东技术师范学院硕士生导师工作研讨会上的讲话

我从华南师范大学中文系开始带研究生至今已 10 年了。10 年的工作经历，让我感到要带好研究生确实责任重大，要让研究生健康成长不是一件容易的事情。在研究生的培养中，导师的作用是至关重要的，主要在这个"导"字上。如何引导学生做学术研究、引导学生处事为人，如何培养学生的学术思维与科学精神，都需要我们认真思考。多年导师的经历，让我在这些问题上有一些体会，在这里与大家交流，共同探讨如何带好研究生。当然，不同的导师有不同的个性，也有不同的带研究生的方法，但都有一些共通的地方可以一起探讨和交流。

一、导师应强化责任心， 担负起人才培养的责任

（1）引导学生端正求学动机。考研的目的是什么？现在有的学生考研究生的目的是为了寻找职业、改变职业，而不完全是为了学习。因此，我们要引导学生端正考研的动机，强化他们对知识的渴求。

（2）引导学生处理好学习与谋求经济的关系。有的研究生家庭经济比较困难，有的还成了家。家庭经济较困难的学生会考虑经济问题，于是一上学就会想办法到外校兼课，或到企业兼职，这样会影响学业。因此，我们有必要引导学生处理好兼职工作与学业的关系、处理好家庭与学习的关系。

（3）引导学生处理好谈恋爱、交友的问题。有的学生读本科的时候没有谈恋爱，读研究生才开始谈恋爱。对这些学生，我们要注意关心他们、引导他们处理好感情问题。对已成家的学生，我们也要引导他们增强家庭责任感，处理好离家求学与家庭的关系。

交友是培养协调能力、团队精神的良好途径，应引导学生注意克服"自我中心"意识，要学会待人宽、对己严。我们要清楚地认识到，引导学生学

---

① 本文是作者 2007 年 11 月 29 日在广东技术师范学院硕士生导师工作研讨会上的讲话。

会做人，学会与人相处，提高他们的协调能力，是十分重要的。有的学生学习成绩很好，但在人与人之间的相处上，不一定做得很好。因此，我们有必要引导他们处理好师生关系、同学之间的关系，学会做人。同学之间要相互尊重、相互帮助。同学间的竞争应当是公开的、公平的、公正的，不能搞小动作。

二、引导学生尽快地从学生转变为学者

从学生到学者的这个转变过程中，导师是学生的第一个设计师。这个转变过程可能比较长，学生毕业后也许会参加工作，在工作中继续成长，也许会继续深造。不管是哪一种情况，导师在这个转变过程中所起的引导作用都是至关重要的。"引导"主要体现在为研究生设计合理的知识与能力结构、培养他们正确的研究与学习方法、培养他们的学术思维与科学精神。

（一）设计合理的知识与能力结构

我们每一位导师要认真考虑，要将他们培养成为什么样的人才，他们毕业时要达到怎样的知识结构与能力结构。

最近按照研究生处的工作布置，各位导师都在给自己带的研究生填写研究生个人培养计划表。这个表里的内容就初步体现了硕士研究生导师设计与引导的作用。例如，在硕士研究生培养方案中提供了很多门选修课程，硕士研究生该如何取舍？课程间如何组合？这些都体现了导师对学生知识结构的设计意图。知识结构的具体内容对不同专业而言是千差万别的，但是不论什么专业的硕士研究生，都应该掌握三类知识：①基础性知识；②理论性知识；③应用性知识。这三类知识的量是很大的，不可能要求研究生全都掌握，因此要根据他们的实际和能力来划定他们必须掌握的范围。特别是对那些跨学科、跨专业考上的研究生，更要费些精力去安排好他们的学习计划，如补主干课程、开阅读书目，定期与不定期地检查他们的阅读情况。

（二）培养正确的研究与学习方法

教会学生读书方法。学生读本科时，学习方法是吸收型的，即教师教什么他们就吸收什么，现在则要教他们研究型的读书方法，尤其要开拓他们的学术视野，要求他们多读书。在他们读书的过程中，检查他们的读书方法。对一年级的研究生来说，最重要的是关注读书方法。

引导学生听好课。要求学生做到：①一定要听规定的课程，并要从听课中总结教师的研究方法，因为每一位教师都有自己的研究方法，从中可学到

一些；②通过听课拓展专业基础；③听完课后，在导师的指引下读一批专业书，在此基础上激活学术思维，寻找研究的课题；④认真做作业，将作业转化为科研成果。

研究与学习的方法也是一代代积累和传承的。每位研究生导师不管自觉与否，客观上都向弟子们提供了研究学问的方法。导师应当自觉地承担这个角色，将自己有价值的学习与研究方法有意识地加以总结，通过各种途径展示给研究生。

研究生在学习中会产生理论上的疑问，导师当然不可能充当"百科全书"的角色，全部完满地回答，但应当尽量给予研究生各种有分量的回答，起到活跃学术空气和理论思考氛围的作用。关键不在于能否提供标准答案，而是在回答之后能否给他们以启发、给他们以有益的引导。

"教师要有一桶水，才能给学生一瓢水"，这句话在本科生教育中是完全适用的，它的意思是教师先要有十分丰厚的知识，然后才能将其中一部分教给学生。但是在研究生教育中，就不完全适用了。当教师自己得到一桶水时，时间已经过去了，学生凭着教师给的那一瓢水已不够用。导师应当告诉学生找水的地方或舀水的方法，然后跟学生一道去舀水，这种情况在研究生教学中应当更多地出现。导师在此时的作用很关键，应当要求导师在知识的了解上比研究生先行一步，要能引导学生去发现问题、分析问题和解决问题。

（三）培养学术思维

培养学生的学术思维。思维是指在表象、概念的基础上进行分析、综合、判断、推理等认识活动的过程。思维是人类特有的一种精神活动，是从社会实践中产生的。在进行学术研究时，其思维应该是科学的思维、论证的思维、严谨的思维、创新的思维。例如，论证思维，对于研究者来说，重要的是论证。因为学术的结论不是"思想火花"式的轻率结论，而是被大量的材料以及严肃认真的推理"逼"出来的。

怎样培养学术思维？①要求学生读一批学术论文，不是浏览，而是鉴赏性阅读，从学术论文中学习论文作者的学术思维；②与学生讨论学术专题，有意识地引导他们思考如何去形成观点、如何去运用论证的方法，以及理清思路，注重条理性；③要求学生写一些小文章，通过他们写的小文章纠正他们的学术思维。对研究生的要求应是：一年级要多读书，二年级以写带读，逼他们写，在写中提高，形成良性循环。

（四）培养科学精神

现阶段，在社会的转型与变迁过程中，一些人变得急功近利，反映到学术研究中，就是学术风气浮躁，缺乏科学精神。

什么是科学精神？科学精神包括求实的精神、实证的精神等。虽然科学精神内涵丰富，但最根本的：一是要实事求是；二是要勇于追求真理。

首先，要引导学生杜绝浮躁的学风，潜心研究。学术研究是一个艰辛的探索和创造过程，需要脚踏实地的工作态度和严谨求实的职业道德，任何浮躁与虚假都是与学术研究相悖的。司马迁穷毕生精力成《史记》一书，马克思数十年研究资本主义社会完成巨著《资本论》，这些都是典范。要引导学生树立更高的目标，而不只限于获得一个学位。

其次，要引导学生磨炼自己的意志，培养健全的品格。做学问需要能甘于寂寞，能抵住诱惑与干扰，这对每个人来说都是一种意志的磨炼，即"坐得住冷板凳，耐得住寂寞"。要让学生明白，学者的人格应该是真善美的人格，学者的智慧应该是寻求知识、运用知识、创造知识的智慧。

最后，要尊重别人的劳动。要像尊重自己的劳动一样尊重别人的劳动，这是写论文必须遵守的一条规则。凡是引用别人的材料，都要注明真实的出处。

导师在引导和培养学生科学精神的过程中，最好的办法就是言传身教。导师在从上课到具体的指导培养等各个环节都应认真负责，激发学生追求知识的热情，让学生自觉、自主地去努力学习，激发学生对学术研究的浓厚兴趣，形成严谨的科学精神。

三、导师应严于律己，加强团结协作

导师要与学生多交流。导师与学生之间，可以就对社会的认识、对事物的认识、对学术的认识等方面进行交流。导师要做学生的长者、知己，让学生愿意与你交流心事，这样当学生遇到疑难问题时，导师就能及时了解，帮助他们解决困难。另外，导师应以个人的人格魅力影响学生，成为学生慈祥的长辈、可敬的师长、可靠的朋友，学高为师、德高为范。

导师自己应严格要求自己，注重为人师表，同时要积极从事科研工作。要让学生信服，导师必须不断地产出科研成果，这样对学生才会有说服力。

导师之间要加强团结协作。为了学科和硕士点的不断发展、学校事业的发展，为了培养学生，导师之间要加强团结协作。导师之间加强团结协作，就是要求大家要处理好同事之间的关系，互尊互学。首先，要克服各种错误的思想观念。例如"文人相轻""同行是冤家"的陋习；贬低先进、自视高明的嫉妒心理；"自命清高"、疏于交往的不合时宜的观念；井水不犯河水的门户偏见；寸利必争、斤斤计较的自私观念等，都是需要坚决克服的错误思想观念。其次，同行之间在行动上要互相帮助，取人之长，补己之短。不同学科的教师，特别是教同一个班的教师，要互相尊重、互相配合。新老教师之间也要互相尊重，互相学习。只要大家齐心协力，就能完成教育教学任务、培养好学生。

所谈的几点体会，有不足之处，请大家批评指正。

在肇庆学院全国优秀教师、
教学名师座谈会上的讲话[①]

各位老师，同志们：

今天，我们在这里举行获得"全国优秀教师""教学名师"荣誉称号的教师代表座谈会。我谨代表学院党委，对大家为学院教育事业的发展做出的贡献表示衷心的感谢和崇高的敬意！

刚才王乐夫院长就如何加强对我院"全国优秀教师""教学名师"的关心和关注，进一步发挥大家在教学、科研等工作中的作用，提出了具体的要求，希望大家认真领会王院长的讲话精神，并在实际工作中贯彻落实。刚才听了各位老师的发言，我深受启发，十分钦佩。结合这次座谈会的内容和精神，我在这里谈几点建议。

一、优秀教师和教学名师要在教书育人上起模范带头作用

教书育人是教师的崇高职责。教好书是教师的主要职责，育好人是教师的天职所在，是教师的最高境界。育人包含了"育德"与"育才"，"育德"比"育才"更为重要，"德""才"都育好了，学生才能成为德才兼备的人才。我们要清楚地认识到，教师教书育人的过程是一个不断追求的过程，也是教师不断完善与提升自我价值的过程。

希望在座的全国优秀教师和我院的教学名师要在教书育人上起模范带头作用，要坚持以生为本，关爱学生，教书育人。我们学院培养的学生将来是要到中职、高职学校去做教师的。我们的教师今天能不能注重教书育人，将会影响到我们培养的学生今后走上讲台后能否传承教书育人的使命。所以，我们每一位优秀教师和教学名师都要注重教书育人，要认真备好课、上好每一节课，不仅仅为我们的年轻教师，更重要的是为广大学生做好示范作用。

2009 年 3 月以来，学院团委陆续邀请我院"全国优秀教师""教学名

---

① 本文是作者 2010 年 1 月 18 日在肇庆学院全国优秀教师、教学名师座谈会上的讲话。

师"荣誉称号的获得者分别在四个校区为广大师生做"以德为行，以学为上"专题讲座，到目前为止，共开设了 10 场。在讲座中，教学名师们结合自己的成长经验以及践行"以德为行，以学为上"的体会，引导和教育学生要坚持践行"以德为行，以学为上"，不断提高自身的道德品质和综合能力，积极地成长成才。专题讲座的开设深受师生们的喜爱，得到学生的广泛认可和积极参与。这种讲座的形式也是我们教书育人的充分体现，很值得提倡，应该继续开展下去。

二、优秀教师和教学名师要在科研工作上起模范带头作用

广东省委、省政府大力推进产业和劳动力"双转移"和"三促进一保持"的重大战略决策，着力提高广东的自主创新能力，必然要求高等教育在学科优势、人才优势、知识优势、技术优势上发挥引领和支撑作用。《珠江三角洲地区改革发展规划纲要（2008—2020 年)》的颁布实施，使广东迎来了职业技术教育大发展的春天。我们要把这个历史机遇转化为加快学院发展的动力，把学院办成职业技术师范大学。为了实现这个目标，必须进一步强化科研工作，提高教育教学质量，提高学科建设水平，提高人才培养质量。

在座的各位名师是学院教师队伍中的教学科研骨干力量，希望大家能带头努力做好科研工作，进一步提升学院的科研水平，促进学院的教学工作。希望大家要努力营造良好的学术氛围，悉心指导年轻教师开展科学研究，引导和教育学生培养科学精神和创新精神。我还希望大家能积极寻求经济社会发展需要的课题和项目，坚持产、学、研结合，使学术成果转化为现实生产力，为广东的经济建设和社会发展提供智力支持和科技支撑。

三、优秀教师和教学名师要在德学修养上起模范带头作用

在学校第六次党员代表会上，我们提出了"以德为行，以学为上"的教育思想，目的是要用"以德为行"来锤炼高尚的师德，用"以学为上"来不断提高教学水平与科研水平。

优秀教师和教学名师要带头践行"以德为行"，锤炼高尚的师德。师德是教师必须遵守的道德规范和行为准则，它是教师的灵魂，也是教师的人格力量，它的作用贯穿在教师工作的方方面面。希望在座的教师要带头遵守《广东省高等学校教师职业道德规范》的要求，做到"遵纪守法，为人师表，爱岗敬业，积极奉献，爱护学生，教书育人，治学严谨，求实创新，团结协作，关心集体"，言传身教，以自身的人格魅力去影响一批又一批学生，

为营造良好的社会道德风气，构建和谐校园、和谐社会做出应有的贡献。

优秀教师和教学名师要带头"以学为上"，要把学习放在重要的位置上，树立终身学习的理念，不断提高科研教学水平。大学教师的主要工作之一是传授知识给学生，但在新知识不断涌现、科技发展一日千里的今天，作为大学教师，我们必须不断学习新的专业知识，学习新的教育理念与新的教育方法等，这样才能不断提高我们的教学水平与科研水平，才能提高培养学生的质量。学识是为师之本，教师要有渊博的学识，就必须不断地学习。

我真诚地希望我们的优秀教师、教学名师能以高尚的人格、渊博的学识，以及对学生热情的关爱，来赢得学生的爱戴和尊敬，在学生心目中留下美好的、难忘的形象。

同志们，你们都是我院教学科研工作中的佼佼者，希望你们能够身体力行，模范带头，积极践行"以德为行，以学为上"教育思想，着力推动学院"校以育人为本，师以严教为业，生以成才为志"的"三风"建设。希望你们能用自己的丰富经验、学识修养去影响和带动青年教师不断成长，构建学院科学、合理的人才队伍建设梯队，使学院的科研学术氛围日渐浓厚，为加快推进学院各项事业的新发展，为把我院建设成为在国内具有一定影响力的技术师范大学而做出自己应有的贡献。

新春佳节就要到了，祝大家新春愉快，阖家幸福安康！

谢谢大家！

加强自身修养　提高工作能力①

——关于如何当好"班主任"的思考

我曾经在中学教了五年书，当了五年的班主任；在大学工作期间，当了四年班主任。当班主任期间，可以说尝过酸甜苦辣，过去的生活至今还历历在目。我曾思考过如何当班主任的问题。如何当好班主任，每一位班主任都有不同的想法和做法。我认为要当好一名班主任，应当注重自身的修养和提高工作能力。

一、关于加强自身修养的思考

作为一名教师，要当好班主任，要加强自身修养，最重要的就是要注重对待教育事业、对待学生、对待教师集体的道德修养，也就是我们经常说的要加强师德修养。

（一）教师要忠诚于人民的教育事业

当成为一名教师之时，我们就要明确教师的职责和使命，忠诚于人民的教育事业。《中华人民共和国教师法》第三条规定："教师是履行教育教学职责的专业人员，承担教书育人，培养社会主义事业建设者和接班人，有提高民族素质的使命。教师应当忠诚于人民的教育事业。"这一规定，明确地告诉我们。教师是从事专门职业活动的专业人员；教师的职责是教育教学；教师的使命是教书育人，培养社会主义事业建设者和接班人，提高民族素质；教师要忠诚于人民的教育事业。由此可见，教师肩负着培养造就中国特色社会主义事业建设者和接班人的重任。教师的教育教学工作必须服务于这个目的，教师要认真履行这个职责。胡锦涛同志于 2007 年 8 月 31 日在全国优秀教师代表座谈会上的讲话中，也希望"广大教师要忠诚于人民教育事业，树立崇高的职业理想和坚定的职业信念，把全部精力和满腔真情献给教

---

① 本文是作者 2010 年 6 月 30 日在广东省中等职业学校班主任培训班上所做的报告。

育事业，做爱岗敬业的模范。"很显然，胡锦涛同志要求我们要忠诚于人民的教育事业，要承担起"培养德智体全面发展的社会主义建设者和接班人，造就数以亿计的高素质劳动者、数以千万计的专门人才和一大批拔尖创新人才"的重任，要求我们要把全部精力和满腔热情献给教育事业，要求我们要成为爱岗敬业的模范。要做到忠诚于人民的教育事业，做到爱岗敬业，有必要解决以下几个问题：

第一，要顶住生活、工作的压力，干好本职工作。就现实的情况来看，教师，尤其是青年教师的生活、工作压力很大，而且这种压力是来自多方面的。例如，住房问题、小孩读书的问题、家庭问题、个人情感问题、学历职称问题、发表论文和出版著作问题、科研项目立项问题……面对多重压力，该如何排解？有的问题也许组织上可以帮助解决，但更多的问题要靠自己解决。我们作为教师，要顶住多重压力，就要靠自己的毅力和坚持不懈的努力，千万不能以压力重为借口影响教育教学工作。我们要记住，教师是人类科学技术、文化艺术宝贵遗产的继承者、传播者，人类智能的开发者，新知识、新技术、新文化的创造者，也是培养人、塑造人的教育者、组织者、管理者和引路人。

第二，要守住利益诱惑的底线。随着我国对外开放的不断扩大、社会主义市场经济浪潮的冲击和影响，人们的价值观念和价值取向发生了很大的变化，教师也不例外。有的教师利用自身优势外出兼职、开公司获取实利，以实现"自身价值"；有的教师为追求商业利益，放弃学者应有的境界，从事"媚俗"的商业文化快餐；有的教师甚至出卖试题牟利；更有甚者，利用自己的专业技能制造害人的"冰毒"，完全放弃了一个学者做人的底线。当我们面对千变万化的市场，面对五彩缤纷的世界时，要抵得住金钱、物质的诱惑，要能耐得住，能守住底线。这样的例子，在我们学校的教师当中也有很多，例如美术学院的刘颖悟教授。在 20 世纪 90 年代经济浪潮席卷中国大地时，有很多艺术家纷纷"下海"从事设计活动，有不少拥有一技之长的艺人靠"带学生"发家致富，刘教授却反其道而行之。面对人心浮躁、功利主义盛行的现实，他经受住了严峻的考验，坚持在农村广阔的天地里体验生活、认识生活，创作了一大批表现农民生活的作品。这是很值得我们称赞的。一个人如果守不住底线，就可能会毁了自己。教师要明白"无欲则刚"，君子爱财，取之有道；要常思贪欲之害，要真正做到有所为有所不为，要常常告诫自己"静以修身，俭以养德"。能顶住利益的诱惑，是有助于我们干好教育教学工作的。

第三，要充分认识教师工作（尤其是班主任工作）是清苦的，需要一种奉献精神。教师的工作是平凡的，没有轰轰烈烈、动人心魄的大场面，只是在三尺讲台上"传道、授业、解惑",也没有世人皆知的辉煌业绩。教师没有显赫的地位,也没有丰厚的物质待遇。我们都很清楚,教师教育劳动的对象是人(学生),教师要认识、掌握、改变他的劳动对象,即要培养一个人或转变一个人,他所付出的劳动量几乎是无法估量的,往往要超越正常的工作时间,白天黑夜都得干(如备课、批改作业以及做学生的思想工作等,有时会干到深夜),甚至超越教师自身体能的界限,倾注其全部的精力和心血。但教师的劳动付出和所取得的报酬却很难相等,这是现实中存在的事实。因此,教师需要有一种奉献精神。教师只有不计较个人得失,富有奉献精神,才能长年累月、默默无闻,以自己的知识和修养去点燃学生的智慧之光,才能把培养人才视为己任和天职,从而为社会培养出高素质、高质量的人才。

较好地解决以上几个问题,教师才会专心致志、爱岗敬业,才会以积极的态度去从事教育劳动,才会忠诚于人民的教育事业。可以这样说,忠诚于教育事业是教师一种高尚道德情操的表现。教师只有对教育事业无限忠诚,才会全心全意为教育事业而努力工作。

(二)教师要以生为本,要关爱学生,要教书育人

由于教师的职责是教育教学,教师的使命是教书育人,培养社会主义事业的建设者和接班人,因此教师几乎每天都要与学生打交道。教师对待学生的行为对学生思想品德的发展,学生的智育、体育等方面具有深刻的影响。

面对学生,我们该怎么做,我们应以什么样的行为来对待学生、培养教育学生,这是我们需要思考的问题。

第一,要树立以生为本的意识。以生为本是学校办学理念的核心。它表明了学校领导者对"为什么办学"这一根本问题的价值判断。教育本身是一个人文过程,是以人为中心展开的创造性劳动。学校是为学生办的。因此,以生为本就要在教育教学、管理学校的一切工作中确立学生的主体地位。我们要清楚地认识到,在教与学的矛盾关系中,教育虽然具有强大的启迪感化作用,教师虽然具有不可替代的指导作用,但终究是外在的,只有"学"才是内在的。学生是求学的主体,他们是有思想、有感情、有个人意志和主观判断、有选择能力的人。没有学生的配合和接受,教育就无法成功。因此,学校必须尽心尽力为学生创造主动学习和发展的环境,鼓励学生更主动、更广泛地参与教学活动,鼓励师生之间、学生之间互动互学,研究讨论,创新教学方式。

教师要以生为本,就是要转变大学教育只是负责将相关知识传授给学生的陈旧观念,高度重视学生能力的开发和综合素质的培养,要确信每一个学生都有发展的动机和无限潜能,教学要培育和激活学生的非智力因素,要培

养学生社会交往能力、合作能力，构建和谐的人际关系；培养学生动手能力、自我服务能力，构建和谐的管理情境；培养学生学习能力、思维能力、创新能力，为学生终身学习、自主和谐持续发展打下坚实基础。

树立以生为本的意识，可以说是教师对待学生的行为准则之一。

第二，要关爱学生。这是一位合格教师最基本的品德。办大学要有崇高深厚的道德感情，要有大师、大楼，还要有大爱。为什么要关爱学生，因为他们是祖国的未来，也是父母的未来、家庭的未来。我们对党和国家负责，同时，也是对每个父母、家庭和学生负责。我们要以父母之心办学校。学校不仅要培养学生掌握科技文化知识，教会学生多种生存发展的能力，而且要把教会学生做人放在首位，培养学生树立高尚的道德情操和远大的社会理想。如何关爱学生？

我们首先要了解学生现在的生存环境。在 21 世纪，学生在校园里面对的现实世界不再是一块净土，而是纷繁复杂的大世界。他们的生存环境与我们过去的生存环境不一样：政治多极化和经济全球化越来越明显，高科技的竞争和人才的竞争加剧，使一些人心态失衡、焦虑不安；市场经济在进一步发展，但市场经济自身的弱点和消极方面给人们带来了一些负面影响；东西方文化在碰撞，尤其是西方文化中的政治、经济、哲学、文化、艺术等作品的大量涌入，在某种程度上，消解了学生传统的价值观念、道德意识，学生对西方文化产生盲目推崇的心理，思想观念更加多样复杂；互联网中一些腐朽落后文化和有害信息对学生的成长产生不良作用；不利于学生健康成长的种种社会环境和消极因素依然存在。我们必须正视学生所面对的现实世界。其次，要关心爱护学生和严格要求学生。关心爱护学生，就是要认识学生、了解学生、信任学生，关心他们的学习、生活、情感、心态、压力和困惑，正确引导他们面对困难、面对挫折。严格要求学生，就是不迁就学生、不放任学生、不溺爱学生、不偏爱某些学生。在这方面，我校电子与信息学院的杨振野教授做得很不错。在学生毕业设计期间，他要求学生早上八点半到达毕业设计实验室，如果学生没有准时到达，他就到学生宿舍去敲门，很多学生因此叫苦连天。他要求学生完成的作品一定要牢靠，交给他检查时至少经得起在桌子上重敲三下而不受损。他不允许学生使用"好像""可能""大概"等不确定的说法，如果学生没有把握就要重新来过。他经常举例子说："如果这个心脏起搏器仅仅'好像'可以用，那你说这能不能植入患者体内？"他特别告诫学生，读书期间就要形成严谨求实的作风。杨振野教授对学生的严格要求，得到学生的好评，没有一个学生责怪他。他在电子与信息学院被评为"教学效果最好的老师""最敬重的老师""对人生影响最大的老师"。最后，要尊重学生的人格。学生作为一个人，具有自己的需要、愿望以及人格的尊严，这一切都应得到正当的满足和尊重。因此，我们要尊重学生的自尊心，要平等、公正地对待每一个学生，要保护好学生的合法权益。在现实生活中，那种任意贬低和侮辱学生人格、漠视学生正当需要和愿望的做法，不管其动机如何，都是不符合教师道德规范的。

第三，要教书育人。所谓教书育人，是指教师要根据社会发展的需要和学生身心发展的规律，在教育教学过程中，自觉地把教学和教育结合起来，尽职尽责，既传授科学文化知识，又进行思想品德教育，把学生培养成德智体全面发展的人才。教书育人是教师应尽的义务，是教师的崇高职责，是教师道德的最高境界，也是教师实现人生价值的途径。我们要充分认识到教书育人的重要性。教好书是教师的主要职责，育好人是教师的天职所在。育人包含了"育德"与"育才"，"育德"比"育才"更为重要，"德""才"都育好了，学生才能成为德才兼备的人才。在教书育人方面，像蔡元培、徐特立、鲁迅、陶行知、叶圣陶、华罗庚等，他们对教书育人都有独到的见解。例如，蔡元培提出了"军国民教育（军事教育）、实利主义教育（智育）、公民道德教育（德育）、世界观教育和美感教育""五育"并举的教育思想，这是蔡元培教书育人的方向。蔡元培还提出，在培养"共和国健全之人格"时，要在教书育人中坚持"思想自由，兼容并包"的原则。徐特立提出了"经师与人师合一"的主张，他要求教师要既做"经师"，又做"人师"，其实质就是要求教师既教书又育人。叶圣陶提出教育学生做到"三个真能"：真能懂得事物，真能明白道理，真能实践好行为。这些深刻的教育思想和宝贵的教育实践，都值得我们深入学习。

注重教书育人的教师都会给学生留下深刻的印象。鲁迅先生在他的著作中写过自己的三位教师。在《从百草园到三味书屋》这篇散文中，鲁迅写到了寿镜吾先生，说"他是本城中极方正、质朴、博学的人"，这句话写出了寿镜吾先生为人刚正、博学多才。表明鲁迅对自己的先生的为人和做学问是十分钦佩的。鲁迅在《藤野先生》这篇文章中，写了藤野先生"治学严谨、严格要求、关怀入微"。这篇文章还写出了鲁迅在日本仙台从藤野先生那里得到了温暖，抒发了师生的情谊。鲁迅非常尊敬和怀念藤野先生，把藤野先生作为鼓励自己的力量。鲁迅写的第三位老师是章太炎先生。鲁迅十分钦佩章太炎先生反对清王朝的革命精神，在《关于太炎先生二三事》一文中，鲁迅热情地赞扬了章太炎早年的革命业绩。章太炎曾七次被捕，三入牢狱，而革命之志，终不屈挠。"对于弟子，向来也绝无傲态，和蔼若朋友然"，赞扬了章太炎先生平易近人、民主的作风和态度。对于章太炎先生后期脱离革命，鲁迅说道："太炎先生虽先前也以革命家现身，后来却退居于宁静的学者，用自己所手造的和别人所帮造的墙，和时代隔绝了。"对自己老师的行为提出了严肃的批评。从鲁迅对三位老师的态度，可以看出鲁迅对老师的尊敬、爱护和体谅，但是又坚持原则。我相信在座的同志们心中都会有值得称道的老师。如今你们已成为人民教师，你想成为一位什么样的教师？作为教师，教书育人就切不可放松。

以生为本、关爱学生、教书育人，强调的是教师对待学生的行为规范。教师无微不至地关怀学生的成长成才，竭尽全力地教育好学生。教师对学生的大爱，也能转化为学生积极向上的行动动力。

（三）教师要团结协作、关心集体

教师在学校除了每天与学生打交道之外，更多的就是与其他教师的来往。教师与教师之间也同样存在着教师道德规范的问题。

在《博弈学》这本书里，有这样两段话："从我们的生活中来看，我们都离不开朋友、家人甚至陌生人，有时候别人的一个眼神都可以给予你极大的鼓励。人是社会的人，单独存在是没有意义的，千万不要觉得自己什么都行，想着一个人能解决所有的问题，每个人都不是万能的神。""今天的时代是市场经济时代，市场经济是广泛的交往经济，离不开与各种类型的人合作；今天的时代是竞争的时代，只有选择合作，才能成为最具竞争力的一族；今天的时代是全球一体化的时代，要成为国际人，更需要高超的合作能力。没有合作能力，就不可能适应我们这个时代。"这两段话都说明了团结协作的重要性。

团结协作是教师必要的道德素质要求。团结协作，就是要处理好同事之间的关系，团结互助，具有团队精神。教师之间要团结协作，首先要克服各种错误的思想观念。如"文人相轻""同行是冤家"的陋习；"自命清高"、疏于交往的不合时宜的观念；贬低先进、自视高明的嫉妒心理；寸利必争、斤斤计较的自私观念；井水不犯河水的门户偏见；等等。只有坚决克服这些错误的思想观念，才有助于团结协作。其次每位教师都要明白，只有团结协作，依靠集体的力量，才能完成教育教学任务，才能实现培养人才的目标。因此，我们在处理其他教师之间的关系时，应当遵循的道德准则是：团结协作、相互支持、相互尊重、相互学习。

关心集体是教师道德规范的重要内容。如何关心集体？一是以主动、自觉的工作态度对待学校集体的工作。二是自觉、努力地为学校增添荣誉。在教学工作、科研工作、学生工作、后勤工作等方面为学校增添荣誉，都是关心集体、热爱集体的表现。要知道，任何学校的教师的一举一动都不是纯粹的个人行为，而是与学校荣誉、集体形象息息相关的。我们要深刻地认识到，关心集体、热爱集体、为集体做贡献，是有助于自身健康发展的。

以上是从对待教育事业的道德、对待学生的道德、对待教师集体的道德等方面对师德修养的一些思考，也是对加强自身修养的思考，仅供参考。

二、关于提高工作能力的思考

关于当好班主任需要哪些方面的工作能力，在座的各位比我更有经验。我今天只与大家交流班主任对学生的思想政治教育工作，主要在于抓学生的德学修养。

（一）如何抓学生的"德"的教育工作

1. 要引导学生明确什么是"德"

"德"即"道德"。《现代汉语词典》对道德的解释是："社会意识形态之一，是人们共同生活及其行为的准则和规范。"《简明社会科学词典》把道德界定为："一定社会为了调整人们之间以及个人和社会之间的关系所提倡的行为规范的总和。"这两者的解释，都说明了道德这一概念的本质：道德是人类社会行为的准则和规范。道德和法律不同，它不是由国家强行制定和强制执行的，而是依靠社会舆论的力量，依靠人们的信念、习惯、传统和教育的力量来维持的。

"道德规范"的内涵是相当丰富的。一个社会人承担着多种角色。例如，作为一个公民，他要实践社会的公民基本道德规范；作为一名家庭成员，他要实践家庭道德规范；作为一名教师，他要实践教师职业道德规范；作为一名学生，他要实践学生行为准则。

例如《高等学校学生行为准则》，具体内容是：

一、志存高远，坚定信念。

二、热爱祖国，服务人民。

三、勤奋学习，自强不息。

四、遵纪守法，弘扬正气。

五、诚实守信，严于律己。

六、明礼修身，团结友爱。

七、勤俭节约，艰苦奋斗。

八、强健体魄，热爱生活。

这些行为准则包含了十分丰富的内涵。我们要求学校的党总支副书记和辅导员对学生进行详细的解读。在中职学校，对学生同样有行为准则，我们应当向学生讲清楚这些准则，并要求他们践行。

不同的道德规范一旦形成，就会对人的整个精神面貌产生很大的影响。

2. 要引导学生明白为什么要注重"德"的修养

（1）社会的需要。社会需要"有理想、有道德、有文化、有纪律"的德智体美全面发展的社会主义事业建设者和接班人。社会各界都需要德才兼备的人才去建设和发展他们的事业。我们党选任干部，历来强调德才兼备，任人唯贤。无德少才者不能成为领导干部，有德无才者无法胜任领导干部，有才无德者同样难以完成党和人民交给的任务。胡锦涛同志在党的十七大报告中提出："坚持正确用人导向，按照德才兼备、注重实绩、群众公认原则选拔干部，提高选人用人公信度。"由此可见，党和人民以及社会各企事业单位都需要德才兼备的人才。

（2）家庭的需要。当学生上中职学校之后，父母都对他们寄予了很大的期望，希望他们在读书期间学会做人、做事，"人品第一""才华出众"。望子成龙是父母普遍的心理。尤其是来自农村的学生，他们的父母都希望他们能走出山村。

（3）自身的需要。学生想要有所作为，成就一番事业，具有人格魅力，就必须注重"德"的修养。要让学生清楚地认识到：在人的品德、才能、知识、情感等诸多因素中，最能打动人心的是人的品德因素。要以"德"树"威"。有"德"才有人格魅力。法国已故总统戴高乐说过这样一段话："那些具有高尚品格的人会放射出磁石般的力量，对于追随他们的人来说，他们是最终目标的象征，是希望的象征。"如果我们的学生想在将来的日子里，有人追随他们，那么他们在学校期间就要注重道德修养，追求德才兼备。我们还要让学生清楚地知道，德才兼备是立业成才、奋发有为的根本前提。

3. 要引导学生在现实生活中认识美和丑，在社会实践中注重德行修养，提升自己的精神境界

美与丑的图像，都会使我们想到很多，思考自己该怎么做。我们可以让学生在寒假的时候观察现实生活中的真善美和假恶丑，然后让他们在班上讲述交流，从而达到受教育的目的。

4. 要引导学生在阅读课外书籍，尤其是阅读经典名著中思考人生、走好人生路

经典名著都是由优秀的作家创作出来的。人们对这些作家给予了很高的评价，称他们为"人类灵魂的工程师""爱和美的天使""生活和人生的导师"。这说明他们在人们的心目中具有崇高的地位。

我始终认为，一位优秀的作家应当要有社会责任感和使命感，通过自己所描绘的生活画面，告诉人们什么是真善美，什么是假恶丑，什么应当追求，什么应当鄙弃，通过创造的人物形象，去影响人们，让人们思考人生。

例如，奥斯特洛夫斯基的《钢铁是怎样炼成的》这部长篇小说，在我国

就曾产生过极大的影响，主人公保尔·柯察金的英雄形象，鼓舞着千千万万的革命青年。我在华南师范大学工作时的导师谢中征就是其中的一个。谢老师在他的《怀旧抒情文集》后记中写道："1950 年我刚参加革命工作时，阅读了共产主义教科书《钢铁是怎样炼成的》，对我的成长有很大的作用，其中保尔的一段话，在我的人生里程中，不断地教育和鞭策着我。'人最宝贵的是生命，生命属于我们只有一次。一个人的生命应该这样度过，当他回首往事时，他不因虚度年华而悔恨，也不因碌碌无为而羞耻。这样在他临终的时候，就能够说：我已把整个的生命和全部精力都献给了最壮丽的事业——为人类的解放而斗争。'现在把这段话重温，与大家共勉。"当我读了这本文集的后记之后，才知道谢老师一直以保尔的这段话教育和鞭策自己。由此可见，文学对人生的影响是何等的深刻。

我们有必要引导学生多读经典名著，通过分析作品中的人物形象，引导学生去思考人生、提高境界，也就是我们常说的，受到政治思想和道德品质的教育。

我们都知道，有些作品塑造的人物形象会让我们深受感动、深受启发。有的作品还可以帮助我们坚定理想信念。

罗广斌、杨益言创作的《红岩》于 1961 年 12 月出版以后，深受国内外广大读者的欢迎和喜爱，在四年多的时间里就印发了 500 多万册。小说出版后，曾先后译成日本、德国和朝鲜等国文字，并改编成话剧、歌剧、电影等多种文艺形式。小说中的英雄人物都满怀着崇高的共产主义理想和顽强的革命斗志。1948—1949 年，山城重庆处在黎明前最黑暗的时刻。环境是艰苦的，斗争是残酷的。为了镇压革命活动和消灭我们党的组织，国民党反动派在西南山城重庆设立了两个庞大的集中营，并采用了"最新式"的、"最特效"的刑具。但所有这些，在真正的共产党人的面前都完全失灵、无效。为了保护党、保护人民的革命事业，共产党人在这斗争最残酷、最艰苦的关键时刻，显示出坚定的革命意志和伟大的自我牺牲精神。当特务头子徐鹏飞以死来威胁许云峰时，许云峰回答："人生自古谁无死。可是一个人的生命和无产阶级永葆青春的革命事业联系在一起，那是无上的光荣！"江姐在渣滓洞刑讯室内，尽管灭绝人性的特务采用倒吊、电刑和竹签插指头等毒刑，但敌人从许云峰身上得不到的东西，在这位女共产党员的身上同样落空。江姐说："上级的姓名、住址，我知道。下级的姓名、住址，我也知道……这些是我们党的秘密，你们休想从我口里得到任何材料！"临刑时刻，她从容、镇定，"脸不变色、心不跳"。成岗在狱中，特务企图采用"四十八套美国刑法"来迫使他"自白"，但这丝毫不能动摇一个真正的共产党人钢铁般坚强的意志："人，不能低下高贵的头，只有怕死鬼才乞求'自由'。毒刑拷打算得了什么？死亡也无法叫我开口！"赴刑时，他坦然无畏地向许云峰告别："老许，我先走一步！"这些英雄人物，为了革命事业的胜利，勇敢地承担了一切苦难和牺牲。《红岩》的作者曾说："狱中的老同志说过，万一我们当中有人活着出去，一定要把这里的斗争告诉后代，让他们知道，他们的老一辈，为了共产主义事业，为了无产阶级的解放，是怎样同美蒋匪帮进行斗争的。"两位作者都是越狱脱险的，他们实现了烈士们的遗愿，为我们创作了这部优秀的长篇小说。今天，我们该如何学习这些共产党人高尚的情操、伟大的胸襟和崇高的革命气节，这都是值得我们思考的。今天，虽然我们都生活在和平的环境里，但是我们要引导学生坚定理想信念，敢于战胜遇到的困难和人生挫折，写好自己的人生。

有时候，我们可以让学生读一些短文章，谈谈心得体会。例如，阅读杂文《河流为什么不走直路》，引导学生谈论如何战胜困难、战胜挫折。

河流为什么不走直路①

地理老师把一幅世界河流分布示意图挂在黑板上，问："同学们，这幅示意图上的河流为什么都是曲线？为什么不走直路，而偏偏要走弯路呢？"

同学们议论纷纷，有的说，河流走弯路，拉长了流程，它也因此能拥有更大的流量；也有的说，由于河流的流程拉长，每个单位河段的流量就相对减少，河水对河床的冲击力也随之减弱，这就起到了保护河床的作用……

"同学们，你们说的这些都对。"老师说，"但在我看来，最根本的原因是，走弯路是自然界的一种常态，而走直路是一种非常态。因为河流在前进的过程中，会遇到各种各样的障碍，有些障碍是无法逾越的，所以它只有取弯路，绕道而行。也正因为如此，让它避开了一道道障碍，最终抵达了遥远的大海。"

老师突然把话锋一转，说："其实，人生也是如此，当你遇到坎坷、挫折时，也要把曲折的人生看作是一种常态，不悲观失望，这样，你也可以像那些走弯路的河流一样，抵达遥远的人生大海。"

把走弯路看成是一种常态，怀着平常心去看待前进中遇到的坎坷和挫折，这就是我在中学时代一堂地理课上收获的人生启示。

（二）如何抓学生的"学"的教育工作

班主任除了要抓好学生的"德"的教育工作外，还要抓好学生的"学"的教育工作。要教学生"学"的东西很多，我们在强调学生学好专业知识的

① 黄小平. 河流为什么不走直路 ［N］. 杂文报，2009－11－13.

基础上，还要学生学会一些其他方面的知识。其他方面的知识有很多，该学哪些，不同的班主任会有不同的要求。我谈谈我的一些看法。

1. 要引导学生学会珍惜时间

引导学生珍惜时间，是我们当教师的责任。我们要引导学生重视时间资源。高尔基说过："时间是最公平合理的，它从不多给谁一分。勤劳者能叫时间留下串串果实，对懒惰者时间留给他们一头白发，两手空空。"巴尔扎克曾说："任何财富都是时间与行动化合之后的成果。"他们的话都指出了时间对人类的价值。可以这么说，谁利用好了时间，谁就会有收获，谁就会有成果。人类在时间中进步，人才在时间中成长，人在时间中写下自己的历史。

我们要让学生知道，在一天的时间里，除了上课，差不多有三分之二的时间是由他们自己安排的。在一天里，有三段时间值得我们认真去安排：第一是早晨，第二是中午，第三是晚上 7：30—10：30。把这些时间安排好了，我们就可以做很多事、看很多书。我们有必要引导学生认识到，青少年时期精力充沛、耳聪目明、记忆力强，是一生中读书学习的大好时机，要珍惜时间，多读书，千万不要荒废时间，浪费了青春，到老了才觉得遗憾。

2. 要引导学生学会利用学校的资源

要引导学生充分利用学校的资源提高自己的各种能力。学校最重要的资源就是教师、图书馆、实训室、运动场，还有同学。学校有许多治学严谨的教师，学生多与教师交流、多向教师请教，可以解决自己的疑难；在图书馆，可以查阅文献，可以提高积累和运用资料的能力；在实训室，加强实训，可以提高自己的操作能力；在课外，多与同学交流和论辩，可以提高自己的思辨能力；利用好学校的运动场所，可以强健体魄。

3. 要引导学生学会操作，提高操作能力

操作能力是指动手能力和实践能力，它包括利用各种信息传输手段收集和利用各种信息的能力。不同专业的学生都要善于利用专业工具，操作专业过程，最终实现专业目标。要让学生明白，拥有技能的人，可以自尊、自信、自爱地生活，可以凭自己的技能换取所需要的资源，包括财富资源、生活资源、精神文化资源。

4. 要引导学生学会表达，提高表达能力

表达能力是指学生的口头表达能力和书面表达能力。这两种能力都是用来表达自己的思想认识、内心情感。不同场景下的交谈、论辩都离不开口头表达能力；反映社会问题、总结经验、论证科研成果都离不开书面表达能力。要引导学生充分认识到，表达能力也是一种竞争实力。

5. 要引导学生学会交际，提高交际能力

交际能力是指人们之间沟通情感的能力。学生要善于与人沟通交流，团结协作，尊重他人。要让学生明白，现代社会是一个普遍交往的开放社会，个体能力再强也必然要在社会上借助他人的力量和人与人之间的关系来实现自己的目标，没有一个人是全能的。因此，我们要引导学生多与同学沟通交流，学会欣赏别人的优点和谅解别人的缺点，团结协作，共同进步。

除了以上几点之外，我们还要引导学生学会自立、学会创新等。总之，我们要引导学生多学一些，多懂一些，以便走上社会之后能参与公开、公平、公正的竞争，在国际化的大环境中生存和发展。

以上交流，有不足之处，请多批评指正。

谢谢大家！

学生团体

转变角色　加强学习　提高水平[①]
——在广东技术师范学院首届中等职业学校教师在职攻读硕士学位研究生班上的讲话

同学们：

你们来到广东技术师范学院，将开始为期三年的在职硕士研究生生活。你们报考研究生是一次挑战。面对挑战，在座的各位赢了。接下来三年的学习，又是一次次的挑战。希望在座的各位，赢得一次次必须面对的挑战，笑到最后才是最甜的、最快乐的、最骄傲的，也是最令人羡慕的。与其去羡慕别人，不如让别人来羡慕自己。

关于怎样过好这三年，我与大家交流以下几个方面的问题。

一、角色转变与角色定位

（一）角色转变

研究生是一个什么样的角色？研究生也是学生，要遵守校纪校规，要完成规定的学业。

你们原来是中职学校、技校的校领导、教师、工作人员，今天你们都是研究生（当然，你们仍有原来的身份）。你们必须在一定程度上转变原有的角色，因为转变角色有助于你们的学习和发展。

由于你们是学生，因此必须完成规定的学习任务。你们的课程分为学位课程、专业学位课程、选修课，还有必修环节。这些课程由教授、副教授、博士讲授。你们有机会一睹教授、学者、专家的风采。每位教授都具有鲜明

[①] 本文是作者 2010 年 4 月 30 日为广东技术师范学院首届中等职业学校教师在职攻读硕士学位研究生班所做的报告。

的个性特征。你们要注意学习专业基础知识，也要注意学习他们的研究方法。专业课课时较少，教授讲授的时间也少。你们上研究生课程，不必期待导师给你讲授多少知识，而主要关注导师给你打开了哪一门学科的门，给你介绍了什么前沿的学术信息，给你们开出了什么书目。研究生的教学更像是"师傅领进门，修行靠个人"的授徒方式。

（二）角色定位

1. 研究生是自主学习的学者

我们千万不能只满足于做"学生"，而应该自觉地把自己提升到一个真正意义上的研究生位置上——那就是做一个自主学习的学者。

由学生升格为学者，全靠自己。导师不会像管理者那样去检查督促你。导师的作用，在于"导"——导你自奋，导你自学，导你自研，导你成功。

学生对导师不能过度依赖，导师的"导"是无形的、抽象的，需要学生有较高的"悟"性。

教育的核心就是给学生一种自主学习的方法。（教是为了不教）教师的职责，就是教会学生形成自主学习、独立思考的习惯。

当下，影响我们自主读书的因素颇多。信息时代、市场经济时代，人人都很忙，再加上游山玩水、打牌等休闲方式也在影响着人们。但我们要知道，忙是必然的，一般是不忙的人不学习，忙的人才学习。

诸葛亮的《诫子书》中说道："夫学须静也，才须学也，非学无以广才，非志无以成学……"

研究生的学习，不用管理，只需要你成为一个"自主学习的学者"。

2. 研究生是做学问的学者

研究生，顾名思义，不进行科学研究的就不是研究生。研究生必须研究课题，撰写科研论文。

读研究生三年，我们要努力完成从学生成长为学者的角色转变。

二、加强学习

加强学习，首先要重视学者的修养。

（一）学者的人格修养

（1）追求知识。学者，首先是一个喜欢学习的人，是一个学而知不足的人（谦谦君子）。

（2）追求真理。学者应当关注社会、人文、哲学，追求真理。

（3）追求美。学者，应当追求高尚的道德情操，要遵守社会的行为规范，与人相处和谐友善，要注重内外兼修，做一个品德高尚的人。苏格拉底说："人生的使命就是要照料好你的灵魂，让你的灵魂处在一个宁静的崇高的状态。"

（二）学者的学养

没有学识的人一定不是学者，但光有学识的人也不一定是学者。学者的学养表现在"知识与智慧"的有机结合。

学者懂得如何寻找知识、批判知识、运用知识、创造知识。

知识需要不断更新，智慧使人受用终生。有智慧的人自然会不断获取新知识，有新知识自然会有大智慧。

有悟性的研究生，应该留意导师的智慧，也就是说，应注意导师的知识是怎样获得的，导师是怎样做学问、怎样思考问题的。老子曰："知人者智，自知者明，胜人者有力，自胜者强。"

对于学养的修炼过程，王国维做了如下概括：

昨夜西风凋碧树。独上高楼，望断天涯路。

衣带渐宽终不悔，为伊消得人憔悴。

众里寻他千百度，蓦然回首，那人却在灯火阑珊处。

王国维将自己追求学问概括为"三种境界"：

第一境界：明知求学之路清苦，却自愿自主上路，从此甘于寂寞，而且决不半途而废，一直坚持，到达"绝顶"之境界。（积累）

第二境界：明知学问不容易，非常艰辛，但疾志不移，百折不挠。（奋斗）

第三境界：不浮躁，不急功近利，不投机取巧，默默地钻研，一定会胜利。（收获）

作为研究生，该怎样修炼学养？

1. 好读书

在阅读自己专业书籍的基础上，要广泛涉猎其他学科的知识，如哲学、历史学、文学、美学、宗教学、教育学、社会学、心理学、领导科学、法学等，扩大自己的知识面，开拓自己的思维空间。最近，我们领导干部参加省委组织部举办的"转变经济发展方式"培训班，就听了12位专家学者的讲座，涉及现代制造业、现代服务业、高新技术新兴产业等方面的知识。

2. 会读书

（1）浏览。这是无目的的阅读。开卷有益，轻松、休闲、随意地翻阅，常会有意外收获，日积月累，不知不觉就变得有学养。

（2）资料性阅读。读的时候注意力在信息上，常采用速读、跳读的方式。

（3）欣赏性阅读。如作品欣赏、论文欣赏。

（4）研究性阅读。研究性阅读就是以出研究成果为主要目的的阅读。它是为了研究而进行的阅读，在阅读的过程中开展研究。怎样进行研究性阅读？第一，要在阅读过程中积极思考；第二，要围绕研究的目的阅读相关的资料；第三，要在阅读过程中不断地对资料进行分类组合，生成自己的新认识、新见解；第四，要注重边阅读、边思考、边做卡片，这些卡片可用于记录索引，或是摘录内容，或是概述提要，或是写下札记。

3．树立终身学习的理念

注重学习有助于自身的发展。我们有不少院士、学科带头人、学术带头人和领导干部，都是从偏远山区的农民家庭走出来的。他们为什么能有今天，主要有三方面的原因：一是得益于勤奋学习考上了大学，在大学期间懂得珍惜这一接受系统教育的机会，懂得珍惜时间勤奋读书，所以几年的校园生活下来，从行为举止、气质到眼界都如同换了一个人；二是得益于工作之后的勤勉谨慎，毫不放松学习，才能随着事业发展的需要脱颖而出；三是得益于给自己的工作始终设定很高的标准，所以从不认为知识够用，总有强烈的危机感。在他们眼里，读书学习从来不是"任务"，而是补充自身营养的急切需要。这些总感到自己知识和能力不足的人，反而往往被交付更重的担子。因为一个人越注重学习，他的知识结构和观察思考问题的方法，就越会超出间接经验和直接经验的限制，他的注意力就不会停留在身边的个人恩怨和无原则纠纷上，而会投向更广阔的时空，他的思想境界会提升到一个更新的层次。他会变得更大气、更宽厚、更睿智、更成熟，因而也更适合于承担重任。我们常说，学习改变命运，学习改变人生。不同人的发展道路固然有环境、机遇造成的差别，但最重要的影响因素还是学习。我始终认为，注重学习，有助于自身的发展。

社会的发展对我们今天的学习提出了新的更高的要求。一方面，与过去相比，一个人要想适应社会、胜任社会劳动，所需要的知识量大大增加了，这就需要接受更多的教育，更多地学习。另一方面，由于人类的知识宝库不断增容，知识更新的周期不断缩短，要求人们对知识的学习一刻也不能停止。要想使自己不被淘汰，始终跟上时代的步伐，就必须活到老、学到老。生命不息，学习不止。

三、提高科研水平

研究生在读书期间，就要努力从事科学研究，不断提高科研水平。要不断地提高科研水平，应当从以下几个方面努力。

（一）培养学术思维

学术思维是什么？学术思维是进行学术研究时运用的思维。

如果你对"学术思维"的认知仅限于此，那你的学术思维就只停留在浅层次。这好比你对"母亲是什么"这一问题的认识。有人告诉你："母亲是生育你的那个女人。"从哲学的角度论，你还未懂你的母亲。我们对母亲的认识和理解，除了知道她是生育我们的那个女人之外，我们还需要懂得，"母亲"代表"爱"，代表"慈祥"，也代表"宽容""奉献""勤劳""坚韧"……

由此可见，对事物及事理的深层理解和探究，就是我们认知过程中的学术思维，而不是接受思维。

学术思维究竟是什么？学术思维是科学的思维。

举一个简单的例子：文学离不开人，尤其离不开女人。女人是上帝的创作，又是大作家的杰作。这是散诞思维，这种思维用于写散文、随笔时，没有人去质疑它的对错，然而写在学术论文里，就会被认为不科学。

还有一个案例：2007 年，"80 后首席记者"吴怀尧，制作了"2007 中国作家富豪榜"，引发作家和媒体的种种反应。北京师范大学赵勇教授写了《作家富豪榜的毛病出在哪里》一文，认为这个"作家富豪榜"不科学①，问题就在于"80 后首席记者"吴怀尧制作这个"中国作家富豪榜"所用的不是学术思维。

在进行学术研究时所用的思维除了科学的思维外，还应当有论证的思维、严谨的思维和创新的思维。

（1）论证的思维。信口开河的言说不是学术论文。因为学术结论不是"思想火花"式的轻率结论，而是被大量的材料以及严肃认真的推理"逼"出来的。因此，对于研究者来说，重要的是论证。由此可见，学术的思维是论证的思维。

（2）严谨的思维。严谨，是指思路有条理不零乱、严密不松散，表达谨严无疏漏。学术论文写作运用的是抽象思维，需要严密的逻辑思路才能推导出科学的结论。

---

① 赵勇. 作家富豪榜的毛病出在哪里［N］. 南方都市报，2007 – 11 – 10.

（3）创新的思维。思考问题，尤其是思考学术问题，要探究未知，推出新知。我们从事学术研究，目的是有所发现、有所发明、有所创造、有所前进。因此，学术的思维总是盯着一个"新"字。这个"新"，可能是"率先说"，或是"接着说"，或是"重新说"，也可以"反着说"……那些"鹦鹉学舌"、弄虚作假的学术结论，都不是学术思维的成果，而是盗贼的思维，与学术思维相去甚远。

怎样培养学术思维？我们可以自觉地读一批学术论文，从中学习论文作者的学术思维，学习论文作者提炼观点、运用论证的方法，还可以通过写小文章来提高学术思维。

（二）培养科学精神

现阶段，在社会的转型与变迁过程中，一些人变得急功近利，反映到学术研究中，就是学术风气浮躁，缺乏科学精神。

什么是科学精神？科学精神包括求实的精神、实证的精神等。虽然科学精神的内涵丰富，但最根本的，一是要实事求是，二是要勇于追求真理。

首先，我们要杜绝浮躁的学风，潜心研究。学术研究是一个艰辛的探索和创造过程，需要脚踏实地的工作态度和严谨求实的职业道德，任何浮躁与虚假都是与学术研究相悖的。司马迁穷毕生精力写成《史记》一书，马克思数十年研究资本主义社会完成巨著《资本论》，这些都是典范。我们要树立更高的目标，而不只限于获得一个学位。

其次，我们要磨炼自己的意志，培养健全的品格。做学问需要能甘于寂寞，能抵住诱惑与干扰，这对每个人来说都是一种意志的磨炼，要坐得住冷板凳，耐得住寂寞。我们不少专家、学者为了研究一个课题，撰写一篇论文，花费大量的时间和精力。我们要坚信辛勤耕耘必然会有收获。

再次，要尊重别人的劳动。要像尊重自己的劳动一样尊重别人的劳动，这是写论文必须要遵守的一条规矩。凡是引用别人的材料，都要注明真实的出处，不能把别人辛勤研究的成果当成是自己的成果。

如何培养科学精神？最好的办法就是自觉、自主地去学习大师们严谨治学的精神，树立起对学术研究的浓厚兴趣，形成自己严谨的科学精神。

（三）提高写论文的水平

我们都知道，技术职称是技术人员专业水平的标尺，学位是攻读者学力水平的标志。而职称评定和学位授予，都是以论文作为主要评估依据的。这一做法已成为时代的共识被人们接受。这种做法虽然也有其弊端，但比起"说你行不行也行，说你不行行也不行"的主观人为判断，就显得客观多了。

20世纪末，教育界提出，职业学校的教师应成为"双师型"的教师。

21世纪初，教育界提出，教师应成为学者型的教师，而不能仅是一名教书匠。

这个号召一提出，晋升职称、年终考核等，都将论文写作作为一个硬指标。以教学研究、学术研究促进教师的教学水平和学术水平，这是目前已被教师普遍认可的发展之路。于是，如何开展教学研究和学术研究，成为广大教师关注的热点问题。

如何提高写论文的水平？

1. 明确研究领域

我们都是来自中职学校的校领导、教师、工作人员，都有丰富的工作实践经验。如何从事科研工作，这是很值得我们思考的问题。我们除了要结合专业学习从事科学研究外，还要更多地结合工作的实际去从事科研工作。

中职学校的科学研究领域是十分广阔的，如现代职业教育体系研究，关于高职、中职学校顶层设计的思考，培养"双师型"师资队伍的途径，高职、中职学校人才培养模式的新探索，关于高职、中职学校校企合作的思考，关于中职学生综合素质培养的思考，新时期中职学校思想政治教育工作的新探索，关于提高中职学生心理素质的思考，中外职业教育的比较研究等。此外，还可以有涉及专业建设、教学改革、教学管理、教学方法、师资培训、德育工作、心理教育、教育技术、职业指导以及高职教育等领域的研究课题。

选择研究领域尽可能贴近职教领域，贴近自己的工作实际，逐步向外扩张，这样容易出成果，也有助于促进自己不断提高研究能力。

2. 想清楚几个问题

（1）针对什么现象做研究？研究有针对性，才有学术价值。

（2）解决什么问题？选题即选定研究的课题，具体地说，就是解决"研究什么"的问题。选题是开展学术研究的首要问题。选什么课题，一定要想清楚。开题需解决的问题也要想清楚。

（3）怎样做？思考研究进程的方案。

（4）做得怎么样？及时总结、反思，找出规律，并上升为理论。

3. 认真学习一批论文

（1）论文欣赏。欣赏学术论文，不能像日常消遣那样读书，必须运用积极思考的方式"读"，要逐段逐层去"啃"：①逐段概括段意；②梳理思路，条分缕析；③还原论文提纲；④欣赏论什么、怎么论、论得怎么样，从中学习论证方法。

（2）欣赏论文的好处：①读完论文，读懂论文；②提高概括能力；③提高理性思维能力；④熟悉论文文体；⑤摸到研究的方法和论文写作的路子。

谢谢大家！

加强德学修养　提高工作能力①

——关于如何当好一名团干部的思考

　　共青团组织是党的后备军，是执政党的助手，也是团结广大青年的纽带。团干部被称为青年领袖。团干部的思想品德、学习水平、工作态度、生活能力等各方面都是出类拔萃的。在当今的经济时代，团干部进一步加强德学修养，提高工作能力，对于进一步开展共青团的工作是十分必要的。

一、加强德学修养

（一）为什么要加强德学修养

　　1. 德学缺失给人生造成悲剧的现实，促使我们必须强化德学修养的意识

　　高等院校是人才培养的地方，每年都有成千上万大学毕业生走上社会。他们在各行各业中辛勤工作，为社会的经济发展、精神文明建设和物质文明建设贡献自己的青春和力量。纵观现实，毕业生经过自己长期的努力奋斗，有的成为科学家、专家、学者，有的成为工程师、企业家，有的还成为党的领导干部……这些都让我们这些高校教师感到欣慰、感到自豪。然而，现实也让我们看到了生活中不幸的另一面：有的领导干部官德失范，忘却了自己是人民的公仆、人民的勤务员，忘却了为人民服务的宗旨，忘却了做官要清正廉明、道德高尚。这些人由于官德失范，法律意识、平等意识、责任意识淡薄，权力意识、等级意识和优越感极度膨胀，逐渐走向了违纪违法、腐败的路途，成了阶下囚。

　　在现实生活中，有的高校领导，有的教授、博士、专家，忘却了坚定的理想信念，忘却了自己艰辛的努力，忘却了知识分子应有的操守，不珍惜来之不易的荣誉和地位，守不住做人做事的底线，经不起经济利益的诱惑，走上不归之路……

---

① 本文是作者 2010 年 12 月 28 日在广东省中等职业学校团委书记培训班所做的报告。

当他们付出沉重的代价，进行忏悔时都道出了共同点：放松了政治学习，丧失了理想信念，违背了职业道德，被社会上庸俗的社会风气所迷惑，思想上防腐拒变能力逐渐丧失，犯下了致命的错误，毁了自己美好的人生。

这些人生悲剧，不能不让我们深刻反思。我们要充分认识到，人生的"德学"修养，应当伴随人的一生，成为人的一生的追求、一生的实践。

2. 社会现实对高校的强烈冲击和影响，促使我们必须加强德学修养

当历史的脚步跨入 21 世纪之后，国际和国内的社会现实都在强烈地冲击和影响着高等院校的广大师生，高等院校不再是一块净土。如今广大师生生存的环境，不再是宁静的大学校园，而是一个纷繁复杂的大世界：世界经济全球化和政治多极化越来越明显，高科技的竞争和人才竞争不断加剧，使一些师生的心态失衡、焦躁不安。市场经济的快速发展，一方面增强了人们的竞争意识、效率意识和开拓创新的精神，强化了师生的自强意识、成才意识、创业意识和创新意识；另一方面由于市场经济活动存在的弱点和消极方面带来的负面影响，使一些师生容易诱发拜金主义、利己主义和享乐主义，在相当一段时间里，人们对社会义务、社会责任、大公无私、无私奉献、道德理想、人生理想等都讲得少了，一切以利己、金钱、物质利益为行动准则的意识正以种种隐性形式熏染着广大师生。东西方文化在进一步碰撞，尤其是西方文化中的政治、经济、哲学、文化、艺术等作品的大量涌入，在某种程度上，在消解师生的一些传统的价值观念、道德意识，产生一种对西方文化盲目推崇的心理，思想观念变得更加复杂多样。现代科学技术的飞速发展和广泛应用对师生的影响日益增大，互联网中一些腐朽落后文化和有害信息对师生的发展也在产生不良的作用。总之，不利于广大师生健康成长的种种社会现实在冲击着高等院校，在影响着广大师生。

所以，面对国际国内形势的深刻变化，面对严峻挑战，我们该如何应对？我们必须要深刻认识到加强和改进师生思想政治教育工作的重要性，要树立新的教育理念，理出新的工作思路，探索新的有效措施。我们提出"以德为行，以学为上"的教育思想，其目的就是为了让学校的各级领导干部、广大师生员工加强德学修养，时刻保持头脑清醒，自觉抵制不良现象的影响和种种诱惑，增强遵纪守法和自律意识，强化学习意识，不断增长才干，使自己健康成长，走好人生路。

（二）如何加强德学修养

1. 进一步明确团干部道德素质的内容

道德素质的内容十分丰富，主要有三个方面：首先是政治道德，它是团干部道德在政治生活中的伦理表现。内容包括坚定的信念，忠诚于中国特色

社会主义事业；全心全意为人民服务；解放思想，实事求是；任劳任怨，具有献身精神等。其次是思想道德，它是团干部道德在思想意识中的伦理表现。内容包括诚实守信，表里如一；谦虚谨慎，诚恳好学；襟怀坦白，宽以待人；乐观向上，刚毅顽强，务实创新等。最后是社会道德，它是团干部道德在社会生活中的伦理表现。内容包括联系群众，尊重群众；不任人唯亲，公正廉洁；乐于助人，扶危济贫，尊老爱幼；从善如流，俭朴礼貌以及家庭美德等。

2．知行并举，自我反思

在践行"以德为行，以学为上"教育思想的活动中，一些传统的教育思想和做法，我们是可以学习和借鉴的。我们都很清楚，孔子的道德教育思想特别强调"知"和"行"的作用。他认为"知者不惑"（《论语·子罕》），"知"就是对道德知识和规范的认识，"知"可以"解弊"，去掉思想上的弊病。他认为"力行近乎仁"（《中庸》），他强调道德的实践，只有通过实践和行动，才能完成道德品质发展的过程。因此，知行并举是十分重要的。这种"知行"说，是很值得我们应用的。我们强调"以德为行"的"德"就在于要"知"道"公民基本道德规范""教师职业道德规范""高等学校学生行为准则"的要求和实质，并认真地去实践它，通过实践来修养我们的道德品质，提升我们的道德情操，督促我们重视学习、善于学习，促进我们的自身发展。

我们还必须注重"自我反思"。在我国古代教育思想中，有"内省"一说，它的含义就是在道德修养中进行自我认识和自我评价。孔子所说的"见贤思齐焉，见不贤而内自省也"（《论语·里仁》），其意思就是要求人们从客观存在于的贤与不贤中，认识到主观修养上的差距和问题，从而对自己的道德行为做出评价。曾子所说的"吾日三省吾身"，也是要求人们经常反思自己的道德表现来评价自己。这种"内省"说，在今天仍有现实意义。我们也有必要经常向品德高尚的榜样学习，通过学习和反思来查找自己在道德行为、教学态度、学术规范、待人处事等方面的不足，自觉地加以改正和克服，不断地提升自己的道德修养，以高尚人格来引导学生。

3．重视学习，注重实践

江泽民同志指出："知识在不断更新，我们各级领导干部更应自觉地加紧学习，争取掌握更多的现代科学文化知识。"

胡锦涛同志强调："面对这样的新形势新任务，如果我们的领导干部不抓紧学习，不抓好学习，不在学习中不断提高自己，就难以完成肩负的历史责任，甚至难以在这个时代立足。"

二、提高工作能力

提高工作能力，主要是指如何提高对团员进行思想政治教育工作的能力。对团员的思想政治教育工作，重点是对学生进行德学修养的教育工作。

（一）如何抓团员的"德"的教育工作

对团员的思想政治教育，要重视"德"的教育。

1. 要引导团员明确什么是"德"

"德"即"道德"。《现代汉语词典》对"道德"的解释是："社会意识形态之一，是人们共同生活及行为的准则和规范。"《简明社会科学词典》把"道德"界定为："一定社会为了调整人们之间以及个人和社会之间的关系所提倡的行为规范的总和。"这两者的解释，都说明了道德这一概念的本质：道德是人类社会行为的准则和规范。道德和法律不同，它不是由国家强行制定和强制执行的，而是依靠社会舆论的力量，依靠人们的信念、习惯、传统和教育的力量来维持的。

"道德规范"的内涵是相当丰富的。一个社会人承担着多种角色。例如，作为一个公民，他要实践社会的公民基本道德规范；作为一名家庭成员，他要实践家庭道德规范；作为一名教师，他要实践教师职业道德规范；作为学生，他要实践学生行为准则。

例如《高等学校学生行为准则》，具体内容是：

一、志存高远，坚定信念。

二、热爱祖国，服务人民。

三、勤奋学习，自强不息。

四、遵纪守法，弘扬正气。

五、诚实守信，严于律己。

六、明礼修身，团结友爱。

七、勤俭节约，艰苦奋斗。

八、强健体魄、热爱生活。

这些行为准则包含了十分丰富的内涵。

道德规范一旦形成，就会对人的整个精神面貌产生很大的影响。

2. 要引导团员明白为什么要注重"德"的修养

（1）社会的需要。社会需要"有理想、有道德、有文化、有纪律"的德智体美全面发展的社会主义事业建设者和接班人。社会各界都需要德才兼备的人才去建设和发展他们的事业。我们党选任干部，历来强调德才兼备、任人唯贤。因为无德少才者不能成为领导干部，有德无才者无法胜任领导干部，有才无德者同样难以完成党和人民交给的任务。胡锦涛同志在党的十七大报告中提出："坚持正确用人导向，按照德才兼备、注重实绩、群众公认原则选拔干部，提高选人用人公信度。"由此可见，党和人民以及社会各企事业单位都需要德才兼备的人才。

（2）家庭的需要。当学生上中职学校之后，父母都对他们寄予了很大的期望，希望他们在读书期间学会做人、做事，"人品第一""才华出众"。望子成龙是父母普遍的心理。尤其是来自农村的学生，他们的父母都希望他们能走出山村。

（3）自身的需要。学生想要有所作为，成就一番事业，具有人格魅力，就必须注重"德"的修养。要让学生清楚地认识到：在人的品德、才能、知识、情感等诸多因素中，最能打动人心的是人的品德因素。要以"德"树"威"。有"德"才有人格魅力。法国已故总统戴高乐说过这样一段话："那些具有高尚品格的人会放射出磁石般的力量，对于追随他们的人来说，他们是最终目标的象征，是希望的象征。"如果我们的学生想在将来的日子里，有人追随他们，那么他们在学校期间就要注重道德修养，追求德才兼备。我们还要让学生清楚地知道，德才兼备是立业成才、奋发有为的根本前提。

3. 要引导团员在现实生活中认识美和丑，在社会实践中注重德行修养，提升自己的精神境界

美与丑的图像，都会使我们想得很多，思考自己该怎么做。我们可以让学生在寒假的时候观察现实生活中的真善美和假恶丑，然后让他们在班上讲述交流，从而达到受教育的目的。

4. 要引导团员在阅读课外书籍，尤其是阅读经典名著中思考人生、走好人生路

经典名著都是由优秀的作家创作出来的。人们对这些作家给予了很高的评价，称他们为"人类灵魂的工程师""爱和美的天使""生活和人生的导师"。这说明他们在人们的心目中具有崇高的地位。

一位优秀的作家应当要有社会责任感和使命感，通过自己所描绘的生活画面，告诉人们什么是真善美，什么是假恶丑，什么应当追求，什么应当鄙弃，通过创造的人物形象，去影响人们，让人们思考人生。

例如，奥斯特洛夫斯基的《钢铁是怎样炼成的》，在我国就曾产生过极大的影响，主人公保尔·柯察金的英雄形象，鼓舞着千千万万的革命青年。我在华南师范大学工作时的导师谢中征就是其中的一个。谢老师在他的《怀旧抒情文集》后记中写道："1950 年我刚参加革命工作时，阅读了共产主义教科书《钢铁是怎样炼成的》，对我的成长有很大的作用，其中保尔的一段

话，在我的人生里程中，不断地教育和鞭策着我。'人最宝贵的是生命，生命属于我们只有一次。一个人的生命应该这样度过，当他回首往事时，他不因虚度年华而悔恨，也不因碌碌无为而羞耻。这样在他临终的时候，就能够说：我已把整个的生命和全部精力都献给了最壮丽的事业——为人类的解放而斗争。'现在把这段话重温，与大家共勉。"当我读了这本文集的后记之后，才知道谢老师一直以保尔的这段话教育和鞭策自己。由此可见，文学对人生的影响是何等的深刻。

我们有必要引导学生多读经典名著，通过分析作品中的人物形象，引导学生去思考人生、提高境界，也就是我们常说的，受到政治思想和道德品质的教育。

我们都知道，有些作品塑造的人物形象会让我们深受感动、深受启发。有的作品还可以帮助我们坚定理想信念。

罗广斌、杨益言创作的《红岩》于1961年12月出版以后，深受国内外广大读者的欢迎和喜爱，在4年多的时间里就印发了500多万册。小说出版后，曾先后译成日本、德国和朝鲜等国文字，并改编成话剧、歌剧、电影等多种文艺形式。小说中的英雄人物都满怀着崇高的共产主义理想和顽强的革命斗志。1948—1949年，山城重庆处在黎明前最黑暗的时刻。环境是艰苦的，斗争是残酷的。为了镇压革命活动和消灭我们党的组织，国民党反动派在西南山城重庆设立了两个庞大的集中营，并采用了"最新式"的、"最特效"的刑具。但所有这些，在真正的共产党人的面前都完全失灵、无效。为了保护党、保护人民的革命事业，我们共产党人在这斗争最残酷、最艰苦的严重时刻，显示出坚定的革命意志和伟大的自我牺牲精神。当特务头子徐鹏飞以死来威胁许云峰时，许云峰回答："人生自古谁无死。可是一个人的生命和无产阶级永葆青春的革命事业联系在一起，那是无上的光荣！"江姐在渣滓洞刑讯室内，尽管灭绝人性的特务采用倒吊、电刑和竹签插指头等毒刑，但敌人从许云峰身上得不到的东西，在这位女共产党员的身上同样落空。江姐说："上级的姓名、住址，我知道，下级的姓名、住址，我也知道……这些是我们党的秘密，你们休想从我口里得到任何材料！"临刑时刻，她从容、镇定、"脸不变色、心不跳"。成岗在狱中，特务企图采用"四十八套美国刑法"来迫使他"自白"，但这丝毫不能动摇一个真正的共产党人钢铁般坚强的意志："人，不能低下高贵的头，只有怕死鬼才乞求自由，毒刑拷打算得了什么？死亡也无法叫我开口！"赴刑时，他坦然无畏地向许云峰告别："老许，我先走一步！"这些英雄人物，为了革命事业的胜利，他们勇敢地承担了一切苦难和牺牲。《红岩》的作者曾说："狱中的老同志说过，万一我们当中有人活着出去，一定要把这里的斗争告诉后代，让他们知道，他们的老一辈，为了共产主义事业，为了无产阶级的解放，是怎样同美蒋匪帮进行斗争的。"两位作者都是越狱脱险的，作者实现了烈士们的遗愿，为我们创作了这部优秀的长篇小说。今天，我们该如何学习这些共产党人高尚的情操、伟大的胸襟和崇高的革命气节，这都是值得我们思考的。今天，我们都生活在和平的环境里，但是，我们要引导学生坚定理想信念，要敢于战胜遇到的困难和人生挫折，写好自己的人生。

有时候，我们可以让学生读一些短文章后谈谈心得体会。例如，有一篇杂文《河流为什么不走直路》，引导学生谈论如何战胜困难、战胜挫折。

河流为什么不走直路[①]

地理老师把一幅世界河流分布示意图挂在黑板上，问："同学们，这幅示意图上的河流为什么都是曲线？为什么不走直路，而偏偏要走弯路呢？"

同学们议论纷纷，有的说，河流走弯路，拉长了流程，它也因此能拥有更大的流量；也有的说，由于河流的流程拉长，每个单位河段的流量就相对减少，河水对河床的冲击力也随之减弱，这就起到了保护河床的作用……

"同学们，你们说的这些都对。"老师说，"但在我看来，最根本的原因是，走弯路是自然界的一种常态，而走直路是一种非常态。因为河流在前进的过程中，会遇到各种各样的障碍，有些障碍是无法逾越的，所以它只有取弯路，绕道而行。也正因为如此，让它避开了一道道障碍，最终抵达了遥远的大海。"

老师突然把话锋一转，说："其实，人生也是如此，当你遇到坎坷、挫折时，也要把曲折的人生看作是一种常态，不悲观失望，这样，你也可以像那些走弯路的河流一样，抵达遥远的人生大海。"

把走弯路看成是一种常态，怀着平常心去看待前进中遇到的坎坷和挫折，这就是我在中学时代一堂地理课上收获的人生启示。

（二）如何抓团员的"学"的教育工作

班主任除了要抓好学生的"德"的教育工作外，还要抓好学生的"学"的教育工作。要教学生"学"的东西很多，我们在强调学生学好专业知识的基础上，还要学生学会一些其他知识。其他方面的知识有很多，该学哪些，不同的班主任会有不同的要求。

1. 要引导团员学会珍惜时间

如何培养学生珍惜时间，是我们当教师的责任。我们要引导学生重视时

① 黄小平. 河流为什么不走直路 [N]. 杂文报，2009 – 11 – 13.

间资源。高尔基说过："时间是最公平合理的，它从不多给谁一分。勤劳者能叫时间留下串串果实，对懒惰者时间留给他们一头白发，两手空空。"巴尔扎克曾说："任何财富都是时间与行动化合之后的成果。"他们的话都指出了时间对人类的价值。可以这么说，谁利用好了时间，谁就会有收获，谁就会有成果。人类在时间中进步，人才在时间中成长，人在时间中写下自己的历史。

我们要让学生知道，在一天的时间里，除了上课，差不多有三分之二的时间是由学生自己安排的。在一天里，有三段时间值得我们认真去安排：第一是早晨，第二是中午，第三是晚上 7：30—10：30。把这些时间安排好了，我们就可以做很多事、看很多书。读书三年，看了多少本书，关键在于有没有利用好时间。我们有必要引导学生认识到青少年时期，精力充沛、耳聪目明、记忆力强，是一生中读书学习的大好时机，要珍惜时间，多读书，千万不要荒废时间，浪费了青春，到老了才表示遗憾。

2. 要引导团员学会利用学校的资源

要引导学生充分利用学校的资源提高自己的各种能力。学校最重要的资源就是教师、图书馆、实训室、运动场，还有同学。学校有许多治学严谨的教师，学生多与教师交流、多向教师请教，可以解决自己的疑难；在图书馆，可以查阅文献，可以提高积累和运用资料的能力；在实训室，加强实训，可以提高自己的操作能力；在课外，多与同学交流和论辩，可以提高自己的思辨能力；利用好学校的运动场所，可以强健体魄。

3. 要引导团员学会操作，提高操作能力

操作能力是指动手能力和实践能力，它包括利用各种信息传输手段收集和利用各种信息的能力。不同专业的学生都要善于利用专业工具，操作专业过程，最终实现专业目标。要让学生明白，拥有技能的人，可以自尊、自信、自爱地生活，可以凭自己的技能换取所需的资源，包括财富资源、生活资源、精神文化资源。

4. 要引导团员学会表达，提高表达能力

表达能力是指学生的口头表达能力和书面表达能力。这两种能力都是为了表达自己的思想认识、内心情感。不同场景的交谈、论辩都离不开口头表达；反映社会问题、总结经验、论证科研成果都离不开书面表达。要引导学生充分认识到，表达能力强，走上社会也是一种竞争实力。

5. 要引导团员学会交际，提高交际能力

交际能力是指沟通人们之间情感和理智的能力。要求学生要善于与人沟通交流，团结协作，尊重他人。要让学生明白，现代社会是一个普遍交往的开放社会，个体能力再强也必然要在社会上借助他人的力量和人与人之间的关系来实现自己的目标，没有一个人是全能的。因此，我们要引导学生多与同学沟通交流，学会欣赏别人的优点和谅解别人的缺点，团结协作，共同进步。

　　除了学会以上几点之外，还要引导学生学会自立、学会创新等。总之，我们要引导学生多学一些、多懂一些，以便走上社会之后能参与公开、公平、公正的竞争，以便在国际化的大环境中生存和发展。

加强修养 提高能力
发挥模范作用 构建和谐校园[①]

——在广东技术师范学院学生干部培训班上的讲话

同学们：

与你们见面，我十分高兴。

学生干部是学生中的先进分子，是学生思想政治工作队伍的重要组成部分，是老师的重要助手，是学生"自我管理、自我教育、自我服务"的核心力量。你们为学校做了大量的工作，我非常感谢你们！在这里，我围绕学生干部要加强修养、提高能力、发挥模范作用、构建和谐校园的主题，谈四个问题，与同学们共勉。

一、学生干部应努力加强修养

（一）形成高尚的道德品质

思想道德素质是学生干部为人处事的指针和保障。学生干部的思想觉悟、道德状况和文明水平，决定了学生干部素质的整体水平。陶行知先生说："道德是做人的根本。根本一坏，纵然你有一些学问和本领，也无甚用处，并且，没有道德的人，学问和本领愈大，就能为非作恶愈大。"所以，每个学生干部都要时时处处严格要求自己，提高自身的道德修养。要有集体主义精神，开展工作要讲团结、顾大局、组织观念强，而不是斤斤计较、自私自利。要培养讲文明、讲礼貌的品德。讲文明、讲礼貌是评价一个学生干部修养高低的重要标准。学生干部要学会做一个文明的人，养成良好的行为习惯。要谦虚谨慎，这是中华民族的传统美德。学生干部要虚心向别人学习，办事三思而后行。

[①] 本文是作者 2006 年 12 月 9 日在广东技术师范学院学生干部培训班上的讲话。

（二）强化服务意识

学生干部要把服务作为基本职责，在工作中贯穿服务的思想，把为同学提供切实有效的服务作为工作的出发点和落脚点。为广大同学提供切实有效的服务，就是要为他们的学习、生活铺路搭桥办实事，向有困难的同学伸出援助之手。要创造条件不断优化同学的成才环境，促进良好校风和学风的形成，努力营造健康的成长氛围，积极为同学的成长提供实际帮助，促进他们更快、更好地成长。学生干部要主动听取广大同学的呼声，了解他们对学校工作的意见和要求，及时反映学生的思想、学习、生活等各方面的实际情况，努力解决同学的一些实际困难。

（三）培养良好的心理素质

一个好的学生干部必须具备良好的心理素质。大学生处在不成熟到成熟的过渡期，对学习、工作、人际关系等实际问题容易产生心理上的不平衡。加上社会阅历浅、经验不足，心理承受能力差，常常会因为挫折、失败、打击而灰心丧气，甚至一蹶不振。只有保持健康的心理，才能开展好工作，顺利成长、成才。而良好的心理素质并非与生俱来，是要靠培养、训练而形成的。学生干部要学会自我调节，树立信心。只有自信，才能大胆果断，不瞻前顾后；当碰到挫折时意志才会坚强，才能面对现实，总结经验吸取教训；当受到打击讽刺时要正确对待，宽以待人，泰然处之。

（四）要善于总结

世事无绝对，人无完人。学生干部也不例外，在开展活动过程中往往会存在一些不足的地方。因而学生干部要学会总结。在学习与工作之余，一定要挤出时间来思考、总结：开展某项活动有哪些成功和不足，成功的原因是什么，不足是什么，哪些可借鉴，哪些要避免。只有通过自我总结、自我评价、自我反省，发扬优点，克服不足，不断完善，不断开拓创新，才能不断进步，提高能力，学到真正的本领。

二、学生干部应不断提高能力

学生干部要想出色地完成各项工作任务，就应不断提高能力。学生干部的能力主要包括以下四个方面。

（一）决策能力

决策能力指学生干部应根据学校的中心工作，结合具体工作的实际情况，找出关键问题，及时做出有效可行的决策。决策前必须正确地分析形势，明确目的要求，还要有预见性。没有正确的分析和判断，就没有正确的决策，也就没有正确的领导行为。

（二）组织能力

学生干部只有具备较强的组织能力，才能把性格各异、素质不同的同学组织起来，才能合理安排，充分调动每个人的积极性，使他们团结互助，为实现共同的目标而努力，保证决策的实现。

（三）沟通能力

学生干部在学生管理工作中起着上情下达、下情上传的纽带作用，良好的沟通能力对于学生干部就显得尤为重要。学生干部只有具备良好的沟通能力，在工作过程中加强与同学的沟通，才能深入了解"民情"，恰如其分地开展工作；同时，只有加强与同学的沟通和交流，才能密切与同学的关系，充分得到同学的支持，调动更多的同学力量，更好地开展工作，使自己在一个轻松、和谐、友爱的环境中得到提高。

（四）创新能力

学生干部要干出成绩，就必须具有创新能力，在工作中不断提出新见解、新方案，打开新局面。唯有创新，才能超越自我，超越别人。学生干部如果因循守旧，迷信书本和权威，一切按老规矩办事，就难以得到学生的认同和喜爱，工作就不会有新的发展。

三、学生干部必须充分发挥模范作用

（一）模范遵章守纪

纪律严明是我们党的重要特征和优良传统，也是革命和建设事业取得胜利的保证。纪律和自由是对立统一的关系，两者是不可分的，缺一不可。学生干部要增强纪律观念，自觉遵守党的纪律，模范遵守学校各项规章制度，时刻约束自己的思想和言行，时刻提醒自己是学生干部。

（二）刻苦学习，成绩优秀

学生干部首先是学生，学生的首要任务是搞好学习。学生干部应刻苦学习，掌握过硬的专业知识，提高把握先进文化的能力。也就是说，学生干部应成为学习的标兵和楷模。一个合格的学生干部的学习成绩，至少应该在班级学习中处于上游位置，否则，会有损于自己在同学中的形象，降低自己在同学中的威信。

四、学生干部要正确处理几种关系

（一）处理好学习与工作的关系

担任学生干部，就意味着要挑起两副重担——工作与学习。大学生的社会工作，老师只是给予指导，学生必须亲力亲为，想方设法解决问题。另外，大学生学习任务重，学生干部要做到学习、工作两不误是不容易的。现实中，有的学生干部因为工作任务重，没有协调好学习和工作的关系，导致学习成绩有所下降，甚至有的科目考试不及格。对此，学生干部要引以为戒。学生干部务必先摆正学习与工作的位置，明确学生干部要以学习为主。因而应把两者有机结合起来，合理地科学地安排时间，要学会"裁剪"时间，充分利用好每一分每一秒。学习时不考虑工作，工作时不被学习牵制，摸索一套适合自己的工作方法，提高学习效率，便会取得工作、学业双丰收。

（二）把握好工作的主次关系

学生干部工作虽然繁重而又复杂，但又有其自身规律。分清主次、抓住重点、兼顾其他，紧张而有序地工作，这是一个很重要的工作艺术和方法。学生干部如果不分清主次，眉毛胡子一把抓，结果会"捡了芝麻丢了西瓜"，该做的工作反而没有做好。因此，一定要紧紧围绕学院的工作中心，拟出系统的工作思路，协调个别与一般、局部与整体的关系，做到主次分明、突出重点，这样，才能起到事半功倍的作用。

（三）协调好人际关系

对学院党团组织以及有关领导、老师，作为学生干部要自觉服从，尊重领导和老师，创造性地贯彻执行领导、老师的指示精神。学生干部要争取领导、老师的支持和指导帮助，这样可以少走弯路，顺利完成各项工作任务。

同时，学生干部要将个人融入集体之中。有首歌的歌词这样写道：一个巴掌拍不响，万人鼓掌声震天。说明无论一个人多么出色，也难以独自撑起一方天空。学生干部不能脱离集体而独立地存在，良好的氛围是一个人成长成才的重要条件，任何人都不可能脱离周围的人而奋斗成功。班级是学生干部的根，如果学生干部真心为自己的班级尽了一份心，真正地爱自己的班级，爱自己的同学，那么同学也会爱你，班级就是学生干部的避风港湾，让学生干部没有后顾之忧。

最后，祝同学们工作顺利，学业有成！

提高党性修养　增强责任意识

——在广东技术师范学院学生党支部书记培训班上的讲话①

同志们、同学们：

大家好！

当前，我们学院有学生党员 1223 名（不包含天河学院、翻译学院，下同），有学生党支部 57 个。加强党支部的思想建设和组织建设，对党支部书记进行培训，是学院党委加强党的建设的重要举措。在座的各位学生支部书记是广大学生中的先进分子，是学生党员中的优秀分子，为学院的党的建设做出了很多努力。我代表学院党委对你们的努力工作表示衷心的感谢！在这里，我和大家谈三个问题。

一、要坚定政治信仰，坚持正确的政治方向

坚定崇高的政治信仰，是党性修养的精髓，也是共产党人的精神支柱。政治信仰问题，也是政治方向的问题。一个国家、一个民族、一个单位、一个学校乃至每一个人，都有政治方向问题。对个人来说，政治方向问题，可以简单地概括为"拥护谁，跟谁走"的问题。这个问题，看起来似乎简单，实践起来并不是那么容易。毛泽东同志说过："没有正确的政治观点，就等于没有灵魂。"可见解决这个问题是非常重要的。新时期的共产党员坚持正确的政治方向，简单地说，就是要："坚持四项基本原则，全心全意为人民服务，为建设有中国特色社会主义，为实现共产主义的远大理想而奋斗终生。"这也是我们大学生应该追求、坚持的正确政治方向。坚持了正确的政治方向，我们就会坚定政治信仰。一名共产党员，要有远大的共产主义理想，要有实现共产主义社会的坚定信念，要有为共产主义事业奉献甚至献身的勇气与毅力，这就是我们要坚定的政治信仰。

---

① 本文是作者 2006 年 12 月 20 日在广东技术师范学院学生党支部书记培训班上的讲话。

二、要加强学习，不断提高党性修养

在党的组织系统中，中国共产党是由党的中央组织、地方组织和基层组织构成的，是根据党的纲领和章程，按照民主集中制原则组织起来的统一整体。党支部是党的组织系统中最基层的组织形式，而党支部书记是这一基层组织一班人的"班长"。一个党支部是不是具有坚强的战斗力，在很大程度上取决于是不是有一个得力的支部书记。在高校，学生党员是大学生队伍中的优秀分子，其一言一行都代表着党在大学生心目中的形象。学生党支部书记作为高校基层组织一班人的"班长"，作为学生党员的"领导者"和广大学生青年的表率，必须具备过硬的政治素质和党性修养，具备较强的责任意识和服务意识，才能担负起党支部工作的重任，才能成为一名合格的党支部书记，才能充分发挥党支部的战斗与堡垒作用。

那么，学生党支部书记应该如何提高党性修养呢？江泽民同志曾经指出："在新的历史条件下，增强共产党员的党性锻炼，要强调自觉地刻苦学习建设有中国特色社会主义的理论，坚定不移地贯彻执行党的基本路线和各项方针、政策，做解放思想、实事求是的模范，做艰苦奋斗、无私奉献、全心全意为人民服务的模范，做遵守纪律、坚持民主集中制的模范，做脚踏实地、勤奋工作、忠于职守的模范……做反对各种消极腐败现象、发扬社会主义新风尚的模范。"胡锦涛同志也一再告诫广大党员干部，要"大兴求真务实之风，加强党性修养，常修为政之德、常思贪欲之害、常怀律己之心"。这是全体党员加强党性修养的行动指南，更是党支部书记提高党性修养的本质要求。对学生党支部书记来说，加强党性修养就要把上述要求具体落实到自己的学习、生活、工作等各个方面中去。

（一）刻苦学习，不断提高自己的马克思主义理论水平

胡锦涛同志指出："共产党人增强党性，核心是牢固树立马克思主义的世界观。"而要树立马克思主义的世界观，首先要熟读马克思主义经典著作，学习马克思主义经典理论，这样才能为加强党性修养提供必要的理论前提。而当前存在于不少大学生党员中的一个普遍现象，恰恰在于缺乏必要的马克思主义理论修养，表现在：很少阅读马克思主义理论著作；轻视政治理论课的课堂学习；思想汇报空洞乏味，缺乏应有的理论基础；等等。所以，大学生党员要加强理论修养，真正做到"不但在组织上入党，而且在思想上入党"。

共产党员进行党性修养的过程，也是用马克思主义理论和各种科学文化

知识武装和提高自己的过程。党的十六大提出要"形成全民学习、终身学习的学习型社会，促进人的全面发展"，共产党员要始终站在时代的前列，在错综复杂的环境中保持政治上的清醒和坚定，在解放和发展生产力、推动社会全面进步的实践中充分发挥先锋模范作用，必须坚持不懈地学习、学习、再学习。如果不重视学习，不努力用科学理论武装头脑，就必定要落后，就难以保持共产党员的先进性。作为大学生党员，不刻苦学习，就难以适应社会主义现代化建设对人才的需要。在新的形势和任务面前，我们需要学习的东西很多，因此要有选择、有鉴别地学习。党的十六大和十六届四中全会要求我们，首先要加强理论学习，认真学习马列主义、毛泽东思想和邓小平理论，特别是要着重学习"三个代表"重要思想，用"三个代表"重要思想武装头脑、规范言行。理论上成熟是政治上成熟的标志，理论上坚定是政治上坚定的基础。对共产党员来说，马克思主义理论是管总的东西，有了较高的理论素养，才能有正确的世界观、人生观、价值观，才能有坚定正确的政治方向。学习马克思主义要发扬理论联系实际的优良学风，切实结合中国特色社会主义建设的实际，结合个人思想、学习和社会实践的实际，从而使理论学习取得实际的效果。

（二）要率先垂范，充分发挥党支部书记的骨干带头作用

党支部是党的组织系统中最基层的组织，是联系群众的桥梁和纽带，在广大学生的眼里，党支部就是党在自己身边的具体形象，是广大学生接触、了解党的窗口。而党支部书记又是党的干部形象在广大学生中的具体体现。因此，党支部书记的一言一行、所作所为，都不仅代表自己，而且代表党支部、代表党组织。学生党支部书记应该从这一政治高度、这一大局出发，自觉提高党性修养，真正成为大学生队伍中的榜样和模范，不仅要在思想认识上成为先锋，更要在日常学习、生活、工作中率先垂范，认真履行党员的责任和义务，为周围同学树立榜样，切实发挥在学习、生活、工作等各个方面的骨干带头作用。这就是胡锦涛同志所指出的，加强党性修养，要"做到学和用、知和行的统一"，"把党的先进性要求转化为全党的实际行动"。具体来说，大学生党员特别是学生党支部书记应该做到：专业学习上认真刻苦，努力钻研；日常生活中艰苦朴素，不讲排场，不铺张浪费；社会实践活动积极参加，努力提高自己解决实际问题的能力和领导水平。只有这样，大学生党员才能成为一个合格的共产党员，党支部书记才能成为一个合格的支部书记，才能得到同学的支持与拥护，从而有效地发挥党支部书记的骨干带头作用。

（三）要加强党内生活的锻炼，始终保持党员先进性

进入新世纪，国际国内形势发生了巨大而深刻的变化。世界多极化和经济全球化趋势在曲折中发展，科学技术突飞猛进，各种思想文化相互激荡，国际竞争日趋激烈。国内改革进入攻坚阶段，发展进入关键时期，经济社会生活发生了历史性的变化，社会经济成分、组织形式、就业方式、利益关系和分配方式等呈现多样化。在这样的形势下，学生党员更要在严格的党内生活中加强党性修养，要积极主动地参加党内生活，切实履行好自己的职责，接受党内外的监督；要积极主动地向党组织汇报自己的思想、工作和学习情况，向党组织讲真心话，自觉地接受党组织的指导和帮助；要积极开展批评和自我批评，在党内生活中同各种不良倾向做斗争。胡锦涛同志在新时期保持共产党员先进性专题报告会上的讲话中指出："一个政党过去先进，不等于现在先进；现在先进，不等于永远先进。"他告诉人们："党的先进性历来是随着形势和任务的变化而不断丰富和发展的。"时代和实践的发展，总是不断地给我们的党提出新的要求，也给党的先进性赋予新的内涵。新一代的大学生党员，一定要与时俱进，保持共产党员的先进性。

三、牢记党的服务宗旨，不断增强责任意识

党章规定，党的各级委员会实行集体领导和个人分工相结合的制度。在党支部委员会的内部，书记和委员都是平等的，享有同样的权利，履行同样的义务，都把自己置于支委会的集体领导和监督之下。党支书记与委员不是上下级关系，而是分工负责的平等关系。同时，不论是党员教师、机关党员同志，还是学生党员到学生党支部担任支部书记，都要牢记党的宗旨，不断加强责任意识，在管理党支部日常事务、组织协调党员活动等方面为学生党员做好服务。

（一）要明确党支部书记的职责

党支部书记是在党的支部委员会集体领导下，主持党支部日常工作的主要负责人，对党支部的管理与建设有着重要的责任。学生党支部书记要把握以下几方面的职责。

（1）认真组织党支部委员、党员和非党员学习马列主义、毛泽东思想、邓小平理论和"三个代表"重要思想，学习党的一系列方针政策，学习上级的指示、决议，进行党的优良传统和作风的教育，不断提高支部委员和党员、群众的思想觉悟与政策理论水平，在思想上、政治上与党中央保持高度

一致。学生党支部书记不仅要与党中央、中共广东省委的要求保持一致，还特别要与学院党委的要求保持一致，带领党员同志与广大同学积极参与到学院管理与建设中来。

（2）根据党的决议和上级的命令、指示，结合学院、系乃至本专业的工作与思想实际，考虑和安排党支部的日常工作，适时建议召开并主持支部党员大会和支部委员会。会前要做好充分准备，由自己或指定其他委员提出贯彻落实党的决议和上级指示的意见与方案，起草党支部经常性工作计划和重大问题的决议草案，提请党支部委员会或支部大会讨论。事先发出通知，会中充分发扬民主，善于启发诱导，进行深入讨论，切实保证党员民主权利。对于讨论的问题，应根据少数服从多数的原则做出决议，并模范地贯彻执行。

（3）加强对支部日常事务的管理。负责组织检查党支部的计划、决议的执行情况，要及时发现和解决问题。对党支部决议的情况做出总结，按时向党支部委员会、支部党员大会和上级党组织报告工作。对于学院党委和系党总支在每个时期开展的中心工作或者有关活动，应以最大的力量，调动全体党员和全体同学的积极性，使其圆满完成。

（4）做好入党积极分子的培养和学生入党工作。入党积极分子的培养和发展学生党员工作，是学生党支部的一项重要工作。在抓好党支部的思想建设和组织建设以及经常性工作的时候，特别要注重做好入党积极分子的培养工作，邀请有关党员教师为广大同学及入党积极分子上党课，及时解决他们在学习与追求进步的过程中遇到的问题，努力引导入党积极分子向党组织靠拢。对于条件成熟的入党积极分子，要尽快地吸收到党组织中来。在发展学生党员工作中，要注重质量，加强培养，严格要求。

（5）要经常与支部委员和所在的班委、团总支、学生会等组织保持密切联系，交流情况，互相配合，支持他们的工作，协调好各方面的关系，充分调动各方面的积极性，发挥党支部的集体领导作用。另外，党支部书记要带头开展调查研究，找准并分析党支部工作的新情况、新问题，研究解决的办法，探索新的形势下开展党支部工作的新途径。

（二）要牢固树立全心全意为人民服务的意识

全心全意为人民服务是我党的根本宗旨，是党的活动的根本出发点和落脚点，是区别于其他政党的最根本的标志，也是每位共产党员应尽的义务和根本的人生价值观。坚持全心全意为人民服务的宗旨，既是坚持党的工人阶级先锋队性质的客观需要，也是党性原则的突出体现。每位共产党员都必须通过勤奋学习和实践锻炼，牢固树立起全心全意为人民服务的人生观和价值观，不断提高全心全意为人民服务的自觉性。

毛泽东同志指出："共产党就是要奋斗，就是要全心全意为人民服务。"大家现在还是在学校，首先还是一名学生，但是作为党组织的一分子，特别是学生党支部书记，必须增强全心全意为人民服务的意识。不仅要理解全心全意为人民服务的内涵，还要用行动来诠释它、实践它。也就是要求大家要为学生党员、广大同学的学习、生活、工作做好服务工作，解决同学们在思想与生活中的困难问题，切实维护支部党员与同学们的根本利益。

（三）要积极参加社会实践

实践的观点是马克思主义认识论第一的和基本的观点。我们的道德品质是在社会实践中形成的，也只有在实践活动和社会交往中才能表现出来。大学生党员加强修养，需要从书本上吸取理论和知识的营养，更需要到实践中去经受锻炼。共产党员在工作实践中加强自身修养，要按照周恩来同志曾提出的"说真话，鼓真劲，做实事，收实效"的要求去努力，做到襟怀坦荡，表里如一，不唯书、不唯上，坚持实事求是。大家是新世纪的大学生和党支部书记，要勇于负责，大胆创新，敢于和善于把党的路线方针政策同具体情况相结合，创造性地开展工作。要坚持从实际出发，深入实际，调查研究，倾听党员与群众的意见，了解同学的心声与困难，切实帮助同学解决实际问题。

同学们、同志们，希望大家坚定信念，加强学习，心系祖国和人民，按照党章要求，不忘党和人民的嘱托，实事求是，与时俱进。相信在你们的努力下，我们的学生党支部工作一定会做得更好，你们一定能够为党的建设谱写最美好的篇章。

坚定理想信念 发挥先锋模范作用①

——在广东技术师范学院新生党员培训班上的讲话

同学们：

在座的都是一年级的学生党员。我为你们感到自豪和高兴。因为你们这么年轻就成为一名光荣的共产党员，在党的大熔炉中接受教育，这对你们的成长成才很有好处。我希望你们进入大学之后，要坚定理想信念，要经得起党的长期考验。贺龙同志曾经说过："当一个中国共产党党员是很不容易的，是要经得起考验的，而且参加党之后更要经得起党的长期考验，绝不是一参加之后，就万事大吉了，就不再要党的考验了。"同时，我还希望你们在大学里要充分发挥党员的先锋模范作用。党员的先锋模范作用是中国共产党的先进性在党员行动中的具体体现。发挥先锋模范作用，以先进带动后进，是共产党员应尽的义务。早在 1938 年，毛泽东同志就提出了共产党员要发挥先锋模范作用的重要论断。党的七大之后，党员的先锋模范作用作为党员的基本义务之一写进党章。胡锦涛同志指出："要自觉加强党性修养，永葆共产党员的先进性和纯洁性。"这一重要指示说明发挥先锋模范作用是共产党员的永恒课题。

今天，我着重和大家谈谈如何坚定理想信念，发挥先锋模范作用的问题。

一、坚定共产主义的理想信念

在《现代汉语词典》里，对"信念"的解释是：自己认为可以确信的看法。信念是人们的世界观在奋斗目标方向的集中反映，是人们生活尤其是精神生活中不可缺少的一个重要方面。信念常常成为人们一生中执着追求的既定目标和一种巨大的持久的精神激励力量。共产党人认为共产主义理想是人类历史上最科学、最进步、最美好的理想。共产主义理想的最终目标，就

---

① 本文是作者 2009 年 10 月 21 日在广东技术师范学院新生党员培训班上的讲话。

是在全世界消灭一切人剥削人、人压迫人的制度，最终实现共产主义的社会制度。人们的信念可以有各种各样的，但对于中国共产党党员来说，就一定要树立坚定的共产主义的理想和信念。刘少奇同志曾说："共产主义事业是我们的终身事业。我们终身的一切活动，都是为了这个事业，而不是为了别的。"

作为当代大学生中的共产党员，要树立和坚定共产主义的理想和信念，首先要学习共产党员中的先锋战士为实现共产主义理想而努力奋斗的精神。在民主革命时期，为了挽救民族危亡，无数仁人志士进行了前仆后继、不屈不挠的斗争，许多共产党员为了共产主义事业，面对敌人的枪弹，献出了自己的生命。例如党的早期领导人李大钊在1927年大革命失败后，被北洋军阀逮捕。在敌人的绞刑架下，他大义凛然地说："不会因为今天你们绞死了我，就绞死了伟大的共产主义。我们深信，共产主义在全世界，在中国必然会得到光辉的胜利。"又如早期党的领导人瞿秋白，他被捕后，一再拒绝敌人的劝降和诱惑。他高唱《国际歌》走向刑场。在临刑前，他笑着对敌人说："为中国革命而死，是人生最大的光荣。"还有夏明翰所写的诗篇："砍头不要紧，只要主义真，杀了我一个，自有后来人。"方志敏所说的："为着阶级和民族的解放，为着党的事业成功……不怕饥饿，不怕困难，屈辱、痛苦，一切难以忍受的生活，我都能忍受下去！"这些为了民族的解放、人民的幸福、甘洒热血、笑对死亡的共产党员为共产主义而奋斗的光辉形象，我们不能忘却。我们要以他们为榜样，坚定共产主义的理想信念。

其次，要勇于正视现实，坚定理想信念。面对社会环境发生深刻变化的今天，我们不能迷失方向，必须坚定理想信念。我们要清醒地认识到，我们现在在高等学校里，面对的现实世界不再是一块净土，而是纷繁复杂的大千世界，我们面对的生存环境变了：政治多极化和经济全球化越来越明显，高科技的竞争和人才竞争加剧，使一些人的心态失衡、焦虑不安；市场经济在进一步发展，但市场经济自身的弱点和消极方面给人们带来了一些负面影响；东西方文化在碰撞，尤其是西方文化中的政治、经济、哲学、文化、艺术等作品的大量涌入，在某种程度上，消除了大学生传统的价值观念、道德意识，产生一种对西方文化盲目推崇的心理，思想观念更加多样复杂；互联网中一些腐朽落后文化和有害信息对大学生的成长产生不良作用；不利于大学生健康成长的种种社会环境和消极因素依然存在。我们作为党员同志必须正视我们面对的现实世界，保持清醒的头脑，坚定我们的理想信念。

最后，加强学习，勇于实践，坚定理想信念。我们要坚定理想信念必须要与学习和实践结合起来。我们作为大学生党员，必须注重理论学习，通过学习来提高我们的理论水平，学会用马克思主义的立场、观点和方法去观察问题、分析问题和解决问题；通过学习，提高自己的思辨能力，学会辩证地看问题，始终保持政治上的坚定与清醒。我们作为大学生党员也要勇于实践，在实践中提升自己。我们的实践，就是学习实践和社会实践。社会实践就是进入社会为社会服务，通过"三下乡"服务提升自己。在实践中，我们会经受挫折，遇到困难。我们要学会迎难而上，经受考验，在风浪中培养锻炼自己，始终不渝地为实现共产主义理想而努力奋斗。

二、积极发挥党员的先锋模范作用

党员的先锋模范作用具有鲜明的时代特征，在不同历史时期，面对不同的形势和任务，其侧重点有所不同。在我国进一步扩大改革开放和实现中华民族伟大复兴的今天，学生党员发挥先锋模范作用的总体要求是：以"三个代表"重要思想为价值目标，在政治觉悟、组织觉悟、专业知识、行为习惯等方面表现优秀，积极带领广大同学共同进步，从而体现"三个代表"重要思想的要求。这一总体要求涵盖如下具体层面。

（一）在遵章守纪方面起带头作用

纪律严明是我们党的重要特征和优良传统，也是革命和建设事业取得胜利的保证。邓小平针对"文化大革命"期间党的纪律受到严重破坏的情况，反复强调："国要有国法，党要有党规党纪。党章是最根本的党规党纪。"纪律和自由是对立统一的关系，两者是不可分的，缺一不可。学生党员在校读书期间，一是要认真按照党章的要求，增强纪律观念，自觉遵守党的纪律；二是要模范遵守学校各项规章制度，时刻约束自己的思想和言行，时刻提醒自己共产党员的信仰与身份，在遵纪守法、自我严格要求方面树立党的良好形象。在这里，我特别强调，大家要以"公民道德"和"大学生行为准则"的规范要求来指导自己的言行。

（二）在刻苦学习上起带头作用

大学生活与中学生活不同，大学生要自觉地学习。大学生在大学期间，应当"以德为行，以学为上"。毛泽东同志曾说过："学生以学为主，兼学别样。"以学为主，以学为上，那么要学什么？我们要认真思考，多去图书馆，多到教学大楼，多听学术讲座。

同学们，能够在中学就加入中国共产党的，可以说都是品学兼优的学生。你们也要清楚地认识到，进入大学，虽然很多同学还不是党员，但同学们都是各地、各中学的佼佼者，有的可能在某方面比党员强。所以，作为学生党员，进入大学后，不能松懈，更不能骄傲自满，要充分利用时间，珍惜时间，刻苦学习，刻苦钻研，在学习上取得优异的学习成绩，才能令广大同学信服你、佩服你。

（三）在班团建设及社会活动中发挥核心作用和骨干作用

一年级的学生党员一般都担任一定的学生干部职务。学生党员应该积极参与班级的建设并发挥核心作用，要通过组织开展班团活动，掌握同学的思想动态，帮助一些同学解决存在的困难和问题，增强班团组织的凝聚力。同时，学生党员在社会活动中更应当成为广大同学的榜样，发挥骨干作用。学生党员要积极承担社会工作，成为各种学生活动的组织者和执行者，要以自身的综合组织协调能力、良好的群众基础，充分调动、凝聚广大同学参与各种社会活动。

（四）在努力提高自己的综合素质和能力方面起带头作用

中学生的主要目标是考取大学，主要的任务是学习科学文化知识。而大学毕业后，大多数人将走向社会，从事工作。因此，大学生除了要学好科学文化知识，还应努力提高综合素质和能力。大学期间需要着重培养的能力主要有自律能力、自学能力、采访能力、观察能力、操作能力、表达能力、创新能力、交际能力、自立能力等。表达能力包括口头表达能力和书面表达能力。作为学生党员，在日常生活中将比普通学生担负更多的社会工作，将会与更多的老师、同学打交道，将会组织更多的集体活动。这些都是提高素质和能力的好机会。你们一定要珍惜时间，把握机会，加强锻炼。如果上面讲的九方面的能力都锻炼好了，你们走上工作岗位，将会比别人更有优势。

（五）在构建和谐校园方面起带头作用

党的六中全会做出了关于构建社会主义和谐社会若干重大问题的决定，要求积极推进和谐社会的建设。贯彻党的六中全会精神，对我们来说，首先要构建和谐校园。学生党员在这方面必须先行一步。那么，学生党员在构建和谐校园中应发挥什么作用呢？

一是帮助同学共同进步。所谓"先进"，应该具有"领先"和"进步"两层含义。对一个党员来讲，进步不是狭隘的个人进步，更重要的是共同提高，共同进步。所以，学生党员必须牢记"为人民服务"的宗旨，不能忽视每一位同学的发展需要。当代大学生群体庞大，人人都有展现自我价值的强烈愿望，有发展自我的强烈需求。学生党员在帮带同学发展进步方面，有广阔的空间。如果每个学生党员都能用自己优秀的一面去感染、去带动身边的普通学生追求进步，那么焕发出来的力量无疑是巨大的。

二是在联系群众中发挥桥梁作用。教师、学校和学生之间，党支部和普通学生之间需要有一定的沟通和交流。学生党员既是党组织的一员又是学生的中的一员，要积极发挥桥梁和纽带作用，把学校的要求传达给同学，把同学的意见、建议反映给学校。所以学生党员要及时了解同学的生活、学习和工作情况，及时发现学生中的一些主要问题，对同学出现的问题苗头及时劝阻，对一时劝阻无效的，应及时向党支部或老师反映，努力把问题解决在萌芽状态。

（六）在加强身心健康方面起好带头作用

健康是工作的本钱。大学生党员在读书期间必须始终以身作则，坚持锻炼，参与劳动，参与积极向上的各类活动，在大学里提高身心素质，不断培养自己各方面的素质，充实生活，充实人生，从而完善综合素质，健全人格，促进德、智、体全面发展。

一要不断增强身体素质。大学生党员必须有健康的身体、充沛的精力、健康的体魄，从而提高学习和生活的效率和质量。要影响、帮助同学们自觉地积极地锻炼身体，增强体质，让身体充满青春活力。

二要不断提高心理素质。大学生党员应该有健康的心理、坦荡的胸怀、开朗的性格。要注意树立学习生活的信心，保持乐观的情绪，磨炼顽强的意志。要不断学习，求新求真，求善求美，不断调控自己的心理，使心理平衡、健康地发展。

珍惜时间　刻苦学习[①]

——与青年学生谈大学生活

《荀子·大略》中说："口能言之，身能行之，国宝也。口不能言，身能行之，国器也。口能言之，身不能行，国用也。口言善，身行恶，国妖也。治国者敬其宝，爱其器，任其用，除其妖。"

荀子将当时的官吏分为"国宝""国器""国用""国妖"四类。划分的标准是：口能否言？身能否行？对"口能言之，身能行之"的"国宝"，治国者要敬重，因为他们是官吏的表率。对于"口不能言，身能行之"的"国器"，虽有不足，也应关怀、爱护。对于"口能言之，身不能行"的"国用"，同样有不足，也应信任、使用。只有对于"口言善，身行恶"的"国妖"，因他们是"两面派"，能迷惑人，会给国家带来祸害，必须坚决清除。

荀子在用人问题上，既重视所用之人的言，又重视所用之人的行，而且特别强调言行要一致，这不仅在当时有现实意义，而且在今天，如何用人、认识人，也是有借鉴意义的。

孔子曰："吾十有五而志于学，三十而立"。意思是说："我十五岁时开始立志学习，三十岁能自立于世。"

我在这里引用荀子、孔子的话，是想说一个问题：我们凭什么能成为"国宝、国器、国用"，凭什么能"三十而立"？我认为我们要凭自身的能力。现在上至党政机关，下至各行各业，在择人用人上，都注重人的综合素质和能力。我们学校在培养人才上，也做了不少工作，特别注重人才能力的培养。但我以为，作为一名在校的大学生，在读书期间，要注重时间，珍惜时间，要利用时间学到广博的知识、培养自身多种能力。提高自身多种能力，我们走上社会的时候才具有竞争的实力。

[①] 本文是作者 2006 年 12 月 29 日在广东技术师范学院为大学生所做的讲座。

一、珍惜光阴，加强学习

时间，是指物质存在的一种客观形式，是由过去、现在、将来构成的连绵不断的系统，是物质的运动、变化的持续性、顺序性的表现。

读大学不同于读中学。读中学时，班主任管理得较紧、较严、较细；读大学，可以说完全靠自己管理自己、约束自己。比如，上午一二节没课，你在宿舍里睡大觉；下午没课，你在床上躺一个下午，也许都没有人会管你。如果你不能严格地约束自己，时间只会白白流逝。我今天主要是强调大学生在课余期间，要重视时间资源，安排好时间，这也是自律能力的问题。

（一）重视时间资源

经营学专家皮特·保罗卡教授说："只有时间才是唯一最缺乏的资源，如果不管理好时间，则无法管理其他的任何事物。"这句话有一定的道理。有人认为时间在人们的社会生活中有三种职能：一是自然职能，指时间是自然界一切生物发展的重要因素。这首先表现在时间是劳动和生产的因素，其次表现在时间是个人成长的因素。二是经济职能，指时间因素与人们的物质生活和精神生活有关，具有社会的经济内容。三是社会职能，指时间是社会的历史进程，是社会发展的重要因素。个人的时间、群体的时间、社会的时间，无不体现出时间影响着个人、群体、社会的发展。很显然，时间是人生最宝贵的资源。法国作家巴尔扎克曾说："任何财富都是时间与行动化合之后的成果……"巴尔扎克充分利用时间写出了91部小说，合称《人间喜剧》。其中《高老头》《欧也妮·葛朗台》都是我们所熟悉的名著。巴尔扎克说的话指出了时间对人类的价值时间与成才的关系。时间是帮助人们成才、取得成效的重要条件。司马迁写《史记》用了15年；李时珍写《本草纲目》用了27年；曹雪芹写《红楼梦》用了10年；达尔文写《物种的起源》用了40年；马克思写《资本论》用了40年；托尔斯泰写《复活》用了10多个春秋，主人翁玛丝洛娃的形象修改了20多次。可以这么说，谁利用好了时间，谁就会有收获，谁就会有成果。人类在时间中进步，人才在时间中成长，人在时间中写下自己的历史。例如，被称为"现代福尔摩斯"的李昌钰说过这么一句话："时间是唯一不能存入银行的东西，也没有利息，也不能跟别人借，浪费掉了就没有了，所以应该抓紧时间。"他每天工作时间超过14个小时，睡眠时间只有4小时，参与了8000多起离奇要案的侦破调查。他所取得的业绩，使他成为"现代福尔摩斯"。又如，广东技术师范学院中文系的卢加拿同学，近年来在《光明日报》《南方日报》《生力军》

《潮声》《成长》等报纸杂志上发表了文学评论、人物通讯、散文等作品；黄莹莹同学在2005年发表了长篇小说《六月的青橙》（花城出版社出版）。这充分说明了我们的同学很好地利用了课余时间，获取了丰硕的成果。2005年，成都理工大学学生谷亮研究的科研成果"无水氯化镁制备工艺"在拍卖会上卖了12万元；电子科技大学的学生欧阳澄研制的"收藏品资讯公司商业计划"拍卖了10万元。获得成功之后，欧阳澄同学说了这么一段话："别人在网上风花雪月地聊天，紧张兴奋地打游戏，我们却跟蚂蚁找粮食一样，辛辛苦苦收集信息，一心想干点正事。"对于现在大学生的生活，欧阳澄说道："有的同学选择在实验室里守着瓶瓶罐罐，在图书馆里守着书本，我佩服；有人迷恋舞厅和酒吧奇异的色彩，我不评论，因为现在是一个多元的社会，每个人都可以选择自己的生活方式，只要他在离开校园时，真的可以说一声'我不后悔'。而我自己，我觉得自己的大学四年生活有另一种精彩。"从欧阳澄同学的话语中，我们能获得一些启迪吗？

（二）珍惜课余时间

在一天的时间里，差不多有三分之二的时间是由我们自己安排的。有三段时间值得我们认真去安排：一是早晨；二是中午；三是晚上。一般来说，人在早晨时精力最为旺盛，记忆力和理解力最强，此后精力逐渐减弱，到了下午时最差，但是到了晚上7点到10点之间，大脑又可以进入一个新的兴奋期。结合这个特点，我们可以利用早晨的时间读外语、记单词；晚上情绪比较平稳，逻辑推理能力强，可以学习数学这种要求多推导的课程。

只有珍惜时间、利用好时间的人，才能在事业上取得成就。鲁迅先生曾说过："哪里有天才？我是把别人喝咖啡的工夫用在工作上的。"

浪费时间是可耻的。鲁迅先生曾一针见血地指出："生命是以时间为单位的，浪费别人的时间等于谋财害命，浪费自己的时间，等于慢性自杀。"我们要认真体会。

怎么安排好早上、中午、晚上的时间，你们仔细想想吧。因为你有你的时间安排法，我有我的时间安排法，但不同的安排会有不同的结果。肇庆学院2002级中文系杨晓红同学，坚持早上6点钟起床到人工湖读英语，在大二第二学期通过了英语四级考试。她获得了2004年国家奖学金。在大学三四年的时间中，除了学习专业知识、教材的内容外，你还要读哪些书、读多少书，还要学些什么，你都得好好计划、好好安排。如果仅仅是学几本教材的知识，那你所掌握的知识是有限的。总之，同学们在读大学期间，要树立起"时间就是生命，效率就是知识"的观念，要善于利用时间读书学习，不要让时间在彷徨、闲聊、睡懒觉中悄悄流逝。

二、掌握读书方法

法国科学家笛卡儿说过："最有价值的知识是关于方法的知识。方法得当，可以事半功倍；方法不当，只能事倍功半。"大学生在学习期间掌握一套行之有效的学习方法是非常重要的。运用好的方法，可以达到事半功倍的效果。

如何去获取知识？如今的方法很多。例如，①通过听老师讲专业课获取知识；②通过按老师开的书目去读书获取知识；③通过到图书馆借阅各类图书获取知识；④通过听学术讲座获取知识；⑤通过上网获取知识；⑥通过看电视新闻、报纸杂志获取知识；⑦通过与人交谈获取知识（"与君一席话，胜读十年书"）；⑧看一些地摊文化也可以获得一些知识。可以说，获得知识的途径相当多。

特别要强调的是，大学生要积极地去听讲座，通过听讲座获取知识。听讲座一方面可以开阔同学们的学术视野。受邀到我校开讲座的专家学者，来自各个学术领域，他们的演讲会涉及哲学、历史学、文学、美学、社会学、心理学、经济学、人类学等人文学科，带领同学们涉猎各个学术领域，从而使同学们开阔学术视野。另一方面，听讲座为同学们提供了一个向专家学者直接学习的机会。同学们在听专家学者的演讲时，可以直接与专家学者交流，不但可以获得知识，而且还可以在专家学者身上获得治学的方法。专家学者的成才历程，也可以激励同学们践行立志、修身、博学、报国。

关于读书的方法，同学们在读中学的时候已经听老师们提供了不少。

（一）泛读法

泛读法就是用较少的时间，快速阅读大量书籍和报纸杂志，以扩大知识面。这种读书法，可以是无目的地浏览，在轻松、随意之中获得一些意外收获，日积月累，在不知不觉中使自己变得有学养。

（二）资料性阅读

资料性阅读，就是将读的注意力放在信息上，常常采用速读、跳读，获取自己所需要的信息资料。

（三）欣赏性阅读

欣赏性阅读包括作品欣赏、论文欣赏。读大学，尤其要读一些论文。要做到：①逐段概括段意；②条分缕析，梳理思路；③还原论文提纲；④欣赏论什么、怎么论、论得怎样……欣赏论文的好处有：①提高概括能力；②提高理性思维能力；③熟悉论文格式；④理清研究的方法和论文写作的思路。

（四）研究性阅读

研究性阅读就是以出研究成果为主要目的的阅读。它是为了研究而进行的阅读，在阅读的过程中开展研究。怎样进行研究性阅读？

第一，要在阅读过程中进行积极思考。作为中文系学生，在课余时间阅读文学作品，就不能单纯地了解故事情节，而应当带有一定的研究性目的去阅读作品，而且对作品的内容要反复咀嚼。例如，为了评论陈忠实的《白鹿原》、柳建伟的《突出重围》而进行研究性阅读，就要反复多读几遍。例如，列宁为了评论小说《怎么办》，在一个夏天里，他把这部作品反复读了5遍。在这种研究性的阅读进程中，还要强调边读边思考，通过对阅读材料的分析、比较、拓展、综合、抽象、概括等思维活动，形成更深入的认识和见解。例如，柳建伟的《突出重围》，描写了一场模拟高科技条件下的局部战争的无导演部大演习。一个装备精良、代表目前中国军队主体力量的满编甲种师在与装备了高科技技术的乙种师的战术对抗中屡遭败绩，深刻地揭示了中国军队在20世纪末世界军事、政治、经济格局中所面临的严峻的生存挑战。这部作品逼真的战争氛围，激烈的战术对抗，电子战、信息战、数字化战场等高科技战争因素的展现，使小说具有了扣人心弦的阅读魅力。我们研读这部作品的时候，不但要带着研究它的情节波澜的目的反复读几遍，对它的情节发展过程了如指掌，还要在反复阅读的过程中，反复思考它的情节波澜是怎样组织的，它对反映生活、塑造人物形象、表现主题起到什么样的作用。在阅读中思考研究，逐渐形成自己的看法。如果再深入一层思考的话，还可以把它与"十七年"反映战争生活的作品相比较，看看他们在反映战争生活方面，塑造人物典型方面，以及结构艺术方面，有什么不同，看看这部作品在题材的文学创作中占什么样的地位，这种研究应当说又深入了一层。

第二，要围绕研究的目的阅读相关的资料。研究性阅读要求我们要善于利用文献检索工具和计算机情报检索系统迅速检索到与研究课题相关的资料，包括纵向和横向的资料。纵向资料一般指与课题有直接关系的资料。横向资料一般指对课题有比较参照作用的资料。然后带着问题去阅读相关的资料，有目的地阅读，有目的地筛选资料，多快好省地获取自己所需的信息。爱因斯坦曾对人说，他最善于在浩如烟海的书籍里，"找出可以把自己引向深处的东西"，然后"把其他一切统统抛掉"。

第三，要在阅读过程中不断地对资料进行分类组合，生成自己的新认识、新见解。我常常把这些新认识、新见解理解为寻找新的突破口。我们常常会碰到这样的现象：当我们研读了一部作品之后，初步形成了对这部作品的评价观点，于是想执笔写评论文章，但为了更进一步了解对这部作品的评价，又去查阅资料，一查阅资料，往往会发现自己得出的观点早已被人谈过了，有的还比自己认识得更深刻。遇到这种情况，该怎么办？我以为可以从如下两方面去考虑：一是把别人的精彩意见进一步理解、消化，自己重新构思，用不同的材料来说明自己的观点；二是改变论述的角度，重新组织材料，阐述自己的观点。我们比较多地采用第二种做法，即寻找新的突破口。记得当年李存葆的中篇小说《高山下的花环》发表之后，出现了很多评论文章，像冯牧、刘白羽等名家都写了文章。我看了这些名家的文章，真有点不敢写了，因为小说中有的问题他们都谈到了，有些分析也很深刻。如果还照他们的格局去写，很难有新的见解。但不写，我又心有不甘，于是考虑选择新的突破口。后来我写了《论〈高山下的花环〉从小说到电影的再创作》，一是从以"情"感人这个角度去寻找突破口。从影片强化夫妻之情、父子之情、战友之情、爱国之情，再论及 20 世纪 50 年代的一些作品和影片之所以缺乏打动人的魅力，就在于不敢于写人人相通的感情，而到了新时期，作家敢写，这就是一个新的突破口。二是从塑造"英雄"人物这个角度去寻找突破口。从联系"十七年"和"文革"塑造英雄人物（高、大、全）的不足来谈《高山下的花环》塑造英雄人物的成功之处，以及新的突破。由于寻找了新的突破口，这就变成有东西可写了，也不会重复别人的观点。这篇文章发表之后，被人大复印资料全文转载，后来全国有一部《高山下的花环》评论集也选录了这篇文章。

第四，研究性阅读要注重边阅读、边思考、边做卡片。这些卡片或记录索引，或摘录内容，或概述提要，或写下札记。做卡片不但能收集资料，还能使人集中注意力，加深对阅读内容的理解，激发思考，启迪创造构思。做了一定数量的卡片之后，就要对卡片再次进行研究性阅读，把零碎的资料和只言片语联系起来，形成一个比较清晰的想法。然后，把内容相近的卡片排在一起，概括出论点。科学创见，就是通过对资料的分类、组合、归纳、概括、提炼而形成的。爱因斯坦曾说过，组合作用是创造思维的本质特征。我曾在阅读一些长篇小说时就做过一些卡片，如曲波的《林海雪原》、杜鹏程的《保卫延安》、欧阳山的《一代风流》、杨沫的《青春之歌》、梁斌的《红旗谱》、柳青的《创业史》、姚雪垠的《李自成》、李国文的《冬天里的春天》、刘心武的《钟鼓楼》、张洁的《沉重的翅膀》等。在做卡片时，除了人物的卡片、语言的卡片外，着重于它们的结构艺术，后来一分类、一组合、一比较，就产生了意想不到的研究成果。比较发展，《林海雪原》《保卫延安》是纵式结构，这种结构就是按事件发生、发展的自然进程和时间先后安排故事情节，也即人们常说的单线发展结构。《一代风流》《青春之歌》《红旗谱》是以主人公为中心的结构，这种结构就是以主人公的生活道路、思想性格的发展过程为主线结构全书。周而复的《上海的早晨》、柳青的《创业史》、姚雪垠的《李自成》是复式结构，这种结构就是以纵式为主、横式为辅、纵横交错地安排故事情节。李国文的《冬天里的春天》是心理结构，这种结构就是以主人公的心理活动为主线结构全篇。刘心武的《钟鼓楼》很特别，是花瓣式结构。张洁的《沉重的翅膀》、柯云路的《夜与昼》、王力雄的《天堂之门》、刘亚洲的《两代风流》、王蒙的《活动变人形》等作品，是以情结构为主，又融入心理结构来构造作品，即将多种结构形式综合运用。分类、组合之后，我再思考不同的作家运用不同的结构艺术有什么作用？作家们为什么追求不同的结构艺术？使结构艺术不断变化的因素是什么，后来我把这种思考写成了一篇论文《我国当代长篇小说结构艺术初探》，这篇文章在华南师范大学学报发表后，又被人大复印资料《中国现·当代文学研究》全文转载。我举这一个例子，意在说明，做卡片时，千万不能为做卡片而做卡片，一定要注重做卡片是为了用好卡片。

读几十部长篇小说才写出一万多字的论文。这里强调的是搞科研工作一定要有毅力、有意志。

从以上的例子也可以说明，研究性阅读就是要在对资料进行阅读、思考、收集、分类、组合、归纳的进程中，诞生研究成果。

三、提高综合能力

能力通常指一个人运用知识和智力完成某项活动的本领。

我认为，作为一名在校的大学生，在大学三四年的时间里，应注重自身多种能力的培养，尤其要注重自律能力、自学能力、采访能力、观察能力、操作能力、表达能力、创新能力、交际能力的培养。这些能力，有助于提高我们的就业竞争力和促进自身发展。

（一）自学能力

自学能力，是指大学生利用课余时间，按照自己的意图，依靠自己的力量主动去获取知识的能力。

周培源曾说："自学很重要。自学历来就是许多著名科学家以及文学家、艺术家、政治家成才的重要途径。"达尔文曾说："我所学到的有任何价值的知识，都些是由自学中得来的。"这都说明自觉的重要性。

自学可以到图书馆、实验室、课室大楼，自己阅读所需要的知识，研究自己想研究的问题，久而久之就会提高自学能力。

（二）采访能力

采访能力是指用语言广问于人，以取得所需要的东西的能力。

有谁知道采访的来历？学秘书专业、广播电视新闻专业的同学，一定要掌握采访的艺术。"采访"两字，在古代是会意字和形声字的结合。据有关资料介绍，"采"字的甲骨文写法，上半部表示人手的象形，下半部是树枝的象形。意思是人手在树枝上摘取果实。《晋书》"山有猛虎，藜藿为之不采"藜，一年生草本植物，嫩叶可以吃，全草入药，也叫灰菜。藿，豆类作物的叶子。山中有猛虎，不可去采藜藿。但当战争打响之后，记者能不上前线采访吗？"访"字，左边为"言"，右边为"方"，都读"方"声。"访"的意思是用语言打听四方。从最初的文字上看，"采访"就是用语言广问于人，以取得所需的东西。以后，"访"的意义又有所发展，除了用语言广问于人之外，还包括寻求、查访、侦察、看望、调查等意思。最早的采访实践活动可以追溯到3000年前的周朝时期。我国第一部诗歌集《诗经》就是用采访的方法，汇集而成的。

有谁知道《论语》是怎么写成的吗？

孔子当时周游列国，教育他的弟子要广闻多见、学思结合、不耻下问。孔子的弟子将他周游列国的所见、所闻、所感、所说采集起来，写成《论语》。《论语》好似一篇纪实性的"采访记"。现在读来，孔子的一言一行、所作所为，仿佛历历在目。《论语》成为后人研究孔子思想的最重要纪实资料。

司马迁之所以能撰写《史记》，除了读万卷书，取得大量史料外，和他走向社会调查分不开。他20多岁便开始周游祖国的大江南北，观览名山胜地。他周游祖国各地，采访名胜文物，调查乡土民情，了解风俗习惯，搜索历代名人逸闻轶事。这些为他以后所写的《史记》准备了丰富的第一手资料和素材。

同学们，读秘书专业、广播电视新闻专业，都要学会采访。当你去采访的时候，是满载而归，还是两手空空，这就看你掌握多少"采访"的艺术了。我希望同学们在读书期间，要努力学习观察的艺术、提问的艺术、听的艺术、记的艺术、应变的艺术等，不断提高自己采访的能力，以便写出有质量、有影响的文章。

（三）观察能力

观察，就是观和察。观，看也；察，仔细看也。它包含调查、研究、判断、辨别的意思。观察力就是认识事物的能力。它是有目的、有计划、较持久地认识客观事物所需要的一种能力。新闻工作者也好，秘书人员也好，只有"眼观六路"、善于观察，有敏锐的观察力，才能迅速抓住事物的特征，全面准确地把握事物，捕捉一切有价值的信息，摄取各类材料。美国新闻学家麦尔文·曼切尔说："记者必须学会用孩童般的眼睛观察世界，他把每一件事都看作是新鲜的、各具特点的；同时，他必须用聪明长者的眼光洞察世界，能够区分出有意义的东西和无意义的东西。"我国女记者彭子冈说，记者应具备"慧眼神笔"四个字。"慧眼"就是善于观察。不能善察的记者，就谈不到"神笔"。

如果写一篇关于学校校园文化的通讯，就要写你看到了、观察到了哪些有标志性的东西。一进校门有校训：厚德、博学、唯实、求新。办公楼顶有标语：忠诚党的教育事业。小公园里有李长春同志的题辞：办好职业技术教育，提高劳动者素质。实验大楼顶有标语：教育要面向现代化，面向世界，面向未来。教学楼前的牌匾上写着：学高为师，德高为范。还有校歌、十几个社团、名人讲座等。

你观察到了这些，你能进一步发挥联想吗？这些校园文化对人才的培养、对学校的发展有什么作用？对校园文化的传承与创新又有什么作用？多问几个为什么，这篇通讯写出来才会有价值。

（四）操作能力

操作能力是指大学生在专业学习中所必须具备的动手能力和实践能力。它包括运用现代信息技术手段获取信息、分析信息、组织和利用各种信息的能力。工科学生要有善于利用工具、使用仪器、操作机器的能力；文科学生要有善于从事社会调查的能力，并且还要有撰写各类文体的能力。不同专业的学生都要善于利用专业工具来完成各项工作。一位大学生在校学习期间，要注重理论知识与实践操作的相结合，不断提高操作能力，拥有专业知识和专业的操作能力。当你走上社会的时候，就可以为社会的发展做出贡献，为广大的普通老百姓服务，获得自己所需要的生活资源和精神文化资源。

（五）表达能力

表达能力就是指以口头与书面的形式来表达自己的思想、认识和情感的能力。作为当代大学生来说，这两种能力是不可缺少的，必须加强培养。

　　大学生要注重修养口头表达能力。口头表达能力，就是运用口语交流思想、传达信息的能力。我们要清醒地认识到，具有流利清晰的口头表达能力，才能及时、准确地去传达头脑里的想法。我们要充分认识到口头表达的重要性。现在学校招聘教师，企业招聘工作人员，都要试讲，试讲成功才接收。大家也许听过戴高乐演讲的历史吧。1940 年 6 月，法国沦陷，戴高乐出奔英国。6 月 18 日，他在英国伦敦广播电台发表了演讲《告法国人民书》，号召法国人民奋力抵抗希特勒。这次演说，使千千万万法国人热血沸腾，在濒临绝境时重新燃起了希望和斗争的火焰。他的演讲成为反法西斯宣传的绝妙武器，组织动员了法国人民重新起来战斗，瓦解了敌人的士气。

　　口若悬河的本领从哪里来呢？是天生的吗？有的人从小就注意培养，所以表达能力会显得比别人强。但大多数人的口才都是在成人后自觉苦练得来的。例如，美国总统林肯多次出庭辩护，几度轰动全国。他的口才原来也并非很好。他年轻时，经常徒步 48 千米，到一个法庭里去听律师们的辩护词，看他们如何辩论，如何做手势。他一边倾听那些雄辩家声若洪钟、慷慨激昂的演说，一边模仿他们。经过长时间的学习和锻炼，林肯的口才方如此出众。

　　古希腊卓越的雄辩家德摩斯梯尼，年轻时有口吃毛病。为了纠正口吃，清晰地发音，他把小石子含在嘴里朗诵，迎着大风讲话。他还经常朗诵诗歌、神话、悲喜剧，经过苦练，他终于成为一位闻名于世的雄辩家。

　　我希望同学们积极参加演讲、对话和辩论活动，珍惜在大庭广众面前发表见解的机会，临场经验多了，口才也自然会好起来。另外，同学们在课堂讨论或分组讨论的活动中，应踊跃发言，不要放弃锻炼的机会。只要持之以恒，刻苦训练，你的口头表达能力一定会增强。口头表达能力强，走上社会也是一种竞争优势。当然，你也要清醒地认识到，口头表达能力强，还要有广博的知识做后盾，因此，我们还得加强诸如品德修养、学识修养，以及心理素质、应变能力、逻辑思维能力的培养。

　　大学生还要注重书面表达能力的修养。书面表达能力主要是指写作能力。我们在大学期间，要学会写规范的汉字，会用汉语拼音方案，会写教案、调查报告、工作计划和工作总结，还要初步学会写学术论文。我们要充分认识到学术论文是检测专业技术水平的主要依据之一。评职称、拿学位，都是以论文作为主要评估依据的。这种做法虽然也有弊端，但它比起"说你行不行也行，说你不行行也不行"这样一种主观人为的判断，就显得客观多了。其次，学术论文是学术研究成果的载体，并且是传播学术信息的主要工具。人类凭借着这种载体和工具，将对世界探索的成果记录下来，载入人类文化的宝库，传给下一代。爱因斯坦在 1905 年发表的科学论文《论动体的电动力学》里创立了狭义相对论，27 岁的车尔尼雪夫斯基的学位论文《生活与美学》引起了美学界的震动，华生发表在 1913 年《心理学评论》杂志上的论文《一个行为主义者所认为的心理学》成为行为主义心理学正式成立的宣言。这些文化科学精英的论文在人类历史上所起的作用，会使你对学术论文肃然起敬。

怎样才能提高写作能力呢？一是多读多写。鲁迅的文章写得很好，他认为"是由于多看和练习，此外并无心得或方法的"。欧阳修的论文也颇有名气，他说："无他术，惟勤读书而多为之，自工。"这都可谓至理名言。要读一些学术论文，要慢读，概括地读，思考着读。这样不断地读，读到一定的数量，你自然就能悟出论文写作的道道来了。要多写，俄国作家果戈理一再忠告有志成为作家的青年："写、写、写，写到手指头断了为止。"这些名言说明了，写作能力只有经过长期的、反复的、刻苦的实践，才能获得，才能提高。二是有必要读些指导学术论文写作的书。这类书比较系统地论述学术论文写作的规律和技巧，给初学论文写作的人入门的路径。以这些写作理论指导学术论文写作，就会少走弯路。

（六）创新能力

创新能力是指在学习前人知识、技能的基础上，提出新的创见和做出新的发明的能力。我们在读大学期间，由于多种原因，不可能有很重大的发明创造，但是在当今激烈竞争的时代，我们要注重培养创新思维、创新精神和创新能力。我在前面讲到的成都理工大学学生谷亮研究的科研成果"无水氯化镁制备工艺"，电子科技大学学生欧阳澄研制的"收藏品资讯公司商业计划"就是创新的科研成果。这种创新性的研究成果，我相信是在老师的指导下进行研究所取得的成果。我们学校美术系的一些同学也是在老师的指导下，积极参与一些创新活动。我们学校自动化系 2003 级的叶国琳同学创新的"IC 卡多媒体控制软件电脑管理系统"最近获得了"广州市青年科技创新奖"。还有我校艺术设计系的余伟飞同学的平面海报《珍惜水资源》获得 2002 年于深圳举行的第二届华人平面设计大赛新星奖。张文彬同学的室内空间设计作品《流动的空白——展馆设计》获得"中国环艺设计学年奖"室内空间概念优秀奖。这种敢于创新的精神、敢于以创新的方法从事创新实验，是很值得称赞的。又如肇庆学院生物系的顾兆平、邓国钊、陈玉珍、姚林洪、陈海华等同学在梁广坚教授的指导下从事"暖地型草地常绿技术"项目的研究，发表了论文《草坪黄化的复绿处理效果》。这一项目的创新之点在于：通常或者让暖季型草在秋冬季下枯黄休眠，或者喷染色剂，用绿色化学品粘着在黄草面上。而他们的研究，都是使秋冬季枯黄的暖季型草在低温下长出新的绿色，使草坪在低温下恢复绿色。这一项目于 2000 年通过了省科技厅组织的鉴定。由此可见，我们的同学在老师的指导下从事创新活动是可行的，是可以取得成功的，更重要的是培养了我们的创新思维、创新精神和创新能力。当我们走上社会之后，仍发扬这种创新精神、勇于创造，肯定会有所作为。

（七）交际能力

交际能力是指沟通人们之间情感和理智的能力。当我们走上社会的时候，我们会与各种各样的人物打交道。在与人交往中，你能否得到别人的支持、帮助，这里同样涉及自身的能力问题。我们在校学习期间，要培养与同学、与老师、与领导、与职工打交道的能力。与同学交谈，可以论争不同的学术观点，可以谈对社会现象的不同认识，在论辩中提高自己的思辨能力；与老师交谈，可以交流读书心得，理清不同的思想认识，可以从中受到启迪；与领导交谈，可以充分交流自己对问题的不同见解，也许可以锻炼自己在领导面前不怯场；与职工打交道，可以了解到他的工作状况和不同的心态。善于与人交际，你会从中学到很多书本上学不到的东西。在大学期间，我们与人打交道的过程中，我们还要学会宽容，要像大海那样，什么都容得下。宽容是一种美德，"海纳百川，有容乃大"。

（八）自立能力

自立能力，是指不依靠别人，靠自己的劳动而生活的一种能力。上大学的同学都已 18 岁了，应当要有自立的精神。同学们都来自不同的家庭，经济状况不同，有的富裕一些，有的贫困一些。生活困难的同学，要想办法利用暑假和寒假去打工，解决自己读书期间的费用。如何提高自己的自立能力，希望同学们能读一读学生处编的《拼搏·成才——首届勤工助学文选》。在这本文选里，有很多动人的例子，表现我们的同学如何自强、自立，如何战胜困难、战胜贫穷，如何珍惜时光、珍惜人生。有一句话给我留下了很深的印象："回首勤工路，风里有歌，歌里有泪，泪中有阳光。"《南方都市报》2005 年 10 月 5 日刊登了一篇文章《四年借万元，只为读书》的文章。文章写了一位叫金麟的同学，为了筹集学费供弟弟上学读书，他除了借钱外，还利用暑假到县城帮人洗车，到深圳打工。他喜欢周杰伦的《蜗牛》。歌词写道："我要一步一步往上爬，在最高点乘着叶片往前飞，让风吹干流过的泪和汗，总有一天我有属于我的天。"他始终坚信，有人情温暖，没有战胜不了的困难。同学们，可以这么说，每一个人的成长都不可能一帆风顺，不是碰到这样的困难，就是碰到那样的困难。我们要以坚强的意志去战胜困难。请你相信，当你度过满天飘雪的寒冬，迎来满园春色的时候，你会笑得很美、很甜，你会一步一个脚印朝前走。

以上我们所谈的几方面的能力，各自并不孤立，而是互相渗透、相辅相成的。人们从事某项活动，靠一种能力是无法完成的，需要多种相互联系、相互作用的能力组合成一个有效的系统，最终完成一项或若干项工作。以上为了方便理解，我才分开来讲。

当代大学生为什么要提高多种能力？其原因集中到一点，就是当代大学生生存的需要。具体可以从三个方面认识。

一是人才竞争的全球化。大学生能力培养是适应现代科学技术和现代经济迅猛发展的需要。随着经济全球化，特别是信息化社会的加快，当前世界各国正卷入一场高科技的竞争。竞争的焦点是人才的竞争，而人才的竞争说到底是人才智能的竞争。所谓高科技产业，就是最新科学知识、技术和资金密集投入的新兴产业。高科技产业的实质是技术人才密集，是人才第一、资金第二。高等教育的任务和内容，必须能最敏锐地反映科学技术和生产发展的要求，因此加强专门人才的智能要求，培养高智能的人才就成为时代的呼声。高等学校培养专门人才，输送合格的高科技人才是其自身的使命。因此，重视发展学生智力、能力，并采用相应有效的措施，促使大学生具有更高的智能是刻不容缓的。

二是高等教育社会化。大学生的能力培养是适应高等教育社会化的需要。高等学校所培养的高级专门人才，毕业后将在生产部门以及上层建筑各部门的工作岗位上独当一面，成为专业的骨干。所以，大学生必须在才智技能上有较高的水平，才能胜任社会岗位工作，出色地完成任务。

三是个体发展的自主性。现代科技的发展，在生理学和脑科学的领域里，有许多新的突破，表明人的大脑有用之不竭的源泉。现在人的大脑还有很大一部分潜能尚未被利用，需要通过教育去开发和锻炼，使大脑的潜力充分运用起来，在学习和工作的活动中体现出来。高等学校应当根据这个原理，努力去开发大学生个体的脑功能，也就是最大限度地发展大学生的智能。心理学研究的结果表明，18～25 岁的青年，正处于智能发展的黄金时期。因此，把握这个良好时机，因势利导，进一步发展与培养学生的才智技能，就能事半功倍，使他们的才智技能得到更为充分的发展。

老子说过一句话："知人者智，自知者明，胜人者有力，自胜者强。"

胡锦涛同志在《全国加强和改进大学生思想政治教育工作会议上的讲话》中说："青年代表未来，青年创造未来。"同学们，你们是新一代的青年。为了祖国的未来，为了社会的进步和繁荣，为了在社会上能参与公平、公开、公正的竞争，为了能在国际化的大环境中生存、发展，你们一定要在大学期间培养自身的多种能力，提高自己的综合素质。我相信，当你们走上社会之后，都能写下自己美好的人生。

关于文学对人生影响的思考①

一、读经典名著，开阔视野，增长知识

我们都很清楚，人类生活的世界是极其广阔的，生活的内容是极其丰富的。但对个人来说，由于受到多种因素的限制，尤其是时间、精力、经济的限制，他不可能进入一切生活领域中去观察和体验生活、认识生活。但是，如果借助于文学，你就可以进入一切生活领域。因为作家创作的文学作品，把整个世界和人类历史生活都反映在它里面了。你进入作家所描写的人生世界、历史变迁，就会开阔你的视野，拓展你的思维空间，激发你去认识生活、评价生活，同时，你还会获得多方面的知识。

例如，如果去阅读孔厥、袁静的《新儿女英雄传》以及孙犁的《风云初记》、徐光耀的《平原烈火》、柳青的《铜墙铁壁》、杜鹏程的《保卫延安》等作品，你会看到抗日战争、解放战争的战争生活场景，看到人民的苦难、民族的血泪，看到人民的抗争、民族的奋起，还会看到人民创造了举世震惊的英雄业绩。你会思考人民怎样创造了历史，推动了历史的前进，你会思考英雄是怎么产生的。如果去读一读"伤痕文学""反思文学"中有代表性的作品，如周克芹的《许茂和他的女儿们》、张一弓的《犯人李铜钟的故事》、古华的《芙蓉镇》、鲁彦周的《天云山传奇》、谌容的《人到中年》等，你不仅会看到特定历史时期，极"左"思潮给农民、知识分子造成的悲剧命运的场景，而且还会去思考造成悲剧的原因是什么，该如何去认识和评价这段历史。

如果去读一读李存葆的《高山下的花环》《山中，那十九座坟茔》、朱春雨的《沙海的绿荫》、刘亚洲的《两代风流》、刘兆林的《啊，索伦河谷的枪声》等作品，你会了解到军人在不同时期的生活风貌，现实中军队内部的种种矛盾以及军人的情感、军人的内心世界。

---

① 本文是作者 2010 年 5 月 12 日为广东技术师范学院文学院学生所做的报告。

　　如果去读一读竹林的《生活的路》，老鬼的《血色黄昏》，梁晓声的《这是一片神奇的土地》《今夜有暴风雪》《雪城》，郭小东的《知青部落》等作品，你会了解到知识青年上山下乡的生活，你会看到这一代知青所经历的困苦、磨难，所受到的内伤和外伤，也会看到这一代知青战天斗地的理想、热情、勇气和毅力。你会从中得到一些启示。

　　如果还去读一读陆文夫的《小贩世家》《美食家》，刘心武的《钟鼓楼》，刘绍棠的《蒲柳人家》，邓友梅的《那五》等作品，你会看到作家描绘的市民生活的风俗画、乡村生活的风俗画和晚清遗民的风俗画，体会到作家不同的情感。

　　老作家王西彦从小就热爱俄罗斯文学，他读过果戈理、屠格涅夫、托尔斯泰、契诃夫和高尔基的作品。他把读这些作家的作品看成是他认识生活的门径之一。他不仅把这些文学大师的作品看成文学读物的范本，更把它们当作自己的生活教科书。他的脑子里，经常响着高尔基的劝告："热爱书吧！它会使你的生活变得舒畅而愉快，它会帮助你辨别形形色色的思想、感情、事物，它会教你尊敬别人也尊敬自己。"我想，老作家王西彦通过读书来认识生活，是值得我们思考的。

　　总之，多读古今中外的经典名著，可以让我们开阔视野，增长知识，以及提高思辨能力。

二、读经典名著，思考人生

　　经典名著都是由优秀的作家创作出来的。人们对这些作家给予了很高的评价，称他们为"人类灵魂的工程师""爱和美的天使""生活和人生的导师"。这说明作家在人们的心目中具有崇高的地位。

　　一位优秀的作家应当要有社会责任感和使命感，通过自己所描绘的生活画面告诉人们什么是真善美，什么是假恶丑，什么应当追求，什么应当鄙弃；通过创造的人物形象去影响人们，让人们思考人生。

　　例如，奥斯特洛夫斯基的《钢铁是怎样炼成的》，在我国就曾产生过极大的影响，作品主人公保尔·柯察金的英雄形象，鼓舞着千千万万的革命青年。我在华南师范大学工作时的导师谢中征在他的《怀旧抒情文集》后记中写道："1950年我刚参加革命工作时，阅读了共产主义教科书《钢铁是怎样炼成的》，对我的成长有很大的作用，其中保尔的一段话，在我的人生里程中，不断地教育和鞭策着我。'人最宝贵的是生命，生命属于我们只有一次。一个人的生命应该这样度过，当他回首往事时，他不因虚度年华而悔恨，也不因碌碌无为而羞耻。这样在他临终的时候，就能够说：我已把整个的生命和全部精力都献给了最壮丽的事业——为人类的解放而斗争。'现在把这段话重温,与大家共勉。"当我读了这本文集的后记之后,才知道谢老师一直以保尔的这段话在教育和鞭策自己。由此可见,文学对人生的影响是何等的深刻。

文学作品,尤其是小说中的人物形象,是通过鲜明的个性,表达一定的思想意义的。我们分析人物形象时,既要挖掘人物的思想意义,又要对人物形象的个性特征做艺术分析。只有通过对人物形象的艺术分析,才能更深入地挖掘人物的思想意义。而今天我们的思考重点在于作品中的人物形象对我们人生的影响。

我们多读经典名著,分析作品中的人物形象,可以促使我们去思考人生、去提高我们的境界,也就是我们常说的,受到政治思想和道德品质的教育。

有些作品塑造的人物形象让我们深受感动,可以帮助我们坚定理想信念。

罗广斌、杨益言创作的《红岩》(读过这部作品的请举手)于 1961 年 12 月出版以后,深受国内外广大读者的欢迎和喜爱。在 4 年多的时间里,就印发了 500 多万册。小说出版后,曾先后译成日本、德国和朝鲜等国文字,并改编成话剧、歌剧、电影等多种文艺样式。小说中的英雄人物,都满怀着崇高的共产主义理想和顽强的革命斗志。1948—1949 年,山城重庆处在黎明前最黑暗的时刻。环境是艰苦的,斗争是残酷的。为了镇压革命活动和消灭我们党的组织,国民党反动派在西南山城重庆设立了两个庞大的集中营,并采用了"最新式"的、"最特效"的刑具。但,所有这些,在真正的共产党人的面前都完全失灵、无效。为了保护党、保护人民的革命事业,我们共产党人在这斗争最残酷、最艰苦的严重时刻,显示出坚定的革命意志和伟大的自我牺牲精神。当特务头子徐鹏飞以死来威胁许云峰时,许云峰回答:"人生自古谁无死。可是一个人的生命和无产阶级永葆青春的革命事业联系在一起,那是无上的光荣!"江姐在渣滓洞刑讯室内,尽管灭绝人性的特务采用倒吊、电刑和竹签插指头等毒刑,但敌人从许云峰身上得不到的东西,在这位女共产党员的身上同样落空。江姐说:"上级的姓名、住址,我知道,下级的姓名、住址,我也知道……这些是我们党的秘密,你们休想从我口里得到任何材料!"临刑时刻,她从容、镇定,"脸不变色、心不跳"。成岗在狱中,特务企图采用"四十八套美国刑法"来迫使他"自白",但这丝毫不能动摇一个真正的共产党人钢铁般坚强的意志:"人,不能低下高贵的头,只有怕死鬼才乞求自由,毒刑拷打算得了什么? 死亡也无法叫我开口!"赴刑时,他坦然无畏地向许云峰告别:"老许,我先走一步!"这些英雄人物,为了革命事业的胜利，他们勇敢地承担了一切苦难和牺牲。《红岩》的作者曾说："狱中的老同志说过，万一我们当中有人活着出去，一定要把这里的斗争告诉后代，让他们知道，他们的老一辈，为了共产主义事业，为了无产阶级的解放，是怎样同美蒋匪帮进行斗争的。"两位作者都是越狱脱险的，作者实现了烈士们的遗愿，为我们创作了这部优秀的长篇小说。今天，我们该如何学习这些共产党人高尚的情操、伟大的胸襟和崇高的革命气节，这都是值得我们思考的。今天，我们都生活在和平的环境里，但是，我们仍要坚定理想信念，我们要敢于战胜遇到的困难和人生挫折，写好自己的人生。

有的作品所塑造的人物形象、所表现的高贵品质，也可以帮助我们修养道德品质、提高精神境界。例如，刚才提到的谌容的《人到中年》，作品塑造的陆文婷医生具有高尚的医德。这种高尚的医德集中体现在她对待三个不同身份的患者身上。这三个患者一个是身居高位的焦副部长，一个是贫穷朴实的张老汉，一个是天真幼稚的小孩王小嫚。陆文婷想到的不是他们的身份，而是他们的眼睛怎么了？她一视同仁，精心治疗。从这一点来说，我们想到了什么？在座的同学们今后有的会当老师。当你成为人民教师之时，你面对的是来自不同家庭的学生，你能做到"一碗水端平"，公平、公正地对待每一位学生吗？陆文婷身上的确有很多东西值得我们学习。她18年来，兢兢业业，勤勤恳恳，从不计较地位低、工资少、住房挤、家务累，为了"使千千万万人重见光明"，献出了她全部的智慧和精力、青春和生命，这种"孺子牛"的精神我以为，值得我们学习。这种"孺子牛"精神也是一种高尚的职业道德。我们在座的同学们今后不管从事何种工作，都要有高尚的职业道德。

有的作品所塑造的人物形象，会让你想得很多很多，让你去认识、去体味、去抉择、去思考自己的人生路。

杨沫的《青春之歌》里的林道静，这一形象大家都很熟悉。林道静由一个小资产阶级知识分子成长为一个无产阶级先锋战士，经历了与封建家庭、与个人主义小家庭、与旧我等三次重大决裂，在党的培养下才逐渐成长成熟起来。从她的身上，我们可以看出共产党是青年的保护者和引路人。杨沫在《谈谈〈青春之歌〉里的人物和创作过程》中说："深深感到青年人只有走共产党所领导的革命道路，只有把个人的命运和祖国的命运结合在一起，才是唯一正确的出路。"杨沫还说："从死里救出林道静生命的虽是余永泽，而真正给了林道静生命的却是党。"林道静这一形象是很值得我们思考的。我们该如何走自己的人生路？当今，我们生活的环境已与林道静的年代大不一样，但我们要认识到，在这纷繁复杂的世界里，我们同样会遇到困难、挫折。生活的道路不会是平坦的，那么我们该如何面对、如何健康成长，这都是值得我们思考的。

总之，我们要多读文学作品，通过分析作品中的人物形象，去思考人生、认识人生、辨别人生，对人生的行为要有所取舍，有所取舍必然会有所收获。

三、多读经典名著，提高评论能力

文艺理论家刘勰说过："凡操千曲而后晓声，观千剑而后识器。"（《文心雕龙·知音》）如果我们多读文学作品，并且能深入思考和进行比较研究，我们的评论能力就会逐步提高。多读文学作品，多读经典名著，也是为了提高我们的研究能力。

如果把鲁迅的《阿Q正传》、高晓声的《陈奂生上城》、王蒙的《买买提处长轶事》放在一起来阅读，我们会发现这些作家都运用了"自我解嘲"的手法塑造形象，但得出的效果都不一样，其中就包含着一种新的追求和超越。

生活中，有些人当自己无法得到某样东西，或遇到了某种挫折，或受到某些人的嘲弄时，为了聊以自慰，便从自己的需要出发，任意编造解脱的理由，以获得一种心理上的满足，甚至精神上的胜利。而这些自解的理由，恰与观赏者正常的理解形成矛盾，从而让观赏者觉得解嘲者自解时正是自嘲，因而产生了笑料，形成喜剧性。

鲁迅先生运用了"自我解嘲"的手法塑造了阿Q形象。大家都知道，阿Q喝了两碗黄酒，就忘乎所以了，宣称"他和赵太爷原是本家，细细地排起来他还比秀才长三辈呢"，这立即招来了赵太爷的训斥和殴打。面对赵太爷的淫威，阿Q只能默默忍受，内心虽然不服，却不能有任何反抗的表示。然而回到土谷祠里，躺下之后，他却愤愤然地想："现在的世界太不成话，儿子打老子……"这样一想，便觉得赵太爷也不过是自己的儿子，"自己也渐渐地得意起来"。这也就成了阿Q的"精神胜利法"。

在梁晓声笔下诞生的"漏斗户"主陈奂生，全靠继承了阿Q的"精神胜利法"，才顶住了刻薄人的嘲笑。当陈奂生为借粮无门而苦恼埋怨之时，有人对他说："亏粮不是你一个人的问题，有一大批人呢。"陈奂生顿时深感欣慰。因为亏粮的不是他一个人，有许多同伴陪着，陈奂生也就有些心安。想想大家都亏粮，又怎么能借粮食来？陈奂生找到了借不到粮食的理由，心里就不再埋怨了。不过，肚子饿得厉害的时候，陈奂生也难免要怨怨，可是想想"这又不是欺他一个人的事"，"只要不是欺他一个人的事，也就不算是欺他"，怒也就自生自灭，安心去连任他的"漏斗户"主去了。陈奂生的解嘲方式，跟阿 Q 如出一辙。但如果陈奂生的解嘲理由还是跟阿 Q 的一样，那么，今天大家就肯定不会再笑起来。妙就妙在梁晓声能如此合情合理地为陈奂生想出了聊以自慰的理由，这些理由又是如此地具有陈奂生时代的色彩。请看看陈奂生为一夜住宿花去五块钱而聊以自慰的理由吧：

陈奂生自问自答，"左"思右想，总是不妥。忽然心里一亮，拍着大腿，高兴地叫道："有了。"他想到此趟上城，有此一番动人的经历，这五块钱花得值透。……试问，全大队的干部、社员，有谁坐过吴书记的汽车？有谁住过五元钱的高级房间？……他精神陡增，顿时好像高大了许多。……哈，人总有得意的时候，他仅仅花了五块钱就买到了精神和满足，真是拾到了非常的便宜货，他愉快地划着快步，像一阵清风荡到了家门。

别以为"继承"是一件容易的事，"继承"之后不会活用，未必能令人开颜。难得的是陈奂生继承了阿 Q 的解嘲术之后，得到了比阿 Q 更大的"胜利"。大家知道，阿 Q 的"胜利"是虚无的，而陈奂生的"胜利"却是有假有真的，因为，"果然，从此以后，陈奂生的身份显著提高了，不但村上的人要听他讲，连大队干部对他的态度也友好得多……从此，陈奂生一直很神气……"面对陈奂生的解嘲，大家自然会觉得好笑。一方面是陈奂生解嘲得令人可笑，另一方面是梁晓声笔下的世态真实得确实好笑。试想，如果梁晓声仅仅继承了"解嘲术"，而无洞察当代世态的敏锐，又怎能孕育出这个"陈奂生"呢？

如果说，陈奂生仅仅达到"继承"的水平，那么，买买提处长则是超过了陈奂生而达到"创造性地继承"。因为阿 Q 和陈奂生解嘲之后，他们心里的确得到了满足和安慰，这种满足感，来自他们的"愚"和"憨"。而买买提处长的解嘲，则是有别于阿 Q 和陈奂生那种"愚解"的。让我们先来看看买买提的解嘲术：

买买提推开了援助他的手，颤巍巍地站起来，吐掉满口的血水，满脸血污地指着自己的后背让人念念小将们到底写了什么。

"黑作家买买提！"众人读道。

"看吧，"买买提喊叫了起来，由于嘴唇和牙齿受伤，他的口齿有些不清，但是热烈与兴奋的情绪溢于言表，他喊道，"你们不承认我是作家，人民承认！"

买买提明明被打成这般惨苦，却还兴奋成这个样子，真令人觉得好笑。可是联系整个喜剧情景，大家不难看出，买买提这时的"满足"绝不是阿 Q 式的"满足"。买买提清醒地知道，被打成"黑作家"并不等于是"作家"。可是，试问在那个是非颠倒的疯狂年代，还有什么方法比解嘲更能减轻或解脱精神上的痛苦呢？显然，买买提的"创造性"，就在于它的解嘲不再是盲目的"满足",而是一种理性的"智解",一种苦中作乐、解脱不幸和痛苦的"青春保"。再细嚼买买提解嘲的言行,大家不难体味出解嘲中还蕴含着反嘲的火药味,隐含着顽强的、绝不屈服的"胜利感"。可见,买买提的"创造性",还在于它将解嘲转变为"凭借个人的机智、幸运、感觉、情绪、情感力量甚至幽默、讽刺对不幸和挫折所采取的富有哲理性的对抗而取得的胜利",从而得到有别于阿 Q 式的另一种心理"满足"感和"胜利"感。难怪不少评论家高度评价王蒙创造性地运用解嘲术塑造了一位肯定性喜剧形象、一个富于喜剧生命意识的形象。

进行这种研究性的阅读,有助于我们发现值得研究的课题。如果我们进行比较性的深入研究,就会提高我们的研究能力和评论能力。

大家读过王蒙的《风筝飘带》吗?作品写了两个人物:佳原和素素。佳原是在街道服务站学修理雨伞的,素素是在清真馆端盘子的服务员。两人恋爱了。佳原希望素素学点阿拉伯语。素素说:"埃及大使不会到这里来。"佳原说:"但是您可能担任驻埃及大使。"素素说:"您可真会开心。"佳原说:"你应该坚信,您完全可以做到和驻埃及大使具有同样的智慧、品格、能力,甚至远远地把他甩在后面。您可以做不成大使,但是你应该比大使还强。关键在于学习。""我们还得用功,我们要一个又一个地考上研究生。"

他们的对话意味着什么?意味着他们有一种积极向上的心态,就像风筝的飘带冉冉向上。

把"风筝"送给你们,希望你们昂扬向上!

我们共同仰望星空,同时也要脚踏实地。

我们别忘了农民给我们的启示:农民也会仰望蓝天、白云、太阳和星星,但他们更注重凝视脚下的土地,他们渴望丰收,但他们更注重辛勤耕耘,他们深深地懂得种瓜得瓜、种豆得豆,有耕耘就会有收获。

我们别忘了我们自己。我们既要有崇高的理想,又要了解发展中的国情,加强自身的德学修养,提高自身的公平、公正、公开的竞争实力,走好自己的人生路。

启迪创新意识 培养创新精神①

——关于中文专业学生毕业论文写作的思考

江泽民同志在庆祝北京师范大学建校 100 周年大会上的讲话中指出："各国之间的竞争，说到底，是人才的竞争，是民族创新能力的竞争。教育是培养人才和增强民族创新能力的基础，必须放在现代化建设的全局性战略性重要位置。"② 江泽民同志的讲话在社会各界尤其是在教育界引起了强烈的反响。近年来，教育界人士就创新教育问题展开了深入的探讨。我们认为，创新教育是以培养学生的创新精神和创新能力为重点，是培养创新型人才的价值取向的教育，是一种新的教育理念。因此，高等教育要重视培养大学生的创新意识、创新精神、创新思维和创新能力，要普遍提高大学生的人文素养和科学素质。

高校教师是创新教育活动中最活跃的因素，为了培养创新人才，他们在创新教育观念和教育思想、更新教学内容和教学方法上，都做了大量的卓有成效的工作。我们在教学实践中，认识到发挥教师的引导作用，提倡研究性学习，在学年论文、毕业论文写作中培养大学生独立思考与探究精神、创新思维和创新能力是一个行之有效的途径。

一、 学习创新意识和创新精神

本科生在撰写毕业论文的过程中，要自觉地学习学术大师的创新意识和创新精神。在教师的指导下，独立撰写学年论文、毕业论文（毕业论文也是学术论文的一种），这就意味着要求学生运用自己所学的理论知识去发现问题、分析问题和解决问题，要求学生撰写的论文不能人云亦云，要有一定的创新性。但是，就目前高校的情况来看，有 50% 以上的大学生写毕业论文时

---

① 本文原载于《肇庆学院学报》2003 年第 6 期。

② 尹鸿祝，李江涛. 实施科教兴国战略大力推进教育创新［N］. 中国教育报，2002 - 09 - 09（1）.

最担心自己"缺乏创新"。要改变学生这种心态，让学生树立起勇于创新的自信心，有必要让学生学习学术大师的创新意识与创新精神。学术大师之所以被人们尊为学术大师，就是因为他们具有强烈的创新意识和创新精神。由于他们有了创新意识和创新精神，他们才会在各自学科领域中不因循旧说，探寻新的发现，从而形成新的观点、新的成果。

例如，著名的文学理论家、作家和诗人冯至在杜甫研究上就具有创新意识、创新精神。据有关资料介绍，杜甫研究已有近千年的历史。有人统计，集注近400种，考证、笺释、辑评有200多种，年谱有50多种，关于杜诗的诗话可谓"车载斗量"。许多研究杜甫的专著和论文也颇有创见，但从整体上去研究杜甫和把握杜甫的工作，却一直没有人去做，原因是多方面的：一是要花大量的时间和精力；二是要为杜甫写一部反映他一生的传记，史料不足；三是已有不少人研究，写出一些颇有创见的文章，再创新也不是一件容易的事。然而，冯至却迎难而上，从1947年开始到1950年，用了4年的时间从整体上去研究杜甫，在前人研究的基础上，再深入研究，提出新的见解，终于撰写出《杜甫传》。这本传记是杜甫研究史上的第一本，具有开创性的意义：其一，为了克服史料不足的困难，冯至回到杜诗本身，采用了"以杜解杜"的新办法，纠正了不少史料中一直未受人怀疑的错误。其二，这部传记的创新之处在于一方面能"帮助人更深一层了解作品"，另一方面在于能"使人纵使不读作品，面前也会呈现出一个诗人的图像"。其三，这部传记既是一本严谨的学术著作，也是一件动人的文学作品。冯至将两者很好地结合在一起，成为创新之举。这本传记不仅受到许多学者、读者的好评，而且还受到了毛泽东同志的好评。如果冯至没有强烈的创新意识和创新精神，他就不可能写出《杜甫传》。又如著名的文学史家郑振铎在20世纪20年代发现没有一部像样的中国文学史，于是他决定要写一部足以再现中国文学整个真实的面目与进展的历史著作。他用了10多年的时间来撰写《插图本中国文学史》。这部文学史共64章，收入插图174幅，从文学的起源一直叙述到晚明的文人创作，不仅反映了各时期文学的总貌与成就，清晰地体现了文学史发展的线索与规律，而且还开创了在中国文学史著作中进行中西文学比较的先河。这部文学史以其大胆的革新创造、丰富的史料和精美的插图，得到学术界的好评。郑振铎这种敢于创新的精神，无疑是很值得我们学习的。还有著名的文学理论家俞平伯撰写的《红楼梦辨》《〈红楼梦〉八十回校本》，著名的文学史家钱锺书撰写的《管锥篇》《谈艺录》等，都蕴含着学术大师在学术研究中敢于创新的精神。

创新是学术研究的生命，只有不断地探索追求，才会有新的发现，才会有新的研究成果。在当今激烈竞争的时代，大学生应当清楚地认识到，没有创新精神和创新能力、不会发现问题和提出问题的学生，很难说是好学生。因此，我们要认真学习学术大师们敢于创新的精神，从而树立起创新的自信心。

二、 明确创新的表现

中文专业的本科生在撰写毕业论文的过程中，在学习学术大师敢于创新的精神基础上，还要进一步明确何为创新。创新就是指研究者在研究过程中具有新的发现、新的见解、新的成果。创新思维离不开对已有结论的怀疑。培养创新思维，关键是找到从怀疑向创新转化的契合点，做到不迷信权威、不盲目从众，善于有根据地怀疑，对看似简单的东西如实地揭示它的复杂性，对看似不言而喻的思想深入揭示它的各种思想前提。创新的表现，主要有以下几个方面。

（一） 在继承原有的研究基础上寻求新的发展

任何科学成果都是在前人的基础上发展创新而来的。有的大学生认为别人研究过的题目没有再研究的必要，再研究也不能出新成果。甚至还有人说，新中国成立几十年来，没有产生过像鲁迅、郭沫若、茅盾这样的大家，没有什么可研究的。这种看法，应当说太片面了。这几十年来，的确没有产生像鲁迅、郭沫若、茅盾这样的大家，但产生了他们那个时代没有也不可能有的文学作品，塑造了他们那个时代不可能出现的人物典型。如果我们真正地进入当代文学的研究领域，就会发现可研究的课题是相当丰富的。例如，在 20 世纪 50 年代，苏联的文学作品、创作理论、文艺思想论争，都曾经直接或间接地影响着我们的文坛。其中有进步的，也有僵化的；有合理吸收的，也有生搬硬套的。这些错综复杂的文学现象，就很值得我们去研究。又如新时期的文学与新中国成立后的"十七年"的文学相比较，无论是在题材、主题的多样化方面，还是在人物形象塑造方面，以及表现手法的多样化，作家艺术风格的建树方面和文学观念方面，都有突出的变化和发展，选择其中之一进行研究，完全可以提出新的研究成果。学术研究领域有不少新成果，往往是在原有研究的基础上发展起来的。例如，郭沫若在甲骨文研究的领域里走出一条"读破它，利用它，打开它的秘密"的途径，写出了《甲骨文研究》这一新成果。但在他揭示了甲骨文的秘密之后，他又发现自己先前的"读破它，利用它"存在着某些"错误的看法"。于是，他在原有研究的基础上，又进一步研究，撰写出《卜辞通纂》，从而确立起认识甲骨文的"系统"，将甲骨文按照干支、数字、世系、天象、食货、征伐、畋游、杂纂 8 类编排。"这不仅把甲骨卜辞各项内容的内在联系交待得一清二楚，而且为初涉这一领域指明了入门的路径，即先从判读卜辞的干支、数字、世系入手，进而探寻其所显示的社会内容。"① 郭沫若在原有研究的基础上不断深入研究、不断提出新的见解、不断完善新的见解，是一种创造，也是一种发展性的创新。由此可见，在别人研究的基础上，仍然可以再深入研究，仍然可以得出新的研究成果。

（二）在学术争鸣中提出新见解

在开展学术研究的过程中，学术争鸣是不可避免的。它往往可以激活人们的思维，激发研究的兴趣，促进学术研究的发展。因此，在学术争鸣中能提出自己的独立见解，也是一种创新的表现。

例如，王福湘的《几部经典文本的修改与当代文学的版本问题》②，可以说是在争鸣中提出了自己的新见解。在《中国当代文学史》中，《红旗谱》《青春之歌》《山乡巨变》和《创业史》一直被称之为 20 世纪五六十年代革命历史题材和农村变革题材的优秀长篇小说，对这 4 部长篇小说的原版本和修改本也一直存在着不同的评价，有的说原版本不如修改本，有的说修改本不如原版本，但都缺乏版本之间的具体比较研究。而王福湘的这篇论文，通过具体深入的比较研究，提出了自己的新见解："不论思想还是艺术，这些修改本都比初版本逊色，修改并不成功，或者简直就是失败。"尤其是论文提出了"为什么修改本总不如初版本"的原因所在——"当代文学的某些特质和规律"，这是很有见地的立论，对重新认识这 4 部作品的修改本是很有意义的，表现出一种创新性。又如，李靖国的《鲁迅〈狂人日记〉重探》③，也是在学术争鸣中提出了自己的新见解。在学术界，众多的学者专家都认为，五四新文学的开山之作《狂人日记》最突出的成就，在于鲁迅塑造了一位彻底的不妥协的反封建斗士——"狂人"的形象。而李靖国经过多年的深入研究和多角度的深入分析，则提出了"狂人""这个形象的反封建，并不具备彻底性与不妥协性"的新见解。我们认为，在评析《狂人日记》的论文可谓汗牛充栋的今天，李靖国却能读出它的新意，提出新的见解，这对于人们重新认识和评价"狂人"这个形象是有启迪意义的。

---

① 谢保成. 郭沫若［M］//中国社会科学院科研局. 中国社会科学院学术大师治学录. 北京：中国社会科学出版社，1999：8.

② 王福湘. 几部经典文本的修改与当代文学的版本问题［J］. 海南师范学院学报，1998（2）：38 -45.

③ 李靖国. 鲁迅《狂人日记》重探［J］. 文学评论，2002（4）：111 -115.

（三）在再认识再评价中推翻前人的定论

在中国当代文学研究中，曾出现过极为特殊的现象，即文学评论由于受错误思潮的影响，褒贬依据"风向"，定论全靠"气候"，对一些作家作品没有做正确的、公允的评价，随意歪曲事实，无限上纲批评。这种不确切的批评定论，需要我们重新认识、做出新的评价。

例如，在20世纪50年代初期对路翎《洼地上的"战役"》的批评定论，就需再认识、再评价。《洼地上的"战役"》是一篇反映抗美援朝战斗生活的小说。它通过一个朝鲜姑娘和一个志愿军战士之间所发生的纯朴的爱情故事，赞美了中朝人民的深情厚谊。但在50年代，有的名作家、名评论家却把这部作品批评为"散布消极、动摇、阴暗、感伤的情绪，散布和平幻想和反动腐朽的资产阶级的思想感情"，具有"反动性"和"反革命本质"。这种批评定论，不仅使作品遭到了批判，而且也使作家遭到了迫害。1981年野艾在《对一个熟悉的陌生人的问候——向路翎致意》中，对《洼地上的"战役"》做出了新的评价："这部以朝鲜战争为背景，描写朝鲜姑娘金圣姬和志愿军战士王应洪之间真实、朴素而又微妙的爱情的作品，在我所在的部队，受到了普遍的欢迎。""作品严格地从生活的真实出发，毫不回避现实生活中完全可能出现和存在的矛盾、冲突，使描写的人物在尖锐的思想、感情交锋与纠葛中经受考验，从而在生活聚光的焦点中闪耀出照人的光彩。""为战地爱情和革命的理想主义谱写了一曲壮丽的凯歌"①。这种敢于推翻名作家、名评论家的定论，敢于重新做出公允的评价的精神，是相当难能可贵的。

（四）填补空白的新发现

填补空白的新发现，往往是指把已经存在的却未被人们发掘的东西认识出来。这种新发现、新认识，往往会使所研究的科学领域得到进一步发展。例如，古文字学家、历史学家季羡林，以自己掌握的多种古代语言为工具，着重研究佛教史和中印文化关系，先后发表了《浮屠与佛》《论梵文 td 的音译》。"这两篇论文在中国佛教史研究领域中别开生面，用比较语言研究方法，令人信服地证明汉译佛经最初并不是直接译自梵文，而是转译自西域古代语言。"② 这种新发现、新理论，无疑填补了空白，成为该领域研究的宝贵

---

① 野艾. 对一个熟悉的陌生人的问候：向路翎致意［J］. 读书，1981（2）：89－92.
② 黄宝生. 季羡林［M］. 中国社会科学院科研局. 中国社会科学院学术大师治学录. 北京：中国社会科学出版社，1999：565.

财富，也将促进该领域研究的进一步发展。这种开辟新领域的探索性研究，极具创造性和创新性，但难度比较大。像这类填补空白的研究，中文专业的本科生是不易做到的。

以上从四个方面介绍了如何去创新，可以肯定地说，学术论文的创新表现远不止上述四个方面。但我们择其一点进行学习，使自己所写的论文有一得之见，也是一种收获和进步，并在此基础上，逐渐培养自己的创新能力。

三、 写有创新价值的论文

本科生在撰写毕业论文中，要写出有一定创新价值的论文。

学生在日常的学习中，就要注重阅读原著，如学术著作、学术论文以及其他相关的书籍，注重读书与思考相结合，在广泛的阅读与思考中发现值得研究的问题，从而提高自己的思辨能力和创新能力。

认真研读原著，可以帮助我们发现值得研究的问题。目前，有的学生深入研读原著不够，往往读一遍原著之后，就急着去找有关的评论文章，急着动笔写，研读思考不够深入，其结果往往是写了一半就写不下去了。虽然多读几遍原著会花费较多的时间和精力，但是多读几遍原著，多思考原著所描述的生活现象和众生相，我们就会进一步理解作家的创作目的，就会发现一些值得我们研究的问题。例如，关汉卿的《窦娥冤》、曹禺的《雷雨》、崔德志的《报春花》，如果我们能深入研读这些剧作，并且将其联系起来思考，我们就会发现这 3 部作品虽然先后出自元代、现代、当代，但都是写了生活中的悲剧。这些悲剧让人惊叹、让人流泪、让人愤懑。如果再进一步进行比较研究，我们会发现由于时代的不同，他们所揭示的悲剧成因有所不同，所塑造的悲剧形象的个性特征有所不同。如果再发散开来思考，我们还会提出另外一些问题：社会主义时期为什么会产生悲剧？社会主义时期悲剧的特征是什么？恩格斯的悲剧论断是否还适用于社会主义社会？对这些问题，如果能深入探讨，将得出的见解写成学术论文，肯定会有新意。又如，我们都比较喜欢读长篇小说。如果我们在读每部长篇小说之时，除了注意它的题材、主题、人物形象之外，还注意它的结构艺术，我们就会发现不同的作家在创作长篇小说之时所采用的结构艺术不一样。曲波的《林海雪原》、杜鹏程的《保卫延安》运用的是纵式结构，即人们常说的单线发展的情节结构；欧阳山的《一代风流》、杨沫的《青春之歌》、梁斌的《红旗谱》运用的是以主人公为中心的结构；周而复的《上海的早晨》、柳青的《创业史》、姚雪垠的《李自成》，采用的是复式结构；李国文的《冬天里的春天》采用的是心理结构；刘心武的《钟鼓楼》运用了花瓣式结构；张洁的《沉重的翅膀》

则综合运用多种结构艺术。我们认真去思考这种现象，就会发现我国当代长篇小说结构艺术的发展变化。如果我们认真去研究，就会发现值得我们探讨的问题有很多，例如：各种结构艺术的特点有什么不同？不同的结构艺术在反映生活、塑造人物形象等方面起什么作用？作家们为什么要运用不同的结构艺术？如果我们能结合原著去思考这些问题，进一步分析这些问题，不但会提高阅读能力，而且会提高分析思考能力，这对我们写出有新意的论文来说是很有帮助的。

除了认真研读原著外，我们还要注重读一些学术著作和学术论文。读学术著作和学术论文，一方面可以帮助我们了解作者是怎么治学、怎样写作的，并吸收他们成功的经验；另一方面还可以帮助我们学习和借鉴前人的见解，开阔我们的眼界，启发我们的思路，从而提高我们的思辨能力。我们有的学生不愿意去读学术著作和学术论文，因为学术著作和学术论文比文学作品难读，往往会让人感到枯燥。然而，只要我们认真去"啃"一些学术著作和学术论文，就可以启迪我们的思维，帮助我们发现一些问题。在 20 世纪50 年代初期，山东大学毕业的两位文学青年李希凡和蓝翎在认真研读了俞平伯先生的学术著作《红楼梦研究》和《红楼梦简论》之后，发现其中有错误之处，于是他们先后发表了《关于〈红楼梦简论〉及其他》①和《评〈红楼梦研究〉》②，批评了俞平伯在《红楼梦》研究中的错误观点。李希凡和蓝翎是在阅读了俞平伯的著作，做出了认真分析和思辨之后，才对俞平伯进行批评的，虽然尚有欠客观、欠全面之处，但他们大学刚毕业，就敢于不畏权威，敢于对权威提出质疑，敢于发表自己的见解，这种精神是难能可贵的，对活跃学术研究也是很有意义的。陈平原撰写的博士论文《中国小说叙事模式的转变》，被称为 80 年代中国文学研究的一部里程碑式的著作。为写这篇论文，陈平原阅读了 1898—1927 年这 30 年间发表的小说和相关的大量中外理论著作。陈平原在论文中创造性地运用形式主义、结构主义、符号学、现象学、美学等理论，从类型学、文体学、主题学、叙事学等层面综合把握中国小说叙事模式的转变这一极富学术价值的理论课题。③ 很显然，多读书、多思考，有助于我们写出具有丰富内容和具有创新性的论文来。正如清代文学家方东树在《复罗月川太守书》中所说："平日读书考道胸中积理至多，及临事而文，举而书之，泉之达，火之燃，江河之决，沛然无所不注。所以

---

① 李希凡，蓝翎. 关于《红楼梦简论》及其他［J］. 文史哲，1954（9）：20 – 25.

② 李希凡，蓝翎. 评《红楼梦研究》［N］. 光明日报，1954 – 10 – 10（5）.

③ 祝晓风，张涛. 博士论文只是一张入场券：陈平原谈博士论文［N］. 中华读书报，2003 – 03 – 05（9）.

义愈明，思愈密，而其文层见叠出不可穷。"

本科生要提高自己的创新能力，除了阅读专业书籍外，还需要扩大阅读面，阅读跨学科的书籍，以更丰富的知识武装自己。就如研究语言文学，同样需要广博的历史、哲学、宗教、社会学等学科知识。研究当代文学，如果不了解古代文学和现代文学，就不可能进行纵向比较；如果没有较广泛的外国文学、历史学的知识，就不可能进行横向比较。尤其是研究近年来的作家作品，如果不了解社会现实、时代精神以及市场经济冲击下的人的不同价值取向、人们的心理情绪等，也不可能把握作家作品所表现的深刻意蕴。比如，《当代小说探索与西方现代派文学影响》《当代汉语散文流变论》《五四作家与佛教文化》《契诃夫与现代中国的"小人物"形象》等论文，显示出作者丰富的知识储备和发现问题的敏锐眼光。

作为 21 世纪的汉语言文学专业的大学生，应当与时俱进，大胆走近当代文坛，注意当代文学创作的新动向，参与文学评论，对文学创作现实直接发言。近年来，当代文坛出现了"商战小说""言情小说""武侠小说""反腐败小说""历史题材小说"，以及电视剧"黑洞""黑金""黑冰"等文学现象。为什么会出现这种文学现象？这种文学现象的产生有什么价值和影响？在当代文学发展史上占什么样的地位？如果我们能积极参与这些文学现象的分析评论，让学生去思考、去动笔，这样就会使学生贴近当代文坛的现实，激活学生的创新思维，参与当下的文化建设，为中国当代文学创作和文学评论的繁荣发展做出贡献。

"教育的最终目的不是传授已有的东西，而是要把人的创造力量诱导出来，将生命感、价值感'唤醒'，'一直到精神生活运动的根'"①。指导学生的研究性学习，目的在于唤醒学生的创新意识，培养学生的创新精神。毕业论文的写作过程，的确是启迪学生探究问题、追求真理的兴趣，破除认识事物上的思想惰性，将已有的知识内化和实践锻炼成为创新的能力。独立思考，大胆创新，促进大学生素质的全面提升，培养和造就一批高素质的创新人才，才能适应 21 世纪中国高等教育发展的要求。

---

① 邹进. 现代德国文化教育学 [M]. 太原：山西教育出版社，1992：68.

第四部分

文化建设与情怀

"以德为行，以学为上"是高校师生成长的基石[①]

——专访广东技术师范学院党委书记邝邦洪教授

日前，在联合国维和警察部队从警的林观金在他的母校广东技术师范学院汇报从警 8 个月的惊险磨砺的故事，引起师生的极大兴趣。这位三年前毕业的维和警察，讲得最多的是他在广东技术师范学院求学时所受到的德育教育。据悉，从 2000 年起至今，该校已有多位毕业生到西部边疆条件艰苦的地方从教，体现了该校对学生进行素质教育的传统。

当下，社会有一些浮躁的现象，在高校也有。但高校育人信念与追求是不能变的。广东技术师范学院党委书记邝邦洪教授对高校师生的德与学有深刻体验和实践。这位从事高等教育 30 多年的教育家，经历了教书育人的风风雨雨。他说："无论社会如何变化，'以德为行，以学为上'仍然是高校师生成长的基石，也是一所大学办学理念和教师教书育人始终不变的追求。"从广东肇庆学院到广东技术师范学院，邝邦洪教授思考和实践最多的就是怎样让师生自觉践行"以德为行，以学为上"的教育思想。近日，记者在广东技术师范学院采访时，就一所大学怎样践行"以德为行，以学为上"教育思想与该校党委书记邝邦洪教授进行对话。

记者：最近个别高校出现教师与学生之间不甚和谐的教与学的关系，引起媒体的广泛关注。从一定意义上说，它折射出教与学本身的矛盾，似乎也反映了高校要进一步加强教师的师德建设。如果从"以德为行，以学为上"的教育思想来看，这些不甚和谐的教与学的关系应如何处理和引导？

邝邦洪（以下简称"邝"）：教与学本身是一对矛盾，作为高校教师应该是矛盾的主导者，其中教师的师德和才学显得尤为重要，教师有德无才教不了学生，有才无德培养不了好学生。有个别教师的师德缺失确实应该引起高度重视。

我在高校工作 30 多年，对教师、学生的德与学的思考比较多，从在华南师范大学中文系担任系主任到一所大学担任校长，再到党委书记，经历了

①　本文原载《人民文摘》2008 年第 5 期。作者：吴春燕。

许多教育方面的事情，对师生的成长体会较深。所以在肇庆学院当校长时，我把"以德为行，以学为上"写在校歌中。调到广东技术师范学院当党委书记时，我仍然把"以德为行，以学为上"这一教育思想作为学校师生的行为准则，主要是解决师生的"德与学"的问题。

这着重从三个层面上来要求：一是在教师中大力加强教师的职业道德建设，目的是提高教师的教学科研质量，提高育人水平，从而提升学校的教风、学风和校风，促进人才培养，促进学校教育事业的发展；二是在学生中加强道德品行的教育，主要是要培养学生高尚的道德情操和良好的行为习惯，树立终身学习的理念，要求学生把学习放在重要的位置上，通过学习增长知识、增长才干、增强核心竞争力；三是在广大管理人员中大力开展机关作风建设，要求大家进一步树立全心全意为师生、为教学、为科研服务的意识，强化工作效率和服务质量，多为教学科研工作办实事、办好事。所以，一所大学要有自己的教育思想和实践，把"德与学"放在教育、教学的首要位置。任何一所大学如果忽视师生的德育与治学的教育，都是不负责的教育。在高校建设和谐"教与学"的关系是一项不可忽视的工作，要有能被师生认可的自觉实践的重要载体，只有与师生的长远利益紧密相连的教育才具有永恒的生命力。

记者："以德为行，以学为上"从广义上说不仅是您的教育思想的体现，从师生成长来看，也是您从事高等教育工作的精辟总结。当下高校不时出现一些学术浮躁的现象，师生的"德与学"有时成为舆论的焦点。您怎样看？

邝：自己从事高等教育工作多年，亲身体验高校的发展变化，也看见不少成败得失的例子。"以德为行，以学为上"寥寥八个字，浓缩人生的不尽追求。作为高校教育工作者我们必须清醒地认识到，一个人如果道德缺失，必然会导致功利主义的人生态度，影响自己与学校事业的发展。

我从社会、家庭和自身等三个层面畅谈大学生践行"以德为行，以学为上"的重要性，得到了师生的热烈响应。从社会来说，社会在飞速发展进步，对人才的要求也会有新的要求。社会需要有理想、有道德、有文化、有纪律的德智体美全面发展的社会主义事业的接班人；社会的各行各业都需要德才兼备的人才；我们党选拔干部也历来强调德才兼备，任人唯贤。有惠有才的领导干部才能完成党和人民交给的任务。从一个家庭来说，望子成龙、望女成凤是父母的普遍心理。尤其是来自农村的同学，他们的父母都希望儿女走出山村，成为整个家庭的顶梁柱。做父母的都希望自己的儿女"人品第一、才华出众"。从自身来说，如果我们想有所作为，想成就一番事业，想具有人格魅力，就必须注重德的修养。我们要清楚地认识到，党、社会和人民都需要德才兼备的高素质人才，有德无才会误事，有才无德会坏事。德才兼备是立业成才、奋发有为的根本前提。

高校出现的学术浮躁现象是一个复杂的社会问题，但万变不离其宗，是一个师德的问题，也是学术的态度和学生求学的问题。就一所大学而言，对师生要求就是要不断践行"以德为行，以学为上"，以此作为师生们一生的承诺、一生的实践和一生的追求。

记者：校风、教风和学风的优劣是一所大学培养人才的风向标，一种教育思想的形成总会在一些现象和思考之后才形成。"以学为上"对学生的要求既是求学时的要求，也是走上社会后自我不断学习的要求。

邝：我对学生们说，"以学为上"就是要求学生把学习放在重要的位置上，并且要树立终身学习的理念。在信息化时代，学习将成为人类的第一需要，终身学习将成为一种生活方式和社会的普遍行为。我们只有成为终身学习者，才能保证自身知识不断更新、适应社会的不断变化、增强竞争实力，才能在社会上有所作为。

那么，大学生该如何践行"以学为上"？广东技术师范学院的学生在完成日常的学习任务之后，一是要学会自学，提高自学能力。大学生除了学好本专业的知识外，在教师指导下培养自学能力，要大量地、有选择性地进行阅读，通过读哲学、历史学、文学、美学、伦理学、宗教学、社会学、教育学、心理学等人文学科的书籍，增长人生智慧和强化人文底蕴，进一步思考人生的目的、意义和价值。二是要学会利用学校的有效资源。大学最重要的资源就是教师、图书馆、实验室和同学。大学生要学会利用学校这些有效资源，为学习知识和提高能力服务。三是要学会操作，提高操作能力。强调学生要不断提高动手能力和实践能力，利用各种信息传输手段，收集和利用各种信息。广东技术师范学院的办学定位是"面向职教、服务职教、引领职教"，因此，特别强调学生的动手能力要强，不仅要懂得做，还要懂得为什么这样做，甚至能够讲解指导别人怎么做。四是要学会表达，提高表达能力。现在大学生的口头表达能力有下降的趋势，学生除了练口才外，还要加强心理素质、应变能力、逻辑思维能力的培养。还要注重提高书面表达能力。要读一些理论书，读一些优秀论文，加强实践，不断提高写作能力。五是要学会交际，提高交际能力。现代社会是一个普遍交往的开放社会，个体能力再强也必然要在社会上借助他人的智慧和力量来实现自己的目标。青年学生培养交际能力，应该从与身边的同学多沟通交流、学会欣赏别人的优点和谅解别人的缺点开始。我们还强调学生要培养自立和创新的能力。学习是一个人一辈子的事情。大学生真正能从这些方面来要求自己，努力实践，就能成为有用之才，一所大学的优良校风、教风和学风就能真正形成，并成为传统。

　　记者："以学为上"作为一种教育思想在实践中是否得到检验，学校是否有条件来保证学生的创新能力的培养？

　　邝：近几年来，学校十分注重培养学生的创新思维、创新精神和创新能力。近3年来学校共投入专项资金200多万元，有计划地组织学生进行科技实践、毕业设计和参加各种科技竞赛活动、国内外设计创作比赛，使学生获得实践锻炼机会，取得可喜成果。例如，我们的学生在参加全国大学生数学建模竞赛、全国大学生电子设计竞赛、第九届"挑战杯"全国大学生课外学术科技作品竞赛、第五届"挑战杯"广东大学生创业计划竞赛、"用友杯"全国大学生ERP沙盘对抗赛总决赛、广东省"高校杯"计算机软件设计竞赛、"名瑞杯"2006年中国婚纱设计大赛、第十四届亚太地区室内设计大赛、广东省高校数控技能大赛、第二届"飞思卡尔杯"全国大学生智能汽车竞赛、"索尼杯"全国大学生电子设计竞赛全国总决赛和第三届"科讯杯"全国师范院校学生高清暨DV作品大赛等都获得好成绩，从一个侧面来看，也是"以学为上"的具体体现。

团结奋进　再创辉煌①

——在西江大学建校 30 周年庆祝大会上的讲话

尊敬的各位领导、各位嘉宾、校友们、老师们、同学们：

大家好！

今天，在普天同庆新"千禧"到来的全球大喜日子里，我们迎来了西江大学 30 华诞。在这个隆重庆祝西江大学建校 30 周年的时刻，谨让我代表西江大学，向前来参加校庆的各位领导、嘉宾、校友表示最热烈的欢迎！向 30 年来，给予西江大学关怀和支持的省市领导、港澳同胞、广东省高教厅、肇庆市委市政府各部门、各兄弟院校等致以最衷心的感谢！向 30 年来，为西大发展呕心沥血的历届校领导，向最直接参与西大建设的教职员工们，向历届的西江大学学子们致以最崇高的敬意！

西江大学的前身可以追溯到肇庆地区师范学校，由广东教育学院于 1970 年下放到肇庆地区新兴县高村办学而得名，1975 年改名为肇庆地区五·七师范学院。1977 年 6 月经国务院批准改名为肇庆师范专科学校，并于 1979 年迁到北岭山下办学。1985 年 11 月经广东省人民政府批准，原国家教委备案，在肇庆师专的基础上成立西江大学。惊回首，西江大学已经经历了 30 年的风雨历程。值得欣慰的是，在西江大学而立之年，西江大学发展成为占地 41 万平方米，建筑面积 17.5 万平方米，拥有教职工 785 人，在校全日制学生 5700 人的一所高等教育学府。

30 年里，西江大学在上级政府和主管部门的正确领导下，坚持社会主义办学方向，全面贯彻党的教育方针，艰苦创业，取得了可喜的成绩。西江大学曾获得全国先进师专、广东省文明单位、广东省高校先进党委、肇庆市花园式单位等光荣称号。

30 年里，西江大学已建立起 13 个教学系，开设了 32 个专业，拥有满足教学需要的各类专业实验室 86 个，建有计算机校园网络与 Internet 互联。实行现代化管理的图书馆已有藏书 56 万册，期刊 1500 多种。学校已为国家培

---

① 本文是作者 2000 年在西江大学建校 30 周年庆祝大会上的讲话。

养了各类专业人才 3 万余名。目前，西江大学已有教授 16 人，副教授 126 人。在 415 位专任教师中，拥有博士学位 16 人，硕士生 104 人。这支较高素质的教师队伍，已取得优秀教学成果 20 项，出版了教学研究论著 10 余本，已发表教学研究论文 300 余篇，编写教材 192 本，还有 4 门课程被批准为省级重点课程，承担着省级教学研究课题 5 项。学校一直在不断完善并重新制定一系列规章制度，依法治校使教学管理规范化，促进了教学质量提高。学校始终把德育工作放在首位，注重教书育人，努力培养"四有"新人。学校还在学生中广泛开展"文明修身"活动，开展"文明班""文明宿舍""文明课室"和"三好学生"评比活动，营造勤奋好学、积极向上的育人环境，全面推进素质教育。我校的"三下乡"社会实践队 3 次被中宣部、教育部和团中央联合授予"三下乡活动优秀志愿服务队"。学校还严抓考风，大大促进了学风建设。我校每年还安排了 10 万元教学专项资金，同时设立了 50 万元"陈熹奖教奖学金"和 30 万元"何铁文教学奖励基金"，进一步调动了师生教与学的积极性。

30 年里，西江大学科研工作取得了累累硕果。西江大学科研工作者曾获国家级、省部级科技进步奖和优秀成果奖 25 项，国家专利 9 项；已出版学术专著及文学作品 110 部，译著 6 部；已发表的学术论文 1655 篇。我校以古籍整理研究和历史文化研究为主体的人文社会科学研究队伍，为发展充实肇庆历史文化名城内涵做出了不可磨灭的贡献。我校以特种水产研究、生物研究、应用化学研究为主体的自然科学研究队伍，为肇庆市经济发展，尤其是"三高"农业发展做出了很大的贡献，取得了较好的经济效益和社会效益。学校与国家重点高新技术企业风华集团合作正开拓着"产、学、研"的新路子。我校还承担了国家自然科学基金、社会科学基金及省级科研项目 58 项，承担原国家教委"八五"重点项目 2 项。我校科研前景充满生机。

30 年来，西江大学校园旧貌换新颜。西江大学创业者们，团结拼搏，艰苦奋斗，克服了重重困难，硬是在这片杂草丛生的荒地上，盖起了教学大楼、图书馆大楼、学生公寓、学生饭堂、办公大楼、实验大楼和教工住宅大楼。如今，当你迈进雄伟壮观的牌坊，行进在宽阔的进校大道上，往返于整洁的校道间，徜徉于绿草如茵的新广场中，流连于 9000 平方米的休闲公园里，欣赏那醉人的湖光山色……你，一定会发出由衷的赞叹。这美丽的校园，盛满了创业者的汗水，载满了各级领导、港澳同胞、各界人士的关怀和支持，充满了西大人的欢声和笑语，也写满了西大人的骄傲。如今，这所美丽的校园，已成为肇庆这座国家旅游城市一道亮丽的风景。西大以她优雅的环境，浓厚的文化氛围，和日以良好的社会声誉，吸引了海内外专家、学者前来访问、讲学。西江大学已成功承办过国际会议，国内许多学术会议在这里举行。西江大学，正以她美丽文雅的容貌走出肇庆，走出广东，走向全国！

回顾西江大学的历史，我们激动不已；展望西江大学的未来，我们更豪情满怀。今天，我们就要举行多功能体育馆奠基仪式；西江大学与肇庆教育学院合并升格为肇庆学院指日可待；一支具有高学历、高职称、高水平、高度敬业精神的"四高"师资队伍将会在肇庆学院建设起来。肇庆学院将高举师范旗帜，坚持"一体两翼"的发展方针，加强学科建设，决心用 4～5 年时间，把校园扩大到千亩，办成万人大学，成为肇庆市乃至粤西地区高等教育、人才培训、科技开发、信息咨询的中心，成为科教兴市的重要基地，为培养更多适应 21 世纪发展需要的高素质人才，为实现科教兴国、教育强省的宏图伟业做出新的更大的贡献。

西江大学，以 30 年作纵比，我们感到自豪；但与本科大学作横比，我们感到汗颜。要创建一所有水平的高等学院，任重道远。我们感觉到肩上的担子沉甸甸的。我们热切地期望校友们和社会各界热心教育的同仁们，一如既往地关怀和支持西江大学。我们西江大学全体师生员工，将继续高扬"团结、奋进、求实、创新"的校训精神，继往开来，再创西江大学的辉煌！

谢谢大家！

在肇庆学院建校 35 周年庆祝大会上的讲话①

尊敬的各位领导、各位来宾、各位校友、老师们、同学们：

大家好！在这五月鲜花盛开的美好时节，我们怀着无比激动和喜悦的心情，欢聚一堂，共同庆祝肇庆学院建校 35 周年。在此，我谨代表肇庆学院党政领导，向出席今天盛典的各位领导、海内外嘉宾以及校友们致以最热烈的欢迎和最诚挚的感谢！向为学校的建设和发展做出贡献的各位领导和同志们表示最崇高的敬意！向正在肇庆学院工作和学习的 1 万多名师生员工致以节日的问候！

今天，是肇庆学院 35 周年华诞的大喜日子。35 年来，肇庆学院以培养人才和推进社会进步为己任，恪守"团结、奋进、求实、创新"的校训，秉承"突出特色，以质立校；以生为本，崇尚创新"的办学理念，经过一代又一代的不懈努力，办学规模不断扩大，教育质量稳步提高，科研水平逐步提升，学科建设与师资队伍建设取得显著进展，国际教育交流日益广泛，办学条件与学校面貌发生了翻天覆地的变化，综合实力和社会竞争力不断增强，已逐步形成了师范性、地方性、国际化的人才培养特色，为国家培养了 6 万多名人才。2000 年肇庆学院升格为本科院校以来，更是迎来了学校前所未有的新发展。中共中央政治局委员、广东省委书记张德江 2003 年 10 月视察学校时高兴地评价说："肇庆学院近年来发生了翻天覆地的变化，现在是肇庆学院历史上最好的发展时期。"肇庆学院正像健硕的青壮年一般茁壮地生长。

今天的肇庆学院，办学规模不断扩大，办学层次逐步提高。现有全日制学生 1 万多人，招生区域由省内扩展到省外共 15 个省区，还招收留学生和港澳台学生，与国内一些高校联合培养研究生，与美国、英国、日本等国家的一些高校合作办学，形成了多元化、多层次、开放型的高等教育和人才培养体系。

今天的肇庆学院，师资队伍不断壮大，师资素质明显提高。目前，全校教职员工 1050 人，其中专任教师 650 人，当中有教授 56 人、副教授等 223

---

① 本文是作者 2005 年 5 月 15 日在肇庆学院建校 35 周年庆祝大会上的讲话。

人，博士47人、硕士236人，在读博士、硕士126人。学校还聘任了中国工程院院士傅廷栋教授为兼职教授，成为全省地方高校中第一所聘中国工程院院士为兼职教授的学校。

今天的肇庆学院，专业设置、学科建设和科研工作取得新突破。在专业建设方面，现在已拥有经济学、法学、教育学、文学、史学、理学、工学、农学和管理学等9大学科门类，36个本科专业，形成了以本科为主体的专业格局。在学科建设方面，我校已开展两轮校内重点学科的滚动评选，共评出4个重点学科、6个重点扶持学科。2003年我校的基础数学学科被评为广东省高校扶持学科。这对一所年轻的地方本科院校来说，是极其难得的。另外，光电信息技术教学实验室被广东省教育厅确定为省级重点实验室。在科研工作方面，我校教师取得丰硕的成果。据统计，2000—2004年，我校教师在国内外公开刊物发表的论文达2220篇，公开出版的著作104部，教材23种。获得国家级科研立项1项，省、厅级立项67项。获得各种奖励17项，其中省级奖5项，广东省"五个一工程奖"3项。

今天的肇庆学院，校园旧貌换新颜。巍峨的体育馆，崭新的图书馆、教学实验楼、音乐楼、学生宿舍，一幢幢美丽的建筑像雨后春笋般冒出来，学校净增建筑面积15万平方米。放眼看校园，校道美丽整洁，广场绿草茵茵、花团锦簇，名人名言塑像点缀其间，构成了一道道美丽的人文景观。如今的肇庆学院，不仅是师生的学府，还是肇庆的一处旅游风景点。我们为肇庆学院的魅力而骄傲，为肇庆学院的风光而自豪！

今天的肇庆学院，以越来越好的办学质量赢得社会的好评。近年来，报考肇庆学院的学生十分踊跃，考生录取分数线逐年提升，新生入学率高。去年毕业生的就业率为99.68%，毕业生追踪调查好评如潮。本科毕业生考取硕士研究生的人数逐年提高。学校连续3年组队参加全国大学生数学建模竞赛，共获得全国一等奖3项、二等奖2项。在第五届广东省高等教育教学成果评选中，荣获一等奖2项、二等奖3项。我校党委被评为广东省高校实施固本强基工程先进党委，学生党员的比例高达13.1%，学生的思想政治教育工作取得显著成绩。另外，学校在为地方的经济建设服务方面也取得一定成绩。

各位领导、各位来宾，同志们、朋友们，肇庆学院的发展史，是一代代肇庆学院人锐意进取、奋发有为的历史，前进中的每一个闪光点，都凝聚着我们的心血和汗水，镌刻着我们的奋斗和奉献。我们将永远铭记并真诚地感谢所有在为学校建设和发展呕心沥血、无私奉献的离退休老同志和全体师生员工！感谢所有关心、支持母校和为母校赢得荣誉的校友们！

老师们、同学们，当我们沉浸在学校发展和取得成绩的喜悦之中，此时此刻，我们更忘不了广东省委、省政府、省教育厅和肇庆市委、市政府各级领导长期的关怀和指导。在学校专升本的关键时刻，正是得到了时任主管全省教育工作的卢钟鹤副省长和省教育厅领导的亲切关怀，我们才迎来了学校办学层次的提升；正是历届市委、市政府领导的高度重视和大力支持，学校才不断发展。忘不了陈均伦、江海燕等同志向我们提出的要求，要把学校建设成花园式的校园，举全市之力使我们建起了体育馆。忘不了林雄书记、杨浩明市长对学校发展所给予的无微不至的关怀。尤其是林雄书记还亲自陪同省委书记张德江视察学校，使全校师生员工深受鼓舞，增强了我们坚定不移地建设名校的信心。忘不了兄弟院校、社会各界以及苏东霖先生、严宽祜先生、陈熹先生等港澳同胞的鼎力支持和帮助。借此校庆盛会，在这具有特殊意义的时刻，我代表肇庆学院，再次向各级领导、各界朋友、各位校友表示最诚挚的谢意！

面对新的形势和发展机遇，肇庆学院将与时俱进，开拓创新，进一步规划肇庆学院未来的建设蓝图。我们将坚持以邓小平理论和"三个代表"重要思想为指导，落实科学发展观，按照省委书记张德江提出的"突出特色，注重质量，建设名校"的指示精神，以加快发展为主题，不断更新教育思想观念，积极推进教育改革与创新。进一步加强师资队伍建设、学科建设，进一步加强图书资料、教学仪器设备的建设和育人环境的建设。进一步提高教育质量，扎扎实实做好各项工作，以实际行动迎接教育部组织的本科教学工作水平评估。同心同德，努力把肇庆学院建设成为高等教育、人才培训、知识创新、科技开发、信息咨询的中心，成为一所具有鲜明办学特色和较强竞争能力，并在省内乃至国内新建本科院校中有一定影响的新型综合性大学。这既是我们全校师生员工和广大校友的强烈愿望，也是上级赋予我们的历史责任。我们坚信，在省委、省政府和省教育厅以及肇庆市委、市政府的正确领导下，在社会各界和广大校友的大力支持下，通过全体师生员工的团结奋斗，我们的目标一定能够实现。让我们在党的十六大精神和"三个代表"重要思想指引下，继承和发扬光荣传统，解放思想，开拓创新，以百倍的信心和满腔的热情，携手奋进，共同创造肇庆学院更加美好的明天。

谢谢大家！

在肇庆学院 2004 届毕业生毕业典礼上的讲话①

尊敬的各位老师，亲爱的毕业生：

大家好！

今天，我们在这里隆重举行肇庆学院 2004 届毕业生毕业典礼。首先，我谨代表学校向成绩合格的毕业生表示热烈的祝贺！同时也向获得肇庆学院学士学位证书的本科毕业生、优秀毕业生以及 5 名光荣入选西部计划的志愿者表示衷心的祝贺！借此机会，向几年来呕心沥血地教育、培养你们而辛勤工作的所有教职员工表示诚挚的感谢！

2004 届的学子们，今天，对肇庆学院来说，是一个激动而难忘的日子，是一个喜庆、送别的日子。6 月是一个收获的季节，422 名获得肇庆学院学士学位证书的本科毕业生，你们将随同学校第一次颁发肇庆学院学士学位证书而载入肇庆学院的史册。

2004 届的学子们，你们在座的每一位同学，都是肇庆学院发展的见证者，也是参与者。你们是肇庆学院历史的一部分，你们使肇庆学院多彩，使肇庆学院辉煌，肇庆学院将记住你们。在肇庆学院成立的 4 年里，我们经历了很多难忘的时刻，学校发生了许多深刻、可喜的变化。我们共同目睹了体育馆、新教学实验楼、4 栋学生公寓、新音乐楼等教学设施在校园里相继挺然屹立；我们共同经历了万众一心、众志成城抗击"非典"取得重大胜利的洗礼，使我们的思想境界得到升华；我们共同见证了省委书记张德江来校视察，并提出了"突出特色，注重质量，建设名校"的殷切期望的历史时刻；我们共同分享了学校省级重点实验室、省级重点学科建设取得零的突破、本科生考研取得优异成绩、以全票顺利获得学士学位授予单位等教育教学方面取得丰硕成果的喜悦；我们共同感受了同学们在全国大学生数学建模、电子设计大赛上屡获一等奖、省大运会上夺金摘银、光荣加入中国共产党等取得成绩和进步时的一个个灿烂的笑容……，所有这些，都使我们欣喜地看到，

---

① 本文是作者 2004 年 6 月 23 日在肇庆学院 2004 届毕业生毕业典礼的讲话。

肇庆学院人在"团结、奋进、求实、创新"校训精神的激励下，开拓进取，奋发图强，肇庆学院的各项事业蒸蒸日上，呈现出一派蓬勃向上的发展势头，正朝着建设名校的目标阔步前进。

2004届的学子们，尽管你们在肇庆学院学习的时间是有限的，但是肇庆学院已经交给你们伴随一生的"财富"。这些"财富"不仅是你们学到的知识和练就的能力，还有在校园里培育的精神与人格。结束学业、走向社会，是你们人生历程中的又一个新的开始。你们将进入一个更加丰富多彩的环境，也将面临前所未有的机遇、激烈的竞争和挑战。走出校园，你们就是一个普通的公民，一切从零开始，需要你们用自己的能力和实力证明自己。同时，你们每一个人也是一面旗帜，一面承载着肇庆学院精神的旗帜。在这面旗帜下，你们将坚守理想、信念和真诚，用自己的聪慧和才智去奉献社会，用自己的品格和精神去影响他人。母校对你们的前途和未来充满着信心和期待。作为校长，作为老师，我想借此机会再次殷切地向同学们提几点希望。

第一，希望你们保持理想，勇敢应对，脚踏实地，从基层做起。同学们正值青春年华，又接受了高等教育，对未来的人生有很多美好而远大的理想，这是十分可贵的。但是，美好理想的实现要有坚实的根基，需要从现实中获得支持。现代社会对人才需求的总量增加了，就业、择业的机会更多了，但具体到个人，你会感到条件更苛刻了、门槛更高了、竞争更激烈了、理想与现实之间的差距和冲突更明显了。这是每个毕业生都应持有的基本立场和基本心态。应当看到，大学毕业生以普通劳动者的身份进入社会，是社会文明进步的标志，是高等教育大众化的必然趋势。因此，同学们应当从现实出发，从自己的实力出发，从容应对，理性地为自己定位。勇敢地到基层去，尽快争取一个岗位，这既是顺应形势选择的明智，也将是你事业成功的起点。哪怕是一个初级的岗位，哪怕是一项临时性的工作，你都不能轻视它、嫌弃它，而要认认真真地做好毕业后接手的第一项工作。任何平凡的岗位都不会令有志气者变得平庸，它可以使你积累工作经验，获得人生感悟，锻炼意志和品格，为你赢得机遇创造条件。许多成功者，正是从基层平凡而艰辛的工作中获得发展的机遇，实现人生的跨越。希望你们审时度势，把握机遇，在平凡的工作岗位上，做出不平凡的业绩，去书写自己人生的华章。

第二，希望你们树立学无止境的观点，抱有终身学习的态度，不断充实和更新知识，提升自己的人生价值。当今社会是一个知识化和信息化的社会，以信息技术、生命科学为龙头的高新科技的迅猛发展和普及，决定了知识更新和老化速度的加快，没有人在学校所学到的知识、所受的教育可以管用一辈子，提倡终身学习是大势所趋，终身学习已成为每个人的必修课。有学者说，学习力是当今社会最可贵的生命力。我深以为然。从某种意义上说，生存与发展的竞争，其实就是学习的竞争。希望同学们不要把今天的毕业典礼当作学习的终点，而应该把它作为学习的新起点，与时俱进地加强学习，重视学习，善于学习，树立终身学习的观念，养成终身学习的习惯，以此不断提高自己的综合素质，使自己的知识保持常新，适应社会发展的潮流和要求，在竞争激烈的现代社会中求得生存和发展，不断提升自己的人生价值。

第三，希望你们不断加强道德修身，勇于承担社会责任，以完美的人格、优秀的品格，构建崇高的人生境界。同学们步入社会后，就成为完整意义的社会公民。权利的享受和义务的尽责，可以使你感受到生活的真实，可以使你们由单纯走向丰富、由浮躁走向成熟。因此，你们要主动适应社会的新变化，自觉承担社会责任，以诚待人，培养与他人的合作精神，善于团结周围的同事共同实现心中的理想。现代社会充满多种诱惑、多种陷阱，你们要恪守信念，保持清醒，将精力凝聚于自己的事业，珍惜心灵和生活的那份淡薄与宁静。在人生的旅程中没有坦途，任何从事伟大事业的人，只有通过攀登崎岖的山路，才能到达成功的顶峰。但无论你在哪里，肇庆学院都会永远和你在一起，激励你勇敢地面对工作和生活，帮助你续写人生的辉煌。

2004 届的学子们，一所学校的声誉和名望，需要一代又一代师生合力打造和不懈努力。今天你们是肇庆学院的学生，明天你们是肇庆学院的校友，不管你在什么岗位上工作，你们代表的就是肇庆学院！因为有了你们，以及和你们一样的一批又一批学子，肇庆学院才有了生生不息的血液和勃勃向上的生机。我期待你们在工作中以成就和贡献，把"肇庆学院"这块招牌打造得更加铮光闪亮，把"肇庆学院"的形象塑造得更加绚丽多姿、光彩照人。不久的将来，你们将为"肇庆学院"而感到骄傲，"肇庆学院"也因你们而感到自豪。

最后，请让我以校长的名义，代表全体师生向你们表达最诚挚的祝福，祝你们在新的人生道路上，身体健康，事业成功，爱情美好，家庭幸福！

谢谢大家！

在肇庆学院 2004 级新生开学典礼上的讲话①

亲爱的同学们：

你们好！欢迎你们来到肇庆学院，开始学习的新阶段，开始人生的新征程。

肇庆学院是一所年轻的本科院校，我们始终坚持"突出特色、以质立校；以生为本、崇尚创新"的办学理念，倡导"团结、奋进、求实、创新"的校训，不断培植特色，增创优势，形成了良好的教风、学风和校风，在教学科研、人才培养、校园文化和社会服务等方面已取得了许多骄人的成绩。在我校设置的经济学、法学、文学、理学、工学、农学、史学、管理学和教育学等 9 大学科 41 个专业中，会聚了来自全国各地的优秀师资，其中有教授 48 名、博士 40 名、副教授等 208 名、硕士 222 名。这样的师资结构和专业素质在省内同类院校中是位居前列的，这些老师的智慧和爱心将如春风、春雨般滋润着你们大学四年的生活。在今年的招生中，我校再次显示了超越同群的竞争优势：普通类本科录取平均分为 563 分（录取的最高分为 628 分），超过第二批本科院校录取分数线 15 分；音乐、美术、体育等几个专业，都是在第一志愿考生中提前超计划完成录取，而且比省录取分数线分别高出 113 分、80 分和 49 分；更为可喜的是，新生中绝大部分是团员，并有 20 名党员。同学们，应当为你们的选择感到自豪，应当为你们的未来和学校的发展充满信心。

同学们，大学阶段是人生历程中非常重要的一个阶段，尤其在当今充满竞争和挑战的知识经济时代。在大学阶段，你可以按照社会的需要和自己的期望，重新设计自己，改变自己，培养和完善个性特长，增强竞争实力，超越自己。大学的学习更专业更系统，需要建立科学的方法和创新的思维；大学的学习更艰苦，充满对智力、体力、心理和道德品质的考验，同时，也充满成长的乐趣和成功的喜悦。大学是培养具有专门知识和专业技能的人才的地方，也是培养具有高尚人格和美德的公民的地方；大学是培养现代人的自

---

① 本文是作者 2004 年 9 月 21 日在肇庆学院 2004 级新生开学典礼上的讲话。

觉、自律、自强、自立的意识和能力的地方，也是培养现代人的团结、合作、共处、共享的团队精神和社会责任感的地方。总之，在当今这样一个风起云涌、日新月异的大时代，在这样一个需要各类优秀人才而不断产生各类优秀人才的大时代，大学肩负着特殊的神圣的使命。而有幸进入大学学习的每一位学子，更应明确责任、胸怀理想、奋发有为，努力开拓自身的潜力，提升自身的价值，培植竞争的实力，塑造美好的青春。

同学们来自各地，有不同的家庭背景、生活习惯、个性爱好，能相聚在肇庆学院，是十分难得的机遇。我希望同学们在生活中、交往中相互包容、相互谅解，在学习上、精神上相互启发、相互激励，常怀宽宏博爱、扶弱济困之心，报效祖国、服务社会。

同学们，我们学校就像一条奔流的大河，这里有知识的碰撞、有智慧的交融、有情感的旋涡、有意志的磨砺。每年的夏季，千百条富有鲜活生命力的溪流汇入这条大河；每年的夏季，大河又像母亲一样，把孕育的丰硕果实和希望奉送给社会的大海。学校的生命在运动中生生不息，而运动的主体就是一届又一届的学生。

2004 级同学们，你们从小到大参加过许多次开学典礼。这一次开学典礼，无疑将是你人生中最具纪念意义的开学典礼。当然，我希望它不是你人生中最后一次开学典礼之一。同学们，在我们举行开学典礼的时候，我校今年由本科考上研究生的 11 名同学也分赴各自的高校，参加他们学校举行的硕士研究生开学典礼。这些考上研究生的同学是我校本科生的骄傲，也是你们学习的榜样。

同学们，作为校长，我相信，在肇庆学院学习生活的四年，将是你们德智体美全面发展的四年，将是你们编织美好梦想、锻造科学理性的四年，也将是在你们人生中留下最美好回忆的四年。

现在，我宣布肇庆学院 2004 级正式开学！祝老师们、同学们身体健康，工作顺利，学习进步！

谢谢大家！

在肇庆学院庆祝第二十个教师节大会上的讲话①

各位老师、同志们：

大家好！今天我们怀着无比喜悦的心情欢聚一堂，共同庆祝第二十个教师节。在这喜庆的日子里，我谨代表学校向全体教职员工表示最真诚的感谢和最热烈的祝贺！

在过去的一年里，我校以教学工作为中心，不断加强教学基本建设。现在，设计新颖、设施先进的音乐大楼建成并投入使用，新图书馆已完成主体工程，新美术大楼顺利奠基，这一系列工程的完成必将使我校的教学条件得到进一步改善，为广大师生提供一个更为良好的工作学习环境。

一年来，学校的办学规模继续扩大，教育教学质量有了显著提高，教学改革也正向更广阔的领域和更深的层次推进。我校学科专业建设正向着规模与质量协调发展的方向前进。今年，我校又有 9 个新本科专业开始招生。至此，我校的本科专业已经达到 29 个，涵盖了 7 大学科门类。新生入学后，在校生人数将达到 11000 多人。学校已经发展成为一所办学规模较大、教学设施比较完善的综合性本科院校。在规模扩大的同时，我们的学科专业建设同样取得了令人满意的成绩，一批建设较好的专业和课程相继被评为校级名牌专业、重点专业和优秀课程，为其他专业和课程的建设树立了榜样。

特别让人感到振奋的是：今年 4 月，我校以全票通过了省学位委员会的学士学位授予单位评审，顺利取得学士学位授予权，汉语言文学等 6 个专业也同时获得学士学位授予权，这充分表明我校的本科教学质量已经上了一个新的台阶，得到了社会的广泛认可。今年 6 月，我校独立招收的首届 462 名本科毕业生中，有 422 名同学顺利取得学士学位。今年，我校的考研工作继续保持着良好的势头，外语系郭珊珊等 11 名同学考取了硕士研究生。这些成绩的取得离不开那些具有崇高的敬业精神、为学校的发展建设无私奉献、勤奋工作在教学第一线的广大教师的努力。正是他们在教学园地里勤耕不

---

① 本文是作者 2004 年 9 月 10 日在肇庆学院庆祝第二十个教师节大会上的讲话。

辍，付出了辛勤的汗水，才使得肇庆学院这所新建本科院校呈现出勃勃生机和旺盛的生命力。

春华秋实，在这丰收的季节，喜讯频传。我校被肇庆市委、市政府授予"肇庆市教书育人先进集体"称号，一批在教书育人、为人师表方面取得突出成绩的教师分别获得了"南粤优秀教师""南粤优秀教育工作者"和"肇庆市优秀教师"的光荣称号，受到了上级的表彰奖励。为此，我代表学校向辛勤工作在教学一线的全体教师表示真诚的感谢，同时也向喜获殊荣的各位老师和同志表示衷心的祝贺，并预祝他们在今后的学习和工作中取得更大的成绩！也希望我们的老师以他们为榜样，忠诚党的教育事业，志存高远，爱岗敬业，严谨治学，为进一步提高教育质量做出新的贡献。

但是，我们应该清醒地认识到，光荣和成绩属于过去，前进的道路上还有更艰巨的任务在等待着我们。我校作为新建地方性本科院校，肩负着为地方经济建设和社会发展培养合格人才的历史重任，如何在激烈的竞争中求得生存和发展，这是每一个教职员工都必须认真思考的问题。

现在，新学期已经开始，我们离 2006 年教育部本科教学工作水平评估的时间越来越近了，全体肇庆学院人必须团结一致，树立起强烈的责任意识，把学校的发展当作头等大事，以崭新的精神风貌和百倍的信心去迎接考验。为此，我向大家提出以下几点希望：

各教学单位应进一步深化教育教学改革，全面提高教学水平和教学质量；以精品课程为龙头全面推动课程建设，以学科建设为龙头，以课程建设为基础，继续做好重点专业和名牌专业的建设工作；构建新的人才培养模式，培养不同类型、不同层次、富于科学精神和创新精神的专业人才，特别要抓好本科生考研工作；各师范专业要在进一步加强教学理论教学的基础上，下大气力强化学生的师范技能训练，以更好地适应基础教育发展的需要。

全体教师应不断加强师德修养，完善自我，真正做到教书育人、为人师表；应进一步加强现代教育技术的学习，以提高自身整体素质和教学水平；应全身心地投入到教学和科研工作中去，奋发努力，为完成历史赋予我们的光荣使命，为肇庆学院明天的辉煌做出更大的贡献！

老师们、同志们，今天是我们自己的节日。借此机会，我代表学校向各位老师及家人表示亲切的问候，祝大家节日愉快，合家幸福！

谢谢大家！

增创西江大学发展新优势
迎接高等教育跨世纪的挑战[①]

一、总结过去，抓住机遇，进一步明确西江大学跨世纪发展的目标和任务

近几年来，西江大学在广东省高教厅，肇庆市委、市政府的领导和大力支持下，已打下了较好的办学基础。现在，学校党委、班子团结，有战斗力，能把握大局；学校校风、教风、学风日益好转，初步树立了良好的社会形象；学校教学场地、图书资料、仪器设备、实验室等基本办学条件均符合或超过国家标准，学校环境焕然一新，初具花园式校园的规模；全校教学、科研、管理工作秩序良好，质量、效益不断有所提高，社会反馈越来越好；学校办学功能得到一定扩张，中文本科教育、音乐和美术专业自考、高等学历文凭教育、全国计算机定点考试等教育、培训权限有所突破；学校1997年被评为广东省文明单位，并成功地承办了1998年广东省普通高校教学工作会议，学校近年来的发展变化得到了教育部周远清副部长、卢钟鹤副省长和广大与会校长的高度评价。

尤其令人高兴的是，西江大学的跨世纪办学，正面临许多难得的发展机遇。

"科教兴国""科教兴省""科教兴市"已成为全国各级政府、各族人们的共识。党的十五大后，朱镕基同志更进一步把"科教兴国"列为国家工作的重心。

在广东省第八次党代会上，广东省委明确提出"增创发展新优势"的战略，在制订"科教兴粤"的计划、对策时，又具体提出了在2003年基本实现"教育强省"的目标。

通过九届全国人大常委会第四次会议审议，《中华人民共和国高等教育

---

① 本文写于1998年西江大学。

法》于 1998 年 8 月 29 日正式颁布，将于 1999 年 1 月 1 日起开始执行。

深层次的"科教兴国"无疑将为我国加强基础教育、发展高等教育带来新的动力，注入新的活力；"增创广东发展新优势"既以"教育强省"为内容，又以"教育强省"为条件，高等教育是广东"教育强省"最重要的组成部分，"科教兴粤"更需发挥高等教育的人才作用、科技作用和服务作用；《高等教育法》的贯彻实施，将给广东高等教育带来本科专业的设置权和专科学校的兴办权，将给高等学校面向社会自主办学带来新的生机。作为一所普通高校，从国家到地方，从经济保障到制度保障，西江大学都将迎来新的发展契机；作为一所开办师范教育专业的地方大学，既具有高等教育的内涵，又具有基础教育的外延，西江大学将在专业设置、投资渠道、招生分配等方面享有越来越多的优先权和保障条件。但是，这一切的获得都是有条件的，在新一轮的办学竞争中，在横向比较意义上，西江大学既没有坐享其成的优势，也绝无守株待兔的机会。跨世纪的办学竞争将是一场公开的、长期的、高水平的、白热化的教学质量竞争和办学效益竞争，西江大学要在跨世纪的发展中赢得优势，就必须下决心、花工夫做好教师队伍建设、管理干部队伍建设、学科课程建设、学校制度建设等方面的文章。其中，尤以教师队伍是学校的灵魂，教学质量是学校的生命，这是西江大学工作的重中之重。

二、建设一支高素质的教师队伍，全面提高教学质量和科研水平

由广东省审批本科专业，一方面给西江大学的升级性发展带来了新的机遇，另一方面将办学竞争直接指向了省内 10 多所同类院校。这种竞争更有排他性，在某种意义上更客观、更激烈，而且竞争是多方面的，如办学条件、师资力量、教学质量、学校荣誉及成果等。在学校硬件建设基本达标、差距不大的情况下，主要是比软件方面的建设和水平。教师队伍的优化建设和良性发展，无疑是学校其他软件工作的根本。

新班子上任以来，西江大学就瞄准了上质量、上本科、上层次的发展目标，把教师队伍建设作为学校的一项重点工作来抓。对现有教师，创设发展条件：引进竞争、激励机制，引导、鼓励教师在教学上领先，在科研上拔尖，在继续教育方面不断进取。为此，学校在教务处设置了教研、教改、学术活动等专项经费，并大大增加了科研处的经费投入，面向全校师生设置了奖教、奖学基金，创造条件让一大批教师接受更高层次的教育。在引进教师方面，人事处在《光明日报》上连续做广告，以一定的优先、优惠条件，吸引了 600 多人来电、来函或亲临学校进行联系。本学期以来，学校已经引进

一大批高学历、高职称教师，其中正教授 2 人、博士研究生 5 人、副教授 10 人、硕士研究生 12 人。校内教师进修在人数和层次上都有所突破，其中公派出国留学 1 人，在职博士 2 人，国内访问学者 10 人，在职研究生 33 人，研究生课程班 9 人。还有一批高水平的教师正待引进，校内也掀起了在教学、科研和读书学习等方面比、学、赶、超的热潮。

引进人才重要，有效管理和使用人才更重要。高等院校之间的竞争，最终落实在教学质量和科研水平上，西江大学的长远竞争和滚动发展，有赖于广大教师干部保持最佳工作状态，发挥最佳工作水平。为此，学校将采取一系列措施，在充分、合理引进人才的基础上，最大限度地发挥现有教师干部队伍的积极性、创造性，优胜劣汰，人员可进可出，职位、待遇可上可下，对所有岗位和人员实行动态管理、目标管理。特别对高学历、高职称教师，既为他们创造竞争机会和发展空间，使他们在教学、教改、科研、管理等方面大显身手，又要对他们进行必要的约束，对连续两年以上教学不出成绩、科研不出成果、管理不出效益的高学历、高职称人员，采取一定的惩罚措施。教师队伍建设过程是一个长期、艰苦的过程，西江大学将通过严密、系统、科学的管理，使广大教师尽职教书、尽心育人、尽能力发挥科研水平，为全面提高全校整体的教学质量和学术水平，提供最有效的人力、物力和制度保障。

三、致力探索新的人才培养模式，积极迎接知识经济时代的挑战

教学质量的最终效果是通过毕业生的使用状况来体现的，跨世纪的高等教育评价，将引进各高校毕业生的就业率来竞争。教学质量的好坏，毕业生水平的高低，既不以分数、成绩为准，更不是学校说了算，社会大课堂是检验毕业生质量的唯一途径。

要通过社会的检验，要在社会实践中获得较高的声誉，毕业生必须有自主适应社会环境的心理协调能力，有干好专业工作甚至有换岗工作的知识、业务能力，有处变不惊、积极进取的开拓创新能力，有战胜逆境、从零开始、苦干实干的创业能力。从发展的角度看，21 世纪将是知识经济时代和网络时代，社会拥抱的无疑是具有开拓意识、创新能力强的人才。

西江大学近年来的教学质量虽然有所提高，但学生的知识结构、动手能力、创业精神、创新性、社会协调性等方面的整体水平比较低，在就业竞争中还占不到优势地位。对此，学校已有充分的认识，将在教学计划、人才模式、培养规格等方面进行各种适应性改革。优化各专业的课程体系，加大选

修课的比重，注重动手能力、操作能力和管理能力的培养，加强实践教学、专业实习环节的指导和管理，通过教学方法改革和现代化教学设备的使用，深层次开发学生的智力，多维度培养学生的能力，确保学生按"专业 + 特长"的模式发展，从根本上提高学生的心理素质、文化素质和业务能力素质。

发展才是硬道理。综合来看，西江大学目前内在的办学状态、外在的办学形势都比较理想，在省以上有良好的大环境，在市以内有众多的支持，随着肇庆知名度和现代化水平的不断提高，通过全校广大师生的不懈工作，完全可以相信，到 2001 年，把西江大学办成一所拥有 20 名教授、20 名博士、150 名左右高职称人员以及 5 个以上本科专业的师资力量雄厚、教学质量高、管理效益好的花园式学校，是极有可能的。让我们团结起来，为西江大学的发展，为肇庆市教育、科技、文化、经济的全面进步，通力合作，共同努力吧！

在肇庆市第三批高层次管理人才
出国进修国内培训班结业典礼上的讲话

各位领导、老师、同学们：

大家好！刚才，班长谭锦添同学代表全班同学汇报了国内培训学习的情况，并提出了今后的努力目标与措施，我感到非常的满意和由衷的高兴！秋天是一个收获的金秋季节，秋高气爽，让人兴奋。我们在这样的大好日子里，为第三批高层次管理人才出国进修班举行国内培训结业典礼。为此，我谨代表学校对第三批高层次管理人才出国进修班圆满完成国内培训学习任务表示热烈的祝贺！对市委组织部各位领导给予我们的鼎力支持和老师们、行政管理干部们的辛勤付出致以衷心的感谢！

在市委组织部领导的关心支持下，在外语系、财经系、计算机系、外事处各位授课老师的精心辅导下，同学们经过了两个多月紧张的国内培训学习，圆满地完成了包括英语、计算机、MBA 基础知识、国际政务、社会调研等各项课程学习任务，取得优良成绩，为在英国波尔顿大学的学习打下了良好的基础。对此，我向大家表示祝贺！我校领导始终在关心、关注着同学们的学习生活情况。在这一阶段学习过程中，我们看到了班干部起到了良好的带头作用，同学们相互帮助，共同进步，始终以饱满的热情和刻苦的精神投入学习，同时又不放松思想政治学习，认真学习"三个代表"重要思想以及时事政治，学习上有大进步，思想上有新提高，为我校的其他学生树立了良好的形象。

同学们，再过 10 天，也就是我国传统的中秋节了，你们不能和家人共同赏月，但你们就要带着人民的期待、领导、老师的期望和家人的嘱托远赴英伦求学深造了。为此，我在这里对大家提几点希望。

（1）端正思想，牢记使命。学习外国先进的管理知识、技术和有益经验，目的是为我们市的经济和社会建设发展服务。我们知道，市委、市政府已经定下了我市实施跨越发展的大方向，要把肇庆建设成为花园式、生态型、现代化大城市，肇庆新一页的发展蓝图已经展开，发展势头是前所未有的。为此，市委、市政府投入了相当大的经费，组织你们出国进修，就是希望能够培养一批熟悉国际惯例、懂外语、精业务、善管理，了解并掌握国际经济、科技新信息的高素质复合型管理人才，更好地解决肇庆发展的现实问题。因此，同学们在出国培训、考察过程中，应该有强烈的求知欲望和高度的责任意识。

（2）克服困难，抓好学习。在异国他乡学习，环境不同，语言不顺，方法也不一样，比在国内学习难度大得多。因此，大家应有思想准备，拿出拼搏精神，知难而进，倍加努力，尽快适应当地的学习和生活环境，上好每一节课，做好每一门作业，完成每一个课题，力争优异成绩。

（3）精诚团结，共同进步。在国外，更需要大家把集体看成一个大家庭，发扬友爱精神，无论在学习上还是生活上，都应该做到互相关心，互相促进，共渡难关，共享成功。

（4）遵守纪律，严于律己。大家要严格遵守出国进修的各项纪律和当地学校的管理规定，尤其是共产党员要时刻牢记党的宗旨，对自己高标准、严要求，经受得住各种考验，绝不做出有损人格、国格的事情。

（5）开阔视野，增广见识。我鼓励大家不要局限于课堂学习，在完成课程学习任务之余，应该有意识地走出校门，多了解国外的社会与经济发展情况和风土人情，收集有用的资料和信息，从现实的对比差异中分析和学习国外的先进管理方式、制度，拓展自己的思路。

（6）认真研究，做好课题。大家应带着社会调研的问题、结合肇庆的发展现状与实际情况，选好研究方向，有的放矢，带着问题去学、去听、去看，利用国外的先进的研究方式、方法以及相关的资料，力求拿出切实的成果，解决肇庆发展的实际问题。

同学们，你们即将踏上新一阶段的征程了，在出国之前，请大家抓紧做好有关准备，也要注意身体，有实际困难需要我校帮助解决的，请及时反映。希望你们在前一阶段取得进步的基础上，再接再厉，齐心协力，奋发向上，精益求精，圆满完成国外学业，以优异的成绩和丰硕的成果向市委、市政府提交一份满意的答卷。最后，祝同学们远赴英伦求学深造一路平安，学业进步！

同心同德　再创佳绩①

——在肇庆学院首次启用多功能体育馆召开的
教职工大会上的讲话

各位老师、同学们：

大家好！听着满场的欢声笑语，可以感觉到大家的心情都很好，感觉都很新鲜。的确，今天是肇庆学院人值得纪念的日子、庆贺的日子——我们首次启用多功能体育馆召开教职工和学生代表会议。我们终于拥有了属于自己的体育馆，举行文体活动、召开大会在露天场地进行，而且还要看天的"脸色"行事的日子一去不复返了。

我还清晰地记得，1997 年我到西江大学担任校长，第一次召开教职工大会，是在破旧灰暗的公体活动室进行的，教职工要从自己的家里拿凳子来坐。后来每逢开会遇到下雨天，屋顶还会漏雨，会议的效果不理想。那时候，我的心里很不是滋味。我相信，大家的心情也不好。同样，由于学校没有标准体育馆，遇到雨天，正常的体育教学活动也受到影响。1998 年新饭堂落成后，教职工大会转移到条件稍好的新饭堂三楼，但那里的音响效果不太理想，夏天又闷又热。为此，学校领导下决心，要建造一座标准体育馆，使我们的体育教学、集会、文艺表演等活动有一个安稳、舒适的地方。1999 年，学校经过论证，决定抓住机遇将学校升格为本科院校。这样，建造多功能体育馆就成为当务之急了。

2000 年正值原西江大学建校 30 周年，学校决定利用举行 30 周年校庆活动，通过各种渠道来筹集资金，一定要把体育馆建起来。现在回想起来，在筹集资金和建设体育馆的过程中还有很多感人的故事。首先我们把建设体育馆的事情写成报告递交给广东省教育厅。省教育厅非常重视，表示大力支持，不久就给我校的体育馆建设正式立项，并且下拨了 480 万元作为体育馆的专项建设经费。肇庆市委、市政府对我校体育馆的建设同样给予了大力支持，拨出了 200 万元作为专项经费，同时在体育馆筹建过程中把能够减免的费用都减免了。为了帮助学校尽快筹集到更多的资金，市委办公室还发出了

---

① 本文是作者 2002 年 4 月 17 日在肇庆学院在首次启用多功能体育馆召开的教职工大会上的讲话。

《关于捐资支持西江大学建设的通知》，动员全市人民的力量支持学校建设体育馆。通知发出后，市属各县（市）区、企业、公司和个人纷纷捐资支持学校建设体育馆。市委书记陈均伦同志不仅自己带头捐款，而且还积极提供多种场合让学校介绍情况，说明学校建设体育馆的目的和意义，动员更多的人关心支持学校建设体育馆。譬如，在市人大、市政协会议期间，在全市山区经济工作会议、全市教育工作会议等场合，都为学校安排时间，提供宣传、公关的舞台。更令人感动的是，市委书记陈均伦同志听说香港同胞苏东霖先生要来我们学校看看发展的情况时，抽空来到学校迎接苏东霖先生。陈书记在学校里足足等了苏东霖先生一个多小时。说起这件事，苏东霖先生也很感动，当即表示捐款100万港币支持学校建体育馆。像市领导陈书记、香港同胞苏东霖先生这样大力支持学校建体育馆的人还有很多很多。

另外，学校领导还利用双休日、寒暑假时间到市属各县（市）区党政机关、企业、公司，甚至省内其他与学校有联系的单位、学校去介绍学校建设体育馆的情况，争取他们的大力支持。校内的教职员工和学生知道学校要建体育馆，都认为这是学校的一件大事、好事，作为学校的一员，应尽绵薄之力。于是，师生们纷纷自愿捐款支持学校体育馆的建设。有些特困学生还把自己平时节省下来的零用钱捐出来支持学校建体育馆。校友们得知母校要建体育馆的消息后，都认为虽然自己已经毕业离校了，体育馆建好后可能也没有机会去享用，但是，当母校需要他们支持的时候，他们就要竭尽全力，让母校建设得更快，建设得更美丽，他们也感到光荣和自豪。校友们通过亲自回校捐款、汇款、托人等渠道纷纷捐资来表达自己的一份心意。根据我们的统计，学校共收到各种捐款1140多万元。

"人心齐，泰山移。""众人拾柴火焰高。"在广东省教育厅，肇庆市委、市政府，港澳同胞和社会各界的大力支持下，经过全校师生的共同努力，一座雄伟壮观、气势磅礴、具有现代气息的多功能体育馆耸立在我们的校园。她已成为学校的形象工程、对外的窗口。我们的体育馆为主场二层、局部四层、屋面网架的框架结构，总建筑面积12834平方米，工程总投入3000多万元。从2000年12月28日开工，至2001年12月28日竣工，历时一年。2002年3月28日正式通过验收。体育馆属多功能体育馆，其室内的设置情况是这样的：首层设有两个标准丙烯酸羽毛球场，6条60米塑胶跑道，还设有健身室、健美体操室、乒乓球室和体育系的3间办公室。第二层主会场为一个标准木地板篮球场，看台有固定座椅3534个，活动座椅2000个。北面为可伸缩5米的舞台，主舞台123平方米，伸缩舞台78平方米。主场东面有贵宾乒乓球室1间，展览室1间，多媒体室1间，正门东、西两侧各有舞蹈室1间。第三层看台下部可作健身等活动使用。第四层设有舞台灯光及音响系统控制室。

老师们、同学们，体育馆的建成，标志着我校的教学基础设施建设从规格、档次到内在质量都有明显提高，办学综合能力进一步增强，素质教育和高层次的校园文化氛围将进一步强化。体育馆的建成，也有利于扩大学校的声誉和树立良好的社会形象。体育馆不仅对全校师生开放使用，而且还可以为社会提供服务，充分发挥社会效益。最近，全国关心下一代工作委员会派人来校考察时，就看中了学校的多功能体育馆，于是决定于明年春节期间在我们学校举行第29届"新星杯"全国少年儿童乒乓球锦标赛。我们相信，通过承办这样高水平、有影响的全国性比赛，学校的声誉和形象将会得到进一步扩大和提高。

体育馆的建成也给我们留下了深刻的启迪。第一，我们要抓住机遇和创造机遇，坚持发展才是硬道理。学校升格为本科院校、建设体育馆等都是我们抓住机遇顺势而为的结果。现在随着我国加入了世贸组织，高等教育大众化势头明显加快，广东要建设教育强省的新形势，又给我们扩大办学规模，加快发展带来了新的机遇。百舸争流，不进则退。因此，我们要继续开拓创新，争取新的发展。第二，我们要时刻记住，齐心协力就能形成强大的凝聚力。学校之所以能建成体育馆，正是全校师生员工朝着一个奋斗目标，同心同德，形成了强大的凝聚力的优秀成果。试想，如果没有全校师生这股强大的凝聚力，我们要建成体育馆有可能吗？第三，我们要发扬我校自强不息、求实创新的精神。体育馆是从1999年开始筹划的，在当时经济环境不太景气的情况下，要筹集1000多万元谈何容易，但我们发扬了自强不息、求实创新的精神，想方设法筹集资金，硬是把体育馆建了起来。我们相信，只要我们继续求实创新、自强不息，学校一定会有更大的发展。

老师们、同学们，学校多功能体育馆就要正式投入使用了，可是，万事俱备，只欠东风。体育馆电力供应系统尚不完善，设备总投资要100多万元。由于学校目前要筹建音乐大楼、新教学实验大楼等大型工程，建设经费非常紧缺。为此，学校领导班子会议研究，希望通过自愿的原则，由全校师生员工以"自愿捐款认座"的形式来筹集这笔电力设备建设资金。凡学校师生员工、社会各界人士捐款300元或以上者，学校便在体育馆的3534个固定座位中的一个座位上刻上你的姓名，把你对学校的关爱永久留念。学校还将于近期内对曾经为体育馆建设捐款500元以上的个人和1万元以上的单位刻碑留念。请大家相信，今天你为学校做出一份奉献，明天你必然能从学校的建设发展中获得更加丰厚的回报。

"大鹏一日同风起，扶摇直上九万里。"只要我们全校师生员工同心同德，发扬团结、奋进、求实、创新的校训精神，爱校、建校，扎实工作，肇庆学院的各项事业就一定会像体育馆的造型——大鹏一样振翅高飞，大展宏图，再创佳绩。

在肇庆学院体育馆剪彩仪式暨第 29 届"新星杯"全国少年儿童乒乓球公开赛开幕式上的致辞

尊敬的各位领导、各位来宾、同志们、朋友们：

在这春意盎然、春色妖娆的美好时节，我们怀着十分喜悦的心情，隆重举行肇庆学院体育馆剪彩仪式暨第 29 届新"新星杯"全国少年儿童乒乓球公开赛开幕式。在此，我代表承办单位肇庆学院并以个人的名义，向光临剪彩仪式和开幕式的各级领导、各位来宾，向来自全国各地的乒乓球运动员、教练员表示热烈的欢迎！

肇庆学院体育馆自 1999 年立项到 2002 年 4 月落成，始终得到广东省教育厅、中共肇庆市委、肇庆市人民政府和社会各界人士及港澳同胞的热切关心和大力支持。在工程建设资金尚有缺口的时候，市委书记陈均伦同志和市党政领导带头捐款，全市机关干部、单位团体及我校历届校友积极响应，慷慨解囊，在很短的时间里，就募集到体育馆建设专项资金 1200 多万元。港澳同胞也热情相助，特别是苏东霖先生一次捐献达 100 万港币，支持体育馆建设。可以说，我校体育馆是凝聚了社会各界人士的情感和心血，承载着全市人民对肇庆学院的厚爱和期望。借此机会，我代表肇庆学院全体师生向为我校体育馆建设做出贡献的各级领导、各界人士和港澳同胞表示崇高的敬意和衷心的感谢！

体育馆高质量的建成和投入使用，为我校体育、艺术教育教学和校园文化建设提供了现代化的场所，为提升我校的办学品位，增强我校的竞争优势，扩大我校的对外交流创造了优越的条件，同时，也为肇庆市民增加了一个体育文化活动的设施。作为一种回报，这次"新星杯"赛期间，我校体育馆将全程免费向市民开放，今后，我校还将举办更多高水平的体育艺术活动及其他公益活动，欢迎社会各界人士前来参观。

各位领导、各位来宾、同志们、朋友们，一年之计在于春，在羊年新春伊始，全国各地和港澳地区的 1000 多名乒乓球动员、教练员会聚肇庆、会聚我校，给新春的肇庆增添了蓬勃的生命活力和青春气息。乒乓球，在我国被誉为"国球"，我国健儿在世界乒坛叱咤风云 50 年而长盛不衰，创造了体育竞技史上的奇迹。在这辉煌灿烂的业绩中，有一代又一代乒乓球运动员、教练员为之拼搏的力量、汗水、意志和智慧，有亿万人民群众投入的持久不衰的热情和至爱，更重要的秘诀是：我国乒乓球运动坚持从儿童少年抓起。这一届"新星杯"赛是"新星杯"历史上参赛选手最多、地域最广、最为壮观的一届。我希望并且相信：通过本届比赛活动，全面检验和锻炼小运动员的拼搏精神和竞技水平，促进全国少年儿童业余乒乓球教育训练的交流和科研，推动中国乒乓球技术的发展与创新；发现和选拔更多的新秀，构筑厚实的中国乒乓球人才的金字塔基座，使中国乒乓球运动永远保持最高的水平、最大的活力和最强的竞争力！

　　预祝第 29 届"新星杯"全国少年儿童乒乓球公开赛圆满成功！

　　祝大家新春愉快，身体健康，工作进步，万事如意！

在肇庆学院美术楼奠基仪式上的致辞①

尊敬的赵曾学韫太平绅士、陈昌立主席，各位领导、各位来宾，老师们、同学们：

下午好！今天，我们在这里隆重举行肇庆学院美术楼奠基仪式。首先，我代表肇庆学院1万多名师生员工向莅临我校出席奠基仪式的各位领导和来宾们表示热烈的欢迎！同时衷心感谢赵曾学韫太平绅士捐资100万港币支持学校美术楼的建设！

各位来宾，肇庆学院是经教育部批准成立的一所综合性本科院校，肇庆市的最高学府。经过30多年的发展，已初具规模，现设有文学、理学、工学、法学、经济学、管理学、教育学、农学、史学等9个学科门类，36个专业，16个教学系（部、中心），拥有1个省级重点实验室1个省级重点学科。现有全日制学生9700多人，成人教育学生5500多人，留学生28人，同时还面向港澳台地区招生，并与美国、英国等20多个国家的高校建立了国际教育交流与合作关系，形成了多元化、多层次、开放型的高等教育和人才培养体系，呈现出蓬勃发展的良好势头，正朝着办成名校的目标不断前进。美术系近年来也取得了很大的发展，教育质量不断提高，学生的美术作品参加国家、省、市级比赛，共获金奖7项、银奖2项、铜奖3项。在最近举行的"北京2008"主题招贴大赛暨第五届全国大学生视觉设计大赛中，该系一名学生设计的作品获得铜奖。毕业生就业率达100%，其中1982届毕业生李劲，被评为"广东省当代国画十大名家"。

肇庆学院美术楼的建设得到香港中国烛光教育基金及其主席陈昌立先生等热心人士的关心，他们积极引荐赵曾学韫太平绅士捐资100万港币支持学校美术楼的建设。让我们再次以热烈的掌声感谢赵曾学韫太平绅士和陈昌立主席以及他的同事们！

来宾们，赵曾学韫太平绅士这种爱国爱乡、恩泽教育、造福桑梓的高尚情操，赢得了肇庆学院全体师生和社会的广泛赞誉。我们相信，赵曾学韫太

① 本文是作者2004年7月7日在肇庆学院美术楼奠基仪式上的致辞。

平绅士这种崇高精神一定能在校园里发扬光大，必将激励全体师生开拓进取，奋发向前，加快名校建设步伐。

肇庆学院美术楼建筑面积 8800 平方米，总造价 1300 多万元，将于明年10 月份建成投入使用。在美术楼建设过程中，我们将严格按照双方签订的项目协议书来操作，以保证我们双方的合作愉快和项目的顺利进行。

各位来宾、老师们、同学们，近年来肇庆学院能够取得跨越式的发展，除了上级的正确领导，全校师生员工的共同努力，也离不开像赵曾学韫太平绅士和陈昌立主席等这样关心和大力支持学校发展的热心人士。让我们携起手来，共同开创肇庆学院更加美好的明天！

最后，衷心祝愿大家身体健康，工作顺利，事业成功，万事如意！

谢谢大家！

在肇庆学院陈熹奖教奖学基金
颁奖仪式上的致辞[①]

尊敬的陈熹先生，老师们、同学们：

下午好！今天，我们在这里隆重举行 2003 年度陈熹奖教奖学基金颁奖仪式，表彰奖励 151 名成绩优异的学生和 36 名授业精良、管理育人的青年教师、班主任和政治辅导员。首先，我代表学校向捐助奖金并在商务繁忙中专程出席今天颁奖仪式的陈熹先生表示衷心的感谢！向荣获本年度陈熹奖教奖学金的师生表示热烈的祝贺！

陈熹先生是香港知名企业家和社会活动家。他关心青年进步，扶助人才培养，倾力公益事业，由他捐资 100 万港元设立的肇庆学院陈熹奖教奖学基金，对我校学生品学上进和青年教师修业治学产生了积极的影响。一批获得课堂教学质量优秀奖的青年教师，已成为我校教学科研的骨干。而荣获陈熹奖学金的优秀学生，毕业时更成为众多单位竞相聘用的对象。可以说，陈熹奖教奖学金在我校和社会上产生了强烈的反响。

陈熹先生的功名成就和捐资助学的善举，还给我们这样的启示：一个人在青年时代就怀抱理想，脚踏实地，艰苦创业，奋发进取，他一定能够获得事业上的成功；一个成功的企业家，当他以他所创造的财富和博大的爱心回报社会的时候，他的人生价值就有了崇高的内涵，他就能赢得人们的敬重和感动，他的功德和芳名将泽惠后世。我相信，如果我们每一位教师以育人为本，敬业奉献，我们每一个学生以服务社会为己任、勤奋好学、全面发展，那么，我们学校就能够成为创业者、成功者的摇篮，我们就能够创造出人才辈出的大好局面。

老师们、同学们，今年，我校的全日制在校生将突破 1 万人，我校的发展将进入一个新的历史阶段。我们将以更昂扬的精神状态、更强烈的发展意识、更先进的教育理念、更务实的工作态度，承担做大做强广东高等教育的

[①] 本文是作者 2003 年 5 月 29 日在肇庆学院陈熹奖教奖学基金颁奖仪式上的致辞。

重任，承担为肇庆的大发展提供人才和智力的重任。在这一历史时刻，我们更能感受到陈熹先生对我校教育教学的支持。我们期望有更多的社会成功人士、港澳台地区及海外企业家，以陈熹先生为楷模，共同振兴和发展肇庆学院之壮举，为广东全面建设高水平小康社会，率先基本实现社会主义现代化做出贡献！

　　谢谢陈熹先生！

　　祝获奖师生再接再厉，再创佳绩！

　　谢谢！

在肇庆学院 2004 年陈熹奖教奖学基金颁奖大会暨陈熹音乐厅捐款仪式上的讲话①

尊敬的陈熹董事长、各位嘉宾，老师们、同学们：

大家好！今天，我们怀着喜悦的心情，在这里隆重举行 2004 年陈熹奖教奖学基金颁奖大会暨陈熹音乐厅捐款仪式。首先，请允许我代表学校领导和全校师生员工，对在百忙之中出席今天颁奖大会的陈熹先生及其各位好朋友表示热烈的欢迎！同时，让我们以热烈的掌声衷心感谢陈熹先生捐款 80 万元港币支持学校的发展。为褒扬陈熹先生恩泽教育、造福桑梓之善举，学校决定把新音乐楼的音乐厅命名为"陈熹音乐厅"。我们相信，陈熹先生这种心系祖国、心系祖国教育事业的崇高精神一定能在校园里发扬光大，必将激励全体师生开拓进取，奋发向前，加快名校建设步伐。在这里也向获得陈熹奖教奖学基金奖励的老师和同学们表示热烈的祝贺！

肇庆学院陈熹奖教奖学基金是由肇庆学院董事会董事长陈熹先生捐资 100 万元港币而设立的。下面我向大家介绍一下陈熹先生的一些情况：陈熹先生是广东省政协委员、广东省工商业联合会（总商会）执行委员，1999 年荣获香港特区政府铜紫荆星章、2003 年荣获香港特区政府委任太平绅士和香港永安贸易公司董事长等数十个社会要职。

陈熹先生不仅待人亲切随和、谦逊大度，而且在经商方面更显示其不凡的才华，是一位对商界、对社会都做出了极大贡献的英才。由其亲手创办的东莞贰发毛绒有限公司就是一个很好的例子。目前，该公司在陈熹先生的精心经营下，已创下了辉煌的业绩，登上了中国植绒界的巅峰，在亚洲以至世界创造了极高的美誉度。从陈熹先生事业成功中，我觉得至少有以下几条使我们获得启迪：情系故乡，热爱祖国；恪守诚信，质量至上；以人为本，回报社会。尤其值得称道的是，陈熹先生不论在香港，还是在内地，都是社会活动、公益活动的领头人，热心为社会公益事业慷慨解囊。陈熹先生曾说：

---

① 本文是作者 2004 年 6 月 5 日在肇庆学院陈熹奖教奖学基金颁奖大会暨陈熹音乐厅捐款仪式上的讲话。

"作为商人，做生意赚钱是很正常的。但只想赚钱，不想回报社会，人生有什么意义呢。当我的生意做到一定的时候，我就觉得有责任，有对社会承担力所能及的责任。这是我的追求，也是我的理想。"陈熹先生是这样说的，更是这样做的。近年来，陈熹先生仅捐款支持我校建设的资金就达230多万港元。更为可贵的是，陈熹先生这种崇高情操已潜移默化地影响着他的两个儿子，向后代延续。

老师们、同学们，在过去的一年里，学校取得了可喜的变化和成绩。我们取得了抗击"非典"的重大胜利；广东省委书记张德江来校视察，向我们提出了"突出特色，注重质量，建设名校"的殷切希望，这给全校师生以极大的鼓舞；本科生考研取得优异成绩、省级重点学科取得零的突破、学士学位授予单位以全票顺利通过，这些都使我们感到由衷的高兴，这也进一步说明学校的教育教学质量稳步提高；还有新教学实验大楼、学生公寓D座（二期）、新音乐楼、新图书馆、学生第三饭堂在今年都相继建成。所有这些，都使我们欣喜地看到学校各项事业蒸蒸日上、生机勃勃的发展前景，我们对学校未来的发展充满信心。成绩的取得来之不易，除了上级的正确领导，全校师生员工的共同努力，也离不开像陈熹先生这样关心和大力支持学校发展的热心人士。让我们再次以热烈的掌声感谢陈熹先生！

老师们、同学们，高等学校的主要任务是培养人才。我希望我们的老师以生为本，做学生的良师益友，勤勤恳恳地教书育人，为人师表，用自己的心血培养更多高素质的人才，同时，也希望同学们明德卓行，求真务实。大学是修身立德的重要场所，同学们要树立崇高的理想，珍惜大学的美好时光，刻苦钻研，砥砺意志，磨炼品格，在掌握过硬的科学文化知识的同时，还要学会做人、学会生活、学会思想。总之，希望同学们经过几年的大学生活，成为具有良好的文化知识、健全的人格、现代的思维和强烈的社会责任感的高层次人才，将来更好地为国家的建设服务。

祝大家身体健康，工作顺利，学业进步！

谢谢大家！

在肇庆学院爱国实业家陈伟南先生业绩与思想研讨会上的致辞①

尊敬的陈伟南先生、黄玲副市长，尊敬的各位嘉宾、专家学者，老师们、同学们：

大家好！今天，名流荟萃，群贤毕至。来自港澳地区和省内兄弟院校的嘉宾、专家学者相聚肇庆学院，举行"爱国实业家陈伟南先生业绩与思想研讨会"，这是一件非常有意义的事情。首先，我代表肇庆学院全体师生员工，对莅临陈伟南先生业绩与思想研讨会的各位领导、嘉宾和专家学者们表示热烈的欢迎和衷心的感谢！

陈伟南先生，是香港爱国实业家、慈善家，现任香港屏山企业有限公司董事长兼总经理、香港潮州商会会长、香港潮属社团总会创会主席等几十个职务。朋友们，我和陈优生书记曾到香港拜访过陈伟南先生。4月17、18日，到潮州韩山师院、宝山中学、沙溪华侨医院参观学习。昨晚聆听了陈伟南先生做的报告，阅读了罗东升教授主编的《爱国实业家陈伟南》。说句心里话，陈伟南先生在我心中留下了美好的深刻的印象：在人生奋斗、推动事业发展中，陈伟南先生始终坚持以德为本，诚实笃信，勤劳经营。他是华商群体中事业成功的典型代表，为华商树立了榜样。陈伟南先生有着深厚的爱国之心、爱乡之情。陈伟南先生事业有成，不忘国家，对祖国一往情深，近20年来，为了家乡的建设，为了文教昌盛，为了国家的繁荣富强，他捐资达1亿多元。我认为，这些捐资中始终贯穿着真诚的人文关怀。陈伟南先生的捐赠始终坚持三条原则：一是主动捐赠，不等伸手；二是重办实事，不图留名；三是无私奉献，不提要求。这三条原则中，体现了陈伟南先生的高尚人格，因而赢得了海内外人士的普遍赞誉。正如韩山师范学院的邢凤梧老师所写的两句诗："白云驻足连声赞，江水亦歌陈伟南。"这正反映了人们共同的心声。陈伟南先生今年虽然已86岁高龄，但为了事业的发展，为了祖国的

---

① 本文是作者2005年4月28日在肇庆学院爱国实业家陈伟南先生业绩与思想研讨会上的致辞。

繁荣富强，为了对社会多做贡献，他仍在践行"人生的价值在于奉献，事业的成功在于努力"这一座右铭，仍在不断地奉献。这充分体现了陈伟南先生要用自己的善举实践自己的人生诺言，用行动和真诚来证明自己的智慧与毅力，用辛勤耕耘来实现自己的人生价值，用心血来谱写美好的人生历史。

今天，我们在这里举行"爱国实业家陈伟南先生业绩与思想研讨会"，其目的就是要宣传和学习陈伟南先生的爱国主义精神、崇文重教的崇高思想、乐于奉献的高尚品格和以德为本的优秀美德。我相信，在今天的研讨会上，专家学者们对爱国实业家陈伟南先生的业绩和思想都会发表真知灼见，让陈伟南先生崇高的精神、人格的魅力，激励我们奋发向上，有所作为。另外，我们正在尝试学术研究人员与实业家的联手：高校人员与华商群体的合作，进行校园文化与企业文化的和谐建设，这也许是一种创新，一种新的文化走向。这种文化建设，同样可以为建设文化大省做贡献。

最后，预祝本次研讨会取得圆满成功和丰硕的成果！祝陈伟南先生、各位领导、嘉宾、专家学者身体健康，工作顺利，万事如意！

祝愿广东技术师范学院明天更美好①

——在学院干部大会上的讲话

尊敬的方锐副部长，尊敬的罗伟其厅长，尊敬的各位领导，老师们、同志们：

大家好！

刚才省委组织部方锐副部长宣读了省委关于免去我的职务、任命陈韶同志接任广东技术师范学院党委书记的文件，我坚决拥护省委的决定，热烈欢迎陈韶同志。

我前几天在学院中层干部的大会上说过，届时我会说几句感谢的话。

首先，我衷心地感谢方副部长、罗厅长对我院各项工作给予的高度评价和对我本人的肯定和鼓励。我深深地表示感谢！

其次，我深深地感谢党的培养，令我健康成长。今天是"六一"儿童节。53 年前，我光荣地系上了红领巾，18 岁戴上了团徽，33 岁加入了中国共产党。在党的培养教育下，我由一名小学生成长为一名大学生，从一名青年教师成为一名大学教授，从一名中层干部成长为大学校长、党委书记。是党组织给了我茁壮成长的阳光雨露，是党给了我为人民服务的平台和展示才干的大舞台。我深深地感谢党组织对我的培养！

最后，我深深地感谢学院领导班子成员、中层干部和全体师生员工对我的信任和支持，让我实现了我的诺言。6 年前，在我到校履职的大会上，我承诺："我将深爱着广东技术师范学院，深爱着广东技术师范学院的师生员工们，鞠躬尽瘁为学校的发展服务，真诚地希望能为学校做几件实事、好事。"

回顾这 6 年来，我们齐心协力、共同奋斗。我们克服了种种困难，进行了南北校区和校本部的实质性合并。我们确立了学院"面向职教、服务职教、引领职教"的办学定位。我们历尽艰辛，在白云区江高镇征下了 80 多万平方米土地，结束了学院四个校区总面积不足 20 万平方米的历史，新校

---

① 本文是作者 2012 年 6 月 1 日在广东技术师范学院干部大会上的讲话。

区将于今年9月进驻第一批新生；我们顺利通过了教育部本科教学工作水平评估，取得了良好的成绩；我们加强了师资队伍建设，如今我们在881名专任教师中，有教授132人，副教授310人，博士150人，为人才培养奠定了坚实的基础；我们按照罗伟其厅长提出的"四个全面"的要求，改革创新人才培养模式，在"3+2"职教师资和"中职硕士"培养方面，正探索一条新路；我们加强了干部队伍建设，培养了一大批中青年干部。罗海鸥同志到湛江师范学院任院长，林伦伦同志到韩山师范学院担任院长，戈飞平同志到航海高专担任副校长，许玲、幸小涛同志也前后走上了学校领导的岗位。这充分说明省委组织部、省委教育工委对我院党委工作的充分信任与支持。我们加强了党建和思政研究，提出了"以德为行，以学为上"的教育思想，形成了"校以育人为本，师以严教为业，生以成才为志"的良好校风；我们还引进了"福慧慈善基金会"在我院设立"育才奖学金"，严宽祜先生先后资助了我院300多名贫困学生，严宽祜先生还以个人名义向学校捐赠150万元人民币用于福慧美术馆、福慧美术楼以及多媒体课室的建设工程。总而言之，我们在教学、科研和学科建设等方方面面，都办了许多实事和好事。

在学院宏伟的事业中，我个人的贡献只不过是"沧海一粟"；在学院的55年办学历程中，6年也只不过是短暂的一瞬。在今天这个告别职务的时刻，令我感到欣慰的是，我兑现了任职承诺，为促进学院事业的发展尽心尽职，虽有遗憾，但问心无愧。

感谢的话说了之后，我提两点建议。

第一个建议，今天，我把接力棒交给陈韶同志，请学院领导班子成员、广大中层干部和全体师生员工，大力支持陈韶书记的工作。请陈韶书记带领班子成员和广大师生员工，认真学习好刚才方副部长和罗厅长的讲话精神，抓好落实，抓出成效。进一步研究高等职业教育的规律，进一步坚定"面向职教，服务职教，引领职教"的办学定位，进一步贯彻落实罗伟其厅长对我院改革发展提出的"四个全面"的指示精神（即"全面转变办学观念，全面调整和优化学科、专业和课程结构，全面改革和优化人才培养模式，全面提高教师职业技术教育的教育教学水平"），不断提高教育质量和科研水平，在广东职教师资培养培训领域走出一条特色之路。我相信，只要我们在职教领域持之以恒，辛勤耕耘，必定会硕果累累，我们一定能够实现学院的发展目标，把我院建设成为国内同类院校领先的、有一定国际影响的职业技术师范大学，为构建广东现代职业教育体系，建设幸福广东做出积极贡献。

第二个建议，这是对在座的中层干部说的。6年来，在每一次的中层干部培训班上，我都提很多要求。我对你们的管理是严格的，目的是希望大家增强责任感，焕发激情，真抓实干，开拓进取，促进学校更上一层楼，走好人生路。今天其他的话就不多说了，只是再重复我每年春节前向大家提出的建议，建议大家春节能回家的都回家看望父母，不回家的寄钱给父母。孝敬父母，学会感恩，让中国的传统美德发扬光大。

最后，我衷心地祝愿广东技术师范学院的明天更加美好！

祝各位领导、各位同事，老师们、同志们身体健康、工作顺利！

谢谢大家！

附录　已出版著作

一、关于中国现当代文学

序号	书名	出版单位	出版日期	著作方式
1	中国当代文学二百题	广东高等教育出版社	1987 年 3 月	参编
2	中国当代文学作品选	高等教育出版社	1988 年 11 月	参编
3	中国喜剧文学词典	广东高等教育出版社	1991 年 5 月	参编
4	中国当代文学史	广东高等教育出版社	1992 年 11 月	参编
5	中国当代文学作品选	广东高等教育出版社	1992 年 11 月	参编
6	中国现当代文学作品选评	广东高等教育出版社	1994 年 8 月	参编
7	新时期小说研究	广东人民出版社	1996 年 7 月	著
8	新时期小说创作潮流研究	广东人民出版社	1997 年 8 月	著
9	中国当代文学史	暨南大学出版社	1998 年 8 月	参编
10	中国当代文学作品选	暨南大学出版社	1998 年 8 月	参编
11	中国当代文学作品选	人民文学出版社	1999 年 5 月	主编
12	中国当代名家名作解读	广东人民出版社	2001 年 6 月	主编
13	多重的文学世界——历届茅盾文学奖获奖作品评论集	广东高等教育出版社	2009 年 12 月	主编
14	南方意向——广东省作家协会"庆祝新中国成立 60 周年"献礼作品评论集	广东人民出版社	2011 年 1 月	主编
15	中国当代中篇小说探索录	广东高等教育出版社	2014 年 12 月	主编

二、关于高教研究

序号	书名	出版单位	出版日期	著作方式
1	大学生口才	广东人民出版社	1990 年 2 月	参编
2	实用辩论艺术	广东人民出版社	1990 年 11 月	著
3	当代大学生素质教育的理论与探索	广东高等教育出版社	2000 年 9 月	主编
4	立志·修身·博学·报国——21 世纪大学生成才之路	广东高等教育出版社	2006 年 10 月	主编
5	中文专业学术论文写作	广东人民出版社	2008 年 1 月	主编
6	以德为行　以学为上——高校师生成长的基石	广东高等教育出版社	2011 年 3 月	主编
7	党建与思政探索——广东技术师范学院党建思政研究会论文集（2008—2010）	广东人民出版社	2011 年 6 月	主编
8	问题与对策——中职德育实效性研究	高等教育出版社	2012 年 8 月	主编
9	校企合作之路——来自广州工商职业技术学院的探索与实践	广东高等教育出版社	2013 年 10 月	主编
10	实用大学语文	广东高等教育出版社	2014 年 8 月	主编
11	立德树人之路——来自广州工商学院的探索与实践	中国文史出版社	2015 年 5 月	主编
12	创建高水平应用型大学的探索与实践	广东高等教育出版社	2015 年 11 月	主编
13	践行五进　立德树人——高校师生成长的路径	广东高等教育出版社	2018 年 3 月	主编
14	高等教育的实践与探索	广东高等教育出版社	2020 年 12 月	著

后　　记

　　我在高校工作40多年了。在这40多年里，我既从教又从政。1978年，我毕业于华南师范大学汉语言文学专业，留校在中文系任教师，曾在系里担任教研室主任、系副主任、系主任等职务；1997年晋升为教授，同年开始招收硕士研究生。1997年，我被调任肇庆市西江大学党委副书记、校长。2000年西江大学升格为本科院校，更名为肇庆学院，我被任命为肇庆学院党委副书记、校长。2006年我被调任广东技术师范学院党委书记。直至2012年，我因已到退休年龄，离开领导岗位。我是广东省第十届人大代表，中共广东省委第十届党代表，广东省政协第十届、第十一届政协委员。2004年被评为肇庆市优秀校长、广东省南粤优秀教育工作者。我从一名普通的教师成长为教授，成长为大学的校长、党委书记，这充分体现了党组织对我的培养和信任。

　　我在担任高校校长、党委书记职务的20多年里，就如何办好一所大学，如何确定办学定位、办学理念，如何加强人才管理与培养，如何加强党建工作，如何培养人才，以及如何加强校园文化建设，等等，都有过思考、探索和实践，写过一些文章。我离岗退休后，重读这些文章，感觉这20多年的思考、探索与实践，还是有总结的价值，于是，便有了编辑成书的想法。我想通过这本书，将自己在高校工作、学习和生活的经历做一个记载和总结。这真实的记录，承载着令我难忘的岁月，尤其是在西江大学、肇庆学院工作、学习和生活的岁月。

　　在编辑这本书稿时，我列出了自己撰写的著作和编写的教材等29本书目，其目的是想说明一个问题：从政的高校领导，应当抽出一些时间和精力从事教学和科研工作。记得在华南师范大学工作时，有一位校领导强调：系主任和校领导应该用70%的时间和精力从事行政管理工作，用30%的时间和精力从事教学和科研工作。一个高校的行政领导，既有行政管理能力，又有教学科研能力，在教师这个知识分子群体中才会有威望，才具有领导力。我认为，这位校领导的讲话，对如何做好高校行政职务具有积极的推动作用。也正是这位校领导的讲话，激励我在做好行政工作的前提下，一直不放弃教学和科研工作。

在编辑这本书稿时，我常常想到我的父亲母亲和家里的亲人。在我高中毕业那年，我18岁，是父亲母亲赞同我留在中学当教师，从此也就注定了我一辈子在校园里工作、学习和生活。是父亲母亲的勤俭、善良、厚道的高贵品质，影响着我在人生之道中前行，不忘初心，教书育人。十分感谢我的爱妻陈妙云教授，在我赴西江大学、肇庆学院工作近10年的日子里，她一方面要从事教学与科研工作，另一方面还要关照我年迈的双亲，以及培养儿子健康成长，让我放心工作，成就了我的一番事业。

在著作付梓之际，我想要表达内心的感激之情。首先要感谢西江大学、肇庆学院和广东技术师范学院的领导、同事以及广大师生员工对我工作的大力支持，共同治理学校、创新教育、立德树人，写下了难忘的篇章。同时，也要感谢本书的责任编辑，感谢我的得意门生吴泽荣同志和冼卓桑同志为本书的出版做了大量的工作，在此深表谢意。

重新浏览书稿，深感书中存在缺憾，本想动笔修改，但想到这些毕竟是自己历史生活的一段记载，还是保留原创和真实更好。

蓦然回首，感慨万千，谨以此为后记。

邝邦洪

2019 年 11 月